Brugg erleben 2

Politik, Wirtschaft und Gesellschaft im Wandel

Astrid Baldinger Fuchs, Max Banholzer, Max Baumann,
Felix Müller, Silvia Siegenthaler, Andreas Steigmeier

2005 hier + jetzt, Verlag für Kultur und Geschichte, Baden

Dieses Buch ist nach den neuen Rechtschreiberegeln verfasst. Quellenzitate werden zugunsten besserer Lesbarkeit in angepasster heutiger Schreibweise wiedergegeben. Hinzufügungen sind in [eckige Klammern] eingeschlossen, Auslassungen mit […] gekennzeichnet.

Die Ziffern am linken Textrand verweisen auf Seiten mit ähnlicher Thematik.

Das Werk wurde auf Initiative und auf Kosten der Stadt Brugg verfasst. Dem Steuerungsausschuss gehörten an: Ursula Renold (Vorsitz), Peter Belart und Andreas Steigmeier (Projektleitung). Zusammen mit den Autorinnen und Autoren des vorliegenden Bandes bildeten die genannten Personen die Projektgruppe Stadtgeschichte, welche als Ganzes für die Realisierung verantwortlich zeichnet.

Lektorat: Madlaina Bundi, hier + jetzt
Bildbeschaffung: Susanne Mangold Sauerländer, Aarau
Gestaltung und Satz: Bernet & Schönenberger, Zürich
Bildverarbeitung: Humm dtp, Matzingen
Druck: Effingerhof AG, Brugg

© 2005 hier + jetzt,
Verlag für Kultur und Geschichte GmbH, Baden
www.hierundjetzt.ch
ISBN 3-03919-007-5

Inhaltsübersicht

herrschen, gehorchen, mitbestimmen — 290

Herrschaft im Mittelalter	Astrid Baldinger Fuchs	291
Untertanen des Staates Bern	Max Baumann	305
Politik im 19. und 20. Jahrhundert	Astrid Baldinger Fuchs	334

leben, lernen, feiern — 364

Bevölkerung	Max Baumann	365
Die Einschränkungen des Lebens unter den «Gnädigen Herren» von Bern	Max Baumann	429
Mühseliger Alltag und vergnügliche Freizeit im 19. und 20. Jahrhundert	Andreas Steigmeier	442
Schule und Bildung	Silvia Siegenthaler	464
Information vor dem Internet	Felix Müller	478
Kultur	Silvia Siegenthaler	483

arbeiten, produzieren, verkaufen — 496

Bauerndörfer und bäuerliche Kleinstadt	Max Baumann	497
Handwerk und Gewerbe	Max Baumann	515
Heimindustrie	Max Baumann	531
Industrialisierung	Astrid Baldinger Fuchs	537
Dienstleistungen	Astrid Baldinger Fuchs	565

sich bewegen, planen, bauen — 588

Brugg, ein wichtiger Verkehrsknotenpunkt	Felix Müller	589
Raum und Infrastruktur	Felix Müller	623

glauben, zweifeln, deuten — 656

Die alte Kirche	Max Banholzer	657
Die Reformation	Max Banholzer	668
In der bernischen Staatskirche	Max Banholzer	677
Religion im 19. und 20. Jahrhundert	Silvia Siegenthaler	689

Anhang — 706

Inhaltsverzeichnis

herrschen, gehorchen, mitbestimmen	**290**
Herrschaft im Mittelalter	**291**
Grenzstreitigkeiten seit dem Mittelalter	291
Brugg: Aarebrücke als Ausgangspunkt der Stadtwerdung	293
Förderung durch die Grafen von Habsburg	295
Lauffohr: Im Einflussbereich der Murbacher Grundherrschaft	298
Straffung der Herrschaft durch die Habsburger	300
Altenburg: Römisches Kastell als Siedlungskern	301
Ablösung der Habsburger als Landesherren durch Bern	303
Untertanen des Staates Bern	**305**
Bern, Hauptstadt und Zentrum der Macht	305
Die Verwaltung der Landschaft mit den Dörfern Altenburg und Lauffohr	307
Die Sonderstellung Bruggs als Landstadt innerhalb des Staates Bern	311
Die Brugger Behörden und ihre Kompetenzen oder: Die interne Verteilung der Macht	313
Die politischen Rechte der Bürgerschaft	317
Wahlmanöver und Intrigen	318
Wahlrechtsreformen: Verbesserung oder Verschleierung?	320
Stadtschreiber, Weibel und Nebenbeamte	323
Äussere und innere Sicherheit: Militär und Wachtdienst	325
Die Gerichte: Machtinstrumente der Herrschenden	327
Die Finanzen: Immer genügend Geld in der Kasse	330
Die Gerichtsherrschaft Villnachern	331
Das Ende der Berner Herrschaft: Die Helvetische Revolution	331
Politik im 19. und 20. Jahrhundert	**334**
Einsatz für den neuen Kanton Aargau	334
Gemeindeversammlung im Wandel	335
Ablösung der Ortsbürgerversammlung durch die Einwohnergemeinde	337
Die Frage der Eingemeindung von Altenburg und Umiken	341
Lauffohrs Wunsch nach Autonomie	342
Ein neues regionales Zentrum	344
Einwohnerrat gegen Politabstinenz	345

Spiegel der schweizerischen Parteienlandschaft — 346
Gespaltener Freisinn: Zwei Ständeratskandidaten aus Brugg — 347
Vorläufer und Gründung der
Sozialdemokratischen Partei in Brugg — 349
Wahlschlacht unter Parteibrüdern — 350
Proporzwahlsystem: Förderer weiterer Parteigründungen — 352
Keine Einigung zwischen «Herrenpartei» und den Radikalen — 353
Die ersten Wahlen im Proporzwahlsystem — 354
Bauernmehrheit und roter Vormarsch — 356
Aufeinanderprallen von Rot und Braun — 356
Politische Extreme in Brugg — 359
Viele Schritte zum Frauenstimm- und -wahlrecht — 361

leben, lernen, feiern — 365

Bevölkerung — 365

Bevölkerungsentwicklung in Brugg,
Altenburg und Lauffohr — 365
Heiraten oder ledig bleiben? — 367
    Voreheliche Beziehungen — 367
    Das Heiratsversprechen — 371
    Hochzeit — 374
    Eheliche Zerwürfnisse, Ehebruch und Scheidung — 377
Geboren werden — 378
    Geburt und Taufe — 378
    Aussereheliche Geburten, Vaterschaftsbeweise,
    Abtreibungsversuche und Kindstötungen — 381
Sterben — 385
    Die Lebensdauer — 385
    Krankheiten und Unfälle — 387
    Krieg und Hunger — 387
    Pest und andere Epidemien — 388
    Sterben, Trauer- und Begräbnisrituale, Friedhöfe — 390
Sesshaft oder mobil? — 392
    Einbürgerungspolitik in Brugg — 393
    Einheiratende Frauen — 399
    Wegzug und Möglichkeiten der Rückkehr — 400
    Abwanderung in andere Länder Europas — 403
    Auswanderung nach Übersee — 403
Adlige, Geistliche, Bürger und Hintersassen — 406
    Vom Adel zum Bürgertum — 406
    Von der katholischen zur reformierten Geistlichkeit — 408
    Privilegierte Ortsbürger — 409
    Minderberechtigte Hintersassen, Niedergelassene und Aufenthalter — 410
Reich und Arm — 412
    Unterschiedliche Steuerkraft — 412
    Beruf und Schichtzugehörigkeit — 416
    Oberschicht und politische Macht — 418

Die Wohnlagen der Brugger Ober- und Unterschicht	418
Sozialer Auf- und Abstieg	420
Armut in Brugg	422

Die Einschränkungen des Lebens unter den «Gnädigen Herren» von Bern — 429

Die Sitten- oder Chorgerichte	429
Der obligatorische Kirchgang	431
Wider Verschwendung, Eitelkeit und Müssiggang	432
Wider die Laster des Rauchens, Spielens und Tanzens	433
Wider das Prassen, Lärmen und Volltrinken	435
Erlaubte Fröhlichkeit	436
Kinderfreuden	440

Mühseliger Alltag und vergnügliche Freizeit im 19. und 20. Jahrhundert — 442

Dörrobst und Wähe auf dem Brugger Tisch	442
Einkaufen und Waschen und die Kommunikation ausser Haus	443
Langsam zunehmender Wohnkomfort	445
Freizeit in Vereinen	448
Vereinstheater, Festspiele und Kino als Höhepunkte	451
Badevergnügen: Im Fluss oder im Bassin?	455
Die Entdeckung der Jugend und die Brugger «Ferienversorgung»	457
Das Jugendfest als schönster Tag im Jahr	460

Schule und Bildung — 464

Die vorreformatorische Schule	464
Schulbildung nach der Reformation	465
Die Schulentwicklung vom 18. bis ins 19. Jahrhundert	467
Schulentwicklung im 20. Jahrhundert	471
Verschiedene berufliche Ausbildungsmöglichkeiten in Brugg	472
Mehr Disziplin bitte	475
Mädchenbildung	476

Information vor dem Internet — 478

Amtliche Veröffentlichungen	478
Individuelle Informationsbeschaffung	479
Nicht sehr vielseitig: Die Zeitungen	481

Kultur — 483

Bedeutende Maler mit Wurzeln in Brugg	483
Johann Georg Zimmermann – ein philosophierender Arzt	487
Im Bann der Literatur	488
Musikalisches Leben	489

Ein neues Stadtbild um
die Wende zum 20. Jahrhundert _____ **490**
Kulturelle Institutionen _____ **493**

arbeiten, produzieren, verkaufen — 496

Bauerndörfer und bäuerliche Kleinstadt — 497
Ackerbau und Viehzucht in Altenburg und Lauffohr _____ **497**
Kleinstädtische Landwirtschaft in Brugg _____ **500**
    Tierhaltung in der Kleinstadt _____ **500**
    Weiden: Anlass zum Streit _____ **502**
    Gärten, Bünten, kleine Güter und Allmenden _____ **504**
    Weinbau: Mässiger Wein vom Bruggerberg _____ **508**
    Waldungen: Enormer Holzbedarf _____ **510**
    Obst-, Flur- und Waldfrevel _____ **513**
Die sinkende Bedeutung der Landwirtschaft
im 19. und 20. Jahrhundert _____ **513**

Handwerk und Gewerbe — 515
Gewerbliche Vielfalt vor 1800 _____ **515**
    Die Versorgung der Brugger Bevölkerung
    mit Nahrungsmitteln _____ **516**
    Bewirtung einheimischer und fremder Gäste _____ **518**
    Bekleidung und Haarpflege _____ **519**
    Das Ledergewerbe, eine Brugger Spezialität _____ **519**
    Das Baugewerbe – für Brugger Bürger
    nicht standesgemäss? _____ **521**
    Die Bearbeitung von Eisen und anderen Metallen _____ **522**
    Kunsthandwerk in Brugg _____ **522**
Handwerksorganisation und Interessenvertretung _____ **523**
Städtische Gewerbepolitik _____ **526**
Die materielle Lage der Handwerker _____ **527**
Solddienst als Alternative? _____ **527**
Niedergang des Handwerks und Kleingewerbes
im 19. und 20. Jahrhundert _____ **529**

Heimindustrie — 531
Spinnen und Weben _____ **531**
Stricken und Wirken von Strümpfen,
Kappen und Hosen _____ **534**

Industrialisierung — 537
Verpasster industrieller Aufbruch in Brugg _____ **537**
Keine Opfer für die Eisenbahn _____ **537**
Erste Industriespuren _____ **538**
Veränderungen von Stadtbild und Alltag _____ **542**
Enge Beziehungen zwischen Industrie und Politik _____ **547**
Viel Arbeit, wenig Lohn _____ **549**

Überprüfung der Arbeitsbedingungen
durch Fabrikinspektoren _____ 551
Krisengeschüttelte Zwischenkriegszeit: Streiks überall _____ 552
Goldene 1920er-Jahre und Weltwirtschaftskrise _____ 554
Kriegswirtschaft, Rohstoffmangel und Rationierung _____ 558
Hochkonjunktur und Fremdarbeiter _____ 559
Rezessionen und Strukturwandel _____ 560

Dienstleistungen 565

Breiteste Gasse für den Markt _____ 565
Jahr- und Viehmärkte für das Landvolk _____ 568
Ein kantonaler Getreidemarkt in Brugg _____ 571
Brugg als Zentrum für den Viehhandel _____ 572
Brugg, die Bauernmetropole _____ 574
Verlagerung vom Jahrmarkt zum Ladengeschäft _____ 576
Von der Gemischtwarenhandlung
zum Spezialgeschäft _____ 577
Zunehmend Geschäfte ausserhalb der Altstadt _____ 578
Einkaufszentrum mit 11 000 m² Verkaufsfläche _____ 580
Kampf auf verlorenem Posten _____ 580
Späte Gründung der ersten Brugger Bank _____ 581
Spar- und Leihkasse Brugg: Eine Erfolgsgeschichte _____ 583
Banken als wichtiges Standbein der Wirtschaft _____ 584
Brugg als Zentrum für den Gesundheitsbereich _____ 585
Militär aus allen Landesteilen in Brugg _____ 586

sich bewegen, planen, bauen 588

Brugg, ein wichtiger Verkehrsknotenpunkt 589
Für Massengüter das Schiff _____ 589
   Unfälle auf dem Wasser – keine Seltenheit _____ 591
   Aufschwung des Landverkehrs _____ 592
   Getreide, Salz, Wein und Erz _____ 593
   Die Schiffsleute: Wenige Brugger _____ 594
   Niedergang der Flussschifffahrt _____ 594
Ein neues Kapitel: Die Eisenbahn _____ 595
   Mehr Züge, mehr Reisende _____ 598
   Die Eisenbahner _____ 599
Strassenverkehr mit Pferd und Wagen _____ 600
   Routenvielfalt vor dem Aufkommen der Städte _____ 600
   Strassen über den Bözberg _____ 603
   Die Aaretalstrasse: Eine Nebenroute _____ 604
   Strassenbenutzung und aufwändiger Unterhalt _____ 606
   Neubau statt Flickwerk _____ 607
Einnahmequelle Verkehr _____ 610
   Zahlen, bitte! _____ 611
Bessere regionale Verbindungen
im 19. und 20. Jahrhundert _____ 613
   Zu Fuss oder in der (Blech-)Kutsche? _____ 615
Strassen bis vor die Haustür _____ 619

Raum und Infrastruktur — 623

Vom Menschen gestaltete Landschaft — 623
- Auswirkungen der Industrialisierung — 624

Neue und verschwundene Siedlungen — 626

Wachstum der Siedlungen seit der Industrialisierung — 629
- Leitplanken beim Bauen — 629
- Zunehmende Beanspruchung des Baugebiets — 635
- Wegzug der Industrie aus den Wohnzonen — 636
- Vom Umgang mit schönen alten Häusern — 638

Versorgung und Entsorgung — 639
- Wasserhahn statt Brunnen — 639
- Abwasser – vom Nachttopf zum Klärschlammproblem — 645
- Kehricht – ein Problem des 20. Jahrhunderts — 647
- Elektrizität: Die IBB steigern den Stromabsatz — 648
- Die Verbindung mit der Welt: Telegraf und Telefon — 650
- Gasversorgung – später Einstieg, späte Blüte — 652
- Gemeinschaftsantenne statt Antennenwald — 653

glauben, zweifeln, deuten — 656

Die alte Kirche — 657
- Vom Wesen und von der Struktur der Kirche — 657
- Das Gotteshaus — 658
- Die Filialkirche St. Georg zu Mönthal — 662
- Die Geistlichen — 663
- Kirchliches Leben — 664
- Verwaltung und Finanzhaushalt — 665

Die Reformation — 668
- Ursprünge — 668
- Die Anfänge der Reformation in Brugg und Umgebung — 668
- Die Strategie Berns — 671
- Entscheidung durch Glaubensgespräche — 672
- Die Durchsetzung der Reformation — 674
- Kriegsgefahr und Belastungen — 675
- Neue Seelsorger, neue Einrichtungen — 676
- Die Täuferbewegung — 676

In der bernischen Staatskirche — 677
- Die Struktur der neuen Kirche — 677
- Die Stadtkirche — 677
- Prädikanten und Helfer — 679
- Eine soziale Pioniertat: Die Brugger Prädikantenwitwen- und Waisenkiste — 682
- Die Filialkirche in Mönthal nach der Reformation — 683
- Zwei Kirchherrschaften aus ehemaligem Witticher Besitz — 684
- Kirchlich-religiöses Leben — 685

Religion im 19. und 20. Jahrhundert — **689**
   Kirche und Staat — **689**
   Reformierte Kirchgemeinde im 19. Jahrhundert — **690**
   Reformierte Kirchgemeinde im 20. Jahrhundert — **691**
      Frauen in der reformierten Kirche — **694**
   Katholische Kirchgemeinde — **697**
      Die Brugger Katholiken vor der Gründung
      ihrer eigenen Kirchgemeinde — **697**
      Gründung der katholischen Kirchgemeinde — **697**
      Missionsstation, Baugenossenschaft, Kirchenverein oder Kirchgemeinde? — **698**
      Die Bauten der katholischen Kirchgemeinde in Brugg — **699**
      Aus dem Leben in einer Diaspora-Gemeinde — **700**
   Kirche und Säkularisierung — **703**

Anhang — 706

   Karten — **708**
   Abkürzungen — **714**
   Ungedruckte Quellen — **714**
   Gedruckte Quellen — **714**
   Zeitungen — **715**
   Literatur — **715**
   Dank — **724**
   Autorinnen und Autoren — **724**
   Bildnachweis — **725**
   Register — **731**

herrschen, gehorchen, mitbestimmen

Herrschaft im Mittelalter

Grenzstreitigkeiten seit dem Mittelalter

Brugg stösst an seine Grenzen: Das gilt heute wie früher. Der *Gemeindebann* von Brugg war seit dem Mittelalter Anlass, die Gemeindegrenzen in Frage zu stellen und diesbezügliche Konflikte mit den Nachbargemeinden auszutragen; denn das Territorium von Brugg ist äusserst klein. Um 1900 zog der Historiker und Bezirksschullehrer Samuel Heuberger daraus den Schluss, Brugg sei erst nach der Grenzziehung der Dörfer Altenburg, Windisch, Lauffohr und Umiken entstanden. Der Stadtbann sei aus einem bestehenden Gebilde herausgeschnitten worden.[1] Das wird heute anders gesehen. Der neusten historischen Forschung zufolge wurden die Dorfgrenzen im schweizerischen Mittelland nicht mit der ersten Besiedlung festgelegt, sondern bildeten sich erst im Lauf der Zeit heraus: einerseits durch die tatsächliche Nutzung des Landes durch die Bauern, andererseits durch Herrschaftsrechte, welche in späteren Jahrhunderten grundsätzlich über ein bestimmtes Gebiet beansprucht und schliesslich auch durchgesetzt wurden. Grenzen waren nicht auf immer festgelegt, es bestand durchaus die Möglichkeit, ein bestehendes Territorium auszudehnen. Dieser Prozess ist auch am Beispiel von Brugg zu erkennen. Die Stadt versuchte während Jahrhunderten, ihren Bannkreis mit besonderen Rechten und Privilegien auszudehnen, was ihr nicht immer gelang. Da die Stadt dem Landesherrn direkt unterstellt war und einen eigenen Rechtsbereich bildete, entzog sie sich der Zuständigkeit der Vögte der umliegenden Ämter. Doch wo hörte der besondere Rechtsbereich der Stadt auf? Aufschluss gibt der älteste Plan von Brugg, datiert vom 25. Januar 1700. Er weist zwei Grenzlinien auf: das so genannte «Burgerziel» und die äussere Grenze der «Ehfäde». Der Grenzkonflikt mit dem Kloster Königsfelden 1484/85 macht deutlich, dass der Bereich des Burgerziels anerkanntes Territorium der Stadt war: Hier verfügte die Stadt über die hohe und niedere Gerichtsbarkeit. Bei der Ehfäde dagegen handelte es sich um einen landwirtschaftlichen Sonderbezirk, der rechtlich gesehen zu Windisch gehörte, aber dem Zelg- und Weiderecht von Windisch entzogen war, da dort vorwiegend Brugger Bürger ihre Wiesen und Bünten besassen. Die Stadt Brugg konnte dort durchsetzen, dass sie für Handänderungen dieser Parzellen zuständig war, solange Käufer und Verkäufer Brugger Bürger waren. Doch versuchte die Stadt bis ins 19. Jahrhundert, auch die Ehfäde als innerhalb der Gemeindegrenze gelegenes Gebiet für sich zu beanspruchen. Die Bemühungen scheiterten: 1777 bestimmte die Regierung ausdrücklich, das Land zwischen Burgerziel und Ehfäde sei nach Windisch steuerpflichtig, selbst wenn die Eigentümer in Brugg wohnten.

---
1 Heuberger, Geschichte der Stadt Brugg, S. 11.

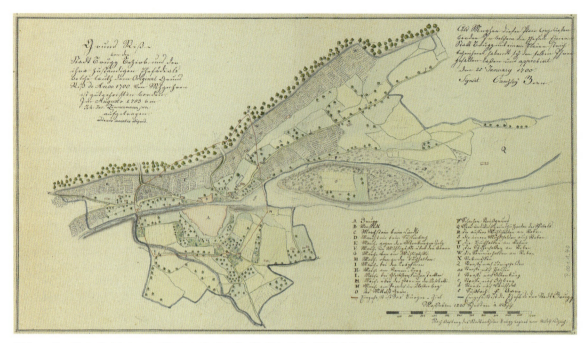

212 ⎯ Der Gemeindebann von Brugg, wie ihn die Stadt im Jahr 1700 definierte. Bis ins 19. Jahrhundert bestanden zwei Grenzlinien: das Burgerziel (rot) und die Ehfäde (blau). Vergeblich versuchte die Stadt, den Bereich der Ehfäde bei Bern und später bei der Kantonsregierung als ihr Territorium durchzusetzen.

Definitiv geregelt wurde die Frage schliesslich 1856, als die Direktion des Innern verfügte, der Gemeindebann von Brugg sei gegenüber der Gemeinde Windisch auf die Grenzlinie, Burgerziel genannt, festzulegen.[2]

Ausdehnung des Gemeindebanns zur heutigen Gemeindegrenze

1823: Vertrag mit Lauffohr. Gegen eine Entschädigung von 1669 Franken wird das Territorium der Stadt vom Sonnenberg bis zum heutigen «Grenzweg» ausgedehnt.[3]

1827: Vertrag mit Umiken. Die Stadt übernimmt die Brunnenmühle und verzichtet im Gegenzug auf alle Ehfäde-Rechte sowie auf Holzland und Felder im Umiker Schachen.

1856: Die Kantonsregierung befindet das Bestehen von zwei Gemeindegrenzen, dem «Burgerziel» und der «Ehfäde», für nicht mehr zeitgemäss. Ein und dasselbe Territorium kann nicht der Amtsgewalt von zwei Gemeinderäten unterstellt sein. Nach Prüfung der Situation verfügt die Regierung, dass der Brugger Gemeindebann sich auf die Grenzlinie des Burgerziels beschränken soll, die Ehfäde gehört zu Windisch.

1863: Windisch verkauft der Stadt Brugg einen grossen Teil des Gebiets der einstigen Ehfäde für 25 000 Franken. Damit erhält Brugg erstmals eine gemeinsame Grenze mit Altenburg.[4]

1901: Eingemeindung von Altenburg

1912: Windisch tritt das Gaswerkareal an Brugg ab.

1970: Eingemeindung von Lauffohr

⎯ 2 Ausführlich dazu: Baumann, Windisch, S. 129–145. ⎯ 3 Heuberger, Geschichte der Stadt Brugg, S. 26; Baumann, Windisch, S. 144. ⎯ 4 Baumann, Windisch, S. 614. ⎯ 5 Brugg 1984, S. 18–21; Auskunft Kantonsarchäologie. ⎯ 6 Kdm Brugg, S. 271–275; Motschi, Neues zu alten Bausteinen, S. 123–134; Auskünfte Peter Frey, Kantonsarchäologie.

Herrschaft im Mittelalter   293

Brugg: Aarebrücke als Ausgangspunkt der Stadtwerdung

Brugg war nicht von Anfang an eine städtische Siedlung. Doch wann erfolgte der Übergang zur Stadt? Gewichtete die ältere Forschung das Vorhandensein von Stadtmauer, Stadtrecht oder Marktrecht als charakteristisches Merkmal einer Stadt, so wird auch dies heute differenzierter gesehen. Grundsätzlich waren städtische Siedlungen Zentren der gewerblichen Produktion, des Handels und der Verwaltung. Der Übergang zwischen städtischer und nichtstädtischer Siedlung war aber fliessend, und eine Definition ist oft Ermessensfrage. Sicher ist, dass der Bau der Stadtmauer oder auch das schriftliche Festhalten zentraler Rechte im Brugger Stadtrecht zu einem Zeitpunkt erfolgten, als Brugg bereits als städtische Siedlung wahrgenommen wurde. Deren Anfänge allerdings reichen viel weiter zurück.

Die *mittelalterliche Besiedlung* von Brugg geht auf die Zeit der Römer zurück. An der engsten Stelle der Aare verband eine feste Brücke die beiden felsigen Ufer. Zur Sicherung der Brücke kann man sich einen Wehrbau vorstellen, auch wenn keinerlei archäologische Funde dies belegen. Überhaupt kann die Archäologie wenig zur Klärung der Siedlungsentstehung beitragen. Im Bereich der Altstadt konnten nur wenige Bauten untersucht werden, teilweise stehen die Häuser direkt auf Felsgrund und haben keine Bodenschicht. Mögliche Funde innerhalb des Strassenbetts wurden durch Kanalisation und Leitungsbau bereits im 19. Jahrhundert zerstört.[5]

Für die Sicherung und den Unterhalt der Aarebrücke war wohl auch nach Abzug der Römer im 5. Jahrhundert ein bewehrter Bau notwendig, in dessen Schutz sich die Bewohner von nahe gelegenen Häusern begeben konnten. Belegt ist ein solcher Bau allerdings erst für die Mitte des 12. Jahrhunderts. Der *Schwarze Turm* ist damit das älteste erhaltene Gebäude der Stadt. Dass die einstige Eingangstüre dieses Baus gegen Norden angelegt war, also in Flussrichtung zeigte, erhöhte seine Wehrfunktion. Man kann daraus schliessen, dass zu jenem Zeitpunkt keine Mauer die Siedlung umschloss.[6]

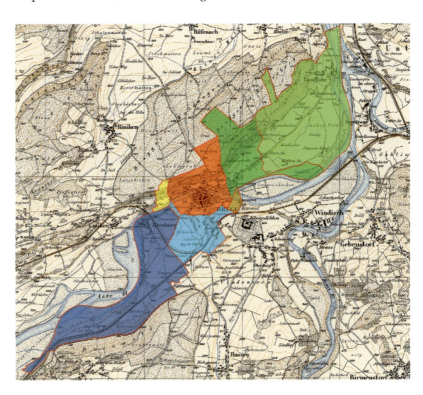

213 —— Bannerweiterungen im 19. und 20. Jahrhundert auf dem Hintergrund der Siegfriedkarte von 1878.
dunkelgrün: 1823
gelb: 1827
hellblau: 1863
dunkelblau: 1901
braun: 1912
hellgrün: 1970

214 ⸺ Der Schwarze Turm ist Wahrzeichen und ältestes Gebäude der Stadt: Da beim unteren Teil des Turms Steine aus Vindonissa verwendet wurden, glaubte man lange an einen Bau aus römischer Zeit, daher auch die Bezeichnung «Römerturm». Doch Mauercharakter und architektonische Elemente lassen die Entstehungszeit in die zweite Hälfte des 12. Jahrhunderts datieren. Aufnahme um 1900.

Beim Umbau des «Roten Hauses» 1937 kam ein Alemannenfriedhof mit zwölf Gräbern aus dem 7. Jahrhundert zum Vorschein.[7] Dieser Fund unterstützt die Annahme, dass eine Siedlung schon früh vorhanden war. Auf die zunehmende Bedeutung dieser Siedlung, welche sich in Konkurrenz zu Windisch entwickelte, weist der Bau einer eigenen Brugger Kirche hin. Grabungen in der Stadtkirche brachten Fundamente eines Vorgängerbaus zutage, einer Kapelle, die ins 10. bis 12. Jahrhundert datiert wird.

Windisch hatte zur Zeit der Römer eine Zentrumsfunktion wahrgenommen und war im 6. Jahrhundert Bischofssitz. Im Zuge der Christianisierung setzte es durch, dass alle Bewohner im Eigenamt durch die Mutterkirche in Windisch zu bestatten und zu taufen seien. Nur Dörfern, die zu weit entfernt waren, wurde der Bau einer Kapelle gestattet. Birr zum Beispiel besass eine Kapelle, deren Entstehung ins 11. oder 12. Jahrhundert zurückreicht. Die Siedlung von Brugg hingegen war – für mittelalterliche Verhältnisse – nicht weit von der Hauptkirche Windisch entfernt. Die Errichtung einer eigenen Kirche, die Erwähnung eines eigenen Pfarrers 1227 und – damit verbunden – die Loslösung von der Mutterkirche Windisch sind Hinweise auf die zunehmende Bedeutung und Eigenständigkeit, welche die Brückensiedlung erfuhr.

⸺ 7 Simonett, Aufbau im Abbruch, S. 47–51. ⸺ 8 HLS, Artikel Acta Murensia. Neuere Datierung: Zehnder, Gemeindenamen, S. 112, sowie HLS, Artikel Brugg. ⸺ 9 HLS, Artikel Städtegründung. ⸺ 10 Zur Stadtwerdung: Brugg 1984, S. 22–32; HLS, Artikel Brugg.

215 — Brugg wurde massgeblich gefördert durch die Habsburger. Der 1273 zum König gewählte Rudolf I. weilte häufig in Brugg. Königssiegel Rudolfs von Habsburg an einer Urkunde von 1285.

Ersterwähnung von Brugg

Die ältere Forschung ist davon ausgegangen, dass Brugg im 11. Jahrhundert erstmals schriftlich erwähnt worden ist. In den so genannten Acta Murensia, dem Gründungsbericht zum Kloster Muri mit Güterurbar und Aufzeichnungen zu den Jahren 1027 bis 1064, findet sich der Eintrag «Bruggo». Gemäss heutigem Forschungsstand fällt die erstmalige Erwähnung jedoch ins 12. Jahrhundert. Denn die Acta Murensia verfasste ein Mönch erst 100 Jahre später, um 1160. Die für die Mittelalterforschung ausserordentlich interessante Quelle ist nur in einer Kopie des ausgehenden 14. Jahrhunderts erhalten, mit modernisierter Ortsnamenschreibung durch den Kopisten.[8]

Förderung durch die Grafen von Habsburg

Die Stadtwerdung Bruggs im 14. Jahrhundert wurde durch die Grafen von Habsburg gefördert, zu einer Zeit, als sie sich bemühten, ihre Herrschaft zu verdichten, eine grössere territoriale Geschlossenheit ihres Besitzes zu erreichen, und versuchten, sich neue Einnahmequellen durch die Förderung von Städten zu erschliessen.[9] Das sich herausbildende städtische Bewusstsein belegen die Urkunden: Der erste Bürger, der 1232 schriftlich genannt wird, ist ein Münzmeister. Spezialisiertes Handwerk und Gewerbe ist mit einem Bäcker ab 1242 und einem Schuster ab 1244 bezeugt. 1252 fällt erstmals das Wort «oppidum» (lateinisch «Stadt»), 1266 wird Brugg erstmals mit dem deutschen «stat» bezeichnet. Das Marktrecht wurde der Stadt bereits vorher zugestanden, doch die erste schriftliche Erwähnung eines Marktzolls fällt erst ins Jahr 1273.[10]

32–34

Durch ihre innere Organisation und durch die Ausstellung diverser Privilegien kam der Stadt Brugg eine zentralörtliche Funktion zu, welche sie deutlich von den umgebenden Dörfern unterschied. An der Spitze der Verwaltung standen als Vertreter der Herrschaft die *Schultheissen*. Der Erste ist 1273 bezeugt. Sie waren habsburgische Dienstleute wie die Herren von Mülinen oder von Wolen. Ihre Wahl ging wohl im Lauf des 14. Jahrhunderts an die Gemeinde über. Dem Schultheissen zur Seite standen Räte. Bezeugt ist im 14. Jahrhundert ein Weibel und um die Wende zum 15. Jahrhundert ein Stadtschreiber, der zugleich Schulmeister war. Weitere Ämter sind in den Quellen nicht genannt, doch ist ihr Vorhandensein anzunehmen. Bezeugt werden sie erst für die Berner Zeit.

Brugg war bedeutsam als *Gerichtsort,* auch für die beiden angrenzenden Ämter. Beim Kreuz vor dem oberen Tor, das heisst bei der Linde, tagte das Gericht des Eigenamts unter anderem für die Altenburger. Vor dem niederen Tor, «ze der Zuben», war die Gerichtsstätte

Das Brugger Stadtrecht: Original, Kopie oder Fälschung?

Man soll die Feste feiern, wie sie fallen: 1984 beging Brugg seine 700-Jahr-Feier. Doch schon damals war man sich bewusst, dass Brugg als Stadt schon länger bestand und dass auch die Stadtrechtsurkunde von 1284 nicht über jeden Zweifel erhaben war. Denn das Brugger Stadtrecht existiert nicht im Original, sondern lediglich in zwei Abschriften aus dem 15. Jahrhundert. Dass Brugg damals ein Stadtrecht erhalten hat, ist durchaus möglich. Denn mit dem Herrschaftsausbau in der zweiten Hälfte des 13. Jahrhunderts stellten die Grafen von Habsburg und späteren Herzöge von Österreich ihren Städten Rechtsprivilegien aus. Dabei erhielt nicht jede Stadt ein gesondertes Stadtrecht. Stadtrechte wurden gesamthaft oder in Auszügen weitergegeben und nur in geringem Masse an die ortsspezifischen Verhältnisse angepasst. Das Brugger Stadtrecht wird, wie das Aarauer, Badener oder Mellinger, auf die Winterthurer Vorlage zurückgeführt, wobei die Aarauer Fassung die direkte Vorlage für das Brugger Stadtrecht bildete und das Lenzburger Stadtrecht von 1306 wiederum vom Brugger abgeleitet wurde.[11]

Die zwei heute erhaltenen Fassungen des Brugger Stadtrechts entsprechen aber auch nicht einer getreuen Abschrift einer früher ausgestellten Urkunde. Obwohl viele Passagen mit dem Aarauer Stadtrecht übereinstimmen, wurden die beiden Stadtrechte aus dem 15. Jahrhundert in einem gewichtigen Punkt modifiziert. Besonders bedeutsam sind die Absätze, welche zu Beginn aufgeführt sind. Hier wurde die Stadt als besonderer Friedensraum charakterisiert, welcher aus dem Landrecht herausgelöst war. Mit diesem Friedkreis wurde der Immunitätsbereich der Stadt umschrieben und der Innenraum der Stadt über die Mauern hinaus vergrössert. Genau hier, in der Umschreibung des Friedkreises, unterscheiden sich die zwei Urkunden aus dem 15. Jahrhundert von der Aarauer Vorlage, mit der sie sonst praktisch identisch sind. Damit wird die Verwendung beziehungsweise der Nutzen des Stadtrechts im 15. Jahrhundert klarer: Mit diesen Urkunden versuchte die Stadt offenbar, ihre Vorrechte gegenüber der Landschaft auszudehnen, durch das schriftliche Festhalten eines viel zu grossen, in der Realität nicht bestehenden Friedkreises. Dies geschah im Einklang mit ihren Bemühungen, im selben Gebiet eine Ausdehnung ihrer Weiderechte zu erreichen.[12]

Die beiden Urkunden des 15. Jahrhunderts nun als reine Fälschung einzustufen, wird der Wirklichkeit von damals nicht gerecht. Es entsprach im Mittelalter gängiger Praxis, ältere Urkunden zur Legitimierung der eigenen Ansprüche heranzuziehen, ebenso versuchte man, bestehendes Recht den aktuellen Verhältnissen anzupassen.[13]

des Amts Bözberg, die für die Lauffohrer galt. Das Brugger Gericht wurde an «offener fryer strass» oder am «offenen markt» gehalten. In der Regel führte der Schultheiss im Namen der Herrschaft den Vorsitz.

Brugg trat zudem mehrmals als *Sammelplatz* österreichischer Streitkräfte in Erscheinung. Es stellte diesen auch eigene Kontingente. Laut Stadtchronik folgten die Brugger Männer im Morgartenkrieg von 1315 und auch im Krieg gegen Zürich 1351 der Fahne Habsburg-Österreichs. 1386 besammelte Leopold III. sein Heer zum Zug nach Sempach in

___ 11 Stercken, Sursee, S. 19–29. HLS, Artikel Stadtrecht. ___ 12 Grundsätzlich zum Stadtrecht: Baumann, Was feiert Brugg 1984, S. 19–30. Der Friedkreis hätte rund 200 km² umfasst, was bereits damals keine andere mittelalterliche Stadt besass. ___ 13 Stercken, Sursee, S. 36–47. ___ 14 Banholzer, Geschichte der Stadt Brugg, S. 13–35; Kdm Brugg, S. 256–276; Baumann, Was feiert Brugg 1984, S. 19–30.

216 — Königin Agnes von Ungarn residierte im nahen Kloster Königsfelden. Von 1348 bis zu ihrem Tod 1364 war sie Stadtherrin von Brugg. Die imposante Klosteranlage im Aquarell von Albert Kauw, 1669.

Brugg, 28 Bürger folgten ihm. 1364 unterstellte König Rudolf IV. die beiden Ämter Eigen und Bözberg auf Kriegszügen dem Brugger Banner und verpflichtete sie, der Stadt in Kriegsnot beizustehen. Diese Regelung sollte während der nächsten 100 Jahre zu Konflikten zwischen der Stadt und der Landschaft führen. Vor allem nach 1415, mit der Eroberung des Eigenamts und Bruggs durch Bern, verschärfte sich das Problem, da das Gebiet links der Aare nach wie vor österreichischen Dienstleuten unterstand.

36 — Eine wichtige Bedeutung erhielt Brugg auch als *Residenz-* beziehungsweise Absteigequartier der Landesherrschaft. Rudolf von Habsburg kam oft nach Brugg und schloss hier in den Jahren 1264/65 und 1270 bis 1273 eine ganze Reihe von Rechtsgeschäften ab. Seine Familie hielt sich in Brugg auf, als er in Frankfurt 1273 zum deutschen König gewählt wurde. War im Hochmittelalter Herrschaftsausübung mit persönlicher Präsenz und Reiseherrschaft verbunden, so förderte der Territorialisierungsprozess seit dem Beginn des 14. Jahrhunderts die Errichtung von Zentren mit ortsfesten Dienstleuten, welche Verwaltungsaufgaben übernahmen. Zum wichtigsten Verwaltungszentrum der Habsburger in den Vorlanden wurde die Burg Stein in Baden. Dennoch wurde Brugg immer wieder von den habsburgischen Herzögen aufgesucht, wie aus Urkunden des 14. und 15. Jahrhunderts hervorgeht. Ein grosses Ereignis war sicher 1354 der Besuch von Kaiser Karl IV., und noch nach der Eroberung durch Bern besuchte Friedrich III. von Habsburg-Österreich Brugg 1442.[14]

Königin Agnes von Ungarn als Landesherrin

Die Gründung des Klosters Königsfelden nach der Ermordung König Albrechts I. 1308 in Windisch war ein tiefer Einschnitt in die Entwicklung der Region. Die habsburgische Verwaltung der Vorlande befand sich in Baden, doch seit 1317 residierte Königin Agnes von Ungarn, die

> Tochter Albrechts I., in Königsfelden. Durch ihre Landkäufe zugunsten des Klosters sowie durch ihre Präsenz als Vertreterin der Herzöge wurde das Kloster zu einem neuen Herrschaftsmittelpunkt der habsburgischen Politik. 1348 übergab ihr Albrecht II. die Ämter Bözberg und Eigen sowie die Stadt Brugg als väterliches Erbe. Nun herrschte Königin Agnes als Landesherrin über Brugg, Altenburg und Lauffohr. Bei Gerichtsverhandlungen liess sie sich durch Vögte vertreten. Nach dem Tod von Agnes 1364 fiel die Herrschaft über das Amt Bözberg an die Herzöge von Habsburg-Österreich zurück und wechselte in der Folge häufig die Hand. Die Stellung des Klosters Königsfelden im Eigenamt wurde 1397 weiter gestärkt: Die Herzöge von Österreich übertrugen dem Kloster die hohe und die niedere Gerichtsbarkeit im gesamten Eigenamt.[15]

Lauffohr: Im Einflussbereich der Murbacher Grundherrschaft

Einen grossen Einfluss auf die Siedlungsentwicklung hatten die vom Adel gegründeten und mit Gütern und Rechten ausgestatteten Klöster. Sie stiegen bis zum Beginn des Spätmittelalters zu bedeutenden Grundherren auf und zeichneten sich durch eine gut organisierte Verwaltung ihrer Besitzungen aus, mit einer früh ausgebildeten Schriftlichkeit. Ihre Rechte und Güter fassten die Klöster zu Grundherrschaften zusammen, einer Form von Herrschaft, die das Leben auf dem Land und damit den überwiegenden Teil der Bevölkerung prägte. Sie bedeutete «Herrschaft über Land und Leute». Die Leute waren Eigentum ihres Herrn und ihm gegenüber zu Frondiensten und Abgaben verpflichtet. Im Gegenzug nahm der Grundherr Aufgaben und Funktionen wahr, die wir heute staatliche Funktionen nennen würden: Er sorgte für Frieden in seiner Grundherrschaft, regelte Konflikte unter seinen Abhängigen, war deren Richter und sorgte auch für Schutz vor auswärtigen Angriffen. So genannte Dinghöfe dienten als Wirtschafts- und Verwaltungszentren über die verschiedenen Bauerngüter.

Wie sich der herrschaftliche Zugriff im Verlauf des Mittelalters änderte, dafür gibt Lauffohr ein gutes Beispiel ab. Die Bauern von Lauffohr gehörten ursprünglich zur Grundherrschaft des elsässischen Klosters Murbach. Dies war eine Grundherrschaft, die bis nach Remigen, Rüfenach, Stilli, Villigen und eben Lauffohr reichte und ein Konglomerat von Herrschaftsrechten, Einkünften, Grundbesitz und Eigenleuten umfasste. Das Verwaltungszentrum bildete der Hof Rein.

Zur Entstehung der Murbacher *Grundherrschaft des Hofes Rein* können kaum Aussagen gemacht werden, da erst die Überlieferung des Spätmittelalters Informationen über die Grundherrschaft liefert. Bekannt ist, dass das Kloster Murbach im Gebiet der Schweiz insgesamt 16 Höfe besass und auf diesen Höfen Gericht hielt. Zwei Mal im Jahr ritten die Vertreter des luzernischen Tochterklosters dem Abt von Murbach mit 17 Pferden entgegen. Sie unterstützten dabei den Abt in seiner wichtigsten Regierungstätigkeit – der Gerichtshaltung auf dem Hof. Das Kloster Murbach hatte dabei nur über die Angehörigen seines Hofes zu richten. Es verfügte weder über ein geschlossenes Territorium noch über flächendeckende Herrschaftsrechte, sondern herrschte über einen Personenverband und Güterbesitz.

Mit dem Ausbau der Grundherrschaft des Hofes Rein errichtete das Kloster Murbach auch die *Kirche in Vorderrein* und gründete eine Pfarrei – so hat Rein denselben Kirchen-

---

[15] Baumann, Rein und Rüfenach, S. 28f.; Thommen, Urkunden I, S. 282; RQ Brugg, S. 19; UB Brugg, Nr. 61; Werder, Gerichtsverfasung, S. 67-69. — [16] Baumann, Rein und Rüfenach, S. 18-22, 77-92; HLS, Artikel Dorf.

217 __ Das elsässische Kloster Murbach in einer Zeichnung von 1764. Lauffohr war Teil der Murbacher Grundherrschaft, dessen Verwaltungszentrum der Hof Rein bildete. Hier hielt der Abt von Murbach Gericht.

patron wie das Kloster Murbach, den heiligen Leodegar. Zur Pfarrei Rein gehörten die Siedlungen Rein, Rüfenach, Lauffohr, Villigen und Remigen. Bis 1526 waren auch die Bewohner der Brugger Vorstadt nach Rein kirchgenössig. Als Kirchherr und Inhaber des Kirchensatzes (Kirchenanteil) von Rein war Murbach berechtigt, den Zehnten einzufordern, anfangs lediglich von den eigenen Hofbauern, später von allen Bauern in den zugehörigen Ortschaften.[16] Der Zehnt, meist ein Zehntel des landwirtschaftlichen Ertrags, gehört zu den ältesten und verbreitetsten Abgabeformen, welche die mittelalterliche Kirche bei ihren Gläubigen durchsetzen konnte.

218 __ Umfang des Bannbezirks und Pfarreisprengels des Klosters Murbach, der durch die fünf Grenzpunkte Grundelosen, Zuben, Itele, Überthal und Lowingen bestimmt war. Damit gehörten der Bereich der Brugger Vorstadt sowie das Dorf Lauffohr zur Kirche Rein.

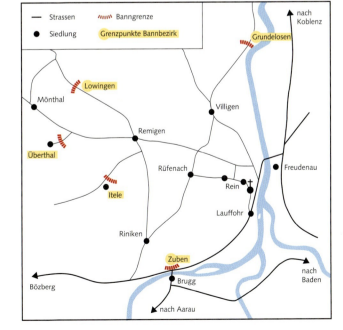

Daneben verfügte das Kloster Murbach über besondere Rechte innerhalb eines Bannbezirks, der mit dem Zehntbezirk des Pfarrsprengels übereinstimmte. Er war durch fünf Grenzpunkte festgelegt: Grundelosen, Zuben, Itele, Überthal, Lowingen.

Innerhalb dieses Gebiets beanspruchte Murbach alle Waldungen, sofern sie nicht zugunsten der Stadt und der Gemeinden ausgeschieden waren. Dies geschah offenbar vor dem Hintergrund, dass zwischen den Dörfern noch eine Art «Niemandsland» lag, das aus Waldflächen bestand, die von den Dörfern aus beweidet wurden. Innerhalb dieses Bannbezirks standen dem Abt zudem das Befestigungsregal, das Aufgebots- und das Jagdmonopol zu. Eine weitere Ausdehnung seiner Herrschaft gelang dem Kloster dagegen nicht: Weder die grundherrlichen Rechte am Hof Rein noch die Hoheitsrechte innerhalb des Bannbereichs konnte es ausdehnen und sich damit eine territoriale Herrschaft über ein bestimmtes Gebiet sichern. Das Kloster übte zwar die niedere Gerichtsbarkeit, das heisst die Verbots- und Gebotsgewalt, aus, allerdings nach wie vor nur über die Angehörigen und Güter seines Hofs. Die hohe Gerichtsbarkeit, die Rechtsprechung über Leib und Leben, stand hingegen den Grafen von Habsburg zu.

Straffung der Herrschaft durch die Habsburger

1291 ging mit allen übrigen Murbacher Höfen in der Schweiz auch der Hof Rein inklusive Pfarrkirche und Kirchensatz in den Besitz der Grafen von Habsburg über, die bereits die Schutzvogtei über das Kloster Murbach innehatten. Die Grafen von Habsburg waren aus mehreren Gründen an einer Übernahme des Hofs Rein, der einstigen Grundherrschaft, interessiert. In Villigen und Remigen besassen die Habsburger bereits einen Herrenhof und übten hier die niedere Gerichtsbarkeit aus. Von hier aus liessen sie Wälder roden und bezogen von den neu angesiedelten Bauern Zinsen. Habsburgischer Eigenbesitz und Gerichtsrechte befanden sich somit neben Murbacher Gütern und Rechten. Gleichzeitig bauten die Grafen von Habsburg ihre Machtposition aus und erhielten die Schutzvogtei über das Kloster Murbach. Im Zuge der Straffung und Intensivierung ihrer Herrschaftsrechte integrierten sie den Streubesitz des Klosters Murbach und vereinigten die Grundherrschaft Rein um die Mitte des 14. Jahrhunderts mit dem Amt Bözberg.

Bis heute gilt das nach 1300 abgefasste Habsburger Urbar (ein Güter- und Abgabeverzeichnis) als massgebliche Quelle zur Erforschung der habsburgischen Besitz- und Herrschaftsverhältnisse. Das Urbar dokumentiert zugleich den Wandel von Herrschaft: Einerseits bemühte sich der Landesherr um einen Überblick über seine Besitzungen und Herrschaftsrechte und stützte sich zu diesem Zweck auf schriftliche Aufzeichnungen. Andererseits wurden die Besitzungen nicht mehr anhand der beanspruchten Gefolgsleute aufgelistet, sondern territorial in Ämter gruppiert. Das Habsburger Urbar führte die zwei Murbacher Grundherrschaften als Verwaltungseinheit unter dem Namen «Amt Elfingen und Rein». Das Urbar beschreibt die Einkünfte und Rechte in Lauffohr und gibt damit einen Hinweis auf die Siedlungsgrösse. Die Herrschaft erhielt Abgaben von einer Hube, was einem grösseren Bauerngut entsprach, sowie von vier Schupposen, das heisst vier kleineren Bauerngütern. Dazu erwähnt das Urbar Abgaben von weiteren Gütern, Äckern und einem Ried. Die Lauffohrer Fischenz (Fischereirecht) gelangte 1291 ebenso in

—— 17 Zum Hof Rein: Rohr, Murbacherhöfe, S. 136–178, sowie Baumann, Rein und Rüfenach, S. 18–34; Maag/Schweizer/Glättli, Das habsburgische Urbar I, S. 97f. —— 18 Zur Dorfforschung: HLS, Artikel Dorf; zur Entwicklung im Aargau: Räber, Bauernhäuser Aargau 2, hier S. 29. —— 19 Milosavljevic, Kleinkastell Altenburg. —— 20 Zehnder, Gemeindenamen, S. 364, 378. —— 21 Siegrist, Acta Murensia, S. 13; HLS, Artikel Altenburg.

habsburgischen Besitz wie das Recht, Zehnt und Steuern einzuziehen. Der Kirchensatz von Rein wurde später durch Herzog Albrecht II. dem Kloster Wittichen übertragen.[17]

> **Dorfentstehung: Aus Kleinsiedlungen werden Dörfer**
>
> Seit dem Abzug der Römer im 5. Jahrhundert wurde unser Gebiet allmählich von einwandernden Alemannen besiedelt. Aus diesen frühmittelalterlichen Kleinsiedlungen entwickelten sich erst langsam dörfliche Strukturen. Verschiedene Faktoren beeinflussten diese Entwicklung. Viele Dörfer entstanden aus grundherrschaftlich erfassten Siedlungsverbänden. Im Mittelland führte sodann das Bevölkerungswachstum zu einer intensiveren Nutzung des bereits besiedelten Raums. Einerseits verdichteten sich die Hofsiedlungen, und andererseits erfolgte allmählich die Umstellung vom Feld-Gras-Bau zur Dreizelgenbrachwirtschaft mit ausgeschiedenen Zelgen. Dies hatte während des Hochmittelalters den Ausbau bestehender Siedlungen und den Zusammenschluss benachbarter Weiler und Höfe zu Dörfern zur Folge. Besonders die Einführung des Systems der Dreizelgenwirtschaft bedingte nun eine Organisation des Siedlungsverbands, der Regeln aufstellte bezüglich gemeinsamer Anbau- und Erntezeiten und der die zu bebauenden Zelgen ausschied.[18]

Altenburg: Römisches Kastell als Siedlungskern

Altenburg geht auf das römische Kastell aus dem 4. Jahrhundert zurück.[19] Man nimmt heute an, dass bereits nach dem Rückzug der Römer in unserem Gebiet zu Beginn des 5. Jahrhunderts gerodete Siedlungsplätze weiterhin benutzt wurden. So gab es in Schinznach und Rüfenach römische Gutshöfe; beides Dörfer mit Ortsnamen, die lateinischen Ursprungs sind.[20] Diese Höfe wirkten offenbar als Ausgangspunkt für eine Besiedlung in den folgenden Jahrhunderten.

Im späten 10. Jahrhundert nannte sich gemäss den Acta Murensia ein Vorfahre der Habsburger «Kanzelinus, comes de Altenburg». Die Zuweisung der heutigen Altenburg als *Wohnsitz der Habsburger* im 10. Jahrhundert ist zwar nicht eindeutig belegt. Doch geht die Forschung davon aus, dass die in den Acta Murensia genannte Altenburg das einstige Kastell Altenburg meint.[21] Denn Altenburg gehörte zum «Eigen-Gut» der Habsburger. Unter «Eigen», auch Allodium genannt, versteht man Besitz, der seinen Lehenscharakter verloren hat und vollständig ins Eigentum der Familie übergegangen ist. Im Unterschied zu al-

219 __ Das Schlössli Altenburg um 1885 noch vor dem Kanalbau. Die ersten Siedlungsspuren Altenburgs gehen auf das römische Kastell aus dem 4. Jahrhundert zurück.

220 — Mit der Einnahme von Brugg und Lenzburg 1415 erfolgte der Übergang eines Teils des Aargaus an Bern. Darstellung in der Berner Chronik des Benedikt Tschachtlan von 1470.

len anderen Besitzungen bezeichneten die Habsburger das Gebiet zwischen Aare und Reuss am Fuss der Habsburg als «Eigen». Hier verfügten sie als Grund- und Gerichtsherren schon früh über besonders viele Rechte.

Seit dem 11. Jahrhundert hatten sich die Grafen von Habsburg in der Gegend um Brugg, dem Bözberg und im Eigenamt ein *herrschaftliches Machtzentrum* aufgebaut. Noch im 12. Jahrhundert gehörten sie allerdings zu den kleineren Hochadelsgeschlechtern und standen im Schatten der Grafen von Lenzburg und Kyburg, die sie später beerbten. Im 12. Jahrhundert verfügten auch adlige Herrschaftsträger wie die Habsburger in der Regel weder über geschlossene Territorien noch über flächendeckende Herrschaftsrechte. Ein

— 22 Regesta Habsburgica I, Nr. 262, 266. Meyer, Hausrecht, S. 36–60. Grundsätzlich zur neueren Forschung bezüglich adlige Schenkungen und Verkäufe, insbesondere an Klöster: Eugster, Adlige Territorialpolitik. Werder, Gerichtsverfassung, bestätigt S. 38, dass weder der Deutschorden noch die Laufenburger später im Eigenamt begütert waren. — 23 StAAG AA Urk. Königsfelden Nr. 17, 27, 35. Anna von Montfort hatte es von ihrer Mutter, Verena von Veringen, geborene von Klingen, geerbt. — 24 Kdm Brugg, S. 335; Maag/Schweizer/Glättli, Das habsburgische Urbar I, S. 133. — 25 Meier, Effinger, S. 31–42, 362; Kdm Brugg, S. 335f.

Erbvorgang bildete eine willkommene Gelegenheit, neue Gebiete und Rechte zu beanspruchen. Verschiedene Urkunden zu Altenburg deuten darauf hin, dass hier umstrittene Erbansprüche bestanden. 1232 starb Graf Rudolf II. von Habsburg. Durch die Teilung des Hausgutes unter Albrecht IV. und Rudolf III. entstanden zwei Linien. Dass 1254 Gertrud von Habsburg-Laufenburg ihren Eigenbesitz in Altenburg an die Deutschordensbrüder der Provinz Elsass und Burgund verschrieb, weist darauf hin, dass die Linie Habsburg-Laufenburg ihre Erbansprüche nicht durchsetzen konnte.[22] Das Habsburger Urbar listet um 1306 erstaunlich wenige Einträge zu Altenburg auf: Erwähnt sind lediglich die Altenburger Fischenz und eine «hofstat inrent dem gemure». Dazu kommt die hohe Gerichtsbarkeit, welche den Grafen von Habsburg-Österreich zustand.

Erst 1314 erfahren wir von einem weiteren bedeutenden Gut in Altenburg, das an das neu gegründete habsburgische Hauskloster Königsfelden gelangt war. Anna von Montfort, die Witwe Graf Hugos IV. von Montfort, verkaufte ihren Besitz im Eigen, genannt das Gut von Veringen oder das Gut zu Altenburg, für 250 Mark Silber an den Frauenkonvent. Die hohe Summe deutet darauf hin, dass es sich um einen grösseren Hof gehandelt haben muss.[23] Nach 1300 lag die Altenburg mitsamt der niederen Gerichtsbarkeit als Lehen in der Hand der Schenken von Habsburg, welche treue habsburgische Dienstleute waren.[24]

Um 1345 war Altenburg in der Hand der überregional bedeutenden *Herren von Hallwil*. Sie hatten die Herrschaft Wildegg als Lehen von Habsburg-Österreich empfangen. Diese Herrschaft umfasste den ehemaligen Murbacher Hof Holderbank sowie die beiden Twinge (Niedergericht mit dazugehörigen Gütern und Rechten) Möriken und Altenburg. Mit der Eroberung des Aargaus 1415 löste Bern zwar die Herzöge von Habsburg-Österreich als Landesherren ab, doch blieben zu Beginn alle alten Rechte gewahrt. Das heisst, die habsburgischen Dienstleute verblieben in ihren Stellungen, sprachen Recht und zogen Abgaben ein.

Einzig die Hallwiler hatten 1415 den Berner Truppen auf der Wildegg erfolgreich Widerstand geleistet. In der Folge liquidierte Thüring III. von Hallwil seinen aargauischen Besitz und veräusserte dabei 1437 die Herrschaft Wildegg samt Altenburg. Nach mehreren Handwechseln bemühte sich Bern darum, das Niedergericht von Altenburg in die sich entwickelnde Landvogteiverwaltung zu integrieren. Die kleine Twingherrschaft Altenburg ging zwischen 1450 und 1480 im bernischen Eigenamt auf.[25]

Ablösung der Habsburger als Landesherren durch Bern

Im Aargau waren die Grafen von Habsburg nach dem Aussterben der Kyburger 1264 und mit der Übernahme von deren Rechten die Landesherren geworden. Nach fast 150 Jahren ging ihre Herrschaft 1415 rasch zu Ende. Auslöser waren die Ereignisse auf dem Konzil von Konstanz. Als der Habsburger Herzog Friedrich IV. dem abgewählten Gegenpapst zur Flucht verhalf, setzte König Sigismund den Herzog unter Reichsacht und forderte dessen Nachbarn auf, die habsburgischen Besitzungen zuhanden des Reichs einzunehmen. Nach erstem Zögern eroberten Truppen der Städte Bern und Solothurn den Aargau rechts der Aare und gelangten innerhalb weniger Tage bis nach Brugg. Die Stadt ergab sich ohne Widerstand, am 29. April 1415 wurde die Kapitulation verbrieft. Darin sagte sich Brugg von seiner bisherigen Herrschaft los und schwor dem Heiligen Römischen Reich und Bern stete Treue. Die Rechte und Einnahmen der Herzöge von Österreich an Zinsen, Zoll, Geleit oder Steuern gingen an Bern und Solothurn über. Die beiden Städte versprachen, Bruggs Freiheiten, Rechte, Privilegien und alte Gewohnheiten unangetastet zu lassen. Auch war es Brugg erlaubt, neue Freiheiten vom König zu erwerben, allerdings ohne die Interessen der Städte Solothurn und Bern zu verletzen. Da Bern und Solothurn im Namen des Königs und des Reichs handelten, war Brugg, rein rechtlich gesehen, ans Reich zurückgefallen. Daher war es möglich, dass sich nur wenige Tage später, am 7. Mai 1415, Herzog Friedrich mit Sigismund versöhnte und der König die Herausgabe der Eroberungen forderte. Er tat es vergeblich. Schliesslich verpfändete der König für 5000 Gulden das Gebiet bis Brugg an Bern und wahrte so formal den Anspruch des Reiches. Dabei wurde Solothurn von Bern entschädigt und verzichtete auf eine Mitherrschaft. Brugg war von nun an *bernische Munizipalstadt*.[26] In einem Punkt setzte Bern von Anfang an seine landesherrliche Stellung durch: Es verbot den Städten, ihre Steuern an die habsburgischen Pfandnehmer abzuliefern, ohne jedoch die Pfänder selbst auszulösen. Erst nach mehreren Jahren konnte sich Brugg von diesen Verpflichtungen rechtmässig lösen, indem es sich 1424 mit 54 Mark Silber loskaufte.

Obwohl die Landeshoheit an Bern übergegangen war, lösten sich die Beziehungen zum Haus Habsburg-Österreich, wie bereits bei Altenburg gezeigt wurde, nicht schlagartig, sondern erst allmählich. Die bestehenden Besitzverhältnisse und Rechte wurden zunächst von Bern respektiert, allerdings bemühte es sich, wo immer möglich berntreue Leute einzusetzen.

Problematisch erwies sich nach 1415 das Verhältnis von Brugg zum *Amt Schenkenberg*, zu welchem Lauffohr gehörte. Seit der 1377 erfolgten Vereinigung des Amts Bözberg mit Burg und Herrschaft Schenkenberg zum gleichnamigen Amt hatte dieser neu zusammengesetzte Herrschaftsbereich mehrmals die Hand gewechselt. Unter Markwart von Baldegg gestalteten sich nach 1451 die Beziehungen zu Brugg äusserst schwierig. Er und seine Vorfahren waren in habsburgisch-österreichischen Diensten gestanden, weshalb er zu Bern auf Distanz ging. Die Aare bildete für ihn eine eigentliche Landesgrenze. Er respektierte den Brugger Stadtbann rechts der Aare. Genauso verlangte er das Einhalten der Grenze links der Aare. Als Brugger Besitz anerkannte Markwart von Baldegg lediglich die «Chräpfele». Die Stadtbürger versorgten sich aber auf dem ganzen Bruggerberg mit Bau- und Brennholz. Damit schädigten sie in seinen Augen seine Waldungen. Ein Vermittlungsversuch von Bern scheiterte, da Schultheiss und Rat einseitig urteilten und ihre Untertanenstadt Brugg begünstigten. Schliesslich löste Bern den Konflikt mit militärischen Mitteln. 1460 eroberte Bern das Amt Schenkenberg und entmachtete Markwart von Baldegg. Damit wurden auch die Lauffohrer Untertanen von Bern.[27]

[26] Ausführlich zur Übergabe an Bern: Banholzer, Geschichte der Stadt Brugg, S. 13–19. — [27] Ausführliche Schilderung des Konflikts bei Baumann, Bözberg, S. 74–94, und Baumann, Rein und Rüfenach, S. 28–34.

Untertanen des Staates Bern

Bern, Hauptstadt und Zentrum der Macht

Seit dem 15. Jahrhundert bildete Bern das mächtigste Glied der Alten Eidgenossenschaft. Mit der Eroberung der Waadt 1536 baute die Stadt ihre Übermacht noch weiter aus. Sie beherrschte nicht nur ihr eigenes Staatsgebiet, das vom Genfersee bis an die unterste Aare bei Villigen reichte. Zusammen mit anderen eidgenössischen Orten kontrollierte sie auch «Gemeine Herrschaften» wie die Grafschaft Baden, das Freiamt und den Thurgau.

Die gesamte Macht über die «Republik Bern» konzentrierte sich auf die Hauptstadt. Von hier aus wurden die Untertanen beherrscht, am Ende des 18. Jahrhunderts knapp 400 000 Menschen. Bern selbst zählte kaum 10 000 Köpfe; rund die Hälfte besass das «Burgerrecht», von diesen hatten aber die meisten keine politischen Rechte. Der Oberschicht gelang es nämlich im Lauf der Frühen Neuzeit, die Wählbarkeit in die einflussreichen Ämter auf eine Minderheit von letztlich etwa 70 «regierenden Familien» zu beschränken. Diese «Classe politique», die samt Frauen und Kindern etwa 1000 Personen umfasste, verteilte sämtliche wichtigen Staatsposten (samt den damit verbundenen Einnahmen) unter sich. Wie andere Stadtkantone in der Alten Eidgenossenschaft bildete die «Republik Bern» somit eine Aristokratie, in welcher eine abgeschlossene Gruppe (0,25 %) als «Gnädige Her-

221 ⎯ Das Zentrum der Macht in der alten Republik Bern: die Rathaus-Gruppe um 1780. Blick von Nordosten (mit Terrassenprojekt), Ansicht von Niklaus Sprünglin.

ren und Obere» die gesamte übrige Bevölkerung (99,75%) zu «geliebten Untertanen» degradierte.

Oberstes Organ im Staat Bern war der Grosse Rat; er entschied über alle wichtigen Fragen der Gesetzgebung und der Aussenpolitik; er wählte die höchsten Beamten, bestimmte die Landvögte und fällte Gerichtsurteile in letzter Instanz. Die täglichen Geschäfte erledigte ein Ausschuss, der Kleine Rat. In beiden Gremien führte der amtierende Schultheiss den Vorsitz. Die Verwaltung war in Kammern eingeteilt, die je ein Ressort besorgten, etwa Finanzen, Wirtschaft, Militär oder Justiz.

Die Wahlen für verantwortungsvolle und zugleich einträgliche Posten erfolgten nicht aufgrund einer besonderen Eignung oder Ausbildung; massgebend war allein die Abstammung aus einer «regierenden Familie»; die Landvogteien wurden ab 1710 sogar unter den anstehenden Kandidaten verlost – ohne Berücksichtigung vorhandener oder fehlender Qualifikation.

Der Regierungsstil Berns war patriarchalisch geprägt. Die «Gnädigen Herren» begegneten den Untertanen herablassend, in der Regel aber durchaus wohlwollend. Sie betrachteten sich als Landesväter, die für unmündige Kinder sorgen und für ihre Tätigkeit Gott dereinst Rechenschaft ablegen mussten. Dies schloss nicht aus, dass einzelne Amtsinhaber ihre Position zu ihrem eigenen Vorteil ausnützten, ja missbrauchten.

Kennzeichnend für den Staat Bern war auch der kleine Polizeiapparat und das Fehlen eines stehenden Heeres als Mittel zur Sicherung der Macht. Trotzdem kam es – abgesehen vom Bauernkrieg 1653 – selten zu offener Auflehnung von Seiten der Untertanen. Mit Hilfe der Chorgerichte sowie einer loyalen städtischen und ländlichen Oberschicht kontrollierte die Obrigkeit die breite Bevölkerung mit einem durchorganisierten Spitzelsystem. Dadurch erfuhr sie auch frühzeitig von verstecktem Unwillen. Andererseits schränkte sie den Handlungsspielraum der Beamten ein – durch Gesetze, Pflichtenhefte, Finanzkontrollen und vor allem durch die Möglichkeit, gegen alle Entscheide bis an den Grossen Rat nach Bern zu rekurrieren. Die Oberbehörden ihrerseits verzichteten auf den Ausbau eines modernen Staates und auf die Erhöhung der Abgaben, um die Bevölkerung nicht zu verärgern. Gegensätzliche Interessen suchten sie durch Kompromisse zu entschärfen.

Zudem beugte die Obrigkeit allfälliger Opposition vor, indem sie die Bevölkerung zu «Gottseligkeit, Zucht, Ehrbarkeit, Frömmigkeit, christlichem Leben, Wesen und Wandel zu ziehen und weisen» versuchte. Das erklärte Ziel dieser Bemühungen bildeten brave, gehorsame, unkritische, also gefügige, angepasste Untertanen. Dazu dienten die altbewährten Mittel von Ermahnung, Lob und Strafe. Diese Umerziehung erfolgte vor allem über die reformierte Staatskirche. Die Seelsorger mussten im Sonntagsgottesdienst die Verordnungen der Regierung verlesen sowie durch Predigt und Unterricht die angestrebten Normen und Tugenden verkünden. Gemäss der Eidesformel der Pfarrer stand die Pflicht, den Nutzen «Unserer Gnädigen Herren» zu fördern und Schaden abzuwenden, an erster Stelle; die Aufgabe, «das heilige Evangelium und das Wort Gottes vorzutragen», folgte erst in zweiter Linie.[1] Dass für die Bevölkerung der Kirchgang obligatorisch erklärt wurde, folgte dieser Logik ebenfalls. Neben Ermahnungen sollten Richter Verstösse gegen die obrigkeitlichen Vorschriften bestrafen und dadurch von Ungehorsam abschrecken.

Mit dieser Mischung von Strenge und Konzilianz erreichten die «Gnädigen Herren» von Bern, dass ihre Untergebenen mit dem Regierungssystem nicht allzu unzufrieden waren und sich daher während Jahrhunderten kaum auflehnten.[2]

---

[1] Zitat bei Bucher, Landvogteien, S. 161. — [2] Baumann, Bernische Herrschaft.

Die Verwaltung der Landschaft mit den Dörfern Altenburg und Lauffohr

Die ganze Republik Bern war in «Ämter» eingeteilt, die durch *Landvögte* verwaltet wurden. Brugg grenzte im Norden an das Amt Schenkenberg, im Süden an das Amt Königsfelden. Bis 1720 residierte der Landvogt von Schenkenberg auf der gleichnamigen Burg, danach im Schloss Wildenstein; zu seinem Herrschaftsbereich, der bis Thalheim, Bözen und Hottwil reichte, gehörte Lauffohr. Sein benachbarter Kollege wohnte im einstigen Kloster Königsfelden, trug den Titel eines «Hofmeisters» und war im Rahmen des Eigenamtes auch für Altenburg zuständig.

Der Landvogt bildete das Verbindungsglied zwischen der Zentrale in Bern und der Bevölkerung seines Amtsgebiets. Während einer Amtsdauer von sechs Jahren besorgte er sämtliche Verwaltungsbereiche der ihm anvertrauten Landvogtei: Er war Zivil-, Straf- und Sittenrichter, verwaltete die staatlichen Einnahmen und Ausgaben und überwachte die Polizei, das Militär, das Schulwesen und die Armenfürsorge.

Der Amtsantritt erfolgte in feierlicher Zeremonie, wobei ihm die Untertanen den Treueid ablegten. Der Landvogt repräsentierte somit die Herrschaft der «Gnädigen Herren» von Bern auf der Landschaft ganz konkret. Zu ihm hatte die Bevölkerung einen direkten «Draht». Er lud Männer und Frauen zu seinen regelmässigen Audienzen vor. Sie konnten ihn aber auch auf eigene Initiative aufsuchen, um ihre Anliegen vorzutragen.

Wegen der Breite der Kompetenzen und der grossen Machtfülle fühlten sich die Untertanen vom Landvogt oft abhängig, ja ihm ausgeliefert. Die Obrigkeit wollte sie daher vor willkürlicher Amtsführung schützen. So war der Vogt nicht nur an die Gesetze und an die Weisungen aus Bern gebunden, sondern auch an einen detaillierten Gebührentarif. Die wichtigsten Entscheide wurden in Bern gefällt. Die Untertanen konnten alle Verfügungen bei den oberen Instanzen anfechten. Sie durften Bittschriften einreichen, die der Landvogt unter allen Umständen weiterleiten musste; ja, es stand ihnen frei, mit Beschwerden direkt nach Bern zu gelangen, und dies mit echten Chancen, Recht zu bekommen.

222 ___ Die Burg Schenkenberg, Residenz der Berner Landvögte von 1460 bis 1720 (auch für die Untertanen von Lauffohr). Grenzplan zwischen Thalheim und Oberflachs von Georg Friedrich Meyer, 1682.

223 ___ Die Burg Wildenstein, Residenz der Berner Landvögte von 1720 bis 1798. Im Hintergrund die Schlösser Wildegg und Lenzburg. Federzeichnung von Emanuel Büchel, 1763.

224 ___ Blick in den Innenhof des ehemaligen Klosters Königsfelden. In der Mitte (mit Türmchen) die Hofmeisterei, Residenz des auch für Altenburg zuständigen Berner Landvogts. Links der Durchgang zur Klosterkirche, dazwischen der Verwaltungstrakt mit dem Archiv, der Audienzstube des Landvogts und der Stube des Amtsuntervogts. Rechts die nun abgebrochene Hofbäckerei mit Brotkeller. Im Vordergrund der achteckige Brunnentrog. Zeichnung von Johann Rudolf Rahn, 1859.

Den Landvögten stand ein nur kleiner Mitarbeiterstab zur Verfügung. Eine besondere Bedeutung kam dem Sekretär, einem ausgebildeten Notar, zu. Dieser war meistens ebenfalls Bernburger, aber an keine Amtszeit gebunden. Der *Landschreiber* von Schenkenberg wirkte in der Landschreiberei an der Kirchgasse in Brugg, der *Hofschreiber* von Königsfelden in der dortigen Hofschreiberei. Sie besorgten sämtliche schriftlichen Arbeiten wie die Führung von Protokollen, das Verfassen der Korrespondenz und die Ausstellung von Urkunden.

Stellvertreter des Landvogtes war der *Amtsuntervogt*. Er war ein Untertane und wurde aus der ländlichen Oberschicht der Region ausgewählt. Im Amt Schenkenberg gehörten sie durchwegs demselben Heirats- und Verwandtschaftskreis an. Lauffohr bildete von 1758 bis 1798 den Sitz der Untervogtei; Amtsinhaber waren damals der Müller Hans Jakob Finsterwald (1716–1790) und später dessen Sohn Johannes (1750–1837). Altenburg gelangte selten zu solchen Ehren, da die Untervögte von Königsfelden meist aus Windisch und Oberburg stammten. – Die Amtsuntervögte gehörten zu den mächtigsten und einflussreichsten Bewohnern der Landschaft. Sie besassen präzise Ortskenntnisse, übten ihre Funktion meist jahrzehntelang aus und berieten die jeweiligen Landvögte daher bei vielen Problemen. Umgekehrt waren sie die höchsten Vertreter ihrer Mituntertanen, welche Unterstützung bei der Obrigkeit erwarteten. Dadurch gerieten die Amtsuntervögte gelegentlich in Loyalitätskonflikte.

Weitere Dienste erfüllten der *Landweibel* als Bote und Begleiter von Landvogt und Untervogt sowie der *Amtsprofos,* der zugleich Polizist und Gefangenenwart war. Auch sie gehörten der einheimischen Bevölkerung an.

Im Übrigen wirkten Untertanen in der *Rechtsprechung* auf der untersten Ebene mit. Die Altenburger entsandten jeweils einen Vertreter in das Amtsgericht Königsfelden. Lauffohr war für gewöhnlich mit einem Mann im Gericht Bözberg vertreten, nach dessen Teilung 1566 im Gericht Stilli. Das Letztere umfasste die Gemeinden Riniken, Remigen, Mönthal, Rüfenach, Rein, Lauffohr, Stilli und Villigen. Ursprünglich tagte es jeweils am Wohnort des Amtsuntervogts, ab etwa 1660 durchwegs im Gasthaus zum Bären in Stilli.

Diese Gerichte bestätigten in erster Linie Handänderungen von Liegenschaften. Sie beurkundeten Schuldbriefe, Bürgschaften, Testamente, Erbteilungen und andere Verträge.

225 — Niklaus Emanuel von Tscharner (1727–1794), Landvogt von Schenkenberg 1767–1773. Beispiel eines Vertreters der «Gnädigen Herren» von Bern auf der Landschaft. Aquarell von Markus Dinkel.

Strafen durften sie höchstens für kleine Delikte aussprechen, und zwar Geldbussen. Zivile Streitigkeiten gelangten ursprünglich ebenfalls vor das unterste Gericht. Doch zogen es die Parteien ab dem 17. Jahrhundert zunehmend vor, ihr Recht direkt beim Landvogt zu suchen; dieser bildete ohnehin die erste Rekursinstanz, bevor man allenfalls nach Bern appellierte.

Im Rahmen der Kirchgemeinden bestanden zudem *Chorgerichte,* welche Verstösse gegen die Sittengesetze ahndeten. Lauffohr war im Chorgericht von Rein, Altenburg in jenem von Windisch vertreten, meist mit je einem Mitglied. Ihre Tätigkeit wird in einem besonderen Kapitel behandelt.

Die Richter und Chorrichter wurden nicht etwa durch die Dorfgenossen gewählt, sondern durch den Landvogt ernannt, im 17. Jahrhundert auf zwei Jahre, später auf Lebenszeit. Auch sie entstammten dem Kreis der hablichen Bauern, wobei oft die Söhne den Vätern folgten.

Als *Strafrichter* setzten sich im Lauf der Zeit immer mehr die Landvögte durch. Sie büssten Verstösse gegen obrigkeitliche Vorschriften und liessen Übeltäter (seltener Frauen!) bis zu 72 Stunden einkerkern oder ihnen durch den Profosen eine bestimmte Anzahl Stockschläge verabreichen.

Über schwere Verbrechen wie Mord, Kindsmord, Sexualvergehen oder schwere Diebstähle hatte ursprünglich das Landgericht geurteilt, ein Gremium aus lauter Untertanen, also auch mit Abgeordneten von Altenburg beziehungsweise Lauffohr. Im Lauf der Frühen Neuzeit zog die Obrigkeit in der Hauptstadt diese Kompetenz immer mehr an sich. Der Landvogt amtete jeweils als Untersuchungsrichter. Er sandte seinen Bericht an die Kriminalkommission nach Bern, wo der Kleine Rat das Urteil aufgrund der eingereichten Akten fällte. Lautete dieses auf Hinrichtung, so wurde das Landgericht noch als «Dekoration» einberufen. Für das Amt Königsfelden tagte es vor dem Oberen Tor bei Brugg, für Schenkenberg vor dem Baslertor westlich der Vorstadt. Unter dem Vorsitz des jeweiligen Landvogtes wurde auf einer Tribüne ein Volksschauspiel inszeniert. Vor einer grossen Masse Neugieriger lief ein genau festgelegtes Drehbuch ab, in dessen Verlauf der Landvogt das aus Bern eingetroffene Todesurteil verkündete. Danach wurde der oder die Verurteilte in einem grossen Umzug zur Hinrichtungsstätte geführt. Für das Amt Königsfelden befand sie sich auf dem «Galgenhübel» bei Windisch, für Schenkenberg beim Prophetengut auf

226 ___ Die Landschreiberei an der Ecke Kirchgasse/Storchengasse in Brugg. Sitz des Landschreibers von Schenkenberg mit Schreibstube und Audienzräumen, fotografiert 2005.

227 ___ Wappentafel über dem Rundbogen des Hoftors mit Wappentafel, fotografiert 2005: links und rechts der Berner Bär, oben der Reichsadler, unten das Wappen der Herrschaft Schenkenberg. Auf den Tafeln links und rechts hatten sich hohe Berner Magistraten mit ihren Wappen verewigt, die wohl während der Helvetischen Revolution als Symbole der Unterdrückung weggeschlagen wurden.

dem Bözberg. Hier vollstreckte der Scharfrichter das Urteil vor der gaffenden Menge. – Aus Lauffohr ist keine derartige Hinrichtung bekannt, dagegen aus Altenburg: 1674 wurde der 16-jährige Daniel Hafner aus dem unteren Hölzli wegen Sexualverbrechens mit dem Schwert enthauptet und seine Leiche anschliessend verbrannt.³

Die «Gnädigen Herren» hatten die Mitwirkungsrechte der Untertanen bei der Rechtsprechung somit weitgehend ausgehöhlt. Etwas mehr Selbständigkeit liessen sie den *Gemeinden* in Bezug auf die Selbstverwaltung.

Altenburg galt seit dem Mittelalter als eigene Gemeinde. Lauffohr dagegen bildete im Verein mit Rein und Rüfenach die Gemeinde Vollenfohr und war rechtlich nur eine Dorfschaft (zusammen mit Au und Sonnenberg). In Altenburg wie in Lauffohr hatten sich die Bauern für die Regelung gemeinsamer Probleme zusammengeschlossen, die vor allem die Landwirtschaft betrafen. Ebenso entschieden die Stimmberechtigten über Einbürgerungen. Sie hielten Dorfgenossenversammlungen ab, wählten Dorfmeier und Seckelmeister als Beamte und erhoben Steuern von den Landbesitzern. Andere Aufgaben wie Frondienste, Strassenunterhalt, Schulwesen oder den Bezug der Herrschaftssteuer lösten die Altenburger allein, die Lauffohrer aber im Rahmen der Gemeinde Vollenfohr gemeinsam mit den Reinern und den Rüfenachern. Die Letzteren führten auch eine gemeinsame Kasse und bezogen gemeinsame Steuern von Dorfgenossen und Hintersässen (Nichtbürgern).

___ 3 StAAG AA 660/1674. Vgl. dazu Werder, Gerichtsverfassung. ___ 4 Baumann, Rein und Rüfenach, S. 253–259.

Die Gesamtgemeinde Vollenfohr wurde erst auf den 1. Januar 1809 vertraglich in die drei Kleingemeinden Lauffohr, Rein und Rüfenach aufgelöst.[4]

Doch auch die Autonomie der Gemeinden wurde obrigkeitlich eingeschränkt. So bedurften Dorfgenossenversammlungen der vorgängigen Erlaubnis des Landvogts. Dieser kontrollierte die Gemeinderechnungen und entschied bei internen Zwisten als Beschwerdeinstanz.

Die Sonderstellung Bruggs als Landstadt innerhalb des Staates Bern

Brugg nahm innerhalb des Unteraargaus eine politische Sonderposition ein – analog zu Aarau, Zofingen und Lenzburg. Diese so genannten *Munizipalstädte* waren keiner Landvogtei eingegliedert. Im Unterschied zur Landbevölkerung war die Einwohnerschaft Bruggs nicht einem Landvogt als Vertreter Berns, der als Mittelsmann und Verbindungsglied zur Hauptstadt agierte, unterstellt. Sie verkehrte mit der Obrigkeit direkt.

Die Stadt Brugg und ihre Regierung besorgten alle Aufgaben, die andernorts den Landvögten und den Oberbehörden oblagen, selbst, und zwar einschliesslich der Verhängung der Todesstrafe. Ihre Kompetenzen waren real und nicht scheinbar, ja sie gingen sogar über jene der Landvögte hinaus. Die Stadt durfte nämlich eigenständig Gesetze erlassen, und zwar in zivil- wie in strafrechtlicher Hinsicht. Für Sitzungen und Versammlungen bedurfte sie keiner vorgängigen Erlaubnis aus Bern. Auch überwachte kein Vertreter

228 — Das Brugger Rathaus, angelehnt an den Schwarzen Turm, erbaut 1579. Heutige Gestalt von 1758/59, fotografiert um 1900.

der Obrigkeit ihre Amtsführung. Behörden und andere Amtsinhaber wurden nicht von oben ernannt und eingesetzt, sondern durch die städtischen Organe gemäss einem in Bern bestätigten Reglement gewählt.

In diesem Sinne legten die Bürger den alljährlichen Treueid gegenüber ihren eigenen Behörden ab und nicht den «Gnädigen Herren» von Bern. Nur in ausserordentlichen Zeiten verlangte die Obrigkeit einen formellen Treueschwur, etwa 1655, nach der erfolgreichen Niederschlagung des Bauernkriegs.[5]

Somit war Brugg als Munizipalstadt gegenüber der umliegenden Landschaft stark privilegiert. Die Bürgerschaft wachte aufmerksam über diese Vorrechte. Sie reagierte empfindlich, wenn sie eine Schmälerung ihrer «Freiheiten» befürchtete, und der Schultheiss musste ihr alljährlich schwören, die städtischen Privilegien zu verteidigen, ja sie eher zu erweitern.[6]

Natürlich wahrte sich die Obrigkeit in Bern ihren Herrschaftsanspruch über das Aarestädtchen ebenfalls. Ihre Gesetze galten auch für Brugg, sofern die dortigen Behörden nicht eine ausdrückliche Verletzung altüberlieferter Privilegien nachweisen konnten, und das kam äusserst selten vor. Zwischen den beidseitigen Behörden wurde eine äusserst rege Korrespondenz geführt, was die zahllosen «Missiven» (Zuschriften) im Stadtarchiv belegen.[7]

Besonders wichtig war auch in Brugg das Recht aller Einwohnerinnen und Einwohner, gegen Entscheide des eigenen Regiments in Bern zu rekurrieren und sich dort direkt zu beschweren. Dies zwang die städtischen Behörden, ihre Beschlüsse vor der Obrigkeit zu rechtfertigen – mit dem Risiko, zurückgepfiffen zu werden. Solche Niederlagen waren jeweils peinlich. Der Brugger Rat versuchte daher, seine Mitbürger von einem solchen Schritt durch Einschüchterungen abzuhalten; taten sie es dennoch, zahlte er es ihnen durch offizielle Rügen und durch Strafen für angeblich falsche Anschwärzungen heim. Allerdings schützten auch die Oberbehörden den Brugger Rat vor tatsächlich falschen und beleidigenden Anklagen, indem sie von den betreffenden Bürgern eine öffentliche Entschuldigung verlangten.[8] Das Rekursrecht schützte nicht nur die Bürgerschaft vor der Willkür der eigenen Amtsinhaber. Es bot den «Gnädigen Herren» auch eine Möglichkeit, sich in die inneren Angelegenheiten der Munizipalstadt einzumischen.

Im Übrigen liess sich Bern seine Oberhoheit in einer regelmässig wiederholten Zeremonie feierlich absichern. Zu diesem Zweck musste der Brugger Amtsschultheiss alle zwei Jahre in die Hauptstadt reisen, um dort seinen Treueid gegenüber der Regierung abzulegen. Bei dieser Gelegenheit bestätigten die Oberbehörden dem Städtchen jeweils seine Privilegien samt dem «Blutbann», also dem besonders symbolträchtigen Recht, in eigener Kompetenz Todesstrafen zu verhängen. Auch konnten aktuelle Fragen besprochen und Anliegen angebracht werden. Vermutlich überreichte der vom Grossweibel begleitete Brugger Schultheiss jeweils Geschenke, vielleicht lud er zu festlichen Mahlzeiten ein; denn die Kosten für diesen Gang in die Hauptstadt beliefen sich im 18. Jahrhundert auf bis zu 400 Gulden, was zwei vollen Jahreslöhnen eines gelernten Handwerkers entsprach. Den Herren in Bern waren diese regelmässigen Begegnungen mit dem Brugger Stadtober-

─── 5 StABg A 34, S. 82. Vgl. auch RQ Brugg, S. 270f., RQ Aarau, S. 389, StAAG AA 1834, S. 747. ─── 6 StABg A 11. Beispiele für Kompetenzstreitigkeiten zwischen Brugg und Bern siehe StABg A 31, S. 312; A 32, S. 83; A 37, S. 351; A 59, S. 165f., 170f., 212, 263. ─── 7 StABg A 90–120. ─── 8 Beispiele siehe StABg A 34, S. 441; A 39, Bl. 87v; A 41, S. 521–523. ─── 9 Beispiele siehe StABg A 48, S. 66; A 49, 1758, S. 86; A 49, 1760, S. 4f. ─── 10 Beispiele siehe StABg A 48, 1755, S. 149; A 49, 1762, S. 6; A 61, 1787, S. 47f. ─── 11 Die folgenden Ausführungen stützen sich auf die Ratsprotokolle und die Maienbücher im StABg ab. Auszüge daraus in separaten, neu aufgearbeiteten Regesten-Ordnern.

haupt sehr wichtig, weil sie sich davon eine Stabilisierung ihrer Herrschaft versprachen. Die heimgekehrten Schultheissen konnten jeweils nicht genug rühmen, wie freundlich sie in der Hauptstadt empfangen worden seien.[9]

In Brugg fühlte man sich ebenso geehrt, wenn ein hoher Magistrat oder einige «Ehrengesandte» aus Bern dem Städtchen einen Besuch abstatteten, sei es auch bloss auf der Durchreise oder bei einer Kur in Bad Schinznach. Der Rat machte ihnen eine gebührende Aufwartung und sonnte sich im Glanz der Obrigkeit. Andererseits reagierte er beleidigt, wenn hohe Beamte sich bei einem Aufenthalt in Brugg weigerten, die Ratsherren zu empfangen; so strich er den Salzdirektoren 1787 den bisher spendierten Ehrenwein.[10]

Die Brugger Behörden und ihre Kompetenzen oder: Die interne Verteilung der Macht

129–157 — Das Regiment Bruggs bestand seit dem 15. Jahrhundert aus dem Schultheissen, dem Kleinen und dem Grossen Rat sowie der «Kleinglocke» als Vertretung der Bürgerschaft.[11]

Es gab immer zwei gewählte *Schultheissen,* die sich alle zwei Jahre in der Führung der Geschäfte abwechselten. Der regierende hiess «Amtsschultheiss», der stillstehende «Altschultheiss». Der Letztere war jeweils Seckelmeister der Stadt, und er vertrat den Amtsschultheissen bei Abwesenheit oder Krankheit. Oberhaupt der Stadt war der Amtsschultheiss. Ihm schworen Rat und Bürger alljährlich Gehorsam. Bei ihm trafen die Anzeigen über beunruhigende Gerüchte, verdächtige Personen und Verstösse gegen Gesetze ein. Ihm unterstanden die Weibel. Er hatte eine starke Position im Gericht, war die Verbindungsperson zur Staatszentrale in Bern und repräsentierte Brugg überhaupt gegen aussen. Die Stellung des Amtsschultheissen in der Stadt war in mancherlei Beziehung mit jener der Landvögte der Umgebung vergleichbar, mit dem wesentlichen Unterschied, dass er Bürger von Brugg sein musste und von Mitbürgern durch Wahl in Amt und Würden gehoben wurde.

Der *Kleine Rat* bestand aus den beiden Schultheissen, sieben Ratsherren und dem Stadtschreiber. Er entschied über die laufenden Tagesprobleme, besonders in Bezug auf die innere Ordnung, das Militär, die Sorge für Witwen und Waisen, die Schule, die Gerichtsbarkeit, den Unterhalt der öffentlichen Gebäude, die Verwaltung des städtischen Vermögens, die Besetzung untergeordneter Ämter sowie die Beziehungen nach aussen. Die Sitzungen fanden unter dem Präsidium des Amtsschultheissen im Rathaus statt. Die Beschlüsse erfolgten durch Mehrheitsentscheid.

Jeder Schultheiss und jeder Ratsherr besorgte einen eigenen Aufgabenbereich, etwa das Bauwesen («Baumeister» oder «Bauherr»), das Spital («Spitalmeister»), den Wald («Holzmeister») oder eines der vier Finanzressorts (Vermögen der Stadt, der Kirche, der Drei Pfründen und des Hallwylerguts). Jeder führte eine eigene Rechnung, die auf Ende März abgeschlossen werden musste. Neben einem kleinen Grundgehalt in Geld, Getreide, Wein und Holz bezogen die Mitglieder des Kleinen Rats vor allem Einkünfte aus ihrem jeweiligen Verwaltungszweig. Da diese nicht gleich gross waren, wurden die Ressorts nach spätestens sechs Jahren gewechselt. Das durchschnittliche Jahreseinkommen eines Ratsherrn wurde auf 400 Gulden geschätzt; dazu kamen private Einkünfte aus Beruf und Vermögen.

Die zeitliche Belastung der Ratsherren war beträchtlich. Allein die Zahl der Ratssitzungen lag schon im 16. Jahrhundert selten unter jährlich 30, konnte aber auf über 40 steigen. Im 18. Jahrhundert traten sie zwar nicht viel häufiger zusammen, doch hatte die Menge der Geschäfte sehr stark zugenommen; davon zeugen die umfangreicheren Protokolle und Akten.

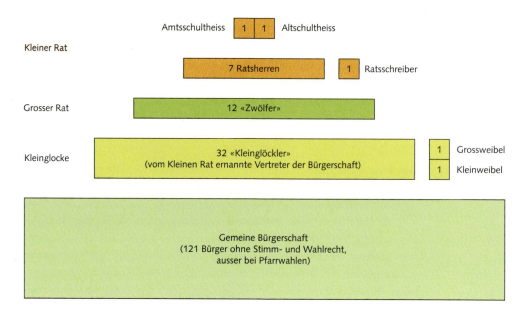

229 — Schema des Brugger Regierungssystems.

Der *Grosse Rat* setzte sich aus zwölf Mitgliedern zusammen und wurde daher im Volk kurz die «Zwölf» genannt. Er bildete eine Art Kontrollorgan des Kleinen Rats, besonders in Bezug auf Finanzen und städtisches Eigentum. Unter dem Vorsitz des «Obmannes» oder seines Statthalters trat er üblicherweise am 1. April und am 1. November im Rathaus zusammen. Immer je zwei prüften je eine Rechnung der einzelnen Ratsherren. Die betreffenden Akten mussten einige Tage vor der Sitzung aufliegen. Dabei durften die Zwölfer auch Auskunft über «geheime Ausgaben» verlangen, mussten zuvor jedoch einen Eid der Verschwiegenheit ablegen. Ihre Beobachtungen teilten sie dem Kleinen Rat mit. Dieser genehmigte die Rechnungen dann jedoch in eigener Kompetenz oder wies sie zurück. Lediglich die Haupt- oder Seckelmeisterrechnung wurde an gemeinsamen Zusammenkünften geprüft. Grössere Bauvorhaben mit entsprechend hohen Kosten musste der Kleine Rat den Zwölfern unterbreiten, ebenso Verfassungsänderungen. Oft bildete man gemischte Kommissionen aus beiden Räten, um ein Projekt im Detail vorzubereiten. Zum Schluss der gemeinsamen Sitzungen wurde jeweils eine Umfrage durchgeführt, um Klagen, welche die Zwölfer aus der Bürgerschaft gegen den Kleinen Rat vernommen hatten, zu besprechen.

Alljährlich formulierte der Grosse Rat seine «Bedenken» in einem «Memorial». Dabei handelt es sich um ein Dokument, in welchem die Zwölfer dem Kleinen Rat Hinweise und Anregungen zu ganz konkreten Problemen der Finanz- und der übrigen Verwaltung sowie zu Beschwerden von Bürgern gaben. Sie betrafen etwa die Besoldung von Beamten, die Verwaltung gemeindeeigener Liegenschaften (Brunnenmühle, Bauernhöfe), den Unterhalt von Strassen, den Bezug von Bürgerholz, die Abgaben der Wirte, den Unrat in der

— 12 StABg A 38, Bl. 160; A 44, S. 62; A 46, S. 530; A 49, S. 278. RQ Brugg, S. 273–278. – Zu einem Konflikt betr. Verteilung der Urteilsgebühren zwischen Rat und Zwölfern vgl. StAAG AA 1834, S. 187–196 und Einlageblatt, sowie RQ Brugg, S. 269f. — 13 StABg A 56, S. 248–255, 274f., 279f., 301–303. — 14 StABg A 58, S. 19, 23f.; A 59, S. 250, 252, 254f., 266.

Stadt, die Inventarisierung der Stadtbibliothek, die Gottesdienstordnung, die Nachtwache oder – grundlegender – die Abänderung von Gesetzen.

In den Memorialen klingt gelegentlich auch Kritik mit. So beschwerten sich die Zwölfer 1690 darüber, dass sie die neuen Jahresrechnungen prüfen sollten, bevor die alten genehmigt seien. Ein anderes Mal bemängelten sie das Inventar und die Rechnungen über die im städtischen Magazin aufbewahrten Geräte und Materialien. 1760 rügten sie den Kleinen Rat, dass er bei Uferverbauungen am Strängli seine Finanzkompetenz (Ausgaben bis zu 150 Gulden) überschritten und die Zwölfer nicht beigezogen habe.

Der Kleine Rat beantwortete die in den Memorialen aufgeworfenen Fragen jeweils mündlich. Es scheint, dass er die vorgelegten Probleme ernst nahm und die Zwölfer sich mit den zustimmenden wie den ablehnenden Erläuterungen in der Regel zufrieden gaben.[12]

Dennoch brachen in der zweiten Hälfte des 18. Jahrhunderts zunehmend Konflikte aus. Beide Räte befürchteten eine schleichende Entmachtung der eigenen Position durch den anderen Rat. Zu einem Eklat kam es 1777, als der Kleine Rat einen Aufseher über die Ziegelhütte einsetzte, ohne die Zwölfer zu begrüssen. Die Letzteren betrachteten dies als Missachtung ihrer Mitwirkungsrechte und wollten darüber an einer Sitzung beraten. Am festgelegten Termin fanden sie die Rathausstube jedoch verschlossen. Der Amtsschultheiss stellte sich auf den Standpunkt, die Zwölfer dürften lediglich am 1. April und am 1. November zusammentreten; Extraversammlungen müssten sie vorgängig – unter Angabe des Grundes – bei ihm melden, und der Kleine Rat werde dann zustimmen oder eben nicht. Diese Vorgehensweise empfanden die Zwölfer als Affront, der den «Glanz» ihrer Behörde «verdunkle». An der folgenden gemeinsamen Sitzung unterbrach Obmann Spillmann den Amtsschultheissen während einer Umfrage mit einem feierlichen Protest, was dieser als freche Ungehörigkeit zurückwies. Man einigte sich dann auf eine gemischte Kommission, die aber zu keiner Lösung gelangte, da der Grosse Rat auf seine Versammlungsfreiheit pochte, was der Kleine Rat ablehnte. Jede Partei forderte von der andern, ihren Standpunkt aus alten Dokumenten zu beweisen, was aber keiner gelang. Da kein Rat das Gesicht verlieren wollte, versandete der Konflikt letzlich ungelöst.[13]

Den Zwölfern ging es grundsätzlich um die Transparenz der Ratsbeschlüsse. Sie wandten sich gegen die Geheimpolitik von Schultheiss und Ratsherren, was diese wiederum als Schmälerung ihrer Entscheidungsfreiheit empfanden. So forderte der Grosse Rat während Jahren eine Registrierung der wichtigen Geschäfte, was die Ratsherren zwar zusicherten, aber nie in die Tat umsetzten. 1779 gaben die Zwölfer daher ein Memorial ein, das es offenbar an Deutlichkeit nicht fehlen liess. Jedenfalls notierte der Stadtschreiber ins Protokoll, dass «Meine Herren über einen solchen, bis anhin gegen Meine Herren nie geübten und ungewohnten Stil ganz bestürzt» seien und wünschten, «fürs künftige mit dergleichen Ausdrücken verschont» zu werden. Die Ratsherren bezeugten pikiert ihr Missfallen und wiesen die Grossräte «in die gehörigen Schranken zurück»; sie sollten «dem Geist, der die Ruhe und Frieden störet, in ihren Versammlungen niemals Platz geben, sondern denselben daraus verbannen und gegen Meine Herren künftighin ein besseres Zutrauen hegen». Doch fünf Jahre später war die versprochene Registratur noch immer nicht erstellt, und der Kleine Rat fand erneut Anlass, die Zwölfer anzuweisen, sich «glimpflicherer Ausdrücke zu bedienen», sonst würde er «das Memoriale zurückgeben, wie auch schon geschehen».[14]

Aus heutiger Sicht ist man geneigt anzunehmen, die Zwölfer hätten unhöfliche, taktlose oder gar drohende Worte gebraucht, was aber keineswegs der Fall war. Sie hatten ihr dringendes Anliegen wohl lediglich mit weniger unterwürfigen, flehenden, devoten

230 — Hans Friedrich Effinger von Wildegg (1584–1651), einer der bedeutendsten Brugger Schultheissen, im Amt 1621–1649. Porträt vermutlich des Brugger Malers Hans Jakob II. Dünz (1603–1668).

Floskeln umschrieben, als dies damals üblich war. Jedenfalls gewannen aussen stehende Beobachter den Eindruck, der Grosse Rat gehe mit dem Kleinen Rat sehr behutsam um; die Memoriale seien «nie zu scharf» formuliert, «weil man im [Kleinen] Rat bald wüsste, wer den Ton angegeben hätte und keiner die Gunst ‹Meiner Herren› verscherzen wollte».[15]

Schultheiss sowie Kleiner und Grosser Rat bezeichneten sich zusammen als «Regiment» im engeren Sinn. «Schultheiss» war ein Ehrentitel, den auch der Altschultheiss trug und der nach einem Rücktritt lebenslänglich verliehen blieb; die Gattinnen, ja selbst die Witwen sprach man als «Frau Schultheissin» an. Die Kleinräte wurden durchwegs mit «Herr» tituliert. In Protokollen und Briefen schrieben die Stadtschreiber vom Kleinen Rat als «Meinen Herren», dies im Unterschied zu den Räten von Bern, deren Prädikat stets «Meine Gnädigen Herren» lautete. Die Zwölfer dagegen wurden meist nur mit Vor- und Familiennamen aufgeführt.

In der Öffentlichkeit legte das Regiment Wert auf ein würdiges Auftreten mit eigentlichem Zeremoniell, zumal in offizieller Funktion. Die Schultheissen und Ratsherren trugen Perücke und Ehrenmantel. Die Mitglieder beider Räte gingen in der Amtstracht sowohl zur Kirche als auch ins Rathaus. Die Weibel trugen den Weibelstab sowie einen Mantel in den Stadtfarben Schwarz und Weiss. In der Kirche belegten alle Amtsinhaber ihre Ehrenplätze. Emanuel Fröhlich meinte dazu etwas bissig: «Gewiss hat die strenge Beobachtung dieses Decorums, ungeachtet der teils intellektuellen, teils der oralischen [= mündlichen] Schwäche einzelner Glieder zur Achtung beigetragen, in der sie bis 1798 standen.»[16]

Zur Einhaltung äusserer Formen gehörte auch, dass die Behörden von den übrigen Mitbürgern erwarteten, dass sie ihnen ehrerbietig, ja unterwürfig begegneten. Wer direktere Umgangsformen pflegte, wurde indigniert zurechtgewiesen, wer Grenzen der

— 15 Fröhlich, Erinnerungen Übergangs-Periode, S. 12. — 16 Feer, Jugenderinnerungen, S. 20f. – Fröhlich, Beiträge, S. 6. — 17 StABg A 33, S. 678; A 35, S. 13; A 43, S. 235; A 46, S. 300, 304f.; A 50, S. 20f., 22–26, 32; A 56, S. 4.

Höflichkeit überschritt, wurde bestraft. Trotzdem sind die Protokolle voll von Verstössen dieser Art. Einzelne Brugger konnten sich nicht beherrschen; sie beschimpften die Ratsherren einzeln oder kollektiv, persönlich oder gegenüber Mitbürgern in einer Wirtsstube. Schultheiss Frölich beklagte sich 1764 über den Hafnermeister Hummel, dieser habe sich in der Audienzstube «sehr schnöd und unverschämt aufgeführt»; er fühle sich «durch dieses Betragen von einem Burger äusserst beschimpft und in seinen Ehren misshandelt».

Empfindlich reagierten die Behörden auch, wenn ihre Amtsführung beanstandet wurde. So schimpfte Jost Dünz an einer Gant 1652, es gebe unter den Bürgern «keine fülern Hudlern» als unter den Zwölfern. Der Stadttrompeter Jakob Frölich schalt das Regiment 1725, man wolle hier die Sklaverei wieder einführen. Ein anderer behauptete, die Ratsherren würden im Gericht auf die Person schauen, also parteiisch urteilen.

Der Kleine Rat sprach jeweils Strafen in Form von Bussen oder 24-stündiger Gefangenschaft aus. Jakob Lehner aus Stilli erhielt sogar zwölf Stockschläge, weil er Schimpfreden gegen Brugger Bürger «ausgegossen» habe. Stets mussten sich die unbotmässigen Kritiker formell entschuldigen, oft schriftlich und mündlich. Die vielen Ehrverletzungsprozesse lassen aber vermuten, dass äusserlich eingehaltene Umgangsformen nicht immer der inneren Haltung der Bürgerinnen und Bürger entsprachen.

Peinlich wurde es für das Regiment, als Pfarrer Abraham Vögtlin (im Amt von 1737 bis 1755), selbst ein Brugger Bürger, die Politiker in den Sonntagspredigten von der Kanzel aus öfters «sehr empfindlich» angriff. Rat und Zwölfer verlangten seine Texte, doch Vögtlin lehnte dies ab; er habe sie nicht schriftlich formuliert; zudem seien die Herren von Brugg nicht Zensoren seiner Predigten; er würde sie auch nicht herausgeben, wenn er sie aufgeschrieben hätte. Man traf sich hierauf in der Bibliothek und suchte im Gespräch nach einem Vergleich. Doch auch in der Folge rieben sich die Behörden mit dem kritischen Seelsorger. Nach Vögtlins Tod und der Neubesetzung des Postens ging in Brugg die Rede um, das Regiment habe einen charaktervollen Bewerber nicht berücksichtigt und stattdessen einen wenig profilierten Nachfolger vorgezogen![17]

Die politischen Rechte der Bürgerschaft

Nach den bisherigen Ausführungen drängt sich die Frage auf, welche Rechte denn denjenigen Bürgern verblieben waren, welche weder Mitglieder des Kleinen Rats noch der Zwölf waren. Im mittelalterlichen Brugg hatte man jeweils Anfang Mai die Bürgerversammlung, das «Maiending», einberufen. An diesem feierlichen Anlass hatten die stimmberechtigten Männer ihre Behörden gewählt, also den Schultheissen sowie die beiden Räte. Dieser an demokratische Gepflogenheiten erinnernde Brauch entsprach dem Denken der aristokratisch gesinnten Ratsmitglieder schon am Ende des 15. Jahrhunderts nicht mehr. Am 7. Mai 1491 gelang es dem Regiment, die Versammlung zu ihrer eigenen Selbstentmachtung zu bewegen. Die Gemeinde verzichtete auf ihr direktes Wahlrecht; inskünftig sollten die beiden Räte 20 Bürger auswählen und gemeinsam mit diesen dann die Wahlen vollziehen. Dem Kleinen Rat genügte dies nicht; er wollte dieses Verfahren nicht mit den Zwölfern teilen. Bis 1505 erreichte er, dass Schultheiss und Ratsherren allein diese Männer, die ihnen dazu «gut und nütz» erschienen, auswählen durften. Seither ernannte der Kleine Rat seine eigenen Wähler selbst und sicherte sich dadurch die Macht.

Seit 1505 spielte sich das Maiending in drei feierlichen Akten ab:
1. Die zuvor ernannten Wahlmänner wurden mit der kleinen Glocke in das Rathaus berufen; sie hiessen daher «Kleinglöckler», das ganze Kollegium «Kleinglocke». Zusammen mit den beiden Räten bildeten sie das Wahlgremium, das den Schulthei-

sen, die Klein- und Grossräte sowie den Stadtschreiber und die Weibel auserkor. Die Gewählten gelobten dann nach separaten Eidesformeln, ihre Pflichten nach bestem Wissen und Gewissen zu erfüllen und die Rechte der Stadt zu verteidigen. Dann verliessen die Kleinglöckler die Ratsstube und begaben sich nach Hause.

2. Schultheiss, Kleiner und Grosser Rat wählten nun allein alle übrigen Beamten und Funktionäre der Stadt.

3. Die grosse Glocke berief hierauf sämtliche Bürger (einschliesslich Kleinglöckler) in das Rathaus. Dort mussten sie ihrer Obrigkeit den Bürgereid und damit Gehorsam schwören. Anschliessend teilte ihnen der Schultheiss die Ergebnisse der getroffenen Wahlen mit. Ausserdem wurden den Bürgern die Satzungen der Stadt Brugg durch Vorlesen in Erinnerung gerufen.

Bei diesem Vorgehen blieb es im Grossen und Ganzen bis zur Revolution 1798. Im Detail machte das Wahlverfahren im Lauf der Jahrhunderte einige Veränderungen durch, wie im folgenden Kapitel zu zeigen sein wird.

Die Bürgerversammlung wurde allerdings bis 1798 nur noch sehr selten einberufen, meist zur Entgegennahme von Informationen, selten zum Fassen von Beschlüssen. Auch war es den Bürgern verboten, sich zu informellen politischen Versammlungen zu treffen. Diese fügten sich in ihre Entmachtung, auch wenn die erwähnten Beleidigungen des Regiments oder einzelner seiner Mitglieder auf eine gelegentliche Unzufriedenheit schliessen lassen.

Die Regierenden ihrerseits versuchten, die ihnen untergebenen Mitbürger durch Geschenke bei Laune zu halten. Alljährlich sprachen sie ihnen das «Gutjahrsgeschenk» zu, das aus Getreide und Wein bestand. Eine ähnliche Gabe bildete die «Schultheissen-Schenke», welche alle zwei Jahre nach der Heimkehr des Stadtoberhauptes von seiner Bern-Reise verteilt wurde.

Im Übrigen liessen neu gewählte Mitglieder des Kleinen und des Grossen Rats jeweils in der ganzen Stadt Küchlein verteilen. Über Johann Jakob Zimmermann, Schultheiss von 1746 bis 1787, schrieb Emanuel Fröhlich, er habe sich aus seinem Amt massiv bereichert; und spitz fügte er hinzu: «Den armen Bürgern schickte er jährlich einmal Wein, Brot und einige Batzen. Der wohltätige Herr! hiess es dann.»[18]

Wahlmanöver und Intrigen

In Brugg befanden sich die einflussreichsten Positionen der Schultheissen und Ratsherren in den festen Händen eines kleinen Kreises der städtischen Oberschicht. Es gab zwar keine formell «regimentsfähigen» Familien», die – gesetzlich abgesichert – allein Zugang zu den höchsten Ämtern besassen wie in Bern. Stattdessen bauten die Brugger Machthaber Hindernisse in die Wahlreglemente ein, die es einem Aussenstehenden stark erschwerten (aber nicht verunmöglichten), in die obersten Behörden zu gelangen.

Den ersten Flaschenhals bildete die Ernennung zum Kleinglöckler. Eine erfolgreiche Behördenkarriere verlief nämlich über die Stufen Kleinglocke → Grosser Rat (Zwölf) → Kleiner Rat → Schultheiss. Nur wer einmal Kleinglöckler war, konnte die Leiter emporsteigen oder die angesehenen Ämter eines Stadtschreibers oder Grossweibels bekleiden. Ausnahmen lassen sich nur ganz selten feststellen.

Wer also politischen Ehrgeiz besass, musste unbedingt den Einstieg in die Kleinglocke schaffen. Der Vollbestand dieses Gremiums lag ursprünglich bei 20, im 17. Jahr-

---

18 Fröhlich, Erinnerungen aus meinem Leben.

231 — Zwei Brugger Ratsprotokolle aus dem 17. Jahrhundert.

232 — Aufgeschlagene Seite aus einem Ratsprotokoll des 17. Jahrhunderts.

hundert bei 25, ab 1709 bei 33. Dank dieser Erhöhung erhielten mehr junge Bürger die Startchance für eine weitere Ämterlaufbahn; umgekehrt blieben mehr Kleinglöckler auf dieser Stufe sitzen, weil die Zahl der Inhaber höherer Chargen gleich blieb, nämlich 24 (12 Grossräte, 7 Kleinräte, 2 Schultheissen, 1 Stadtschreiber, 1 Grossweibel, 1 Kleinweibel).

Nach erfolgter Ergänzung der Kleinglocke auf den Vollbestand ging deren Mitgliederzahl allmählich wieder zurück, einerseits durch den Aufstieg in ein höheres Amt, andererseits durch den Tod. Sank der Bestand im 17. Jahrhundert unter 14, im 18. unter einen Grenzbereich zwischen 16 und 23, beschloss der Kleine Rat mit den Zwölfern eine Aufstockung. Dabei hatten die beiden Schultheissen, die sieben Ratsherren und der Stadtschreiber je das Recht, einen neuen Kleinglöckler zu ernennen; die Zahl der vakanten Sitze sollte daher wenigstens zehn betragen. Nach Bekanntgabe einer bevorstehenden Ergänzung der Kleinglocke konnten sich junge Bürger um eine Wahl bewerben. Sie mussten entweder seit zwei Jahren verheiratet oder wenigstens 26 Jahre alt sein. Am einfachsten war es, wenn ein Kandidat einen der zehn Ernennungsberechtigten für sich gewinnen konnte, etwa seinen Vater, Schwiegervater, Onkel oder einen Freund der Familie. Standen mehr als zehn Sitze zur Verfügung, wurden die übrigen durch den Kleinen Rat (samt Stadtschreiber) durch geheime Abstimmung auserkoren.

Diese (oder eine ähnliche) Vorgehensweise war damals auch in anderen Städten verbreitet. Sie sicherte den regierenden Familien den Erhalt der Macht. Die Ernennungsberechtigten konnten ihren Söhnen, Schwiegersöhnen, Neffen und Freunden den Start in die politische Laufbahn ermöglichen und zugleich Interessenten aus anderen Familien davon ausschliessen. Innerhalb des Kleinen Rats kam es daher oft zu einem Gerangel um den Zeitpunkt der Ergänzung. Ältere Mitglieder drängten jeweils auf eine baldige Aufstockung, weil sie befürchteten, vorher zu sterben und dadurch einen Schützling nicht mehr ernennen zu können. So wünschte Ratsherr Johann Franz Füchslin 1777 eine baldige Ergänzung, «um die Freude zu haben, seinen Sohn noch promovieren zu helfen». Andere wollten den Termin hinausschieben, weil einer ihrer Günstlinge noch nicht lange genug verheiratet oder noch nicht 26 Jahre alt war.

Im 18. Jahrhundert fand im Durchschnitt alle sieben bis acht Jahre eine Ergänzung der Kleinglocke statt; die kleinsten Abstände betrugen drei, die grössten elf Jahre. Wer einmal übergangen wurde, musste allenfalls recht lange auf eine neue Chance warten.

Die Ergänzungen der Brugger Kleinglocke ab 1690[19]

Jahr	Bisheriger Bestand	Neuernannte	Neuer Bestand
1690	19	6	25
1697	14	10	24
1704	18	5	23
1709	16	16	32
1720	17	16	33
1727	21	10	31
1733	23	10	33
1736	19	7	26
1744	18	14	32
1747	22	11	33
1755	19	14	33
1763	19	13	32
1771	22	11	33
1777	21	12	33
1785	20	12	32
1793	17	16	33
1798	27	–	27

Die Ausschliessung der weniger angesehenen Familien von der Macht und die Bevorzugung eines kleinen Kreises von Geschlechtern führte zu nahen Verwandtschaftsbeziehungen innerhalb der Behörden, was die Gefahr von Begünstigungen in sich barg. Bereits 1658 beanstandete Hans Jakob Bächli am Kleinen Rat, «es sei alles verwandt, Gegenväter und Schwäger durcheinander»; lediglich Schultheiss Frölich und Ratsherr Brugger seien unparteiisch.[20]

Auch stiess man sich an den Werbetouren von Kandidaten oder deren Angehörigen, die von einem Wahlberechtigten zum nächsten liefen, um sich die Stimmen zu sichern. Dabei floss viel Geld.

Wahlrechtsreformen: Verbesserung oder Verschleierung?

Dieses so genannte «Praktizieren» und «Spendieren» widersprach zwar den offiziell zur Schau getragenen Wertvorstellungen der Behörden, die zumindest den Schein erwecken wollten, es gehe alles mit rechten Dingen zu. So beschlossen die Räte und Zwölfer 1700, bei oberen Chargen müsse die Ersatzwahl für einen verstorbenen Amtsinhaber innert 24 Stunden nach dessen Begräbnis stattfinden. 1704 ergänzten sie, «zur Vorbeugung aller Praktiken, unnötiger Kosten und unverschämten Geläufs» sollten Kandidaten, die gegen diesen Ehrenkodex verstiessen, von der Wahl ausgeschlossen werden; vor einer Wahl sollte der Schultheiss jeweils anhand einer Umfrage feststellen, ob jemandem «einige Praktik oder Geläuf» bekannt geworden sei. Zudem sollte inskünftig kein Vater mehr seinen Sohn, kein Schwiegervater den Tochtermann und kein Bruder den andern vorschlagen dürfen. Bereits 1701 hatten sie festgelegt, dass nicht nur Väter und Brüder, sondern auch Schwäger, deren Gattinnen Schwestern oder Halbschwestern waren, bei einer Wahl in den Ausstand treten mussten.[21]

―― 19 StABg A 26. ―― 20 StABg A 34, S. 321. ―― 21 StABg A 26, 1700, 1701, 1704. ―― 22 StABg A 42, Bl. 281v, 284; A 43, S. 14, 68, 92f., 100, 103, 125, 136. ―― 23 StABg A 45, S. 389–392, 404f., 407f., 418–420, 425f., 460, 463, 502, 508, 533f., 562f.; A 79, S. 233–237, 242f., 251–255; A 96, 28. 1. 1736.

Solche Vorschriften fruchteten offenbar wenig, weil sie den ureigensten Interessen der regierenden Familien zuwiderliefen. 1724 wurde das Murren innerhalb der Bürgerschaft unüberhörbar. Anlass dazu gaben wohl etwas merkwürdige Entscheide des Regiments, die zwei seiner Mitglieder begünstigten. Zum einen hatte der 81-jährige Ratsherr Hans Jakob Füchslin zwar eingesehen, dass er amtsunfähig war; er wollte jedoch nicht auf seine Besoldung verzichten und schlug daher vor, einen Stellvertreter zu ernennen, der anlässlich der nächsten Vakanz ohne weitere Wahl Ratsherr werden sollte. Zum andern trug sich der 68-jährige, von Schlaganfällen gezeichnete Schultheiss Hans Jakob Frölich mit Rücktrittsplänen, jedoch nur unter zwei Bedingungen: Sein Schwiegersohn, der charakterlich nicht über alle Zweifel erhabene Johann Jakob Feer, sollte für ihn in den Rat nachrücken; zudem wollte auch er seine Besoldung bis an sein Lebensende behalten.

Die verfassungsmässig fragwürdigen Machenschaften lösten in Brugg heftige Diskussionen aus. Sie erreichten den Siedepunkt, als bekannt wurde, dass Johannes Bäurlin, eine ebenfalls fragwürdige Person, seinen Sitz unter den Zwölfern durch «Spendieren» gekauft hatte.

129–142

In dieser Situation sammelte der Kleinglöckler Abraham Steinhäuslin Unterschriften für eine Eingabe an das Regiment. Von seinem Amtskollegen Hans Dietrich Jäger hiess es, er habe gesagt, bei den Amtsbesetzungen gehe es nicht mit rechten Dingen, sondern gottlos zu; unter den Zwölfern gebe es Leute, «die zum Nachteil von Weib und Kind sich arm spendiert» hätten; «es sei zu fürchten, es gebe eine Rebellion.» – Dem Kleinen Rat gelang es in der Folge, Steinhäuslin und Jäger einzuschüchtern, sodass sie fürs Erste schwiegen.[22]

Doch bereits 1728 reichte Steinhäuslin zusammen mit dem Goldschmied Johannes Meyer eine Bittschrift ein, in welcher sie eine Änderung des Wahlreglements forderten. Er fand dazu die Unterstützung einzelner Zwölfer, zum Teil mit dem radikalen Vorschlag, die Wahlen fortan «blind» durchzuführen, die Ämter also zu verlosen. Dies lehnten die regierenden Familien kategorisch ab, weil sie dadurch entmachtet worden wären. Der Druck von unten war aber so gross, dass ein Wahlreglement geschaffen werden musste. Diese «Remedur» schuf ein kompliziertes, geheimes Wahlverfahren mit Kugeln, so genannten «Ballottes»: Um zu verhindern, dass das Ergebnis dank «Spendierens» bereits im Voraus festgelegt war, sollten mindestens drei bis fünf Wahlvorschläge eingereicht werden. Väter, Schwiegerväter und Brüder der Kandidaten mussten beim entsprechenden Wahlgang in den Ausstand treten. Bei Stimmengleichheit kam dem Schultheissen der Stichentscheid zu.

Der nächste Aufruhr stand jedoch bereits bevor. Diesmal ging es um eine Ernennung zum Kleinglöckler. 1735 wurde der Stadtarzt Emanuel Wetzel – vermutlich auf Betreiben seines Schwiegervaters, des Schultheissen Johannes Zimmermann – ausserhalb einer ordentlichen Aufstockung, also regelwidrig in die Kleinglocke aufgenommen. Dies veranlasste nicht nur einen Zwölfer zu einem formellen Protest, sondern auch zwei Bürger aus dem Geschlecht Frölich zu einer Bittschrift, in welcher sie beanstandeten, «dass niemand in die Kleinglocke promoviert werden kann als diejenigen, welche Ratsherrensöhne oder an Ratsherrentöchter verheiratet» sind. Anstelle des Ernennungsrechts des Kleinen Rats schlugen sie daher freie Wahlen vor; dadurch könne die Bürgerschaft am ehesten zufrieden gestellt werden. Dieser geradezu revolutionäre Gedanke fand natürlich keine Zustimmung bei den Machthabern. Auch eine Eingabe zweier Zwölfer in Bern, welche den Ausschluss von Verwandten regeln wollten, blieb ohne wirksames Echo.[23]

Erst 1762 erfolgte der nächste Vorstoss, die «Remedur» zu revidieren, und zwar durch

152–156

den Arzt Johann Jakob Vätterlin, seit 1759 Mitglied des Grossen Rats. Anlass dazu gab die allzu starke Stellung des damaligen Schultheissen Johann Jakob Zimmermann, verbunden mit einer ausserordentlichen Machtballung innerhalb der gleichen Familie. Vätterlin warf Zimmermann zudem Machtmissbrauch zur eigenen Bereicherung vor. Obwohl auch er an den Schultheissen und den Rat nach Bern gelangte, blitzte er auf der ganzen Linie ab.

Hinter Vätterlin standen allerdings mehrere Zwölfer und Kleinglöckler, vielleicht sogar Ratsherren. Es herrschte eine derartige Missstimmung innerhalb des Regiments, dass der Kleine Rat selbst noch im gleichen Jahr die Initiative zur Änderung des Wahlreglements ergriff. Sie kam bereits Anfang 1763 zustande. Die Befürworter einer Verlosung der Ämter konnten sich zwar nicht durchsetzen. Doch hob man immerhin den Stichentscheid des Schultheissen bei Stimmengleichheit zugunsten des Losentscheides auf. Ebenso wurde der Ausstand der Verwandten verschärft; zugleich wurde verboten, aus wahltaktischen Gründen bald für den einen, bald für einen anderen Kandidaten zu stimmen. Das «Praktizieren», womit vorgängige Werbetouren und Wahlabsprachen gemeint waren, blieb weiterhin untersagt.[24]

Dennoch liess sich das «Praktizieren» nicht ausrotten. So liess sich ein Kandidat 1778 bewegen, zugunsten seines Konkurrenten zurückzustehen, allerdings gegen die Zusicherung, ihn bei der übernächsten Vakanz in den Kleinen Rat zu wählen. Die Zwölfer beantragten daher, das nutzlose Verbot des «Praktizierens» aufzuheben; um aber Wahlabsprachen wirksam einzuschränken und das Zufallsprinzip etwas spielen zu lassen, sollten fortan bei jedem Wahlgang Kugeln (anstelle von Stimmzetteln) ausgelost werden, die zwar eingelegt, aber nicht gezählt wurden. Auch mussten nun immer wenigstens vier Kandidaten vorgeschlagen sein. Schliesslich verlor der präsidierende Schultheiss sein Wahlrecht. Dafür erhielt er den Stichentscheid wieder. Diese Neuerung trat noch 1778 in Kraft.[25]

Die letzte Revision des Wahlreglements erfolgte 1795 und verschärfte im Wesentlichen nur die Bestimmungen betreffend die Verwandtschaft. Inskünftig mussten auch die Onkel und Neffen, die Ehemänner von Tanten und Nichten sowie die Grossonkel, Grossneffen und Cousins in den Ausstand treten. Im Kleinen Rat durften gleichzeitig nur zwei, im Grossen drei und in der Kleinglocke sechs Verwandte sitzen.[26] Treibende Kraft hinter dieser Verschärfung soll der Ratsherr und nachmalige Schultheiss Johannes Frey gewesen sein; er habe damit angestrebt, den Einfluss des Geschlechts Frölich einzudämmen und seinen eigenen Söhnen den Zugang zu den Ämtern zu erleichtern![27]

Die ganzen Diskussionen um die Besetzung der Ämter kommentierte Emanuel Fröhlich mit spitzer Feder: «Diese Wahlen waren der Punkt, um den sich das Dichten und Trachten, die Sehnsucht und das Streben des ganzen Städtchens drehte. Mit Sehnsucht ward der Tod eines Ratsherrn erwartet, und die Wahl setzte alles in Bewegung. [...] Ein neugewählter Ratsherr und auch ein Zwölfer gastierte die ganze Bürgerschaft im Haus und schickte Küchlein in fast alle Häuser.»[28]

Um in das Regiment einzutreten, musste also nicht nur viel Geld für das vorgängige «Spendieren» aufgebracht werden, sondern auch für das nachfolgende Festgelage. Erst 1793 verbot der Rat diese Festmähler, ebenso alles «Geldauswerfen oder -austeilen» an Kinder, Fremde und Bauern. Am Tag der Wahl durften nur Verwandte bis zum dritten Grad den Gewählten in seinem Haus aufsuchen, um ihm zu gratulieren. Dafür wurde ein Fonds

---

24 StABg A 49, S. 153f., 158, 160–163 (für 1762), S. 6, 24, 71, 74–77, 80–84, 87 (für 1763); A 459d. StAAG AA 1835, S. 39–258. — 25 StABg A 57, S. 178, 180, 187, 201–203, 212, 253, 257. — 26 StABg A 12. — 27 Fröhlich, Beiträge, S. 7f. — 28 Fröhlich, Erinnerungen aus meinem Leben. — 29 StABg A 63, S. 286–289; A 64, S. 208. — 30 StABg A 61, S. 36f., 40, 43 I–II.

eröffnet, in welchen die Gewählten ihren Einstand gemäss Tarif einzahlen mussten; die Beförderung zum Zwölfer kostete beispielsweise 32 Gulden.²⁹

Obwohl jedes gewählte Mitglied des Regiments alljährlich am Maiending formell im Amt bestätigt wurde, galt die erstmalige Ernennung grundsätzlich auf Lebenszeit. Die meisten blieben denn auch bis ins hohe Alter an ihrem Sessel kleben, selbst wenn sie nicht mehr imstande waren, ihr Amt auszuüben. Als der Arzt und Philosoph Johann Georg Zimmermann 1768 als Leibarzt an den Fürstenhof nach Hannover berufen wurde, trat er zwar als Zwölfer zurück, er blieb aber Kleinglöckler und konnte bis zu seinem Tod 1795 nicht dazu bewegt werden, auf diese Würde in der Heimatstadt zu verzichten. Freiwillige Rücktritte waren selten.

Dagegen war es möglich, ein Behördemitglied zu suspendieren oder sogar abzusetzen. So verloren bankrotte Mitglieder des Regiments ihre Würde nach Verlauf einer bestimmten Frist. Straftäter wie der erwähnte Johann Jakob Feer, der als Falschmünzer verbannt wurde, büssten ihr Amt ein. Ungetreue Geschäftsführung provozierte fast immer einen Sturz und damit lebenslange Schande. Auch wer die Politik des Regiments kritisierte oder hohe städtische Würdenträger beschimpfte, musste wenigstens mit der Suspension rechnen; sie konnte wieder aufgehoben werden, sofern er sich demütig unterwarf. Bei dem hohen gesellschaftlichen Ansehen, das Ratsherren, Zwölfer und Kleinglöckler in Brugg genossen, bedeutete schon die vorübergehende Einstellung im Amt – geschweige denn die Absetzung – eine tiefe Schmach.

Stadtschreiber, Weibel und Nebenbeamte

Der eindeutig höchste Beamte der Stadt Brugg war der *Stadtschreiber*. Bis 1787 war er in den Sitzungen des Regiments voll stimm- und wahlberechtigt. In diesem Jahr wurde seine Stellung insofern geschwächt, als er sein Stimmrecht zu Sachfragen im Kleinen Rat verlor; falls er vor seiner Wahl dem Regiment nicht angehört hatte, durfte er auch in den gemeinsamen Sitzungen der beiden Räte nicht stimmen; dagegen behielt er das Wahlrecht für sämtliche Ehrenstellen und Funktionen. Seine Hauptaufgabe bestand darin, die Ratsprotokolle sowie die behördliche Korrespondenz zu führen; dazu kam die Verschreibung von Liegenschaften, die Errichtung von Grundpfandbriefen und die Mitwirkung bei Inventuren. Um urkundsberechtigt zu sein, musste er das Examen als Notar bestanden haben.³⁰

Gewichtige Gestalten im Leben der Kleinstadt waren der Gross- und der Kleinweibel. Ihre Bedeutung wurde durch das Tragen des Weibelstabes und des Mantels in den Stadtfarben unterstrichen. Sie versahen ein sehr breites Tätigkeitsfeld, weshalb man den ursprünglichen Weibel zum «Grossweibel» befördert und ihm einen «Kleinweibel» als Gehilfen und Stellvertreter beigegeben hatte. Sie boten Bürgerinnen und Bürger vor den Rat oder die Gerichte auf, zogen Bussen ein, sorgten für Ordnung in der Stadt, mussten ronden (den Wirtschaftsschluss kontrollieren), pfänden und Masse eichen. Der Grossweibel begleitete den Amtsschultheissen bei offiziellen Auftritten, auch etwa nach Bern. Der Kleinweibel betreute die Gefangenen; üblicherweise wohnte er im Rathaus.

Als Besoldung erhielten die Weibel einen Grundlohn sowie einen Anteil an Bussen und anderen Abgaben. Der Grossweibel durfte zusätzlich die «Weibelgarbe» beziehen, die jede Haushaltung der Ämter Bözberg und Königsfelden abliefern musste; dafür waren diese Haushaltungen von Zöllen und anderen Gebühren befreit. Die Bereitschaft der Bauern, diese Garbe zu entrichten, hing jedoch stark von der jeweiligen Ernte ab.

Grossweibel konnte nur ein Mitglied der Kleinglocke oder der Zwölf werden, Kleinweibel dagegen jeder Bürger. Da die Zahl der Bewerber für diese attraktiven Posten gross

233 ___ Ein erhaltenes Stück Stadtmauer mit Wehrgang zwischen der Stadtkirche und dem Archivturm, Zustand 1951.

war, wurde die Amtszeit des Grossweibels auf acht, jene des Kleinweibels auf zwölf Jahre beschränkt. Unter Hinweis auf ihre ökonomische Zukunft baten die jeweiligen Amtsinhaber meist um Verlängerung, was ihnen der Rat wegen ihrer engen Beziehung zum Regiment auch gewährte. Dies verurteilten jedoch kritische Bürger als rechtswidrige Begünstigung, weil gegen das Reglement und das Wahlrecht der Kleinglocke verstossen werde. 1768 und 1772 kam es deswegen zu einer eigentlichen Verfassungskrise zwischen Kleinglocke und Regiment.[31]

Nebst diesen drei wichtigsten Beamtenposten vergab der Kleine Rat eine Unzahl grösserer und kleinerer Posten: sieben Torwarte, 14 Brunnenschauer, dann Offiziere und Unteroffiziere, Stadtboten, Feuerschauer, Kaminfeger, Turmwächter, Zeitrichter für die Turmuhren, Gantmeister, Kaufhaus- und Waagmeister, Zöllner, Stadtbaumeister, Stadtzimmermann, Sigrist, Bannwarte, Hirten und andere mehr. Frauen übten als Lehrerinnen, Hebammen, Spitalköchinnen oder Siechenmägde öffentliche Funktionen aus.

Die meisten Posten bildeten Nebenämter und waren besoldet. Es gab wohl kaum einen Brugger Bürger, der nicht eine oder mehrere dieser Stellen versah und dadurch einen willkommenen finanziellen Zustupf erhielt. Für Frauen gab es dagegen nur wenige institutionelle Funktionen; Einzelne erhielten aber gelegentlich punktuelle Aufträge, etwa in der Krankenpflege oder in der Erziehung von Waisen.

114–117

___ 31 StABg z. B. A 45, S. 362f., 367, 557; A 46, S. 203, 352, 465f.; A 47, S. 107, 112, 210, 222, 244, 249–253, 264, 646–650, 714, 717; A 48, S. 126–128; A 49, S. 39f., 44, 262–265; A 53, S. 92, 101, 112, 119–127, 131–135, 169, 172–174; A 54, 164f., 173–175, 179, 181f., 185, 187–192, 194–196. ___ 32 StABg Ratsprotokolle. Banholzer, Geschichte der Stadt Brugg, S. 145–150, 264f. Baumann, Windisch, S. 119–122.

234 ___ Der Archivturm von aussen, Zustand um 1900. Gegen links der Kirchturm und die Lateinschule (mit Schneggenturm).

Äussere und innere Sicherheit: Militär und Wachtdienst

37–39 ___ Brugg war seit dem Mittelalter bewehrt, mit Stadtmauern und Gräben, Türmen und Festungen. Pulver, Kanonen und weitere Waffen wurden im schmucken Zeughaus auf der Hofstatt (erbaut 1673) eingelagert. Die persönliche Ausrüstung schafften die Wehrmänner selbst an, und sie bewahrten sie auch zu Hause auf; im Lauf der Zeit lösten die Schusswaffen (Büchsen) die früher gebräuchlichen Spiesse und Hellebarden allmählich ab. Grundsätzlich war jeder Bürger dienstpflichtig; sogar die Männer der benachbarten Ämter Bözberg und Königsfelden standen unter dem Kommando Bruggs. Unter dem Befehl eines «Trüllmeisters» wurde regelmässig exerziert (im Eigenamt an zwölf Sonntagen). Das Ergebnis kontrollierten die Offiziere alljährlich an der Hauptmusterung.

Die Truppen aus Brugg und aus der Nachbarschaft waren im Heer des Staates Bern eingeteilt, und zwar im Unteraargauischen Regiment. Die Oberaufsicht übte der Kriegsrat in der Hauptstadt aus. Er ernannte die Offiziere auf Vorschlag des Brugger Rats. Um 1500 handelte es sich dabei um einheimische, kriegserfahrene Adlige, später um Bürger aus der städtischen Oberschicht. Landleute konnten Korporale werden. Ab 1687 duldete der Rat wenigstens einen Leutnant aus dem Amt Schenkenberg; doch erst gegen Ende des 18. Jahrhunderts stieg mit Johann Kaspar Finsterwald ein Mann aus Lauffohr zum Hauptmann auf.[32]

Für die *innere Sicherheit* der Bürgerschaft bestand ein ganzes System interner Wachen. Die Strassen waren nachts nicht beleuchtet. Niemand sollte daher im Schutz der Dunkelheit heimlich Unerlaubtes tun dürfen, etwa Waren von Fuhrwerken stehlen, einbrechen, in Wirtshäusern übersitzen oder gegen Moralgesetze verstossen. Die Stadttore waren nachts geschlossen, und die Torhüter durften niemanden herein- oder hinauslassen ohne Bewilligung des Amtsschultheissen.

Sämtliche Bürger und Hausbesitzer mussten abwechslungsweise Wachtdienst leisten, eine Tour vor und eine nach Mitternacht, und zwar mindestens bis zum 70. Lebensjahr. Untaugliche konnten früher entlassen werden. Wer aus Standesbewusstsein diesen Dienst nicht leisten wollte oder dies wegen Ortsabwesenheit nicht tun konnte, durfte einen Mitbürger dafür anstellen und entlöhnen; die Verantwortung für die korrekte Erfüllung der Wacht konnte er aber nicht auf den Lohnwächter übertragen. Der Rat machte gelegentlich Versuche, die Bürgerwacht durch besoldete Wächter zu ersetzen, so 1720 bis 1724; die ärmeren Mitbürger beschwerten sich jedoch darüber wegen des zu zahlenden Wachtgeldes.

235 ⎯ Die südöstliche Stadtmauer, noch mit wenigen durchgebrochenen Fenstern, fotografiert 1900. Im Vordergrund die heutige Schulthess-Allee (über dem einstigen Stadtgraben).

Daneben stellte die Stadt zwei Nachtwächter, so genannte «rufende Wächter», an, welche an verschiedenen Orten alle Stunden ausrufen mussten. Als Respektspersonen trugen sie eine Amtstracht; sie durften Bürgerinnen und Bürger rügen und auch die Bürgerwache kontrollieren.

Auf dem Oberen oder Roten Turm wechselten sich zwei Hochwächter ab, die beobachten mussten, was sich ausserhalb des Städtchens abspielte. Insbesondere sollten sie auch weit entfernte Feuersbrünste entdecken. Sie riefen ebenfalls die Stunden aus. Der eine war zugleich Stadttrompeter; mit seinem Instrument blies er morgens um vier (im Winter um fünf) Uhr den Tag und abends um zehn (im Winter um neun) Uhr die Nacht an; alle Sonntage um elf spielte er eine Melodie für die Bürgerschaft.

Die Bürger wie die besoldeten Lohn-, Nacht- und Hochwächter nahmen ihre Pflicht oft nicht ernst. Die Letzteren waren schlecht bezahlt. Daher meldeten sich kaum tüchtige Leute. So verschlief man das Ausrufen der Stunden, man ging zu spät, gar betrunken in den Dienst, stritt sich und versah seine Pflicht liederlich. Der Rat kämpfte unablässig für Zuverlässigkeit im Wachtdienst. Ratsherren, Zwölfer und Weibel führten höchstpersönlich Kontrollgänge, «Ronden», durch. Pflichtversäumnisse bestraften sie mit Rügen, Bussen, Gefangenschaft und Kündigung. Da der Rat aber befürchten musste, dass Entlassene zu Sozialfällen werden könnten, und sich oft nur noch schlechter geeignete Kandidaten bewarben, stellten sie die Abgesetzten meist wieder ein.

Tagsüber walteten weitere Wächter ihres Amtes: Der Markt wurde durch vier Marktwächter beaufsichtigt. Vor dem oberen und dem unteren Tor kontrollierten zwei Inspektoren das ankommende Bettelvolk. Sonntags patrouillierten zwei Aufpasser in den Gassen, um allfälliges «Unwesen» aufzudecken. In Zeiten von Pest oder Tierseuchen wurden eigens Sanitätswächter in den Dienst genommen, um Durchreisende, importierte Güter und vor allem das Vieh zu kontrollieren.[33]

⎯ 33 StABg A 39, Bl. 140v; A 42, Bl. 109r-v, 111; A 48, S. 61f.; A 51, S. 141; A 52, S. 175, 257f.; A 53, S. 25f.; A 61, S. 216f., 250-252; A 63, S. 143, 145, 151. ⎯ 34 StABg A 125-129; A 132-135. ⎯ 35 StABg A 24-26.

Die Gerichte: Machtinstrumente der Herrschenden

Für ein geordnetes Leben in Brugg sorgten sodann die *Gerichte.* Zivile Streitigkeiten um materielle Güter mit niedrigem Streitwert wurden vom Stadtgericht entschieden. Es setzte sich aus zehn Richtern (zwei Ratsherren, zwei Zwölfern, sechs Kleinglöcklern) zusammen und bot den Kleinglöcklern zugleich eine Einführung in die politische Tätigkeit. Den Weibeldienst übten der Gross- und der Kleinweibel aus.[34]

Prozesse mit höherem Streitwert behielt sich der Kleine Rat vor. Da die Zwiste im 18. Jahrhundert aber stark zunahmen, wollte er sich gelegentlich entlasten. Er ernannte einen «Unparteiischen Rat» unter dem Vorsitz des Altschultheissen und tauschte einige Ratsherren durch Zwölfer aus.

Wie in allen Kirchgemeinden bestand auch in Brugg ein Chorgericht, welches Verstösse gegen die Sittengesetze ahndete. Es setzte sich aus dem Altschultheissen als Präsidenten, drei Ratsherren, zwei Zwölfern und zwei Kleinglöcklern zusammen. Ferner waltete der Kleinweibel seines Amtes. Im Unterschied zu den ländlichen Chorgerichten wechselten die Mitglieder häufig, da sie nach jedem Aufstieg auf eine höhere Behördenstufe ersetzt werden mussten.[35]

Die besondere Stellung der Stadt Brugg innerhalb des Staates Bern wurde vor allem auch durch das Recht dokumentiert, zu richten und zu strafen; dies wiederum hob das Selbstbewusstsein ihrer Behörden und ihrer Bürgerschaft. Für die Ahndung von Delikten war ebenfalls weitgehend der Kleine Rat zuständig. Die Protokolle enthalten denn auch ungezählte Urteile.

Die Palette möglicher *Strafformen* war in der Frühen Neuzeit vielfältiger als heute: Breiten Raum nahm dabei die Wiedergutmachung ein, bei Diebstählen die Ersetzung des

236 — Das Zeughaus auf der Hofstatt, erbaut 1673, heute Heimatmuseum. Ansprechender Barockbau mit Schneggenturm und schmuckem Portal. Aufnahme 2004.

gestohlenen Wertes an die Geschädigten, bei Körperverletzungen die Übernahme der Arztkosten, bei öffentlicher Beschimpfung die öffentliche Abbitte, allenfalls in der Kirche. Bussen galten nur als sinnvoll, wenn die Betroffenen dadurch nicht in materielle Not gerieten; so wurde Esaias Bächli 1651 in den Kerker gesteckt, da mit einer Busse Frau und Kinder gestraft worden wären; 1792 durfte ein Täter zwischen fünf Gulden Busse oder zehn Tagen Gefangenschaft wählen.

Haftstrafen im Schwarzen oder im Krattenturm dauerten meist nur einige Tage, allenfalls wenige Wochen. Dabei ging den Ratsherren eine gewisse Menschlichkeit oft nicht ab. So durfte Gabriel Völklin jemanden mitnehmen, da er sich fürchtete. Maria Dägerfeld-Ingold wurde 1769 wegen der bald eintretenden Kälte aus dem Kerker ins Pfrundhaus («Spittel») verlegt; da sie aus Armut, Alkoholismus und Trägheit immer wieder stahl, wurde sie dort für ein halbes Jahr in ein Zimmer eingeschlossen und zur Arbeit angehalten; zur Verschärfung der Strafe war sie zeitweise angekettet. Der Färber Jakob Unger sollte 1742 trotz seiner «schlimmen, gottlosen und ärgerlichen Aufführung» für seine Familie sorgen können; anstatt ihn in den Turm zu sperren, erhielt er Hausarrest; sein Lebensraum wurde auf seine Wohnung, das Farbhaus, den Brunnen und natürlich die Kirche eingeschränkt. Dagegen wurden eigentliche Zuchthausstrafen, das «Schallenwerk» in Bern, meist nur angedroht, aber höchst selten ausgesprochen.

Gebräuchlich waren auch Körperstrafen. 1692 wurde ein Lehrling, der seinen Meister bestohlen hatte, «mit Ruten gestrichen». Jakob Kraft, der mit seinem Vater die Stiefmutter blutig geschlagen hatte, musste diese nicht nur auf den Knien um Verzeihung bitten, sondern wurde für zwei Wochen in den Kerker gesteckt und dort zusätzlich alle zwei Tage mit zehn Prügelstreichen gezüchtigt. Solche Körperstrafen wurden durch den städtischen Profosen, eine Art Polizist, vollzogen, doch nicht immer zur Zufriedenheit des Rats; 1796 erhielt dieser eine Rüge und Strafe, weil er dem Johannes Felber vom Bözberg die ihm zuerkannten 50 Stockschläge «nicht derb abgemessen» habe. Züchtigungen wurden gelegentlich auch öffentlich vorgenommen, einerseits als Verschärfung der Strafe und zur Beschämung des Täters, andererseits zur Abschreckung der Bürger.

Frauen erhielten im 17. und 18. Jahrhundert selten Körperstrafen. 1762 stand Barbara Bächli aus Endingen wegen fahrlässiger Tötung ihres neugeborenen, ausserehelichen Kindes vor dem Kriminalgericht. Dieses lehnte zwar ihre Hinrichtung ab, verurteilte sie jedoch zu einer «harten Leibesstrafe»: Nach einer Stunde am Pranger schnitt ihr der Scharfrichter die Zöpfe ab; dann trieb er sie die Hauptgasse vom oberen Tor bis zur Brücke hinunter, verabreichte ihr beim Rössli-, Bären- und Rathausbrunnen «gewohntermassen» je sechs Rutenstreiche und verbannte sie anschliessend lebenslänglich aus der Stadt. Johanna Keisereisen und ein Waisenknabe wurden 1763 ebenfalls mit Ruten gezüchtigt, weil sie im hiesigen Pfrundhaus «miteinander ein anstössiges Lebwesen geführt» hatten.[36]

Doch auch Frauen standen häufig vor den Richtern. Meist handelte es sich um Bedürftige oder Mägde, die etwas gestohlen hatten. Da sie den Schaden nicht zu ersetzen vermochten und man sich von Einkerkerungen wenig Wirkung erhoffte, sprach der Rat oft Ehrenstrafen aus. Die Täterinnen wurden öffentlich blossgestellt und herabgesetzt. Die sonntägliche Abbitte im Gottesdienst galt noch als die mildeste Form. Gefürchteter waren Demütigungen im Freien. Meist wurden sie auf dem «Kaufbrüggli» als Schauspiel vollzogen, also auf der kleinen Brücke vor dem Kaufhaus, dem heutigen Bezirksgebäude. Hier war genügend Platz für Gaffende vorhanden, hier gingen am meisten Leute vorbei. Die zu bestrafenden Personen mussten entweder die Schandgeige tragen oder sie wurden – was

—— 36 StABg A 49, S. 135, 141–144, 147, 184. —— 37 StABg A 31, S. 405, 407; A 49, S. 223f.

237 ⸺ Der Krattenturm unterhalb des Salzhauses enthielt (neben dem Schwarzen Turm) Gefängniszellen. Ausschnitt aus «Vue de Brougg» um 1810, Aquarell und Gouache über Feder von Johann Wilhelm Heim.

als besonders schlimm galt – für eine gewisse Zeit in die «Trülle» gesteckt, einen Käfig, an welchem jedermann drehen konnte. Sie wurden auch an das Halseisen (Pranger) gebunden, wo man sie verlachen, ja anspucken durfte. Die Demütigung konnte noch verschärft werden, indem man ihnen das Diebesgut, etwa Holzstücke, Weinflaschen oder Speckschwarten, umhängte und sie so zusätzlich in der Stadt herumführte. Besonders streng verfuhr der Rat mit Dienstmädchen, die von ihrer Herrschaft Lebensmittel, Getränke oder andere Gegenstände des Alltags gestohlen hatten und selbst verbrauchten. Als die Mägde der Brugger Geistlichen 1746 Mehl, Eier und Butter entwendeten und sich daraus Pfannkuchen backten, wurde die «Anstifterin» ebenfalls auf der Kaufhausbrücke als Diebin zur Schau gestellt. Die Ratsherren wollten dadurch vermutlich zugleich ihre eigenen Hausangestellten von Untreue abschrecken.

Männer erfuhren seltener öffentliche Blossstellungen. Dafür konnten sie für «ehr- und wehrlos» erklärt werden; sie durften keinen Degen tragen und nicht am Maiending teilnehmen. Sie verloren Amt und Anstellung, und ihr Name wurde auf der Ehrentafel der Stubengesellschaft gestrichen.

Sehr häufig war die Ausweisung von Fremden und die Verbannung von Mitbürgerinnen und Mitbürgern, sei es auf Zeit oder für immer. Ordnete der Brugger Rat eine solche Massnahme an, galt sie nur für den Stadtbann (Burgerziel); das Gericht in Bern hingegen konnte sie auf das ganze Gebiet der Republik ausdehnen. So wurde Anna Ochsner 1622 wegen Ehebruchs mit verschiedenen Bürgern verjagt und ihr die Hinrichtung angedroht, wenn sie zurückkehren sollte; auch die Bitten ihres Ehemanns Konrad Fry, der nun allein für seine kleinen Kinder zu sorgen hatte, fruchteten nicht. Johannes Vögtlin musste die Stadt 1759 für drei Jahre verlassen, weil er seine Arbeitgeberin, die Firma Frölich & Keller, bestohlen hatte. Auf Bitten seiner Mutter und mit einem Zeugnis seines auswärtigen Wohlverhaltens wurde er jedoch bereits nach 1 1/2 Jahren begnadigt.[37]

Das höchste Souveränitätsrecht Bruggs bestand in der Kompetenz, Strafen an Leib und Leben auszusprechen. Seit 1574 besoldete Brugg einen Scharfrichter zusammen mit Aarau, Zofingen und Lenzburg. In Aarau unterhielten die vier Städte gemeinsam ein Wohnhaus samt Scheune für denselben. In Brugg kam es zwischen 1550 und 1600 noch zu 18 Hinrichtungen.[38] Später wurden sie seltener. 1623 waren die Balken des Galgens sogar faul. Der Scharfrichter kam nur noch gelegentlich zum Zug. 1620 musste er Magdalena Fry, die als Hexe verdächtigt wurde, foltern, um ein Geständnis zu erpressen, doch vergeblich. 1668 erhielt er den Auftrag, einen Dieb zu strecken. 1724 und 1725 hatte er zwei fremde Diebe zu brandmarken.

So kam es dem Brugger Rat 1766 gar nicht zur Unzeit, als Johannes Märki vom Bözberg und seine Frau, Maria Graf, im Brugger Ländehaus neun Baumwolltücher stahlen und dadurch den Schultheissen Hans Jakob Frölich persönlich schädigten. Dies bot den Ratsherren die Gelegenheit, die uralte Befugnis der Stadt wieder einmal in Erinnerung zu rufen. «Da sie wegen ihres kleinen Gebietes selten Anlass hatten, dieses Recht auszuüben, so geschah es dann, wenn einmal ein Todesurteil zu fällen war, mit desto grösserer Strenge», meinte der Augenzeuge Jakob Emanuel Feer, damals zwölf Jahre alt; er war sich sicher, dass das Diebespaar «nach gewöhnlichem Recht» lediglich für einige Zeit ins Schallenwerk gekommen wäre. Doch die Brugger wollten eine Hinrichtung, weshalb der Rat den durch die Einkerkerung geschwächten Häftlingen sogar die Kost mit Fleisch aufbesserte, damit diese nicht vorher eines natürlichen Todes starben. Am 21. August 1766 waltete das letzte Brugger Blutgericht seines Amtes, mit feierlichem Zeremoniell. Die Stadt liess sich den ganzen Kriminalfall 116 Gulden kosten.[39]

Die Finanzen: Immer genügend Geld in der Kasse

Die Verwaltung der städtischen Geldmittel war derart unübersichtlich, dass während fast der ganzen Berner Zeit niemand den Überblick über die finanziellen Verhältnisse besass. Die einzelnen Ratsherren führten nämlich nebeneinander elf verschiedene Rechnungen, deren Ursprünge historisch bedingt waren; jede wurde separat kontrolliert und abgenommen. Erst 1796, also knapp zwei Jahre vor dem Untergang des alten Regiments, rang sich der Kleine Rat dazu durch, eine Übersicht über sämtliche Vermögenswerte, Einnahmen und Ausgaben erstellen zu lassen.

Grundsätzlich ist festzuhalten, dass die Brugger Bürgerschaft während der Frühen Neuzeit keine direkten Einkommens- oder Vermögenssteuern bezahlen musste. Sämtliche Ausgaben wurden aus dem Ertrag des städtischen Vermögens, aus indirekten Steuern sowie aus weiteren Einnahmequellen bestritten. Das Vermögen Bruggs bestand aus Kapitalien, die der Rat gegen Zins auslieh, sowie Liegenschaften, die er verpachtete, etwa aus der Ziegelhütte, der Brunnenmühle sowie – bis 1786 – dem Auhof bei Lauffohr. Die ausgedehnten Waldungen brachten einen beträchtlichen Ertrag an Holz. Die Brugger waren zudem Kirchherren zu Mönthal sowie zu je einem Drittel zu Rein und Bözberg. Hier mussten die Bauern den Zehnten von ihren Getreide- und Weinernten abliefern. Die Geldeinkünfte stammten zu einem guten Teil aus Schuld- und Pachtzinsen sowie aus dem Verkauf von Getreide und Wein. Indirekte Steuern brachten der Weinkonsum in den Wirtschaften, sodann Gebühren für die Benützung des Kauf- und des Ländehauses, Steuern der Nichtbürger, Einzugstaxen einheiratender Frauen und Abzugsgelder von Kapitalien, die durch Abwanderung (beispielsweise Erbschaften) aus der Stadt flossen.

—— 38 Banholzer, Geschichte der Stadt Brugg, S. 127. —— 39 StABg A 52, S. 81–89, 94–97, 101–103, 111, 120, 122–130, 136, 138–144, 161, 167, 255–257; A 221, S. 244. – Baumann, Bözberg, S. 173–176. – Zu späteren Kriminalfällen vgl. das einzige erhaltene Brugger Kriminalprotokoll 1792–1797, StAAG AA 1854. —— 40 StABg A 248 sowie die zahlreichen Quellen zum Finanzwesen unter A 217–350. —— 41 UB Brugg, Nr. 16, 63, 65, 75, 84, 92f., 104, 106–108, 119, 146, 197, 247, 259, 290, 383, 423, 495, 525, 593, 621, 672, 794. Banholzer, Geschichte der Stadt Brugg, S. 233. RQ Kasteln, S. 264–269. StABg A 49–53.

Die Führung der Kasse war denkbar einfach. Im Rathaus stand ein Geldschrank, in welchem sich ständig mehrere 1000 Gulden in bar befanden. Hier lieferten die Beamten ihre Einnahmen und die Führer der verschiedenen Buchhaltungen ihre Überschüsse ab. Umgekehrt wurden aus dieser Kasse die laufenden Ausgaben bestritten. Da die Räte haushälterisch mit den finanziellen Mitteln umgingen, stand immer genügend Bargeld zur Verfügung, sodass höchstens für grössere Bauvorhaben ein Kostenvoranschlag, nie aber ein Gesamtbudget erstellt wurde. Wuchs der Bestand in der Kasse zu stark an, wurde ein Teil in Form von Darlehen angelegt.[40]

Die Gerichtsherrschaft Villnachern

Im Spätmittelalter und in der Frühen Neuzeit gehörte es zu den Träumen einer Stadt, ein Untertanengebiet zu beherrschen. Die Räte und Bürger des kleinen Brugg wären ebenfalls gerne «Gnädige Herren» über ein wenn auch kleines ländliches Territorium samt dessen Bauern geworden. 1588 ergab sich eine Gelegenheit dazu; Brugg konnte von seinem Mitbürger Junker Hans Georg von Hallwyl nebst der Festung Hallwylerhof und verschiedenen Vermögenswerten auch ein Drittel der Herrschaft Villnachern samt der dortigen Burgruine erwerben. Eigentümer der übrigen zwei Drittel waren zunächst die Berner Patrizierfamilien von Mülinen und von Luternau, ab 1720/1732 die Stadt Bern.

Neben verschiedenen Einnahmequellen beinhaltete die Herrschaft Villnachern das Zivilgericht über die dortige Bevölkerung. Vor dieser Instanz erfolgten vor allem Handänderungen, die Errichtung von Schuldbriefen und Entscheide über Betreibungen, Testamente und Erbteilungen. In der Verwaltung der Herrschaft wechselten sich die Anteilhaber ab. Brugg kam bis 1720 jeweils für Perioden von drei, später für solche von zwei Jahren an die Reihe; in dieser Zeit führte der Stadtschreiber jeweils Protokoll und stellte Urkunden aus. Für grundsätzliche Entscheide trafen sich die Anteilhaber zu gemeinsamen Besprechungen.

Die eigentlichen Gerichtsverhandlungen fanden unter dem Vorsitz des einheimischen Gerichtsvogtes statt. Auch sein Stellvertreter und die acht Richter waren Männer aus Villnachern. Die Kompetenzen der Herrschaft waren somit sehr gering, in der Frühen Neuzeit lediglich symbolischer Natur. Der Vertreter Bruggs fühlte sich jeweils als Herr über die dortige Bevölkerung. Er hielt «Audienzen» ab; doch blieb er ein Herr ohne wirkliche Macht.[41]

So wie die Herrschaft Berns über Brugg und den übrigen Aargau in der Helvetischen Revolution 1798 gestürzt wurde, so endete damals auch die Herrschaft Bruggs über die Bevölkerung von Villnachern.

Das Ende der Berner Herrschaft: Die Helvetische Revolution

159–189 — 1789 brach in Paris die Französische Revolution aus, die in ganz Europa ein politisches Erdbeben, Kriege und auch in der Schweiz einen Umsturz herbeiführen sollte. Die Schlagwörter «Freiheit» und «Gleichheit» passten nicht mehr zum Verhältnis zwischen «Gnädigen Herren» und Untertanen. Sie lösten auch in der alten Republik Bern heftige Diskussionen aus, zunächst vor allem in der Waadt, wo man die Ereignisse im Nachbarland aus geografischer, kultureller und sprachlicher Nähe besonders gut verfolgen konnte. Als 1791 im Waadtland der französische Nationalfeiertag (14. Juli) mit Umzügen, Gelagen und dem Aufhängen der französischen Fahne begeistert gefeiert wurde, fühlte sich die Regierung in Bern nicht nur provoziert, sondern auch bedroht. Sie bot ein Freicorps von 2400

238 —— Villnachern auf der Karte des Kantons Zürich von Hans Konrad Gyger, 1667.

Mann aus den deutschsprachigen Gebieten auf, besetzte die Waadtländer Städte und führte ein Strafgericht durch. Auch aus Brugg wurden damals einige Soldaten in Lausanne stationiert.

1792 erklärte Frankreich Österreich und Preussen den Krieg und eroberte im Herbst Savoyen. Das stark gefährdete Genf forderte eidgenössische Hilfe an. Bern wollte die Waadt vor allfälligen Übergriffen schützen und besetzte die Grenzen. Im Dezember wurden die beiden Grenadier-Bataillone Aarau und Brugg ins Welschland abgeordnet. Unter den Hauptleuten Abraham Frölich und Johann Kaspar Finsterwald aus Lauffohr leisteten die hiesigen Truppen während 20 Wochen Aktivdienst in Vevey.[42]

Die Regierung in Bern versuchte zwar mit Verboten französischer Zeitungen und Flugblätter, den geistigen Einfluss Frankreichs auf die Untertanen einzudämmen. Dennoch waren die Gedanken auch in Brugg frei! In grösseren und kleineren Gruppen wurde heftig diskutiert. Man kritisierte vor allem die Machtverteilung im Staat Bern, wo tüchtigen Untertanen, also etwa Bürgern von Brugg, der Zugang zum Regiment verwehrt war. Die Kritik richtete sich aber auch gegen die Oberschicht im eigenen Städtchen, wo die Macht auf eine kleine Gruppe konzentriert war.[43]

Nachdem sich die Waadt im Januar 1798 von Bern unabhängig erklärt hatte, versuchten die «Gnädigen Herren» ihre Herrschaft zu retten, indem sie Truppen aufboten und eine Versammlung von Vertretern der Städte und Landvogteien einberiefen. In Brugg kam es bei der Wahl dieses Delegierten erstmals zur Machtprobe zwischen dem bisherigen Regiment und den Befürwortern einer Neuerung.[44]

Doch alle politischen und militärischen Bemühungen der alten Elite waren vergeblich. Die Heere Frankreichs marschierten in die Schweiz ein, und am 5. März fiel Bern. Dies wurde in Brugg mit einem mehrtägigen Fest und der Errichtung eines Freiheitsbaums gefeiert. Die Schultheissen und Räte dankten ab, ein Revolutionscomité übernahm die Macht im Städtchen.

—— 42 StABg A 63, S. 39, 141, 144, 146, 154, 158, 180, 183, 187, 204. Frölich, Erinnerungen aus meinem Leben. —— 43 StABg A 65, S. 98–100, 170–173. Baumann, Revolution in Brugg, S. 49–56. —— 44 StABg A 65, S. 225–229. Baumann, Revolution in Brugg, S. 56–61. —— 45 Baumann, Revolution in Brugg, S. 64–68. Baumann, Rein und Rüfenach, S. 72–76. Jörin, Aargau 1798–1803.

Am 12. April 1798 wurde die Helvetische Republik ausgerufen. In diesem zentralistisch aufgebauten Staat wurde Brugg Hauptort des gleichnamigen Distriktes. In der Folge besetzten französische Truppen auch den unteren Aargau. Fremde Soldaten wurden in den Bürgerhaushalten einquartiert. Für die Bevölkerung Bruggs, Lauffohrs und Altenburgs begann eine schwere Zeit, namentlich weil 1799 österreichische und russische Truppen die Franzosen erfolglos auf Schweizer Boden bekämpften.

Als Frankreich jedoch 1802 seine Truppen aus der Schweiz abzog, brach auch in Brugg die Konterrevolution aus. Die Gegner Frankreichs hofften auf eine Rückkehr unter die Herrschaft Berns. Einer der abgesetzten Schultheissen übernahm erneut die Verwaltung, doch nur für kurze Zeit.[45]

Die Gegenrevolution brach zusammen, als Napoleon sein Heer nochmals in die Schweiz einmarschieren und eine föderalistische Verfassung für das Land einsetzen liess. Der untere Aargau sollte nie mehr unter die Herrschaft Berns gelangen und damit auch Brugg, Lauffohr und Altenburg nicht. Das Rad der Geschichte liess sich nicht mehr zurückdrehen.

Politik im 19. und 20. Jahrhundert

Einsatz für den neuen Kanton Aargau

Politiker mit Bezug zur Stadt Brugg wirkten am Entstehen des Kantons Aargau entscheidend mit. Als am 19. März 1798 der französische General Guillaume Brune die Helvetische Republik ausrief, bildete er aus den ehemaligen Orten und Untertanengebieten neue Kantone, darunter den Kanton Aargau, welcher das Gebiet des bernischen Unteraargaus umfasste. Die Trennung von Bern unterstützte auch der Brugger Karl Friedrich Zimmermann, Mitglied des Billard-Clubs und des Brugger Revolutionscomités. Er gehörte zu den 20 Aargauern, die nach dem Fall Berns zu General Brune gereist waren und erreicht hatten, dass der Berner Aargau einen selbständigen Kanton bildete. Auf Zimmermanns Vorschlag erfolgte die Einteilung des Berner Aargaus in fünf Bezirke. Drei Tage nach Ausrufung des neuen Kantons kamen in Aarau 35 Abgeordnete der Städte und Ämter des Unteraargaus zum ersten aargauischen Parlament zusammen. Karl Friedrich Zimmermann war Mitglied dieser provisorischen Nationalversammlung des Kantons Aargau, welche sich am 22. März 1798 versammelte.[1]

Am 2. Februar 1803 entschied sich Napoleon für die Bildung des heutigen Kantons Aargau, der nun aus den Gebieten der ehemaligen Grafschaft Baden, der Freien Ämter, dem Fricktal und dem bernischen Unteraargau bestehen sollte. Dies war vor allem das Verdienst Philipp Albert Stapfers – er war im Besitz des Brugger Bürgerrechts –, der sich als Gesandter in Paris erfolgreich für den Erhalt eines selbständigen Kantons Aargau eingesetzt hatte. Die Mediationsakte vom 19. Februar 1803 besiegelte schliesslich die Gründung des neuen Kantons. Das Wichtigste war nun die Vorbereitung der Wahlen. Albrecht Rengger, wiederum ein Brugger Bürger, verfasste ein Wahlreglement, in welchem 25 katholische und 23 reformierte Kreise, wie sie in Paris vereinbart worden waren, erstmals aufgeführt wurden. Rengger hatte sich bereits während der Helvetik sehr verdient gemacht, er war entscheidend beteiligt am Aufbau des helvetischen Einheitsstaates und wirkte bis 1803 als Minister des Innern.[2]

___ 1 Mühlemann, Die befreiten Untertanen, S. 3–11; Seiler/Steigmeier, Geschichte des Aargaus, S. 75–84. ___ 2 Biographisches Lexikon, Stapfer S. 740f.; Rengger S. 613. ___ 3 Halder, Geschichte des Kantons Aargau, S. 79–81. ___ 4 Ebenda, S. 84, 105. Biographisches Lexikon, S. 613. Seiler/Steigmeier, Geschichte des Aargaus, S. 87. ___ 5 Halder, Geschichte des Kantons Aargau, S. 105–108. Biographisches Lexikon, S. 350f. Seiler/Steigmeier, Geschichte des Aargaus, S. 87–89. ___ 6 Biographisches Lexikon, S. 350, 612f. Seiler/Steigmeier, Geschichte des Aargaus, S. 86. ___ 7 Banholzer, Gemeindebehörden 1803.

Die ersten Grossratswahlen 1803 verliefen für die Verfechter des neuen Kantons enttäuschend. Sie hatten mit ihrer liberalen Liste nur in den Kreisen Aarau, Brugg und Staufberg Erfolg. Die überragende Mehrheit im Grossen Rat setzte sich aus Mitgliedern der konservativen Liste zusammen. Stark war die Angst der Liberalen vor einer Auflösung des Kantons durch die regierenden konservativen Aristokraten und einer Wiedervereinigung mit Bern. So meldete Stapfer in einem Brief an Rengger zum Ausgang der Wahlen: «Schon sprachen die Herren von der Vereinigung mit Bern.»[3] Nachdem sich der Grosse Rat konstituiert hatte, nahm er die Wahl des Kleinen Rats (Regierungsrat) und des Appellationsgerichts vor. Stapfer, Rengger und Zimmermann waren zwar in den Grossen Rat gewählt worden, die einstigen helvetischen Minister wurden jedoch für ein Regierungsamt übergangen. Enttäuscht wandten sie sich ab: Rengger zog nach Lausanne, Stapfer wirkte in Paris.[4]

In den folgenden Jahren gewannen die Liberalen nach und nach wichtige Positionen. Als erster Vertreter der liberalen Opposition trat der Brugger Karl Friedrich Zimmermann 1806 in die konservative aargauische Regierung ein. Wiederholt leitete er den Regierungsrat und war als solcher auch Präsident des Grossen Rats. Zimmermann schied 1821 aus der Regierung aus, 1823, kurz vor seinem Tod, auch aus dem Grossen Rat. Mit der Wahl von Johannes Herzog von Effingen 1807 in den Kleinen Rat verbuchte die liberale Partei einen weiteren Erfolg. Herzog hatte mit 16 Jahren geheiratet und sich in Brugg niedergelassen. Er gründete in Aarau eine Baumwollspinnerei und ging als erster Fabrikant im Kanton zum Maschinenbetrieb über.[5] Er galt als das eigentliche Haupt der Regierung. Der Regierung gehörte er auch während der Wirren von 1813/1815 an und wiederum unter der neuen Verfassung von 1815 bis 1830. Noch einmal kehrte Albrecht Rengger in die aktive Politik zurück: 1814 kämpfte er auf dem Wiener Kongress für den Erhalt der vom alten Bern abgetrennten Kantone, besonders des Aargaus. Er redigierte 1814 die aargauische Kantonsverfassung und schuf das zweite aargauische Schulgesetz. Von 1815 bis 1821 war er Mitglied des Kleinen Rats.[6]

Gemeindeversammlung im Wandel

Im Verlauf des Jahres 1803 wurde in Brugg die neue Gemeindebehörde gewählt. Die Aargauer Verfassung schrieb vor, dass die Behörde aus einem Ammann, zwei Beigeordneten und 8 bis 16 Vorgesetzten zu bestehen habe. Die Amtsdauer war auf sechs Jahre beschränkt, eine Wiederwahl jedoch möglich. Am 15. und 16. August 1803 wählten die Bürger erstmals den aus insgesamt neun Mitgliedern bestehenden Gemeinderat. Fünf der gewählten Gemeinderäte hatten bereits im Ancien Régime Karriere gemacht und bekleideten in der Helvetik weiterhin Ämter (in der Tabelle mit ° markiert). Bei vier Gemeinderäten hatte die politische Laufbahn mit der Helvetik begonnen (in der Tabelle mit Stern markiert).

Erster Gemeinderat nach der Kantonsgründung 1803[7]

Gemeinderäte	Ressort	Besoldung
Bernhard Anton Wetzel (1754–1827)°	Ammann	450 Fr.
Johannes Frölich jünger (1753–1831)°	erster Beigeordneter und Zahlmeister	350 Fr.
Johann Jakob Bächli jünger (1736–1810)°	zweiter Beigeordneter und Bodenzins-Einzüger	230 Fr.
Johann Jakob Jäger (1773–1825)*	Armenkassa-Verwalter	250 Fr.
Karl Rudolf Füchslin (1746–1823)*	Bauinspektor	280 Fr.
Konrad Bäuerlin (1741–1824)°	Ziegelverwalter	230 Fr.

Gemeinderäte	Ressort	Besoldung
Daniel Rauchenstein (1765–1842)*	Armenpfleger	280 Fr.
Johann Heinrich Roll (1767–1836)*	Zehneinzüger	200 Fr.
Friedrich Frölich (1736–1810)°	Holzverwalter	280 Fr.
Stadtschreiber		
Daniel Märki (1751–1826)*		700 Fr.

> **Gemeinderat oder Stadtrat?**
>
> Das aargauische Gesetz bezeichnet die Exekutive einer Gemeinde seit 1803 unverändert als «Gemeinderat». Das gilt auch für eine Stadt wie Brugg, denn auch sie ist eine politische Gemeinde. Im Sprachgebrauch bürgerten sich allerdings schon im Verlauf des 19. Jahrhunderts Bezeichnungen ein wie «Stadtammann», «Stadtrat», «Stadtschreiber». Formell blieb Brugg bis ins Jahr 2000 aber bei der Behördenbezeichnung «Gemeinderat». Die Exekutivprotokolle tragen den Titel «Protokoll des Gemeinderates der Stadt Brugg», obwohl sie schon längst vom «Stadtammann» und vom «Stadtschreiber» unterzeichnet wurden. Seit dem 1. Mai 2000 tritt die Stadt Brugg mit einem neuen Erscheinungsbild auf («Wo alles zusammenströmt»). In diesem Zusammenhang erteilte der Stadtrat den Verwaltungsabteilungen die Weisung, die Bezeichnung «Gemeinderat» generell durch «Stadtrat» zu ersetzen. Mit dieser Vereinheitlichung zog Brugg auch mit der Praxis anderer aargauischer Städte gleich.[8] In diesem Buch ist synonym von «Gemeinderat» und «Stadtrat» die Rede, was die gebräuchliche Vermischung der beiden Formen wiedergibt.

Das am 19. Dezember 1804 erstellte und am 22. Dezember ergänzte Verzeichnis der stimmfähigen Brugger Bürger listet 109 Namen auf – von insgesamt 694 Bewohnerinnen und Bewohnern. Die schnelle Einberufung einer *Gemeindeversammlung* mit über 100 Personen stellte sich bald als Problem heraus: Denn der «Fürbott» ging von Haus zu Haus und bot die Bürger durch Zuruf auf. In besonders dringenden Fällen führte dieses Verfahren der Bekanntmachung jedoch zu Verzögerungen. Darum stellte Stadtammann Wetzel 1805 den Antrag, in Zukunft das Rathausglöcklein als Versammlungszeichen läuten zu lassen. Eine glückliche Lösung war damit jedoch nicht gefunden: 1810 musste festgestellt werden, dass mit dem bisherigen Geläut des Rathausglöckleins, welches zugleich Sturmglocke bei Brandausbrüchen war, «unsere Leute in Schrecken gesetzt werden».[9]

Die Teilnahme an den Gemeindeversammlungen war obligatorisch. Wer nicht erschien, musste 1814 die saftige Busse von einem Franken bezahlen. 1832 wurden die Bestimmungen verschärft: Wer sich im Verlauf einer Ortsbürger- oder Gemeindeversammlung ohne Erlaubnis des Präsidenten entfernte, entrichtete die Hälfte der Busse.[10] 1834 beschloss die Gemeindeversammlung, dass die Bussen durch die Polizei regelmässig eingefordert werden mussten. 1871 liess die Disziplin bezüglich pünktlichen Erscheinens derart nach, dass von nun an ebenso gebüsst wurde, wer nach dem zweiten Namensaufruf ohne gute Entschuldigung zu spät kam.

___ 8 Mitteilung der Stadtkanzlei, 2.12.2004. ___ 9 StABg B A.Ia.1, S. 104–109, 134, Zitat 342. Volkszählung 1803: 293 Männer, 401 Frauen; Banholzer, Gemeindebehörden 1803. ___ 10 StABg B A.Ia.1, S. 464; B A.Ia.2, Bl. 257. ___ 11 StABg B A.Ia.3, S. 231; B A.Ic.3, Bl. 311. ___ 12 Sehr selten vermerken die Protokolle Ort und Zeit der Gemeindeversammlung. Beispiele in StABg B A.Ic.3: 14.10.1891, Gemeindesaal, 13 Uhr; 22.1.1892, Rathaussaal, 13 Uhr; 17.4.1895, Turnhalle, 13 Uhr. ___ 13 StABg B A.Ic.3, S. 311f. ___ 14 StABg B A.Ic.4, S. 99. ___ 15 StABg B A.Ic.5, S. 144.

Der Ablauf einer Gemeindeversammlung blieb lange derselbe. Die Bürger fanden sich im Rathaus ein. Danach wurde das Aktivbürgerverzeichnis verlesen und das absolute Mehr festgestellt. Nach der Wahl von zwei Stimmenzählern erfolgte das Verlesen des Protokolls der letzten Versammlung und dessen Genehmigung. Nach dieser formalen Einleitung besprach die Gemeinde die Geschäfte. Ab 1893 wurde der Namensappell ersetzt durch Abgabe einer Ausweiskarte, die zugleich mit der Versammlungseinladung zugestellt worden war.[11]

Grosse Interessenskonflikte dokumentieren die Protokolle um die Jahrhundertwende, als es darum ging, den Wochentag und die Zeit einer Gemeindeversammlung festzulegen, welche allen Bevölkerungsschichten gerecht wurde – vor allem den neu zugezogenen Eisenbahnern und Industriearbeitern. Mehrmals dokumentiert ist der Beginn einer Gemeindeversammlung unter der Woche um 13 Uhr.[12] 1893 hingegen setzte der Gemeinderat die Wahl der Gemeindebehörde absichtlich auf einen Sonntag an, um Stimmberechtigten, die am Werktag verhindert waren, die Möglichkeit zu geben, an dieser wichtigen Versammlung teilzunehmen. Darüber kam es in der Presse zu Diskussionen. Einige beschwerten sich über die Verkürzung ihres einzigen freien Tages. Daraufhin beschloss die Gemeinde: «Gemeindeversammlungen haben an einem Werktag stattzufinden.»[13] Die obligatorische Teilnahme unter der Woche hatte für die Arbeitenden eine Lohneinbusse zur Folge. Einige Stimmberechtigten stellten daher 1897 den Antrag, die Gemeindeversammlung ausserhalb der Arbeitszeit auf abends acht Uhr und eventuell ausnahmsweise auf den Sonntag zu verlegen. Das war jedoch gemäss Wahlgesetz nicht erlaubt, da Wahlen tagsüber stattzufinden hatten.[14]

> **Politische Mitbestimmung versus Lohneinbusse**
> Der Streit von 1907 zeigte einmal mehr das Dilemma, den richtigen Zeitpunkt für die Abhaltung einer Gemeindeversammlung zu finden. Lokomotivführer Robert Tobler forderte: «Es möchte die Gemeindeversammlung angesetzt werden, dass auch andere Leute daran teil nehmen können.» Er empfahl als geeigneten Tag den Samstagnachmittag. Dies lehnte der Stadtrat ab mit der Begründung, die letzte Versammlung am 29. Dezember 1906 sei gerade mit Rücksicht auf die Arbeiter auf einen Samstag einberufen worden, weil diese am Samstagnachmittag nur bis fünf Uhr arbeiten und so am wenigsten Zeit verlieren würden. Man sei aber verhandlungsunfähig gewesen, da zu wenig Leute erschienen seien. Deshalb habe der Gemeinderat nun den Freitag gewählt. Der Sonntag kam auf keinen Fall in Frage, da dann «alle ein Recht auf Ruhe haben». Als die nächste Versammlung wieder an einem Freitag um fünf Uhr stattfand, legte ein Stimmbürger namens Wilhelm Lochmüller Protest ein. Von der Antwort des Gemeinderats war er wenig befriedigt. So hielt das Protokoll fest: «Herr Lochmüller [...] behauptet, man bekomme den Eindruck, als ob der Gemeinderat die Arbeiter absichtlich an der Ausübung ihres Stimmrechts hindern wolle.» Mit Entrüstung wies der Gemeinderat diese Verdächtigungen zurück, «begleitet von zahlreichen Bravos aus der Versammlung».[15]

Ablösung der Ortsbürgerversammlung durch die Einwohnergemeinde

Im Aargau wurde 1803 die während der Helvetik geschaffene Munizipalgemeinde beseitigt. An ihre Stelle trat als Universalgemeinde die *Ortsbürgergemeinde.* Mit dem Ortsbürgerrecht verbunden war der Anspruch auf Teilhabe am Nutzen der Ortsbürgergüter und auf Armenunterstützung. Über Neuaufnahmen entschieden die Ortsbürgergemeinden. In der Zeit von 1831 bis 1866 entwickelte sich aus der Ortsbürgergemeinde heraus eine wei-

239 ⎯ Das Rathaus ist im Besitz der Ortsbürgergemeinde. Hier fanden im 19. Jahrhundert die Versammlungen der Ortsbürger- und später auch der Einwohnergemeinde statt. Für Nationalratswahlen oder Verfassungsabstimmungen kamen die Einwohner in der Stadtkirche zusammen. In den 1890er-Jahren verlegte die Einwohnergemeinde ihren Versammlungsort in die neu erstellte Schützenmatt-Turnhalle, 1958 dann in die Freudenstein-Turnhalle. Aufnahme von 1950.

tere Körperschaft, die Einwohnergemeinde. Grundlage für die Trennung der beiden Gemeinden lieferte das Gemeindeorganisationsgesetz von 1841, in welchem der Kanton die Aufgaben von Einwohner- und Ortsbürgergemeinde festlegte. Beide Gemeinden unterstanden demselben Gemeinderat. In jenem Jahr erstellte auch die Stadt Brugg ein Verzeichnis der Bürger und Einwohner, die in Brugg anwesend waren und das Recht hatten, an der Einwohnerversammlung teilzunehmen. Doch erst das kantonale Gemeindesteuergesetz von 1866 brachte die Unabhängigkeit der Einwohnergemeinde von der Ortsbürgergemeinde. Das neue Gesetz gestand den Einwohnergemeinden eigene Einnahmen zu. Deren Finanzbedarf sollte durch die Polizeikasse oder durch Erwerbs- und Vermögenssteuern aller Einwohner gedeckt werden. Damit wurden die Einwohnergemeinden fiskalisch selbständig und mit neuen Kompetenzen ausgestattet.[16] Auch in Brugg entwickelte die *Einwohnergemeinde* erst ab 1864/65 ein selbständiges Profil und führte ihre eigenen Protokollbücher. In den Jahrzehnten zuvor fanden sehr sporadisch Einwohnerversammlungen statt, manchmal während mehrerer Jahre gar keine. Ein Anlass war zum Beispiel die Verfassungsrevision 1840, in deren Rahmen die Einwohnerschaft befragt wurde, ob sie ein Schreiben an den Grossen Rat unterstütze, oder die Frage der Klosteraufhebung 1841. Hier befürwortete die einberufene Einwohnerversammlung mit 65 Ja- gegen 19 Nein-Stimmen

⎯ 16 Leber, Ortsbürger-Gemeinden, S. 7–19. Brugger, Gemeindeorganisation, S. 3–19. Lüthi u. a., Zofingen, S. 147–151. StABg B C.IIIc.2, Verzeichnis 1841. ⎯ 17 StABg B A.Ia.2; B A.Ia.3. ⎯ 18 StABg B A.Id.2, S. 351–358. ⎯ 19 StABg B A.Ib.1, S. 248f. ⎯ 20 StABg B A.Ib.1, S. 421, Versammlung vom 4. 1. 1873. Banholzer, Brugger Ratsbuch seit 1803. ⎯ 21 StABg B A.Ib.1, S. 248f. ⎯ 22 StABg RBE und RBO 1873.

die Aufhebung.¹⁷ Die erste Einwohner*gemeinde*versammlung fand jedoch erst im Hinblick auf das neue Gemeindesteuergesetz am Montag, 31. Oktober 1864, im Rathaus statt. Unter dem Vorsitz des Friedensrichters Isaak Hartmann aus Villnachern versammelten sich die Stimmberechtigten und wählten den neuen Gemeinderat. Die Zahl der Gemeinderäte legten sie auf fünf fest und regelten die Besoldungen: Der Ammann erhielt 600 Franken, der Stellvertreter 200, die übrigen drei Mitglieder je 150 Franken. Der Gemeindeschreiber sollte mit 1200 Franken entlöhnt werden, der Weibel mit 400 Franken. Grosse Veränderungen gab es nicht: Der neue (Einwohner-)Gemeinderat, der zugleich der Ortsbürgergemeinde vorstand, setzte sich aus fünf Ortsbürgern zusammen. Das waren die vier Bisherigen: Gemeindeammann Isaak Dambach, Ferdinand Stäblin, Philipp Ackermann und Gottlieb Rytz. Neu hinzu kam Gustav Angst.¹⁸ Das Verhältnis der nichtortsbürgerlichen Stimmberechtigten zu den Ortsbürgern betrug 1865 117:125 Mann oder 48:52 Prozent. Noch stellten die Ortsbürger alle Gemeinderäte.¹⁹ Das änderte sich bald. Nach der Wahl von Theodor Haller 1871 stand die Frage im Raum, ob nichtortsbürgerliche Gemeinderäte an der Ortsbürgerversammlung teilnehmen durften. Sie waren danach mit beratender Stimme zugelassen.²⁰

Anfänglich bestand wenig Veranlassung, eine Einwohnergemeindeversammlung einzuberufen. An der zweiten Versammlung im Januar 1865 galt es, ein einziges Traktandum zu behandeln: Der sofortige Neubau der Irrenanstalt Königsfelden sollte mittels einer Petition beim Grossen Rat eingefordert werden, was einstimmig beschlossen wurde. Die anschliessende Ortsbürgerversammlung dagegen diskutierte so gewichtige Themen wie den Budgetbericht, beriet über die Anträge der Rechnungskommission, entschied über die Umpflästerung der Hauptstrasse oder die Arrondierung des Waldbesitzes «Mannlehen».²¹ Mit In-Kraft-Treten des neuen Steuergesetzes trat nun aber die Ortsbürgergemeinde Aufgaben an die Einwohnergemeinde ab. Bis 1873 war die Einwohnergemeinde zuständig für das Kirchengut, das Schulgut und die Polizeikasse. Damit übernahm sie die Verpflichtung, die kirchlichen Liegenschaften zu betreuen und die Pfarrlöhne auszurichten, den Unterhalt und Neubau von Schulhäusern zu betreiben und die Kosten für Lehrerbesoldungen, Kadettenwesen oder das Jugendfest zu tragen. Aus den Einnahmen der Polizeikasse (Marktgebühren, Pachtzinsen, Bussen oder Gemeindesteuer) bestritt die Einwohnergemeinde die Ausgaben für Besoldungen sowie für das Markt-, Brunnen- oder Strassenwesen. Bei der Ortsbürgergemeinde verblieben das Armenwesen, das Forstwesen, die Verwaltung des Legatenfonds, des Frölich'schen Fonds und des Ortsbürgervermögens.²²

Mit dem Armengesetz von 1804 hatte der Kanton die Heimatgemeinden zur Unterstützung ihrer Bürgerinnen und Bürger verpflichtet. Durch die fortschreitende Mobilität der Bevölkerung war das System aber bereits Ende des 19. Jahrhunderts überholt. Längst hatten die Einwohnergemeinden begonnen, Hilfeleistungen für ihre ansässigen Armen zu erbringen. Nach mehreren Anläufen ging 1936 mit Annahme des neuen kantonalen Armengesetzes die *Armenfürsorge* vollständig an die Einwohnergemeinde über. Damit trat die Brugger Ortsbürgergemeinde eine weitere bedeutende Aufgabe an die Einwohnergemeinde ab. Das Einbürgerungsgesetz von 1940 bestätigte zwar die Existenz der Ortsbürgergemeinden, doch verloren diese nochmals an Bedeutung. Nun war es möglich, Brugger Gemeindebürger zu werden, ohne am Ortsbürgergut beteiligt zu sein. Als Eigentümerin von Bauland und Gebäuden spielte die Ortsbürgergemeinde weiterhin eine wichtige Rolle in der Entwicklung der Stadt. So war es ihr zu verdanken, dass sich Industrie ansiedeln konnte, da sie den Fabrikgründern Bauland günstig verkaufte. Sie stellte aber auch das Land für den Bau der Kasernen, des Spitals oder für das Altersheim zur Verfügung.

Brugger Ortsbürgergemeinde in Nöten

Der *Waldbesitz* und der für die Ortsbürger daraus anfallende Bürgernutzen (Holzgabe) waren lange der grosse Stolz der Ortsbürgergemeinde. Mit den fallenden Holzpreisen wurde der Waldbesitz ab den 1970er-Jahren zum Sorgenkind, das die Gemeinde an den Rand der Auflösung brachte. Noch 1960 bemerkte alt Stadtoberförster Ernst Herzog mit Genugtuung, dass er bei seinem Rücktritt 1959 320 m³ Holzvorrat pro Hektare (gegenüber 170 m³ bei seinem Amtsantritt 1919) und eine Forstreserve von mehr als 300 000 Franken hinterlassen habe. «Also ein herrliches Erbe!»[23] 1975 meinte Stadtammann Hans Peter Howald, dass die Entwicklung des Forstsektors Anlass zu grosser Sorge gebe. Der Wald verzeichnete kaum noch kostendeckende Erträge. 1983 rechnete man mit einem Defizit beim Forstwirtschaftsbetrieb während mehrerer Jahre. Zuerst sollten die Fehlbeträge aus der Forstreserve gedeckt, später das Ortsbürgerkapital herangezogen werden, das heisst, Überschüsse aus dem Ortsbürgerkapital konnten zu einem solchen Zeitpunkt nicht mehr für Rückstellungen für Bauten und Liegenschaftserwerb eingesetzt werden. 1987 war es so weit: Die Forstreserve musste erstmals massiv zur Defizitdeckung beitragen. Ein Jahr später rechnete man mit einem Defizit von einer halben Million Franken. Erstmals sprang die Einwohnergemeinde ein (als erste Gemeinde im Kanton) und überwies der Ortsbürgergemeinde 100 000 Franken für die gemeinwirtschaftlichen Leistungen, welche diese mit der Waldpflege erbrachte.[23] Die finanziell angeschlagene Ortsbürgergemeinde wurde durch die Einwohnergemeinde zudem angemessen entschädigt für die Benutzung der Schützenmattwiese, der Parkplätze und der Weihermatt durch die Allgemeinheit. Sanierungsmassnahmen wie Landverkäufe waren an den Ortsbürgerversammlungen heftig diskutierte Streitpunkte. Am meisten trug schliesslich der Forstbetrieb selbst zur Stabilisierung der Finanzlage bei: Durch Auflösung der Technischen Verwaltung mit einem Forstingenieur, durch Änderungen in der Bewirtschaftung und durch «Unternehmerleistungen» gegenüber Dritten erreichte er ein ausgeglichenes Budget und konnte sogar wieder Einlagen in die Forstreserve tätigen.[25]

Vom «Polizeiwesen»-Kässeli zur «Laufenden Rechnung»

Der erste gedruckte Rechenschaftsbericht der *Einwohnergemeinde* umfasste 1873 gerade mal drei Seiten. Aufgeführt waren das Kapitalvermögen der Einwohnergemeinde und drei getrennt geführte «Kässeli», nämlich das *Kirchengut*, das *Schulgut* und das *Polizeiwesen*. Aus den Einnahmen des Kirchenguts bezahlte man den Pfarrerlohn und generell die Auslagen für den Kultusbereich. Aus den Einkünften des Schulguts wiederum bestritt man die Ausgaben für Lehrerbesoldungen, Lehrmittel, Gebäudeunterhalt, das Kadettenwesen oder das Jugendfest. Unter dem Titel «Polizeiwesen» figurierten die restlichen Erträge und Kosten der Einwohnergemeinde. Es waren dies Einnahmen aus Gebühren des Viehmarkts, von Marktständen, Brückenwaage, Bussen, Benutzung der Waschhäuser, Hundetaxen und durch eine Gemeindesteuer von 11 000 Franken. Unter den Ausgaben aufgeführt waren die Posten Besoldungen, Brunnenwesen, Strassenwesen, Strassenbeleuchtung, Gebäudeunterhalt, Marktwesen, Gesundheitspolizei oder Eisenbahn.

Das *Kapitalvermögen* der Einwohnergemeinde belief sich auf 66 900 Franken und bestand aus dem Gegenwert des Pontonmagazins, des Amtshauses, der Brückenwaage und des

---

[23] Stadtkanzlei, Prot OG, 28. 6. 1960. — [24] Ebenda, 24. 6. 1975; RBO 1978; Prot OG, 15. 12. 1981, 13. 12. 1983, 5. 7. 1988, 13. 12. 1988, 20. 6. 1989. — [25] Ebenda, Prot OG 1990–2004. — [26] StABg B B.Ie.20, B.Ie.22, B.Ie.25. Stadthaus RBE 1960–2000.

Politik im 19. und 20. Jahrhundert   **341**

> Waaghäuschens. Dagegen stand man bei der Ortsbürgergemeinde mit rund 100 000 Franken in der Kreide.
>
> Noch vierzig Jahre später, 1913 – Brugg hatte inzwischen durch die Ansiedlung von diversen Industriebetrieben einen grossen Wachstumsschub erlebt –, wurde die gesamte Gemeinderechnung unter dem Titel «Polizeikassaverwaltung» zusammengefasst. Daneben existierte nach wie vor die separat geführte «Schulgutsverwaltung». Bei der Ortsbürgergemeinde angesiedelt waren die «Armengutsverwaltung», die «Forstrechnung» sowie die «Ortsbürgerverwaltung». Mit der Bildung der reformierten Kirchgemeinde war das «Kirchengut» herausgelöst worden.
>
> Erst 1943 hiess es nicht mehr «Polizeikassaverwaltung», sondern «Einwohnerrechnung». Allerdings blieb die Unterteilung in die historisch entstandenen «Kässeli» bestehen: Nach wie vor separat ausgewiesen war die «Schulrechnung» oder die «Armenrechnung». Erst nach 1964 kam es zu einer Gesamtübersicht, dem «Zusammenzug der Verwaltungsrechnung», nach 1991 «Laufende Rechnung der Einwohnergemeinde Brugg» genannt.[26]

Die Frage der Eingemeindung von Altenburg und Umiken

Einerseits unterstützte die Ortsbürgergemeinde das wirtschaftliche Gedeihen der Stadt Brugg, andererseits hemmte sie es dort, wo ihre eigenen Interessen tangiert waren. So lehnte sie 1900 die Eingemeindung von Altenburg deutlich ab, da sie dadurch gezwungen gewesen wäre, neue Bürger aufzunehmen und ihnen den gleich hohen Bürgernutzen auszurichten. Damit einher ging die Befürchtung, selbst weniger zu erhalten. Brugger Ortsbürger bezogen damals einen Bürgernutzen im erheblichen Gegenwert von jährlich 90 Franken, die Altenburger erhielten lediglich 20 Franken.

224–226

Altenburg hatte weder akute finanzielle Probleme, noch hatte es Mühe, genügend fähige Behördenvertreter zu stellen. Dennoch wurde das Dorf im Dezember 1895 erstmals mit der Idee eines Zusammenschlusses konfroniert, als die Direktion des Innern im Bezirk Brugg acht Gemeinden um ihre Meinung dazu befragte. Neben Altenburg handelte es sich um Umiken, Riniken, Birrenlauf (heute Schinznach-Bad), Scherz, Gallenkirch, Linn und Habsburg. Die Altenburger sprachen sich mit 42:2 Stimmen dagegen aus: Man habe keine finanziellen Probleme, die Ausgaben würden bestritten, ohne dass man Armensteuern erheben müsse. Doch die Angelegenheit war damit noch nicht vom Tisch: Im April 1899 erhielt der Altenburger Gemeinderat eine Einladung von der Direktion des Innern zu

240 — Das noch ländlich geprägte Altenburg wurde 1901 gegen den Willen der Bevölkerung mit der aufstrebenden und expandierenden Stadt Brugg verschmolzen. Westliche Dorfpartie um 1900.

einer Besprechung bezüglich Vereinigung mit Brugg. Die erst im folgenden Oktober abgehaltene Einwohnergemeindeversammlung äusserte sich zu dieser Frage deutlich ablehnender als der Altenburger Gemeinderat und liess einen Protestbrief verfassen. Darin befürchteten die Dorfbewohner, dass die Brugger Behörden keine Rücksicht nehmen würden auf die Bedürfnisse der Altenburger Landwirte, auch sei die Entfernung zu Brugg zu gross, und die Stadt habe eine höhere Steuerlast als das Dorf Altenburg. Die Argumente fruchteten nichts: Die Vereinigung Altenburgs mit Brugg erfolgte gegen den Willen der Bevölkerung auf den 1. Januar 1901. Dies war kein Einzelfall. 1891 befand der Grosse Rat, viele kleine Gemeinden bekundeten Mühe, Verwaltung und Rechnungswesen geordnet auszuführen. Er beschloss deshalb bereits 1895 die Vereinigung von Rein und Rüfenach gegen deren Protest. Bis 1913 verfügte der Kanton ingesamt 14 Zusammenschlüsse von 30 Gemeinden.

Obwohl die Brugger Vertreter im Grossen Rat gegenüber der Öffentlichkeit eine ablehnende Haltung bezüglich der Eingemeindung mit Altenburg demonstrierten, brachten sie in der Besprechung mit Regierungsrat Fahrländer und den Altenburger Gemeinderäten im April 1899 Verständnis für die Vereinigung auf.[27] Die Vermutung, dass der Brugger Stadtammann Hans Siegrist, ein energischer Förderer des Elektrizitätswerks und der Industrialisierung Bruggs, als treibende Kraft auch hinter der Eingemeindung mit Altenburg stand, ist nicht abwegig: In der Grossratsdebatte meinte der Präsident der vorberatenden Kommission, die Initiative sei von Brugg ausgegangen. Dazu kam, dass Hans Siegrist nicht nur Mitglied des Grossen Rats war, sondern zugleich auch in der Gemeindeverwaltungskommission sass. Der Vorteil, den Brugg aus der Vereinigung zog, wurde im Grossen Rat klar hervorgestrichen: Brugg erhalte die für seine weitere Entwicklung so notwendige Gebietserweiterung, denn der Gemeindebann von Brugg erlaube keine Ausdehnung mehr. Altenburg gewinne demgegenüber einen höheren Bürgernutzen, erhalte Anteil am Armen- und Schulfonds von Brugg und spare sich den Neubau eines Schulhauses.

Noch bei der Diskussion im Grossen Rat um die Eingemeindung von Altenburg hatte Regierungsrat Fahrländer die Meinung vertreten, dass das grundsätzlich beschlossene Verschmelzungswerk der Stärkung kleinerer Gemeinden diene und das Projekt nicht grundlos abzubrechen sei. Die einmal begonnene Aktion dürfe nicht beendet werden, nur weil eine Stadtgemeinde involviert sei. Zwei Jahrzehnte später lautete der Tenor gänzlich anders: Als 1921 die Eingemeindung von *Umiken* zur Debatte stand, beschloss der Grosse Rat, keine Zwangsheiraten mehr gegen den Willen der Gemeinden vorzunehmen.[28]

Lauffohrs Wunsch nach Autonomie

Hochkonjunktur, Bevölkerungswachstum und Bauboom sollten Ende der 1960er-Jahre die nächste grosse territoriale Veränderung und einen weiteren Zuwachs an Stimmbürgern mit sich bringen. Der Wunsch, im Grünen zu wohnen – möglichst im eigenen Einfamilienhaus – und gleichzeitig die Vorteile der Stadt zu nutzen, führte nach dem Zweiten Weltkrieg in vielen Aargauer Landgemeinden in Stadtnähe zu einer drastischen Veränderung der Dorfstruktur.[29] Die Frage eines Zusammenschlusses lag Anfang der 1960er-Jahre nicht nur für *Lauffohr* in der Luft, 1961 beschloss der Grosse Rat die Eingemeindung von Dättwil durch Baden.

___ 27 Umfassend untersucht ist das Thema der Eingemeindung Altenburg-Brugg in Müller, Zwangsheirat. ___ 28 StAAG Prot Grosser Rat, Art. 638, 16. 7. 1900; Art. 1089, 22. 3. 1921. ___ 29 Seiler/Steigmeier, Geschichte des Aargaus, S. 174. ___ 30 StAAG Prot Grosser Rat, Art. 1050, 20. 10. 1964, S. 1731. ___ 31 BgT, 26. 9. 1962. ___ 32 Chronik BgNbl 73 (1963), S. 73; 74 (1964), S. 69. ___ 33 StAAG Prot Grosser Rat, Art. 1050, 24. 6. 1964.

Politik im 19. und 20. Jahrhundert 343

241 ⎯ Das Luftbild von 1967 zeigt deutlich die Trennung des alten Dorfkerns Lauffohr vom ebenfalls zur Gemeinde Lauffohr gehörenden Quartier Au, welches dicht besiedelt ist und nahtlos an Brugg angrenzt.

In den 1960er-Jahren setzte sich die Bevölkerung in Lauffohr zu zwei Dritteln aus Neuzuzügern zusammen, die im Gemeindeteil Au wohnten.[30] Weit entfernt vom alten Ortskern des Bauerndorfes, getrennt durch eine weite Fläche unüberbauten Baulands, schloss das Quartier Au nahtlos an Brugg an. Obwohl der Stadt an einer Eingemeindung viel gelegen sein konnte, kam die Initiative dazu nicht von dieser Seite. An zwei Lauffohrer Gemeindeversammlungen vom 9. Juni und 29. Dezember 1961 ergaben sich Mehrheiten, die den Gemeinderat beauftragten abzuklären, ob dem Grossen Rat ein Zusammenschluss von Lauffohr mit Brugg vorzuschlagen wäre. Der Gemeinderat musste gegen seinen Willen eine Vorlage zuhanden der Gemeindeversammlung ausarbeiten. Aus der Sicht der Eingemeindungsbefürworter stellte er dabei die Lage Lauffohrs viel zu rosig dar, was im «Brugger Tagblatt» zur Sprache gebracht wurde: Die Kosten für einen Schulhausneubau seien viel zu tief angesetzt und die grossen Ausgaben für die bevorstehende Abwasserklärung nicht berücksichtigt worden; zudem müssten die Steuern massiv erhöht werden, ein Steuerfuss von 161 Prozent sei in Aussicht gestellt worden.[31] Die hohe Steuerlast, die Aussicht auf grosse Investitionen, die geografische Nähe zu Brugg und eine kaum bestehende emotionale Bindung zum alten Dorf Lauffohr brachten die Bewohner des Dorfteils Au zur Überzeugung, dass sie aus dem Zusammenschluss mit Brugg grössere Vorteile ziehen würden. So sprachen sich im September 1962 bei einer geheim durchgeführten Abstimmung 97 Stimmbürger für und 64 gegen eine Vereinigung mit Brugg aus. Im Verhältnis 60:40 war das Resultat ein deutliches Votum. Die Begeisterung der Brugger Stimmbürger in dieser Sache hielt sich dagegen in Grenzen: 494 Ja-Stimmen standen 409 Nein-Stimmen gegenüber.[32] Dies entsprach einem Verhältnis von 55:45 Prozent. Bei einem solch knappen Resultat lehnte der Grosse Rat, der gemäss Gemeindeorganisationsgesetz von 1841 die Gemeindeeinteilung festsetzte, 1964 die Eingemeindung mit 110 zu 20 Stimmen eindeutig ab.

Im Gegensatz zur Aufbruchstimmung um die Jahrhundertwende, als Altenburg und Brugg gegen ihren erklärten Willen zusammengelegt wurden, gewichtete der Grosse Rat Mitte der 1960er-Jahre die Existenzberechtigung einer Gemeinde stärker. Ein positiver Entscheid des Grossen Rats war nur erhältlich, wenn ihn die Bevölkerung mit grosser Mehrheit unterstützte.[33] Doch bereits die Exekutive, der Lauffohrer Gemeinderat, war gegen ein Zusammengehen. Der Gemeindeammann legte dar, dass sich sein Dorf in einer starken baulichen Entwicklung befinde, jedoch in der Lage sei, die Aufgaben selbst zu lösen. Der Wille zur Autonomie zeige sich insbesondere im alten Dorf Lauffohr, befand die Kommission des Grossen Rats. Die finanzielle Lage von Lauffohr wurde als gesund eingeschätzt. Zwar stand der Bau eines neuen Schulhauses bevor, doch befinde sich Brugg in einer ähnlichen Situation, sodass ein gemeinsames Vorgehen mit Lauffohr durch eine vernünftige Schulordnung möglich sei. Man solle Lauffohr die Entwicklungschancen nicht nehmen. Interkommunale Zweckverbände könnten gemeinsame Aufgaben lösen, auch die Entwicklung von Brugg sei nicht gefährdet. Die Kommission vertrat die Meinung, «dass die Bedeutung eines Zentrums nicht allein von der räumlichen Grösse, sondern viel mehr von der geistigen, gewerblichen und kulturellen Regsamkeit» abhänge.

In der Diskussion im Grossen Rat 1964 strichen zwei Grossräte aus Brugg fast als Einzige die Vorteile einer Eingemeindung heraus. Die bauliche Entwicklung von Brugg stosse an ihre Grenzen, stellte Stadtammann Eugen Rohr fest. Brugg sei mit seinem Gemeindebann von 383 Hektaren die kleinste aargauische Gemeinde, die über 5000 Einwohnerinnen und Einwohner zähle. Brugg habe keine Ausdehnungsmöglichkeit mehr, was sich darin zeige, dass die Industrie abwandere und auch Privatpersonen sich anderswo niederliessen. «Es ist für uns Aargauer bedeutungsvoll, dass sich die kleinen Zentren, die wir haben, organisch weiterentwickeln können. […] eine Gemeinde kann nur existieren, wenn sie einen gewissen Lebensraum hat.» Walter Gloor aus Brugg gab zu bedenken, dass die Lauffohrer zum dritten Mal ihren Willen ausgedrückt hätten, sich der Gemeinde Brugg anzuschliessen. Ein Blick zurück zeige, dass man frühere Gemeindeverschmelzungen heute nicht bedaure. Mit der Vereinigung würde eine gesunde Entwicklung in dieser Gegend ermöglicht. «Wenn Sie anders beschliessen, was voraussichtlich der Fall sein wird, werden wir in ein paar Jahren die gleiche Frage wieder vorgelegt erhalten.»[34]

Ein neues regionales Zentrum

Walter Gloor sollte Recht bekommen. Nach dem ablehnenden Entscheid des Grossen Rats von 1964 kehrte in Lauffohr keine Ruhe ein. Die Befürworter schlossen sich zu einer «nicht unbedeutenden» Gruppe zusammen, die sich gegen den geschlossen ablehnend auftretenden Gemeinderat richtete.[35] Die politischen Wogen bei den nächsten Gemeinderatswahlen im August 1965 gingen hoch: Der Gemeinderat wurde in zwei Wahlgängen komplett ausgewechselt. Alle Sitze errangen Befürworter einer Eingemeindung, die von den beiden Ortsparteien SP und BGB vorgeschlagenen Kandidaten kamen nicht durch.[36] Damit war klar, die Sache wurde weiterverfolgt. Im Dezember 1968 beschlossen die Gemeinderäte von Brugg und Lauffohr, die Frage erneut aufzurollen, und liessen darüber abstimmen. Im Februar 1969 stellte sich der Brugger Einwohnerrat einstimmig hinter einen Zusammenschluss, und auch die Stimmbürger befürworteten ihn mit 1095 Ja- gegen 387 Nein-Stimmen sehr deutlich. Äusserst knapp, mit 113 gegen 100 Stimmen, sprachen sich dagegen die Lauffohrer an ihrer ausserordentlichen Gemeindeversammlung vom April 1969 für die Aufgabe der Eigenständigkeit aus.[37]

—— 34 Ebenda, S. 1731, 1735. —— 35 BgT, 27.11.1965. —— 36 Chronik BgNbl 76 (1966), S. 92. BgT, 12.8.1965, 28.8.1965, 30.8.1965. —— 37 Chronik BgNbl 80 (1970), S. 113. StABg D A.I.9, Prot EG Lauffohr, 18.4.1969. —— 38 StAAG Prot Grosser Rat, Art. 355, 25.11.1969. —— 39 Ebenda, S. 383. —— 40 Chronik BgNbl 59 (1949), S. 69. —— 41 Ebenda 68 (1958), S. 70; 75 (1965), S. 137. —— 42 Seiler/Steigmeier, Geschichte des Aargaus, S. 203. —— 43 Chronik BgNbl 75 (1965), S. 143. —— 44 Burger, Einwohnerratswahlen, S. 179.

Mit einem Sinneswandel des Grossen Rats zugunsten einer Eingemeindung war nach fünf Jahren nicht unbedingt zu rechnen. Die Kommission im Grossen Rat empfahl denn auch erneut eine Ablehnung. Dies hatten die Befürworter in Lauffohr befürchtet. Sie gaben ihrer Entschlossenheit durch zwei Massnahmen Ausdruck: Bei einer Unterschriftensammlung kurz vor der Debatte im Grossen Rat bekräftigten 143 Lauffohrer ihre Zustimmung zur Eingemeindung, und am 25. November 1969 demonstrierten sie vor dem Ratsgebäude und verfolgten die Debatte auf der Tribüne. Ein Umdenken hatte hingegen bei der Regierung stattgefunden. Zählten zuvor föderalistische und finanzpolitische Argumente, bewirkten nun die hochfliegenden Planungsszenarien der 1960er-Jahre, dass andere Prioritäten gesetzt wurden. Übergemeindliche Interessen und die «Vergrösserung der Leistungskraft der Gemeinden zur Erfüllung der öffentlichen Aufgaben» standen im Vordergrund. Dazu mussten Einheiten geschaffen werden, welche die Grenzen der bisherigen Gemeinden sprengten.[38] Diese Sichtweise gereichte Brugg zum Vorteil. «Brugg als Bezirksort, als Schwerpunkt einer Region, als wirtschaftliches und kulturelles Zentrum ist durch seine engen Grenzen an der wirtschaftlichen Weiterentwicklung gehemmt, was […] auf die Entwicklung der ganzen Region hemmend wirkt», begründete die FDP im Rat ihre Zustimmung.[39] Die Zusammenlegung bringe der Region Brugg eine Entfaltungsmöglichkeit, wie sie zwischen den entwicklungsstarken Regionen Baden und Aarau dringend nötig und erwünscht sei. Auf der einen Seite stand die Autonomie der Gemeinden, auf der anderen standen die planerische, zukunftsgerichtete Entwicklung der ganzen Region sowie die wirtschaftlichen Vorteile der beiden Gemeinden. Am 25. November 1969 genehmigte der Grosse Rat mit 103 gegen 22 Stimmen die Verschmelzung der beiden Gemeinden auf den 1. Januar 1970. Ein Jahr später erfolgte zudem der Zusammenschluss der beiden Ortsbürgergemeinden.

Einwohnerrat gegen Politabstinenz

Standen nicht besondere Themen an, so war die Teilnahme an den Gemeindeversammlungen den stimmberechtigten Männern eine eher lästige Pflicht. Im Juni 1948 war die Brugger Gemeindeversammlung nicht verhandlungsfähig, da einige Mann zur nötigen Mindestzahl fehlten. Sie musste neu angesetzt werden.[40] Im April 1957 fehlten wiederum 20 Männer, um beschlussfähig zu sein, im Dezember 1963 fehlten gar 50 Stimmbürger.[41] Nicht nur Brugg, auch Windisch und andere grosse Gemeinden im Kanton bekundeten Mühe bei der Durchführung ihrer Gemeindeversammlungen. Denn das Wahlgesetz verlangte, dass mindestens die Hälfte aller 20- bis 65-jährigen Stimmbürger anwesend sein musste. Aufgrund dieser auch in anderen grossen Gemeinden gemachten Erfahrungen wurde 1963 im Kanton ein Gesetz über die ausserordentliche Gemeindeorganisation erlassen, das die Schaffung von *Einwohnerräten* ermöglichte.[42] Die Bezirksgruppe des Landesrings der Unabhängigen reagierte umgehend und lancierte im Juni 1964 ein Volksbegehren, das die Einsetzung eines Einwohnerrats für Brugg und Windisch vorsah.[43] Gegen den Willen des Gemeinderats stimmte das Volk der Vorlage zu: Bei einer Stimmbeteiligung von 79 Prozent befürworten die Stimmenden mit 783 Ja- gegen 701 Nein-Stimmen die Abschaffung der Gemeindeversammlung.[44]

Der neu gewählte Einwohnerrat war 1966 einer der Ersten im Aargau. Mit der Einsetzung eines Einwohnerrats ging eine Professionalisierung der Gemeindepolitik auf verschiedenen Ebenen einher. Wer als Einwohnerrat gewählt war, beschäftigte sich intensiver mit den Geschäften der Stadt. Wer innerhalb einer Partei agierte, hatte grössere Wahlchancen. Der Systemwechsel stärkte damit die Parteienbildung. Um einen Sitz zu errin-

242 ___ 913 Stimmbürger nahmen an der letzten Brugger Einwohnergemeindeversammlung im Dezember 1965 teil. Sie genehmigten das Budget, den abgeänderten Voranschlag der IBB und ein Kreditgesuch von 6,8 Millionen Franken für den Neubau der Bezirksschule. Ab 1966 trat der Einwohnerrat an die Stelle der Gemeindeversammlung.

gen, bedarf es in Brugg lediglich eines Stimmenanteils von 1,96 Prozent.[45] Damit erschloss sich auch kleinsten Gruppierungen die Chance auf eine Vertretung. Im ersten gewählten Einwohnerrat dominierte die FDP klar mit 33 Prozent Wähleranteil. Die früher fast gleich starke SP erreichte 21 Prozent, ihr folgten die Katholisch-Konservativen (später CVP) mit 18 und die «Aktionsgemeinschaft parteiloser Bürger» mit 13 Prozent. Bauern-, Gewerbe- und Bürgerpartei (später SVP) und Landesring kamen auf 6 Prozent, die EVP auf 3 Prozent.[46]

Spiegel der schweizerischen Parteienlandschaft

Insgesamt sieben Parteien traten 1965 zu den Wahlen für den Brugger Einwohnerrat an, 2001 waren es deren sechs: FDP, SP, SVP, CVP, Grüne Brugg, EVP. Innerhalb dieser fast vier Jahrzehnte veränderte sich die Zusammensetzung des Einwohnerrats stark und widerspiegelt damit in vielem die politischen Verhältnisse der Schweiz. Die «Aktionsgemeinschaft parteiloser Bürger» war 1965 mit dem Motto angetreten, der Einwohnerrat dürfe nicht zum «Spielball der Parteien» werden. Die Gruppierung galt bei diesen Wahlen als eigentliche Wahlsiegerin. Noch einmal trat sie 1969 an, dann löste sie sich auf.[47] Genauso kurzlebig war das «Team 67». Es gehörte den jungen oppositionellen Gruppierungen an, die Ende der 1960er-Jahre aufkamen, und erreichte 1969 auf Anhieb fünf Prozent. Die Gruppierung existierte auch in Spreitenbach und Lenzburg und politisiert in Baden bis heute im Einwohnerrat. In Brugg trat sie während zweier Wahlperioden bis 1977 in Erscheinung. Seit 1985 besteht die Brugger «Wunschliste für parteiunabhängige Kandidaten». Ähnlich dem «Team 67» beteiligen sich dort eher linksliberal gesinnte, jüngere Kandidaten. Unter wechselnder Zusammensetzung stellte die «Brugger Wunschliste» zwei Einwohnerräte.[48]

1980 formierte sich die Grüne Partei der Schweiz. In Brugg traten die Grünen 1989 erstmals zur Wahl an. Auf Anhieb etablierten sie sich und erreichten zehn Prozent. Das Jahr 1989 markiert noch in anderer Hinsicht einen Umbruch: Der Landesring der Unabhängigen trat zum ersten Mal nicht mehr an, und die SP verlor massiv Stimmen, zugunsten der Grünen. Der Wähleranteil der SP ging von 28 Prozent auf 20 Prozent zurück und bewegt sich seither konstant um diesen Wert. Auch die Popularität der CVP nahm drastisch ab. Vereinigte sie 1989 noch 18 Prozent der Stimmen, so pendelte sich ihr Anteil nach

___ 45 Burger, Einwohnerratswahlen, S. 180–182: An dieser Hürde scheiterte bisher nur eine Partei, der Landesring 1993. ___ 46 Ebenda, S. 181. ___ 47 Ebenda, S. 187. ___ 48 Ebenda, S. 188. ___ 49 RBE. Burger, Einwohnerratswahlen, S. 179–210. ___ 50 Müller, Presse 19. Jahrhundert, S. 108–111.

den Wahlen von 1993 auf tiefem Niveau um zwölf Prozent ein. Die Entwicklung der Partei auf lokaler Ebene verlief damit parallel zu derjenigen auf eidgenössischer Ebene. Zum ersten und letzten Mal kandidierte die «Auto-Partei – Die Freiheitlichen» 1993 und gewann drei Sitze. Dagegen setzte die SVP zu einem Höhenflug an: Dümpelte sie in Brugg seit 1965 mit Werten zwischen vier und sechs Prozent vor sich hin, so verdoppelte sie ihre Mandatszahl von zwei Vertretern 1993 auf vier Vertreter 1997 beziehungsweise acht 2001. Dies geschah im Einklang mit dem Aufstieg der SVP auf Bundesebene. Mit den Wahlen von 1989 erlebte die EVP einen Aufschwung, ihre Werte schwanken seither zwischen neun und elf Prozent. Im Einwohnerrat dominiert seit seiner Einführung im Jahr 1966 die FDP. Ihren höchsten Wähleranteil errang die Partei 1981 mit 36,7 Prozent, nachdem sie 1969 mit 24,5 Prozent einen Tiefstpunkt hatte überwinden müssen.[49]

Gespaltener Freisinn: Zwei Ständeratskandidaten aus Brugg

Parteien, wie sie heute organisiert sind, mit Statuten, Organen und eingeschriebenen Mitgliedern, entstanden erst im ausgehenden 19. und frühen 20. Jahrhundert. Vorher war in Brugg unter dem Dach der *Liberalen* ein breites Spektrum von Meinungen vertreten. So lassen sich anhand der Zeitungen Streitigkeiten zwischen radikalen Demokraten und liberalen Konservativen festmachen. Seit 1867 erschien im Verlag Effingerhof der «Aargauische Hausfreund». Er vertrat die Interessen der liberal-konservativen Partei und trat als Gegner der Totalrevision der Bundesverfassung von 1874 hervor.[50] Als Korrektiv und Kon-

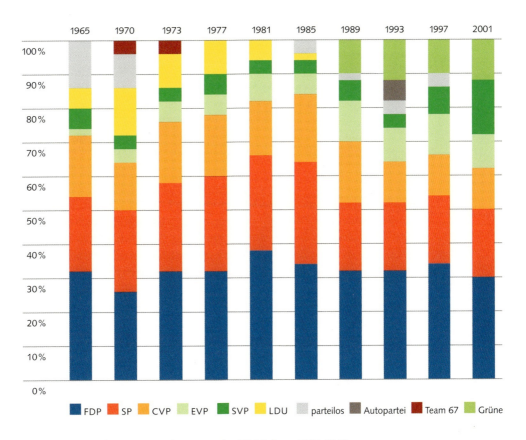

243 —— Sitzverteilung im Einwohnerrat in den Wahljahren 1965–2001.

244 — Edmund Schulthess (1868–1944): Der in Villnachern aufgewachsene Fürsprecher machte eine steile Karriere. 1893–1912 war er Grossrat. 1905 wurde er als Jüngster in den Ständerat gewählt, sein Gegenkandidat war Stadtammann Hans Siegrist. Während 23 Jahren, von 1912 bis 1935, war er Bundesrat. Schulthess war in Brugg stark verankert: Vor seiner Wahl in den Bundesrat war er sowohl Verwaltungsratspräsident des Effingerhofs als auch der Aargauischen Hypothekenbank Brugg.

245 — Stadtammann Hans Siegrist (1860–1931) war ab 1888 Gemeinderat und von 1897 bis 1917 Gemeinde- beziehungsweise Stadtammann. Zudem war er 1889–1929 Grossrat und 1911–1918 Nationalrat. Während dreissig Jahren prägte er die Entwicklung von Brugg: Unter seiner Ägide kam es zum Bau des Elektrizitätswerkes und zur Ansiedlung von Industriebetrieben. Er führte den ersten Bebauungsplan ein und war federführend bei der Eingliederung von Altenburg. In seine Zeit fiel der Bau des Stapferschulhauses sowie der Licht-, Gas- und Wasserversorgung. Er erlebte von seiner Jugendzeit bis zum Alter, wie Bruggs Bevölkerung auf das Zwei- und Dreifache anwuchs.

kurrenzblatt gab der Buchdrucker Gottlieb Kraft den «Anzeiger für Brugg und Umgebung» heraus, den Fürsprecher Eugen Rohr redigierte. Aufgrund seines Inhalts ist das Blatt den radikalen Demokraten zuzuordnen. Es konnte sich neben dem fest verankerten «Hausfreund» nicht behaupten und existierte nur kurze Zeit, von 1870 bis 1873.[51]

Zwar schlossen sich im Aargau unter der massgeblichen Führung von Edmund Schulthess die radikalen Demokraten mit den liberalen Konservativen 1895 zur Freisinnig-demokratischen Partei zusammen.[52] Die Flügelkämpfe zwischen Links und Rechts waren damit aber nicht ausgeräumt. Auf lokaler Ebene trugen die Persönlichkeiten ihre parteipolitischen Streitigkeiten weiterhin aus, und vor den Wahlen wurden die Kandidaten

— 51 Ebenda, S. 112. — 52 Gautschi, Geschichte des Kantons Aargau, S. 70. — 53 Müller, Presse 19. Jahrhundert, S. 115. — 54 Gautschi, Geschichte des Kantons Aargau, S. 115–117. Biographisches Lexikon, S. 696–703, 723–725. — 55 StABg B M.Ia.1, Protokollbuch des Einwohner-(& Gewerbe-)vereins. — 56 Heitz, Ernst: Die öffentlichen Bibliotheken der Schweiz im Jahre 1868. Basel 1872, S. 42f. — 57 Gautschi, Geschichte des Kantons Aargau, S. 78f. — 58 Hausfreund, 20.1.1900. — 59 Ebenda.

der beiden Lager gegenseitig aufgerechnet.⁵³ In Brugg flammte der Kampf der beiden Lager während Jahrzehnten immer wieder heftig auf. So hatte sich der Arzt und Brugger Stadtammann Hans Siegrist, 1911–1918 Nationalrat, mit dem Fürsprech und späteren Bundesrat Edmund Schulthess überworfen. Siegrist gehörte dem liberalen, Schulthess dem radikalen Flügel der Partei an. 1905 sollten erstmals Volkswahlen für den Ständerat stattfinden. Ausgerechnet die beiden Brugger Persönlichkeiten Hans Siegrist und Edmund Schulthess kandidierten gleichzeitig. Sie rangen erbittert um diesen Sitz, zahlreiche Volksversammlungen wurden abgehalten und Flugblätter in grosser Zahl verbreitet. Die Anhänger von Siegrist hoben dessen sozialpolitische Verdienste als Initiant des kantonalen Lungensanatoriums hervor, er konnte zudem mit der Unterstützung der Arbeiterschaft rechnen. Edmund Schulthess dagegen wurde zusätzlich von den Katholiken und dem Bauernverband empfohlen. Er gewann und war mit seinen 37 Jahren mit Abstand der Jüngste im Ständerat. Der profilierte Fürsprecher gewann bald an Einfluss, und 1912 erfolgte seine Wahl in den Bundesrat, dem er bis 1935 angehörte.⁵⁴

> **Demokratie setzt sich durch: Der Einwohnerverein als politisches Gegengewicht zum Stadtrat**
> Die Gründung des Einwohnervereins erfolgte 1876. In den Statuten stellte sich der Verein zur Aufgabe, «die Einwohner von Brugg einander näher zu bringen, um sich über örtliche und politische Angelegenheiten gegenseitig zu belehren und zu Allem was zum Wohle der engeren und weiteren Heimat gereichen kann, nach Kräften beizutragen.» Nur stimmberechtigte Einwohner konnten Mitglied werden. Im November 1876 zählte der Verein 60 Mitglieder. Drei Vorstandsmitglieder, Eugen Rohr, Buchdrucker Gottlieb Kraft und Baumeister Jäger, lassen sich zum Flügel der radikalen Demokraten rechnen. Die Gründung des Einwohnervereins hatte zum Ziel, die Leute im Vorfeld von Abstimmungen durch Vorträge zu informieren. Mit verschiedenen Anfragen und Aufforderungen an den Gemeinderat gewann der Einwohnerverein starken politischen Einfluss. Er agierte quasi als als radikales Gegengewicht zum liberal zusammengesetzten Stadtrat, der «Herrenpartei». Mit dem Proporzwahlsystem und der Bildung von Parteien verlor er seinen Einfluss an die jeweiligen Parteiversammlungen.⁵⁵

Vorläufer und Gründung der Sozialdemokratischen Partei in Brugg

Bereits vor der Ansiedlung grosser Industriebetriebe in den 1890er-Jahren kam es 1875 zur Gründung eines «Grütlivereins Brugg». 1869 soll er in Brugg eine Bibliothek mit fünfzig Bänden betrieben haben.⁵⁶ Die *Grütlibewegung,* die sich im Aargau ab Mitte des 19. Jahrhunderts formierte, nahm sich der wirtschaftlichen und sozialen Probleme der Arbeiterschaft an.⁵⁷ Hinter der Vereinsgründung standen wohl auch in Brugg bürgerliche Radikale – Handwerker und Gewerbetreibende –, die sich sozial engagierten. Über die Aktivitäten der Brugger Grütlianer vor der Jahrhundertwende ist wenig bekannt. Auch das genaue Gründungsdatum ist unklar. Am 14. Januar 1900 feierten sie ihr 25-Jahr-Jubiläum: Zu diesem Anlass war der Männerchor «Liederkranz Brugg» anwesend und gab «durch einige echt patriotische Liedervorträge der Versammlung ein festliches Gepräge».⁵⁸ Und in der Lokalzeitung «Hausfreund» wünschte der Korrespondent: «Möge nun die Grütlisektion Brugg wieder weitere 25 Jahre mannhaft zusammenstehen, möge sie stets ihres Zieles ‹Durch Bildung zur Freiheit!› bewusst bleiben.»⁵⁹ Immer mehr entfernte sich in den folgenden Jahren der Grütliverein Brugg von der Position der radikalen Demokraten und formierte sich zu einer dritten Kraft.

> **Bruch des liberal-freisinnigen Monopols – die erste Kampfwahl um Sitze im Stadtrat**
> Der Grütliverein forderte anlässlich der Stadtratswahlen von 1913 eine Vertretung der Arbeiter und portierte den Wirt und gelernten Maschinenmechaniker Gottlieb Schaffner. Nicht nur deshalb stand erstmals eine Kampfwahl bevor. Denn auch die radikalen Demokraten stellten eine teilweise andere Kandidatenliste auf als die liberalen Freisinnigen, welche die bisherigen Stadträte vorschlugen. Dies waren: Hans Siegrist, Fürsprecher Gustav Hürbin, Ingenieur Rudolf Wartmann, Jakob Baur aus Altenburg und Depotchef Eduard Grob. Nach einem Wahlmarathon, der viereinhalb Stunden dauerte und drei Wahlgänge erforderte, stand das Resultat fest: Alle bisherigen Stadträte bis auf Jakob Baur waren wieder gewählt. An seiner Stelle gelangte der von den Radikalen portierte Baumeister Hans Frölich in den Stadtrat. Allerdings sorgten die Wahlgänge für Überraschungen: Wartmann schaffte es erst im dritten Wahlgang, vor ihm wurde der radikale Kandidat Frölich gewählt. Der Arbeitervertreter Schaffner kam nicht durch. War Schaffner 1913 mit Hilfe der Liberalen noch in den Grossen Rat gewählt worden, so konnte er diesmal nicht mit ihrer Unterstützung rechnen.[60] Erst bei der nächsten Wahl, 1917, gelang es den Arbeitern, einen Stadtratssitz zu erringen.

Die Hinwendung des Grütlivereins Brugg zur *Sozialdemokratischen Partei* erfolgte vor dem Hintergrund einer gesamtschweizerischen Veränderung der Parteienlandschaft. Bereits 1893 stellte sich der Schweizerische Grütliverein hinter das Programm der 1888 gegründeten Sozialdemokratischen Partei der Schweiz. 1901 ging er eine so enge Verbindung mit der Sozialdemokratie ein, dass dies praktisch einem Gesamtbeitritt gleichkam. Als Geburtsjahr der Aargauischen Sozialdemokratischen Partei gilt das Jahr 1902, als der Grütli-Kantonalverband einstimmig den Beitritt zur SP Schweiz beschloss. Während des Ersten Weltkriegs formierte sich die Sozialdemokratische Partei Brugg. Zur eigentlichen Gründung dieser Stadtpartei ist die Überlieferung dürftig. Im «Hausfreund» heisst es dazu 1916: «Der Grütliverein hat beschlossen, ins sozialdemokratische Lager abzuschwenken.»[61] Die Chronik im Protokollbuch der Partei nennt als Gründungsdatum den 2. September 1916, als der Grütliverein Brugg aus dem Zentralverband des schweizerischen Grütlivereins austrat und sich in eine sozialdemokratische Parteisektion umwandelte.[62] Deren Präsident wurde Gottlieb Schaffner, damals Wirt der «Güterhalle». Zur Gründung als eigenständiger Verein kam es kurz danach in Lauffohr am 10. Mai 1917.[63] Ganz verschwanden die Grütlianer nicht: Noch 1919 kandidierte der Brugger Schularzt Kraft auf der Liste der Grütlianer für den Nationalrat und holte sich einige Stimmen unter den Brugger Liberalen.[64]

Wahlschlacht unter Parteibrüdern

Der Streit um die Stadtratswahlen von 1913 entzweite die Freisinnigen.[65] In Brugg traten die radikalen Demokraten in der Folge zwar nicht als selbständige Partei auf, sondern schlossen sich in einer Vereinigung zusammen. Offiziell existierte damit in Brugg weiterhin nur eine liberale Partei. Die beiden Flügel bekämpften sich aber auch an den Grossratswahlen von 1917. Zum Zusammenstoss kam es, als die Sozialdemokratische Partei

——— 60 BgT, 18. 10. 1913, 22. 10. 1913, 31. 10. 1913, 3. 11. 1913. ——— 61 Hausfreund, 9. 9. 1916. Protokollbücher der SP sind ab 1929 erhalten, eine Chronik datiert den Beginn auf den 2. 9. 1916. ——— 62 Protokollbuch SP Brugg 1929–1949, mit Einlageblatt Chronik. ——— 63 Protokollbuch SP Lauffohr 1924–1934, S. 12. ——— 64 BgT, 27. 10. 1919. ——— 65 BgT, 5. 2. 1919. ——— 66 Hausfreund, 12. 5. 1917 (Zitat), 16. 5. 1917, 19. 5. 1917. ——— 67 Ebenda, 17. 10. 1917. ——— 68 Ebenda, 20. 10. 1917. ——— 69 Ebenda. ——— 70 Ebenda, 10. 11. 1917.

neben dem Bisherigen Gottlieb Schaffner einen weiteren Kandidaten stellte, der viel Unterstützung bei den Radikalen fand: den Weichenwärter Johann Robert Wehrli. Die Grossratswahlen erforderten schliesslich einen zweiten Wahlgang um den fünften Sitz: Der Sozialdemokrat Wehrli trat gegen den bisherigen Grossrat Rudolf Wartmann von den Liberalen an! Den Ausschlag für die Wahl Wartmanns gaben im Kreis Brugg schliesslich nicht die Stimmen der Stadt, sondern diejenigen der Bauern in den umliegenden Dörfern. Sie waren in der Presse daran erinnert worden, dass derjenige, der für die Sozialdemokraten stimme, ein Verräter an der Sache der Bauernsame sei.[66]

Ein Zusammengehen zwischen radikalen Demokraten und Sozialdemokraten sollte nicht zum letzten Mal stattfinden und in Brugg für einen «Hosenlupf»[67] und bei Aussenstehenden für grosses Kopfschütteln sorgen. Der Brugger Gemeinderat mit seinen fünf Sitzen war bis 1917 auf drei Freisinnige und zwei Radikale verteilt gewesen. Vor den Wahlen vom Oktober 1917 verlangten die Sozialdemokraten ebenfalls einen Sitz. Ein von allen Seiten unbestrittenes Anliegen. Die Freisinnigen beanspruchten allerdings einen Sitz mehr als die Radikalen. Im Vorfeld der Wahlen gab Stadtrat Rudolf Wartmann seinen Rücktritt aus dem Stadtrat bekannt. Im Hotel Bahnhof versammelten sich liberale und radikale Wähler, um die Kandidatenliste festzusetzen. Die so genannte Vertrauensmännerabstimmung ergab eine rein liberale Kandidatenliste: Von den Bisherigen wurden Stadtammann Hans Siegrist und Vizeammann Hürbin aufgestellt, neu dazu kamen Geschäftsführer Wächter und Holzhändler Werder. Der fünfte Sitz wurde für einen Sozialdemokraten frei gehalten. Die in der Minderzahl vertretenen Radikalen waren mit ihren Vorschlägen überstimmt worden. Sie beharrten aber auf ihren eigenen bisherigen Stadträten Fröhlich und Grob. Damit scheiterte eine gemeinsame Liste der Freisinnigen.[68]

Die Wahlen sollten nochmals alles auf den Kopf stellen. In der ersten Runde erreichten Siegrist, Hürbin, Fröhlich und Schaffner das absolute Mehr. Im zweiten Wahlgang schaffte es Depotchef Grob von den Radikalen. Mit ihm hatte sich Siegrist jedoch so gründlich überworfen, dass er im Vorfeld der Wahlen mit seinem Rücktritt gedroht hatte, falls Grob gewählt werden sollte. Sowohl Stadtammann Siegrist wie Vizeammann Hürbin lehnten nun ihre eigene Wahl ab! «In weiten Kreisen ausserhalb Brugg kann man es nicht begreifen, dass ein solcher Ausgang der Wahlen möglich war», kommentierte das «Brugger Tagblatt».[69] In der Ersatzwahl kandidierten schliesslich die beiden Liberalen, Grundbuchverwalter Jakob Riniker und Hugo Lüthy.

Ringen um die freisinnige Mehrheit im Stadtrat

«Dieses Zusammengehen [der Radikalen Demokraten mit den Sozialdemokraten] hat in Brugg seine besonderen Gründe. Sie bestehen vorab darin, dass die sehr zahlreichen Eisenbahner zum Teil ausgesprochene Demokraten sind, zum Teil aber so stark zum Sozialismus hinneigen, dass sie ein starkes Zwischenglied zwischen der eigentlichen Arbeiterpartei und denjenigen nicht zahlreichen Radikalen bilden, die noch als zur eidgenössischen und kantonalen freisinnig-demokratischen Partei gehörig betrachtet werden können [...]. Heute haben Sozialdemokraten und Radikale mit allen denen zusammen, die zwischendrin stehen, in Brugg die Mehrheit, wenn auch keine starke Mehrheit [...]. Die freisinnig-demokratische Partei erklärte, sie könne aus ihren Reihen zwei Gemeinderäte, worunter den Stadtammann, nur stellen, wenn dem Stadtammann eine zuverlässige wirklich freisinnige Mehrheit im Gemeinderate geschaffen werde. [...] Schaffner ist Sozialdemokrat, Depotchef Grob ist es, wenn nicht ganz, so doch nach allen seinen Taten und seinem Verhalten zu drei Vierteln, und Herr Frölich ist überhaupt unberechenbar.»[70]

Proporzwahlsystem: Förderer weiterer Parteigründungen

Entscheidend für das Entstehen weiterer Parteien in Brugg und im Bezirk war die Einführung der Proporzwahl auf zunächst eidgenössischer Ebene. Am 18. September 1918 beschloss das Schweizer Stimmvolk das Verhältniswahlrecht für den Nationalrat. Galten im Majorzsystem diejenigen Kandidaten als gewählt, deren Liste am meisten Stimmen auf sich vereinigte, so erhielten nun kleinere Gruppierungen eine Chance. Erstmals im Herbst 1919 sollten die Wahlen nach dem neuen System durchgeführt werden. Bis zu diesem Zeitpunkt waren die unterschiedlichen politischen Interessen im Bezirk auf einer gemeinsamen Kandidatenliste unter der Führung der Liberalen mehr oder weniger stark berücksichtigt worden. Nun war es um die Vorherrschaft der Liberalen geschehen. Schlag auf Schlag formierten sich innert kürzester Zeit weitere politische Parteien. Das «Brugger Tagblatt» dazu: «Mehr als jede andere kämpft die freisinnig-demokratische Partei um neue Formen. In verschiedenen Kantonen wird sie durch die Entstehung von Bauernparteien geschwächt.»[71] So auch im Bezirk Brugg. Im Lauf des Januars 1919 entstand die Bauern- und Bürgerpartei des Bezirks, zudem sollte in jeder Gemeinde, auch wenn sie noch so klein war, eine selbständige, lokale Bauernpartei gebildet werden. Die Trennung der Bauern von den Freisinnigen wurde von Letzteren als notwendige Vorbereitung auf den Grossratsproporz angesehen. Die FDP schätzte die Bauernpartei als «vollwertige bürgerliche Partei», mit der man von Fall zu Fall zusammengehen konnte.[72]

Die Gründung der *Katholisch-konservativen Volkspartei* des Kantons Aargau (ab 1970 CVP) erfolgte 1892. Aufgrund der wachsenden Zahl von Katholiken, aber auch aufgrund des neuen Wahlsystems kam es in Brugg zu einer Bündelung der Interessen. Ende Januar 1919 versammelten sich zirka 70 Männer des «Katholischen Männervereins» im Hotel Bahnhof und verfolgten ein Referat über das Parteiprogramm der Schweizerischen Katholischen Volkspartei. Der katholische Pfarrer Johann Edwin Dubler freute sich über die Beteiligung der katholischen Männer von Brugg, «die durch ihr zahlreiches Erscheinen die parteiliche Treue dokumentiert haben.»[73] Tatsächlich entsprachen diese 70 etwa der Hälfte aller katholisch Stimmenden in Brugg bei der Nationalratswahl 1919. Nicht nur bei Wahlen agierte der katholische Männerverein, auch an Gemeindeversammlungen und bei Wahlbündnissen mit den Liberalen trat er in Erscheinung.

Ausserhalb des Parteienspektrums existierte der *Einwohnerverein*. Vor Gemeindeversammlungen und Gemeinderatswahlen lud er jeweils die interessierten Stimmbürger zur Besprechung der Wahlgeschäfte und Traktanden ein. Hier wurden Kandidatenlisten zusammengestellt sowie Pro und Kontra zu Sachgeschäften debattiert. An diesen öffentlichen Versammlungen wurden Empfehlungen zuhanden der Gemeindeversammlung abgegeben, sie können deshalb als Wahlbarometer gewertet werden. Die Bedeutung des Einwohnervereins schwand in dem Masse, als die unterschiedlichen Parteien im Vorfeld von Abstimmungen und Wahlen ihre eigenen Versammlungen durchführten und Parolen fassten.

Nicht als Partei, sondern als Bewegung verstand sich die *Jungmannschaft* von Brugg und Umgebung. Entstanden war sie als Antwort auf den Landesstreik im November 1918. Erstrebt wurde eine «fortschrittlich-vaterländische Aufklärung aller jungen Männer». Ausserhalb der Parteien sollten dem Jüngling und jungen Mann Sachverhalte zu sozialen, wirtschaftlichen und ethischen Fragen anhand von Vorträgen erläutert werden. Die Jungmannschaft «arbeitet an der staatsbürgerlichen Erziehung der Jungbürger. Diese werden

— 71 BgT, 8. 2. 1919. — 72 BgT, 31. 1. 1919. — 73 BgT, 28. 1. 1919. — 74 BgT, 11. 1. 1919, 13. 1. 1919, 14. 1. 1919, 27. 1. 1919, 8. 4. 1919. — 75 BgT, 4. 11. 1922. — 76 BgT, 22. 1. 1919. — 77 BgT, 5. 2. 1919. — 78 BgT, 9. 4. 1921.

erst dann in die Parteien eintreten, wenn ihre Ansichten abgeklärt sind», lautete daher die ablehnende Antwort auf das Angebot der Liberalen, eine Vertretung der Jungmannschaft bei sich aufzunehmen. Der Zustrom zu Beginn war gewaltig: Ein Vortrag im Januar 1919 wurde von 100 Jungbürgern besucht. Die Jungmannschaft kann auch als eine Art «Verbindung» bezeichnet werden, denn die Initianten verbanden damit eine weitere Absicht: Wer sich in der Jungmannschaft kennen und auch schätzen gelernt hatte, sollte später trotz unterschiedlichem Parteibüchlein das Zusammengehörigkeitsgefühl nicht verlieren.[74] Die Bewegung versandete allmählich, 1922 war im «Brugger Tagblatt» zu lesen: «Bald aber musste man einsehen, dass das Interesse fürs Vaterland und die Ereignisse, die sich darin abspielen, dann erlischt, wenn der äussere Anreiz […] in Form irgendeiner Gefahr wieder verschwindet.»[75]

Keine Einigung zwischen «Herrenpartei» und den Radikalen

Während neue Parteien entstanden und sich die Bauern vom Freisinn abnabelten, gelang es den Liberalen in Brugg nicht, die Kräfte zu bündeln und sich mit den Radikalen zusammen neu zu formieren. Das Programm der Radikalen deckte sich teilweise zu stark mit den Anliegen der Sozialdemokraten. Einen klärenden Vortrag hielt im Januar 1919 Dr. Arnold Bollag aus Baden: Die Radikalen würden die Interessen der Allgemeinheit und nicht spezifische Standesinteressen vertreten. Die Sozialdemokratische Partei dagegen sei keine demokratische Partei, da sie einseitig nur für die Arbeiterschaft einstehe. «Es hat sich gezeigt, dass die Unzufriedenheit in grossen Klassen daher kam, dass Kapital und Besitz immer mehr in den Händen einiger Weniger sich konzentrierte. Daneben wuchs umgekehrt die Zahl derer, die trotz voller Arbeitsleistung sich gezwungen sehen, von der Hand in den Mund zu leben. Nicht nur ein Arbeitsproletariat, sondern auch ein Beamten- und Angestellten-, ja sogar ein Gelehrtenproletariat entstand.» Die Radikalen stünden für die Einführung der AHV und IV ein, denn wer sein Leben lang gearbeitet habe, verdiene im Alter ein menschenwürdiges Dasein. «Nicht Armenrecht noch Wohltätigkeit, sondern gesetzliche Ansprüche sollen ihm dies sicherstellen.» Die Radikalen stünden hinter der Verkürzung der Arbeitszeit, besonders in den Fabriken. Für Neuerungen benötige der Staat Geld. Dieses wolle man beschaffen mittels Steuerprogression und Erbschaftssteuer. Besonders in diesem Punkt streite man sich mit den konservativen Liberalen. Zum Schluss forderte Bollag: «Parteifreunde! Sie gehören der freisinnig-demokratischen Kantonalpartei an. […] Das schliesst nicht aus, dass Sie in Brugg innerhalb der freisinnig-demokratischen Stadtpartei einen radikalen Verein halten. Wir haben in Baden dasselbe Verhältnis und fahren damit zur besten gegenseitigen Befriedigung. Warnen möchte ich Sie davor, aus der FDP auszutreten und eine eigene Partei zu bilden.»[76]

Dies geschah vorerst nicht. Dennoch: Trotz gemeinsamem Kampf beim Landesstreik gegen die drohende Revolution durch die Sozialdemokraten, trotz Gründung der Bauernpartei und Einführung des Proporzes fanden Liberale und Radikale keinen gemeinsamen Nenner. Das Problem umriss Gross- und Stadtrat Finsterwald: «Wenn jeder schlichte Bürger immer in der freisinnigen Partei so zu Worte gekommen wäre […], wenn immer ein solcher Ton des Entgegenkommens und Sichfindens geherrscht hätte, wäre die radikal-demokratische Vereinigung nie entstanden. Früher war das leider oft anders, da hörte man zuwenig auf den gewöhnlichen Mann. Auch heute noch ist es nötig, die unteren Bevölkerungsklassen heranzuziehen, und das will die radikal-demokratische Vereinigung tun. Damit stärkt sie die Gesamtpartei.»[77] Finsterwald betitelte die Freisinnigen offen als eine «Herrenpartei».[78] Lange war der Streit nicht beizulegen. Noch im März 1921 lehnten die Freisinnigen ein Vereinigungsangebot der Radikalen einstimmig ab.[79] Diese Querelen wirkten sich in den folgenden Wahlen schädigend aus. Erst 1925 integrierten sich die Radikalen in die städtische FDP.

Die ersten Wahlen im Proporzwahlsystem

Die erste «Proporzschlacht im Aargau»[80] um die Nationalratssitze gewannen die Sozialdemokraten im Herbst 1919 mit 28 Prozent Wähleranteil. Gleich stark wie die Katholisch-Konservativen waren im kantonalen Vergleich die Liberalen. An vierter Stelle erst figurierte die Bauern- und Bürgerpartei. Auf verlorenem Posten kämpften die Grütlianer.

Gänzlich anders sahen die Verhältnisse im Bezirk Brugg aus: Die Bauern- und Bürgerpartei nahm hier mit 43 Prozent aller Stimmen die Spitzenposition ein. Als zweite Kraft im Bezirk Brugg setzten sich die Sozialdemokraten mit einem Wähleranteil von fast einem Drittel durch. Erst an dritter Stelle platzierte sich die FDP, die einst führende Partei. Das Wahlresultat zeigte zudem: Der Gegensatz von Stadt und Land im Bezirk konnte nicht grösser sein. Die im Kanton und im Bezirk sonst schwach vertretene FDP holte am meisten Stimmen in der Stadt Brugg. 44 Prozent betrug hier ihr Wähleranteil, sie belegte damit den ersten Platz. Dicht folgte die ebenso dominante Sozialdemokratische Partei mit 40 Prozent der Stimmen. Minderheiten in der Stadt waren die Katholisch-Konservativen und die Bauernpartei. Verlierer beim Systemwechsel waren übrigens der Bezirk Brugg und die Brugger gleichermassen: Der bisherige liberale Nationalrat und Arzt Hans Siegrist aus Brugg schaffte die Wiederwahl nicht mehr. Der Bezirk Brugg hatte seinen einzigen Vertreter im Nationalrat verloren.

1921 standen im Aargau erstmals Grossratswahlen im Proporzwahlsystem an. Fünf Parteien bewarben sich im Bezirk Brugg um die 17 Sitze: die Freisinnig-demokratische Volkspartei des Bezirks Brugg, die Sozialdemokratische Partei, die Bauern- und Bürgerpartei, die Radikal-demokratische Partei des Bezirks Brugg und die Katholische Volkspartei des Bezirks Brugg. Die in allen Dörfern verankerte Bauern- und Bürgerpartei war die Wahlsiegerin im Bezirk. Acht von elf aufgestellten Kandidaten wurden gewählt! Unter ihnen der in Brugg wohnhafte Fritz Zaugg, der beim Bauernsekretariat arbeitete. Zaugg stand eine grosse politische Karriere bevor: Von 1929 bis 1953 war er als Bauernvertreter im Regierungsrat.

Als zweitgrösste Partei im Bezirk errangen die Sozialdemokraten fünf Mandate. Die SP war geografisch breiter gestreut als die FDP, Zeichen dafür, dass sie auch in den Dörfern Rückhalt fand. Drei der fünf gewählten Grossräte stammten nicht aus Brugg. Die Dominanz der städtischen Vertreter war am deutlichsten bei der FDP: Acht, oder über die Hälfte der 15 aufgestellten Kandidaten, stammten aus Brugg. Zudem hatten alle Gewählten ihren Wohnsitz in der Stadt. Die Radikal-demokratische Partei stand noch immer im Zwist mit der FDP, welche es ablehnte, radikale Kandidaten auf ihre Liste aufzunehmen. Die Radikalen hatten in letzter Minute vor den Wahlen eine eigene Liste aufgestellt. Die Hälfte der aufgeführten Kandidaten stammte aus Brugg. Gewählt wurde Jakob Finsterwald aus Brugg. Die Katholische Volkspartei des Bezirks Brugg stellte sechs Kandidaten auf, drei aus Brugg und zwei aus Windisch; in diesen Ortschaften war die katholische Bevölkerung im Bezirk am stärksten vertreten. Sie ging in den Wahlen leer aus.[81]

---

[79] BgT, 14. 2. 1921. — [80] BgT, 27. 10. 1919. — [81] Kandidatenlisten: BgT, 13. 4. 1921. — [82] BgT, 26. 4. 1921.

Grossräte im Bezirk Brugg 1921[82]

FDP	Hans Siegrist, Arzt	Brugg
FDP	Jakob Riniker, Bezirksamtmann	Brugg
FDP	Rudolf Wartmann, Ingenieur	Brugg
SP	Gottlieb Schaffner, Stadtrat	Brugg
SP	Adolf Schneider, Kondukteur	Windisch
SP	Ernst Muntwiler, Lehrer	Birrenlauf
SP	Emil Merkli, Lehrer	Windisch
SP	Jakob Pauli, Gemeinderat	Villnachern
Bauern- und Bürgerpartei	Fritz Zaugg, Landwirt	Brugg
BB	Karl Schwarz, Bezirksrichter	Villigen
BB	Samuel Hiltpold, Bezirksrichter	Schinznach
BB	Rudolf Angliker, Landwirt	Birr
BB	Adolf Fehlmann, Landwirt	Oberbözberg
BB	Hans Finsterwald, Ammann	Lauffohr
BB	Samuel Brack, Landwirt	Oberflachs
BB	Heinrich Käser, Landwirt	Elfingen
Radikal-demokratische Partei	Jakob Finsterwald, Baumeister	Brugg

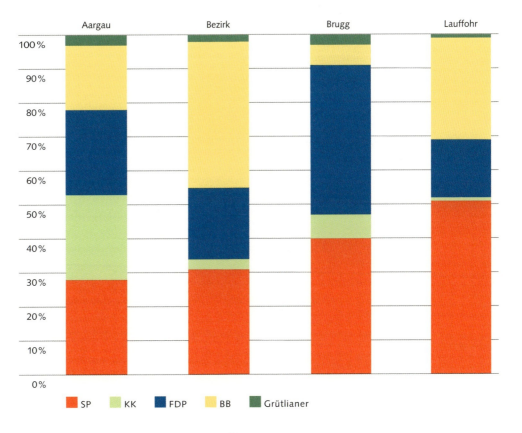

246 — Parteistärken bei den Nationalratswahlen 1919.

Bauernmehrheit und roter Vormarsch

Durch das Ausscheiden der Bauernvertreter aus der Bezirkspartei der FDP beschränkte sich der Einfluss der Freisinnigen auf Brugg und Umgebung. Die Wahl eines grossen Vorstands zur Reorganisation der Partei zeigte 1919 auf, in welchen Gemeinden die FDP ausserhalb der Stadt vertreten war: Stilli, Lauffohr, Riniken, Umiken, Birrenlauf (Schinznach-Bad), Hausen und Windisch. «Wir planen keineswegs, im Rayon der Bauernpartei dieser Konkurrenz zu machen», kommentierte man 1919 den Rückzug, um 1921 darüber zu lamentieren, dass das Land sie «mehr oder weniger im Stich gelassen» habe.[83] In den Dörfern fand die FDP keine nennenswerte Anhängerschaft, ausser sie stellte Kandidaten auf. So holte zum Beispiel Gemeindeammann David Baumann an den Grossratswahlen 1929 für die FDP 29 Prozent der Villiger Stimmen. Nur in Brugg war die FDP in den 1920er-Jahren mit einem Wähleranteil um 40 Prozent stärkste Partei, lieferte sich aber ein Kopf-an-Kopf-Rennen mit den Sozialdemokraten. Wie sehr die FDP durch die Stadtpolitiker geprägt war, ist an den Grossratsmandaten ablesbar: 1921 stammten alle drei Gewählten plus der Radikale Demokrat aus Brugg, bei der SP war es lediglich einer von fünf, bei der Bauernpartei einer von acht.

Ab 1919 stellte die Bauern- und Bürgerpartei im Bezirk am meisten Grossräte und hielt die Mehrheit in 29 von 33 Ortschaften. Die Nationalratswahlen zeigten hingegen auf, dass «auch die Landgemeinden des Bezirks mit spärlichen Ausnahmen mehr oder weniger stark mit Sozialdemokraten durchsetzt» waren.[84] In den drei Gemeinden Lauffohr, Windisch und Umiken hatte die Arbeiterpartei 1919 sogar die Mehrheit errungen. Ihren Wahlerfolg setzte sie fort. 1922 bildete die SP in fünf Dörfern die Mehrheit, in Brugg war es die FDP und in 27 Dörfern die Bauernpartei.[85] Der Vormarsch der Linken im Bezirk war nicht aufzuhalten: 1925 errang die SP in elf Dörfern am meisten Parteistimmen, und 1928 überrundete sie erstmals die Bauernpartei und gewann 41 Prozent aller Stimmen im Bezirk. Die Bauernpartei holte 38 Prozent. Erstmals belegte die SP 1928 auch in der Stadt Brugg die Spitzenposition und verdrängte die Freisinnigen auf den zweiten Platz! Dies allerdings äusserst knapp mit einem Plus von 26 Listen.[86]

Aufeinanderprallen von Rot und Braun

Unter dem Begriff «Frontenfrühling» traten unter dem Einfluss der Machtergreifung Hitlers 1933 verschiedene Bünde, Kampfgemeinschaften und Gruppen in Erscheinung, die sich als politische Bewegung ausserhalb der bestehenden, historisch gewachsenen Parteien verstanden. Sie versprachen Erneuerung, verkörperten vaterländisches Denken und forderten einen starken Staat, allerdings unter Ausschaltung der parlamentarischen Demokratie. Wegen ihres entschiedenen Wehrwillens und ihres dezidierten Kampfs gegen die Sozialdemokratie genossen die Fronten bei den bürgerlichen Parteien ein erhebliches Vertrauenskapital.[87]

Unter den führenden Köpfen der *Nationalen Front* befand sich der 24-jährige Brugger Eduard Rüegsegger. Er war Redaktor der Zeitung «Der Eiserne Besen», Kampfblatt dieser Bewegung, und seit November 1932 Mitglied der Landesleitung.[88] Zwischen der Ausrich-

---

[83] BgT, 8.9.1919, 26.4.1921. — [84] BgT, 28.10.1919. — [85] Nationalratswahl: BgT, 31.10.1922: Windisch 57%, Umiken 66%, Lauffohr 56%, Hausen 51%. — [86] Nationalratswahl: BgT, 26.10.1925: SP-Mehrheit in Windisch, Villnachern, Umiken, Stilli, Mülligen, Lauffohr, Hausen, Birrenlauf, Villigen; BgT, 29.10.1928: SP erzielte 5662, der Freisinn 5344 Stimmen, eine Liste umfasste 12 Namen. — [87] Gautschi, Geschichte des Kantons Aargau, S. 302. — [88] Glaus, Nationale Front, S. 82. — [89] Ebenda, S. 81. — [90] StAAG MF.3-PKO/22669. — [91] Gautschi, Geschichte des Kantons Aargau, S. 304.

247 ___ Anfänglich genoss die Nationale Front viel Sympathie. Zur Massenveranstaltung im Freudenstein vom 28. Mai 1933, welche die Nationale Front organisierte, kamen allerdings auch viele Neugierige.

248 ___ Grosskundgebung der Nationalen Front am 28. Mai 1933 in Brugg. Der Brugger Eduard Rüegsegger, Mitglied der Landesleitung der Nationalen Front, hält eine Rede vor 3000 Leuten.

tung der Nationalen Front und dem Programm der deutschen NSDAP bestanden enge Parallelen, obwohl die Fronten bestritten, Ableger der Nationalsozialistischen Deutschen Arbeiterpartei zu sein.[89] Von verschiedenen Exponenten wusste man, dass sie glühende Verehrer der deutschen Politik waren. Eduard Rüegsegger ging noch weiter, er war seit 1931 Parteimitglied der NSDAP.[90] Mit Massenveranstaltungen nach deutschem Muster versuchte die Nationale Front, die Bevölkerung für die eigenen Ziele zu gewinnen. Die ersten grösseren Veranstaltungen fanden in Brugg statt, wo Rüegsegger aufgewachsen war und unter den jungen Leuten über eine grössere Anhängerschaft verfügte.[91] Die erste Versammlung im Hotel Bahnhof am 31. März 1933 endete tumultartig, da sie von etwa 150 Sozialdemokraten gesprengt wurde. Die Aktion verfehlte aber ihre abschreckende Wirkung gänzlich und löste das Gegenteil aus: Die Front war nun in aller Munde, und als versammlungsstörende Missetäter standen die Sozialisten am Pranger. Eine Wiederholung fand zehn Tage später im «Roten Haus» statt. Rund 600 Männer besuchten den Anlass, und im Freien drängten sich weitere Neugierige. Der Bericht im «Brugger Tagblatt» fiel wohlwollend aus. Der Polizeibericht vermeldete hingegen: «Es waren Reden, wie man sie in nationalsozialistischen Versammlungen in Deutschland serviert bekommt. Es wurde über die bestehenden Parteien hergezogen […]. Die heutige Politik sei ein Kuhhandel, und die Kompromisspolitik habe zur Misswirtschaft geführt.»[92]

Als Antwort darauf veranstaltete die Sozialdemokratische Partei am 24. April eine öffentliche Versammlung gegen Krieg und Faschismus in der Turnhalle. Die Turnhalle füllte sich bis auf wenige Plätze, unter anderem auch mit bürgerlichen Zuhörern aus anderen Bezirken. Als Hauptreferent schilderte Nationalrat Arthur Schmid die Verhältnisse in Deutschland und Italien. Ursprünglich geplant gewesen war ein kontradiktorischer Abend mit Vertretern der SP und der Nationalen Front. Doch Letztere verweigerte jegliche Diskussion.[93] Ende Mai 1933 organisierte die Nationale Front einen weiteren Grossanlass: Zwischen 2500 und 3000 Personen besuchten die Kundgebung auf der Wiese hinter dem Stapferschulhaus. Die Schilderung des Volksaufmarschs im «Brugger Tagblatt» fiel stellenweise sehr ironisch aus und liess einige Kritik durchschimmern. So kommentierte der Redaktor: «Drei Viertel werden aus purer Neugierde nach Brugg marschiert sein, im guten Treu und Glauben, hier etwas Neues vernehmen und lernen zu können. Viele sind enttäuscht wieder zu den Penaten zurückgekehrt. […] Das Bild, das sich uns auf dem ‹Eisi› zeigte, ist uns aus deutschen illustrierten Zeitungen sattsam bekannt. Aus dem badischen Tiengen war ein Trupp Nationalsozialisten erschienen. (Heil!).» Das Ende von Rüegseggers Rede kommentierte das «Brugger Tagblatt» mit dem Einschub: «Der Berichterstatter vermisst den begeisterten allgemeinen Beifall.»[94]

Es existieren keine Mitgliederlisten der Nationalen Front, nach mündlichen Aussagen mögen zwischen 80 und 100 Männer aktiv in der Ortsgruppe Brugg mitgewirkt haben, im Vergleich zu den etablierten Parteien eine gute Bilanz.[95] Es waren Gewerbetreibende, Angestellte, Arbeiter, Beamte und einzelne Intellektuelle, die hier mitmachten. Während aus der Stadt vor allem Bürger aus dem Mittelstand sich engagierten, kamen die Arbeiter eher aus Windisch. Unter dem Vorarbeiter Fritz Hausmann schlossen sich einige Arbeiter des Kabelwerks an. Man traf sich regelmässig im Hotel Bahnhof, manchmal im «Roten Haus» oder im «Schützengarten».[96] Im November 1933 kandidierten zwei Vertreter der Nationalen Front vergeblich für den Stadtrat: der Hotelier Karl Maurer vom «Roten Haus» und der Bäckermeister Jean Läng. Nach einem hässlichen Wahlkampf, bei dem alle Bisherigen gewählt wurden, kommentierte das «Brugger Tagblatt»: «Viel Lärm um nichts.» Nach diesem turbulenten Jahr rief sich die Nationale Front in erster Linie noch mit Vorträgen bei der Bevölkerung in Erinnerung.[97] Um Einfluss auf das Staatsgeschehen zu nehmen, trat sie 1937 als Partei zum einzigen kantonalen Wahlgang an. Lediglich in den drei Bezirken Brugg, Baden und Aarau stellte sie Listen auf. In der Stadt Baden erreichte die Nationale Front 8 Prozent Wähleranteil, im Bezirk Baden 4,6 Prozent, und stellte damit den einzigen Grossrat, den Tierarzt Joseph Willi. In Brugg erreichte sie einen Wähleranteil von 7,6 Prozent. Kurz vor Ausbruch des Zweiten Weltkriegs wird die Front letztmals in den Brugger Zeitungen erwähnt, sie löste sich auf lokaler Ebene wohl nicht lange danach auf, Eduard Rüegsegger verliess 1940 Brugg und zog nach Zürich.

___ [92] Zit. in: Gautschi, Geschichte des Kantons Aargau, S. 304: Polizeistation Brugg an Polizeikommando, 12. 4. 1933, Archiv PK. ___ [93] BgT, 25. 4. 1933. ___ [94] BgT, 29. 5. 1933. ___ [95] Ausführliche Darstellung zu den Fröntlern in Brugg: Belart, Nationale Front, hier S. 127. ___ [96] Ebenda, S. 127f. ___ [97] Ebenda, S. 139–141. ___ [98] StAAG MF.3-PKO/10246-A/1, Zitat aus Brief vom 4. 10. 1935. ___ [99] StAAG MF.3-PKO/10246-A/1, Zitat aus Brief vom 21. 3. 1936. ___ [100] StAAG MF.3-PKO/10246B.

Politische Extreme in Brugg

Nicht nur die Fröntler hatten regen Zuspruch in Brugg und Umgebung gefunden. Sympathie und einige Anhänger fand ebenso die «*NSDAP Ortsgruppe Brugg*». Im Aargau war sie neben der Ortsgruppe Baden der einzige Ableger der deutschen NSDAP. Nach der Entlassung zweier ihrer Führer durch die BBC trat die Badener Gruppe kaum mehr aktiv in Erscheinung. In Brugg dagegen war die Stützpunktgruppe der NSDAP von 1935 bis 1939 tätig. Der Leiter wie auch alle anderen Mitglieder waren Reichsdeutsche. Mindestens dreimal jährlich fanden Versammlungen statt: Gefeiert wurden die Machtergreifung Hitlers vom 30. Januar 1933, der Nationalfeiertag, der Tag der Arbeit am 1. Mai und ein Erntedankfest Anfang Oktober. Nichtdeutschen war der Eintritt untersagt. Die Veranstaltungen wurden von der Polizei überwacht: «Die ganze Feier war wiederum auf die Huldigung und Dankesbezeugung für ihren Führer und Retter der Nation, Reichskanzler Hitler eingestellt.»[98] Meistens trafen sich die 40 bis 90 Teilnehmer im Hotel Bahnhof in Brugg, wenige Mal auch im Hotel Füchslin. Die Mitglieder stammten aus den Bezirken Lenzburg, Baden, Zurzach, Bremgarten und Brugg. Mit persönlichem Brief eingeladen, hielt man die Treffen unauffällig ab, sie verliefen daher störungsfrei. Der zur Überwachung angehaltene Bezirksunteroffizier in Brugg störte sich allerdings an diesen Aktivitäten und schrieb dem Polizeikommando Aarau: «Werden solche Versammlungen weiterhin wieder geduldet, dann hat man in der Bekämpfung der Hitlerpropaganda nicht viel erreicht.» Verbieten wollte man die Veranstaltungen unter anderem deswegen nicht, weil man befürchtete, dass dann die Schweizer in Deutschland den 1. August auch nicht mehr feiern könnten. Mit dem Ausbruch des Zweiten Weltkriegs am 1. September 1939 endeten die Aufzeichnungen, die NSDAP-Ortsgruppen in der Schweiz wurden verboten.[99]

Neben den Deutschen erfuhren die Italiener eine genaue Beobachtung. In Brugg gab es keine faschistische Partei, dagegen existierte eine «Dopolavoro fascista italiana», eine *faschistische Gewerkschaftsorganisation* mit weiteren Ortsgruppen in Aarau, Baden, Döttingen-Zurzach und Zofingen. Die Mitgliederbestände waren gering, und im Sommer 1943 erfolgte die Selbstauflösung nach dem Sturz Mussolinis. Des Weiteren gab es in Brugg eine wenige Mitglieder umfassende italienische Kolonie unter faschistischer Leitung. «Die italienischen Organisationen waren im Aargau nie auch nur annähernd so straff organisiert, wie die deutschen», so der Polizeibericht. «Ihre grösste Tätigkeit entfalteten sie von 1941 bis 1942, als sie eine Zeit lang mit den deutschen Organisationen zusammenspannten. Es konnten aber nie alle Italiener erfasst werden.»[100]

Unter genauer polizeilicher Beobachtung standen auch die Aktivitäten am politisch linken Rand. Dokumentiert ist die Gründungsversammlung der «*Partei der Arbeit*, Sektion Brugg» vom Sonntag, dem 17. Dezember 1944, im Hotel Rössli. Die zentralen Programmpunkte der Partei der Arbeit waren: menschenwürdige Existenz durch gesicherte Arbeit

249 ⎯ Treffpunkt der NSDAP-Ortsgruppe Brugg war das Hotel Bahnhof. Anlass zu Zusammenkünften boten insbesondere «Feiertage» wie der Tag der Machtergreifung Hitlers am 30. Januar, der deutsche Nationalfeiertag, der 1. Mai und der Erntedank im Oktober.

250 — Stadtratsitzung 1976: Noch bis 1985 waren die Männer unter sich. Von links: Viktor Bulgheroni, Stadtschreiber Markus Roth, Stadtammann Hans Peter Howald, Vizeammann Hans Müller, Walter Karrer, Urs Kistler.

und gerechte Entlöhnung; Zusicherung eines sorgenfreien Lebens nach 60 Lebensjahren durch AHV und IV sowie politische und soziale Gleichberechtigung der Frauen. Die Brugger Sektion wies zum Zeitpunkt ihrer Gründung 16 Mitglieder auf. Weitere PdA-Sektionen bestanden zu diesem Zeitpunkt in Baden, Aarau, Menziken, Reinach und Wettingen.[101]

Dominanz des Freisinns im Stadtrat bis Mitte der 1980er-Jahre

Bis 1958 stellten die Sozialdemokraten jeweils einen Stadtrat. Dies waren Gottlieb Schaffner in den Jahren 1918 bis 1929, Arthur Basler von 1929 bis 1947 und Walter Gloor von 1947 bis 1970. Wäre der aus fünf Mitgliedern bestehende Brugger Stadtrat nach dem Proporz zusammengestellt worden, so hätte die SP eine stärkere Vertretung erhalten: Die Resultate der Nationalratswahlen weisen die SP von 1935 bis und mit den Wahlen von 1947 als stärkste Partei aus. Allerdings war der Abstand zur FDP ausser 1943 eher knapp. Die vier von den Freisinnigen belegten Stadtratsitze bedeuteten nur auf den ersten Blick eine klare Vormachtstellung. So nominierten die Radikalen Demokraten bis 1921 Kandidaten, welche mit der Unterstützung der Sozialdemokraten gewählt wurden. Der Bahnbeamte Karl Hartmann, von 1922 bis zu seinem Wegzug 1936 im Stadtrat, wurde vom Eisenbahnerverband vorgeschlagen und offenbar dem linken Lager zugerechnet. Denn ein zweiter, offiziell von der SP portierter Kan-

— 101 StAAG MF.3-PKO/2020A. — 102 Auch der zuerst als parteilos kandidierende Hans Peter Howald wurde von der FDP portiert und zwei Wochen nach seiner Wahl in den Stadtrat als Stadtammann der FDP gegen den SP-Kandidaten Hans Müller gewählt. BgT, 22. 6. 1973. — 103 BgT, 8. 2. 1971. — 104 BgT, 5. 2. 1971. — 105 Seiler/Steigmeier, Geschichte des Aargaus, S. 213. — 106 BgT, 28. 4. 1941. Chronik BgNbl 52 (1942), S. 78. — 107 Das neue Schulgesetz trat am 1. 10. 1941 in Kraft. Brugg erhöhte die Mitgliederzahl der Schulpflege von 9 auf 11, damit für die Mädchenklassen und die geplante weibliche Fortbildungsschule zwei Frauen Einsitz nehmen konnten. RBE 1941, S. 20. StABg B G.Ia.36.

didat hatte nie eine Chance. Ein heftiger Wahlkampf entbrannte um Hartmanns Nachfolge. Zur grossen Enttäuschung der Linken gewann der Freisinnige Hans Häfeli 1936 die Wahl. Von 1958 bis 1985 lautete die Formel: drei Sitze für die FDP, zwei für die SP.[102] Die FDP verlor 1985 die Mehrheit im Brugger Stadtrat. Erstmals kam eine dritte Partei zum Zug: Im zweiten Wahlgang gelang Werner Umbricht von der CVP der Einzug in den Stadtrat. Das Jahr 1985 markierte einen zweiten Eckpunkt: Mit der Sozialdemokratin Silvia Haug nahm erstmals eine Frau Einsitz in die Brugger Exekutive. Vier Jahre später geschah die nächste «Revolution»: Erstmals erhielt die EVP eine Vertretung mit Margrit Ulukurt-Turgi. Von 1989 bis 2003 gab es zwei Stadträtinnen. 1989 befürworteten die Stimmenden zudem die Einführung des Vollamts für den Gemeindeammann, das seither Rolf Alder innehat. Mit der Wahl von Christoph Brun im Jahr 2003 gelangten erstmals die Grünen zu einem Sitz im Stadtrat.

Viele Schritte zum Frauenstimm- und -wahlrecht

Mit der Wahl von Silvia Haug in den Stadtrat, ganze 14 Jahre nach der Annahme des Frauenstimm- und -wahlrechts im Jahr 1971, erfüllte sich die Prophezeiung des Kommentators im «Brugger Tagblatt» von 1971. Er sah wenig Veränderung voraus im politischen Alltag und beschwichtigte die Leserschaft: «Die wenigsten Frauen werden die Neigung verspüren, sich ins politische Rampenlicht zu begeben. [...] Die Frau wird sich auch in ihrer Aktivbürgerschaft nicht von ihren hausfraulichen und mütterlichen Pflichten abbringen lassen. Von dieser Seite droht der Familie keine Gefahr.»[103] Damit sprach er einem grossen Teil der konservativen Leserschaft aus dem Herzen, welche das Frauenstimm- und -wahlrecht im Aargau noch abgelehnt hatte. So erklärte 1971 der Brugger Fürspech Markus Herzig, Präsident der Eidgenössischen Aktion gegen die Frauenstimmrechtsvorlage, im «Brugger Tagblatt»: «Der Geschlechtsunterschied ist erheblich, und wegen dieser Erheblichkeit schadet das Frauenstimmrecht dem weiblichen Wesen.»[104] Die Ablehnung war im Aargau deutlich spürbar. Eine hauchdünne Mehrheit von 240 Stimmen führte zu einem Ja-Anteil von 50,15 Prozent im Kanton! Im Bezirk Brugg verwarfen 21 Gemeinden die Vorlage. 11 Gemeinden befürworteten sie, darunter die Stadt Brugg mit 980 Ja- gegen 677 Nein-Stimmen. Dies entsprach einer Zustimmung von 59 Prozent.

Ein stark konservatives Verhalten legten die Aargauer Männer in dieser Frage schon immer an den Tag. Erste Vorstösse unterband der Grosse Rat 1918, und er lehnte auch 1945 eine Vorlage der Regierung ab, welche das Stimmrecht für Frauen in Gemeindeangelegenheiten vorsah.[105] In vielen kleinen Schritten gelangten die Frauen zur politischen Gleichberechtigung. Es geschah dies vorerst durch Mitsprache in Bereichen wie Fürsorge, Erziehung, Schule und Kirchenwesen. Diese Bereiche entsprachen den Vorstellungen weiblicher Pflichterfüllung. Die Anstrengungen zahlten sich aus: 1936 wurden im Aargau die Frauen in die Armenbehörde wählbar. Frauen wussten sich innerhalb des politischen Systems durchaus Gehör zu verschaffen. So brachten sie zum Beispiel ihre Meinung in einer separaten Abstimmung zum Ausdruck: Im April 1941 tagten die Mitglieder der Aargauer Frauenzentrale und verschiedener ihr angeschlossener Frauenorganisationen in der reformierten Stadtkirche Brugg und befürworteten das neue aargauische Schulgesetz.[106] Dieses anerkannte ihre Tätigkeit offiziell: Mit der Einführung des Gesetzes waren Frauen in die Schulbehörden wählbar. Kurz darauf, im Dezember 1941, wählten die Brugger Stimmbürger dann die ersten zwei Frauen in die Schulpflege. Es waren dies Gertrud Comte-Nabholz und Frieda Meier-Giger.[107]

251 — Seltene Demonstration in Brugg: Um dem Frauenstimm- und -wahlrecht endlich zum Durchbruch zu verhelfen, zogen Frauen 1971 mit Transparenten durch die Stadt.

> **Debatte um die Frauenstimmrechtsfrage anno 1919**
>
> Nach dem Ersten Weltkrieg stand nicht nur im Grossen Rat, sondern 1919 auch in Brugg das Frauenstimmrecht zur Debatte. Pfarrer Jahn lud zu einem Ausspracheabend ein. Rund hundert Frauen und ein paar wenige Männer versammelten sich laut Berichterstatter des «Brugger Tagblatts» im Rathaus. «Ausgehend von der Umwertung aller Dinge durch den Krieg, muss auch die Stellung der Frau neu orientiert werden. Doch muss gefordert werden, dass die Frau entscheidend an der Gesetzgebung mitwirke», forderte Pfarrer Jahn. «Da ist zu erinnern an die Gesetzgebung über den Alkohol, das Gastwirtschaftswesen, Wohnungswesen, Vorlagen über Luxussteuern, Spielhöllen, Massregeln zur Bekämpfung der Geschlechtskrankheiten, um nur einige drastische Beispiele aus der grossen Fülle herauszugreifen. Aber gerade diese Punkte zeigen, dass nicht eine nur sensationslüsterne Nachahmung des Männerstimmrechtes durch die Frauen diese zur Forderung des Frauenstimmrechts führt, sondern die Erwägung der Mitarbeit im Interesse von Kindern und Kindeskindern. [...] die Frau soll auf den in ihrem Wirkungskreis liegenden Gebieten ergänzend und mitarbeitend dem Manne an die Seite treten. Diese Gebiete umschreiben sich in erster Linie durch das Armen-, Schul- und Kirchenwesen.»
>
> An der anschliessenden Diskussion äusserte sich Pfarrer Edmund Fröhlich pessimistisch dazu, seiner Meinung nach würde dadurch nur die Zahl derer erhöht, die als unwissendes Stimmvieh zur Urne gingen. Frau Frölich-Zollinger meinte dagegen: «Wie man im Haushalt sich zwischen Mann und Frau ausspricht und zusammenarbeitet, so soll es auch im Staate sein. Die Frau hat sich bisher um die Politik nicht bekümmert, somit fehlt ihr die nötige Aufklärung. Aber in Schul-, Armen- und Kirchensachen hat sie Einblick. Die Hausfrau wird auch Zeit finden, bei so manchen Hausarbeiten, die sich mechanisch abwickeln, über öffentliche Fragen nachzudenken und so Gehirn-Gymnastik zu treiben. Für das heranwachsende weibliche Geschlecht sind durch den Krieg und

— 108 BgT, 28. 3. 1919. — 109 BgT, 13. 1. 1959, 22. 1. 1959, 31. 1. 1959. — 110 Chronik BgNbl 70 (1960), S. 75. — 111 Seiler/Steigmeier, Geschichte des Aargaus, S. 213. — 112 Chronik BgNbl 73 (1963), S. 110. — 113 Chronik BgNbl 77 (1967), S. 114. — 114 Chronik BgNbl 81 (1971), S. 128. — 115 Chronik BgNbl 82 (1972), S. 167.

> seine Folgen die Existenzmöglichkeiten wesentlich verändert; die Zahl der alleinstehenden berufstätigen Frauen wird stark anwachsen; auch diesen muss das Mitspracherecht in öffentlichen Fragen eingeräumt werden.»[108]

Im Vorfeld der Abstimmung über die Einführung des Frauenstimmrechts 1959 dominierten die ablehnenden Argumente. Der Sonderfall Schweiz erfordere bei der Ausübung der direkten Demokratie ein beträchtliches Mass an Kenntnissen für Sachgeschäfte. Der «Männerstaat» habe sich nicht schlecht regiert. Trotz Verdopplung der Wählerschaft bleibe die Unterschriftenzahl bei Referenden und Initiativen gleich hoch. Zudem: Der Weg von oben herab, via eidgenössisches Recht, sei falsch, der Kanton sei das ideale Versuchsfeld.[109] Das Resultat war ernüchternd: In Brugg lehnten 73 Prozent das Frauenstimmrecht ab, in Lauffohr waren es leicht weniger, nämlich 70 Prozent.[110] Das deckte sich mit der Stimmung im ganzen Kanton, wo 77 Prozent das Frauenstimm- und -wahlrecht auf eidgenössischer Ebene verwarfen.[111] Einerseits war das Ergebnis von 1959 ein klarer Entscheid. Dennoch wurde die Abstimmung von den Befürwortern als positiver Markstein gewertet, der als Wende interpretiert wurde: Drei Kantone – Genf, Neuenburg und Waadt – hatten zugestimmt. Damit war ein Tabu gebrochen.

Vorreiter in Sachen politische Gleichberechtigung waren die Kirchen: Bei der Wahl des neuen Brugger Pfarrers nutzten die reformierten Frauen 1961 erstmals ihr Stimmrecht.[112] Und der katholische Frauen- und Mütterverein sprach sich an seiner Generalversammlung im Januar 1966 für das Frauenstimmrecht in kirchlichen Angelegenheiten aus.[113] Die Zeit für einen Wandel war reif: Im November 1970 fand im «Roten Haus» die Gründungsversammlung der Freisinnigen Frauengruppe der Region Brugg statt.[114] Mit der Annahme der Vorlagen vom 7. Februar 1971 erhielten die Aargauer Frauen nicht nur die politischen Mitbestimmungsrechte für eidgenössische, sondern zugleich auch für kantonale und Gemeindeangelegenheiten. Die Brugger Ortsbürgergemeinde zog nach: Die nun stimmfähig gewordenen Ortsbürgerinnen nahmen im September 1971 erstmals am Brugger Waldumgang teil.[115]

252 ⎯ Denkwürdiges Ereignis: Am 4. September 1971 nahmen erstmals die nun auch stimmfähig gewordenen Ortsbürgerinnen am traditionellen Waldumgang teil.

leben, lernen, feiern

Bevölkerung

Bevölkerungsentwicklung in Brugg, Altenburg und Lauffohr

Bis in die Mitte des 18. Jahrhunderts kann die Entwicklung der Einwohnerzahlen nur geschätzt werden. Eigentliche Volkszählungen gab es erst ab 1764, in regelmässigen Abständen sogar erst ab 1850. Für das 15. und 16. Jahrhundert liegen Listen der Haushaltungen (Herdstellen) und Angaben über die Kriegsdienstpflichtigen vor, für das 17. und 18. Jahrhundert die Zahlen der Taufen, ab 1667 auch jene der Verstorbenen:

Die Bevölkerung von Brugg 1400–1798

Jahr	Steuerpflichtige Haushaltungen	Geschätzte Bevölkerung
1400	197	890–990
1419	179	810–900
1428	184	830–920
1452	155	700–780
1460	152	680–760
1461	137	620–690
1462	132	600–660
1465	118	530–590
1499	100	450–500
1529	93	420–470
1558	131	ca. 660
1611	219	ca. 930
1612		ca. 670
1635		ca. 800
1636		ca. 720
1667		ca. 860
1669		ca. 376
1710		ca. 750
1754		761
1764	169	679
1798		634

Die Zahlenreihe[1] zeigt auf, dass Brugg um 1400 eine Bevölkerungsgrösse aufwies, die erst im 19. Jahrhundert wieder erreicht werden sollte. Bis 1529 ging sie auf fast die Hälfte zurück. Dann stieg sie – mit Rückschlägen durch die Pest – bis um 1700 jeweils rasch wieder an. In der ersten Hälfte des 18. Jahrhunderts stagnierte sie bei 750 und nahm dann ab etwa 1750 nochmals allmählich ab.

Altenburg und Lauffohr erfuhren wie andere Bauerndörfer eine ganz andere Entwicklung. Hier stiegen die Einwohnerzahlen vom Mittelalter bis ins 19. Jahrhundert kontinuierlich; Rückschläge durch Massensterben wurden jeweils rasch wieder ausgeglichen:

Die Bevölkerung von Altenburg und Lauffohr bis 1798[2]

Jahr	Altenburg		Lauffohr	
	Haushaltungen	Personen	Haushaltungen	Personen
1529	6	ca. 30		
1558	7	ca. 35		
1653			7	ca. 35
1764	24	125	22	109
1798		159		131

Ab 1764 liegen die Ergebnisse recht genauer Erhebungen über die Zahl und Struktur der Bevölkerung vor; seit 1850 führt der Staat in fast regelmässigen Abständen von meistens zehn Jahren eigentliche Volkszählungen durch.

In Brugg nahm die Bevölkerung von 1798 bis 1990 ständig zu. Starkes Wachstum erfolgte in den 1820er- und 1830er-Jahren, in den 1890er-Jahren bis zum Ersten Weltkrieg sowie während des wirtschaftlichen Aufschwungs nach dem Zweiten Weltkrieg bis 1970 (samt der Eingemeindung Lauffohrs). In den 1990er-Jahren nahm die Einwohnerzahl erstmals seit 1800 leicht ab. In Altenburg stieg die Bevölkerung im ersten Drittel des 19. Jahrhunderts an, schwankte dann bis 1880 um die 200er-Grenze, sackte während der Krise der 1880er-Jahre (Grosse Depression) auf den Stand von 1798 ab und erlebte ihren grössten Aufschwung während der Industrialisierung in den 1890er-Jahren, im letzten Jahrzehnt ihrer Existenz als selbständige Gemeinde. Auch Lauffohr wies während der Grossen De-

___ 1 Heuberger, Geschichte der Stadt Brugg, S. 73–79. Banholzer, Geschichte der Stadt Brugg, S. 57–60, 240f. StABg A 316, A 317, A 445–450, A 452–453, A 456. StABE A V 1367, Nr. 1, 138, 143, 145; B II 283, Nr. 4, 37; B XIII 604. Schätzung der Bevölkerung Bruggs: 1400–1529: 4,5 bis 5 Personen pro Haushaltung (im Vergleich zu Erfahrungswerten in andern Städten, z. B. Aarau, Liestal). Die Zahl von 1529 beruht auf einer Angabe des Rats betr. Militärdienstpflichtige und dürfte zu niedrig sein. 1558 (Wachstumsphase): 5 Personen pro Haushaltung entsprechend einer Taufziffer von 61‰ bei 39,7 Taufen (1560–1574). 1611 (vor der Pest): 4,25 Personen je Steuerzahler entsprechend einer Taufziffer von 48‰ bei 46,6 Taufen (1602–1611). 1612 (nach der Pest): 40,4 Taufen (1612–1621) bei einer Taufziffer von 60‰ (Rekuperationsphase). 1635 (vor der Pest): 38,7 Taufen 1626–1635 bei einer Taufziffer von 50‰. 1636 (nach der Pest): 43,1 Taufen 1636–1645 bei einer Taufziffer von 60‰ (Rekuperationsphase). 1667, 1669, 1710, 1754 zurückgerechnet von der Berner Umfrage 1764: – 1754: gemäss Umfrage 1764. – 1710: Zahl 1754 abzüglich natürliches Wachstum (+48) und Abwanderung (angenommen –37). – 1669: Zahl 1710 abzüglich natürliches Wachstum (+401) und Abwanderung (berechnet –27). – 1667: Zahl 1669 plus 514 Pesttote (gemäss Liste). ___ 2 StABE B II 249, Nr. 8; B II 283, Nr. 37; B XIII 604, UP 15, Nrn. 1, 143. ___ 3 StABE B XIII 604. StAAG Volkszählungen 1798, 1837, 1850. Alle späteren sind publiziert durch das Bundesamt für Statistik, Bern. ___ 4 Die Berner Sittenmandate sind abgedruckt in RQ Bern VI/2.

Bevölkerung und jährliches Bevölkerungswachstum seit 1764[3]

Jahr	Brugg		Altenburg		Lauffohr		Total heutiger Gemeindebann	
1764	679		125		109		913	
1798	634	−0,19%	159	+0,80%	131	+0,59%	924	+0,04%
1837	929	+1,19%	217	+0,97%	215	+1,64%	1363	+1,22%
1850	1142	+1,76%	191	−0,70%	248	+1,18%	1581	+1,23%
1860	1157	+0,13%	197	+0,31%	281	+1,33%	1635	+0,34%
1870	1335	+1,54%	216	+0,96%	279	−0,07%	1830	+1,19%
1880	1422	+0,65%	202	−0,65%	241	−1,36%	1865	+0,19%
1888	1583	+1,42%	162	−2,48%	258	+0,88%	2003	+0,92%
1900	2345	+4,01%	293	+6,74%	293	+1,13%	2931	+3,86%
1910	3665	+5,63%			373	+2,73%	4038	+3,78%
1920	4415	+2,05%			445	+1,93%	4860	+2,04%
1930	4502	+0,20%			517	+1,62%	5019	+0,33%
1941	4778	+0,56%			537	+0,35%	5315	+0,54%
1950	5508	+1,70%			596	+1,22%	6104	+1,65%
1960	6683	+2,13%			674	+1,31%	7357	+2,05%
1970	8635	+2,92%			(ca. 900	+3,30%)	8635	+1,74%
1980	8911	+0,32%					8911	+0,32%
1990	9482	+0,64%					9482	+0,64%
2000	9143	−0,36%					9143	−0,36%

pression einen Rückgang auf, ab 1890 dann eine kontinuierliche Zunahme und in den 1960er-Jahren einen starken Aufschwung, besonders im Ortsteil Au nahe der Grenze zu Brugg.

Die Bevölkerung einer Gemeinde nimmt einerseits je nach der wirtschaftlichen Entwicklung zu oder ab. Blüht die Wirtschaft, fördert dies die Zuwanderung auswärtiger Arbeitskräfte und weiterer Kreise, steckt sie in einer Krise, herrscht Mangel an Verdienst, was zur Abwanderung vieler Leute führt. Die Bevölkerungsentwicklung hängt aber andererseits auch vom natürlichen Wachstum ab, also von Geburt und Tod. Kommen mehr Kinder zur Welt, als Menschen sterben, nimmt die Einwohnerschaft zu, im umgekehrten Fall jedoch ab. Da die meisten Kinder innerhalb einer Ehe geboren werden, spielt die Zahl der Heiraten ebenfalls eine grosse Rolle. Diesen Faktoren sind die folgenden Kapitel gewidmet.

Heiraten oder ledig bleiben?
Voreheliche Beziehungen

95–110 — Im alten Bern war das Verhältnis zwischen Männern und Frauen ausserhalb der Ehe durch die öffentliche Moral von Staat und Kirche geregelt. Ausserehelicher sexueller Kontakt war gesetzlich untersagt, häufiger Umgang galt zumindest als anrüchig.[4] Wer sich einer verbotenen Freundschaft verdächtig machte, wer nur schon tanzte, wurde vor das Sitten- oder Chorgericht zitiert, verhört, ermahnt, verwarnt und allenfalls bestraft.

Diese rigide Sexualmoral stand im Gegensatz zum überlieferten Brauchtum aus dem Spätmittelalter. Mann und Frau hatten damals einen viel lockereren Verkehr miteinander gepflegt. Dies wirkte auch nach der Reformation stark nach. Burschen und Mädchen wollten sich weiterhin gruppen- oder paarweise treffen, sonntags in einer Wirtsstube, abends im privaten Kreis zu «Stubeten». In Bauerndörfern wie Altenburg und Lauffohr blieb der «Kiltgang» mit dem nächtlichen Einsteigen in die Mädchenkammer ge-

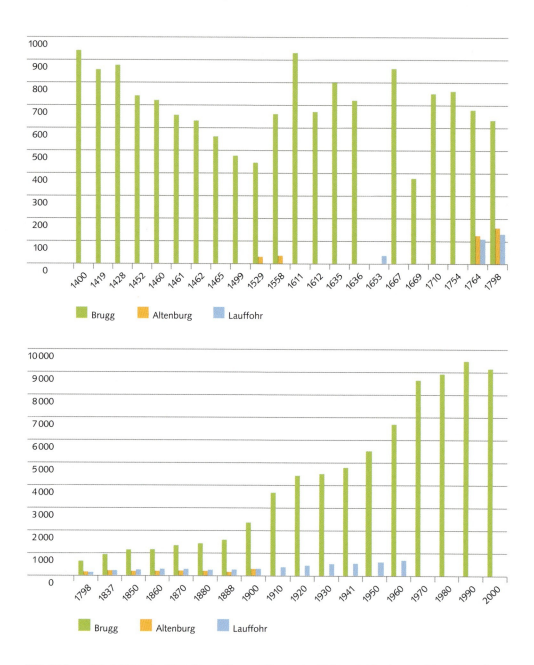

253+254 ___ Entwicklung der Einwohnerzahlen von Brugg, Lauffohr und Altenburg 1400–1798 und 1798–2000. Bei den Schätzwerten zeigt das Diagramm die Durchschnittswerte an.

___ 5 Zum Kiltgang vgl. Torlitz, J. H. A.: Reise in die Schweiz, Kopenhagen 1807, S. 211. Golowin, Sergius: Lustige Eidgenossen, Zürich 1974, S. 33–38. Golowin, Sergius: Adrian von Bubenberg, Bern 1976, S. 107–121. ___ 6 Ar KG ref, ProtChorg. Brugg I, S. 326–329; II, S. 340–342; weitere Beispiele I, S. 336–338, 421–423. ___ 7 Ar KG ref, ProtChorg. Brugg II, S. 2. Weitere Beispiele siehe I, S. 360; III, S. 115, 223, 231.

bräuchlich; in Brugg fanden junge Männer den Weg zur Geliebten vom Stadtgraben aus, vermutlich mit Hilfe einer Leiter. Liebesspiele und das nächtliche Schlafen im gleichen Bett galten weiterhin für «ehrlich», also ehrenhaft, solange es nicht zum eigentlichen Geschlechtsvollzug – nach damaligem Sprachgebrauch zur «fleischlichen Vermischung» – kam. Gemäss dieser überlieferten Moral setzte die intimste Beziehung zwischen Mann und Frau ein gültiges Eheversprechen voraus; andernfalls galt sie als «unehrlich», und das Mädchen verlor dabei seine Ehre.[5]

Derart unbefangene Wertvorstellungen in der Bevölkerung bekämpfte die Obrigkeit während Jahrhunderten. Doch auch sie unterschied zwischen «ehrlichen» und «unehrlichen» Beziehungen. 1667 befragten die Brugger Chorrichter den Färbergesellen Moritz Berneis aus Thusis ausdrücklich, ob er «mit Ehren oder Unehren» bei Susanna Widmer gewesen sei. Auf seine Antwort, «er sei in Ehren bei ihr gewesen», doppelten sie nach: Ob sie sich «ungebührlich angegriffen, ja beinahe gar miteinander fleischlich vermischt» hätten, worauf beide übereinstimmend erwiderten, sie seien «mit guten Ehren beieinander gewesen». – Wichtig wurde diese Unterscheidung für den Naglergesellen Jakob Hummel, den die 21-jährige Susanna Singenberg 1709 beschuldigte, sie ausserehelich geschwängert zu haben. Im Verhör gestand er zwar, er habe sie seit vier Jahren besucht, aber nie in «Unehren»; sie werde mit keinem guten Gewissen behaupten können, dass er sich je mit ihr «fleischlich vermischt» habe. Nach langem Leugnen gestand die junge Frau, Vater des noch ungeborenen Kindes sei Anton Chovin, ein Warenspediteur, der sie zweimal «in ihrem Gemach beschlafen und das ohne Eheversprechung auf eine recht unehrliche Weise». Sie widerrief daher ihre falsche Anklage gegen Hummel, gab ihm seinen guten Namen zurück und bestätigte, «dass er zeit ihrer Besuchung sich ehrlich und fromm gegen sie verhalten» habe.[6]

«Unehrliche» Beziehungen wurden bestraft, sofern sie ruchbar wurden. Ein besonderes Auge warfen die Sittenwächter auf junge Pärchen, die im kleinen Städtchen sehr rasch in Verdacht gerieten. Als Wilhelm Burkhart 1675 aus seiner Lehre in Zürich ausriss und bei Adelheid Häfelin, Dienstmagd des Ratsherrn Langhans in Brugg, für einige Nächte Unterschlupf fand, befragte das Chorgericht die beiden unverzüglich, ob sie sich «fleischlich vermischt» hätten. Wilhelm gestand alles, Adelheid leugnete dagegen sogar den Unterschlupf. Der junge Mann wurde dafür gemäss Gesetz wegen «Hurerei» bestraft, die Frau aber bis zur folgenden Sitzung eingekerkert, «damit sie zum Bekenntnis der Wahrheit komme». Bei einer Gegenüberstellung vier Tage später verteidigte sich Burkhart, Adelheid «habe sich zu ihm in sein Bett gelegt, so sei er von ihr verführt worden und sei die Vermischung hernach oftmals geschehen». Das Mädchen legte nun ein Geständnis ab und erhielt seine Strafe ebenfalls zugemessen.[7] Gelegentlich berichteten die Frauen, sie seien zum Geschlechtsakt gezwungen worden.

Für die Chorrichter war die Sachlage nicht immer eindeutig. So glaubten sie der jungen Witwe Anna Lang zwar den Beischlaf mit Martin Frölich, einem verheirateten Mann, in dessen Garten, nicht aber deren Angabe, er habe sie plötzlich «mit Gewalt in einen Winkel getrieben und die Sache vollbracht». Beide genossen nämlich nicht den besten Leumund, und die Frau empfing den Freier auch danach öfters bei sich zu Hause. Die schwangere Dorothea Frey beschuldigte Hieronymus Gwerb, einen Maurer aus dem Zürichbiet, welcher 1697 in Brugg, später in Königsfelden arbeitete: Er habe sie mehrmals in seiner Stube und Nebenstube, «da er sie wie ein Kalb genommen und auf sein Bett geworfen, fleischlich missbraucht» und zur Rechtfertigung erklärt, «er habe schon mehr mit anderen so gescherzt und habe nie nichts geschadet». Auf mehrmalige Ermahnung legte Gwerb ein Geständnis ab und anerkannte seine Vaterschaft. Das Paar versprach sich hier-

> **Notzucht in Brugg**
>
> Eine gerichtlich bestätigte Vergewaltigung fand beispielsweise 1685 statt. Madlena Unger sollte bei ihrer Nachbarin Barbara Imhof, deren Eltern abwesend waren, schlafen. Am Abend besuchte Rössliwirt Hans Rudolf Stantz, ein naher Verwandter Barbaras, die beiden und bestand letztlich darauf, auf einer Bank in der Stube zu übernachten, derweil die Frauen sich in die Mädchenkammer zurückzogen. Madlena berichtete später, Stantz sei spätnachts in ihr Zimmer getreten und habe sie «im Schlaf überfallen, dass sie darob heftig erschrocken sei und geschrien habe; er aber habe sie überwältigt, habe ihren Kopf in das Kissen hineingedrückt, dass sie gemeint, sie müsse ersticken; er habe so mit ihr gehaust, als wenn er nicht ein Christenmensch sei». Auf ihre Hilferufe sei Barbara ihr zu Hilfe geeilt, habe den Unhold «von ihr heruntergezogen» und fortgejagt. Vor Chorgericht wollte Stantz das Geschehnis als «Mutwillen» herunterspielen; er bestritt insbesondere, «dass er sie berührt oder ihrer Jungfrauschaft beraubt habe». Vater Unger bestand jedoch auf Wiederherstellung der Ehre seiner Tochter, was Stantz ablehnte. Der Fall gelangte vor das Oberchorgericht in Bern. Aufgrund des beidseitigen Verhörs und des Zeugnisses von Barbara Imhof erkannten die obersten Sittenrichter des Staates Madlena Unger «für ganz unschuldig». Stantz aber verurteilten sie zu zehntägiger Gefangenschaft in der Hauptstadt, zur Übernahme der Verfahrenskosten und darüber hinaus zu einer Zahlung von nicht weniger als 100 Gulden an die junge Frau «für die ihr verursachte Schmach und Ungelegenheit». Damit sollte der Vorfall «zwischen ihnen eine ausgemachte Sache sein», beide sollten ihre Ehre wieder erhalten. Barbara Imhof aber musste in Brugg 48 Stunden Haft absitzen, weil sie Stantz in ihre Wohnung gelassen und später nicht weggeschickt hatte.[8]

auf vor dem Chorgericht in die Hand, zu heiraten und sich rechtzeitig trauen zu lassen. Um «fernere Verbitterung» zu vermeiden, verzichteten die Sittenwächter auf eine Strafe für das «unehrbare und unzüchtige Zusammenschlüfen» und begnügten sich mit dem Bezeugen herzlicher Reue.[9]

Verpönt war auch das Konkubinat, ja selbst der blosse Verdacht unehrbaren Zusammenlebens. Als der 1721 aus dem Ausland zurückgekehrte Daniel Ziegler sein «Logement» bei einer jungen Witwe nahm, wurde er von den Chorrichtern gefragt, wo sein Bett stehe; auf seine Antwort, er wohne «um ein geringes Hauszinslein» in einem hinteren Gemach gegen die Aare, wurde ihm bedeutet, ohne Argwohn könne er «da nicht sein»; man befahl ihm daher, eine andere Unterkunft zu suchen. Doch im folgenden Sommer lebten die beiden immer noch zusammen, wandelten «viel miteinander hin und her» und hatten ein «grosses Commercium miteinander». Und noch im Februar 1723 bat Ziegler, dort «seine Speisung zu haben», wofür er wegen des gegebenen «Ärgernisses» jedoch keine Erlaubnis erhielt. Das Verhältnis endete erst, als sich die beiden überwarfen, Ziegler das Zimmer gekündigt wurde und zudem dessen Ehefrau ebenfalls aus dem Ausland heimkehrte.

Argwohn erregten auch Dienstmägde bei allein stehenden Meistern. So galt Walpurgis Glöggler von Donaueschingen 1793 als «verdächtige Weibsperson», die der Spanner Jakob Dägerfeld «unter dem Titel einer Haushälterin auf eine verdächtige und anstössige Weise in seinem Haus hatte». Sollte er sie nicht innert drei Tagen entlassen, drohte das Chorgericht, beim Kleinen Rat zu beantragen, die Frau auszuschaffen.[10]

―― 8 Ar KG ref, ProtChorg. Brugg II, S. 145–147. ―― 9 Ar KG ref, ProtChorg. Brugg II, S. 197, 223. ―― 10 Ar KG ref, ProtChorg. Brugg III, S. 113, 119, 127f.; V, S. 49f. StABg A 42, Bl. 226. ―― 11 Ar KG ref, ProtChorg. Brugg, z. B. Bände I, S. 37, 59–62; V, S. 49. ―― 12 Ar KG ref, ProtChorg. Brugg I, S. 430.

Auf käufliche Liebe, wie sie im Umfeld der grossen Warenmessen in Zurzach verbürgt ist, gibt es im alten Brugg nur wenige Hinweise. Zwar versuchte gelegentlich ein ertappter Freier, seinen Fehltritt und auch die Verantwortung für allfällige Folgen durch die Behauptung zu verharmlosen, er habe der «Metze» den «Hurenlohn» gegeben oder er habe mit ihr «als einer Hure Umgang gepflogen und sie als eine solche bezahlt». Auch kam es vor, dass Bürger von Zürich in Brugg nach bestimmten Frauen fragten und diese unter Vorgabe ernsthafter Absichten einluden; doch von Prostitution im Sinn eines Gewerbes konnte kaum die Rede sein.[11]

Insgesamt scheint die Gerüchteküche in Brugg ständig gebrodelt zu haben. Dabei kamen junge Frauen auch fälschlicherweise ins Gerede und mussten dann um ihren guten Ruf bangen. Susanna Meyer etwa tratschte 1674 bei der Arbeit in den Rebmoos-Bünten, «der junge Herr Grülich habe auch seinen Wandel zu der Helena Hiltebrand gehabt». Als die Beschuldigte dies vernahm, zitierte sie Susanna vor das Chorgericht, wo diese gestand, «sie wisse nichts Unehrliches oder Schändliches» über Helena. Die Sittenhüter verurteilten sie zu Kerkerhaft, «damit sie hernach ihre Zunge im Zaum zu halten wisse», begnadigten sie jedoch auf ihre inständige Bitte hin.[12]

Das Heiratsversprechen

Gemäss Volksmoral eröffnete ein verbindliches Heiratsversprechen das Tor zum «ehrlichen» Beischlaf. Das Versprechen, die Verlobung, galt nämlich als der entscheidende Akt zur Begründung einer gültigen, auf Lebzeiten ausgerichteten Ehe, und nicht etwa die Trauung in der Kirche. Die offizielle Moral des Staates Bern widersetzte sich dieser populären Auffassung allerdings. Sie gestattete den Beischlaf erst nach dem öffentlichen Kirchgang. Staat und Kirche beschämten eine schwangere Braut sichtbar, indem sie ihr am Hochzeitstag das Kränzchen der Unschuld verweigerten. Kam das erste Kind «zu früh» auf die Welt, musste das Paar eine Busse bezahlen. Doch im Gegensatz zur Schweiz des 19. und 20. Jahrhunderts anerkannte das alte Bern ein gültiges Eheversprechen als bindend.

In mittleren und oberen Schichten wurde das Eheversprechen in gewählterer Form und vor allem schriftlich abgegeben. Schon die Werbung erfolgte brieflich in ausgesuchten Formulierungen. Eine solche Korrespondenz hat sich aus dem Jahr 1870 erhalten, als der verwitwete Carl Belart in Marie Jäger eine neue Lebenspartnerin zu finden hoffte. Die beiden kannten sich eher aus Distanz, siezten sich und hatten nie über Persönliches gesprochen. Belart wandte sich denn auch an ihren Vater und hielt gleich im ersten Brief (22. Juni) um die Hand der 30-jährigen Tochter an:

«Schon seit einiger Zeit benütze ich jede Gelegenheit, Ihrer Tochter, Fräulein Marie, meine stille Aufmerksamkeit zu schenken und wenn ich mir die liebevolle Pflege ihrer Eltern, das stille Walten im häuslichen Kreise, ihr bescheidenes Wesen als Lehrerin und treue Freundin vergegenwärtige, so gestehe ich Ihnen offen, dass ich zu der vollen Überzeugung gelangt bin, keine für mich passendere, meine unvergessliche Mina besser ersetzende Lebensgefährtin als Ihre Tochter mir wählen zu können.»

Fräulein Marie antwortete selbst. Nach kurzem Briefwechsel erhielt der Freier am 5. Juli ihre erlösende Einladung:

«Verehrter Herr! In Erwiderung Ihrer l. Zeilen von heute diene Ihnen, dass ich von 9 Uhr an frei bin. Ob Sie dann oder lieber am spätern Abend kommen wollen, bleibt ganz Ihrem Ermessen überlassen.»

> **Verlobungszeremonie in der Brugger Unterschicht**
> Am Abend des 29. Januar 1758 sass eine feuchtfröhliche Runde in Metzger Schilplins Gaststube beisammen, unter ihnen Hans Meyer, Knecht in der Brunnenmühle, und Elisabeth Schoder, Dienstmagd bei Schilplin. Im Lauf des Abends ergab sich folgende Szene:
> > Hans: «Mensch, du gefällst mir wohl.»
> > Elisabeth: «Auch du, Hans, gefällst mir.»
> > Hans: «Ich gebe dir einen Kreuzer auf die Ehe.»
> > Elisabeth: «Ich bin doch mehr wert als ein Kreuzer.»
>
> Hans fügte noch zwei Fünfbätzler und schliesslich noch zwei Zwei-Kreuzer-Münzen hinzu. Elisabeth gab sich nun zufrieden. Nun versprachen sie, inskünftig ein Ehepaar zu sein.
> > Beide: «Ihr Anwesenden seid unsere Zeugen. Gebe uns Gott Glück!»
>
> Diese Szene enthält alle Elemente für das Zustandekommen einer damals gültigen Ehe: das gegenseitige Versprechen, das Ehepfand (Münze, Ring, anderes Geschenk) und mindestens zwei Zeugen. In diesem Fall bestritt Meyer das Versprechen andertags allerdings; er sei betrunken gewesen und erinnere sich an nichts. Elisabeth Schoder aber beharrte darauf. Der Fall gelangte vor das Oberchorgericht, welches das Eheversprechen nur deshalb für ungültig erklärte, weil Meyer seine schwere Betrunkenheit nachweisen konnte. Üblicherweise wurde ein in dieser Form abgelegtes Versprechen anerkannt und das Paar angewiesen, unverzüglich auch vor Pfarrer und Gemeinde zu heiraten.[13]

Der Kiltgang im Brugger Bürgertum erfolgte nicht über den Stadtgraben, sondern durch die Haustür. Die Hochzeit fand am 30. Mai 1871 statt.[14]

Eltern und Verwandte waren allerdings nicht immer einverstanden mit der Partnerwahl der jungen Leute, zumal in den oberen Schichten. Oft bemühten sie sich, Verlobungen zu hintertreiben und Eheversprechen für ungültig erklären zu lassen. Die Chorgerichte liessen Standesunterschiede jedoch nicht als Grund für eine Annullierung gelten. So protestierte die Schultheissenwitwe Anna Maria Dünz-Rauchenstein 1735 vergeblich gegen die geplante, in ihren Augen «unanständige» Heirat ihrer Enkelin Salome Rengger mit einem Mann vom Land, dem Müller Hans Jakob Finsterwald in Lauffohr.

Dagegen hiess die Obrigkeit Aufhebungen von Eheversprechen gut, sofern beide Parteien damit einverstanden waren; solche Vereinbarungen kamen oft mit einer finanziellen Entschädigung – meist des Mannes an die Frau – zustande.[15]

Wie stark die Verpflichtung eines gültigen Eheversprechens sein konnte, musste Anna Maria Gyger erfahren. Sie hatte sich mit dem Schustergesellen Daniel Finsterbach mündlich und schriftlich versprochen, ihr Hochzeitskleid gekauft und traf nun Vorbereitungen für die Vermählung. Doch im Februar 1707 setzte sich der Bräutigam plötzlich in fremde Kriegsdienste ab. Er liess sich aus Frankreich brieflich vernehmen, er liebe Anna Maria weiterhin und werde sein Versprechen nach seiner Heimkehr einlösen; nur lasse ihn sein Hauptmann vorläufig nicht laufen. Somit galt «die Gygerin als des Finsterbachs Eheweib». Das Brugger Chorgericht musste ihr raten, «dass sie ihren Eheverlob-

— 13 Ar KG ref, ProtChorg. Brugg IV, S. 47. — 14 Originale im Besitz von Peter Belart, Schinznach-Dorf. — 15 Ar KG ref, ProtChorg. Brugg IV, S. 1, lose Akten hinten eingelegt. — 16 Ar KG ref, ProtChorg. Brugg II, S. 315, 320, 322f., 344–346; III, S. 3, 13. — 17 Ar KG ref, ProtChorg. Brugg III, S. 153–156, 159. — 18 StABg A 24, S. 401v, 406; A 26 (1705); A 34, S. 214; A 42, Bl. 41v, 50k, 135k, 152f., 158k, 224v; A 47, S. 60; A 48, S. 12; A 53, S. 275.

ten mit Geduld erwarte»; der Pfarrer aber sollte ihr in ihrer «Melancholie kräftig zusprechen und sie trösten». Da der Bräutigam aber nicht mehr auftauchte, verlangte Vater Gyger nach drei Jahren die Auflösung des Verlöbnisses. Zu seinem Unwillen erhielt Finsterbach eine letzte Frist zur Rückkehr, die er jedoch nicht wahrnahm. Endlich, am 18. Februar 1711, also nach ganzen vier Jahren, hob das Oberchorgericht das Eheversprechen auf; es setzte Anna Maria Gyger «in vorige Freiheit» und überliess es ihr, «sich nach Glück anderwärtig zu verehelichen».[16]

> **Romeo und Julia in Brugg?**
> An diese Geschichte mag die Liebschaft zwischen Hans Rudolf Frölich und der elternlosen Anna Elisabeth Nägeli erinnern, die sich 1726 die Ehe versprochen hatten. Der Bräutigam war der Neffe des Schultheissen Hans Jakob Frölich, die Braut die Nichte des andern Schultheissen, Johannes Zimmermann.
>
> Möglicherweise waren die beiden Stadtoberhäupter untereinander verfeindet; denn Schultheiss Zimmermann intrigierte mit allen Mitteln gegen die Verkündigung dieser Heirat. Da die Brugger Chorrichter es nicht wagten, dem mächtigen Mann die Stirn zu bieten, wandten sich die Brautleute zweimal direkt an das Oberchorgericht in Bern. Dort konnten sie sogar die schriftliche Einwilligung der Grossmutter der jungen Frau vorlegen. Die obersten Sittenwächter durchschauten die «nichtigen Ausflüchte und Umtriebe» Zimmermanns bald, weshalb sie mit deutlichen Worten anordneten, die Verkündigung «stante pede» ergehen zu lassen. Nun versuchte Zimmermann, in Bern seinen ganzen Einfluss als Schultheiss in die Waagschale zu werfen. Doch die Magistraten der Hauptstadt befanden seine Oppositionsgründe für unerheblich und erteilten dem Brautpaar die Heiratsbewilligung direkt. Hans Rudolf und Anna Elisabeth hielten hierauf Hochzeit, und ihre Ehe dauerte nicht weniger als 35 Jahre.[17]

101–103 — Die Aufhebung eines gültigen Eheversprechens kam einer Scheidung gleich und war des-
161f. — halb so schwer zu erreichen. Mehr Erfolg versprach eine Klage auf Ungültigkeit des Versprechens, sei es durch die Eltern minderjähriger Verlobter, sei es durch Leute, die wussten, dass ein Partner bereits verheiratet war oder dass das Paar Ehebruch begangen hatte. Zu diesem Zweck musste eine Hochzeit vorgängig dreimal in den Kirchen der Brautleute verkündet werden.

Bei einer auswärtigen Braut pflegte die Stadt Brugg Einsprache zu erheben, sofern sie nicht genügend finanzielle Mittel einbrachte. 1641 hatten die beiden Räte beschlossen, «fremde Weiber» müssten 200 Gulden Vermögen einbringen, und zwar ohne Anrechnung von Kleidern und Aussteuer. Der Rat konnte zwar ein rechtsgültiges Eheversprechen nicht aufheben; er drohte jedoch einem Hochzeiter, dessen Braut nicht über die geforderten Mittel verfügte, den Ausschluss vom Bürgerrecht und damit die Ausweisung aus der Stadt an. Diese Drohung machte er besonders im 18. Jahrhundert, aus Furcht vor neuen Unterstützungsfällen, häufig wahr. Aus dem gleichen Grunde verbot er dem mittellosen Schneidergesellen Daniel Rengger 1721 zu heiraten, bevor er sein Handwerk verstehe und er 25 Jahre alt sei.[18]

Im 19. Jahrhundert waren solche Ausbürgerungen zwar nicht mehr möglich. Die Heimatgemeinden konnten Heiraten armer Leute jedoch durch Einsprache verhindern. Unter dem Eindruck der Massenarmut wollte man die Sozialfälle nicht noch vermehren. War eine Braut schwanger, entstand oft ein unwürdiges Gerangel zwischen den beiden beteiligten Bürgerorten: Die Heimatgemeinde der Frau drängte auf Heirat, um Mutter und Kind loszuwerden, während jene des Mannes eine solche durch Einsprache zu verhindern suchte. Dazu ein Beispiel.

Eine verhinderte Armenheirat

Johann Jakob Vögtlin (1781–1859), Pfarrerssohn, ursprünglich Sekretär in Bern, später Feldweibel in französischen Kriegsdiensten, kam mit seinen Finanzen zeitlebens nicht zurecht. Die Heimatstadt musste seine drei Buben verkostgelden, ab 1827 auch seine kränkliche Frau im Pfrundhaus unterbringen. Er selbst kam 1828 nach Brugg; der Rat weigerte sich zwar, ihn regelmässig zu unterstützen; doch bot er ihm schlecht bezahlte Stellen als Orgeltreter, Nachtwächter und Kopist auf der Stadt- und Gerichtskanzlei an; mit dem geringen Lohn brachte er sich kümmerlich durch. Nach dem Tod der ersten Gattin heiratete er ein zweites Mal; doch auch den Sohn aus dieser Verbindung musste die Stadt aus dem Armengut erhalten. Nachdem auch die zweite Frau gestorben war, wollte Vögtlin 1845 eine um 30 Jahre jüngere Verlobte aus Baden ehelichen. Nun erhob der Stadtrat Einsprache, und zwar unter Hinweis auf die Unterstützungen für die erste Gattin und die Söhne; aus dem kleinen Nachtwächterlohn sei er nicht imstande, eine Familie zu ernähren. Die Gemeindeversammlung lehnte eine dritte Heirat ebenfalls ab. Da die Braut dennoch oft bei ihm weilte, wies der Rat sie als «öffentliches Ärgernis» weg. Vögtlin ging hierauf eine Beziehung zu einer anderen Frau aus Hausen ein. Der Stadtrat widersetzte sich auch dieser Heirat, obwohl die neue Verlobte schwanger war und Vögtlin die Vaterschaft anerkannte; die Waisenbehörde zog es vor, noch ein Kind zu unterhalten, aber nicht allenfalls noch weitere. Bereits 1848 musste der Rat auch Vögtlin in das Pfrundhaus aufnehmen, worauf er fernere Heiratspläne aufgab.[19]

Hochzeit

Lag ein gültiges Heiratsversprechen vor und war auf die dreimalige Verkündigung keine Einsprache eingegangen, konnte die Hochzeit stattfinden. Die Brautleute von Lauffohr und Altenburg liessen sich meist in ihren Kirchen in Rein oder Windisch trauen; jene von Brugg aber bevorzugten häufig auswärtige Gotteshäuser. Angesichts der zahlreichen Brugger Geistlichkeit kannten besonders Angehörige der Mittel- und Oberschicht irgendwo einen verwandten oder befreundeten Landpfarrer, von dem sie sich verheiraten liessen. Stand die Traukirche in der Nähe, etwa in Umiken, Bözberg, Rein oder Windisch, zog die Hochzeitsgesellschaft zu Fuss oder mit Kutschen dorthin, während man anschliessend in einem der Gasthäuser in Brugg feierte.

Bis ins 17. Jahrhundert fanden die Trauungen meist an einem Montag statt. Da der gesellige Teil oft schon am Vorabend begann, beschloss die Geistlichkeit 1679 jedoch, die Hochzeiten «zur Vermeidung der Entheiligung des Sonntags» auf den Dienstag zu verschieben.[20] Ein Zeuge und eine Zeugin bestätigten jeweils die Gültigkeit der Heirat. Nach der Trauung führte die Ehefrau ihren angestammten Namen weiter, und zwar noch im 18. Jahrhundert.

—— 19 StABg B A.Ia.4, S. 30f., 60f.; B A.IIa.32, S. 517, 522, 549, 574, 582; B A.IIa.33, S. 12, 109, 127, 171, 178, 202, 207. Zivilstandsamt Brugg, Bürgerregister I, S. 212. —— 20 StABg A 448, S. 469. —— 21 StABg A 451. Bis 1750 wurden nur die in Brugg eingesegneten Ehen verzeichnet. Danach wurde unterschieden zwischen einheimischen und auswärtigen Hochzeiten. Nach 1810 besteht kein vergleichbares Zahlenmaterial.

In den Brugger Ehebüchern eingetragene Heiraten[21]

Zeitraum	Summe	Durchschnitt
1752–1770	117	6,2
1771–1790	92	4,6
1791–1810	84	4,2

Die Tabelle weist einen starken Rückgang der Heiraten nach. Dieser entsprach der Stagnation, ja der Abnahme der Gesamtbevölkerung.

Bis 1875 amtete der Pfarrer zugleich als Zivilstandsbeamter. Bis zu diesem Zeitpunkt konnte eine staatlich anerkannte Ehe ausschliesslich in der Kirche geschlossen werden. Für die meisten Paare war dies selbstverständlich. Doch sollte dieser Zwang dem Brugger Samuel Heinrich Fröhlich (1803–1857) grosse Schwierigkeiten bereiten. Fröhlich hatte Theologie studiert und war ordinierter aargauischer Seelsorger. Er hatte sich aber mit der Staatskirche überworfen – vor allem wegen seiner Ablehnung der Kindertaufe – und war ausgetreten. Als Begründer der Gemeinschaft Evangelisch-Taufgesinnter (auch Fröhlichianer genannt) sprach er der Staatskirche überhaupt jede biblische Grundlage ab. Zum Konflikt kam es, als er 1836 im Kreis seiner Anhängerschaft die gleich gesinnte Susette Brunnschweiler von Hauptwil TG heiratete, eine Trauung vor der Staatskirche sowie die Taufe der zukünftigen Kinder aber kategorisch verweigerte. Der Stadtrat von Brugg (und hinter ihm die aargauische Regierung) anerkannte diese Ehe daher nicht und lehnte die Einbürgerung der Gattin ab. Die Kinder galten als ausserehelich, und Susette konnte eine Einkerkerung als Hure wegen unsittlichen Lebenswandels nur knapp abwenden. Beide Seiten beharrten fundamentalistisch auf ihrem Standpunkt. Fröhlich und seiner Familie blieb letztlich nur die Auswanderung nach Strassburg, wo der Code Civile seit Napoleons Zeiten eine Zivilehe vorsah. Gemäss diesem Gesetz heirateten die beiden im Sommer 1846. In Brugg wur-

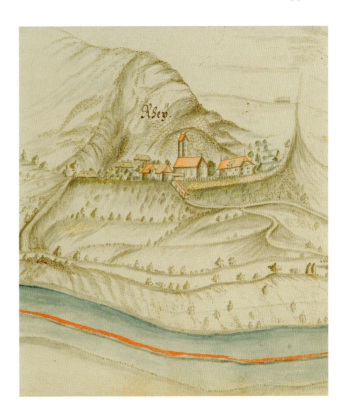

255 ___ Der Pfarrhof Rein, eine beliebte Hochzeitskirche für Paare aus Brugg. Hier wirkten zahlreiche Brugger Pfarrer als Seelsorger.

256 —— Ein Brugger Hochzeitspaar.

de ihr Sohn Samuel Gersom erst aufgrund seiner eigenen Eheschliessung in das Bürgerregister eingetragen; mit seinen 21 Kindern begründete dieser jenen Zweig des Geschlechts Fröhlich, dessen Angehörige bis heute Doppelbürger von Brugg und Hauptwil sind.[22]

1876 wurde die Zivilehe in der ganzen Schweiz eingeführt und für obligatorisch erklärt. Einer kirchlichen Trauung muss seither eine zivile auf dem Standesamt vorausgehen. Brautpaare können nun auf eine religiöse Zeremonie verzichten, wovon – namentlich seit dem letzten Drittel des 20. Jahrhunderts – viele Gebrauch machen.

Bei den Hochzeitsfesten gab es – je nach dem sozialen Stand – grosse Unterschiede. Viele fanden in einfachstem Rahmen statt. Sehr prosaisch ging es beispielsweise beim Gerber Emanuel Fröhlich 1795 zu und her: Sein Vater Abraham lehnte die Verbindung des Sohnes mit der aus einfachsten Verhältnissen stammenden Sigristentochter Rosina Märki ab. «Der Vater gab mir des Morgens eine Doublone zur Bestreitung der Hochzeitskosten

—— 22 Zivilstandsamt Brugg, Bürgerregister I, S. 328; II, S. 147. StABg B A.Ia.3, S. 316, 323; B A.IIa.30, S. 33; B A.IIa.31, S. 70, 107, 117, 124, 128, 151, 191, 206, 259, 272, 328, 336, 341, 382, 391, 401, 520; B A.IIa.32, S. 16, 84, 223, 226, 305, 310, 317, 322; B A.IIa.33, S. 26, 80, 126, 131, 215; B A.IIa.35, S. 43, 55; B A.IIa.36, S. 141, 150, 439f., 450; B A.IIa.49, Nr. 1772. Fröhlich, S. H.: Abhandlung, die Ehe überhaupt und meine Ehe insbesondere betreffend, Zürich 1842. Alder, Garfield: Die Tauf- und Kirchenfrage in Leben und Lehre des Samuel Heinrich Fröhlich, VDM, von Brugg 1803–1857, Bern 1976, S. 135–161. Von den Fröhlichianern zu den Evangelischen Täufergemeinden, siehe http://www.ref.ch/zh/infoksr/etg.html. —— 23 Fröhlich, Erinnerungen aus meinem Leben. Feer, Jugenderinnerungen, S. 37f. Zu Hochzeiten in Rein vgl. Kull-Obrist, Verena: Hochzeitsglocken. In: Baumann, Rein und Rüfenach, S. 315f. —— 24 Brief im Besitz von Peter Belart, Schinznach-Dorf.

und ging dann weg.» Glanzvoller lief eine Hochzeit in den wohlhabenderen Kreisen ab, mit Kanonendonner vom Bruggerberg und oft einem Festmahl im Rathaussaal, zu welchem der Rat den Ehrenwein aus dem Stadtkeller spendierte.[23]

Hochzeitsreisen der Brautpaare waren wohl nur in finanzkräftigeren Kreisen üblich. So ist ein Brief von Carl Belart aus dem Jahr 1864 erhalten; darin schildert er Besuche in Köln, Giessen, Weimar und Eisenach (im Thüringerwald) mit den Besichtigungen der dortigen Sehenswürdigkeiten.[24] Von Rosa Finsterwald wird erzählt, sie sei 1899 mit ihrem Bräutigam nach München gereist; auf der Rückfahrt hätten sie beim Liebkosen die Zeit vergessen und nicht gemerkt, dass ihr Wagen auf dem Bahnhof Rorschach abgehängt worden war!

Auch gemäss reformierter Lehre galt das Eheversprechen grundsätzlich bis zum Tod des einen Teils. Danach war eine zweite, dritte, ja vierte Heirat möglich. Die Brugger Quellen lassen vermuten, dass Wiederverheiratungen bei Männern häufiger waren. Viele verloren ihre Gattin im Kindbett; aufgrund der Rollenteilung der Geschlechter benötigte der Witwer baldmöglichst eine neue Partnerin, die oft nach wenigen Monaten ins Haus zog. Auch Frauen ehelichten gelegentlich einen zweiten Mann; doch blieben viele im Witwenstand, oft jahrzehntelang. Dieser Eindruck kann leider nicht durch Zahlen belegt werden, weil die Ehebücher wegen der vielen auswärtigen Trauungen sehr unvollständig sind.

Eheliche Zerwürfnisse, Ehebruch und Scheidung

103–109 ── Im Unterschied zur katholischen Lehre war in der reformierten Kirche eine Scheidung zwar möglich, aber selten. Die Chorgerichtsprotokolle des 17. und 18. Jahrhunderts sind voll von Beispielen unglücklicher Ehen. Vor allem Frauen beschwerten sich über die Trunksucht ihrer Männer, über mangelnde Arbeitslust und chronischen Geldmangel, über Beschimpfungen, Erniedrigungen, Drohungen und Schläge. Die Chorrichter, zum Teil auch der Kleine Rat, luden solche Bürger vor, ermahnten und verwarnten sie, kerkerten sie für einige Stunden ein und sprachen Wirtshausverbote aus, doch oft vergebens. Wenn eine Frau aber auf Scheidung klagte, wenn sie gar den Mut aufbrachte, den Gatten zu verlassen, wurde sie zuerst zu Geduld ermahnt, zur Rückkehr aufgefordert und zur Vermeidung von Provokationen angehalten. Eine endgültige Trennung kam meist erst im zweiten oder dritten Anlauf zustande. Selbst wenn ein Mann seine Familie verliess und sich in fremde Kriegsdienste oder sonst ins Ausland absetzte, musste die Frau oft jahre-, ja jahrzehntelang auf eine Scheidung warten.

Häufig löste auch der Tod ein unglückliches Eheband. So forderte die Pest von 1667 bis 1669 manches Opfer aus zerrütteten Familienverhältnissen. Am 21. Februar 1696 machte der Brugger Pfarrer mit spürbarer Erleichterung den folgenden Eintrag ins Totenbuch: «Catharina Kachelhofer, in grossem Ehestreit mit ihrem Mann lebend und um Hülfe an das Obere Chorgericht appellierend, hat der Gnädige Gott durch seine weise Fürsprechung durch eine 3-wöchige Krankheit aus dem Streit weggenommen.»

Als unbedingter Scheidungsgrund galt stets der Ehebruch des Partners oder der Partnerin. Eheliche Untreue scheint im alten Brugg nicht selten vorgekommen zu sein, aufgrund der Chorgerichtsprotokolle häufiger von Seiten des Mannes, oft mit einer Magd des Hauses. Die Dunkelziffer war hier zweifellos sehr hoch. Die Betroffenen bestritten entsprechende Vorwürfe und Verdächtigungen durchwegs, weshalb Seitensprünge selten nachzuweisen waren. Eindeutige Ergebnisse zeitigten Untersuchungen meist nur, wenn eine ausserehliche Schwangerschaft solche Fehltritte buchstäblich sichtbar machte. Neben den zivilrechtlichen Folgen wurden solche Liebespaare mit je zehn Tagen Haft bestraft. Ausserdem mussten sie für ihren Fehltritt auf den Knien Abbitte leisten, üblicherweise vor dem Chorgericht, zur Verschärfung manchmal nach der Sonntagspredigt «vor der geärgerten Gemeinde». Bei Wiederholung drohte sogar die Verbannung.

Der betrogene Teil stand jeweils vor der Alternative, dem andern den Fehltritt zu verzeihen und die Ehe weiterzuführen oder auf Scheidung zu klagen. Lagen nicht völlig zerrüttete Verhältnisse vor, überwogen die Aussöhnungen bei weitem. Vor allem Frauen entschieden sich meistens für Ehe und Familie, einerseits weil Pfarrer und Chorrichter sie dazu drängten, andererseits weil ihre wirtschaftliche Zukunft nach einer Scheidung oft unklar war.[25]

Im 19. Jahrhundert wurde die Zuständigkeit für Scheidungsurteile vom örtlichen, staatskirchlichen Sittengericht auf das zivile Bezirksgericht übertragen. Die Industrialisierung erweiterte die Verdienstmöglichkeiten für Frauen und machte sie finanziell vom Ehepartner unabhängiger. Zudem lockerten sich allmählich die moralischen Wertvorstellungen von der Unauflöslichkeit der Ehe. Aufgrund dieses vielfältigen Wandels nahm die Zahl der Scheidungen bis heute stetig zu; eine Kurve dieser Entwicklung in Brugg lässt sich jedoch nicht aufzeichnen, da keine Scheidungsregister geführt werden.

Geboren werden
Geburt und Taufe

Bis ins 20. Jahrhundert kamen die Kinder zu Hause zur Welt. Erst seitdem im 1914 eröffneten Brugger Bezirksspital eine Gebärabteilung bestand, gingen die Hausgeburten immer mehr zurück. Geburtshelferin war ursprünglich allein die Hebamme. Der Beizug von Ärzten und Wundärzten erfolgte meist erst, wenn bei der Geburt Komplikationen oder Infektionen auftraten.

Grössere Gemeinden (Brugg, Windisch) hatten ihre eigene Hebamme. In kleinen Dörfern (Lauffohr, Altenburg) wurde für gewöhnlich die Geburtshelferin der gleichen Kirchgemeinde gerufen. Doch 1667 büsste der Brugger Rat Hans Jakob Hirt von Lauffohr, weil er nachts vor dem Tor getobt hatte, er brauche die Hebamme.[26]

Die Stadt Brugg stellte ab dem Spätmittelalter eine Hebamme an. Gemäss Pflichtenheft sollte sie den Frauen während der Niederkunft beistehen und «all ihren Fleiss und Ernst ankehren, damit die unsern und die neu geborene Frucht sicher und wohl behandelt und versehen werden». Sie erhielt eine Grundbesoldung in Form von Geld, Holz und Spendebroten, die Nutzung einer Bünt im Rebmoos sowie eine Amtswohnung, die sich ursprünglich auf der Hofstatt, später an der Storchengasse befand. Dazu kam eine Entschädigung für jede Geburtshilfe. Die städtische Hebamme besass das Monopol auf ihrem Beruf und bekam den Lohn auch, wenn eine Konkurrentin beigezogen wurde. Dafür musste sie jederzeit abrufbar sein und durfte die Stadt nur mit Bewilligung des Schultheissen verlassen.

─── 25 Beispiele für eheliche Zerrüttung, Ehebruch und Scheidungen finden sich in den Chorgerichtsprotokollen von Brugg, Windisch und Rein in grosser Zahl. ─── 26 StABg A 37, S. 184. ─── 27 RQ Brugg, S. 120. StABg A 2, S. 32; A 3, S. 130, 164f.; A 4, S. 250f.; A 29, S. 73; A 48, S. 128 (1755); A 49, S. 105 (1761); A 52, S. 80, 150, 168f.; A 53, S. 198, 218; A 61, S. 313; A 65, S. 174, 195. ─── 28 StABE B XI 320. ─── 29 StABg B A.Ia.3, S. 14f. ─── 30 StABg A 50, S. 84. Über die Rolle einer Hebamme in der Kirchgemeinde Rein vgl. Kull-Obrist, Verena: Hausgeburten. In: Baumann, Rein und Rüfenach, S. 312–314.

Ab 1614 beschäftigte die Stadt zwei Geburtshelferinnen, die sich gegenseitig ablösten und beistanden, den Lohn aber teilen mussten. Allerdings bestand damals gelegentlich ein Mangel an fachkundigen Frauen oder an Interessentinnen; 1638 musste der Rat daher eine Hebamme aus Mülligen berufen, die mit ihrem Ehemann auch in der Stadt wohnen durfte. Später bewarben sich jeweils mehrere Frauen um eine Stelle.

Bis gegen Ende des 18. Jahrhunderts gab es keine eigentliche Ausbildung für Geburtshilfe, etwa vergleichbar mit einer Handwerkslehre. Noch 1738 beauftragte der Rat die beiden Hebammen, eine dritte Frau zu Geburten mitzunehmen, damit sie Übung bekomme. Doch schon damals brachte ihnen ein Arzt einige elementare medizinische Kenntnisse bei. Die Pflichtenhefte der späteren Stadtärzte enthielten die Unterrichtung und Prüfung der Hebammen. Johann Georg Zimmermann bestellte zu diesem Zweck 1759 ein Fachbuch in Zürich. Mit der zunehmenden Kontrolle des Medizinalwesens förderte die Regierung in Bern auch die praktische Ausbildung der Hebammen. 1797 wurde erstmals eine Bruggerin in das Hebammen-Institut nach Zürich geschickt.[27]

Gemäss einem Verzeichnis von 1787 zählte Brugg drei patentierte Hebammen. Die Altenburgerinnen konnten eine solche von Windisch oder Hausen beiziehen, während sich die Frauen in Lauffohr immer noch einer nicht ausgebildeten Geburtshelferin anvertrauen mussten.[28]

Seit dem 19. Jahrhundert dürfen nur noch professionelle Hebammen ihre Amtes walten; 1810 eröffnete der Kanton eine eigene Hebammenschule in Königsfelden. Die Entlöhnung erfolgte nun nur noch in Form von Bargeld; Brugg verkaufte die Amtswohnung 1835.[29]

Über die Geburten in früheren Zeiten ist aus Brugger Quellen wenig bekannt. Die Mütter erteilten ihren Töchtern mündliche, allenfalls briefliche Ratschläge. In der Geburtsstunde standen Hebammen den Frauen bei; sie brachten jeweils einen Gebärstuhl mit, den die Stadt angeschafft hatte.[30]

Jede Niederkunft war mit Lebensgefahr für Mutter und Kind verbunden. Die Totenbücher nennen häufig den Tod junger Frauen im Kindbett, sei es durch eine schwere Geburt, sei es durch nachher auftretendes Fieber infolge einer Infektion; 1680 hiess es etwa bei Elsbeth Spiess: «starb ob der Geburtsarbeit und blieben Mutter und Kind beieinander». Unter dem 29. März 1717 verzeichnete das Brugger Totenbuch: «Frau Johanna Zimmermann geborene Dünzin, ein 30-jähriges, junges Weib, nachdem sie eines jungen Sohns glücklich darniedergekommen, ist sie ebenselbigen Abends in grosse Schwachheit

257 — Der Taufstein in der Kirche Rein, geschaffen um 1500 (also vor der Reformation). Muschelkalk mit masswerkartigen Spitzarkaden. Hier wurden seither Hunderte von Lauffohrer Kindern getauft.

kindswehe gefallen, zugleich nach kurzem Abschied von ihrem Eheherrn, vom Schlag getroffen, redlos geworden und sanft im Herrn eingeschlafen.» Das Kind folgte ihr am nächsten Tag: «Caspar Zimmermann, obiger Mutter Kindlein, war des Tags, da es getauft worden, nämlich den 30. März abends auch wiederum gestorben und seiner Mutter in die Arme in den Totensarg gegeben und miteinander den 1. April zur Erde bestattet worden.»

Die Taufe fand meist am folgenden Sonntag (gelegentlich auch freitags oder montags) in der zuständigen Kirche statt. Üblicherweise erhielt der Täufling zwei Paten; waren es drei (vor allem im 17. Jahrhundert), gehörten zwei dem gleichen Geschlecht wie das Kind an. Nicht selten liessen sich Berner Patrizier, etwa Landvögte, oder deren Frauen um die Patenschaft für ein Bürgerkind bitten. Häufig, aber bei weitem nicht immer erhielt der Täufling den Vornamen des Paten oder der Patin. Dadurch setzten sich auch Namen durch, die bisher in Brugg nicht gebräuchlich gewesen waren, dann aber über Patenschaften immer wieder weitergegeben wurden. So erhielt Wolfgang Singenberg 1651 seinen Vornamen vom Junker Wolfgang von Mülinen, damals Hofmeister in Königsfelden; ebenso brachte das 1595 in Brugg eingebürgerte Geschlecht Jäger den Namen Dietrich oder Hans Dietrich in das Aarestädtchen. Erst im 19. Jahrhundert kam der Brauch auf, dem Kind den Namen der Paten als Zweitnamen beizufügen.

> **Taufzettel**
>
> Pate und Patin pflegten ihr Patenkind anlässlich der Taufe zu beschenken. Ein schöner Brauch bestand darin, dass sie bei einem Schulmeister oder einem andern Schreibkünstler einen sorgfältig beschrifteten, oft auch bemalten Taufzettel als lebenslängliches Andenken bestellten; im 19. Jahrhundert setzten sich vorgedruckte Taufzettel durch, in welche nur noch die Namen von Hand einzusetzen waren. Übrigens verbot die Regierung in Bern teure Taufgeschenke ebenso wie aufwändige Tauffeste.

Bis 1875 bildete die Taufe eines Kindes die obligatorische Voraussetzung, um in das Bürgerregister eingetragen zu werden – analog der kirchlichen Trauung. Als amtliches Dokument besass man somit nicht eine Geburtsurkunde, sondern den Taufschein. Mit dem Übergang des Zivilstandswesens auf die Gemeinde erlosch diese Verquickung von Bürgerrecht und Taufe. Seither ist die Taufe eine private Angelegenheit der Eltern, die frei sind, diesen Akt als rein religiösen Brauch zu pflegen oder – in zunehmendem Masse – darauf zu verzichten.

Die Zahl der Kinder eines Ehepaars war in früheren Jahrhunderten bedeutend grösser als heute. Da viele bereits im Säuglingsalter oder in den ersten Jahren starben, benötigte die Bevölkerung mehr Geburten, um nicht abzunehmen. Dazu als Beispiel das Geschlecht Frölich: Den zwischen 1600 und 1700 geschlossenen 32 Ehen entsprossen insgesamt 166 Kinder, im Durchschnitt rund fünf; das Maximum lag bei elf.

Da jede Schwangerschaft und jede Niederkunft eine starke gesundheitliche Belastung der Frauen darstellten und für die Familien auch wirtschaftliche Probleme der Ernährung aufwerfen konnten, machte sich zweifellos manches Ehepaar Gedanken dar-

___ 31 GA Rüfenach, ProtChorg. Rein I, 15. 6. 1704. ___ 32 Burri, Hans-Rudolf: Die Bevölkerung Luzerns im 18. und frühen 19. Jahrhundert, Luzern 1975, S. 98. Mattmüller, Markus: Bevölkerungsgeschichte der Schweiz, Basel, Frankfurt am Main 1987, Bd. 1, S. 214–227. ___ 33 Ar KG ref, ProtChorg. Brugg II, S. 237, 254; III, S. 231–234.

über, wie künftiger Kindersegen verhütet werden könnte. Dazu steht jedoch kaum etwas in den Protokollen. Aus der Region Brugg ist bisher erst ein einziges schriftlich belegtes Beispiel zur Schwangerschaftsverhütung bekannt. 1704 stand Anna Finsterwald-Karli aus Stilli vor dem Chorgericht; sie habe behauptet, «sie wolle können Kinder haben oder nicht». Da die Frau diese Aussage bestritt, ordneten die Sittenhüter an, es solle «von diesem geschwiegen werden». Dass sie jedoch in der Empfängnisverhütung erfolgreich war, belegt die Tatsache, dass zwischen ihrer zweiten und dritten Geburt volle zehn Jahre vergingen.[31]

Aus der überregionalen Literatur weiss man, dass neben sexueller Enthaltsamkeit das möglichst lange Stillen und der Coitus interruptus als ziemlich sichere Mittel zur Empfängnisverhütung galten.[32] Weitere Methoden waren zweifellos ebenfalls verbreitet; die Zahl der unehelichen Kinder hätte sonst viel grösser sein müssen.

Aussereheliche Geburten, Vaterschaftsbeweise, Abtreibungsversuche und Kindstötungen

97–100 — Ein Kind, das ausserhalb der Ehe geboren wurde, galt lange Zeit als Schande. Wegen der damit verbundenen Demütigungen waren uneheliche Kinder unter der Berner Herrschaft eher selten; in Brugg kam im Durchschnitt kaum eines pro Jahr zur Welt. Während der Besetzung durch französische Truppen 1800 waren es drei. Im 19. Jahrhundert nahm ihre Zahl zu, allerdings eher bei Brugger Bürgerinnen, die auswärts in einer Fabrik arbeiteten. Seit dem letzten Drittel des 20. Jahrhunderts stellen unverheiratete Eltern, die in Partnerschaft leben, keine Ausnahme mehr dar.

Geschlechtsverkehr ohne gültiges Eheversprechen verstiess bis 1800 nicht nur gegen die obrigkeitlichen Gesetze, sondern auch gegen die aus dem Mittelalter überlieferte volkstümliche Sexualmoral. Liebespaare, die sich die Ehe versprochen hatten, heirateten in der Regel auch kirchlich, wenn die Braut schwanger wurde. Aussereheliche Kinder stammten daher meistens aus Verbindungen, für die kein Teil ein gültiges Versprechen geltend machen konnte.

Wer ein Kind ausserhalb der Ehe zeugte und gebar, hatte somit sowohl gegen die Staats- als auch gegen die Volksmoral verstossen und verfiel der gesellschaftlichen Ächtung. Der Mann galt als «Hürling» und verlor meist Amt und Würde. Die Frau aber wurde selbst in amtlichen Dokumenten als «leichtfertiges Mensch», als «Hure» und im Wiederholungsfall als «geile, ruchlose Dirne» bezeichnet. Um einer besonders ausschweifenden jungen Witwe 1732 «ihren Lauf zu hemmen», wurde sie sogar im Pfrundhaus verwahrt, «ans Bloch gelegt», also angekettet, um sie zur Arbeit anzuhalten; «zum Exempel anderer» musste sie den Gottesdienst mit einer halb schwarzen, halb weissen Hurenkappe besuchen.[33]

Bei den engen Verhältnissen, die in Brugg herrschten, waren junge Frauen ständig den neugierigen Blicken ihrer Mitmenschen und rasch Verdächtigungen ausgesetzt. Die Sittenhüter entfalteten ihre Aktivität fast immer erst aufgrund eines «allgemeinen Gassengeschreis», wenn eine Frau «von vielen Leuten der Stadt als schwangeren Leibes ausgeschrauen» wurde. Vor Chorgericht zitiert, bestritten die Angeschuldigten ihren Zustand zunächst fast durchwegs. Viele schoben die zu erwartende Schande hinaus, oft in der Hoffnung auf eine Frühgeburt.

> **Schwangerschaftsabbruch im alten Brugg?**
> Von Abtreibungsversuchen ist in den Quellen nur selten die Rede. Hier spielte sich alles unter dem Deckmantel des Schweigens ab. Bekannt ist, dass die Volksmedizin etwa ein «Tränklein» empfahl, beispielsweise «Lorbohnen [= Lorbeeren] und Rosinen in warmem Wein». In auswärtigen Apotheken kaufte man Abführmittel oder andere Medikamente; gelegentlich wurde auch ein Vieharzt aufgesucht.[34] Das Chorgericht forderte die Mutter einer schwangeren ledigen Frau jeweils auf, ihre Tochter gut zu beaufsichtigen, damit sie ihre Leibesfrucht nicht etwa «verderbe». Doch ist für Brugg und Umgebung kein Prozess wegen einer gelungenen Abtreibung dokumentiert.

Hatte die verdächtigte Person ihre Schwangerschaft bei der ersten Einvernahme bestritten und hörte das Geschwätz dennoch nicht auf, wurde sie ein zweites Mal vorgeladen und energisch ermahnt, die Wahrheit zu sagen. War ihr Zustand unübersehbar, wurde sie so lange eingekerkert, bis sie sich eines Besseren besonnen und ein Bekenntnis abgelegt hatte. Waren sich die Chorrichter aber nicht sicher, beauftragten sie die städtischen Hebammen mit einer «Visitation» und der Abfassung eines schriftlichen Berichts; allenfalls schickte man sogar den Urin zu einem Arzt, um ihn zu untersuchen.

Lag endlich ein Geständnis vor, stellte sich sofort die Frage nach der Vaterschaft. Am einfachsten löste sich das Problem, wenn der Angeschuldigte den Beischlaf zugab und die Schwangere heiratete. Weigerte er sich, wurde ihm das Kind als unehelich zugesprochen. In diesen beiden Fällen hielt sich die Demütigung der Frau in Grenzen.

Meistens aber bestritt der Mann die Vaterschaft; er behauptete entweder, er habe «mit dieser Person weder viel noch wenig […] niemals nichts zu schaffen gehabt»; oder er versuchte, die Klägerin als unseriös oder gar als Dirne zu diffamieren: «dieses Mensch habe noch andere Anhänger»; oder aber er wollte glauben machen, er sei von ihr verführt worden. Oft überredete er die Schwangere, einen andern Mann oder irgendeine Zufallsbeziehung mit einem Unbekannten (etwa einem «welschen Perückenmacher») anzugeben; er würde dann schon für das Kind sorgen; solche Lügenmärchen durchschauten die Chorrichter meistens; oft kam die Wahrheit nach kurzer Zeit im Schwarzen Turm an den Tag. Wieder andere bedrohten die Frau für den Fall einer Anzeige, schickten sie mit etwas Geld weg oder suchten jemanden, der für eine Geldsumme bereit war, die Schwangere zu heiraten. Und eine letzte Gruppe machte sich aus dem Staub, seltener einheimische Bürger, häufiger fremde Handwerksgesellen, die sich nur vorübergehend in Brugg aufhielten.

Die beschuldigten Männer spielten durchwegs auf Zeit, während das Chorgericht umgekehrt auf eine Klärung drängte. Es befragte auch Zeuginnen und Zeugen, und solche gab es im engräumigen Städtchen – im Unterschied zur Landschaft – fast immer. Erklärtes Ziel war die Feststellung des Schwängerers, und zwar möglichst vor der Geburt. Da medizinische Vaterschaftstests noch lange fehlten, blieb letztlich nur noch ein Mittel zur Feststellung des Erzeugers: das Geburtsverhör.

—— 34 Ar KG ref, ProtChorg. Brugg III, S. 59, 61, 75; IV, S. 166. —— 35 Die Darstellung über aussereheliche Geburten stützt sich vor allem auf die Chorgerichtsprotokolle im Ar KG ref; typische Beispiele finden sich in den Bden. I, S. 212-232; II, S. 197-199, 201-204, 217-219, 237-240, 254; III, S. 46-77, 115-126, 160-168, 189-195, 222-234, 239-248, 272-285; IV, S. 10-16, 18-21, 37, 61, 83-87, 90-95, 144-149, 158-178, 195-200; V, S. 49-51. Zusprechungen im 19. Jahrhundert siehe Zivilstandsamt Brugg, Bürgerregister I/II.

Die Hebamme erhielt zuvor die Anweisung, bei herannahender Niederkunft das Chorgericht zu benachrichtigen; dieses ordnete zwei seiner Mitglieder in das Geburtshaus ab. Während des Gebärens, das oft viele Stunden dauerte, mussten diese fremden Männer die Frau immer wieder «scharf» nach dem Kindsvater befragen; sie ängstigten sie mit dem möglicherweise bevorstehenden Tod und dem folgenden Gericht Gottes und forderten sie unter diesem ungeheuren Druck auf, den wahren Vater anzugeben. Beharrte die Gebärende während der ganzen Geburt auf dem gleichen Namen, galt dies als Vaterschaftsbeweis, den der Beschuldigte kaum zunichte machen konnte.

Das Chorgericht verfasste dann einen Bericht und sandte sämtliche Unterlagen, allenfalls auch Leumundszeugnisse, an das Oberchorgericht. Dieses lud jeweils beide Angeklagten zu einem letzten Verhör nach Bern vor. Meistens gaben die Männer aber schon vorher dem starken Druck nach, sodass es zu einem Geständnis kam.

In jedem Fall entschied das oberste Sittengericht über die Zusprechung des Kindes. Mehrheitlich wurde es dem Vater als ausserehelich zubekannt. Dieser gab dem Kind seinen Namen und seinen Bürgerort und wurde verpflichtet, für Unterhalt und Erziehung «in der Furcht des Herrn» zu sorgen. Nur selten übertrug das Urteil den Unterhalt beiden Eltern zu gleichen Teilen. Üblicherweise stillte und pflegte die Mutter den Säugling während der ersten sechs Monate; sie erhielt dafür einen «Ammenlohn». Dann übergab sie es der Obhut des Vaters. In Ausnahmefällen – bei gültigem, aber nicht eingelöstem Eheversprechen – sprachen die Richter das Kind dem Vater als ehelich zu; es war dann wie andere eheliche Kinder erbberechtigt.

Die Zusprechung an die Mutter erfolgte vor allem, wenn ihr der Beschuldigte mehrere gleichzeitige Freier nachweisen konnte, wenn der Vater tatsächlich nicht identifiziert werden konnte oder wenn die Frau das Geburtsverhör verhindert und auswärts geboren hatte. Dies änderte sich im 19. Jahrhundert grundlegend. Das neue, von Frankreich beeinflusste Zivilrecht schützte den Vater viel mehr. Fast alle ausserehelichen Kinder wurden nun mit Namen und Bürgerort der Mutter zugesprochen; der Vater musste oft lediglich Alimente bezahlen.[35]

Die Erniedrigung ausserehelich schwangerer Frauen war für manche unerträglich, namentlich wenn die Vaterschaft nicht festgestellt werden konnte und sie nach der Geburt mit Schimpf und Schande aus der Heimat verjagt wurden. Sofern werdende Mütter ihren Zustand verheimlicht und ihr Kind ausserhalb des zwar harten, aber doch vorhandenen sozialen Netzes zur Welt gebracht hatten, sah ihre Zukunft derart düster aus, dass sie in ihrer Verzweiflung gelegentlich Hand an das Neugeborene legten. Einige solche Kindstötungen sind aus der Umgebung Bruggs bekannt und endeten durchwegs mit der Hinrichtung der Täterin. Aus dem Städtchen selbst gab es ebenfalls Hinweise auf solche Gewaltakte. So wurde 1619 beim Säubern des Ehgrabens an der Kirchgasse «etwas von einem jungen Kind gefunden, das leider verderbt worden»; Befragungen in der Nachbarschaft – auch unter Eid – endeten ohne Ergebnis. Ein Jahr später brachte Sara Müller «in ihren Kindsnöten ihre Geburt ums Leben»; der Rat kerkerte sie «aus Gnade» lediglich ein und drohte ihr, das nächste Mal würde sie «am Leben gestraft». 1639 fand man im Hof beim Pfrundhaus erneut ein «junges Kindli» tot auf; auch in diesem Fall brachten die Nachforschungen keine Ergebnisse. Konkreteres ist aus dem Jahr 1762 bekannt: Barbara Bächli von Endingen hatte in Brugg eine Stelle als Magd angetreten und gleich in der ersten Nacht auf dem Abort ein Kind geboren und in die Grube fallen lassen; ihrer Meisterin, die das Stöhnen gehört hatte, erklärte sie, sie habe es «seit vier Wochen nicht mehr lebendig gespürt»; es müsse tot sein. Die Hebamme fand dann allerdings ein unterkühltes Mädchen, das sich mit Tüchern wieder aufwärmen liess, in der folgenden Nacht aber

258 — Maria Helfgott, das 1861 am Wildenrainweg ausgesetzte Findelkind, mit seiner Pflegemutter.

starb. Das Brugger Gericht erachtete hier eine bewusste Kindstötung als nicht erwiesen; es schonte daher das Leben der Täterin, liess sie aber unter öffentlicher Blossstellung aus der Stadt vertreiben.[36]

Ein Findelkind vor den Toren Bruggs

Im 19. Jahrhundert griffen verzweifelte Mütter gelegentlich zu einem anderen Mittel, sich ihres unehelichen Kindes zu entledigen: dem gezielten Aussetzen vor einer Haustür. Am Wildenrainweg auf dem heutigen Gemeindebann von Brugg entdeckte man 1861 ein solches Findelkind. Der für dieses Gebiet damals noch zuständige Gemeinderat von Windisch gab ihm den Namen Maria Helfgott und brachte es zu einer allein stehenden Frau in Pflege. In Brugg aber soll man hinter vorgehaltener Hand gewusst haben, wer dessen leibliche Mutter war, nämlich eine Tochter aus angesehener Bürgersfamilie.[37]

Die gesellschaftliche Ächtung der ausserehelichen Mütter übertrug sich auch auf die Kinder. In offiziellen Dokumenten von Staat und Gemeinde wurden sie als «Bastard» oder «Bankert» bezeichnet. Innerhalb der Verwandtschaft stellten sie einen personifizierten Schandfleck dar. Konnten Vater oder Mutter für den Unterhalt nicht aufkommen, musste die Heimatgemeinde – hier meistens die Stadt Brugg – für den «Balg» aufkommen. Sie übergab solche Kinder den Grossmüttern, mehrheitlich aber Pflegeeltern (oft auf dem Land), «versorgte» sie im städtischen Pfrundhaus und bezahlte ein Kostgeld. Ihr Schicksal war nicht zu beneiden. Der Rat schritt jedoch nur bei offensichtlichen Missständen ein, so beim Uhrmacher David Anton Roll, der seinem unehelichen Neffen einen eisernen «Maulzaum» angefertigt und angelegt hatte, damit er nichts essen könne. Unzufrieden

— 36 StABg A 31, S. 230, 239, 293; A 32, S. 293f.; A 49, S. 135, 141–144, 147. Aktenstücke in StABg A 124a. Ar KG ref, ProtChorg. Brugg IV, S. 84–87. Zur Bestrafung Barbara Bächlis siehe oben Seite 328.
— 37 Baumann, Max: Maria Helfgott, Findelkind. Zum Schicksal eltern- und heimatloser Kinder im Aargau des 19. Jahrhunderts. In: BgNbl 110 (2000), S. 93–110. — 38 StABg A 46, S. 107; A 58, S. 157.
— 39 StABg A 445, A 448, A 449, A 452, A 456. Vor 1730 fehlen viele Altersangaben, danach vor allem jene der auswärts geborenen, eingeheirateten Frauen.

war die Behörde auch mit Heinrich Pestalozzi, welcher auf dem Neuhof einen unehelichen Bürgerssohn «in der Unwissenheit» aufzog, sodass er nicht einmal lesen lernte.[38]

Bis zur Helvetischen Revolution durften ausserehelich geborene Knaben kein Handwerk erlernen. Sie mussten ihr Leben als Knechte oder Söldner fristen und konnten daher auch kaum je heiraten. Im 19. Jahrhundert förderten die Behörden hingegen Berufslehren solcher Kinder; sie sollten dadurch befähigt werden, ihren Lebensunterhalt selbst zu verdienen, und der Öffentlichkeit nicht mehr zur Last fallen.

Sterben
Die Lebensdauer

Die durchschnittliche Lebenszeit der Menschen war früher bedeutend kürzer als heute. Rein rechnerisch war es allerdings vor allem die hohe Kindersterblichkeit, welche die Lebenserwartung bei der Geburt hinunterdrückte. Viele Neugeborene überlebten die ersten Jahre nicht, geschweige denn dass sie das Erwachsenenalter erreichten. Aus den Brugger Totenbüchern lässt sich berechnen, welcher (hohe) Anteil der Verstorbenen keine 20 Jahre alt war (siehe unten stehende Grafik).

Die Sterblichkeit der Kinder und Jugendlichen lag bis 1750 deutlich über 40 Prozent, bei einer Häufung von Epidemien noch höher. Danach lässt sich eine sinkende Tendenz feststellen, allerdings mit Rückschlägen. So forderte die Ruhr 1774 vor allem Opfer unter den weniger als 20-Jährigen (74,5 %); dasselbe gilt für die Blattern 1779 (70,4 %). Erst nach 1830 sank ihr Anteil längerfristig auf deutlich unter 40 Prozent.

Über die Lebensdauer der Bruggerinnen und Brugger, welche den 20. Geburtstag erlebten, gibt die Tabelle Seite 386 Aufschluss.[39]

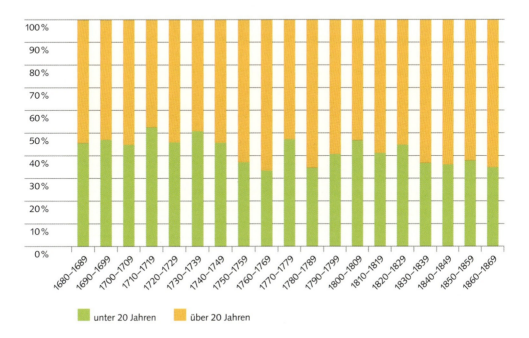

259 ___ Sterbealter in Brugg 1680–1869.

Sterbealter der über 20-jährigen Bruggerinnen und Brugger in vorindustrieller Zeit[40]

Jahre	Total Lebensjahre	Zahl der Verstorbenen	Durchschnittliches Sterbealter
1730–1739	5478	90	60,9
1740–1749	6442	112	57,5
1750–1759	6855	109	62,9
1760–1769	6951	118	58,9
1770–1779	6394	107	59,8
1780–1789	6804	108	63,0
1790–1799	6412	105	61,1
1800–1809	6756	107	63,1
1810–1819	6859	118	58,1
1820–1829	5355	92	58,2
1830–1839	7167	129	55,6
1840–1849	7588	136	55,8
1850–1859	6932	121	57,3
1860–1869	8307	148	56,1

Die Lebensdauer der erwachsenen Bruggerinnen und Brugger stieg somit bis 1810 tendenziell an, wohl nicht zuletzt dank der besseren ärztlichen Betreuung. Dann nahm sie bis in die Mitte des 19. Jahrhunderts massiv ab – es war das Zeitalter der Massenarmut, als sich viele weder gesunde Nahrung noch einen Arzt leisten konnten. Wichtige Hinweise auf die Lebensdauer in vorindustrieller Zeit liefert nebst dem Sterbealter auch die Altersstruktur der Verstorbenen.

Altersstruktur der über 20-jährigen Verstorbenen in Brugg 1730–1869[41]

Jahre	Tote	20–29 J.	30–39 J.	40–49 J.	50–59 J.	60–69 J.	70–79 J.	80–89 J.	90–99 J.
1730–1739	90	5,5%	7,8%	6,7%	20,0%	26,7%	21,1%	11,1%	1,1%
1740–1749	112	8,0%	11,6%	14,3%	13,4%	22,3%	25,0%	5,4%	–
1750–1759	109	2,7%	6,4%	11,9%	19,3%	21,1%	19,3%	16,5%	2,8%
1760–1769	118	8,5%	13,6%	9,3%	13,6%	17,8%	20,3%	16,9%	–
1770–1779	107	6,6%	9,4%	11,2%	14,0%	25,2%	28,0%	5,6%	–
1780–1789	108	2,8%	9,3%	9,3%	13,9%	19,4%	34,2%	11,1%	–
1790–1799	105	6,7%	3,8%	15,2%	15,2%	20,0%	24,8%	13,3%	1,0%
1800–1809	107	2,8%	9,4%	10,3%	9,4%	25,2%	28,0%	14,0%	0,9%
1810–1819	118	9,3%	12,7%	10,2%	14,4%	16,1%	27,1%	9,3%	0,9%
1820–1829	92	10,9%	9,8%	13,0%	17,4%	14,1%	19,6%	14,1%	1,1%
1830–1839	129	10,1%	14,0%	13,2%	17,1%	20,1%	14,7%	8,5%	2,3%
1840–1849	136	11,0%	11,0%	14,7%	15,5%	16,9%	25,7%	5,2%	–
1850–1859	121	6,6%	14,0%	9,9%	18,2%	24,0%	15,7%	11,6%	–
1860–1869	138	10,9%	11,6%	12,3%	22,5%	19,5%	14,5%	6,5%	2,2%

___ 40 StABg A 449, 452, 456. ___ 41 Ebenda. ___ 42 StABg A 31, S. 587, 609f., 612, 615f., 621, 633, 638, 646, 667f., 680, 683–685; A 32, S. 4, 25v, 35, 93, 115, 121, 125v, 126, 149. M 9.1. Keller, Schiffbruch. Banholzer, Trauer- und Klaglied. ___ 43 Bericht von Hans Grülich, abgedruckt in: BgNbl 105 (1995), S. 36–39. ___ 44 Banholzer, Geschichte der Stadt Brugg, S. 36f., 45–53, 206–211. Zwischeneintrag in StABg A 448, 1656; A 448, 1712.

Das Ergebnis mag überraschen: Von den Personen, die in Brugg im 18. Jahrhundert den 20. Geburtstag erlebten, wurde über die Hälfte, gelegentlich bis zu zwei Dritteln, wenigstens 60, ein Drittel und mehr sogar 70 Jahre alt. Über 80 zu werden, war keine Seltenheit. 90-Jährige bildeten allerdings vereinzelte Ausnahmen. Dagegen starben viel weniger Erwachsene als oft angenommen vor dem 40., geschweige denn vor dem 30. Geburtstag. Erstaunlich ist hier aber, dass der Anteil der Personen, die vor dem 40. Altersjahr verstarben, im 19. Jahrhundert stark anstieg. Der allgemeine Gesundheitszustand, vermutlich auch der Wohlstand, war vor 1800 offenbar besser als in den nachfolgenden Jahrzehnten.

Krankheiten und Unfälle

Unter den Todesursachen überwogen langwierige Krankheiten wie die Auszehrung (Tuberkulose), sodann hitzige, rasch entkräftende Fieber, Schlaganfälle und «Geschwulste». Alkoholismus wurde auch gelegentlich genannt, so starb 1702 «ein abgetrunkenes Weib» oder 1712 ein Mann «durch unglückliche, unselige Überweinung». Manche sehnen sich auch nach dem Tod; so heisst es bei Anna Kappeler 1694: «starb betrübten Lebens satt».

Unfälle wurden eher selten gemeldet, am häufigsten der Tod durch Ertrinken in der Aare. Zahllose Leichen wurden in Brugg angeschwemmt und dann hier beerdigt. Einen lang anhaltenden Schock verursachte namentlich der Schiffbruch von 1626, als etwa 80 Menschen beim Auseinanderbrechen eines morschen Kahns ertranken. 51 von ihnen, fast alles Erwachsene, stammten aus Brugg. 90 Bürgerkinder wurden Voll- oder Halbwaisen.[42]

Krieg und Hunger

Bei den zahlreichen Kriegszügen im 15. und 16. Jahrhundert waren immer auch Truppen aus Brugg dabei, ausser wenn die Bürger ihre eigene Stadt verteidigen mussten. In der «Brugger Mordnacht» 1444 sollen 13 Mann getötet worden sein.[43] Von den Feldzügen in den Burgunder-, Schwaben- und Mailänderkriegen sowie den Bauern- und Konfessionskriegen von 1528 bis 1532 sind keine Gefallenen aus Brugg bekannt. Dagegen sind die Namen der neun Brugger bekannt, die 1656 auf dem Schlachtfeld bei Villmergen den Tod fanden. 1712 wurde Jakob Rüedi, Korporal an der Landesgrenze beim Fahr Windisch, als einziger Brugger Bürger erschossen; er «hinterliess eine betrübte Witwe mit sechs Kindern, deren sich Gott erbarmen wolle», lautete der Eintrag im Totenbuch.[44]

Hungersnöte brachen vor allem aus, wenn weiträumig zwei Missernten aufeinander folgten. Auch Brugg wurde jeweils von Teuerung und Mangel heimgesucht, so 1571/72 und 1586/87, als das Städtchen von zahllosen Hungernden aus der Ostschweiz und aus Süddeutschland überschwemmt wurde. Während der «Kleinen Eiszeit» (1688–1692) musste der Rat die Bäcker mehrmals ermahnen, genügend Brot zu backen und dasselbe ausschliesslich in der Brotlaube zum verordneten Ansatz zu verkaufen, und nicht etwa in Privathäusern zu übersetzten Preisen. Als die katastrophale Hungersnot von 1771/72 ausbrach, verkaufte der Rat den 42 bedürftigsten Bewerbern verbilligtes städtisches Getreide. 1817 liess die Stadt im Pfrundhaus eine Sparsuppenküche einrichten, in welcher die «ärmere Klasse der Bürgerschaft» für drei Kreuzer oder gratis kesselweise Suppe beziehen konnte. Als die Kartoffeln 1845 vor der Ernte im Boden verfaulten (Kartoffelkrankheit) und die Getreideernte gering ausfiel, kaufte der Rat rechtzeitig Dinkel und Reis in Marseille. Auch 1855 führte er das Kochen von Sparsuppe und sogar eine städtische Brotbäckerei ein.

Alle diese Massnahmen bewirkten, dass in Brugg keine Menschen verhungerten oder wegen Unterernährung an Infektionskrankheiten starben. Die Todesfälle nahmen hier in

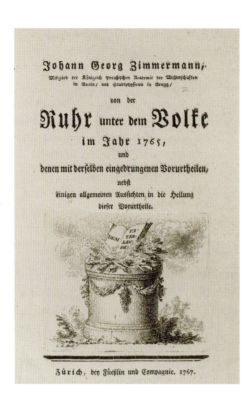

260 ____ Johann Georg Zimmermann: Von der Ruhr unter dem Volke. Publikation des Brugger Stadtarztes aus dem Jahr 1767.

solchen Zeiten nicht zu; dies im Unterschied zur Ostschweiz, wo vor allem 1771/72 und 1816/17 Tausende diesen Krisen zum Opfer fielen.⁴⁵

Pest und andere Epidemien

Wenn die Sterbefälle weit überdurchschnittlich zunahmen und die Zahl der Geburten übertrafen, darf auf eine Epidemie geschlossen werden. Häufig handelte es sich dabei um ansteckende Durchfallserkrankungen – «hitzige Fieber» – wie die Ruhr oder Typhus, welche den Körper austrockneten, schwächten und letztlich den Tod herbeiführten. Die Gefahr der Ansteckung war in einer Stadt wegen der hohen Wohndichte grösser als in Dörfern oder gar in Gebieten mit Hofsiedlungen.

Im Brugg des 18. Jahrhunderts wüteten 1712 die Ruhr und der Stich, eine zuweilen epidemisch auftretende Lungenerkrankung, besonders schlimm. Die Zahl der Todesfälle nahm um mehr als das Dreifache auf 74 zu, wobei vorwiegend Kinder diesen Krankheiten erlagen. Im Sommer 1737 starben 37 Menschen an der Roten Ruhr; sie forderte auch 1774, 1781 und 1797 viele Opfer. 1710, 1779 und 1798 tobten die Kindsblattern (Pocken).⁴⁶

Nach Ansicht des Stadtarztes Johann Georg Zimmermann mussten diese Erkrankungen bei weitem nicht immer tödlich verlaufen. In seinem Werk «Von der Ruhr unter dem Volke im Jahr 1765» behauptete er, oft bilde unsachgemässe Behandlung durch Pfu-

____ 45 StABg A 6, S. 176–179, 398f.; A 38, Bl. 122v, 144v, 146v; A 39, Bl. 8v, 11v, 18r; A 51, S. 152f., 159; A 52, S. 153, 159, 162; A 54, S. 36, 46, 51f., 54, 56, 96, 98, 104, 115, 120, 122; B A.IIa.18, S. 133, 141, 171, 193, 221, 253, 375; B A.Ia.4, S. 28, 309–311. Totenbücher A 448, A 449, A 452, A 456. Banholzer, Geschichte der Stadt Brugg, S. 239. – Zu den Todesfällen in der Ostschweiz vgl. Baumann, Max: Menschen und Alltag. In: Sankt-Galler Geschichte 2003, St. Gallen 2003, Bd. 4, S. 16–20. ____ 46 Schweizerisches Idiotikon, Bde. V, Sp. 207; X, Sp. 1292. ____ 47 StABg A 6, S. 151r, 154v. ____ 48 BgNbl 66 (1956), S. 12. StABE A V 1357, Nr. 93a. ____ 49 StABg A 32, S. 228.

scher, «Würgengel» und falsche Ratgeberinnen die Todesursache. Er führte einen ständigen Kampf gegen die Verabreichung von Wein, Schnaps, Käse, Muskatnüssen, Gewürznelken, Zimt, Pfeffer, stopfenden Arzneien und hitzigen, destillierten Ölen, ebenso gegen die verbreitete Meinung, Kranke sollten das erhalten, wonach sie gelüste. Stattdessen verschrieb er naturwissenschaftlich erhärtete Mixturen aus Gummi arabicum und Eibensirup, dazu Mandelmilch und Reisbrühe, Klistiere und entzündungshemmende Umschläge auf den Unterleib. Mit diesen Mitteln erzielte er offenbar Erfolge; jedenfalls stieg die Zahl der Toten 1765 im Städtchen nur unwesentlich an, während sie sich in benachbarten Dörfern wie Rein und Remigen vervielfachte. Alle genannten Krankheiten konnten denn auch im 19. und 20. Jahrhundert wirksam bekämpft und praktisch ausgerottet werden.

Die schlimmste Plage für die Menschen im 15. bis 17. Jahrhundert bildete jedoch die Pest. Der Stadtchronist erwähnte den schwarzen Tod mehrmals: «Im 1493. und 1494. Jahr kam eine so grosse Pestilenz, dass eine Unzahl Leute starben, jung und alt.» Ähnlich 1519.[47]

Von den Pestopfern 1541 liegen erstmals die Namen vor; aufgrund des Totenbuches lässt sich rekonstruieren, dass die Epidemie im August einsetzte und bis Anfang Januar 1542 178 Opfer forderte, also etwa ein Viertel der Bevölkerung.

Für die folgenden Pestjahre 1611 und 1635 fehlen die Totenbücher. Doch ist überliefert, dass man allein am 29. September 1611 nicht weniger als 14 Leichen in einem einzigen Grab beigesetzt hat. Auch die beiden Ärzte erlagen damals dieser Krakheit, sodass der Rat die Regierung bat, einem aus Brugg stammenden Bürger Berns zu bewilligen, ihnen beizuspringen.[48]

1635 dokumentierte das Ratsprotokoll die Tragik an einem konkreten Fall: Es habe sich «in dieser trübseligen Zeit und Sterbensläufen begeben, dass Jacob Gerig, darnach seine Hausfrau Elsbeth Pfau und zuletzt ihr ehelich erzeugtes Töchterli» gestorben seien, sodass die Grossmutter sie alle beerbt habe; jetzt sei auch sie gestorben, weshalb der Rat die Hinterlassenschaft den Erben aus dem Geschlecht Pfau zuteile.[49]

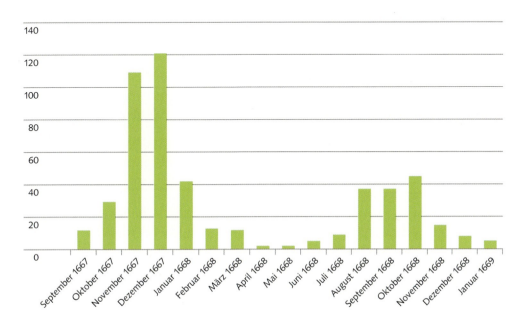

261 — Pesttote in Brugg September 1667 – Januar 1669.

Der letzte, vielleicht zugleich schlimmste Pestzug suchte Brugg vom September 1667 bis Anfang 1669 heim. Innerhalb von 16 Monaten forderte das Grosse Sterben nicht weniger als 514 Menschenleben, also an die 60 Prozent der Einwohnerschaft. In Windisch erreichte die Todesrate ein ähnliches Verhältnis, während das eher abgelegene Altenburg glimpflicher davonkam; über Lauffohr fehlen die Angaben.

Von den Pesttoten waren 47 Prozent männlichen und 53 Prozent weiblichen Geschlechts, wobei damals vermutlich mehr Frauen in Brugg lebten als Männer. 42 Prozent der Verstorbenen waren zweifellos erwachsen, vielleicht waren es sogar etwas mehr, da die Rubriken «Töchter» und «Knaben» nicht unbedingt auf das Alter schliessen lassen.

Ausserhalb von Brugg nahm man die Nachrichten aus dem besonders schwer heimgesuchten Städtchen mit Erschütterung zur Kenntnis. Aus Mellingen traf ein Beileidsschreiben ein, und der Stadtschreiber von Baden vermerkte im dortigen Regimentsbuch, Brugg sei von der «leidigen Seuche» noch schwerer betroffen worden als Basel, wo die Pest besonders stark gewütet hatte.[50]

Dagegen erwähnen die Aufzeichnungen in Brugg selbst das katastrophale Massensterben kaum. Die Mitglieder des Regiments waren davon weniger betroffen. An zwei «Maiendingen» mussten insgesamt drei Ratsherren, ein Zwölfer und der Kleinweibel ersetzt werden; auch nahmen weder die Handänderungen noch die Waisenakten in dieser Zeit spürbar zu. Aus den Ratsprotokollen gewinnt man sogar den Eindruck, das Leben habe seinen gewohnten Lauf genommen und die Leute seien mit ihren kleinlichen Zänkereien fortgefahren, als ob nichts geschehen wäre. In der Folge stieg die Zahl der Geburten trotz der viel kleineren Bevölkerung, was bedeutete, dass die Pestverluste innerhalb der nächsten 30 Jahre wieder etwas ausgeglichen wurden – allerdings nicht ganz; denn die Einwohnerzahl von 1667 wurde erst im 19. Jahrhundert wieder erreicht.

Sterben, Trauer- und Begräbnisrituale, Friedhöfe

Über das Sterben, über Trauer und Begräbnisrituale im Raum Brugg liegen schriftliche Berichte erst aus dem 19. Jahrhundert vor. Kennzeichnend für die ganze Frühe Neuzeit war der Umstand, dass die Menschen in ihrer Wohnung, in der vertrauten Umgebung krank waren und dort auch das Zeitliche segneten. Ein Krankenhaus bestand erst ab 1914. Lediglich Alleinstehende und zufällig hier Durchreisende brachte man ins Pfrundhaus, damit sie dort ihr Leben beschlossen.

Üblicherweise erhielten die Kranken die notwendige Pflege zu Hause; wenn nötig stellte man das Bett in die warme Stube. Die Angehörigen lösten sich in der Nachtwache ab. Sofern sie einen Arzt riefen, kam er ins Haus und verschrieb Medikamente. Wohlhabende Bürger liessen oft zwei oder drei Ärzte zugleich rufen, damit sie am Krankenbett die zu treffenden therapeutischen Massnahmen diskutierten. Auf dem Land behalf man sich oft mit Hausmitteln und den Ratschlägen selbst ernannter «Doctoren».

Kranksein und Sterben spielten sich also in der Intimität des Privaten ab. Den Kindern war der Tod daher von klein auf vertraut. Die Verstorbenen blieben denn auch bis zum Begräbnistag in der Wohnung. Verwandte und Bekannte suchten die Angehörigen zu

---

50 StABg A 90. Wehrli, Ida: Das öffentliche Medizinalwesen der Stadt Baden im Aargau 1349–1798, Aarau 1927, S. 116. — 51 StABg B A.IIa.35, S. 113. — 52 Briefe der Familien Jäger und Belart, im Besitz von Peter Belart, Schinznach-Dorf. Vgl. auch Kull-Obrist, Verena: Sterben, Tod und Begräbnis. In: Baumann, Rein und Rüfenach, S. 316f. — 53 StABg A 32, S. 409v, 417v. UB Brugg, Nr. 724. Erstes Begräbnis: Sara Märki, 20. 6. 1677. Vgl. auch Jakob Keller in BgNbl 6 (1895), S. 47. — 54 StABg B A.Ia.2, S. 175f.; B A.Ib.1, S. 1–8; B A.Ic.4, S. 355f.; B A.Ic.5, S. 39, 153f., 157–159.

262 ___ Der Trauerzug für den Förster Rudolf Geissberger am 9. Februar 1905.

Kondolenzbesuchen auf. Auswärtigen Personen, die der Trauerfamilie nahe standen, wurde die Nachricht in aller Eile geschrieben, seit 1852 auch telegrafiert.[51]

Vor dem Bestehen eines kurzfristig funktionierenden Postverkehrs erfuhren allerdings selbst Söhne und Töchter, Eltern und Geschwister den Verlust erst Tage oder Wochen nach der Beisetzung. In Brugg selbst, in Altenburg und vermutlich auch in Lauffohr gab es eine amtliche «Leichenbitterin», welche die Meldung vom Hinschied und den Termin der Trauerfeier von Haus zu Haus überbrachte. Der Pfarrer machte die entsprechenden Mitteilungen im Sonntagsgottesdienst. Ab 1864 kamen Todesanzeigen im wöchentlich ein-, später zweimal erscheinenden «Hausfreund» auf; doch erst das «Brugger Tagblatt» ermöglichte ab 1900 in jedem Fall die rechtzeitige Benachrichtigung der Öffentlichkeit.

Vor der Beerdigung versammelten sich die Trauergäste beim Wohnhaus, wo der Sarg vor der Tür stand. Der Sarg wurde entweder getragen – etwa von Mitkonfirmanden – oder auf einem Leichenwagen durch Pferde gezogen. Ihm folgte der Trauerzug. Als letzte Grüsse dienten auch im 19. Jahrhundert Blumen sowie trockene und grüne Kränze; gelegentlich wurden auch Gedichte und Abschiedsbriefe in den Sarg gelegt. Der Beisetzung folgte der übliche Trauergottesdienst mit Predigt und Verlesen des Lebenslaufs.[52]

Die Friedhöfe befanden sich bei den Kirchen von Brugg, Rein und Windisch. Der Brugger Gottesacker wurde jedoch wegen der Massengräber, die anlässlich der Pestepidemien angelegt werden mussten, zu klein. Bereits 1641 forderte Pfarrer Hummel die Einrichtung eines Friedhofs ausserhalb der Stadtmauern, und zwar ausdrücklich wegen der Seuchengefahr. Doch erst nach der letzten Pestkatastrophe schuf die Bürgerschaft 1677 einen neuen Gottesacker, den so genannten «Rosengarten», am Ort der heutigen Berufsschule an der Annerstrasse.[53] Dieser musste erst 1828 und 1859 wegen der Zunahme der Bevölkerung erweitert werden. Mit der Industrialisierung wurde auch dieser zu klein, sodass die Stadt von 1903 bis 1905 den heutigen Friedhof mit der damals hochmodernen und deshalb heftig umstrittenen Abdankungshalle des Architekten Albert Froelich anlegen musste.[54]

490–492 ___

263 —— Alter Friedhof an der Annerstrasse in Brugg, Eingangspforte, um 1900.

Die religiöse Verankerung der Menschen prägt auch ihre Einstellung zu Sterben und Tod. Der Glaube an ein Weiterleben – erlöst oder verdammt – gehörte zum christlichen Glauben. Die Seelsorger beurteilten die Verstorbenen aufgrund ihrer individuellen Lebensführung. Pfarrer Johannes Völklin formulierte gelegentlich kurze Charakterisierungen. 1673 schrieb er über Felix Zulauf: «war in seiner Gesundheit arbeitsam, in seiner Krankheit geduldig, im Glauben stark, zum Sterben willig», über Abraham Singenberg dagegen (auf Lateinisch!): «Das Leben desselben war – welcher Schmerz! – unfromm, so war auch sein Tod für ihn unerwartet – Gott wusste es, seien wir wachsam!» 1674 deutete er den Tod zweier kleiner Brüder wie folgt: «Sie waren beide in dem hiesigen Waisenhaus. Gott aber wollte sie nicht Waisen sein lassen.» 1691 stellte er die Liste der Verstorbenen unter den Titel: «Sie gingen von uns aus dem [Lebens-]Kampf zum Triumph.»[55]

Diese optimistische Haltung wurde von vielen Gläubigen geteilt, etwa von Marie Jäger, die nach dem raschen Tod ihres 18-jährigen Bruders schrieb: «Trotz dem schweren Schlag, der uns und besonders die vielgeprüften, armen Eltern betroffen, dürfen wir doch Ernsts Tod weder für ein Unglück ansehen, noch ihn zurückwünschen. Ich bin vielmehr der guten Zuversicht, dass Gott es gut mit ihm gemeint hat, wie es auch heisst: ‹Ich habe Dich je und je geliebt, darum habe ich Dich zu mir gezogen aus lauter Güte.›»[56]

Sesshaft oder mobil?

Neben Geburt und Tod beeinflusst auch die geografische Mobilität die Zu- oder Abnahme der Bevölkerung eines Ortes. Zum einen bestimmen die wirtschaftlichen Möglichkeiten, sich den Lebensunterhalt zu sichern, das Umziehen von Ort zu Ort. Zum andern können die politischen Instanzen die Zu- und Abwanderung mit gezielten Massnahmen fördern oder bremsen.

Im 15. und 16. Jahrhundert war die Mobilität sehr gross. Auch in Brugg herrschte damals ein ständiges Kommen und Gehen. Zwischen 1446 und 1550 erneuerte sich die Bevölkerung mehr als dreimal. Wer zuzog, erwarb das Bürgerrecht zu günstigen Bedingungen; wer wegzog, verlor es in der Regel, ausser er behielt es als «Ausburger» ausdrücklich bei.

Ab 1600 schränkten Rat und Gemeinde den Zuzug von Fremden jedoch immer mehr ein. Damals wurden die Heimatgemeinden auch für verarmte auswärtige Bürgerinnen

—— 55 StABg A 448. —— 56 Original im Besitz von Peter Belart, Schinznach-Dorf. —— 57 Vertiefte Ausführungen zu diesem Thema im Kapitel über Ortsbürger und Hintersassen unten S. 409–412.

und Bürger unterstützungspflichtig. Dies verstärkte deren Bindung an den angestammten Bürgerort. Um eine Zunahme der Soziallasten zu vermeiden, bremste der Brugger Rat die Einbürgerungen und förderte den Wegzug, ja die Ausbürgerung vor allem der ärmeren Kreise. Im 18. Jahrhundert schottete sich die Bürgerschaft wie vielerorts fast vollständig ab; Fremden wurde der Aufenthalt im Städtchen weitgehend verwehrt; man befürchtete auch deren wirtschaftliche Konkurrenz und wollte überhaupt unter sich bleiben.

Die Helvetische Revolution verkündete dann 1798 die Niederlassungsfreiheit als Menschenrecht. Fortan konnten die Städte und Gemeinden den Zuzug von auswärts nur noch sehr bedingt einschränken. Die Zuwanderung aus dem Ausland wurde allerdings immer noch zu lenken versucht, nun aber auf Bundesebene.[57]

Einbürgerungspolitik in Brugg
Die Bereitschaft einer Stadt oder Gemeinde, Fremden das Bürgerrecht zu erteilen, zeigt die Mobilität der Einwohner und ihre Offenheit gegenüber Zuzügerinnen und Zuzügern auf. Sie beeinflusst das Wachstum einer Bevölkerung nachhaltig. Für Brugg sind die Namen und Zahlen der Einbürgerungen seit 1446 bis in die Gegenwart fast lückenlos erhalten.

In den 105 Jahren von 1446 bis 1550 erfolgten somit 352 Einbürgerungen, und dies bei einer Bevölkerung von 400 bis 800 Köpfen. Trotzdem sank die Zahl der Haushalte von 155 auf etwa 100. Wegziehende mussten laufend durch Neubürger ersetzt werden. Viele blieben nur wenige Jahre hier. Zwischen 1551 und 1650 wurden noch 242 Einbürgerungen beschlossen. In dieser Zeitspanne fand eine Trendwende statt: Die Bevölkerung begann langsam zu wachsen; es gab mehr Zu- als Abwandernde. Die Mobilität wurde geringer. Nach 1650 zählte man in Brugg noch ganze 14 Einbürgerungen bis 1800, nach 1704 sogar

264 —— Die Abdankungshalle im neuen Brugger Friedhof. Architekt war Albert Froelich (1876–1953) von Brugg, damals in Berlin.

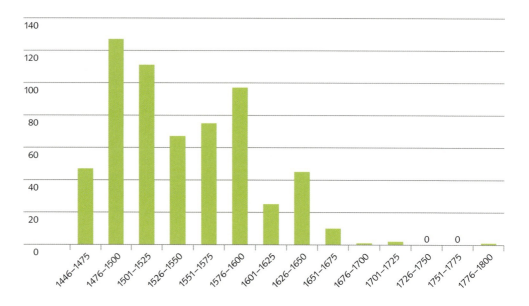

265 — Die Einbürgerungen in Brugg 1446–1800.

nur noch eine einzige. Selbst nach der Pestkatastrophe von 1667 bis 1669 öffnete sich die Bürgerschaft kaum mehr für Fremde. Daher wurden die Pestverluste auch nicht mehr ganz ausgeglichen.

Dass diese Entwicklung nicht einfach durch das Schicksal bestimmt war, sondern die Folge einer gezielten Bevölkerungspolitik von Regiment und Bürgerschaft, machen die Einbürgerungsgebühren deutlich.

Entwicklung der Einbürgerungstaxen, in Gulden
(Abstufung zeitweilig nach Herkunft der Neubürger)[58]

Jahr	Herkunft			
	Schenkenberg oder Königsfelden	Republik Bern	Eidgenossenschaft	Ausland
15. Jh.	–	–	–	–
1510	3	3	3	3
später	3	3	6	9
1583	6	8	12	20
1593	16	18	22	30
1615	50	75	100	150
1703	200	200	200	200
1797	1500	–	–	–

Während des Wiederaufbaus des Städtchens nach der Zerstörung von 1444, vermutlich schon vorher, genügte der Erwerb eines Hauses, um Bürger zu werden. Auch während des 16. Jahrhunderts waren die Einkaufstaxen noch vergleichsweise bescheiden. Erst zwischen

— 58 Ammann, Bürgerbuch. StABg A 4, S. 112–122; A 24; A 26. — 59 Ammann, Bürgerbuch. StABg A 4, S. 112–122; A 24; A 26. Zivilstandsamt Brugg, Bürgerregister. Dazu Detailinformationen aus anderen Quellen, vor allem aus den Ratsprotokollen. Die Tabellen betreffen ausschliesslich Geschlechter, die zur Berner Zeit eingebürgert wurden. Die Feststellungen «ausgestorben» und «noch bestehend» beruhen auf den Totenbüchern und den Bürgerregistern der betreffenden Gemeinden.

1583 und 1615 wurden sie massiv erhöht und immer unterschiedlicher nach der Herkunft abgestuft; ausserdem wurde von jedem Neubürger ein silberner Becher zuhanden der Stubengesellschaft verlangt; die Bewerbungen gingen hierauf prompt stark zurück. Die wuchtige Erhöhung von 1703 schreckte inskünftig Einbürgerungswillige ganz ab. Die Bruggerinnen und Brugger blieben fortan unter sich.

Alte Geschlechter von Brugg, Lauffohr und Altenburg (Einbürgerung vor 1798)[59]

Brugg

Familienname	Einbürgerung	Herkunft	Ausgestorben (†) oder noch bestehend
Bächli	1573		† 1904
Barthlome	1627		in Brugg † 1708
Bäurlin	1534, 1577, 1580	Klingnau	† 1918
Beck	1629	Aarau	bestehend
Belart	1651	Belmont/Lothringen	bestehend
Burkhart	1565, 1636, 1639	Chur	in Brugg † 1827
Clarin	1579, 1607	Aostatal	in Brugg † 1785
Dägerfeld	1557	Amt Schenkenberg	† 1918
Düll	1583	Scherz	† 1920
Dünz	1547	Bremgarten	in Brugg † 1759
Egger	1555, 1580		† 1831
Feer	1585	Reckingen	bestehend
Fischmann	1608		in Brugg † 1754
Frey	viele		bestehend
Frölich/Froelich/Fröhlich	1549		bestehend
Füchslin	1501		bestehend
Geilinger	1574, 1581, 1584		in Brugg † 1741
Grüli	vor 1413		† 1797
Gyger	1498	Wengi bei Bern	in Brugg † 1764
Hemmann	1670	Lenzburg	bestehend
Herzog	1797	Effingen	† 1940
Hiltebrand	vor 1611		in Brugg † 1753
Hirt	1580	Hinterrein	in Brugg † 1728
Holtziker			in Brugg † 1686
Hummel	1584	Birmenstorf	bestehend
Imhof/Imhoof	1636	Rüfenach	bestehend
Jäger/Jaeger	1595	Dottikon	bestehend
Keisereisen	1457		† 1865
Keller	viele		† 1839
Kiepp	1590	Tirol	in Brugg † 1707
Koprio	1636		in Brugg † 1788
Kraft	1526	Schwäbisch-Hall	bestehend
Küniger	1620	Aarau	in Brugg † 17. Jh.
Leupin	1590	Villmergen	in Brugg † 1735
Märki	1636	Pfarrer in Umiken	† 1874
Meyer	viele		† 1806 Burgdorf
Pfau	vor 1577		in Brugg † 1740
Rauchenstein/Ruchenstein	vor 1608	Aarau	bestehend

Brugg

Familienname	Einbürgerung	Herkunft	Ausgestorben (†) oder noch bestehend
Rengger	1554, 1559	Zufikon	† 1953
Roll (ursprünglich Rollier)	um 1692		† 1836
Rüedi	1574	Pfyn	† 1893
Rüeff	1581		in Brugg † 1708
Rytz	1704	Schnottwil/Buchiberg	bestehend
Schaffner	1533, 1577, 1587	Riniken	bestehend
Schilplin	1589	Konstanz	bestehend
Schneitler	1597	Erfingen	in Brugg † 1681
Schwarz	1568	Wipkingen	bestehend
Seelmatter	1635		in Brugg † 1685
Singenberg	1547/48		in Brugg † 1761
Spiess	1558	Nussbaumen	in Brugg † 1704
Spillmann	1552		† 1806
Stäbli	1508	Wil SG	bestehend
Stantz	1495		† 1829
Stapfer	1565	Othmarsingen	bestehend
Steigmeier	1625	Lauffohr	in Brugg † 1675
Steinhäuslin	vor 1606	evtl. Villigen	bestehend
Summerauer	1559	Chur	† 1780
Suter	1559, 1567	Villmergen	in Brugg † 1696
Teutschmann	1634		in Brugg † 1785
Tschupp	1660	Sundgau	in Brugg † 1705
Unger	1641	Bözberg	bestehend
Vätterlin	vor 1611 (evtl. 1448)		† 1828
Vögtlin	1695	Gallenkirch	bestehend
Völklin (auch gen. Schmied)	1520		in Brugg † 1740
Wassmer	1735	Mellingen (Vertrag wegen Konfession)	bestehend
Weiermüller	1642		† 1941
Wetzel	vor 1419		† 1839
Widmer	1582	Gränichen	in Brugg † 1743
Wyss	1552, 1635, 1654	Holderbank	in Brugg † 1701
Zimmermann	um 1514	Altenburg	† 1823
Zulauf	1521		bestehend

Lauffohr

Familienname	Ausgestorben (†) oder noch bestehend
Büchler	bestehend
Eichenberger	bestehend
Finsterwald	† 1914
Hirt	bestehend

---

60 RQ Brugg, S. 90f., 123f., 168f. StABg A 24, S. 1; A 26, 1703; A 65, S. 122, 124. Haller, Bürgermeister Herzog, S. 6. — 61 Beispiele siehe StAAG AA 1228, 8. 3. 1718 und 16. 12. 1719; AA 1231, 5. 2. 1742; AA 1303, 16. 2. 1742. — 62 StABg B A.Ia.1, S. 198–201, 218f., 239–265.

Lauffohr

Familienname	Ausgestorben (†) oder noch bestehend
Keller	† 1837
Nussbaum	bestehend
Stolz	bestehend

Altenburg

Familienname	Ausgestorben (†) oder noch bestehend
Barth/Bart	† 1940
Baur	bestehend
Brugger	bestehend
Fricker	bestehend
Rebmann	bestehend

Erst 1797 erteilten sie wieder einem Auswärtigen das Bürgerrecht. Der erfolgreiche Textilkaufmann Johannes Herzog von Effingen bezahlte den Preis von 1500 Gulden, was auch bei Berücksichtigung einer gewissen Geldentwertung horrend war. Zudem sollten erst seine Enkel in das Regiment wählbar sein; Herzog bezahlte, weil er sich davon Vorteile für sein Geschäft versprach.[60]

Diese Abschliessungspolitik war damals in vielen Städten und Gemeinden üblich. Die Lauffohrer und Altenburger verhielten sich ähnlich.[61] Dahinter standen zweifellos Ängste der Eingesessenen vor wirtschaftlicher Konkurrenz, vor einer Zunahme der Soziallasten sowie vor der Teilung der politischen Macht und des Bürgernutzens mit den Zuzügern.

Ein allmähliches Umdenken in diesem Bereich setzte sich erst nach der Helvetischen Revolution durch, als neue, liberal denkende Männer an Einfluss gewannen. Sie beobachteten die Abnahme der Bevölkerung, das Aussterben alter Geschlechter und das Verschwinden einzelner Berufe mit Sorge. Auch verglichen sie Brugg mit den Schwesterstädten Baden und Aarau; dabei stellten sie einen Rückstand in Bezug auf Wirtschaft, Wohlstand und Kultur fest, den sie auf die restriktive Einbürgerungspolitik zurückführten. Diesen Rückstand wollten sie beseitigen. Gemäss einem Bericht von 1808 lautete ihre Botschaft: «Männer von Talent und Bildung, von Charakter und anerkannten Verdiensten, von solidem Vermögen, Industrie und einem für den Ort vorteilhaften Gewerbe müssen unserer Gemeinde, wenn sie ihren wahren Vorteil kennt, vorzüglich willkommen sein.» Selbst eine kleine Zahl solcher Männer könnte Brugg «wieder aufhelfen und ihren immer mehr abnehmenden Wohlstand herstellen». Wichtig sei nicht die Einkaufssumme, sondern der «persönliche Wert des Bewerbers» bezüglich Vermehrung des Wohlstands und Ansehens der Gemeinde. Die Bürgerschaft pflichtete bei und legte die Einbürgerungstaxe auf 0 bis 2400 Franken (= 1600 Berner Gulden) fest.[62]

Die Einbürgerungen liefen aber nur sehr zögerlich an. Der Gemeinderat wollte sie fördern, während bei vielen Altbürgern die erwähnten Ängste vorherrschten. Erst seitdem ein kantonales Gesetz die Gemeinden zur Aufnahme von Kantonsbürgern gesetzlich verpflichtete, nahmen die Einbürgerungen stark zu. Die Altbürger konnten sie fortan nur durch die Ansetzung von hohen Einkaufstaxen etwas steuern. Dies vermochte aber namentlich Gewerbetreibende nicht vom Erwerb des Brugger Bürgerrechts abzuhalten. Später setzten sich niedrigere Gebühren durch, was den Anreiz erhöhte. Doch als die Bürger 1923 eine Anpassung an die aktuellen Lebenskosten und damit eine Erhöhung der Taxen auf 2200 bis 5000 Franken beschlossen, gingen die Gesuche schlagartig zurück.

Die Einbürgerungen in Brugg, Altenburg und Lauffohr seit 1800[63]

	Brugg	Altenburg	Lauffohr
1801–1825	6	3	0
1826–1850	13	1	6
1851–1875	54	0	5
1876–1900	51	1	2
1901–1925	100	–	2
1926–1950	51	–	6
1951–1975	113	–	2
1976–2000	309	–	–
Total	697	5	23

Sie nahmen erst wieder zu, als ein neues Gesetz 1940 die Unterscheidung zwischen dem Gemeinde- und dem Ortsbürgerrecht einführte. Danach konnte man Brugger Gemeindebürger werden, ohne am Ortsbürgergut beteiligt zu sein. Die überwiegende Zahl der Neubürger bewirbt sich seither nicht mehr um das Ortsbürgerrecht.[64]

Im Januar 1866 schrieb Veronika Belart-Henz aus dem «Güggel» ihrem Sohn Hans nach Konstantinopel: «In unserem kleinen Brugg wird es bald viel Neues geben. Künftigen Montag ist Bürgergemeinde. Es liegen nicht weniger als 17 Bürgeraufnahmsbegehren [für insgesamt 79 Personen] vor. Es will alles Bürger werden. [...] Da muss man Wald ankaufen, sonst adieu Holz und Stauden.»[65] Auch die Altenburger waren in ihrer Einbürgerungspolitik sehr zurückhaltend, während sich die Lauffohrer etwas offener zeigten.

Die Angaben über die Herkunft der Brugger Neubürger sind bis 1800 unvollständig. Bei vielen handelte es sich um Landleute aus den umliegenden Landvogteien oder um Berufstätige aus benachbarten Landstädten. Gelegentlich liessen sich auch wandernde Handwerksgesellen aus anderen eidgenössischen Orten sowie aus entfernteren Gegenden in Brugg nieder, etwa aus Süddeutschland, aber auch aus Schlesien, dem Aostatal und aus Lothringen (Belart).

Die folgende Tabelle zeigt die Herkunft der Eingebürgerten von Brugg im 19. und 20. Jahrhundert. Daraus wird ersichtlich, dass der Zuzug aus dem Bezirk Brugg und dem übrigen Aargau lange Zeit bei weitem überwog. Ausserkantonale und Ausländer waren eher selten, bei Letzteren handelte es sich vor allem um Deutsche. Erst der wirtschaftliche Aufschwung nach dem Zweiten Weltkrieg brachte ausländische Arbeitskräfte, dann auch Flüchtlinge nach Brugg, wo sie sich assimilierten; zuerst kamen vor allem Menschen aus Italien und weiteren westeuropäischen Staaten, dann aus Ungarn, der Tschechoslowakei und dem übrigen Osteuropa, schliesslich aus der Türkei sowie aus Asien, vor allem aus Kambodscha. Aus Afrika und Nordamerika stammen nur wenige Neubürger, aus Lateinamerika fehlen sie ganz.

---

63 Zivilstandsamt Brugg, Bürgerregister. Die Statistik betrifft die Beschlüsse der Einbürgerungen von Einzelpersonen oder Familien, unabhängig von der Anzahl der eingebürgerten Personen. — 64 StABg B A.Ia.1, S. 66, 190, 203, 267, 310; B A.Ia.3, S. 471; B A.Ia.4, S. 28, 39, 48–54, 58f., 243, 301; B A.Ib.3, S. 177, 333; B A.Ib.5, S. 92. — 65 Original im Besitz von Peter Belart, Schinznach-Dorf. — 66 Zivilstandsamt Brugg, Bürgerregister. Die Statistik betrifft die Beschlüsse der Einbürgerungen von Einzelpersonen oder Familien, unabhängig von der Anzahl der eingebürgerten Personen. — 67 StABg Ehebücher. Bis 1750 wurden nur die in Brugg eingesegneten Ehen verzeichnet. Bruggerinnen, die auswärts einen fremden Partner heirateten, wurden auch danach nicht eingetragen.

Die Herkunft der Brugger Neubürgerinnen und Neubürger 1801–2000[66]

	1801–1825	1826–1850	1851–1875	1876–1900	1901–1925	1926–1950	1951–1975	1976–2000
Bezirk Brugg	1	6	35	15	36	9	14	9
Kanton Aargau	2	3	9	16	35	15	10	20
übrige Schweiz	–	1	7	9	15	7	14	31
Deutschland	2	–	3	10	10	9	22	27
Frankreich	–	–	–	1	1	1	1	–
Österreich	–	–	–	–	1	1	6	20
Italien	–	–	–	–	1	8	16	50
Grossbritannien	–	–	–	–	–	–	–	7
Spanien	–	–	–	–	–	–	2	6
Polen	–	–	–	–	–	–	3	4
Tschechoslowakei (ehem.)	–	–	–	–	–	–	–	23
Ungarn	–	–	–	–	–	–	14	8
Jugoslawien (ehem.)	–	–	–	–	–	–	–	49
übriges Europa	–	–	–	–	1	–	6	12
Türkei	–	–	–	–	–	–	1	14
Kambodscha	–	–	–	–	–	–	–	11
übriges Asien	–	–	–	–	–	–	–	15
Afrika	–	–	–	–	–	–	–	2
Kanada	–	–	–	–	–	–	–	1
Heimatlos	1	3	–	–	–	–	–	–
Unbekannt	–	–	–	–	–	1	4	–
Total	6	13	54	51	100	51	113	309

Einheiratende Frauen

Eine spezielle Gruppe von Zuzügerinnen bildeten zu allen Zeiten Frauen, die einen Mann ausserhalb ihres angestammten Wohnorts ehelichten. Nicht jeder Brugger Bürger fand nämlich seine Lebenspartnerin innerhalb der eigenen Stadtmauern. Umgekehrt heiratete auch manche junge Bruggerin einen «Fremden».

Heiratspartnerinnen der Brugger Bürger, 1753–1810[67]

Zeitraum	Brugger mit Bruggerin	Brugger mit Nichtbruggerin
1753–1760	22	20
1761–1770	30	40
1771–1780	15	24
1781–1790	27	21
1791–1800	16	32
1801–1810	19	16
Total	129	153

In der zweiten Hälfte des 18. Jahrhunderts machten die auswärtigen Bräute bereits eine leichte Mehrheit aus. Dieses Verhältnis sollte sich später mit der grösseren Mobilität (Niederlassungsfreiheit!) noch weiter verschieben. Doch woher stammten die einheiratenden Frauen?

Die Herkunft der fremden Bräute[68]

	1752–1780	1781–1810
Schenkenberg/Königsfelden/Kasteln	11	13
Aarau/Lenzburg/Zofingen	18	12
Stadt Bern	6	3
Andere Berner Landstädtchen	2	2
Übrige Berner Landschaft	15	14
Zürich Stadt	6	2
Zürich Landschaft	9	6
Übrige Schweiz	14	8
Ausland	3	9
Total	84	69

Als standesgemässe Gattinnen galten Bürgerinnen aus andern Städten. Sie machten ein gutes Drittel aus. Weniger gefragt waren Bauerntöchter der umliegenden Landvogteien, die oft als Mägde in Brugg dienten (9 Prozent). Die Mehrheit stammte aus der übrigen reformierten Schweiz, einige wenige aus Deutschland. Viele Handwerker lernten ihre Bräute auf der Wanderschaft kennen, die jungen Theologen während ihrer Ausbildung.

Schon ab dem 16. Jahrhundert trachtete der Brugger Rat danach, Heiraten mit Auswärtigen zu erschweren. 1562 setzte er einen Beschluss des Maiendings durch, welcher Witwen und Töchter ermahnte, sich keine «ausländischen» Ehemänner zu nehmen; denn es seien «unser genug».[69] 1586 beschlossen die Räte, auswärtige Bräute müssten sich in Brugg einkaufen wie Männer. Nach sieben Jahren ermässigte er diese Gebühr auf die Hälfte, nämlich auf fünf Gulden. Dieses «Weibereinzugsgeld» wurde 1684 auf 50 Gulden erhöht und 1705 wieder auf 20 Gulden herabgesetzt. Schon von 1641 an verlangte der Rat von einheiratenden Frauen den Nachweis eines Vermögens von mindestens 200 Gulden (ohne Aussteuer); später mussten sie auch noch ein Zeugnis über ihre ehrbare Herkunft und eines guten Leumunds vorlegen. Ehemänner, deren Gattinnen diese Bedingungen nicht erfüllten, wurden ausgebürgert und aus der Stadt verwiesen. Das Regiment gab als Grund für diese restriktive Einbürgerungspolitik an, die Soziallasten seien durch die «Einführung fremder, ganz mittelloser Eheparteien und von denselben herlangenden Kindern allermeist vermehrt worden».[70] Zu Beginn des 19. Jahrhunderts betrug das «Weibereinzugsgeld» 75 Franken, später wurde es ganz abgeschafft.[71]

Wegzug und Möglichkeiten der Rückkehr

Wegziehende Personen benötigten eine Bewilligung der Behörden. Ab etwa 1720 erhielten sie sogar einen «Reisepfennig». Unverheiratete konnten jederzeit zurückkehren. An Männer, die in der Fremde eine Familie gründen wollten, stellte der Rat nicht nur Bedingungen betreffend Leumund, Mindestvermögen und Weibereinzugsgeld der Braut. Sie mussten ausserdem fortan ein jährliches Ausburgergeld zuhanden der Stubengesellschaft entrichten. Wer sich nicht an diese Vorschriften hielt oder wer sein ganzes Vermö-

---

[68] StABg Ehebücher. — [69] RQ Brugg, S. 182. Banholzer, Geschichte der Stadt Brugg S. 153–254. — [70] RQ Brugg, S. 169, 192. Banholzer, Geschichte der Stadt Brugg, S. 254. StABg A 26, 1705; A 33, S. 48; A 34, S. 214, 368; A 35, S. 315; A 36, S. 83; A 37, S. 154, 162f., 205, 365; A 38, Bl. 52v; A 46, S. 468. — [71] StABg B A.Ia.1, S. 198–201. — [72] StABg A 47, S. 702; A 49, S. 184f.; A 53, S. 337, 340, 347. — [73] StABg A 171, A 172, A 173a.

gen abzog, verlor das Bürgerrecht meist unwiderruflich. Umgekehrt gab es Brugger, die auswärts eine neue Heimat fanden und sich dort einbürgerten. Die meisten verzichteten in der Folge auf die Heimatberechtigung in Brugg. Einige aber wurden Doppelbürger, so die Hutmacher Rengger in Biel, die Bleicher Zulauf in Diessenhofen, die Kunstmaler Dünz in Bern, die Ärzte Schaffner in Aarau sowie die Apotheker Imhof in Zofingen (später ebenfalls in Aarau). Ihre Nachkommen behielten beide Bürgerrechte, zum Teil bis auf den heutigen Tag. Frauen, die sich auswärts verheirateten, verloren das Bürgerrecht automatisch; fiel ihnen in Brugg eine Erbschaft zu, bezahlten sie ein «Abzugsgeld» von zehn Prozent.

Ledige junge Leute zogen jedoch oft in der Absicht weg, wieder zurückzukehren. Dies galt für Knechte und Mägde, die auswärts Arbeit fanden, für ausgelernte Handwerker, die auf der Wanderschaft in der Fremde weitere berufliche Erfahrungen sammeln sollten, und für Soldaten, die einige Jahre in fremden Kriegsdiensten zu verbringen gedachten. Nach ihrer Rückkehr waren ihre jüngeren Geschwister oft auch erwachsen, sodass sie allenfalls den elterlichen Betrieb übernehmen und einen eigenen Hausstand gründen konnten.

Bei anderen heimkehrenden Personen handelte es sich um Arme, oft Alte und Kranke, die sich in der Fremde nicht mehr selbst durchbringen konnten. Der Rat sandte ihnen zwar gelegentliche Unterstützungen zu; wenn der Aufwand aber zu gross wurde, beorderte er sie in die Heimat zurück. So erteilte er dem Bernboten 1747 den Auftrag, Margaritha Summerauer auf seinem Karren von Bern nach Brugg zu bringen, weil die bisherigen Kostgeberinnen das Tischgeld erhöht hatten. Als die Direktion des Berner Inselspitals 1770 meldete, die Brugger Bürgerin Susanna Burkhart sei unheilbar krank, wurde sie durch einen anderen Boten in die Heimatstadt geführt, allerdings in einer Kutsche und erst bei besserem Wetter.[72]

Abgewanderte verheiratete Brugger Bürger[73]

	Diverse Berufe				Theologen
	Schweiz	Ausland	Total	Rückkehr	
1698 abwesend	16	4	20	3	14
1700–1709	4	2	6	1	5
1710–1719	1	1	2	1	7
1720–1729	3	0	3	3	6
1730–1739	0	0	0	0	9
1740–1749	5	0	5	2	4
1750–1759	10	0	10	1	10
1760–1769	2	1	3	1	10
1770–1779	7	1	8	2	7
1780–1789	3	2	5	1	9
1790–1799	2	0	2	0	8
1700–1749	13	3	16	7	31
1750–1799	24	4	28	5	44
1700–1799	37	7	44	12	75
Total	53	11	64	15	89

Abgewanderte Frauen tauchen in den Brugger Quellen nur noch auf, wenn sie hier erbten oder Almosen benötigten. Ihre Zahl kann daher nicht einmal geschätzt werden. Dagegen werden die männlichen Wegzüger ab dem 17. Jahrhundert aus schriftlichen Dokumenten konkret fassbar. Insgesamt darf aber festgestellt werden, dass in Brugg weniger einheimi-

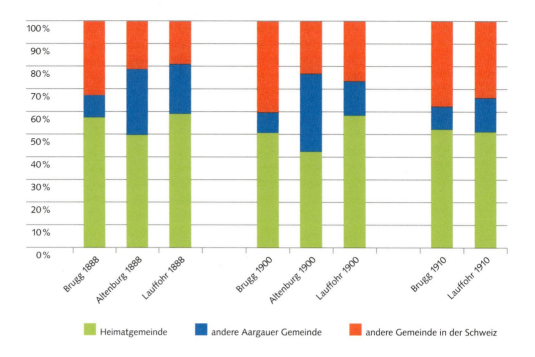

266 ___ Wohnorte der Bürger von Brugg, Altenburg und Lauffohr 1888–1910.

95 ___ sche Frauen weg- und mehr auswärtige zuzogen, dies im Gegensatz zu den Männern. Das Ergebnis war ein starkes Überwiegen des Frauenanteils innerhalb der Einwohnerschaft.[74]

Die seit 1698 geführten Ausburger-Verzeichnisse geben lückenlos Aufschluss über die Bürger, die sich während des 18. Jahrhunderts in der Fremde eine eigene Existenz aufgebaut, das Brugger Heimatrecht aber beibehalten hatten. Dabei fällt vor allem auf, dass die Theologen die Gesamtheit aller anderen Berufe (Handwerker, Wirte, Ärzte) bei weitem übertrafen. Nicht umsonst erhielt Brugg den Namen «Prophetenstadt».[75]

Fast alle aus Brugg stammenden Pfarrer und der grössere Teil der übrigen Berufsleute blieben in der Schweiz, der grössere Teil von ihnen auch innerhalb des Staates Bern. Die meisten Handwerker liessen sich in einem anderen Städtchen nieder, vereinzelte auch in Dörfern; oft erklärten sie ausdrücklich, sie würden Brugg mangels ausreichender Existenzgrundlage verlassen. Diese scheint sich in der zweiten Hälfte des 18. Jahrhunderts noch verschlechtert zu haben.

Die weitaus stärkere Abwanderung im 19. Jahrhundert lässt sich aus den Quellen nur schwer erfassen. Einzig die Volkszählungen von 1888 bis 1910 wurden auch im Hinblick auf auswärtige Ortsbürger ausgewertet, dies ebenfalls für Altenburg und Lauffohr.

Im Zeitraum 1888 bis 1910 lebte mehr als die Hälfte aller Bürgerinnen und Bürger von Brugg und Lauffohr in der Heimatgemeinde, zweifellos das Ergebnis der grosszügigeren Einbürgerungspolitik. Von den Auswärtigen hatte sich der grössere Teil in anderen

___ 74 Näheres dazu im Band 1, ab S. 95. ___ 75 Vgl. dazu Band 1, ab S. 57. ___ 76 Z. B. StABg A 33, S. 374, 578, 657, 676, 693, 705, 719, 747, 878; A 34, S. 7, 13, 78, 121, 163, 205, 210, 295, 301, 380; A 35, S. 70, 141; A 37, S. 375; A 39, Bl. 19v, 20, 167v, 175. ___ 77 StABg A 39, Bl. 51v, 85v, 97, 131v, 134v, 230, 330; A 47, S. 396f., 693, 695. StAAG AA 450, S. 929. Feer, Jugenderinnerungen, S. 22. Feer, Familie Feer, Bd. 2, S. 407f. ___ 78 Familienchronik Frölich (Privatbesitz). Anner, Lorenz Froelich. ___ 79 Feer, Familie Feer, Bd. 2, S. 688.

Kantonen der Schweiz niedergelassen, jene von Lauffohr jedenfalls seit den 1890er-Jahren. Für Altenburg weichen die Zahlen etwas ab, vielleicht wegen der abgeschlosseneren dörflichen Verhältnisse.

Abwanderung in andere Länder Europas

Vor allem zwischen dem Ende des Dreissigjährigen Kriegs (1648) und der letzten Pest (1667–1669) zog es zahlreiche Bruggerinnen und Brugger nach Deutschland. Viele Gebiete waren dort verwüstet und beinahe entvölkert, sodass die Landesfürsten die Einwanderung von Ausländern mit günstigen Bedingungen förderten. Zahlreiche Männer, Frauen und Familien verliessen Brugg in Richtung Süddeutschland; sie gingen vor allem ins Elsass, in die Markgrafschaft Baden, in die Pfalz, nach Hessen und Württemberg, also fast ausschliesslich in reformierte Fürstentümer. Einige bauten sich in Städten wie Strassburg, Heidelberg, Mannheim oder im damals eidgenössischen Mülhausen eine neue Existenz auf. Von etwa 20 trafen später Meldungen ein, die aufgezeichnet wurden.[76]

Erst um 1700 setzte wieder eine kleine Auswanderungswelle ein, diesmal in nördlichere Gebiete wie Brandenburg, Holland oder Dänemark. Johannes Märki betätigte sich als «Grossuhrenmacher» in Kopenhagen, Abraham Dünz als Hosenstricker in Berlin, Johann Heinrich Bäurlin als Knopfmacher in Paris und Balthasar Füchslin als Dreher in Amsterdam; Johannes Feer betrieb die fürstlich-schwarzenbergische Glockengiesserei in Rudolstadt/Thüringen. Eine prominente Persönlichkeit war Johann Jakob Frölich (1699–1774), der «Engländer»; er lebte jahrzehntelang in England, wo er zuletzt Sekretär von Lord Sandwich war, einem Diplomaten, welcher bei den Friedensschlüssen nach dem Österreichischen Erbfolgekrieg eine bedeutende Rolle spielte. Danach kehrte Frölich als reicher Mann nach Brugg zurück, wo er 1749 ein Palais ausserhalb der Stadtmauern baute, das heutige Stadthaus. Hier verbrachte der aufgeklärte, hochgebildete und geistreiche Mann seine letzten 25 Jahre.[77]

Nach 1720 hörte die Abwanderung ins Ausland fast vollständig auf. 1768 wurde der berühmteste Brugger, der Stadtarzt und Philosoph Johann Georg Zimmermann (1728–1795), als königlicher Leibarzt an den Fürstenhof nach Hannover berufen. Später suchten mehrere junge Kaufleute ihr Glück im Ausland: Johann Jakob Frölich (1746–1801, Grossvater des bedeutenden Kunstmalers Lorenz Frölich) in Kopenhagen, Johann Friedrich Frölich (1769–1835) in Triest und Samuel Friedrich Frölich (1768–1833) als Seidenhändler in Lyon (nach einigen Jahren in London und Moskau); der Letztere erwarb nach seiner Rückkehr das Schloss Brestenberg bei Seengen als Alterssitz; er soll den ersten Regenschirm nach Brugg gebracht haben![78] Im 19. Jahrhundert setzten einige Kaufleute diese Tradition fort, vor allem in Konstantinopel und Alexandria/Ägypten.

Auswanderung nach Übersee

Die Emigration aus der Region Brugg nach fernen Kontinenten war vor allem eine Erscheinung des 19. Jahrhunderts. Vorher hatten sich nur wenige Männer über die Ozeane in eine völlig fremde Welt gewagt: Vermutlich der Erste war Johannes Feer (1716–1758), der sich ab 1734 in Holland erfolgreich als Tulpenzüchter betätigte, um 1743 in die Kolonie Berbice in Niederländisch-Guayana auszuwanderte und dort Pflanzer sowie Gouvernementsrat wurde.[79] In den 1750er-Jahren liess sich Johannes Rengger (*1730) in Kopenhagen nieder, von wo er 1768 auf die Insel Santa Cruz (dänische Kolonie St. Thomas) östlich von Puerto Rico übersiedelte und dort als Kaufmann und Farmer lebte. Sein Neffe Abraham Rengger (1759–1793) folgte ihm 1786.[80]

Die Auswanderung aus dem Aargau in die Vereinigten Staaten von Amerika setzte in einer ersten Welle nach der Wirtschaftskrise und der Hungersnot von 1816/17 ein. Im Unterschied etwa zu Rüfenach oder Villigen überquerten damals kaum Leute aus Brugg den Atlantik. Der erste bekannte Brugger Amerikafahrer (1830) hiess Gottlieb Heinrich Hummel. 1833 fuhr der junge Anwalt Gottlieb Jäger (1805–1891), Sohn des damaligen Gerichtsschreibers, in die Vereinigten Staaten, um die Auswanderung der ganzen Familie vorzubereiten; dies war völlig atypisch, weil offenbar ausreichend Kapital vorhanden war, um Land für eine grosse Farm zu kaufen; die Pläne zerschlugen sich jedoch; Gottlieb Jäger kehrte 1836 in die Heimat zurück und machte hier seine glanzvolle politische Karriere als Stadtammann, Grossrat, Nationalrat und Bundesrichter.[81]

> **Abschiebung nach Amerika?**
> Marianna Schwarz wollte 1833 mit ihrer Dienstherrschaft auswandern, konnte aber das Geld für die Reise nicht aufbringen. Der Gemeinderat befürwortete die Übernahme der Kosten für die «an Körper und Geist schwache Tochter», an deren Heiratschancen «nicht so leicht zu denken sei»; sollte sie doch «unter die Haube kommen», müsste die Heimatgemeinde ihr das Weibereinzugsgeld bezahlen; andernfalls könnte sie zu einem Unterstützungsfall werden. So liege es «im Interesse der Gemeinde», dieser Person «nach Amerika fortzuverhelfen». An der Gemeindeversammlung gingen die Meinungen dazu stark auseinander: Einige Stimmen bezweifelten die Menschenfreundlichkeit einer solchen Abschiebung; man gebe die junge Frau vielleicht dem grössten Elend preis, es fielen auch Worte wie «Zwang» und «Sklavenhandel». Doch die finanziellen Motive waren stärker. Mit 48 gegen 30 Stimmen bewilligten die Bürger 160 bis 200 alte Franken für die Überfahrt.[82]

In der Folge förderte Brugg die Emigration bedürftiger Bürgerinnen und Bürger und suchte auf diese Weise die sozialen Probleme der Heimatgemeinde zu exportieren. Der grosse Auswanderungsboom erfolgte hier ab 1845. In den folgenden 25 Jahren zogen mindestens 105 Personen über den Atlantik, die meisten in die Vereinigten Staaten. Gegen 80 von ihnen erhielten finanzielle Beiträge der Stadt, bis 1869 rund 20 000 Franken. Oft musste die Stadt Brugg die vollen Kosten der Überfahrt, der Weiterreise ins Landesinnere, zum Teil Bekleidung und etwas Startgeld, das bei der Ankunft in der Neuen Welt ausbezahlt wurde, übernehmen; da den Ausgewanderten in den folgenden Jahrzehnten kein Bürgernutzen ausgerichtet werden musste, zahlten diese die Auslagen indirekt wenigstens teilweise wieder ab. Anfänglich wurden immer wieder Stimmen laut, welche die Abschiebung von Mitbürgern kritisch beurteilten; doch der damalige Stadtammann Gottlieb Jäger, der erwähnte Rückkehrer aus Amerika, wies solche «philanthropischen» Bedenken zugunsten materieller Vorteile zurück. Bereits 1848 hatte sich der Stadtrat von der Bürgerschaft die Befugnis übertragen lassen, solche Beihilfen in eigener Kompetenz zu beschliessen.

Die Motive der meisten Auswandernden waren wirtschaftlicher Natur. Sie sahen für sich keine Möglichkeit, sich aus dem Elend herauszuarbeiten, und hofften auf eine

---

[80] StAAG Nachlass Abraham Rengger, autobiografische Aufzeichnungen und Nachträge. StABg A 55, S. 196, 199; A 60, S. 126. — [81] Briefe Jägers in Abschrift und Druck beim Verfasser. — [82] StABg B A.Ia.2, S. 361–364. — [83] StAAG DIA.A/0127/04, 0128/04, 0268/02, 0270. — [84] StAAG R03.J01, 1865, 1866, 1870, 1871; R04.J01, 1873. — [85] Schulthess, John Zimmermann.

bessere Zukunft in der Neuen Welt; zum Teil waren sie schon seit frühester Kindheit auf Kosten der Stadt aufgezogen worden und daher entsprechend verachtet; Amerika sollte ihnen einen Neubeginn ohne Vorurteile bieten. Dasselbe galt für Vorbestrafte und für Leute, die in Konkurs geraten waren oder von den Behörden als «liederliche, arbeitsscheue Subjekte» abgestempelt wurden.

Der Stadtrat schloss jeweils einen Vertrag mit einem Auswanderungsagenten (Rufli in Sisseln, später auch Zwilchenbart in Basel), der die Überfahrt organisierte. Die Reise ging in der Regel von Basel aus über Paris nach Le Havre, dann mit dem Schiff nach New Orleans oder New York und von dort auf dem Landweg oder auf Kanälen ins Landesinnere, oft zu Bekannten oder Verwandten etwa in St. Louis oder im Staat Ohio. Nur selten kam ein Auswanderer in die Schweiz zurück, völlig abgebrannt und heruntergekommen, wonach die Fürsorge erneut zum Zuge kam. Die Behörden verlangten seit 1852 eine unterschriftliche Verpflichtung, die Beiträge zurückzuzahlen, wenn die Ausgewanderten innerhalb von zehn Jahren zurückkehren sollten; sie mussten dann so lange auf den Bürgernutzen verzichten, bis alles abgestottert war.

Altenburg und Lauffohr bildeten keine typischen Auswanderungsorte. Im Zeitraum 1845 bis 1869 zogen aus Altenburg 13, aus Lauffohr gar nur zehn Personen über den grossen Teich, öfters auch mit Beihilfen der Gemeinde.[83]

Viele Ausgewanderte hielten brieflichen Kontakt mit der alten Heimat, jedenfalls solange die Eltern lebten. Die Behörden hatten vor allem mit ihnen zu tun, wenn es um die Auszahlung einer Erbschaft oder die Überweisung von zurückgelassenem Gut ging. Obwohl die Schweiz ein Netz von Konsulaten in Übersee aufbaute, teilten nur wenige ihre Heirat mit, geschweige denn die Geburt ihrer Kinder. Fast alle erwarben nach wenigen Jahren die amerikanische Staatsbürgerschaft, wodurch das Schweizer Bürgerrecht für die Nachkommen in der Regel mangels Meldung erlosch. Recht häufig erhielten die Zivilstandsämter die Todesmeldung als letzte Nachricht. Äusserst selten sind Mitteilungen über das fernere Schicksal der Ausgewanderten. Machten sie ihr Glück, oder zerschlugen sich die Hoffnungen in der neuen Heimat?

Es fällt auf, dass viele Brugger in Amerika schon früh starben, noch bevor sie eine eigene Familie gegründet hatten. Viele ertrugen das Klima nicht oder erlagen einer Fieberkrankheit. Besonders tragisch endeten einige Männer, die in das Heer eingezogen wurden und im Amerikanischen Bürgerkrieg (1861–1865) umkamen. So fiel der 24-jährige Spengler Wilhelm Frey 1863 in der Schlacht bei Fishers Hill, kaum ein halbes Jahr nach seiner Ankunft in den USA; sein Vater in Brugg erbte knapp 400 Franken ausstehenden Sold. Die Witwe Margaretha Bäurlin erhielt für ihren gefallenen Gatten eine jährliche Pension von 48 Dollar (etwas über 200 Franken).[84]

Der «reiche Onkel aus Amerika»

Erfolgreich waren oft Männer, die über genügend Eigenmittel verfügten, um sich in den Vereinigten Staaten eine neue Existenz aufzubauen. Zu ihnen gehörte zweifellos John Zimmermann (1848–1935), der sich in New York seit etwa 1870 als Importeur von aargauischen Strohprodukten betätigte und von dort aus die Schweiz mehr als 60 Mal besuchte. Er förderte den Bau des Brugger Bezirksspitals mit 50 000 Franken und verbrachte seine Ferien regelmässig im Elternhaus an der Vorstadt, das noch heute seinen Namen trägt – «Zimmermannhaus». Sein Erfolg entsprach dem klischeehaften Bild vom «reichen Onkel aus Amerika», bildete aber eine grosse Ausnahme unter den vielen Ausgewanderten.[85]

Von zahlreichen Auswanderern hörte man in der Schweiz nie mehr etwas. Fiel ihnen hier eine Erbschaft zu, musste die Heimatgemeinde dieselbe verwalten, oft jahrzehntelang. Bestand keine Aussicht mehr auf Nachricht oder Rückkehr, konnten die Verwandten ein Verschollenheitsverfahren verlangen. Meldete sich der Vermisste auf Ausschreibungen im aargauischen «Amtsblatt» (!) und in amerikanischen Kolonistenblättern nicht, wurde er amtlich für «tot erklärt», worauf das hinterlassene Kapital verteilt werden durfte.[86]

Glücklos in der «Neuen Welt»

Erfreulicherweise hat sich ein Brief des Lauffohrers Abraham Nussbaum (1829–1857) erhalten, in welchem er sein Schicksal darlegte. Er war 1854 mit einer grösseren Gruppe aus der Umgebung ausgewandert und durch Bekannte nach Ohio gelangt, wo er sich als Landarbeiter durchschlug. In seinem Bericht beklagte er sich über die harten Arbeitsbedingungen, die er auf den Farmen erfolgreicher Auswanderer aus Villigen antraf; er musste sumpfiges Land urbarisieren – und dies zu einem mickrigen Lohn. Nussbaum litt im Winter unter der Kälte, im Sommer unter dem feucht-heissen Klima und war der Malaria ausgesetzt, was seine Gesundheit ruinierte. Zuletzt fand er eine Stelle bei einem humaneren Amerikaner, wo er aber schon bald – 27-jährig – dem Wechselfieber erlag.[87]

Adlige, Geistliche, Bürger und Hintersassen

Die vorangehenden Kapitel über die Bevölkerungsentwicklung und die dafür massgebenden Einflüsse haben weitgehend ausser Acht gelassen, dass innerhalb der Einwohnerschaft Bruggs, Lauffohrs und Altenburgs grosse soziale Unterschiede bestanden. Aufbau und Gliederung der städtischen und dörflichen Gesellschaft sowie deren Wandel im Lauf der Zeit waren jedoch ebenfalls wichtige Einflussfaktoren für die Entwicklung dieser Gemeinden.

Vom Adel zum Bürgertum

Die Stellung des Adels im Raum Brugg war bis ins 15. Jahrhundert sehr stark, zumal dieser im Stammgebiet des mächtigsten Geschlechts, der Grafen von Habsburg und nachmaligen Herzöge von Österreich, lag. Viele ihrer Dienstadligen lebten daher auf Burgen in der näheren Umgebung: in Villnachern, Kasteln und Wildenstein, auf Schenkenberg, Iberg und Besserstein, in Freudenau und auf dem ursprünglichen Familiensitz selbst, der Habsburg. Über den adligen Ursprung des Schlösschens Altenburg ist leider nichts bekannt; seitdem es in den schriftlichen Quellen erwähnt wird, befanden sich die zum Schlösschen gehörenden Gebäude samt dem damit verknüpften Fischereirecht in bäuerlichem Besitz. Umgekehrt ist für das 13. und 14. Jahrhundert ein Adelsgeschlecht von Lufar (Lauffohr) nachgewiesen, dessen Wohnsitz nicht überliefert ist.[88]

Die Adligen der umliegenden Burgen standen in engem Kontakt mit Brugg. Sie traten als «Ausburger» in nähere Beziehungen zum Städtchen, etwa die Junker von Wolen

---

__ 86 Wo keine speziellen Belege vermerkt sind, stützt sich dieses Kapitel auf die folgenden Quellenbestände ab: StABg Protokolle der Gemeindeversammlungen und des Gemeinderats, Zivilstandsamt Brugg, Bürgerregister I/II. __ 87 Dokumente in Kopien beim Verfasser. __ 88 Baumann/Frey, Freudenau, S. 77f. __ 89 Stahl, Brugg um 1530, S. 70f., 75, 79–81. __ 90 UB Brugg. Stahl, Brugg um 1530, S. 142. Banholzer, Geschichte der Stadt Brugg, S. 60–69, 241–245.

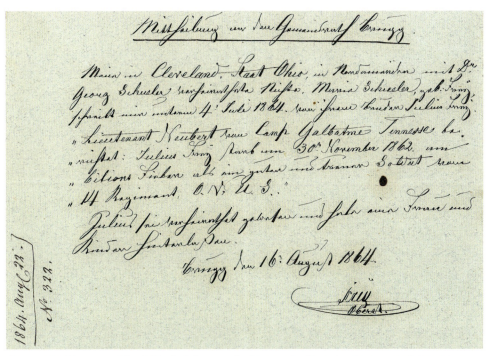

267 — Mitteilung von Oberst Friedrich Frey an den Brugger Stadtrat vom 16. August 1864: Seine in Cleveland verheiratete Nichte Marie Schusler-Frey habe ihm geschrieben, ihr Bruder Julius Frey sei am 30. November 1862 «als ein guter und treuer Soldat» der US-Army im Camp Galgatme/Tennessee einem Fieber erlegen.

und Griffensee auf der Habsburg oder die Gessler, von Schönau und von Aarburg auf Schenkenberg. Manche besassen sogar ein bewehrtes Haus innerhalb der Stadtmauern: Die Herren von Büttikon, dann von Ostra und schliesslich von Rinach etwa wohnten in einer Festung in der Nordwestecke Bruggs; nach dem Verkauf der Festung an Hartmann von Hallwyl 1545 wurde sie «Hallwylerhof» genannt. Südlich der Kirche, entlang der Westmauer, erstreckte sich eine Residenz der Habsburger selbst; sie ging später an das in den niederen Adel aufsteigende Geschlecht der Effinger über und hiess fortan «Effingerhof». Die Junker von Mülinen endlich hatten ihren Sitz nordöstlich der Kirche zwischen Spitalrain und Schulhausplatz. Die Adelsfamilien wohnten somit allesamt im Westen der Stadt, nahe dem Gotteshaus, die Bürger jedoch entlang der Haupt- und der Nebengassen. Das Kloster Königsfelden besass ein festes Haus auf der Hofstatt, also in der Nordostecke Bruggs; dieses angebliche «Habsburger Schloss» gelangte 1525 ebenfalls an die Effinger; an dessen Stelle errichtete die Berner Salzdirektion 1732 das Salzhaus.[89]

Die Adligen machten innerhalb des Städtchens auch ihren politischen Einfluss geltend. Als Hauptleute führten sie die Brugger Mannschaft an. Im gesellschaftlichen Leben spielten sie namentlich in der «Herrenstube» eine Rolle. Sie nahmen Einsitz im Rat, und manch einer erreichte die Würde eines Schultheissen, jedenfalls solange die Herrschaft der Habsburger dauerte.[90]

Entsprechend dem allgemeinen sozialen Wandel verdrängten Aufsteiger aus dem Bürgertum den Adel im Lauf des 15. Jahrhunderts allmählich aus seiner traditionsreichen Stellung. Äusserlich wurde diese Ablösung auch dadurch sichtbar, dass die Stadtgemeinde sämtliche Adelssitze innerhalb ihrer Mauern erwarb: den Effingerhof, den Hallwylerhof, den Sitz der Herren von Mülinen sowie den Platz des nachmaligen Salzhauses.

268 ___ Der Hallwylerhof, Sitz mehrerer adliger Brugger. Imposante Festung in der Nordwestecke der Altstadt mit Wohnkastell unter einem Walmdach, abgebrochen 1882. Ausschnitt aus «Vue de Brougg» um 1810, Aquarell und Gouache über Feder von Johann Wilhelm Heim.

Die adligen Geschlechter verliessen Brugg, blieben jedoch mit dem Städtchen noch über Jahrhunderte verbunden. Sie behielten das hiesige Bürgerrecht; ihren überlieferten Privilegien gemäss waren sie noch im 18. Jahrhundert vom sonst üblichen Ausburgergeld befreit; einzelne Angehörige wurden sogar ehrenhalber zu Kleinglöcklern ernannt, und noch 1808 bestätigte die Gemeindeversammlung den Familien von Mülinen, von Hallwyl sowie den drei Zweigen der Effinger von Wildegg, Aarburg und Wildenstein das Heimatrecht, da sie «zu Ehre unserer Stadt und zum Besten unseres gemeinen Wesens gereichend angesehen» wurden. Während die Effinger 1912 ausgestorben sind, behielten die von Mülinen und die Grafen von Hallwyl das Brugger Bürgerrecht bis zum heutigen Tag.[91]

Von der katholischen zur reformierten Geistlichkeit

663f. ___ Wie in anderen Städten waren die *Priester des Spätmittelalters* auch in Brugg recht zahlreich vertreten. Neben dem von der Bürgerschaft gewählten Pfarrer («Leutpriester») lebten hier bis zu sieben Kapläne, allesamt mit eigenem Haushalt. Sie wohnten in Häusern, die ihnen von der Gemeinde oder von Stiftern zur Verfügung gestellt wurden, meist in der westlichen Stadthälfte, an der Kirch- oder Spiegelgasse oder nahe dem Gotteshaus.

676 ___ In den Diskussionen um einen allfälligen *Übergang zur Reformation* überwogen unter den Brugger Geistlichen die Gegner. Zwei von ihnen erhielten danach sogar eine Abfindungssumme.

___ [91] StABg A 26, A 171, A 172, A 173a, B A.Ia.1, S. 239–253. ___ [92] Beispiele für entsprechende Beschlüsse siehe StABg A 39, Bl. 137; A 41, S. 25, 158; A 43, S. 21; A 130, S. 207, 231; A 44, S. 79v; A 47, S. 266f.; A 57, S. 204; A 65, S. 85, 107. ___ [93] Siehe unten S. 437. ___ [94] StABg A 47, S. 612. ___ [95] StABg A 48, S. 61; A 49, A 215. ___ [96] StABg A 36, S. 434, 437; A 49, S. 3, 187; A 51, S. 71, 87.

679–682 — Die *reformierte Berner Landeskirche* war bedeutend sparsamer mit dem Unterhalt von Geistlichen. Die Hauptlast der Seelsorge lag nun auf dem Pfarrer, fast ausschliesslich ei-
57–93 — nem Brugger Bürger. Ein Theologe war meist auch der Lateinschulmeister, der auf eine Pfarrstelle wartete, ebenso der «Provisor», welcher die mittlere Schule führte und gleichzeitig die Pfarrerstelle in Mönthal versah. Da zufällig auch der «Klasshelfer» als Aushilfsprediger für das ganze Kapitel Lenzburg-Brugg im Städtchen wohnte, war die Zahl der Geistlichen in Brugg auf insgesamt vier geschrumpft, allerdings mit einem erweiterten Pflichtenheft gegenüber jenem der Priester vor der Reformation.

Privilegierte Ortsbürger

Die Gesellschaft Bruggs wies in der Frühen Neuzeit nicht nur eine ständische Gliederung in Adel, Geistlichkeit und Bürger auf, sondern auch eine solche in Ortsbürger und Hintersassen. Ortsbürgerin oder Ortsbürger war, wer vollberechtigtes Mitglied der Brugger Gemeinschaft war. Diese hatten das Recht, hier zu wohnen, einem Erwerb nachzugehen, in Not unterstützt zu werden sowie – zumindest die Männer! – aktive und passive Wahlrechte auszuüben.

Besonders wichtig für alle Bürgerinnen und Bürger der Stadt war die Beteiligung am Brugger Stadtvermögen. Aus dem Ertrag desselben erhielten sie den *Bürgernutzen,* Naturalgaben in Getreide, Wein und Holz. Alljährlich an der ersten Ratssitzung überbrachten Vertreter der Bürgerschaft dem Kleinen Rat ihre Neujahrswünsche und baten zugleich um das traditionelle «Gutjahrsgeschenk». Dieses richtete sich nach der vorangegangenen Ernte; in der Regel bestand es aus einem Viertel Kernen (Dinkel), einem halben Viertel Roggen und zwei Mass Wein. Kehrte der Amtsschultheiss alle zwei Jahre von der Huldigung in Bern nach Hause, liess er die «Schultheissenschenke» austeilen, die in der Regel den gleichen Umfang annahm.[92] Ebenso finanzierte der Kleine Rat das Festmahl der Stuben-
436–438 — gesellschaft, am «Georgenbott».[93] In Notzeiten liess er den Bürgern verbilligtes Getreide aus den Vorräten des städtischen Kornhauses abgeben.

Wichtiger für den Lebensunterhalt waren wohl die regelmässigen Holzgaben. Der Kleine Rat bewilligte alljährlich das aus den Bürgerwaldungen zu verabreichende Brennholz, meist je ein Klafter für den Sommer und zwei Klafter für den Winter. Gemäss einer Anweisung von 1746 mass ein Klafter ziemlich genau vier Ster (m^3) gescheitetes Holz.[94] Die Empfänger mussten den Waldarbeitern jeweils den «Aufmacher-Lohn» bezahlen und den Transport zur Wohnung übernehmen. Das Bürgerholz war ausdrücklich für den Eigengebrauch bestimmt und durfte nicht verkauft werden. Die Bürger durften im Stadtwald auch Fallholz für Stauden («Bürdeli») sammeln, und zwar so viel, wie sie heimzutragen vermochten. 1749 war jeder Haushaltung gestattet, zu diesem Zweck jeweils montags und donnerstags eine Person auf den Bruggerberg zu schicken, jedoch ohne «hauende Instrumente».[95] Weitere Stauden und Scheiter konnten sie zu einem günstigen Preis kaufen. Ausserdem erlaubte der Rat gelegentlich, Laub (für die Betten) oder Eicheln aufzulesen sowie Kirschen im Auhof zu pflücken.[96]

> **Wer erhält den Bürgernutzen?**
> Ständige Diskussionen verursachte die Frage, wer zum Empfang des Bürgernutzens berechtigt sei. Unbestritten war dies für verheiratete oder verwitwete Bürger, die einen eigenen Haushalt führten und daher auch Wacht- und andere Dienste leisteten. Witwen mit eigenem Haushalt erhielten meist die Hälfte. Unverheiratete Bürgerinnen und Bürger gingen oft leer aus; gelegentlich gestand ihnen der Rat eine reduzierte «Gratifikation» zu, manchmal eine halbe, seltener eine ganze «Gabe», je nachdem ob sie «eigen Feuer und Licht» (auch «eigen Ménage» genannt) führten, «für sich selbst kochten» und ihre Bürgerpflichten erfüllten. Insassen des Spitals und andere «Tischgänger» verwirkten ihre Berechtigung.[97]

Die Tradition des «Gutjahrsgeschenks» in Form von Getreide und Wein wurde auch im 19. Jahrhundert noch ausgeübt. Nachdem die Korn- und Weinzinsen der Stadt jedoch abgelöst worden waren und die Bürgerschaft 1837 die Stadtreben verkauft und den Stadtkeller aufgehoben hatte, fehlte es an den Naturalien für das «Gutjahrsgeschenk». Die Bürgerschaft beschloss daher 1840, dasselbe aufzuheben und stattdessen einen Fonds zu «mildtätigen» Zwecken zu bilden.[98]

Bis ins 20. Jahrhundert hielt sich das «Bürgerholz», und zwar zunächst mit jährlich 4 $\frac{1}{2}$ Ster gescheitetem Holz und 150 Reiswellen pro Haushaltung. 1922 wurde die Holzgabe wegen der vielen Einbürgerungen und der Übernutzung des Waldes während des Ersten Weltkriegs auf 3 Ster und 100 Reiswellen herabgesetzt. Wer kein Holz brauchte, konnte dafür ab 1911 eine Entschädigung in Geld beziehen.[99] Dieses «Bürgerholz» wurde bis 1980 abgegeben. Der Kanton Aargau hatte zu diesem Zeitpunkt allen Bürgernutzen abgeschafft. Gestattet sind seither nur noch symbolische Bürgergaben, in Brugg der alljährliche Weihnachtsbaum für die Ortsbürgerfamilien und der Imbiss im Anschluss an den Waldumgang.

In den Dörfern Lauffohr und Altenburg war der «Bürgernutzen» auf den Erhalt von Holz aus dem Gemeindewald beschränkt. Lebensmittel erhielten nur die Unterstützungsbedürftigen.

Minderberechtigte Hintersassen, Niedergelassene und Aufenthalter

Zu allen Zeiten wohnten auch Leute in Brugg, die das hiesige Bürgerrecht nicht erwarben. Dabei handelte es sich um «Hintersassen», die als Einzelpersonen oder Familien hier geduldet wurden, aber keine politischen Rechte und keinen Anspruch auf Bürgernutzen oder Armenunterstützung hatten. Seit dem 19. Jahrhundert heissen sie «Niedergelassene»; im Rahmen der Einwohnergemeinde sind sie stimm- und wahlberechtigt, aber nicht in der Ortsbürgergemeinde vertreten. Als weitere Gruppe kamen die Aufenthalter (aus-

---

[97] Beispiele siehe StABg A 36, S. 330; A 38, Bl. 105v; A 39, Bl. 37; A 43, S. 193, 313f.; A 130, S. 207; A 131, S. 41; A 46, S. 52; A 47, S. 266f.; A 48, S. 26, 35; A 54, S. 6, 9, 75. Unterschiedliche Reglemente siehe A 61, S. 161, 218; A 64, S. 187f. — [98] StABg B A.Ia.3, S. 176, 188f., 280f., 319. — [99] StABg B A.Ib.3, S. 12, 265–277; B F.IIe. — [100] RQ Brugg, S. 167, 192/Nr. 160. — [101] Beispiele für die Stellung der Hintersassen vgl. StABg A 31, S. 59, 63, 90, 237, 240; A 32, S. 35, 98v, 223, 276, 286v, 297v, 353, 396, 441; A 33, S. 111, 150, 157, 238, 279, 483, 525, 804, 837; A 34, S. 152, 201, 267; A 36, S. 269, 278; A 38, Bl. 2, 118; A 41, S. 272, 413; A 42, Bl. 8, 134v, 140v, 209f., 212v, 213, 214v, 224, 250, 257v, 279; A 43, S. 101, 110; A 44, S. 14r; A 45, S. 287; A 46, S. 139, 296, 368; A 47, S. 198, 315, 320, 686f., 690, 691, 698, 709f.; A 48, S. 44, 86, 124, 166, 174; A 49, S. 53; A 52, S. 23, 43, 45–46, 50–51; A 54, S. 112, 302; A 64, S. 13, 16. — [102] StABE B XIII/604.

schliesslich Einzelpersonen) hinzu, die hier vorübergehend als Handwerksgesellen arbeiteten oder als Knechte und Mägde in Bürgerhaushalten dienten.

Die Bürgerschaft verhinderte die Zunahme der Hintersassen gezielt.[100] Diese benötigten seit 1627 eine ausdrückliche Bewilligung («Toleranzschein») der beiden Räte, die jeweils auf ein Jahr ausgestellt wurde. Sie mussten Heimatscheine und Leumundszeugnisse vorweisen und ein jährliches «Hintersassengeld» entrichten; im 18. Jahrhundert betrug es drei Gulden. Gelegentlich erhielten Ehegatten von Bruggerinnen, die durch die Heirat ihr Bürgerrecht verloren («vermannet») hatten, eine solche Erlaubnis, ebenso auswärtige Verwandte (z. B. Schwiegereltern), sofern sie nicht Gefahr liefen zu verarmen. Im Übrigen waren es vor allem Spezialisten in Handwerkssparten, die in Brugg nicht oder untervertreten waren, etwa Kupferschmiede, Büchsenschmiede, Goldschmiede, Perruquiers sowie (im 17. Jahrhundert) Ärzte. Es kam auch öfters vor, dass auswärtige Wirte eine der Brugger Tavernen kauften. Glaubensflüchtlinge durften ebenfalls vorübergehend hier wohnen. Der Rat konnte Hintersassen jederzeit ausweisen, sei es wegen unangepassten Verhaltens, sei es auf Verlangen der einheimischen Handwerksgenossen, welche einen unliebsamen Konkurrenten ausschalten wollten.[101]

Im 18. Jahrhundert war die Zulassungspraxis noch restriktiver, in Einzelfällen hart. Viele Bewerber wurden abgewiesen. So bestanden 1764 in Brugg lediglich sieben Haushaltungen von Hintersassen, also etwa vier Prozent der Einwohnerschaft. Dagegen arbeiteten damals viele Aufenthalter im Städtchen: 18 Knechte, 20 Handwerksgesellen und 76 Mägde.[102]

Im Zeitalter der Niederlassungsfreiheit (ab 1798) liessen sich fremde Schweizerbürger nicht mehr so leicht wegweisen. Die überwiegende Mehrheit der Zuziehenden behielt fortan das angestammte Bürgerrecht, sodass der Anteil der Niedergelassenen immer grösser wurde, und dies trotz grosszügigerer Einbürgerungspolitik. Dies zeigt die folgende Tabelle deutlich auf.

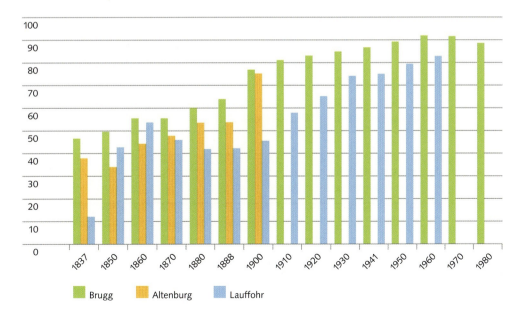

269 ___ Anteil der Nichtbürger an der Gesamtbevölkerung 1837–1980 in Prozent.

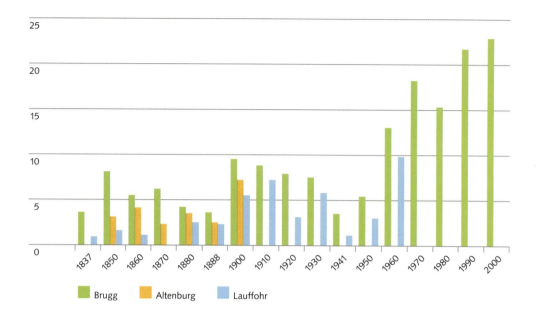

270 —— Anteil der ausländischen an der Gesamtbevölkerung 1837–2000 in Prozent.

Nach 1800 setzte in Brugg sehr rasch ein starker Zuzug von auswärts ein. Bereits 1850 hatten die «Fremden» die Einheimischen überrundet, und diese Entwicklung setzte sich bis 1970 fort, obwohl die Einbürgerungspolitik recht offen war. Altenburg wies als Vorort Bruggs eine ähnliche, wenn auch etwas verlangsamte Zuwanderung auf, während sie in Lauffohr noch etwas zögerlich erfolgte.

Anfänglich übte das Städtchen vor allem auf die Landbevölkerung aus dem Bezirk Brugg eine starke Anziehungskraft aus; die dortige Bevölkerung wuchs stärker als ihre Erwerbsmöglichkeiten, und da viele Brugger wegzogen, gab es freie Arbeitsstellen. Der Zuzug aus den anderen Gegenden des Aargaus und aus anderen Kantonen setzte erst mit der Industrialisierung nach 1890 kräftig ein.

Die ausländische Bevölkerung nahm erstmals in den 1890er-Jahren, also zur Zeit der Fabrikgründungen in Brugg, stark zu; ihr Anteil blieb aber bis um 1900 unter zehn Prozent. Danach sank er bis zum Ende des Zweiten Weltkriegs. Erst in den Jahrzehnten 1950 bis 1970 und 1980/1990 stieg er in kräftigen Schüben auf über 20 Prozent.

Reich und Arm
Unterschiedliche Steuerkraft

Neben der Standeszugehörigkeit (Adel, Geistlichkeit, Bürger/Bauern) und dem Bürgerrecht (Ortsbürger, Hintersassen) waren es die materiellen Bedingungen von Eigentum und Einkommen, welche die Bevölkerung Bruggs, Altenburgs und Lauffohrs strukturierten. Der Besitz von mehr oder weniger Kapitalien und Liegenschaften sowie grössere oder kleinere finanzielle Einkünfte wirkten sich unmittelbar auf die Lebensqualität der Menschen aus. Was assen und tranken sie? Welche Kleider (und Perücken) konnten sie sich leisten? Wohnten sie im eigenen Haus an der Hauptstrasse, in einer Seitengasse, in einer klei-

—— 103 StABg A 316a–g, A 317, B B.IIIa.1–2. Die Steuerliste von 1419 ist abgedruckt bei Heuberger, Geschichte der Stadt Brugg, S. 73–76. —— 104 StABg A 316a–g, A 317, B B.IIIa.1–2. —— 105 Ebenda.

nen Mietwohnung? Machten die Frauen den Haushalt und die Männer die schweren körperlichen Arbeiten selbst oder beschäftigten sie Gesellen und Lehrlinge, Dienstmägde und Knechte? Erhielten die Kinder eine höhere Ausbildung? Wie erfolgte die Wahl für den Bund des Lebens? Wer besetzte die einflussreichen Ämter in Stadt und Gemeinde? Und schliesslich: Konnte der fleissige und sparsame Arme zu mehr Wohlstand gelangen? Gab es Reiche, die durch ungeschickte Geschäftstätigkeit oder Liederlichkeit den höheren Status verloren und in die Bedürftigkeit absanken? Überhaupt: Wie verhielten sich Angehörige der oberen Kreise gegenüber jenen aus unteren Schichten? Freundlich von Bürger zu Bürger, von Frau zu Frau oder herablassend, gar arrogant?

Grundsätzlich stellt sich hier die Frage, ob es derartige soziale Unterschiede in Brugg, Altenburg und Lauffohr überhaupt gab und allenfalls seit wann. Informationen dazu liefern Steuerlisten, Verzeichnisse über Häuser, Land und Vieh, Volkszählungen mit Angaben über Berufe und Dienstpersonal sowie Akten zur Armenfürsorge.

Die ältesten Steuerregister Bruggs stammen aus dem Spätmittelalter und aus dem Jahr 1611. Wie erwähnt, mussten die Brugger vom 17. bis zur Mitte des 19. Jahrhunderts in der Regel keine direkten Steuern bezahlen, da andere städtische Einnahmen die Ausgaben zu decken vermochten. Das nächste Steuerbuch datiert daher erst von 1851. Für das Jahr 1923 liegt es gedruckt vor.[103] Eine erste Vorstellung von der Verteilung der materiellen Güter auf die Brugger Bevölkerung gibt die durchschnittliche Steuerleistung. Wie viel Prozent der Steuerzahler lagen über dem Durchschnitt, wie viele lagen darunter?

Über- und unterdurchschnittliche Steuerleistungen der Brugger[104]

Jahr	über dem Durchschnitt	unter dem Durchschnitt
1419	50 = 25,9%	143 = 74,1%
1450	46 = 27,5%	121 = 72,5%
1611	45 = 20,6%	173 = 79,4%
1851	81 = 27,3%	216 = 72,7%
1923	289 = 25,3%	854 = 74,7%

Der tabellarische Vergleich zeigt, dass vom Spätmittelalter bis heute durchgehend ungefähr ein Viertel der Besteuerten einen überdurchschnittlichen Wohlstand genoss, während rund drei Viertel unter diesem Durchschnitt lebten.

Die Unterschiede zwischen der reichen Oberschicht und der übrigen Bevölkerung werden noch deutlicher, wenn man berechnet, wie viel Prozent der Steuerzahler die Hälfte der bezogenen Steuersumme aufbrachten.

Anteil der Steuerzahler, welche die Hälfte der Steuersumme aufbrachten[105]

Jahr	halbe Steuersumme	Rest
1419	25 = 13,0%	168 = 87,0%
1450	19 = 11,4%	148 = 88,6%
1611	14 = 6,4%	204 = 93,6%
1851	38 = 12,8%	259 = 87,2%
1923	140 = 12,2%	1003 = 87,8%

Die grosse Finanzkraft der Oberschicht wird noch offenkundiger, wenn man berechnet, welcher Anteil an der Gesamtsteuersumme von den wohlhabendsten zehn Prozent der Steuerzahler aufgebracht wurde.

Steuerkraft der Brugger Oberschicht[106]

Jahr	Obere 10%	Mittlere/Untere 90%
1419	20 bezahlen 45,8%	173 bezahlen 54,2%
1450	17 bezahlen 47,9%	150 bezahlen 52,1%
1611	22 bezahlen 61,3%	196 bezahlen 38,7%
1851	30 bezahlen 44,1%	267 bezahlen 55,9%
1923	115 bezahlen 46,3%	1028 bezahlen 53,7%

Bei beiden Tabellen fällt auf, dass die Streuung zwischen «oben» und «unten» gemäss Steuerschatzung immer etwa gleich blieb – ausser 1611, als die Reichsten noch reicher waren als in den übrigen Epochen.

Aus den 1850er-Jahren liegen auch Steuerbücher der damaligen Nachbargemeinden Lauffohr und Altenburg vor, die aufgrund desselben kantonalen Gesetzes erstellt wurden und daher vergleichbar sind. Der Unterschied zwischen Stadt und Land springt sofort in die Augen: Das Brugger Diagramm ist viel schlanker und höher. Es gibt den grösseren Wohlstand in der Stadt in zweierlei Hinsicht wieder: In den Landgemeinden lag das steuerbare Jahreseinkommen der grossen Mehrheit (2/3 bis 3/4) unter 400 Franken, während in Brugg das Jahreseinkommen der unteren zwei Drittel der Bevölkerung bis in den Bereich um 1300 Franken zu liegen kam; die ganze Mittelschicht Lauffohrs und Altenburgs (mit einem Jahreseinkommen von 400 bis 1000 Franken) hätte in Brugg somit zur Unterschicht gehört. Demgegenüber könnte man zur Brugger Mittelschicht die Bevölkerung mit einem Jahreseinkommen zwischen 1300 und 2600 Franken zählen. Noch weiter liegen die Unterschiede zwischen den reichsten Steuerzahlern auseinander: Die beiden wohlhabendsten Altenburger, zwei Bauern mit dem Namen Fricker, versteuerten 1460 und 1317 Franken, die vermöglichsten Lauffohrer, der Cigarrenfabrikant August Gebhardt 3190, der Müller Johann Heinrich Schwarz 2300 Franken. In Brugg verdienten dagegen die oberen zehn Prozent zwischen 3000 und 7500 Franken; sie wurden jedoch durch die beiden reichsten Bürger mit einem Einkommen von rund 13 300 beziehungsweise 23 700 Franken weit übertroffen.

Die reichsten Brugger 1851 (in der Reihenfolge ihres Einkommens)[107]

Steuerzahler	Beruf	Erwerb	Vermögen
Meyer Samuel	Kaufmann	23 747	259 115
Schilplin-Fischer Jak.	Kaufmann	13 275	121 400
Hoppeler Hch. sen.	Schmied	7 455	62 925
Geissmann J. J.	Landwirt im Sonnenberg	6 915	93 050
Schilplin Friedrich	Landwirt und Metzger	6 727	79 100
Zimmermann Johann	Kaufmann	6 587	49 650
Schilplin Johann	Wirt zum Roten Haus	6 254	36 550
Fischer Friedrich	Kaufmann	6 000	70 225
Jäger Gottlieb	Fürsprech	5 817	41 100
Stäbli-Gehret Gottlieb	Kaufmann	5 780	73 550
Jäger Friedrich	Baumeister	5 750	35 750
Rohr Alphons	Arzt	5 533	45 750
Zimmermann Kaspar	Salzfaktor	5 423	48 000

___ 106 Ebenda. ___ 107 Ebenda.

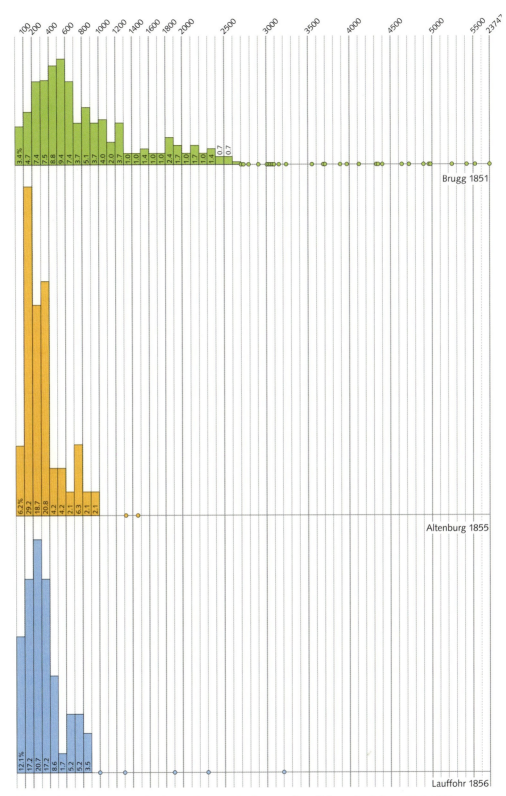

271 —— Die Einkommensverteilung in Brugg, Altenburg und Lauffohr in den Jahren 1851, 1855 beziehungsweise 1856 in Prozent der Steuerpflichtigen (Summe aus Erwerb und Vermögensertrag in Franken). Die Einkommen über 5400 Franken sind auf Seite 414 ausgewiesen.

Beruf und Schichtzugehörigkeit

Die Steuern reichen als Indikator für Reichtum oder Armut nicht aus. Vor allem bei den grössten Steuerzahlern ist anzunehmen, dass die Einstufung eher zu niedrig war, sei es, weil die Einschätzung selbst durch reiche Behördemitglieder erfolgte, sei es, weil nicht das ganze Vermögen, namentlich Kapitalien, bekannt gegeben wurde.

Für die Einschätzung der wirtschaftlichen Lebensqualität sind daher weitere Indikatoren in den schriftlichen Quellen zu suchen, etwa die Einkünfte aus Vermögen und Beruf, das Gesinde, Wohnhaus und Wohnlage, bei Bauern das Land und der Viehbestand.

1419 gehörten die Herren Effinger, von Büttikon und von Ostra, also lauter Adlige, zu den reichsten Bruggern; ihr Einkommen bezogen sie als Inhaber ländlicher Gerichtsherrschaften sowie als Zehnt-, Bodenzins- und Kirchherren in einigen Dörfern. Die wohlhabendsten Männer bürgerlicher Herkunft betätigten sich etwa als Tuchhändler oder Silberverkäufer im Münzgewerbe; ihre Söhne konnten zum Teil an Universitäten studieren; auch sie legten ihr Kapital in Bodenzinsen und Zehnten sowie in Schuldbriefen auf Bauernhöfen an.

Die einträglichen Erwerbszweige verlagerten sich in den folgenden Jahrhunderten verstärkt auf den Handel und auf lukrative staatliche Aufträge, etwa als Salzfaktor (Einkäufer und Verwalter des obrigkeitlichen Salzes). 1851 betätigten sich die kapitalkräftigsten Bürger als Kaufleute, Wirte, Notare und Grossbauern, in akademischen Berufen, unter anderem als Ärzte, Apotheker und Fürsprecher, sowie in gewinnbringenden Handwerkssparten als Schmied, Müller oder Baumeister.

Steuerhinterziehung im 19. Jahrhundert

Der steinreiche Grosskaufmann Samuel Meyer (1799–1864) war zwar stets der grösste Steuerzahler in Brugg. So versteuerte er am Ende seines Lebens ein Vermögen von 602 390 Franken. Nach seinem Tod ergab die Inventur jedoch ein Gesamtvermögen von 1 313 444.68 Franken. Der Witwe Elisabeth Meyer-Siegrist stand eine gesalzene Nachsteuer bevor. In dieser Zwangslage erklärte die geschäftstüchtige Frau, sie habe eigentlich 100 000 Franken zur Gründung einer Rettungsanstalt für verwahrloste Kinder im Bezirk Brugg stiften wollen; wegen der bevorstehenden Nachsteuer würde sie nun wohl von einer solchen Schenkung absehen. Tatsächlich liess sich die Regierung von dieser Drohung beeindrucken. Auf Antrag des Finanzdirektors stimmte sie einem «Steuerabkommen» zu; darin verzichtete sie «für einmal» auf eine Nachsteuer, um diese Stiftung zu einem wohltätigen Zweck nicht zu gefährden. Mit dem Legat wurde hierauf die «Meyersche Erziehungsanstalt», das heutige Schulheim in Effingen, gegründet.[108]

Bis 1923 veränderte sich die Bevölkerungsstruktur nochmals grundlegend. Die Industrialisierung hatte eine neue Schicht nach oben gespült. In den vordersten Rängen der Steuerzahler standen nun die Fabrikanten der Möbel-, Metall-, Elektro-, Bau- und Textilindustrie, dazu Grosskaufleute im Agrarmarkt und im Papier-, Wein-, Käse- und Kolonialwarenhandel. Erfolgreiche Baumeister profitierten vom ökonomischen Aufschwung Bruggs, Grossmetzger von der gestiegenen Nachfrage nach Fleisch, Wirtschaftsanwälte von lukrativen Aufträgen und Sitzen in Verwaltungsräten.

___ 108 StABg B C.IVa.6, 17. 10. 1864; B C.Va.1, S. 150ff. StAAG R03.F06/0101, Nr. 60. ___ 109 StABg B B.IIIa.1–2.

Unter den Spitzenverdienern überwogen Aufsteiger 1923 bei weitem. Leute mit grossen ererbten Vermögen bildeten eine kleine Minderheit. Daher war die traditionelle Oberschicht nun auf den zweiten Platz verwiesen: Ärzte, Apotheker und Notare. Vereinzelte tüchtige Handwerker wie je ein Spengler, ein Hutmacher, ein Uhrmacher und ein Maler folgten hintennach. Die Mehrheit der einst einflussreichen Gewerbetreibenden wie Wirte oder Ladenbesitzer war nun in die Mittelschicht abgestiegen – zu den Technikern, Pfarrern, Lehrern, Bank-, Post- und Bahnangestellten.

Die grössten Brugger Steuerzahler 1923
(Private und Firmen, ohne Aktiengesellschaften und Verbände)[109]

Betrag in Fr.	Steuerzahler	Beruf
1994.40	Simmen-Häny Traugott	Fabrikant (Möbel)
1728.10	Kraft & Cie.	Handel (Landesprodukte)
1332.00	Gentsch, Strasser	Baugeschäft
1077.85	Wartmann, Vallette	Brückenbau
978.95	Mühlebach Maximilian	Kaufmann (Papier engros)
926.80	Kraft-Schwarz Karl	Kaufmann (Vieh/Landesprodukte)
852.40	Oehler Robert	Fabrikant (Giesserei Müller)
806.75	Keller Alfred	Fürsprech
765.35	Dübi Walter	Direktor (Kabelwerke)
751.30	Hunziker Hans	Fabrikant (Zementwaren)
744.35	Rauber-Angst Hermann	Fabrikant (Weberei)
708.05	Stockar Felix	Fabrikant (Seidenweberei)
679.00	Haase Paul	Fabrikant (Hemden)
628.55	Brentano Karl	Techniker (Giesserei Müller)

Die überwiegende Mehrheit der Bevölkerung aber gehörte in den vergangenen sechs Jahrhunderten zur Unterschicht. 1850 arbeiteten die Männer teils in wenig einträglichen Handwerkssparten, zum Beispiel als Schuhmacher, Schneider, Weber oder Barbier; teils liessen sie sich fest anstellen, teils brachten sie sich als Gelegenheitsarbeiter, etwa als Hausknecht, Lohnkutscher oder Taglöhner, durch; viele wurden von der Stadt teilzeitbeschäftigt: als Brunnenmeister, Strassenkehrer oder Weibel. Frauen schlugen sich als Näherin, Schneiderin, Modistin, Bettmacherin, Glätterin, Wäscherin, Spetterin oder Hebamme durch; zahlreich waren in Brugg auch die Dienstmägde.

Mit dem wirtschaftlichen Aufschwung Bruggs ab 1890 entstanden auch für die Habenichtse – neben den traditionellen – neue Verdienstmöglichkeiten, nun fast durchwegs als Bürolisten, Magaziner, Maschinisten, Hilfsarbeiter, Handlanger. Die Frauen fanden Arbeit im Gastgewerbe, auf Büros und in Fabriken.

Dennoch zählte man noch 1923 an die 100 Dienstmädchen im Städtchen. Noch immer war es geradezu ein Zeichen des Wohlstands, sich eine Magd zu halten. In Privathäusern stand die reiche Bürgersfrau dem Haushalt zwar vor; sie verrichtete die Hausarbeiten jedoch nicht selbst. Besonders wohlhabende Familien beschäftigten sogar zwei Dienstmädchen, dazu allenfalls noch einen Hausknecht.

Oberschicht und politische Macht

Griffen die wohlhabenden Bürger auch nach den einflussreichen Posten in der Öffentlichkeit? Im 15. Jahrhundert stellte die adlige und bürgerliche Oberschicht die Mitglieder der städtischen Behörden. Sie hiessen Effinger, Meyer, Fricker, Wirth, Grülich, Renner, Moser und von Büttikon. Unter den zehn grössten Steuerzahlern von 1450 befand sich kein Einziger, der nicht irgendwann im Rat sass oder sogar Schultheiss wurde.

Mit der hohen Mobilität der Bevölkerung wechselten auch die tonangebenden Familien. Im 16. Jahrhundert konnten die Effinger ihre Stellung halten, daneben standen die Füchslin ganz oben, dann die Keisereisen, Bullinger, Burckart, Völklin, Holengasser und bereits die ersten Vertreter des Geschlechts Zimmermann.

Das Steuerverzeichnis von 1611 gestattet etwas differenziertere Aussagen: Die reichsten Brugger sicherten sich in jener Epoche mindestens den Einfluss im Grossen Rat. Sie stellten die Mehrzahl der Schultheissen; doch gelang auch Persönlichkeiten aus der Mittelschicht der Aufstieg in diese höchste Würde, die das Städtchen zu vergeben hatte. In den Grossen, ja selbst in den Kleinen Rat wurden aber ebenfalls Männer aus bescheidenen Verhältnissen mit sehr kleiner Steuerleistung gewählt, allerdings keine ganz armen. Dagegen ist von zahlreichen Angehörigen der Mittelschicht nicht bekannt, dass sie je in einem der beiden Räte gesessen hätten. Vielleicht waren politische Ämter für viele damals gar nicht so attraktiv.

Dies scheint sich im 18. Jahrhundert mit der früher beschriebenen Abschottung der führenden Familien geändert zu haben. Wie schon erwähnt, befanden sich die Ämter von Schultheissen und Stadtschreiber fest in den Händen des damals reichsten Brugger Geschlechts, der Zimmermann und ihrer Verwandtschaft. Macht und Wohlstand ergänzten sich ideal – jedenfalls für ihre Inhaber!

Das 19. Jahrhundert brachte eine starke Öffnung. Von den fünf grössten Steuerzahlern 1851 scheint keiner je im Stadtrat gesessen zu haben. Ob sie als tüchtige Geschäftsleute keine Lust dazu hatten, ob sie unabkömmlich waren oder als Emporkömmlinge nicht über das erforderliche Prestige für eine Wahl verfügten, ist nicht bekannt. Stadtammann und Gemeinderäte stammten im Zeitraum 1840 bis 1860 fast ausschliesslich aus der oberen Mittelschicht, während Männer aus den «unteren» 80 Prozent des sozialen Spektrums kaum eine Chance hatten, je gewählt zu werden.

Um 1900 befanden sich die Ämter des Stadt- und des Vizeammanns sowie einzelner Stadträte noch fest in den Händen des Brugger «Geldadels». Die Industrialisierung, der grosse Zustrom fremder Leute und der steigende Einfluss der Parteien – namentlich auch der Sozialdemokraten – sorgten dafür, dass Vermögen und Einkommen eine immer kleinere Rolle bei der Wahl in den Stadtrat spielten. Dabei ist es bis heute geblieben.

Die Wohnlagen der Brugger Ober- und Unterschicht

Gab es spezielle Wohnlagen der Patrizierfamilien? Bis 1800 lebte die Brugger Bevölkerung fast ausschliesslich innerhalb der Stadtmauern.[110] Dabei bevorzugte die reiche Oberschicht in der Regel die Hauptgasse, wenn möglich repräsentative Eckhäuser, vereinzelt auch Eckhäuser am Ende der Seitengassen. Diese Wohnhäuser waren meist sehr schmal, dafür drei- bis vierstöckig. Den Wohlstand ihrer Eigentümer erkannte man von aussen an

---

[110] Die Hausbesitzer lassen sich aufgrund der Lagerbücher und der Steuerregister rekonstruieren: StABg B B.IIIa.3–4, B D.IIa.1–7. — [111] StABg B D.IIa.1–5.

den sorgfältig profilierten gotischen Fenstergewänden, den heute vollständig verschwundenen Erkern und den reich verzierten Portalen, allenfalls mit dem Schmuck von Familienwappen. Im Innern verbreiteten kostbare, bemalte Kachelöfen Wärme. Prächtig bearbeitete Möbelstücke und Porträts in Öl an den Wänden unterstrichen die Atmosphäre von vornehmer Wohnlichkeit.

Wer es sich im 18. Jahrhundert leisten konnte, erwarb zwei oder mehrere schmale alte Nachbargebäude, gestaltete sie zu einem grosszügigen Wohnpalais um oder errichtete am gleichen Platz einen Neubau. Auf diese Weise entstanden jene beiden barocken Bürgerhäuser, welche die Schultheissen Zimmermann errichteten und die noch heute eine Zierde der Stadt bilden, der «Rote Bären» (Hauptstrasse 48) und der «Hirschen» (Hauptstrasse 21).

Als der erfolgreiche Baumwollhändler Kaspar Zimmermann vom Bözberg sich 1805 in Brugg niederlassen wollte, wählte er nicht einen Bauplatz mit schöner Aussicht, sondern liess ein altes Haus mit Scheune innerhalb der Mauern der engen Vorstadt zum Teil abbrechen. Hier erbaute er sein klassizistisch herrschaftliches Wohn- und Geschäftshaus mit barock geschwungenem Mansardendach, das heute noch so genannte «Zimmermannhaus».

So lebten zu Beginn des 19. Jahrhunderts nur sehr wenige Brugger Bürger ausserhalb der Stadtmauern. Dem städtischen Bannwart überliess der Rat ein Wohnhäuschen unten an der Schiffländi (Ländistrasse), dem Ziegler eine Amtswohnung östlich des Schützenhauses an der Zurzacherstrasse. Zwei fremde Kleinbauern lebten im Hohlweg (westlich des heutigen Friedhofes). Die Kranken, vor deren Ansteckung man sich fürchtete, verbannte man buchstäblich über die Stadtgrenzen hinaus, in das Siechenhaus im einstigen Gemeindebann Umiken (neben der heutigen Fachhochschule für die Kindergartenstufe).

Vor 1800 hatte ein einziger Brugger freiwillig die schützenden Mauern der Stadt verlassen und 1748 auf freiem Feld an der Strasse nach Windisch sein barockes Palais mit Park errichtet: Johann Jakob Frölich, «un homme d'un génie extrêmement vif», der nach Jahrzehnten im Ausland als gemachter Mann heimkehrte und nicht mehr in den engen Gassen seiner Vaterstadt wohnen mochte.

Erst nach der Helvetischen Revolution wagten es weitere reiche Brugger, sich ausserhalb der Stadt niederzulassen. 1810 erbaute der Rothauswirt Johann Jakob Schilplin sein dem Palais Frölich nachempfundenes «Schilplingut», das heutige Bauernsekretariat (Laurstrasse 10). Ihm folgten weitere Brugger Patrizier mit Bauten, die zum Teil bis heute klassizistische Würde ausstrahlen.

Die ältesten Häuser ausserhalb der Stadtmauern[111]

Jahr	Haus	Lage
1815	Schmiede Schilplin	Schulthess-Allee 6
1823	Fischergut, nachmals Rauber	abgebrochen, heute Jelmoli
1835	«Ammelemäli» Frölich	Baslerstrasse 13
1837	Witwensitz Sevin	Raubergüetli, Hauptstrasse 5
1840	Stäbligut	abgebrochen, Zurzacherstrasse
1840	Rotes Haus: südliche Trakte	Hauptstrasse 7
1841	Tierarztpraxis Hemmann	Ländistrasse 4
1842	Hufschmiede Rauchenstein	Annerstrasse 11
1842	Mühlehalde	Baslerstrasse 44
1843	Jägergut, nachmals Gloor	abgebrochen, Baslerstrasse
1845	Debrunner-Gütli	abgebrochen, Zurzacherstrasse

Bürger aus unteren Schichten verliessen die ummauerte «Altstadt» höchstens, um ihr Gewerbe besser ausüben zu können: Gerber Frölich (vor dem oberen Tor), Spanner Schilplin (Herrenmatt 14), Hutmacher Belart (Herrenmatt), Bierbrauer Ackermann (Törlirain 8) und Kammmacher Rytz (Baslerstrasse 1).

Aus den Volkszählungsbogen von 1850 lassen sich die bevorzugten Wohnlagen deutlich herauslesen: Die steuerkräftigsten Brugger Familien wohnten entweder auf den obigen «Landgütchen» ausserhalb der Ummauerung, zu denen noch die Brunnenmühle und das Gut im Sonnenberg (Zurzacherstrasse 40) – beide von den nördlichen Nachbargemeinden abgetreten – gekommen waren. In der «Altstadt» galten die Wohnhäuser an der Hauptgasse sowie die vom Staat verkaufte Landschreiberei als standesgemäss. Angehörige der unteren Schichten fristeten ihr Leben in den dunkleren Seitengassen, besonders an der Unteren und Oberen Krattengasse (heute Falken- und Albulagasse) und auf der Hofstatt.

Zur Unterschicht zählten auch die meisten jener 90 Steuerzahlenden, die gar kein eigenes Haus besassen, sondern in Miete lebten. Sie wohnten – oft dicht beisammen – in den Hinterhäusern auf der Unteren Hofstatt oder in den Seitengassen. An der Hauptstrasse hausten sie höchstens in schlecht unterhaltenen Gebäuden.

Altenburg und Lauffohr waren zu kleine Dörfer, als dass hier sozial unterschiedliche Wohnlagen hätten entstehen können. In Lauffohr entwickelte sich allerdings die Untere Au, hart an der damaligen Grenze zu Brugg, zu einem Gemeindeteil, in dem im 19. Jahrhundert vor allem einkommensschwächere Leute wohnten. In den Dörfern begnügte sich die Oberschicht mit grösseren, repräsentativen Gebäuden. In Lauffohr handelte es sich etwa um die beiden Mühlen, den «Sternen» und die einstige Cigarrenfabrik (Zurzacherstrasse 231 und 247), in Altenburg um stattliche Bauernhäuser an der Habsburgerstrasse (z. B. Nr. 88) oder um das alles überragende gotische Haus Im Hof 4.

Mit der Bevölkerungsvermehrung im 20. Jahrhundert vermischten sich auch in Brugg die sozialen Unterschiede hinsichtlich der Wohnlage. Eigentliche Arbeiterquartiere wie etwa im Windischer Unterdorf kamen zwar nicht auf. Doch entstanden im Westen der Altstadt (im ehemaligen Altenburger Bann) Einfamilienhäuserquartiere «einfacherer» Leute, später auch Blocksiedlungen, zum Teil mit Hochhäusern. Im Osten wurde das Gebiet Au (ehemals Lauffohr) mit Wohnblöcken überbaut, die nicht unbedingt eine soziale Schichtung erkennen lassen. Wohlhabende Leute bauten sich weiterhin ausserhalb der Altstadt ihre Villen, etwa an der Stapferstrasse oder am Bruggerberg. Später verlegten grosse Steuerzahler ihren Wohnsitz auch in Nachbargemeinden, namentlich nach Umiken und Riniken. Dagegen verminderte sich die Wohnqualität in der Altstadt immer mehr. Erst mit der Eröffnung der Kasinobrücke gewannen Altstadthäuser wieder an Attraktivität. Stilgerechte Renovationen und ein Ausbau des Wohnkomforts ziehen seither erneut auch finanzkräftigere Kreise an die Hauptstrasse und in die lauschigen Gassen.

Sozialer Auf- und Abstieg

Die Brugger Gesellschaft des 15. und 16. Jahrhunderts war – wie bereits angedeutet – nicht nur geografisch, sondern auch sozial sehr mobil. Geschlechter kamen, errangen obere Positionen, verschwanden und machten damit anderen Platz. So gingen die einst mächtigen Adligen unter; Vertreter des Bürgertums setzten sich an ihre Stelle und stiegen vereinzelt sogar in den niederen Adel auf. Die Effinger zum Beispiel hielten von 1400 bis

---
112 Banholzer, Geschichte der Stadt Brugg, S. 60–82, 241–249.

um 1650 ihre Position innerhalb der Brugger Gesellschaft. Die Grülich rückten von 1420 bis 1500 zum beherrschenden Geschlecht Bruggs auf; sie sanken um 1520 jedoch ab und zogen sich 1531 auf die Brunnenmühle zurück. Die Stationen von Niklaus Fricker lauteten: Stadtschreiber, dann Schultheiss in Brugg, Hofmeister in Königsfelden, Stadtschreiber in Bern. Wie offen die Brugger damals gegenüber Zuzügern waren, zeigt das Beispiel des Seilers Konrad Ragor: 1486 frisch zugezogen, wurde er bereits 1490 in den Kleinen Rat gewählt und versah bis 1526 12 Mal das Amt eines Schultheissen. Wirtschaftlich schaffte er den Aufstieg als Hofmeister des Klosters Königsfelden sowie als Verwalter der Güter des Klosters Wittichen.[112]

Über Auf- und Abstieg mancher Geschlechter machte sich der kritische Zeitgenosse Emanuel Fröhlich 1826 seine Gedanken:

«Es wäre wirklich interessant, solche Erfahrungen von Männern und Haushaltungen zu sammeln, die mit nichts angefangen haben und sich doch, wenn schon mit Mühe und Sorgen, ehrlich durchgeschwungen, ihre Kinder rechtschaffen erzogen und weiter als sich selbst gebracht und in den bürgerlichen Verhältnissen noch eine achtungswerte Stelle errungen und behauptet haben.

Wie manche Betrachtung bietet dieses Steigen und Fallen der Familien im Laufe von fünfzig Jahren dar! [...] Die Familie Zimmermann war damals und bei zweihundert Jahren hier die mächtigste; jetzt ist ihr männlicher Stamm ausgestorben und der weibliche, die Frauen Cuénod und Breitinger, mehr in einem bedauerns- als beneidenswürdigen Zustand. Bis 1798 beherrschte hier der Schultheiss Frey alles; jetzt kann sich seine Familie der Armut kaum erwehren. Wie glänzend waren die Umstände des Hauses Isaak Frölich und Comp., und wie liessen es ihre einzelnen Glieder andere und namentlich auch uns fühlen. Und jetzt?

Hingegen war der Vater des Herrn Schilplin in der Scheuer ein gemeiner Metzger; jetzt sind er und seine Söhne Männer von bedeutendem Vermögen. Der Vater und der Grossvater

272 — Das Schilplingut (Laurstrasse 6), repräsentatives Wohnhaus eines Aufsteigers, des Metzgers, Wirts und Händlers Jakob Schilplin. Erbaut 1810. Nachahmung des barocken Palais Frölich (heute Stadthaus) von 1748/49.

des Glasers Rengger waren sehr gemeine Bürger; seine Söhne hingegen streben tüchtig empor. Der Vater des jetzigen Zürichbotts Ölhafen war ein blutarmer Mann, und er ist ein wohlhabender geworden. Und wie vieles anderes der Art ist in dieser Zeit vorgefallen.»[113]

Mit der neuen Mobilität im 19. Jahrhundert entthronten Zuzüger die angestammten Brugger Geschlechter weitgehend. Wie schon erwähnt, erfolgte eine eigentliche Überschichtung durch fremde Gewerbetreibende, Ärzte und Advokaten, später durch auswärtige Fabrikanten und leitende Angestellte, die dann allerdings oft eingebürgert wurden. Diese Entwicklung dauerte im 20. Jahrhundert fort.

Viel Geld – viel Ehre?

«Vorgestern, nach dem Nachtessen kam Dr. Stäbli zu uns. [...] Man redete dieses und jenes, unter andern sagte er: Die allerhöchsten Herrschaften, d. h. Frau Bürgermeisterin Zimmermann und Frau Meiss und ihr Mann, der Junker, haben bei Herrn Fischer [Teilhaber und Geschäftsleiter der Grosshandelsfirma Heinrich Meyer] einen allerhöchsten Besuch gemacht. Die Familie Fischer sei jetzt hoffähig, da Herr Fischer jetzt reich sei; sonst wäre er eben auch nur der Fischer von Meisterschwanden und seine Frau das Vreneli Bläuer von Linn.»[114]

Armut in Brugg

«Die meisten sind Professionarii [Berufsleute], welche, wenn sie fleissig im Beruf sind und eine gute Oekonomie observieren, ihren Unterhalt für sich und die Ihrigen wohl verdienen und finden; es gibt aber auch deren, welche mittellos sind und, wie man zu reden pflegt, von der Hand ins Maul verdienen oder durch liederliches Leben den Ihrigen entziehen; deren Anzahl ist aber nicht gross, so dass man im engeren Sinn nicht sagen kann, dass die Anzahl der Armen hiesigen Orts gross sei.»[115]

Diese Antwort der wohlhabenden Brugger Ratsherren auf eine Berner Umfrage von 1764 mutet etwas schönfärberisch an, wenn man sich die Steuerpyramiden der verschiedenen Epochen in Erinnerung ruft. Tatsache ist, dass die grosse Mehrheit der Bürgerschaft in vermögens- und einkommensschwachen Verhältnissen lebte. Der Rat sah die Ursache dafür in der grossen Konkurrenz der Handwerker innerhalb des Städtchens sowie von Seiten des ländlichen Gewerbes der Umgebung, aber auch in der unzureichenden Selbstversorgung mangels Acker- und Wieslandes. Unter normalen Umständen brachte der fleissige, sparsame Berufsmann sich und seine Familie zwar durch, aber nur knapp. Sobald das labile ökonomische Gleichgewicht etwas gestört wurde, wurde die Situation kritisch, da die Reserven fehlten. Dies konnte geschehen, wenn das elterliche Erbe an Geschwister ausbezahlt werden musste, wenn Reparaturen am Haus unumgänglich wurden, wenn die Zahl der Kinder gross wurde sowie bei Unfall, Krankheit, Alter, Tod oder in einer allgemeinen Wirtschaftskrise.

Die knappe Existenzgrundlage vieler Brugger zeigte sich beispielsweise 1790, als die Lebensmittelpreise derart stiegen, dass der Rat an nicht weniger als 66 Bürger- und 10 Witwenhaushalte (von etwa 160!) Getreide aus den städtischen Vorräten verteilen musste.[116]

Die Ratsprotokolle machen denn auch deutlich, dass unter allen Ressorts die Fürsorge den breitesten Raum einnahm. Dabei waren Fälle selbst verschuldeter Armut durch liederliche Lebensweise weitaus in der Minderheit. Im Vordergrund stand die Unterstüt-

___
113 Fröhlich, Erinnerungen, 21. 1. 1826. — 114 Fröhlich, Erinnerungen, 13. 4. 1826. — 115 StABE B III 208, S. 309–312. — 116 StABg A 62, S. 141. — 117 StABg A 49, S. 147, 177, 199, 207, 212, 237. Pfister, Willy: Aargauer in fremden Kriegsdiensten, Bd. 1, Aarau 1980, S. 163.

zung von Witwen, Halb- und Vollwaisen, von alten, kranken und arbeitsunfähigen Bürgerinnen und Bürgern, die teils in Brugg, teils auswärts wohnten.

Der Rat griff den Notleidenden jeweils mit regelmässigen oder einmaligen Geld- oder Naturalspenden unter die Arme. Die Armenpfleger kauften Schuhe, Strümpfe, Hosen, Röcke, Hemden, Westen, Halstücher, Hauben und Hüte. Sie leisteten Beiträge an Wohnungszinsen, Operationen, Badekuren, Arztrechnungen und Begräbnisse. Sie bezahlten das Kostgeld für Waisen sowie für Arbeitsunfähige und alte Leute. Bedürftige Haushaltungen erhielten Almosen und Mehl; sie konnten im Spittel Mus und Suppe beziehen. Jugendliche Burschen, gelegentlich auch Mädchen, wurden bei einem Lehrmeister oder einer Lehrmeisterin untergebracht; die öffentliche Hand übernahm jeweils das Lehrgeld. Gesellen wurden für die Wanderzeit neu eingekleidet. Wer nach den Wanderjahren heimkehrte und eine eigene Werkstätte eröffnen wollte, erhielt etwas Startgeld zur Anschaffung der notwendigsten Geräte.

Die finanzielle Lage einer allein erziehenden Mutter
1759 meldete die 33-jährige Anna Pfaff, ihr Mann, der Buchbinder Johann Abraham Füchslin, habe sie und ihre drei Kinder verlassen und sich in fremde Kriegsdienste nach Piemont begeben. Füchslin war schwer verschuldet und stand vor dem Konkurs. Die Gattin vermochte es nicht, die Schulden zu decken, sodass die Familie um Hab und Gut kam und der Stadt zur Last fiel. Der Rat bewilligte ihr eine wöchentliche Gabe von 2 Vierling Mehl, 2 Kellen Mus aus dem Spittel, etwas Weissmehl für das jüngste, erst vierwöchige Kind sowie 7 1/2 Batzen in bar. Frau und Kinder waren gesundheitlich angeschlagen, sodass der jungen Mutter eine Badekur finanziert wurde. 1760 erhielt Anna Pfaff zusätzlich wöchentlich 6 Kreuzer aus dem sonntäglichen Almosen. Füchslin desertierte zwar nach 16 Monaten aus dem Kriegsdienst. Doch scheint er nicht mehr nach Brugg zurückgekehrt zu sein. Die Frau lebte noch beinahe 50 Jahre, betätigte sich als Hebamme und starb 1808.[117]

273 — An der Spiegelgasse in Brugg. Rechts Wohnhäuser ärmerer Familien. Im Hintergrund die ehemalige Mädchenschule neben der ehemaligen, hier weitgehend verdeckten Bezirksschule.

274 — Der Untere (ältere) Spittel an der Spiegelgasse 8, gestiftet um 1450, fotografiert 2005.

Bedürftige, die einen eigenen Haushalt führten und gelegentlich einen Zustupf benötigten, galten als «Hausarme». Für die Unterbringung derjenigen, welche von der Stadt vollauf unterstützt werden mussten, sowie für alte, kranke und hilflose Personen besass die Stadt Brugg mehrere Häuser: Um 1450 stifteten fromme Bürger das Spittel an der Spiegelgasse 8.[118] Es diente bis ins 18. Jahrhundert vor allem als Herberge für fremde, allenfalls kranke Pilger und andere Durchreisende. Mit der Zunahme der Massenarmut benützte man es später als Alters-Armenhaus für Stadtbürger.

Im Herbst 1551 kaufte die Stadt die Liegenschaft der Herren von Mülinen am Spitalrain 7. In der Folge gestaltete der Rat das Gebäude als Pfrundhaus zum Oberen Spittel um. Hier konnten sich einerseits allein stehende alte Menschen oder Ehepaare gegen Bezahlung einer Summe einkaufen und dann lebenslänglich verpflegen lassen. Andererseits wurden vermögenslose Männer und Frauen, auch aus der Fremde heimgekehrte oder abgeschobene Bürgerinnen und Bürger untergebracht. Ausserdem besass Brugg ein eigenes Waisenhaus. Gemäss mündlicher Überlieferung soll es sich um die Nr. 7 an der Oberen Hofstatt gehandelt haben. Da es 1724 seit einiger Zeit leer stand, verkaufte der Rat dasselbe einem Privatmann.[119] Die beiden Spittel hingegen blieben im Besitz der Stadt. Im Unteren wohnten im 19. Jahrhundert die Männer, im Oberen die Frauen und Waisen. 1850 handelte es sich um acht Männer im Alter zwischen 42 und 73 Jahren, drei Frauen (59 bis 77 Jahre) und 16 Kinder.[120] Sowohl im Unteren als auch im Oberen Spittel war je eine Köchin angestellt, im Oberen versah zudem ein «Spittelvogt» das Amt eines Aufsehers.

— 118 Um Verwechslungen mit dem heutigen Spital als Krankenhaus zu vermeiden, wird hier konsequent der Begriff «Spittel» im Sinn eines Pfrund- und Armenhauses verwendet. — 119 StABg A 43, S. 75, 219. Geissberger, Brugger Häusernamen, S. 17. — 120 Banholzer, Geschichte der Stadt Brugg, S. 151. StAAG Volkszählung 1850. — 121 StABg A 387.

275 ___ Der Obere Spittel, 1747 anstelle des Adelssitzes des Geschlechts von Mülinen als Pfrundhaus erbaut, stattlicher Bau mit grossem Walmdach, barocken Fensterreihen und sorgfältig gemeisseltem Portal, Aufnahme aus den 1970er-Jahren.

Der Speisezettel der Insassen in den beiden Spitteln 1767
– Täglich ein Pfund Brot
– Zu allen Mahlzeiten gekochtes Gemüse
– Montag: Erbsenmus, dazu einen Schoppen Wein
– Dienstag: Suppe mit Fleisch (je 1/2 Pfund)
– Mittwoch: Gerstenmus, dazu einen Schoppen Wein
– Donnerstag: Suppe mit Fleisch (je 1/2 Pfund)
– Freitag: Kernenmus (aus Dinkel), dazu einen Schoppen Wein
– Samstag: Hafermus, dazu einen Schoppen Wein
– Sonntag: Suppe mit Fleisch (je 1/2 Pfund)[121]

Aus den Jahren 1765/1767 haben sich eine Hausordnung und ein Pflichtenheft für das Aufseherpaar erhalten. Danach mussten die Insassen Haus- und Gartenarbeiten verrichten, Holz spalten, Wasser und Jauche tragen, spinnen, stricken, nähen und flicken, solange es die körperlichen Kräfte zuliessen. Arbeiteten sie für Auswärtige gegen Lohn, fiel dieser dem Spittel zu. Wer vom Armengut lebte, trug Kleider aus aschefarbenem Zwilch, «damit man sie erkennen könne». Alle mussten nicht nur gemeinsam an einem Tisch essen, sondern auch jeden Morgen und Abend zum Gebet zusammenkommen; am Morgen wurden zudem abwechslungsweise zwei bis drei Kapitel aus der Bibel vorgelesen. Der Spittelvogt hatte dafür zu sorgen, dass die Insassen an Sonn- und Feiertagen den Gottesdienst fleissig besuchten. Ebenso musste er die Waisen dazu anhalten, die Schulaufgaben zu lösen. Im Oberen Spittel befand sich ein Krankenzimmer, wo sich nicht nur die Insassen pflegen lassen durften, sondern auch andere arme Bürger und Bedienstete.[122]

Wer sich nicht an die Hausordnung hielt oder sich den Befehlen der Spittelleitung widersetzte, wurde bestraft, in milderen Fällen durch Entzug von Wein und Fleisch. Trotz und Eigensinn versuchte man mit Prügelstrafen zu brechen, allenfalls sogar durch Ankettung im Zimmer. Der Rat musste sich aber auch oft mit mangelnder Pflichterfüllung des Spittelvogts oder der Pfründerköchin beschäftigen.

Ab Mitte des 15. Jahrhunderts unterhielt Brugg ferner ein Siechenhaus vor allem für Fremde mit ansteckenden Krankheiten. Es stand ausserhalb des Stadtbanns an der Baslerstrasse (neben dem Standort des nachmaligen Kantonalen Seminars) und war mit drei Doppelbetten ausgestattet. Eine Siechenmagd kümmerte sich um die dortigen Patienten. Im Lauf des 18. Jahrhunderts nahm der Zulauf derart ab, dass der Rat den Betrieb 1743 schloss. Wegen des schlechten baulichen Zustands stellte sich in der Folge immer wieder die Frage, ob man es abbrechen solle; doch liess der Rat das Gebäude immer wieder reparieren; man wusste ja nie, ob die Stadt wieder einmal ein Siechenhaus benötigte. So wurde es erst 1836 zusammen mit der Brunnenmühle veräussert.[123]

Das Fürsorgewesen bildete das Ressort eines Mitglieds des Kleinen Rats, des «Spittelherrn». Er verwaltete die Vermögenswerte des Siechenhauses und der Spittel. Diese wurden im Lauf der Jahrhunderte vor allem durch Stiftungen geäufnet und in Liegenschaften und Wertpapieren angelegt. So schenkte der Schuhmachermeister Wilhelm Pfau 1707 der Stadt 100 Gulden zum Dank für die in seiner Jugend erhaltene Unterstützung.[124] Über die Verwendung der Zinsen verfügte der Rat in jedem einzelnen Fall.

Eine weitere Geldquelle bildeten die sonntäglichen Opfergaben, die in eine Büchse gelegt wurden, allerdings nicht freiwillig; eine Liste von 1711 enthält nämlich eine eigentliche Veranlagung aller Bürger und Bürgerswitwen, deren Beitrag je nach Vermögen zwischen 1 und 60 Schilling betrug. Die exakt geführten Almosenrodel zeigen auf, dass sonntags in der Büchse 3 bis 4 Gulden eingingen, die dann an die täglich eintreffenden Bettlerinnen und Bettler verteilt wurden. Dadurch liess sich der offene Strassenbettel vermeiden.[125]

Im Übrigen vermachten reiche Bürger sowie kinderlose Männer, Witwen und Jungfern testamentarisch grössere oder kleinere Kapitalien zugunsten der Armen. Diese Legate sollten die Erinnerung an die Verstorbenen wach halten, weshalb der Zins oft an ihrem Namenstag zu verteilen war, und dies obwohl schon die Reformation die Heiligenfeste abgeschafft hatte. Die Almosen sollten nur den dafür Würdigen zukommen. Die Jungfer Maria Anna Vätterlin formulierte es 1803 so: «Denen in unnützer Hoffart Gekleideten und denen Liederlichen, die es nur auf unnütze Weise vertrinken und verschwenderisch sind, gehört nach meinem Willen nichts davon.»[126]

—— 122 StABg A 52, S. 173f., 176; A 387 vorne. —— 123 StABg A 174, Siechenhaus 1706; A 47, S. 152; A 53, S. 206; A 62, S. 41. —— 124 StABg A 130, S. 70. —— 125 StABg A 368–369. —— 126 StABg B B.IXa.1, S. 43ff. —— 127 Ebenda, S. 266ff.

276 — Das einstige Brugger Siechenhaus ganz links an der Baslerstrasse (im ehemaligen Gemeindebann Umiken). Daneben das heutige Kantonale Seminar.

Private Vermächtnisse für die Armen im 18. und 19. Jahrhundert[127]

Jahr	Stifter/Stifterin	Betrag	Verteilung des Zinses/Empfänger
1768	Johann Jakob Schmid, Rothauswirt	200 Gl.	Jakobstag, 25. Juli, 3 Batzen je Pfründer
1787	Johann Jakob Zimmermann, Schultheiss	2500 Gl.	Legat an das Spital
1792	Heinrich Kappeler	200 Gl.	Heinrichstag, 13. Juli, an Hausarme
1797	Johann Jakob Vätterlin, Schultheiss	300 Gl.	an die würdigsten Hausarmen
1803	Maria Anna Vätterlin	200 Gl.	Maria Verkündigung, 25. März, an Hausarme
1804	Anna Maria Schwarz	200 Gl.	Maria Verkündigung, 25. März, an Hausarme
1806	Susanna Maria Bächli, Salzfaktors Witwe	1200 Fr.	für Badekuren
1808	Elisabeth Tribolet-Rodt, Landschreibers Witwe	107 Gl.	Elisabethentag, 19. November, an die Hausarmen
1815	Anna Esther Egger	50 Gl.	Esthertag, 4. September
1819	Rosina Wetzel	100 Fr.	Rosinatag, 19. Juli, an die Armen im Spittel
1821	Heinrich Meyer, Grosskaufmann	1500 Fr.	Heinrichstag, 13. Juli, an Witwen und Waisen
1821	Maria Anna Wetzel	100 Gl.	Maria Verkündigung, 25. März, an die Notdürftigsten im Spital
1823	Franz Kohler, Arzt	6090 Fr.	an kranke Bürger und fremde Dienstleute für Badekuren u. a.
1830	Katharina Keisereisen	1000 Fr.	Startgeld für ausgelernte arme Handwerker
		500 Fr.	Katharinatag, 5. November, an die fünf ältesten bedürftigen Jungfrauen
1831	Emanuel Wetzel, Stadtrat	150 Fr.	an hausarme Bürger von Brugg
1833	Regula Beck	200 Fr.	Regulatag, 11. September, an die 6 ältesten, hausarmen Witwen und Jungfern
1836	Samuel Friedrich Frölich, Grosskaufmann	16 000 Fr.	an angehende Handwerker und Studierende

Als die Zahl der Unterstützungsbedürftigen zu Beginn des 19. Jahrhunderts drastisch zunahm, reichten weder das Armengut noch die zahlreichen Fonds aus. Die Gemeindeversammlung beschloss daher 1806, fortan von allen auswärts niedergelassenen Bürgern eine Armensteuer zu erheben; die Beibehaltung des Bürgerrechts sollte an deren Zahlung geknüpft sein. Sie wurde bis über die Jahrhundertmitte hinaus eingefordert.[128]

Die Gemeinde Lauffohr erhielt ab 1833 eine spürbare Erleichterung im Armenwesen. Der aus Rüfenach stammende Brugger Grosskaufmann Heinrich Meyer hatte in seinem Heimatort ein Armenhaus für die ganze Region gegründet. Hier konnten die Lauffohrer die bedürftigsten Waisen und alten Leute unentgeltlich unterbringen.[129]

In der zweiten Hälfte des 19. Jahrhunderts veränderte sich im Fürsorgewesen nur wenig. Noch 1880 wurden in Brugg Kaffee, Mehl und Butter in natura abgegeben. Die Stadt betrieb weiterhin beide Spittel, später nur noch den Oberen, der nun «Bürgerasyl» genannt wurde. Reichten die Einnahmen aus dem Armengut und den Stiftungen nicht aus, musste das Fehlende aus den Steuern gedeckt werden.

Erst der Aufbau einer modernen Altersvorsorge im Lauf des 20. Jahrhunderts entlastete die Stadt. Mit der Einführung des Wohnortprinzips wurde die Ortsbürgergemeinde von der Sorge um auswärtige Angehörige befreit. Dass die Probleme im Fürsorgewesen dennoch nicht kleiner geworden sind, belegt die Tatsache, dass die Stadtverwaltung einen eigenen Sozialdienst einführen musste.

___ 128 StABg B B.IVb.1. ___ 129 Baumann, Rein und Rüfenach, S. 205–22

Die Einschränkungen des Lebens unter den «Gnädigen Herren» von Bern

Beten und Arbeiten war im Mittelalter ein mönchisches Lebensideal gewesen; in der Berner Zeit wurde es zu einem moralischen Grundprinzip der Herrschaft. Fromme, fleissige und wenig gebildete Untertanen galten als leichter regierbar. Die Herrschenden versuchten daher, ihre Untergebenen mit Hilfe der Staatskirche zu einer gott- und zugleich regimentsgefälligen Lebensweise zu erziehen. Sie schränkten ihren Handlungsspielraum und damit die freie Gestaltung des Alltags durch Gesetze ein und liessen deren Einhaltung dauernd kontrollieren.

Die Sitten- oder Chorgerichte

97–107 — Gottesfurcht, Gehorsam, Bescheidenheit, Mässigkeit, Arbeitsfreude und sexuelle Enthaltsamkeit ausserhalb der Ehe wünschten sich die «Gnädigen Herren» als Tugenden ihrer Untertanen. Die wichtigsten Übermittler der Werte und Normen waren die Pfarrer – unterstützt durch die kleinstädtischen und ländlichen Amtsinhaber, die sich davon eine Stärkung ihres Einflusses erhofften. Die Kontrolle übten ebenfalls die Seelsorger aus, dazu die Sitten- oder Chorrichter, ausserdem anpasserische Männer und Frauen, die sich das Ausspionieren und Denunzieren ihrer Nachbarschaft zum Privatvergnügen machten.

Jede Kirchgemeinde des Landes erhielt während der Reformation ihr Chorgericht. In Brugg setzte es sich aus dem Altschultheissen als Vorsitzendem, dem Pfarrer als Sekretär und sieben Bürgern zusammen, nämlich zwei Ratsherren, drei Zwölfern und zwei Kleinglöcklern. Altenburg war mit einem Dorfgenossen im Chorgericht Windisch, Lauffohr mit einem Mann in Rein vertreten; hier präsidierte der jeweilige Amtsuntervogt für gewöhnlich die Sitzungen, seltener der Landvogt persönlich. In Brugg wechselten die Chorrichter häufig; für die Amtsträger handelte es sich um eine Stufe in ihrer politischen Karriere; in den Landgemeinden galt die Wahl in das Sittengericht (durch den Landvogt) üblicherweise auf Lebenszeit. Je ein Chorweibel – in Brugg der Kleinweibel, auf dem Land der Sigrist – bildete den Vollzugsbeamten; er bot Angeschuldigte und Zeugen auf, vollstreckte Strafen und zog Bussen ein.

Das Chorgericht versammelte sich sonntags nach der Predigt im Chor der Kirche. Es nahm Anzeigen entgegen, verhörte Angeklagte und Gewährsleute, ermahnte, rügte und bestrafte. Als Sühne kamen vor allem Bussen und Kerkerstrafen (im Kratten- oder

277 __ Der Chor der Pfarrkirche Windisch. Hier tagte das dortige Chorgericht, das auch die Angeklagten aus Altenburg verhörte und dann seine Urteile fällte. Von der Kanzel aus hämmerten die Pfarrer den Gläubigen die von den «Gnädigen Herren» von Bern gewünschten Tugenden ein.

im Kirchturm) in Frage, seltener private oder öffentliche Abbitte, allenfalls Halseisen oder Schandgeige.

In den Landgemeinden durften die Chorgerichte Haft bis zu drei Tagen und Bussen bis zu fünf Gulden aussprechen. Von der eingegangenen Summe erhielten die Staatskasse und der Landvogt je ein Drittel; der Rest wurde unter den Chorrichtern aufgeteilt. In der Stadt waren die Kompetenzen kleiner. Die «schwereren Fälle» und damit die höheren Bussen behielt sich der Kleine Rat vor; für Einkerkerung musste das Einverständnis des Amtsschultheissen eingeholt werden. Vom Ertrag der kleineren Bussen ging die eine Hälfte an den Rat; die andere durften die Chorrichter und der Pfarrer unter sich aufteilen; 1763/64 erhielt jedes Mitglied für 13 Monate knapp fünf Gulden, der Pfarrer als Aktuar das Doppelte. Grobe Vergehen wie Ehebruch oder Gotteslästerung wurden im örtlichen Chorgericht untersucht, jedoch vom Oberchorgericht zu Bern entschieden.

Es versteht sich von selbst, dass die Sittenwächter selbst einen vorbildlichen Lebenswandel führen sollten. Dies war jedoch nicht immer der Fall. Es gab Seelsorger, die dem Alkohol allzu sehr zusprachen. So musste Ulrich Bächli, Bürger und Pfarrhelfer in Brugg (1643–1648), später Pfarrer in Seon, immer wieder ermahnt werden, mehr zu studieren und weniger Wein zu trinken, keinen Streit vom Zaun zu brechen und mit seiner Frau in Frieden zu leben.[1]

In Lauffohr wurde 1722 dem Chorrichter und Richter Jakob Keller mit der Absetzung gedroht, weil er häufig «voll Wein» sei; er könne jeweils kaum mehr gehen und falle öfters in den «Kot»; auf dem Heimweg jauchze er stets «wie die Buben» und versäume dann am Sonntag die Predigt; obwohl er anderen «mit gutem Exempel vorangehen» und kein Ärgernis bieten sollte. Auch sein Nachfolger David Steigmeyer musste wegen «Vollsaufens» gerügt werden; an einem Sonntag fanden ihn die Kirchgänger gar «säuvoll» auf der Strasse liegend. Seine Karriere nahm dann allerdings einer anderen Affäre wegen ein rapides Ende; 1744 beobachteten die Nachbarn, dass Steigmeyer in Abwesenheit seiner Frau eine Dirne ins Haus genommen hatte; da sie vor dem geschlossenen Fensterladen horchten, hörten sie, «wie er in seiner Kammer und Bett» mit der «fremden Weibsperson» geredet und sie «oft und viel geküsst und getätschelt habe». Wegen des Geschwätzes im Dorf riet

__ 1 Pfister, Die reformierten Pfarrer, S. 195f. __ 2 GA Rüfenach, ProtChorg. Rein II, 1722, 1731, 1732, 1744. __ 3 StABg A 31, S. 24, 117, 213; A 32, S. 129, 332; A 33, S. 234; A 37, S. 190v (Einlageblatt). __ 4 Ar KG ref, ProtChorg. Brugg I, S. 18, 101; III, S. 209; IV, S. 30ff., 150.

ihm der Landvogt, von allen seinen Ehrenämtern zurückzutreten, was ihm einen Prozess ersparte.[2]

Über die Beurteilung der Anzeigen geben die bis heute erhaltenen Chorgerichtsbücher Aufschluss, in Brugg auch die Ratsprotokolle. Die zahllosen Verstösse gegen die Sittengesetze widerspiegeln dabei die abweichenden Bedürfnisse der Menschen in Bezug auf ihre persönliche Lebensgestaltung.

Der obligatorische Kirchgang

Da die Indoktrination obrigkeitlicher Normen und Werte über die Kirche erfolgte, war der *Gottesdienstbesuch* für alle obligatorisch, und zwar sollte Gross und Klein nicht nur die Sonntagspredigt mit anschliessender Verkündigung der Regierungsbefehle besuchen, sondern auch Kinderlehren, Unterweisungen für Erwachsene und Andachten während der Woche, darunter besonders das Freitagsgebet.

Dieses Obligatorium liess sich aber nur mit Zwang anstreben. Während des Gottesdienstes mussten Aufseher kontrollieren, wer fehlte oder die Kirche vorzeitig verliess. Nachbarn wurden aufgerufen zu melden, wer den Kirchgang versäumte. Mitglieder des Regiments patrouillierten reihum durch die Gassen, um allenfalls zu entdecken, wer zu dieser Zeit arbeitete. Gastwirte durften am Sonntagvormittag ohnehin keinen Wein ausschenken. 1631 entschied der Rat, die Stadttore während des Gottesdienstes zu schliessen. 1667 wurden zwei Schwestern wegen sonntäglichen Spazierens und Versäumens der Kinderlehre bestraft. An Feiertagen mit Abendmahl mussten die zwei jüngsten Chorrichter die Kommunizierenden aufschreiben; wer das Nachtmahl über ein Jahr lang versäumt hatte, erhielt ein Aufgebot vor das Sittengericht.[3]

Manche Bürger sperrten sich aber gegen so viel Zwang. Als Hans Ulrich Stäbli gerügt wurde, dass er seinen Sohn während des Freitagsgebets auf einen Botengang geschickt hatte, meinte er zu dem ihn verwarnenden Chorrichter kühl, soviel er wisse, solle man sechs Tage arbeiten und am siebenten Tage ruhen. Und der Metzger Abraham Beck verteidigte seinen unterlassenen Gottesdienstbesuch während der Passionswoche mit der Bemerkung, «er müsse auch seinen Verdienst haben».[4]

278 ___ Titelblatt der Chorgerichtssatzung von 1667.

Wider Verschwendung, Eitelkeit und Müssiggang

Fleiss und Sparsamkeit wurden ebenfalls obrigkeitlich verordnet. Alle unnötigen Ausgaben waren zu vermeiden, darunter vor allem das «*überflüssige Zechen und Prassen*» in Wirtschaften. Gaststätten durften daher im Sommer abends nur bis zehn, im Winter bis halb neun Uhr geöffnet sein. Landleute wurden vom Weibel im Sommer um sechs, im Winter um fünf Uhr «heimgemahnt». Für den Wein galten Maximalpreise; Trinken auf Kredit war verboten. Bei Hochzeiten war genau geregelt, wie viele Gäste höchstens eingeladen und wie viele Gänge serviert werden durften. Wer einen Wirt wegen einer Übertretung anzeigte, erhielt die Hälfte der Busse.[5] Der Wert von Geschenken, etwa für Taufen oder Hochzeiten, wurde ebenfalls eingeschränkt.[6] Viel Einsatz forderte schliesslich auch der Kampf gegen die Eitelkeit.[7] Den Männern verboten die Sittenhüter «überflüssig grosse und lange Haare und Haarlocken», den Frauen die «üppig aufgestellte» Haarpracht.

Bei den Frauen hatte man vor allem die *Kleider* im Visier. Sie mussten der einheimischen Tradition entsprechen und nicht vorübergehenden, gar ausländischen Moden. Verzierungen wie zum Beispiel Spitzen waren verboten. Das Chorgericht lud Schneider und Näherinnen vor und untersagte ihnen, «alamodische Kleider» anzufertigen. Der Chorweibel musste Frauen, die eine «fremde Kleidertracht» einführen wollten, unter Androhung einer Busse davon «abmahnen».

Als Susanna Magdalena Bächli 1735 «eitle Kleidung mit unbedecktem Leib» trug, drohten ihr die Sittenwächter, das nächste Mal werde sie direkt ab der Gasse ins Gefängnis geführt werden. Katharina Häusermann wagte es gar, gesetzwidrig weisse Schuhe zu tragen, und entschuldigte sich, sie seien ihr auswärts geschenkt worden; ihr befahlen die Chorrichter, diese «schwärzen» zu lassen, was «ohne Schaden der Schuhe» geschehen könne. Bei den Farben herrschte ohnehin Dunkel vor.

An der Kleidung sollte man zudem den Stand einer Person erkennen, also eine Bürgerin, eine Landfrau oder ein Dienstmädchen. Die Remigerin Maria Vogt, Magd beim Stadtarzt Johann Georg Zimmermann, benötigte eine Sondererlaubnis, um vorübergehend städtische Kleider zu tragen; sie durfte aber keine neuen anschaffen. Wer finanziell von der Stadt unterstützt wurde, trug eine Art Uniform aus grauem Halbleinen mit blauen Aufschlägen, «damit sie von andern unterschieden werden» konnten.[8] Die Regierung begründete alle diese Verbote religiös; Verschwendung und Eitelkeit würden den Zorn Gottes erregen, der das Land zur Strafe mit Krieg oder Epidemien «überziehen» lasse.

Viele Bürgerinnen und Bürger mögen sich an diese Vorschriften gehalten haben, widerwillig zwar, jedoch um Schwierigkeiten zu vermeiden. Was sie sich aber nicht nehmen liessen, war der tägliche, oft ausgedehnte *Schwatz* vor den Häusern und in den Wirtsstuben. Dieser aber galt als Müssiggang. 1655 klagte Pfarrer Johannes Rüeff vor dem Grossen und Kleinen Rat, beinahe die Mehrheit der Bürger treibe ihr Handwerk nicht, stehe müssig herum und bringe dadurch Frau und Kinder in die Armut. Doch welche Vorkehrungen wollten die Behörden treffen, solange die Leute nicht ihr Vermögen durchbrachten und dann der Stadt zur Last fielen?

50 Jahre später hatte sich daran noch nichts geändert. Wer es sich leisten konnte, «brachte seine Zeit vom ersten schönen Frühlingstag an bis zum letzten im Herbst auf die-

---

[5] Beispiele siehe StABg A 32, S. 297, 445, 526f.; A 33, S. 98; A 47, S. 439; A 64, S. 21, 24. — [6] StABg A 32, S. 148. — [7] RQ Bern VI, S. 916–919. — [8] StABg A 42, Bl. 150; A 47, S. 13; A 52, S. 61, 197. Ar KG ref, ProtChorg. Brugg I, S. 249, 273; II, S. 170, 323, 334; III, S. 1, 87, 94, 277. — [9] Überliefert durch Fröhlich, Rückblick auf den religiösen und sittlichen Zustand. Vgl. auch Fröhlich, Erinnerungen aus meinem Leben. – StABg A 34, S. 4, 26v, 167. — [10] RQ Bern X, S. 437–452.

279 — Züchtig gekleidete Berner Untertanen im Gespräch auf der Hansfluh. Ausschnitt aus einem Aquarell von Johann Jakob Bächli, 1783.

sem oder jenem Platz im Müssiggang und bei leerem, oft frivolem Geschwätz zu». Den damaligen Pfarrer Johann Friedrich Frey, einen Asketen, ärgerte es sehr, wenn er auf seinem Abendspaziergang Bürger müssig herumstehen sah; noch spätere Generationen berichteten, Frey sei jeweils auf sie zugegangen und habe sie angesprochen: «Ei, ei, ihr Herren, habt ihr schon Feierabend? Es wäre besser, ihr bliebet daheim bei Weib und Kind und arbeitet in euren Werkstätten!» Sie seien daher «auseinandergestoben wie Spreu vom Sturmwind», wenn sie ihn kommen sahen.

Doch auch das scheint wenig geholfen zu haben. Emanuel Fröhlich berichtet über die Zeit zwischen 1770 und 1790: «In meinen Knaben- und ersten Jugendjahren war in Brugg ein Müssiggängerleben. Überall sah man Bürger müssig stehen und schwatzen. Nur einige Handwerker machten Ausnahme.»[9]

Wider die Laster des Rauchens, Spielens und Tanzens

Als Soldaten das *Rauchen, Schnupfen und Kauen von Tabak* aus dem Dreissigjährigen Krieg (1618–1648) heimbrachten, erliess der Rat umgehend ein Verbot gegen das neue, «unnötige» Genussmittel. In Brugg verlangte der Rat von den Wirten 1675, alle Raucher anzuzeigen. Die Inspektoren von Krämern mussten kontrollieren, ob sich kein Tabak in den Warenlagern vorfinde. Trotzdem scheint sich der Tabakgenuss im Städtchen und auf der benachbarten Landschaft noch im 17. Jahrhundert durchgesetzt zu haben. Bei Krämerinnen und Krämern stand die Aussicht auf Gewinn über Gesetz und Moral.

Die Berner Regierung ernannte zwar eigens «Tabakvisitatoren», welche Raucherwaren aller Art konfiszieren mussten. Doch stand sie diesbezüglich auf verlorenem Posten. Längerfristig gab sie nach, errichtete jedoch das staatliche Tabakmonopol, um dieses Genussmittel wenigstens zugunsten der Staatskasse auszubeuten. Zum Verkauf erteilte sie «Tabak-Patente» an Bürgerinnen und Bürger, die damit offenbar ein einträgliches Geschäft machten.[10]

In Brugg verbot der Rat 1703 das Rauchen in der Öffentlichkeit. Dem Kleinweibel, welcher im Rathaus wohnte, untersagte er den Tabakgenuss daheim, «damit nicht ein so entsetzlicher Gestank in der Ratsstube müsse gelitten werden». Als Sigristen wünschte sich der puritanische Pfarrer Frey einen «ehrlichen, nüchternen und Tabak meidenden Mann». Noch 1756 erfolgte die Ermahnung an die beiden Schulmeister, sich in der Knabenschule des «Tabakens» zu enthalten.[11]

Das *Spielen um Geld* widersprach den Tugenden von Fleiss und Sparsamkeit diametral. In Brugg war es schon vor der Reformation untersagt gewesen, jedenfalls sonntags und nachts. Die Berner Regierung verbot grundsätzlich alle Glücks-, Brett- und Kartenspiele; sie duldete lediglich das Schiessen sowie Kugel- und Ballspiele als «Leibesübung und Mannszucht».[12]

In Brugg gingen die Räte noch weiter. 1638 beschlossen sie «mit Mehrheit» (also nicht einstimmig!), an Sonntagen das «Kugelwerfen» und «Plattenschiessen» zu verbieten. Vier Jahre später liessen sie im Schützenhaus eine Spieltafel zerschlagen, weil sie Müssiggang, Zank und Zwietracht fördere.

Trotzdem muss das heimliche Kegeln, Würfeln, Brett- und Kartenspiel in Brugg und Umgebung allgemein gebräuchlich gewesen sein. Anzeigen erfolgten selten, weil Denunzianten als Verräter geächtet wurden. Doch als im Sommer 1734 der «Sternen» chorgerichtlich durchleuchtet wurde, kam aus, dass im «hinteren Stübli» und sogar auf dem Estrich häufig gespielt wurde. Johannes Unger gestand dies freimütig; er schob aber alle Schuld auf den Hafnerlehrling Franz Stantz, welcher immer wenigstens ein Kartenspiel auf sich trage und Schüler zum Spielen verführe, ja sie in die Gartenhäuschen locke und vom Gottesdienst abhalte. Um «diesen elenden Menschen» von seiner Sucht abzubringen, beauftragte der Rat den Profosen, ihn im Rathausgang «mit einem Rinderzech in 15 Streichen» zu züchtigen.

Doch die Einsicht, Spielen sei verwerflich, setzte sich nicht allgemein durch. So meinte 1738 der Bäcker Jakob Hemmann, der ganze Nächte in seinem Haus spielen liess, «Spielen sei keine so grosse Sünde»; obwohl ihn Pfarrer Abraham Vögtlin vom Gegenteil zu überzeugen suchte, beharrte er «in Trotz und Hochmut» auf seiner Ansicht; «er habe so viel Verstand, dass er wisse, was rechts oder links sei»; das Chorgericht büsste ihn dafür mit 2½ Gulden. Als besonderer «Sündenpfuhl» galt eine Wirtschaft im Sonnenberg (damals im Gemeindebann Lauffohr), wohin der Arm der Brugger Sittenhüter nicht reichte. Doch Emanuel Fröhlich erinnerte sich, dass in den 1770er- und 1780er-Jahren sogar «mehrere böse Bürger [mit Spielen] auf offener Gasse aller Ordnung Hohn brüllten».[13]

Ein besonders wachsames Auge warf die Obrigkeit auf die *Beziehungen zwischen den Geschlechtern*. Aussereheliche sexuelle Kontakte waren strikte verboten. In den Wirtsstuben sollten ledigen Männern und Frauen sogar getrennte Tische zugewiesen werden. So büsste das Chorgericht die Brugger Wirte zum «Ochsen», «Salmen» und «Pfauen» 1615, weil sie am Kirchweihfest «Knaben und Meitli untereinander sitzen liessen».[14]

Das Bedürfnis der Menschen zu *tanzen* liess sich ebensowenig unterdrücken. Die Obrigkeit stufte es auf gleicher Ebene ein wie «Unordnungen, Üppigkeiten, Bosheiten, Mutwillen, Ärgernis, Unzucht und Ungebärde».[15] Trotzdem wurde oft getanzt, sei es privat, an abgelegenen Tanzplätzen oder in einheimischen Wirtschaften, manchmal geplant, manchmal wenn gerade ein Fiedelmann oder Dudelsackpfeifer anwesend war. So spielte

---

11 StABg A 36, S. 152; A 37, S. 379; A 38, Bl. 72v; A 39, Bl. 78, 150, 155, 166v, 169, 211v; A 42, Bl. 123; A 43, S. 74, 120; A 48, S. 40. Ar KG ref, ProtChorg. Brugg I, S. 255; II, S. 229. — 12 RQ Brugg, S. 173. RQ Bern VI, S. 831, 845, 896, 966, 988. — 13 StABg A 32, S. 269v, 434v, 447; A 39, Bl. 150, 155, 166v, 188v; A 45, S. 116f.; A 57, S. 278f. - Ar KG ref, ProtChorg. Brugg I, S. 271; II, S. 206, 264-268; III, S. 249-253, 263-268, 322; IV, S. 177. - Fröhlich, Erinnerungen aus meinem Leben. — 14 StABg A 31, S. 73. — 15 RQ Bern VI, S. 832. — 16 Ar KG ref, ProtChorg. Brugg I, S. 65, 131, 201, 294; II, S. 66, 192, 195-199, 318; III, S. 42. — 17 Ar KG ref, ProtChorg. Brugg I, S. 23, 101, 114; II, S. 32, 48, 50, 94.

sogar der Schulmeister Rudolf Füchslin öfters in Privathäusern zum Tanz auf, was das Chorgericht «als eine ärgerliche höchst unanständige Aktion» verurteilte und sich für einen Organisten, Vorsinger und Lektor nicht schicke. Je mehr Leute dabei waren, desto eher kam es aus. Wenn ein Pfarrer wie Johann Friedrich Frey solches erfuhr, drängte er die Sittenrichter zu intensiven Ermittlungen, wie zum Beispiel im Mai 1734, als anlässlich einer Werbung für fremde Kriegsdienste im «Sternen» getanzt wurde. Junge Frauen, die deswegen erstmals vor dem Chorgericht standen, kamen mit einer einfachen Busse davon, Wiederholungstäterinnen aber mit der doppelten oder sogar mit Gefangenschaft, sofern sie als «mutwillige, unverschämte Menschen» galten. 1739 muss es im «Sternen» erneut hoch zu- und hergegangen sein; nicht weniger als 50 Tänzerinnen und Tänzer wurden damals verhört und gebüsst. Daniel Rengger und seine Frau, die öfters – auch auswärts – auf den Tanz gingen, erhielten Vorwürfe, sie würden «ihres Armutsstandes uneingedenk und ihrer hungrigen Kinder daheim ungeachtet wohllustsüchtig leben».

An Hochzeiten drückte die Obrigkeit gelegentlich ein Auge zu, vor allem in geschlossenen Gesellschaften. Doch zeigten sich Pfarrer Frey und die Chorrichter entsetzt, als der Seidenstrumpfweber Pierre Majon 1719 eine Brugger Bürgerin heiratete und nicht nur im Schützenhaus und auf dem Rathaus tanzen liess, sondern «zum grössten Ärgernis der ehrbaren Welt prozessionsweise mit den Spielleuten zwei Tage lang durch die Gassen hin- und hergezogen sei und sich ziemlich üppig aufgeführt» habe. Der dafür zuständige Sternenwirt Johannes Frölich, selbst Zwölfer, reklamierte, das Chorgericht lasse die «Grossfehlbaren» straflos ausgehen; in anderen Wirtshäusern werde auch getanzt, doch sehe es lieber den Splitter in den Augen anderer als den Balken im eigenen!

Nur schwer auszurotten war das *Vermummen*. Die Fasnacht, die in der benachbarten Grafschaft Baden offiziell erlaubt war, übte eine starke Faszination auf Bruggerinnen und Brugger aus. Vermummt wurden sie nicht erkannt! So kam es vor, dass sich Männer und Frauen gelegentlich auch während des Jahres verkleideten, etwa am Rutenzug und an anderen Kinderfesten.[16]

Wider das Prassen, Lärmen und Volltrinken

Hinter den Verboten des Tanzens, Spielens und Trinkens stand bei den Behörden immer auch die Angst, solche Anlässe könnten überborden. Tatsächlich nahmen Betrunkenheit, Unfug, Nachtlärm, Streit, Schlägereien, Fluchen und Schwören oft Überhand. Die Protokolle des städtischen Rats, der Landvogteien und der Chorgerichte sind voll von solchen Klagen und Strafurteilen. Oft handelte es sich um Leute, die sich diese Lebensweise finanziell gar nicht leisten konnten und daher in Armut und Not gerieten.

Der *Alkoholismus* war tatsächlich schon in der Frühen Neuzeit ein verbreitetes Problem – auch unter Frauen. Dazu nur ein Beispiel: Barbara Zulauf beschäftigte den Rat und das Chorgericht während mindestens 20 Jahren. Im Januar 1660 fand man sie betrunken vor einem Haus liegend auf und musste sie heimbringen. Ein Jahr danach stand sie wegen ihrer «vielfältigen Völlereien» vor dem Chorgericht. Alle Ermahnungen halfen nichts. Bereits im April 1661 wurde sie wegen ihres «gar liederlichen und versoffenen Lebens und Wandels» erneut vorgeladen und zur Strafe in die Trülle gesetzt. Doch das Elend ging weiter. 1677 wurde sie wegen «Vollweintrinkens» eingekerkert; einige Monate danach drohten ihr die Chorrichter an, sie vom Abendmahl auszusperren. Immer wieder versprach sie Besserung. 1680 überwiesen sie die Frau schliesslich dem Kleinen Rat, «um zu beratschlagen, wie diesem elenden Menschen zu helfen sei».[17]

Erlaubte Fröhlichkeit

Die bisherigen Ausführungen haben gezeigt, dass die strengen Moralgesetze unter der Berner Herrschaft das Privatleben der Menschen sehr stark einschränkten. Viele überlieferte Bräuche, insbesondere das Bedürfnis, sich neben den Sorgen des Alltags einmal entspannen und zerstreuen zu können, wurden unterdrückt. Dieser Politik fielen im Lauf des 16. Jahrhunderts alte Traditionen zum Opfer, so die gegenseitigen Besuche der Behörden und Bürger der aargauischen Schwesterstädte an Fasnacht und «Chilbi». Auch die Schauspieltradition fand längerfristig keinen Platz mehr in der reformierten Umwelt. 1533 besuchten noch viele Brugger das Theaterstück «Lucretia» in Aarau, ein Werk des Reformators Heinrich Bullinger aus Bremgarten mit antikatholischer Tendenz. In Brugg selbst feierte man die Fasnacht 1540 mit einem Drama über die Enthauptung von Johannes dem Täufer. Der aus Brugg stammende Hemmann Haberer verfasste danach noch wenigstens zwei Spiele mit alttestamentlichen Themen. Doch 1592 verbot die Regierung jegliches Theaterspielen; obwohl der Zweck von Komödien und Tragödien – nämlich die «Pflanzung von Tugenden» – an und für sich gut sei, würden sie wenig bewirken und – nebst grossen Kosten – lediglich Ärgernis und Widerwillen verursachen.[18]

Einige Traditionen hielten sich jedoch hartnäckig, sodass ihnen der Rat noch im 18. Jahrhundert den Kampf ansagen musste, etwa die Fasnachtsumzüge und das «Eierholen», ein Osterbrauch.[19] Im Rückblick gewinnt man den Eindruck, die sittenstrenge Obrigkeit habe den von ihr Beherrschten jedes Fest, ja jede Freude zu vergällen versucht und nur Gebet und Arbeit verlangt.

Dennoch gab es auch geduldete fröhliche Anlässe; dabei durfte ein bestimmter, allerdings enger Rahmen nicht überschritten werden. In dieser Beziehung scheinen sich die eng beisammen wohnenden Stadtbürger eher durchgesetzt zu haben als die in kleinen Dörfern verstreut lebenden Bauern.

Die Brugger Männer waren in der *Stubengesellschaft* organisiert. Diese Vereinigung hatte im Spätmittelalter die Adligen, Priester und wohlhabenderen Bürger umfasst. Später erweiterte sich der Kreis jedoch auf alle Schichten. Man traf sich auf der Stube (auch «Trinkstube») im Rathaus, wo auf einer grossen Tafel der Name jedes Mitglieds auf kleinen Täfelchen aufgeführt war; geriet jemand in Konkurs oder verlor auf andere Weise seine bürgerliche Ehre, wurde sein Täfelchen umgekehrt oder abgehängt. In der Stube wurde die Geselligkeit gepflegt, vor der Reformation mit spätmittelalterlich-katholischer Lebensfreude, mit Banketten an hohen Feiertagen, an denen auserlesene Speisen und Weine nicht fehlten. Nicht umsonst jubelte Stadtschreiber Sigmund Fry nach Einführung der Reformation in der Rückschau: «und ist ein herrlich Ding gsin». Ursprünglich mussten neu eintretende Stubengesellen ein Silbergeschirr als Einstand stiften; später entrichteten die Mitglieder das «Gutjahr», einen Beitrag zwischen einem Batzen und einem Gulden. Aus diesen und weiteren Spenden sowie den Zinsen des allmählich geäufneten Vermögens wurden nicht nur die Festessen finanziert, sondern auch neues Mobiliar, Geschirr, Besteck und vor allem Silberbecher angeschafft; 1595 zählte das Inventar allein sechs Dutzend Becher.

---

[18] Banholzer, Geschichte der Stadt Brugg, S. 56, 220f., 229f., 236. Merz, Walther: Kirchliche Spiele im Aargau. In: Kirchliches Jahrbuch der reformierten Schweiz 2 (1896), S. 131–141. Banholzer, Hemmann Haberer. — [19] StABg A 48, S. 24. Fröhlich, Erinnerungen aus meinem Leben. — [20] StABg A 31, S. 98; A 39, Bl. 206v; A 42, Bl. 130v; A 49, S. 114, 271; A 63, S. 188. Banholzer, Geschichte der Stadt Brugg, S. 82–84, 250f. — [21] StABg A 160–170. — [22] StABg A 32, S. 402; A 33, S. 358; A 34, S. 419; A 35, S. 23; A 36, S. 3, 249, 259; A 42, Bl. 76v; A 45, S. 354f. StABE A V 1361, Nr. 135. Banholzer, Geschichte der Stadt Brugg, S. 251–253. Heuberger, Brugger Schützenwesen. Horlacher, Brugger Zielstatt.

280 — Hemmann Haberer von Brugg: Titelblatt des Dramas «Abraham», 1562.

Nach der Reformation schränkte die gestrenge Obrigkeit auch hier das gesellige Leben allmählich immer mehr ein. Es scheint, dass im 17. und 18. Jahrhundert nur noch ein einziges Festmahl im Jahr bewilligt wurde, das «Georgenbott» im Frühling. Der Rat legte jeweils das Datum und den Aufwand pro Person fest; als Festwirt amtete der Kleinweibel, der im Rathaus wohnte. Gelegentlich verzichtete der Rat aber auf dieses Bankett; er liess dann – sehr prosaisch! – jedem Mitglied einen Geldbetrag, etwa einen Gulden, in bar auszahlen.[20]

Kurz nach Ausbruch der Helvetischen Revolution, noch im Frühling 1798, beschloss die Gemeindeversammlung, die Stubengesellschaft als nicht mehr zeitgemäss aufzulösen. In der Folge wurde das Vermögen von 2470 Gulden liquidiert und unter die Mitglieder verteilt; jeder der 157 ehemaligen Stubengesellen erhielt 15 Gulden und 11 Batzen, just zur richtigen Zeit, da die Einquartierung französischer Soldaten viele Bürgerhaushalte in finanzielle Bedrängnis brachte.[21]

Eine weitere Männervereinigung war die *Schützengesellschaft*. Weil sie die Wehrtüchtigkeit stärken sollte, genoss sie besondere Förderung durch die Regierung in Bern. In diesem Sinne duldete Bern also durchaus eine gewisse Geselligkeit, etwa das Wettschiessen. Die Mitglieder trafen sich in ihrer Stube im Schützenhaus auf der Schützenmatt. Bei schönem Wetter konnte man im kleinen Kreis auch auf luftiger Höhe im offenen Schützenpavillon zechen, der seit 1615 daneben stand. Das Jahresprogramm umfasste jeweils über ein Dutzend Schiesstage. Dabei bildete der jährliche «Ausschiesset» den Höhepunkt, welchem eine gemeinsame Mahlzeit folgte. Gelegentlich wurden auswärtige Schützen als Gäste dazu eingeladen, 1659 etwa jene von Waldshut und Lenzburg. Als Preise konnte man im 16. Jahrhundert Hosen, später Geldbeträge gewinnen. Der Kleine Rat stiftete gelegentlich einen Betrag und liess sich dafür am Mahl «gastieren». Festwirt war ebenfalls der Kleinweibel. Ursprünglich gehörten auch die Schützen der Landvogteien Königsfelden und Schenkenberg dazu, sodass gelegentlich sogar ein Landmann Schützenmeister werden konnte, etwa 1604 Fridli Hirt aus Lauffohr; 1638 erhielten die Schenkenberger, 1660 die Eigenämtler jedoch eigene Schiessvereine.

Im Mai 1798 löste die Gemeindeversammlung auch die Schützengesellschaft auf. Vom Vermögen, das rund 4400 Gulden zählte, sollte jedes der 128 Mitglieder gut 34 Gulden erhalten. 65 begeisterte Schützen beschlossen jedoch, ihre Beträge zusammenzulegen, um einen neuen, privaten Verein zu gründen. Die Stadt verkaufte daher das Schützenhaus und die Schützenmatte nicht, sodass sie bis heute für Feste zur Verfügung stehen.[22]

281 ____ Das Brugger Schützenhaus an der Zurzacherstrasse. 1764/65 an der Stelle eines Vorgängerbaus von 1555/56 errichtet. Schlichtes, spätbarockes Gebäude, hier im Originalzustand ohne den im 20. Jahrhundert angebrachten hässlichen Durchgang. Aufnahme von 1952.

282 ____ Der Schützenpavillon, die «exklusive Retraite des Pokulierens» der Brugger Schiessgesellen, erbaut 1615. Acht Spätrenaissance-Säulen mit schmucken Kapitellen aus Muschelkalk stehen rund um den Stamm einer «zerleiten» Linde. Darüber erhebt sich der achteckige, hölzerne Pavillon. Zugang nur vom Obergeschoss des Schützenhauses. Aufnahme von 1951.

In den gleichen militärischen Zusammenhang gehörten die *Musterungen* (Inspektionen), die auf der Windischer Rütenen stattfanden. Auch hier wurde das Nützliche mit dem Angenehmen verbunden. Während die Offiziere eine von der Stadt spendierte Mahlzeit in Brugg einnahmen, lagerten die Unteroffiziere und Soldaten auf dem Exerzierplatz, wo eine Festwirtschaft betrieben wurde; die Frauen brachten ihren Männern jeweils das Mittagessen, ein frühneuzeitliches Picknick.[23]

____ 23 Feer, Jugenderinnerungen, S. 17. ____ 24 StABg A 32, S. 177; A 33, S. 537; A 41, S. 5; A 43, S. 347; A 48, S. 2. ____ 25 Fröhlich, Erinnerungen aus meinem Leben. ____ 26 StABg A 36, S. 356, 360. ____ 27 RQ Bern VI, S. 978. ____ 28 StABg A 49, S. 202; A 53, S. 12; A 58, S. 39, 111, 113; A 59, S. 249; A 60, S. 262; A 62, S. 112; A 63, S. 24; A 64, S. 91. Ar KG ref, ProtChorg. Brugg III, S. 262–267, 326f. Feer, Jugenderinnerungen S. 32.

283 ⎯ Blick von der Windischer Reutenenstrasse gegen Osten. Rechts der ehemalige Brugger Exerzier- oder Waffenplatz. Im Hintergrund das Brugger und Windischer Bahnhofquartier. Aufnahme zwischen 1896 und 1903.

Die Feuerwehrmänner genossen demgegenüber alljährlich das *Feuerläufermahl*. Es wurde aus den eingegangenen Bussen, allenfalls einem Beitrag der Stadt, finanziert. Dabei ging es oft hoch zu und her.[24]

Der *Kleine Rat* gönnte sich ebenfalls seine Mahlzeiten, jedes Jahr deren neun und – wie zu erwarten – auf Rechnung der Stadt. «Kam ein Ratsherr nicht, so musste ihm der Wirt eine Ürte [Kostprobe] schicken, die gewöhnlich bestand: in Salmenfisch, Pasteten, Hammli, Reh- oder Spanferkelstück, Torten, Nachtisch.»[25]

Neben diesen alljährlich wiederkehrenden Traditionen gab es vermutlich auch *spontane, einmalige Möglichkeiten der Unterhaltung*, etwa durch umherziehende Gaukler. So gestattete der Rat dem Seiltänzer Collion Calabron, einem Holländer, den Aufenthalt in Brugg für einige Wochen, jedoch keine Aufführungen, «weil die Bürgerschafft ihr Geld zu Nötigerem braucht». Auf Fürsprache des Landvogts in Königsfelden gestatteten ihm die Ratsherren dann doch, hier «seine Kunst zu treiben», und zwar zum Eintrittspreis von einem halben Batzen.[26]

Ausserdem liess sich die sittenstrenge Regierung 1747 dazu erweichen, den Bürgern von Bern und anderen Städten (nicht aber den Landbewohnern) zu gestatten, in Privathäusern werktags zu tanzen, aber längstens bis neun Uhr abends.[27] Diese Lockerung nahmen fortan auch die Bruggerinnen und Brugger wahr. 1780 erteilte der Tanzmeister Fovel d'Orléans vorübergehend sogar Privatunterricht im «Sternen». Nicht bewilligtes Tanzen wurde jedoch weiterhin gebüsst. Als der vom Studium in Deutschland zurückgekehrte Bonvivant Karl Friedrich Zimmermann 1786 um die Bewilligung nachsuchte, die vordere Ratsstube zum Tanzen, die hintere aber zum Spielen und zu «anderer Compagnie» zu benützen, lehnte der Rat noch «mit Mehrheit» ab. Drei Jahre später aber gestattete er der «jungen Burgerschaft», alle zwei Wochen in der vordern Ratsstube zu tanzen, allerdings nur bis acht Uhr abends. 1794 erlaubte er Tanzpartien im Winter bis neun, im Sommer bis zehn Uhr.[28]

An *kulturellen Vereinigungen* ist vor 1800 bisher nur eine einzige bekannt: Der 1748 in Brugg zum Lehrer an der Deutschen Schule gewählte «Musikant» Rudolf Füchslin gründete schon bald das «Collegium Musicum», einen Zirkel von Musikliebhabern. Männer aus den regierenden Familien musizierten gemeinsam, vor allem auf Klavier, Violine und Bassgeige. Weil auch Lieder gespielt wurden, kamen hier für einmal auch gesangsbegabte Frauen zum Zug. Für ihre Proben stellte ihnen der Rat Räumlichkeiten im Pfrundhaus (Oberer «Spittel») zur Verfügung. Sie traten manchmal öffentlich auf, so an der Morgenfeier des Rutenzugs, vermutlich auch zu kleinen Konzerten. Das Collegium hielt sich über Jahrzehnte, und noch 1795 beschloss der Rat, den «Musiksaal» im Pfrundhaus alle Freitage «für die hiesigen Herren Musicanten» zu heizen.[29]

Kinderfreuden

Der Jugend wurden einige zusätzliche Tage der Abwechslung zugestanden. Am *Tag des heiligen Nikolaus* (6. Dezember), des einstigen Stadtpatrons, liefen abends vermummte Burschen mit Schellen durch die Stadt und brachten den Kindern Nüsse, Äpfel, Schleckwaren oder Ruten, je nachdem, was ihnen die Eltern vorher zugesteckt hatten.

Auf den *Neujahrstag* bereiteten die Mütter jedem Kind eine Schüssel mit Äpfeln, Nüssen, Kastanien sowie selbst gebackenen Lebkuchen und «Leckerli»; diese wurde von einem als Engel verkleideten «Neujahrskindlein» überbracht. Am Abend zogen die älteren Kinder vor die Häuser und sangen Neujahrslieder; die Leute wickelten Münzen in Papier ein, zündeten das eine Ende an und warfen das Päckchen aus dem Fenster.

An *Ostern* hielt sich der Brauch der bemalten Eier trotz dem erwähnten Verbot. Die grösseren Kinder zogen an den Bruggerberg; jedes musste Speisen mitbringen, die dort gemeinsam verzehrt wurden; die Eltern sollen dabei so grosszügig gewesen sein, dass es meist auch noch für den Ostermontag gereicht habe. Die Knaben hatten Geld für den Kauf von Pulver zusammengesteuert und gaben mit einem «Katzenkopf» über den Reben von Zeit zu Zeit 18 bis 20 Schüsse ab.[30]

Das *Schulexamen* galt als freudiges Ereignis, weil darauf die Ferien begannen. Um 1770 musste aber jeder Schüler der Lateinschule zuvor von jedem der anwesenden Pfarrer einzeln einen «Zuspruch» über sich ergehen lassen; der Lehrer selbst habe nach den langatmigen Reden jeweils nur noch kurz beigefügt: «Und jetzt, liebe Knaben, wünsche ich euch einen guten Tag – macht Euch lustig!» Dies hätten ihm die würdigen Pfarrherren verübelt.[31]

Den Höhepunkt des Jahres aber bildete schon in früheren Jahrhunderten das *Jugendfest*. Bis in das 17. Jahrhundert sprach man vom «Königreich», weil ein Knabe und ein Mädchen – als Königspaar gewählt – in feierlichem Umzug durch die Stadt geführt wurden.[32] Der Brauch mit den Ruten geht ebenfalls in diese Zeit zurück; schon 1646 liest man, der Rat habe «den Knaben nach altem Brauch vergönnt, in die Ruten zu gehen», offenbar um die Erziehungsmittel zu sammeln, die während des Jahres zur Züchtigung ungehorsamer oder lernfauler Schüler dienten. Spätestens ab den 1680er-Jahren hiess das Brugger Jugendfest «Rutenzug». Ein Umzug fand demnach schon damals statt, vermutlich in den Wald auf den Bruggerberg. Musikanten – Trompeter und Posaunisten – waren auch dabei. Die Kinder bekamen ihren Batzen und Brot; einen grösseren Jugendfestbatzen erhielten allerdings die Ratsherren, Zwölfer, Pfarrer, Lehrer und weitere Erwachsene. Im Jahr 1760 wurde die Morgenfeier in der Kirche mit einer Ansprache – meist des Pfarrers

---

29 StABg A 48, S. 133, 135; A 64, S. 284. – Feer, Jugenderinnerungen, S. 26. — 30 Feer, Jugenderinnerungen, S. 15f. — 31 Fröhlich, Erinnerungen aus meinem Leben. — 32 Ar KG ref, ProtChorg. Brugg II, S. 66. — 33 StABg A 33, S. 175; A 38, Bl. 69, 143v, 164v; A 42, Bl. 8; A 48, S. 85; A 49, S. 10, 21, 91, 99; A 52, S. 144; A 60, S. 37, 40f., 231/Beleg Nr. 23. Feer, Jugenderinnerungen S. 16f. Heuberger, Rutenzug. Banholzer, Rutenzug.

oder eines Lehrers – eingeführt. Der Bannwart brachte nun die Birkenruten mit. Während des Umzugs zum Rathaus (durch die Kirch- und Hauptgasse) sangen die Buben und Mädchen den 64. Psalm (mit der Bitte um den Schutz Gottes vor hinterlistigen Feinden). Am Nachmittag fanden auf der Schützenmatt oder auf dem Eisi Wettlaufspiele statt, bei denen es Schreibpapier (!) und Geld zu gewinnen gab. Für den Abend gestand der Rat den jungen Erwachsenen einen Tanz zu. Schon damals kamen bei schönem Wetter viele Leute aus den Dörfern und aus dem Bad Schinznach nach Brugg, um das Fest mitzufeiern.[33]

Die geschilderten Anlässe zeigen, dass die Brugger Bürgerschaft es verstand, sich trotz den strengen Sittengesetzen der «Gnädigen Herren» von Bern den grauen Alltag mit einigen fröhlichen Tagen aufzuheitern.

Mühseliger Alltag und vergnügliche Freizeit im 19. und 20. Jahrhundert

Die bernischen Sittenmandate, welche das Leben in der Zeit vor 1798 in verschiedener Hinsicht geregelt und beengt hatten, waren mit der Revolution aufgehoben. Die Chorgerichte lebten zwar in den 1803 eingerichteten Sittengerichten weiter, aber zahlreiche Einschränkungen fielen dahin. Es gab beispielsweise keine Gesetze mehr darüber, welche Kleider man tragen durfte und welche nicht. Dennoch setzten Bräuche und Gepflogenheiten und vor allem die ökonomischen Verhältnisse einer allzu freien Lebensweise Grenzen.

Dörrobst und Wähe auf dem Brugger Tisch

Was in einer Altenburger, Lauffohrer oder Brugger Familie auf den Tisch kam, hing vom sozialen Stand der Familie ab und davon, wie gross der Grad der Selbstversorgung war. Der in Schinznach aufgewachsene Karl Amsler berichtet aus der Zeit um 1830, welche Speisen üblicherweise im ländlichen Haushalt verzehrt wurden: «[…] am Morgen gab es Habermus oder Mehl- oder Erdäpfelsuppe, so dick, meinte der Grossvater, dass die Hauskatze drauf schlafen könnte. Mittags: Suppe, Erdäpfel, Sauerkraut, je mit geräuchertem Schweinefleisch, oder Dörrobst, Bohnen und Speck, oder Erbsen, Klösse u. s. f. Abends: Erdäpfel mit Habermus oder Milch, besonders geronnener. Jede Familie buck ihr eigen Brot, das gewöhnlich für etwa acht Tage reichte. Am Backtage wurde stets eine Art Kuchen (‹Dünne› oder ‹Weyen›) mit Äpfeln, Kraut oder Zwiebeln belegt, gebacken, welche erstaunliche Verdauungskräfte erforderten.»[1] Amsler wuchs in einem ländlichen Arzthaushalt auf; im städtischen Durchschnittshaushalt dürfte die *Ernährung* nicht luxuriöser gewesen sein. Allenfalls waren die Nebenmahlzeiten in der Stadt weniger nahrhaft als für Leute, die auf dem Feld arbeiteten. Leopold Frölich berichtet aus der Zeit um 1870, zum Morgenessen habe es in Brugg Brot und Kaffee und zum Nachtessen Kaffee und Rösti gegeben. Wenn im Winter

---

__ 1 Amsler, Küche und Tisch, S. 17. __ 2 Frölich, «Wie's früener gsi isch …», S. 39f. __ 3 Belart, Kindheit in Brugg, S. 120, 126. __ 4 Rettungskorps, 125 Jahre, S. 54f. __ 5 RBE 1923, S. 6; 1927, S. 6. __ 6 Frölich, «Wie's früener gsi isch …», S. 38f. __ 7 Rordorf, Brugger Zeitbild, S. 20. __ 8 Ebenda, S. 22 (Zitat), 24f.

keine Frischprodukte erhältlich waren, griff man auf Eingemachtes zurück. Gemäss Frölich gab es dann jede Woche Sauerkraut und Räbenmus («Rebepappe», «Surrebe»).[2]

Die *Wähe* als typische Speise wird auch von Hans Jaeger in einem Bericht aus den 1860er-Jahren erwähnt. Am Ostermontag, wenn die Feuerwehr die Spritzen ausprobierte und ganz Brugg auf der Gasse war, erhielten die Gäste in den Brugger Wirtshäusern zum Wein offenbar gratis so viel Wähe, wie sie verzehren wollten. Auch Hausfrauen servierten an diesem Tag Spinat- oder Chümitünne. Jaeger belegt zudem, dass nicht nur in bäuerlichen Haushalten, sondern auch in einer städtischen Handwerkerfamilie – sein Vater war Zimmermann an der Spiegelgasse – im Herbst ein Schwein geschlachtet wurde, «das dann in Vaters Werkstatt zerlegt und zu Wurst verwirkt wurde».[3]

Die Wähentradition an der Hauptübung der Feuerwehr im Frühjahr überstand das 19. Jahrhundert nicht. Ab 1885 begehrten die Feuerwehrleute ein «männlicheres Gericht», wie es in der Festschrift des Rettungskorps heisst: Kutteln und Lebern. Später verband man ein ausgiebiges Essen nicht mehr mit der Hauptübung, sondern mit der Rechnungsablage des Rettungskorps Anfang Jahr, und servierte 1903 erstmals Rippli mit Kraut. Daraus entstand der *Ripplifrass,* ein bis heute durchgeführter, geselliger Anlass mit zahlreichen Gästen, an dem auch der Stadtrat in corpore teilnimmt.[4]

Einkaufen und Waschen und die Kommunikation ausser Haus

Die städtischen *Spezereihandlungen* boten so genannte Kolonialwaren wie Reis, Gewürze und Kaffee an, gegen die Jahrhundertwende hin auch Konserven, Suppenwürfel und Teigwaren, im 20. Jahrhundert Südfrüchte und viel anderes. In den 1920er-Jahren gab es in Brugg 18 Lebensmittelhandlungen.[5] 1928 eröffnete der Konsum («Coop») eine Filiale am Bahnhofplatz, 1935 bezog die damals wegen ihrer Tiefpreispolitik noch viel geschmähte Migros ihre sechste Filiale im Aargau an der Alten Zürcherstrasse.

Mit der Ausweitung des Angebots und den mehr und mehr industriell hergestellten Lebensmitteln wurde der Speisezettel im 20. Jahrhundert vielfältiger, und auch das Angebot an Leckereien nahm zu. Leopold Frölich berichtet aus seiner Jugend um 1870: «Vo Banane het me no gar nüd gwüsst, und de höchst Läckerbisse isch de Bäredräck gsi; vo dem het de Barbier Siegrist feil gha, ganz dünni Stängeli, für ein Rappe 's Stuck.» Ein gewitzter Geschäftsmann, dieser Barbier, denn neben dem Rasieren und Haareschneiden bot er eine weitere Dienstleistung an für jene, die zu viel geschleckt hatten: Mangels eines in der Stadt tätigen Zahnarztes zog er Zähne.[6]

289–295 — An Markttagen strömte viel Volk aus den umliegenden Dörfern in die Stadt und belebte *Marktstände* und Ladengeschäfte. Der Apothekergehilfe Hartmann Rordorf erlebte das um 1885 so: «Die Hauptstrasse war von unten bis oben mit Verkaufsbuden besetzt. Die Kunden standen dichtgedrängt in und vor der Apotheke. Da hiess es flink arbeiten. Unmengen von Glauber- und Bittersalz, Strengelpulver, Fress- und Mastpulver fürs Vieh, daneben Türlistrichi (Fassunschlitt), Phosphorteig gegen Ratten, Tafelsenf und ganze Batterien von Flaschen Malaga, rot-golden, Marke ‹Zweifel›, wurden an solchen Tagen abgesetzt.»[7]

Während Männer auch mal eines der zahlreichen *Wirtshäuser* besuchten – der Apotheker leistete sich jeden Mittag bis halb drei einen Jass im gegenüberliegenden Café Geissberger, sein Gehilfe traf sich mit anderen Jungen gelegentlich im «Füchslin» zum Kegeln –, war für die Frauen der Markt oder generell das Einkaufen eine der Gelegenheiten, aus dem Haus zu kommen und sich auszutauschen. Apothekergehilfe Rordorf dazu: «Es war stets ein Zusammentreffen stiller, ruhiger und doch für jede Neuigkeit empfänglicher Bürgersfrauen.»[8]

284 —— Markttag in Brugg im November 1901. Die Bevölkerung aus den angrenzenden Ortschaften am Bözberg strömt in die Stadt.

Bekannt ist das Bild von den «tratschenden Waschweibern», um gleich noch ein Klischee anzufügen. Zum Waschen musste kräftig gefeuert werden. Hierfür brauchte es feuersichere Einrichtungen ausserhalb von Wohngebäuden. Spätestens seit dem 17. Jahrhundert gab es in der Stadt mehrere *Waschhäuser,* die jeder Haushalt gegen Gebühr benützen konnte. So sind Waschhäuser «bei der Badstube», in der Krattengasse (heute Falkengasse), in der Krinne und in der Vorstadt erwähnt. Auch Altenburg und Lauffohr verfügten über Waschhäuser. Im 19. Jahrhundert existierte ein weiteres Waschhaus auf dem Eisi. Es gab nur wenige private Wascheinrichtungen, und niemand durfte im eigenen Haus waschen, ohne dass die Bauschätzer die entsprechende Einrichtung für feuersicher erklärt hatten. Eine Anwohnerin, die Frau eines städtischen Bediensteten oder ein speziell ernannter Waschhausaufseher waren zuständig für den Zugang und den Einzug der Benutzungsgebühr. In den von der Stadt angeschafften Waschkesseln, die über dem Feuer standen, durfte Wäsche gesotten, aber auch Kraut geschwellt werden. Hingegen war es den Metzgern verboten, darin Rüben zu sieden oder Fett auszulassen.[9] Die Waschhäuser hatten zudem eine Funktion in der Brandbekämpfung. Bei einer Feuersbrunst im Winter konnte hier Wasser erwärmt werden, um die Feuerspritzen eisfrei zu halten.

Für die Frauen waren die Waschhäuser tatsächlich ein wichtiger sozialer Bezugsort – allerdings bleibt dahingestellt, welches der beiden Geschlechter insgesamt mehr Gelegenheit zum «Tratschen» hatte, hielten sich Männer doch generell häufiger im öffentli-

—— 9 StABg A 49, S. 41, 107; A 51, S. 144. —— 10 Ein Schlachthaus wurde erst 1954 erstellt. Krediterteilung: StABg B A.Ic.11, 11. 12. 1953. —— 11 StABg B A.Ic.1, 25. 4. 1867; RBE 1887, S. 6; RBO 1914, S. 1. —— 12 Heuberger, Brugg im 19. Jahrhundert, S. 55.

Mühseliger Alltag und vergnügliche Freizeit im 19. und 20. Jahrhundert   **445**

285 ___ Blick in die Kratten-, heute Falkengasse, undatierte Postkarte aus dem 20. Jahrhundert. Das Gebäude mit der tief liegenden Traufe rechts, das heute noch steht, ist das ehemalige Krattenwaschhaus, das im späten 19. Jahrhundert vorübergehend auch als Schlachthaus benützt wurde.

chen Raum auf. Im 19. Jahrhundert nahm die Bedeutung der Waschhäuser langsam ab, denn die Komfortbedürfnisse liessen immer mehr private Waschküchen entstehen. So wurde das Waschhaus an der Krattengasse ab 1867 etwa 25 Jahre lang im Winter als Lokal für das Schlachten von Schweinen benutzt, womit Brugg vorderhand auf ein Schlachthaus[10] verzichten konnte. Das Waschhaus in der Vorstadt wurde 1903 durch ein Pissoir ersetzt und jenes in der Krinne 1914 dem Blauen Kreuz als Vereinslokal verkauft.[11] Ab den 1950er-Jahren lösten elektrische Waschmaschinen die kupfernen «Waschkessi» endgültig ab.

Langsam zunehmender Wohnkomfort

Bis zum Ersten Weltkrieg kannte Brugg keine «Mietskasernen». In manchen Altstadthäusern wohnten zwar zwei, selten auch drei Familien, und die im Lauf des 19. Jahrhunderts erstellten Neubauten ausserhalb des Mauerrings waren üblicherweise Zwei- oder Dreifamilienhäuser, die von Gemüsegärten umgeben waren. Doch wirklich grosse Wohngebäude fehlten. Die Zahl der Wohnhäuser verdoppelte sich von 144 im Jahr 1803 auf 297 im Jahr 1900, aber der grosse Schub stand erst bevor.[12]

Mit der Eingemeindung Altenburgs kamen 44 Wohnhäuser hinzu. Im folgenden Jahrzehnt entstanden über 100 Neubauten, vor allem im Gebiet zwischen Stadt und Bahndamm. So wurden 1910 bereits 461 Wohnhäuser gezählt, in denen sich 794 Haushaltungen befanden. Fast jede zweite Wohnung gehörte der Familie, die sie bewohnte. Der Anteil der Eigentumswohnungen von 45 Prozent lag wesentlich über jenem von Aarau oder Baden (35 beziehungsweise 25 Prozent) – ein Indiz für die späte bauliche und industriel-

286 __ In Bildmitte vor der Fassade des «Roten Hauses» das 1884 erstellte Pissoir beim Eisi, aufgenommen anlässlich des Jugendfestes 1905. Frauen fanden in Brugg keine öffentliche Toilette vor. Dies führte 1934 zum folgenden Eintrag im Gemeinderatsprotokoll: «Mehr als in früheren Jahren treffen in Brugg Passanten ein, namentlich aus Deutschland in Gesellschaftswagen. Die Leute halten oft auf dem Eisi und dabei wird immer ein Abort für Damen vermisst. Jüngst soll es vorgekommen sein, dass Frauen auf dem Eisi, umstellt von Mitreisenden, ihre Notdurft verrichten mussten.» Der Krieg verzögerte jedoch den 1938 beschlossenen Umbau des Eisiplatzes und den Bau einer Wartehalle samt öffentlicher Toilette. Erst 1944 war die Baute erstellt, womit Brugg erstmals eine öffentliche Toilette für beide Geschlechter einweihen konnte.

le Entwicklung Bruggs. Im Schnitt waren die Brugger Wohnungen auch kleiner als jene in den Nachbarstädten. In den Eigentümerwohnungen standen im Mittel 4,8 Zimmer, in den Mietwohnungen 3,1 Zimmer zur Verfügung. In den Ein- bis Dreizimmerwohnungen wohnten im Schnitt 3,5 Personen, in den Vier- und Fünfzimmerwohnungen 4,7 Personen. Pro Zimmer und Jahr mussten die Brugger Mieterinnen und Mieter zwischen 80 und 100 Franken zahlen, dies bei Jahreslöhnen, die oft um die oder gar unter der 1000er-Schwelle lagen.¹³

Die Komfortverhältnisse in den Wohnungen hatten sich Ende des 19. Jahrhunderts

639 __ stark verbessert. Seit 1882 kam das *Trinkwasser* in unterirdischen Leitungen in jede ange-
219f., 648 __ schlossene Wohnung. Seit 1892 erzeugte das Elektrizitätswerk *elektrischen Strom* und bot damit eine Alternative zu den russenden Petrollampen an. Und 1896 begann die Stadt mit
645 __ dem Aufbau eines *Kanalisationsnetzes*, um die häuslichen Abwässer abzuführen. So stand Bruggs Wohnkomfort bei der Wohnungszählung 1910 nicht wesentlich hinter jenem in Aarau und Baden zurück. Nur in Einzelfällen mussten sich zwei Haushaltungen eine Küche teilen. Neun Zehntel aller Wohnungen hatten fliessendes Wasser in der Küche. 86 Prozent verfügten über einen eigenen Abtritt, die Bewohnerinnen und Bewohner der übrigen Wohnungen mussten sich mit einem gemeinsamen «Lokus» begnügen. Besonders

__13 Kantonales Statistisches Bureau, Wohnungszählung 1910, S. 1–3, 12, 23f. __14 Ebenda, S. 16f. __15 StABg B A.Ic.2, 17. 1. 1884, S. 246f.; B A.Ic.4, 17. 4. 1903, S. 365–368. __16 Kantonales Statistisches Bureau, Wohnungszählung 1910, S. 17. Germann, Bauen und Wohnen, S. 11. __17 Kantonales Statistisches Bureau, Wohnungszählung 1910, S. 18.

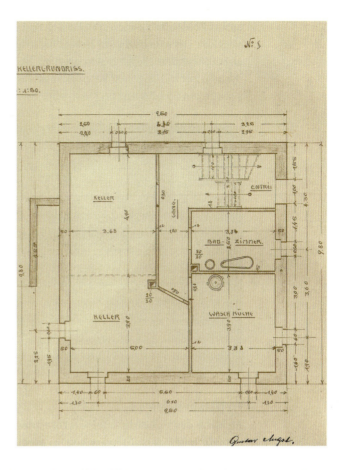

287 — Grundriss des Kellers für ein 1909 an der Seidenstrasse 22 errichtetes Zweifamilienhaus. Das gemeinsame Bad zweier Mietwohnungen im Kellergeschoss stellt einen eher bescheidenen Luxus dar: Es bietet mehr als die in der Waschküche aufgestellte Badewanne, aber weniger als das in dieser Zeit allmählich üblich werdende Badezimmer im Erdgeschoss.

in der Altstadt hatte man es bei einem Drittel der Wohnungen noch nicht geschafft, einen wohnungseigenen Abtritt einzubauen. Acht von neun Abtritten hatten Wasserspülung, die übrigen funktionierten vorwiegend nach dem Plumpsprinzip.[14] Wer unterwegs mal musste, hatte erst ab 1884 die Gelegenheit, in gesittetem Rahmen ausser Haus Wasser zu lassen – und das auch nur als Mann. In diesem Jahr wurden die ersten öffentlichen Bedürfnisanstalten Bruggs eingerichtet: je ein *Pissoir* beim Eisi und beim Schwarzen Turm. Letzteres empfanden manche aber als Verunstaltung des altehrwürdigen Turms, sodass die Stimmbürger 1903 beschlossen, als Ersatz das kaum mehr gebrauchte Vorstadtwaschhaus beim Zollplätzli in ein Pissoir umzubauen.[15]

Die Körperpflege erfolgte um 1910 noch weitgehend in der Küche oder in der Waschküche, den oft einzigen Räumen mit fliessendem Wasser. Über eine *Badegelegenheit* verfügten erst 32 Prozent der Eigentümer- und 20 Prozent der Mietwohnungen. In vielen Fällen stand die Badewanne in der Küche oder in der Waschküche. Eigentliche Badezimmer entstanden zuerst in Villen, während selbst Wohnbauten für das gehobene Bürgertum lange darauf verzichteten. So wies das Einfamilienhaus, das sich Bezirkslehrer Dr. Theodor Eckinger 1907 an der Promenade bauen liess, noch kein Badezimmer auf. In den nach 1910 erstellten Bauplänen fehlte ein Badezimmer hingegen nur noch selten.[16]

Das elektrische Licht, 18 Jahre zuvor eingeführt, erreichte im Jahr 1910 erst zwei Drittel aller Haushalte. Brugg heizte noch überwiegend mit Holz, nur drei Prozent der Wohnungen verfügten über eine mit Kohlen befeuerte Zentralheizung.[17] Auch in der Küche wurde mit Holz hantiert, denn Brugg baute erst sehr spät, 1912, ein *Gaswerk,* und die Elektrizität war anfänglich zu teuer zum Kochen. Nach dem Ersten Weltkrieg wurden vermehrt Kohlenheizungen erstellt. Seit den 1950er-Jahren wurden diese durch Ölheizungen abgelöst. Der Wechsel zum Heizöl hatte auch auf die Kehrichtabfuhr Auswirkungen: Die abzuführenden Mengen wuchsen nicht nur, weil immer mehr Lebensmittel und Gebrauchsgüter in eigenen Verpackungen angeboten wurden, sondern auch, weil diese Verpackungen nicht mehr im Ofen verbrannt werden konnten.[18]

Jeder kannte jeden

Mit der Einführung der Brandversicherung auf Anfang des Jahres 1806 erhielten alle im Brandkataster verzeichneten und somit versicherten Gebäude eine *Hausnummer*. Diese Brandversicherungsnummern wechselten im Lauf des 19. Jahrhunderts mehrmals, in Brugg letztmals bei der Erstellung neuer Brandversicherungsregister (Lagerbücher) 1876. Seither wurden Brandversicherungsnummern fortlaufend nach Erstellung der Gebäude zugeteilt. Diese an der Fassade angeschlagenen Schildchen dienten nur beschränkt zur Auffindung einer Adresse. «In früheren Jahren war ein Hilfsmittel zur Orientierung nicht erforderlich», erklärte der Gemeinderat 1933. «Es kannte jeder die sämtlichen Stadteinwohner und so konnte leicht das Domizil eines Stadteinwohners auf der Strasse erfragt werden. Heute zeigt sich, dass diese Art der Orientierung nicht mehr möglich ist. Der Ortsfremde findet die Wohnung der Person, die er sucht, oft erst nach langen Bemühungen.» Aus diesem Grund nahm Brugg 1934 eine zusätzliche Nummerierung der Häuser nach Strassenzügen vor.[19]

Freizeit in Vereinen

Ab Mitte des 19. Jahrhunderts verbrachten mehr und mehr Brugger, später auch Bruggerinnen, einen Teil ihrer Freizeit in vereinsähnlichen Organisationen. Nimmt man die Standschützengesellschaft zum Massstab, die sich auf das Jahr 1527 zurückführt, existiert das Brugger Vereinswesen schon viel länger. Aber erst das 19. wurde zum «Jahrhundert der Vereine». Bis zu seinem Ende entstanden im schweizerischen Durchschnitt rund 10 Vereine auf 1000 Einwohner.[20] In Brugg (2345 Einwohner) sowie Altenburg und Lauffohr (je 293 Einwohner) dürfte die Vereinsdichte zu diesem Zeitpunkt nicht stark vom Mittel abgewichen sein. Genaue Zahlen aber fehlen, denn nach schweizerischem Recht mussten und müssen Vereine nirgends eingetragen sein. So lässt sich der Bestand an Vereinen für keinen Zeitpunkt exakt beziffern. Denn immer wieder, und gerade in den frühen Jahren, gingen Vereine auch wieder ein, zudem wechselten viele ihren Namen, andere schlossen sich zusammen.[21]

---

[18] RBE 1962, S. 23. —— [19] StABg B A.Ic.9, 22. 12. 1933, S. 277f. —— [20] HLS, Artikel Vereine. —— [21] Den Ausführungen über die Vereine liegen Vorarbeiten von Felix Müller zugrunde, die auch methodische Überlegungen enthalten und als Artikel mit vielen Beispielen zur Brugger Vereinsgeschichte publiziert sind: Müller, Vereinsgeschichte. —— [22] Riniker, Frohsinn, S. 7f. Die in StABg Q 010 enthaltenen Akten dieses Vereins beginnen mit dem Jahr 1848 und halten nachträgliche Zahlungen von Mitgliederbeiträgen für die Jahre 1846/47 fest, sodass 1846 als Gründungsjahr realistisch ist. Keller, Eduard; Niedermann, Wilhelm (Bearb.): Die schweizerischen Vereine für Bildungszwecke im Jahre 1871 […], Basel 1877, S. 7, 86, 122, 157, 178, 200, 218, führen den Männerchor Brugg hingegen auf 1824 zurück. Ob damit die von Riniker erwähnte Singgesellschaft gemeint ist, bleibt unklar. —— [23] Stiefel, Musikgesellschaft. Kaufmann, Orchesterverein. Müller, 150 Jahre Stadtmusik. —— [24] Müller, Vereinsgeschichte, S. 90f. —— [25] Keller, Eduard; Niedermann, Wilhelm (Bearb.): Die schweizerischen Vereine für Bildungszwecke im Jahre 1871 […], Basel 1877, S. 157.

Diese Unsicherheit besteht auch bezüglich der Gründungsjahre. Mancher Verein entstand aus einer losen Vereinigung, die sich später Statuten gab. So soll der Männerchor Brugg sich 1846 aus einer «privaten Singgesellschaft» entwickelt haben. Da dieser Chor sich nur unregelmässig an Gesangswettbewerben beteiligte, formierten «Sänger, denen eine intensive Pflege des Gesanges Bedürfnis war» 1881 den Männerchor Frohsinn.[22] Auch in Lauffohr entstand Mitte des 19. Jahrhunderts ein Männerchor; das Gründungsjahr ist nicht bekannt. In Brugg bildeten sich 1896 der Eisenbahnermännerchor und 1897 der Männerchor Liederkranz, der bis heute existiert.

Wie andernorts setzten die Vereinsgründungen in Brugg mit *musikalischen Gruppierungen* ein. Die Musikgesellschaft, heute Orchesterverein, hat sich spätestens 1817 gebildet, die Stadtmusik 1846. Beide Vereine durchlebten Phasen mit geringer oder ganz eingeschlafener Aktivität.[23] Mit der Zeit entstanden weitere, kleine Blechmusikgesellschaften. So existierte um 1890 eine Blechmusik Altenburg und um 1903 eine Musikgesellschaft von Arbeitern, die am Neubau der Eisenbahnbrücke beschäftigt waren, beides allerdings kurzlebige Vereine.[24]

Eine Statistik von 1871 führt für Brugg einen Gemischten Chor mit Gründungsjahr 1830 an.[25] Die Existenz eines Vereins mit Mitgliedern beiderlei Geschlechts schon vor der Mitte des 19. Jahrhunderts ist bemerkenswert. Denn das Vereinswesen war lange fast ausschliesslich Männerangelegenheit. Als bürgerliche Geselligkeitsform richtete es sich nach den Wertvorstellungen des Bürgertums, das dem Mann ein Wirken ausser Haus und in der Öffentlichkeit zubilligte und die weibliche Tätigkeit auf Haus und Familie beschränkte. Später entstanden reine Frauenvereine, so etwa die 1909 gegründete Brugger Sektion des Schweizerischen Gemeinnützigen Frauenvereins, die nach wie vor existiert und sich vor allem soziale Aufgaben gibt. Die meisten der klassischen Männervereine hingegen öffneten sich erst in der zweiten Hälfte des 20. Jahrhunderts für Frauen.

Manche der frühen Vereinsgründungen können im Zusammenhang mit der Aufklärung gesehen werden, also mit der Geistesrichtung, die sich um 1800 mit der Revolution durchsetzte und ein rationales Denken des selbständigen Menschen anstrebt. In diesem Sinn gründeten «die geistigen Häupter der Stadt» 1827 oder 1828 die *Lesegesellschaft*. Dieser clubartige Verein Gebildeter verkehrte in einem Lokal, in welchem den Mitgliedern

288 __ Der Männerchor Frohsinn auf Vereinsreise am Gemmipass, 1904.

neben den in dieser Zeit aufkommenden Tageszeitungen auch eine kleine Bibliothek zur Verfügung stand. Gleichzeitig bildete die Lesegesellschaft «einen Klub für Unterhaltung und Besprechung politischer Fragen».[26] Sie bestand bis 1917, ihr Lesezimmer in einem der beiden kleinen Ökonomiegebäude hinter dem Stadthaus sogar bis Anfang der 1970er-Jahre. Auch die Stadtbibliothek Brugg ist vereinsmässig organisiert. Die erste Brugger Bibliothek geht auf das Jahr 1640 zurück, als im obersten Geschoss des Lateinschulhauses ein Bibliothekssaal eingerichtet wurde. Um 1800 lag diese überwiegend theologische Büchersammlung «in einem Scheuerlein des Pfarrhauses unter einem Dache, das den Regen durchliess», bevor sie der Rat in den 1830er-Jahren verkaufte.[27] Nach zwei erfolglosen Versuchen in den Jahrzehnten zuvor gründeten «einsichtige Männer»[28] dann 1864 die Stadtbibliothek, die von Privaten, aber auch von der Stadt unterstützt wurde. Sie war ab 1943 im Zimmermannhaus, später in der alten Post und ist seit 1984 wiederum im Zimmermannhaus untergebracht. Treibende Kraft bei der Bibliotheksgründung war der Bezirkslehrer Johann Jakob Bäbler, der zu diesem Zeitpunkt Präsident der 1815 mit aufklärerischer Absicht gebildeten und bis heute bestehenden *Kulturgesellschaft des Bezirks Brugg* war.[29] Die Kulturgesellschaft ist übrigens ein Beispiel für Vereine mit Sitz in Brugg, die eine regionale Ausstrahlung haben. In diese Kategorie fällt beispielsweise auch der 1826 entstandene Bezirksgesangsverein, die Dachorganisation der Männerchöre, oder aber auch Bezirkssektionen kantonaler Gesellschaften wie der Landwirtschaftliche Bezirksverein Brugg.

Im 19. Jahrhundert entstanden zudem die ersten *Sportvereine*. Die Turnbewegung hatte im Aargau in den 1820er-Jahren die ersten Anhänger gefunden und 1832 zur Gründungsversammlung des Eidgenössischen Turnvereins in Aarau geführt. Leibesübungen gehörten seit 1844 an der Bezirksschule Brugg zu den Lehrfächern, und 1860 erhielt Lauffohr mit drei weiteren aargauischen Landgemeinden von der kantonalen Kulturgesellschaft und der Landwirtschaftlichen Gesellschaft eine Prämie von 70 Franken für die Einführung der gymnastischen Übungen und Turnspiele in seiner Schule.[30] In Brugg entstand erst 1856 der Bürgerturnverein, der heutige Stadtturnverein, und zwar auf Anregung zweier nach Brugg umgezogener Aarauer Turner.[31] Der sportliche Zweck stand dabei nicht einmal zuvorderst, wie der Gründungsbericht zeigt: «[Emil] Schmid eröffnete den Anwesenden [...], dass er sie zusammenberufen habe, um einen Verein zu gründen. Welchen Verein man gründen wolle, lasse er den Anwesenden anheimgestellt, jedoch würde er einen Turnverein vorziehen.»[32] Der gesellschaftliche Aspekt spielte auch bei anderen Sportvereinen eine Rolle, etwa bei der Sektion Brugg des Schweizer Alpen-Clubs – gegründet 1919 –[33] oder bei der Segelfluggruppe Brugg, die 1935 ihr selbst gebautes Fluggerät erstmals auf dem Birrfeld aufsteigen liess und schon drei Jahre später zum Motorflugzeugschlepp überging.[34] Solche Sportarten setzten gewisse finanzielle Mittel voraus. Überhaupt war das Vereinsleben anfänglich stark bürgerlich geprägt. Der 1914 gegründete Fussballclub galt hingegen als proletarisch und musste um seine Anerkennung kämpfen. 1924 führte er eine «soirée dansante» (Ball) durch, um gesellschaftsfähi-

——— 26 Heuberger, Brugg im 19. Jahrhundert, S. 72f. ——— 27 Ebenda, S. 72. ——— 28 Ebenda. ——— 29 Fricker, Stadtbibliothek. Dort S. 98 auch ein Verzeichnis der früheren Lokale der Bibliothek. – Zu Bäbler: Biographisches Lexikon, S. 30f. ——— 30 Bläuer, Leibesübungen, S. 44. ——— 31 Ebenda, S. 47. ——— 32 Leder, Stadtturnverein, S. 8f. ——— 33 Spörri, Alpenklub. ——— 34 Egli/Mühlethaler, Segelflieger. Segelfluggruppe Brugg, Flugplatz Birrfeld. ——— 35 50 Jahre FC Brugg, S. 7f. ——— 36 StABg B A.Ic.9, 24. 2. 1933, S. 12. ——— 37 StABg B A.Ic.9, 22. 12. 1933, S. 6. Zu den Neujahrsblättern siehe Baumann, Hundert Jahre Brugger Neujahrsblätter. ——— 38 Zum Schützenwesen vgl. Horlacher, Zielstatt, und Heuberger, Brugger Schützenwesen. ——— 39 Müller, Vereinsgeschichte, S. 84. Proinfo Brugg, Lohn 2004.

ger zu werden. Die geforderte schwarze Kleidung mussten manche Mitglieder ausleihen, andere konnten deswegen nicht teilnehmen.³⁵ 1933 zählte er 70 Aktivmitglieder, erhielt aber eine Abfuhr beim Versuch, städtische Unterstützung für die Schaffung eines Sportplatzes zu bekommen.³⁶ Zu diesem Zeitpunkt waren die 1888 erstellte Turnhalle und die 1931 geschaffene Aschenbahn auf der Schützenmatt die einzigen Sportstätten in Brugg. Jahresbeiträge aus der Stadtkasse erhielten 1933 die Stadtmusik, die Unionsmusik, die Blaukreuzmusik, die Stadtbibliothek, die Unionsbibliothek, die Weihnachtsbaum-Kommission, die Stiftung für das Alter, der Cäcilienverein, die Standschützengesellschaft, die Neujahrsblätter, die Gesellschaft Pro Vindonissa und der Verein für Schutz und Pflege nützlicher Vögel.³⁷

Bedingt durch die Bevölkerungsentwicklung und den Rückgang der Arbeitszeit weitete sich das Vereinswesen ab etwa 1880 und erst recht im Lauf des 20. Jahrhunderts stark aus, einerseits zahlenmässig, andererseits durch eine weltanschauliche Differenzierung: Die sich politisch organisierenden Arbeiter gründeten eigene Vereine, um sich von den bürgerlichen «Herrenvereinen» abzugrenzen oder um überhaupt die Möglichkeit zur Vereinstätigkeit zu haben. So entstanden neben der als «Herrenmusik» titulierten Stadtmusik eine Eisenbahner- und eine Radfahrermusik, die sich 1929 zur Unionsmusik zusammenschlossen. Diese nannte sich ab den 1950er-Jahren Arbeitermusik, seit den 1990er-Jahren Musikverein Brugg-Windisch. Um 1902 bestanden in Brugg vier Schützenvereine, später deren fünf.³⁸ Auch die katholische Pfarrei zählte etwa ein halbes Dutzend Vereine: Die katholische Kirche versuchte, ihre Glaubensgenossen in ein nach Alter und Geschlecht differenziertes Vereinssystem einzubinden, um eine Abwanderung in Freizeitaktivitäten zu verhindern, die ihr allzu weltlich, konfessions- und sittenbedrohend erschienen. Das katholische Vereinswesen in Brugg entstand nach der Pfarreigründung zu Beginn des 20. Jahrhunderts. Es verlor im Gefolge der gesellschaftlichen Säkularisierung seit den 1950er-Jahren stark an Bedeutung.

Obwohl zu allen Zeiten Vereine auch wieder eingeschlafen sind und viele Vereine heute einen Mitgliederrückgang verzeichnen – besonders stark bei Männerchören und Schützenvereinen –, ist die Vereinslandschaft im Lauf der Jahrzehnte sehr vielfältig geworden. Zu ihr gehören Jugendvereine wie Pfadfinder, Jungwacht und Blauring, militärische Vereine wie der Kavalleriereitverein (seit 1879), der Unteroffiziersverein (seit 1895) oder der Pontonier-Sportverein (seit 1897), aber im weiteren Sinn auch die rechtlich als Vereine organisierten Ortsparteien oder der 1876 gegründete Einwohnerverein, der ebenfalls politische Ziele verfolgte. Brugg zählt heute weit über 100 Vereine.³⁹

Vereinstheater, Festspiele und Kino als Höhepunkte

Im 19. und frühen 20. Jahrhundert bestritten die Vereine mit ihren Konzerten, Turnervorführungen und Bühnenstücken im Wesentlichen das *Kulturprogramm* der Stadt. Erst seit den 1950er-Jahren nimmt ihre kulturelle Bedeutung ab und wird durch andere Angebote wie Kino, Fernsehen und auswärtige Veranstaltungen aller Art konkurrenziert.

Träger des musikalischen Lebens in Brugg ist seit etwa 1880 der Cäcilienverein, in welchem Chöre und Musikvereine zusammengeschlossen sind. Unter seiner Ägide fanden jährliche Konzerte und Operettenvorführungen statt. Auch etliche andere Vereine hielten gegen Ende des Kalenderjahrs ihre Vereinsfeste ab. Manche spielten Theater, andere führten Improvisationen auf. Diese kulturellen Darbietungen standen künstlerisch nicht immer auf hohem Niveau, doch galt «Dilettantismus» als etwas grundsätzlich Positives, und solche Anlässe bildeten den absoluten Höhepunkt im gesellschaftlichen Leben des Vereins

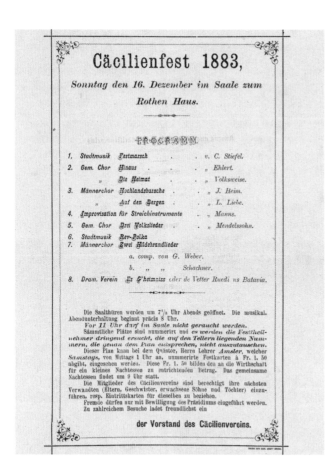

289 ⸺ Einladung des Cäcilienvereins an seine Mitglieder für das Cäcilienfest 1883 im «Roten Haus». Das dreistündige musikalisch-dramatische Programm («vor 11 Uhr darf im Saale nicht geraucht werden») wurde von der Stadtmusik, dem Gemischten Chor, dem Männerchor sowie dem Dramatischen Verein bestritten.

und teils auch der Stadt. Die folgende Schilderung bezieht sich auf eine solche Veranstaltung des etablierten Männerchors Frohsinn um 1885 im «Rössli»: «Der Saal war bis auf den letzten Platz besetzt. Auf der einen Seite sassen die Ehrengäste, die Spitzen der Gesellschaft und die Vorstandsmitglieder mit ihren Damen, alle festlich gekleidet, auf der andern Seite die Jungmannschaft […], alle mit ihren Geladenen, einer niedlichen, anmutigen Schar fröhlicher Mädchen. Nach offiziellen Reden, Hochrufen und Bechertrunk wurde zum Tanz aufgefordert. Polonaise, Rundtänze, Quadrille, Lancier und ein hübscher Cotillon brachten Leben in die Gesellschaft. Man wurde warm. Die Sänger taten ihr Bestes. Es wurde ein Lustspiel und eine Parodie von Schillers ‹Sängers Fluch› aufgeführt. Der offene Wein wurde durch bouchierten [Flaschenwein] ersetzt. Der grosse Silberpokal zirkulierte fleissig, und am Ehrentisch knallte es. Gegen sieben Uhr war Schluss. Die Jungmannschaft begleitete den Damenflor auf geheimnisvollen Umwegen nach Hause, um dann später oben auf dem Hexenplatz einen mächtigen Schlusskantus anzustimmen.»[40]

1891 wurde das 600-jährige Bestehen der Eidgenossenschaft gefeiert – es handelte sich um die erste Bundesfeier überhaupt. Höhepunkt dieses Festes war das *Festspiel* von Adolf Frey mit dem Titel «Bundesschwur von 1291». Auf der Schützenmatt wurde es vor rund 2000 begeisterten Zuschauenden gegeben. Diese patriotischen Stunden hinterliessen einen nachhaltigen Eindruck. Um diesen aufzufrischen, taten sich sieben Jahre spä-

⸺ 40 Rordorf, Brugger Zeitbild, S. 23f. ⸺ 41 StABg M 11.1, 11.4, 11.3. – Dazu auch Heuberger, Wilhelm Tell als Volksschauspiel. ⸺ 42 Heuberger, Braut von Messina als Volksschauspiel. ⸺ 43 Banholzer, Max: Wohl das erste Kino in Brugg. In: BgT, 1. 8. 1992.

ter Vertreter verschiedener Vereine zu einem Komitee zusammen, um im Sommer 1899 «ein dramatisches Werk ersten Ranges im Freien aufzuführen und die Ideen der Bundesfeier aufs Neue zu beleben». Seit 1891 habe der Aufschwung in Industrie und Gewerbe zu einer rapiden Vermehrung der Bevölkerung geführt, «und wir erfahren seit jener Zeit auch eine erfreuliche Steigerung des geselligen Lebens in Brugg. Jahr um Jahr werden uns an den Festen der einzelnen hiesigen Vereine dramatische Leistungen vorgeführt, die sich durch den Zuwachs immer neuer Kräfte stets besser gestalten und allgemeine Anerkennung finden.» Als Stoff wurde Schillers «Wilhelm Tell» gewählt. In öffentlichen Versammlungen warb das Komitee um finanzielle Beiträge und um Mitwirkende. Das Grossprojekt auf der Schützenmatt gelang: Unter professioneller Regie spielten 200 Mitwirkende, davon 20 beritten, zwischen Mai und Juli 14-mal vor je 2000 Personen und fanden begeistertes Echo. Von einer «Sehenswürdigkeit ersten Ranges» schrieb das «Aargauer Tagblatt», und auch die «Neue Zürcher Zeitung» berichtete voller Anerkennung. Der durchschlagende Erfolg zeigte sich auch finanziell. Nachdem die von breiten Kreisen gezeichneten Anteilscheine zurückgezahlt waren, blieb ein Reingewinn von 1725 Franken, dies bei hohen Gesamtausgaben von 45 000 Franken.[41]

An dieses Grossereignis erinnerte sich Brugg noch lange. Es war der Anfang einer kleinen Festspieltradition, die 1907 mit Schillers «Braut von Messina»[42] ihre Fortsetzung fand und in loser Folge, teils verbunden mit grossen Festanlässen wie dem Kantonalschützenfest 1927, neue Festspielaufführungen hervorbrachte. Im Rahmen des Kantonsjubiläums von 1953 feierte sogar Schillers «Tell» wieder Auferstehung. Im Amphitheater gab das Ensemble des Stadttheaters St. Gallen, das im Sommer jeweils am Kurtheater Baden spielte, unter Mitwirkung von Brugger Vereinen drei Vorstellungen vor je 8000 Personen.

Die szenischen Spiele des Brugger Vereinslebens wurden im 20. Jahrhundert mehr und mehr abgelöst durch Vorführungen auswärtigen Kulturschaffens, vor allem durch das kurz vor 1900 erfundene Medium Film. Das erste Brugger Kino befand sich im Restaurant National an der Ecke Seiden-/Fröhlichstrasse, wo zwischen 1911 und etwa 1920 Filme gezeigt wurden.[43] Mit einer gewissen Skepsis betrachtete man das neue Medium. In Baden machte sich der Stadtrat 1912 ernsthafte Sorgen, es werde im Kino Unzüchtiges gezeigt. Auch der Brugger Stadtammann Hans Siegrist war 1912 der Meinung, das Kino stelle eine

290 __ Massenszene mit Pferden aus den Tellaufführungen von 1899 auf der Schützenmatt.

291 __ Blick über die querende Seidenstrasse in die Fröhlichstrasse, kurz nach 1900. Im Hintergrund links die 1901 erbaute Landwirtschaftliche Winterschule ennet der Aare. Das Restaurant National rechts beherbergte zwischen 1911 und 1920 das erste Brugger Kino. Der mächtige Eckbau zeugt von den Hoffnungen, welche der Bauherr in die Entwicklung dieses neu erschlossenen Quartiers steckte.

Gefahr für die Jugend dar. Ein anderer Stadtrat widersprach, man habe in Brugg «nachteiliges über den hiesigen Kinemathografen wirklich nicht gehört».44

Als 1921 der Zürcher Kinounternehmer Jean Speck das «Odeon» eröffnete, war dies gleichwohl Anlass, Vorschriften über den «Betrieb von Kinematographen» zu erlassen. Diese recht restriktiven Bestimmungen enthielten feuerpolizeiliche Massnahmen, denn die Filme der damaligen Zeit waren in hohem Mass entflammbar. Die Vorschriften zeugen von einem gewissen Misstrauen gegenüber dem Kinounternehmer Speck, der ein Zürcher war und nicht bloss ein Brugger Wirt wie im «National». Die Aufsicht ging so weit, dass sich die Stadt die Passepartout-Schlüssel zum Kinogebäude geben liess. Aber auch eigentliche Zensurvorschriften sind enthalten, denn der Gemeinderat wollte alle Filme und die dafür werbenden Plakate durch die Polizei oder durch eine Kommission begutachten lassen. «Das Vorzeigen von Mord-, Raub-, Einbruchs-, Ehebruchscenen etc., überhaupt unsittlicher, verrohender oder sonst anstössiger Filme, ist verboten […]. Das Begleiten der kinematographischen Vorstellungen mit lärmender Musik ist untersagt, ebenso das Ausrufen der Vorstellungen vor dem Etablissement», hiess es in der Vorschrift. Um sich einen Film anzusehen, musste man mindestens 16 Jahre alt sein. Spezielle Kindervorstellungen mit geeigneten Filmen waren allerdings gestattet.45 1953 kam ein weiteres Kino dazu: das Excelsior an der Badenerstrasse.

__ 44 StABg B A.IIa.70, 6. 12. 1912, Nr. 2726. __ 45 StABg B A.IIa.79, Nr. 259; B A.IIIg.4, Nr. 32, undatierte Vorschrift, 1921. __ 46 Frölich, «Wie's früener gsi isch …», S. 40. __ 47 Rordorf, Brugger Zeitbild, S. 24. __ 48 StABg B A.Ib.1, 12. 5. 1859, S. 12–20; 14. 10. 1859, S. 26–29.

Badevergnügen: Im Fluss oder im Bassin?

Die Sommer- und Wintervergnügungen der Brugger Jugend orientierten sich am Element des Wassers, das mit der Aare in genügendem Mass vorhanden war. «Im Winter het me chönne schlitte und Schlittschueh laufe uf em Villnacherer Weiher; do het's au wuchelang Is und Schnee gha und nid so Pflüderwinter wie in de letschte Johre, und am Spittelrei isch's schlitte erlaubt gsi und wemme e Bahn atrette gha het, sind nid d'Stadtarbeiter cho und händ sie eim versandet», berichtet Leopold Frölich über die Zeit um 1870.[46] Das Eislaufen, etwa auch in den Schachen längs der Aare, oder das Schlitteln in den Altstadtgassen brachten junge Erwachsene einander näher, wie der Apothekergehilfe Rordorf über den Winter 1885/86 berichtet: «Zu zweit in sausender Fahrt hinunterzuschlitteln oder auf spiegelglattem Eise Hand in Hand bogenlaufend dahinzuschweben, das öffnete die jungen Herzen und manches liebe Wort wurde gewechselt […].»[47]

Im Sommer jedoch war das Baden in der Aare die beliebteste Freizeitvergnügung für viele Kinder, Jugendliche und auch Erwachsene. Brugg hat seit 1859 hintereinander vier *Badanstalten* gekannt, anfänglich unterhalb der Altstadt, seit 1937 beim heutigen Schwimmbad südlich von Altenburg. Bis 1899 handelte es sich um eine hölzerne, im Uferbereich fest verankerte Konstruktion, die keine neugierigen Blicke von aussen zuliess. Das Bedürfnis, eine Badanstalt zu schaffen, kam auf, weil früher benutzte Badestellen durch natürliche Veränderungen im Flussbett «gänzlich unbrauchbar» geworden waren. Es gab keine gut erreichbare Uferstelle mehr, wo die Aare nicht zu gefährlich, dafür genügend tief war und wo die «Sicherheit gegen die Blicke von Zuschauern» gewährleistet war. Letzteres galt nach Darstellung des Stadtrates vor allem für «Kinder, Töchter und Frauenzimmer» und sei der Grund, weshalb allerorten Badanstalten entstünden. In ihrem ersten Sommer, 1859, benutzten nur Frauen und Mädchen die neu geschaffene Badanstalt, während Knaben und Männer weiter flussabwärts, im Strängli, badeten. Ein Jahr später wurde sie erweitert, weil auch die Männer auf den Geschmack gekommen waren.[48]

292 __ Blick von der Ländi gegen die Altstadt, 1890. Im Vordergrund Pontoniere an der Arbeit. Am gegenüberliegenden Ufer die hölzerne Badanstalt unterhalb der Promenade. Sie war 1859 weiter flussabwärts errichtet und 1877 an den abgebildeten Standort verschoben worden. Hier verblieb sie bis 1899, bevor sie durch einen eisernen Neubau am anderen Ufer ersetzt wurde.

293 ___ Die 1899 erstellte, zweite Brugger Badanstalt in der so genannten Waage unterhalb der Vorstadt, teilweise demontiert. Das Bild stammt vom Frühjahr 1907, als die schwimmende Eisenkonstruktion auf einer wachsenden Sandbank in Schieflage geriet. Dadurch füllte sich ein oben nicht verschlossener Caisson (metallener Schwimmkörper) mit Wasser. Nachdem die Konstruktionsfirma Wartmann & Vallette den Schaden behoben hatte, konnte die Badanstalt bis 1937 weiterbenutzt werden.

1877 musste diese Badanstalt stadtwärts verschoben werden, um Platz für den entstehenden Waffenplatz zu schaffen. Dieser Standort wurde 1899 aufgegeben. Die Badanstalt wurde auf der anderen Aareseite, in der so genannten Waage unmittelbar unterhalb der Vorstadt, neu erbaut, und zwar als schwimmende Eisenkonstruktion von 24 Metern Länge und 10 Metern Breite aus der Werkstatt der einheimischen Firma Wartmann & Vallette. Schon 1859 hatte man diesen Platz im Auge gehabt, damals aber noch befürchtet, die Badanstalt könnte hier, am Ausgang des Aare-Engnisses, durch die Flösserei beschädigt werden. Diese Bedenken kamen Ende des Jahrhunderts nicht mehr auf; die Flösserei war verschwunden. Die von einer Badmeisterin betreute Anstalt war werktags von 5 bis 21 Uhr offen, sonntags von 6 bis 19.30 Uhr. Es gab einen genauen Zeitplan, wann Männer und wann Frauen, Knaben oder Mädchen baden durften. Obwohl 1912 weiter flussabwärts, an der Ländi, ein zusätzliches Umkleidehäuschen erstellt wurde, waren die Bademöglichkeiten für die in diesen Jahren stark wachsende Bevölkerung zu knapp geworden. So zogen sich viele im Gebüsch um und badeten frei in der Aare. Gelegentlich führten die Badeaktivitäten daher zu Konflikten mit dem Waffenplatz. 1928 regten die Freisinnigen an, «eine Badeeinrichtung zu schaffen, die der Gemeinde würdig sei».[49]

Damit begann ein mehrjähriges Feilschen um Standorte, Kosten und die Frage, ob ein Strand- oder ein Bassinbad gebaut werden sollte. Schliesslich schlug ein Bürger an der Gemeindeversammlung einen Kompromiss vor, dem sogleich eine grosse Mehrheit zustimmte: Neben dem Kanaleinlauf des Elektrizitätswerks sollte ein Bassinbad für Kinder und Nichtschwimmer erstellt und im Kanal eine Schwimmgelegenheit geschaffen werden. Dahinter stand die Überlegung, «dass wir kein ausschliessliches Bassinbad wünschen. Es gibt grosse Teile der Bevölkerung, die das Flussbad nicht missen möchten.» Ganz Brugg war froh, mitten in der Krise nur 70 000 statt 250 000 Franken für ein Bad ausgeben zu müssen. Mit einem Seitenblick auf Baden und andere Städte heisst es im Gemeindeversammlungsprotokoll: «Die grossen Anlagen in andern Gemeinden, die zum Teil mit ganz enormen Summen erstellt wurden, haben im vergangenen Jahre vielerorts mit Defizit gearbeitet.» Brugg sparte sich ein grosses Becken, denn als Hauptschwimmgelände diente der Kanal, den man mit Treppenstufen zugänglich machte. Auf dem angrenzenden Terrain entstanden ein Lernschwimm- und ein Planschbecken, die mit gefiltertem Aarewasser gespeist wurden, sowie Garderobenanlagen. Ab Sommer 1937 stand diese An-

___ 49 StABg B A.Ic.2, 9. 11. 1877, S. 49f.; B A.Ic.4, 27. 2. 1899, S. 157–161; B A.Ic.5, 28. 7. 1911, S. 374; B A.Ic.9, 14. 12. 1928, S. 20; B A.IIIg.4, Verordnung über die Benutzung der Badanstalt, 1900.
___ 50 StABg B A.Ic.9, 7. 7. 1933, S. 248–250; 3. 4. 1936, S. 11–14; B A.IId.256.IV. Tobler, Badeanlage.
___ 51 StABg B A.Ic.11, 25. 6. 1954, S. 15–17; 29. 6. 1956, S. 31. ___ 52 Projektbeschrieb: Schweizer Baublatt Nr. 4, 11. 1. 1980, enthalten in StABg E 001.1.43.

Mühseliger Alltag und vergnügliche Freizeit im 19. und 20. Jahrhundert

294 __ Das zwischen 1937 und 1954 benützte Flussbad beim Kanaleinlauf. Die Grosszügigkeit dieser in die Natur eingebundenen Anlage, welche das Bad so beliebt machte, kommt auf dem Bild von 1951 gut zur Geltung. In diesem Bad galten keine getrennten Badezeiten für Frauen und Männer mehr wie in der alten Badanstalt.

lage all jenen zur Verfügung, die sich an den Schwimmbadknigge hielten: «Es dürfen keine Badekostüme verwendet werden, die gegen die guten Sitten verstossen. Weibliche Badende müssen Badeanzüge tragen. [...] Das Tragen von Dreispitzbadehosen [links gebundene, knapp geschnittene Tuchbadehose für Männer] ist untersagt.»[50]

Dieses Flussbad war rasch beliebt und zählte bis zu 1600 Tagesgäste, lebte aber keine 20 Jahre. Mit dem Bau des Kraftwerks Wildegg-Brugg veränderte sich die Aarelandschaft oberhalb von Altenburg. Im Kanal floss das Wasser nicht mehr ab, und es sammelte sich Geschwemmsel. Nach Eröffnung der Badesaison 1954 war das Wasser so verschmutzt, dass der Badebetrieb eingestellt werden musste. Umgehend sprach die Einwohnergemeinde einen Projektierungskredit. Mit finanzieller Unterstützung durch die Nordostschweizerischen Kraftwerke ergänzte die Stadt die bestehenden Bassins durch ein 50-Meter-Becken für Schwimmer, verdoppelte die Garderoben und erstellte einen Kiosk. Seit 1958 ist dieses Schwimmbad in Betrieb.[51] Seit 1982 wird es durch ein Hallenbad ergänzt.[52]

Die Entdeckung der Jugend und die Brugger «Ferienversorgung»

«Ferien» ist ein Begriff, der vor dem 20. Jahrhundert weder Erwachsenen noch Kindern geläufig war. Die meisten Industriebetriebe führten Ferien für ihre Angestellten und Arbeiter erst nach dem Ersten Weltkrieg ein, um 1920. Kinder kannten zwar auch schon im 19. Jahrhundert Schulferien, aber sie hatten kaum die Möglichkeit, die schulfreien Wochen anderswo als zu Hause oder allenfalls bei Verwandten zu verbringen. In Altenburg und im noch nicht eingemeindeten Lauffohr mussten sie in der schulfreien Zeit oft landwirtschaftliche Arbeit verrichten, desgleichen wurden sie in kleingewerblichen Verhältnissen oder im Haushalt zur Mitarbeit beigezogen. Kinder wurden lange als kleine

Erwachsene betrachtet und kaum nach ihren Bedürfnissen behandelt. Die Kadetten als erste in Brugg tätige Jugendorganisation funktionierten durchaus nach diesem Prinzip: Hier wurde die männliche Jugend in vormilitärische Übungen einbezogen und diesbezüglich auf das Erwachsenenleben vorbereitet.

470f.

Zu Beginn des 20. Jahrhunderts änderte sich das Bild der Jugend. Hinter dem einsetzenden Engagement für Kinder standen oft soziale, moralische und religiöse Beweggründe.[53] In dieser Zeit wurden Jugendorganisationen wie etwa 1908 die englischen «Scouts», die Pfadfinder, gegründet. In Brugg entstand allerdings erst 1931 eine Pfadfinderabteilung. Heute sind in den beiden zusammenarbeitenden Abteilungen «Habsburg» (Knaben) und «Vindonissa» (Mädchen) 140 Kinder und junge Erwachsene aus dem ganzen Bezirk Brugg aktiv. Für ihre Zusammenkünfte benützen sie das Strübihaus an der Unteren Hofstatt; bis 1982 hatten sie im Zimmermannhaus, bis vor wenigen Jahren auch im Untren Spittel an der Spiegelgasse Lokalitäten belegt.

Im Jahr 1910 entstand die «Ferienversorgung Brugg» als erste Brugger Institution für die Jugend, die ausserhalb der Schule angesiedelt war (wenn man vom 1866 errichteten Kinderspital absieht). Ihr Gründer war Viktor Jahn, 1890 bis 1926 reformierter Stadtpfarrer von Brugg. Jahn war vielseitig interessiert. Er betätigte sich nicht nur literarisch und naturwissenschaftlich, sondern war auch Mitgründer der Gesellschaft Pro Vindonissa.[54] Er orientierte sich an Bestrebungen in anderen Städten, wo bürgerliche Komitees der Jugend in so genannten Ferienkolonien Erholung und Kräftigung zu verschaffen suchten. Nach zwei vorbereitenden Zeitungsartikeln versammelte Jahn im April 1910 sechs Herren, «um die Gründung einer Ferienversorgung für arme & hülfsbedürftige Schulkinder der Stadt Brugg an die Hand zu nehmen». Einer der Herren regte an, die Kommission zu erweitern und «in dieselbe eventuell auch Damen beizuziehen, man habe schon oft die Erfahrung gemacht, dass Damen bei solchen gemeinnützigen Werken vorteilhaft zu arbeiten verstehen». Die anderen Herren winkten aber ab. Sie gaben zu verstehen, «dass die Damen wohl zu bestimmten Arbeiten begrüsst & beigezogen, aber nicht als stimmende Mitglieder in die Kommission gewählt werden sollten».[55]

Dank Jahns Kontakt zur «Ferienversorgung Aarau», die ihm offensichtlich als Vorbild diente, standen für den Sommer 1910 einige Plätze für Brugger Kinder im Aarauer Ferienhaus «Beguttenalp» oberhalb Erlinsbachs in Aussicht. Nun ging es darum, geeignete Kinder für die ersten organisierten Brugger Ferien zu bestimmen. «Bei der Auswahl der Kinder soll in erster Linie der Gesundheits-Zustand & erst in zweiter Linie die ökonomischen Verhältnisse massgebend sein», hielt das Komitee fest. Von konfessionellen Auswahlkriterien war nie die Rede. Man gewann zwei Ärzte, welche die von der Lehrerschaft ausgewählten Kinder untersuchten. Sie hielten fest, «dass der Gesundheitszustand der Kinder in Brugg […] im Allgemeinen als ein sehr befriedigender bezeichnet werden kann, da von den vielen Kindern verhältnismässig nur sehr wenige als krank & erholungsbedürftig befunden worden sind». Die ursprüngliche Stossrichtung des Vorhabens schien dadurch in Frage gestellt, doch das Komitee liess sich nicht beirren. Es benötigte für arbeitsintensive Tätigkeiten nun doch die Mitarbeit von Frauen. Je eine Vertreterin des

---

53 Hugger, Paul (Hg.): Kind sein in der Schweiz. Eine Kulturgeschichte der frühen Jahre. Zürich 1998, S. 444f. — 54 Biographisches Lexikon, S. 398f. — 55 StABg B G.VIa.1, 19. 4. 1910. — 56 Ebenda, 25. 5.–21. 9. 1910. — 57 Wildi, Tobias: «Die nächste Umgebung ist rein von Konsumtempeln». Der Verein Ferienheim Baden wird hundertjährig. In: Badener Neujahrsblätter 77 (2002), S. 168–179. — 58 StABg B G.VIa.1, 23. 5.–14. 6. 1911. — 59 StABg B G.VIa.4, Bericht von Lehrer Müller über die Ferienkolonie 1959/I. — 60 StABg B A.Ic.10, 21. 12. 1945, S. 4–7. — 61 Aargauer Zeitung, 19. 4. 2002.

Gemeinnützigen Frauenvereins und der Weihnachtsbaum-Kommission übernahmen es, die Eltern der 24 ausgewählten Schulkinder zu orientieren und sie anzufragen, ob sie mit der «Versorgung» einverstanden seien und ob sie einen Beitrag an die Kosten leisten wollten. Soweit die Eltern dazu nicht in der Lage waren, sprangen private Gönnerinnen und Gönner ein. Schliesslich konnte Brugg 13 Kinder auf die Beguttenalp schicken. Die Bilanz fiel positiv aus. Alle Brugger Kinder hätten sich brav gehalten, mit Ausnahme des Knaben Streuli, «der wegen Unfolgsamkeit einmal Brügel bekommen» habe.[56]

In dieser Bemerkung im Protokoll des Komitees klingt eine weitere Stossrichtung der «Ferienversorgung Brugg» an: Die mehrheitlich armen Brugger Kinder, die so ungesund ja nicht waren, sollten bürgerliche Werte kennen lernen. Sie sollten sich in die klaren Strukturen einer Gemeinschaft einfügen, wo man um 20 Uhr zu Bett ging und um 7 Uhr wieder aufstand. Das Komitee, dem neben Pfarrer Jahn als Mitinitiant auch der Kaufmann Fritz Müri angehörte, war bürgerlich zusammengesetzt. Ebenso bürgerlichen Ursprungs war der Badener «Verein für Kinderschutz und Ferienversorgung», der 1908 ein eigenes Heim auf dem Hasenberg gebaut hatte.[57] Dorthin konnten die Brugger im zweiten Jahr ihre Kinder schicken. Die Ärzte lasen wiederum 50 Kinder aus, die sie in drei «Dürftigkeitsklassen» einteilten. Dringend erholungsbedürftig waren nur drei Kinder, «während für alle andern eine Versorgungskur nur mehr oder weniger ein Bedürfnis ist». Schliesslich waren auf dem Hasenberg 30 Plätze frei. Die Eltern waren in der Regel gern bereit, ihre Kinder in die Ferien ziehen zu lassen, wo sie von Lehrpersonen betreut wurden. Eine Mutter allerdings dankte höflich, «hält es aber unter den gegebenen Umständen nicht für ratsam, ihr Kind in die Ferien zu geben, weil dieses ein künstliches Auge besitze, das täglich heraus genommen, gereinigt & wieder eingesetzt werden müsse; diese Wartung wolle aber verstanden sein».[58]

Die Gewichtszunahme der Kinder während des Lagers war so etwas wie der Erfolgsausweis der Ferienversorgung. Weit in die Nachkriegszeit hinein wurden die Kinder am ersten und letzten Tag auf die Waage gebeten: Noch im Bericht über die Sommerferienkolonie von 1959 freut sich der leitende Lehrer über eine durchschnittliche Gewichtszunahme von 1,13 Kilogramm pro Kind.[59] Die Lager fanden bis in die 1930er-Jahre hinein auf dem Hasenberg statt, dann im Kinderheim Landhaus in Weissenburg im Simmental, einige Jahre im Ferienheim der Stadt Luzern im Eigenthal und 1945 in einem privaten Heim in Neu St. Johann im Toggenburg. Hier wurde man auf den so genannten Salomonstempel im benachbarten Hemberg aufmerksam. Um die schwierige Suche nach Unterkünften zu beenden, schuf die Kommission, die bisher keine rechtliche Körperschaft gewesen war, die «Stiftung Ferienkolonie Brugg» und kaufte dieses Heim, das bis zu 40 Kindern Platz bot. Die Stadt beteiligte sich am Ankauf etwa zur Hälfte und versprach einen Betriebsbeitrag.[60] Im Salomonstempel haben seither Hunderte von Schul-, Ski- und anderen Lagern stattgefunden. Die «Stiftung Brugger Ferienhaus Salomonstempel», wie sie heute heisst, hat nach wie vor den Zweck, Kindern zu günstigen Konditionen Ferienaufenthalte zu ermöglichen.[61]

295 —— Ferienkolonie im Juli 1911 auf dem Hasenberg: Liste der teilnehmenden Kinder mit ihrer Gewichtszunahme innerhalb von drei Wochen.

> **Fütterungskur für Brugger Kinder auf dem Hasenberg**
>
> In drei Wochen hat die 12-jährige Elise zweieinhalb Kilo zugenommen. Ein Erfolg für die im Vorjahr gegründete «Ferienversorgung Brugg»! Die 30 Brugger Kinder kehren im Juli 1911 «an Leib & Seele gestärkt & voll neuer Lebensfreude» vom Hasenberg bei Widen zurück. Kein Kind hat abgenommen, bis auf eines haben alle zugelegt, zusammengerechnet 36,5 Kilogramm. Die Kinder im Alter zwischen acht und zwölf haben im Ferienheim der Stadt Baden, zusammen mit 50 weiteren Kindern aus Baden, fünfmal zu essen bekommen: um 8 Uhr ein erstes Morgenessen mit Hafersuppe und Brot, um 10 Uhr ein zweites Morgenessen mit Milch und Brot, um 12 Uhr das Mittagessen, um 16 Uhr das Abendessen mit Milch und Brot und um 19 Uhr das Nachtessen.[62]

Das Jugendfest als schönster Tag im Jahr

In jedem Kinderleben spielten die jährlich wiederkehrenden Feste eine grosse Rolle. Die kirchlichen Feste gehörten dazu, aber auch andere öffentliche Rituale, wie Hans Jaeger aus der Zeit um 1860 berichtet: «Am Ostermontag war öffentliche Feuerspritzenprobe, ein Hauptfest für uns Kinder, bei dem wir jedesmal bis auf die Haut durchnässt wurden, denn das Hauptverdienst war, möglichst nahe beim Wasserstrahl zu sein, ohne davon berührt

—— 62 StABg B G.VIa.1, Protokoll Ferienversorgung, Bericht von Lehrer Wullschleger über die Ferienkolonie 1911. —— 63 Belart, Kindheit in Brugg, S. 120. —— 64 Zu Datum und Verschiebungen des Festes siehe Banholzer, Max: Das verschobene Jugendfest 1891 und weitere Verschiebungen. In: BgT, 2. 7. 1991. —— 65 StABg B A.Ic.5, 5. 7. 1907, S. 163.

zu werden.»⁶³ Als eines der beliebtesten Spiele der städtischen Jugend nennt Jaeger das Räuberspiel. Die Räuber erhielten einen Vorsprung von zehn Minuten und suchten sich im Städtchen ein Versteck, die Polizisten hatten sie aufzufinden und zu verhaften. Jaeger erzählt vom Hüttenbauen, vom Schwimmen in der Aare, vom Schlitteln in den Gassen der Stadt und vom Eislaufen auf den kleinen Nebenarmen der Aare.

440 — Ganz besonders freuten sich Knaben und Mädchen aber auf einen Anlass: das *Jugendfest,* den *Rutenzug.* Der Rutenzug ist von zahlreichen Ritualen geprägt, die unverrückbar erscheinen. Jede Änderung im Festprogramm trifft auf vehemente Kritik oder wird gar als Verrat an der Tradition empfunden. In der Tat sind viele Elemente des Festes altüberliefert. Sehr vieles hat sich allerdings auch geändert, zum Beispiel das Datum. Von 1866 bis 1987 war dafür der zweite Donnerstag im Juli reserviert, seither der erste Donnerstag.⁶⁴ Um 1700 setzte der Rat das Fest jedes Jahr neu fest, jeweils auf einen Termin gegen Ende Juli. Auch die Umzugsroute hat sich mehrfach geändert, wie eine erregte Diskussion von 1907 in der Einwohnergemeindeversammlung zeigt. Ein Antrag aus der Versammlung, den Kinderumzug durch die Fröhlich- und die Seidenstrasse bis zum Restaurant Habsburg zu verlängern, blieb in Minderheit. Früher sei der Zug vom Rathaus direkt in die Kirche geführt worden, heisst es da, «weil der Jugendfestzug nicht dazu da ist, den Erwachsenen vorgeführt zu werden». Später, als der Zug länger geworden sei, habe man ihn, «damit er sich wenigstens entwickeln konnte», bis zur Linde vor dem Stadthaus ausgedehnt, «wesentlich aber auch deshalb, um bei dem Contremarsch den Kindern zu ermöglichen, selbst den Zug auch zu sehen». Würde er weiter ausgedehnt, so fiele diese spezielle Freude der Kinder dahin, abgesehen davon, dass die ganz Kleinen, kaum Vierjährigen, zu sehr ermüdet würden.⁶⁵

Es sind nur wenige Jahre bekannt, in denen der Rutenzug nicht oder nicht im gewohnten Rahmen stattgefunden hat. Als 1891 das erste Mal eine Bundesfeier abgehalten werden sollte, wagte der Gemeinderat nicht zu entscheiden, ob dieses Fest separat oder zusammen mit dem Jugendfest anzusetzen sei. Er unterbreitete die Frage der Gemeinde-

296 — Eiertütschet an Ostern in der Hauptgasse, um 1892.

versammlung. Diese entschied für eine mit dem Jugendfest kombinierte Bundesfeier; ein finanziell motivierter Beschluss. So veranstaltete Brugg am 2. August das wohl ungewöhnlichste Jugendfest seit Menschengedenken: mit einem historischen Umzug, aber ohne Kadettenmanöver.[66]

Der Rutenzug fand auch statt, wenn Krieg war. Im letzten Jahr des Ersten Weltkriegs forderte ein Votant an der Gemeindeversammlung, «es sei an der Zeit, eine Pause zu machen und so lange der Krieg noch dauert, kein Jugendfest mehr abzuhalten». Brugg solle dem Beispiel anderer Städte folgen. Die dadurch angefachte Diskussion brachte den finanziellen Aspekt aufs Tapet, denn während des Kriegs hatte die Teuerung vor allem den wenig Begüterten zugesetzt, eine Entwicklung, die nebst anderen Faktoren zum Landesstreik im Herbst des gleichen Jahres 1918 führen sollte. Das Schweizervolk dürfe sich durch die Kriegswirren nicht entmutigen lassen, argumentierte der freisinnige Nationalrat Hans Siegrist, der bis zum Vorjahr noch Stadtammann gewesen war. Der Rutenzug sei abzuhalten. Er solle möglichst wenig kosten, aber gleichwohl viel Freude bringen. «Wenn da und dort etwa ein Paar Schuhe oder ein Röcklein fehlen sollte, so bietet sich jetzt Gelegenheit, einmütig zusammen zu stehen und einander zu helfen, wo es nötig ist. Die ganze Einwohnerschaft hat Gelegenheit durch die Kinder der hablichen Leute in der Schule den Armen beizustehen und ihnen das Nötige zuzuwenden.» Gemeinderat Eduard Grob hielt entgegen, die finanziellen Aufwendungen der Familien mit Kindern fielen sehr wohl in Betracht. «Die Kinder wollen nicht in alten Kleidern am Fest teilnehmen, sie wollen sich mit den Andern messen können. Brugg ist die einzige Gemeinde im Aargau, die das Jugendfest abhalten will.» Die Arbeiter und Sozialdemokraten äusserten sich ebenfalls kritisch. Jetzt sei nicht die richtige Zeit; man solle den Kindern zuerst genug Brot verschaffen und dann erst feiern. Doch die Freisinnigen wollten um alles in der Welt am Anlass festhalten, und sie setzten sich durch: Mit grosser Mehrheit beschloss die Versammlung, der Rutenzug sei abzuhalten.[67]

Zu Beginn des Zweiten Weltkriegs erschien die Situation dramatischer. 1940 entschieden sich Stadtrat und Jugendfestkommission in gemeinsamer Sitzung, dem Beispiel von Aarau und Lenzburg zu folgen und wegen des Kriegs, der seit zehn Monaten in Gang war, auf den Rutenzug zu verzichten. Dies, obwohl Sitzungsteilnehmer moniert hatten, der Rutenzug sei kein Fest, sondern eine Feier, und er werde «auch in schwieriger Zeit immer abgehalten». Am Vorabend der abgesagten Feier trug die ältere Jugend dann einen Sarg mit der Aufschrift «Rutenzug 1940» durch die Stadt und verbrannte ihn feierlich im Freudenstein. Nach einem Zapfenstreich mit einem unter den Fahnen stehenden Bataillonsspiel, gegen den der Stadtrat nichts einzuwenden gehabt hatte, tanzten die Schülerinnen und Schüler bis gegen 23 Uhr auf dem Eisi und waren nachher der Meinung, so schön sei der Zapfenstreich noch nie gewesen.[68] Nach dieser Erfahrung schien es in den folgenden Kriegsjahren nicht mehr angezeigt, auf den Rutenzug zu verzichten, wenn auch wegen der schweizweit angeordneten Verdunkelung das Feuerwerk ausfallen musste. So hat es seit Menschengedenken kaum ein Jahr gegeben, in welchem der Rutenzug nicht wie gewohnt stattgefunden hätte.

Nach der Ablösung des *Kadettenunterrichts* durch «Jugend und Sport» fand 1974 erstmals ein Rutenzug ohne Kadetten statt. 1975 marschierte eine kleine, freiwillige Kadettentruppe mit. Sie erhielt so viel Applaus, dass die Kadettenkommission unter Willi

---

66 StABg B A.Ic.3, 17. 4. 1891, S. 173–176. Banholzer, Max: Das «Bundesfeier-Jugendfest» vom 2. August 1891. In: BgT, 31. 7. 1991. — 67 StABg B A.Ic.7, 14. 6. 1918, S. 110–115. — 68 StABg B A.IIa.98, passim. — 69 Aargauer Zeitung, 25. 6. 2002.

297 ___ Das Rettungskorps montiert beim Rathaus die Dekoration für den Rutenzug, um 1930.

Wengi auch in den folgenden 25 Jahren immer wieder Freiwillige fand. Im Jahr 2000 wurden die Kadettengewehre dann zum vorläufig letzten Mal aus den Gestellen genommen; ein Jahr später meldeten sich nicht mehr genug Freiwillige,[69] sodass die Kadettentradition mit dem 20. Jahrhundert zu Ende zu gehen schien. Doch seither gelang es wieder, ein kleines Freiwilligenkorps zu rekrutieren, im Jahr 2004 sogar mit Mädchen. Somit geht das Jugendfest des Jahres 2000 nicht als das letzte mit Kadetten, sondern aus anderem Grund in die Geschichte ein: Es wurde für einmal gemeinsam mit Windisch durchgeführt – mit traditionsgemäss kalten Würsten für die Brugger, mit warmen für die Windischer Kinder.

Schule und Bildung

Nicht selten wird die Stadt Brugg als Prophetenstädtchen tituliert, weil Brugg viele Prädikanten stellte. Diese Tatsache lässt dem Thema Schule und Bildung eine zusätzliche Bedeutung zukommen. Einige dieser «Propheten» sind bekannt, und es stellt sich die Frage, wie die Bildungsmöglichkeiten in früheren Jahrhunderten waren und wer überhaupt Anrecht auf Bildung hatte.

Die vorreformatorische Schule

Es ist zu vermuten, dass bereits zu Gründungszeiten der Stadt im 13. Jahrhundert eine Schule bestand, von der es jedoch erst Ende des 14. Jahrhunderts gesicherte Fakten gibt. Vor der Reformation war das Amt des Lehrers oft an dasjenige des Stadtschreibers gebunden, weil er einerseits des Schreibens kundig war und andererseits seine Entlöhnung durch das Schulmeisteramt aufbessern konnte.[1] Stadtschreiber und Schulmeister waren meistens an Stifts- und Klosterschulen oder Universitäten ausgebildete Geistliche. Nicht selten beschäftigte man in Brugg auch Schulmeister aus dem süddeutschen Raum.

Das Hauptziel des Unterrichts bestand darin, die Schüler – es waren in dieser Zeit ausschliesslich Knaben – mit Lesen, Schreiben und den gottesdienstlichen Gesängen vertraut zu machen. Unterrichtssprache war Latein. Der Lehrstoff wurde vermutlich vor allem in mündlicher Form übermittelt, da zu wenig Bücher vorhanden waren. Wie weit man sich beim Lehrgang ans Trivium hielt, ist nicht belegt. Die Schüler entrichteten ein Schulgeld, das einen Teil des Lehrerlohnes ausmachte. Um 1497 war es dem Schulmeister dank zusätzlicher Entlöhnung möglich, einen Hilfslehrer, den so genannten Provisor, einzustellen. Bereits in vorreformatorischer Zeit schrieben sich einige Brugger Bürger an ausländischen Universitäten und ab 1460 vor allem an der neu gegründeten Basler Universität ein.

—— 1 Tobler, Bezirksschule, S. 7. Banholzer, Geschichte der Stadt Brugg, S. 152f. —— 2 Das Kapitel folgt, wenn nicht anders verzeichnet, den Ausführungen von Banholzer, Geschichte der Stadt Brugg, S. 268ff. —— 3 Weiterführende Informationen zu den Lateinschulmeistern des 16. Jahrhunderts vgl. ebenda, S. 272ff. —— 4 Frei, Tigurinus, S. 37. —— 5 Tobler, Bezirksschule, S. 6.

> **Trivium und Quadrivium**
> Trivium und Quadrivium werden zusammen die «septem artes liberales» genannt und bildeten seit der Antike das Grundstudium von Gelehrten. Das Trivium setzt sich aus Grammatik, Dialektik und Rhetorik, das Quadrivium aus Arithmetik, Geometrie, Astrologie und Astronomie sowie Musiktheorie zusammen.

Schulbildung nach der Reformation

Die Berner Herren, welche seit dem Beginn des 15. Jahrhunderts die Stadt Brugg regierten, waren nach der Reformation darum bemüht, in ihren Untertanengebieten gleiche Schulen aufzubauen, wie sie in der Stadt Bern vorhanden waren.[2] Durch Schulbildung gelang es ihnen, genügend Prädikanten heranzuziehen, die danach im bernischen Herrschaftsgebiet eingesetzt werden konnten. Ihnen kam innerhalb der bernischen Machtstruktur die bedeutende Funktion der Bevölkerungskontrolle zu.

In Brugg konnten die Berner auf der bestehenden Schule aufbauen. Vom neu im Vollamt tätigen Schulmeister erwartete man eine Ausbildung in Theologie. Seine Schulmeisterstelle diente meistens dazu, die Zeit bis zur Übernahme einer eigenen Pfarrpfründe zu überbrücken. Die Wahl des Lateinlehrers durch den Rat der Stadt Brugg bedurfte einer Bestätigung des Berner Schulrats. Auch lag es in der Macht der Berner Regierung, den Schulmeister andernorts einzusetzen. Nicht selten waren die Brugger Lateinschulmeister bekannte Gelehrte und Humanisten, die meistens nur für kurze Zeit in Brugg amteten.[3] Einer der hervorragenden Lateinschulmeister und Gelehrten war der von 1553 bis 1565 in Brugg tätige Konrad Klauser. Während seiner Amtszeit verfasste er verschiedene Schriften, unter anderem auch über Erziehungsfragen.

Schulmeister und Provisor betreuten die Schüler, die sich nicht nur aus Brugg rekrutierten, sondern auch aus der weiteren Umgebung, was offenbar mit dem guten Ruf der Brugger *Lateinschule* zusammenhing. So ist zum Beispiel bekannt, dass im 16. Jahrhundert zwei Söhne der vornehmen Zürcher Familie von Mey in Brugg unterrichtet wurden. Vermutlich weilten auch die Söhne des Stadtschreibers von Frauenfeld und des Bürgermeisters von Schaffhausen in Brugg zur Ausbildung.[4] Seit dem Ende des 16. Jahrhunderts nahm die Brugger Schule neben begabten Bürgerssöhnen auch Pfarrerssöhne und Söhne von Landvögten aus der Umgebung auf.[5]

Die neue Lateinschule in Brugg wandelte sich von einer rein städtischen zu einer obrigkeitlichen Schule, was vor allem finanzielle Folgen hatte. Bern bezahlte über die Einkünfte des aufgehobenen Klosters Königsfelden den Schulmeister, unterstützte den Unterricht und zahlte vier Stipendien aus. Die Stadt ihrerseits hatte für die Schulgebäude, das Schulmaterial und zudem für die Unterstützung bedürftiger Schüler aufzukommen. Der Provisor wurde von beiden Parteien entlöhnt. Er hatte neben dem Schulamt auch noch die Prädikantenstelle in Mönthal inne. Brugg besass in Mönthal das Recht, Prediger einzusetzen.

Der Unterricht folgte nach einer von Bern 1548 erarbeiteten Verordnung, wonach drei Stufen zu führen waren. Lesen und Schreiben standen auf dem Programm der ersten Stufe. Auf der zweiten Stufe kam das Latein hinzu. Die dritte Stufe war die eigentliche Lateinschule und erweiterte den Lernstoff durch Griechisch und Hebräisch.

Der Besuch der Lateinschule ermöglichte eine nachfolgende Weiterbildung. Die meisten Studenten besuchten das Kollegium zu Barfüssen in Bern, auch Hohe Schule genannt. Nach diesem Ausbildungsgang war es ihnen möglich, als Provisor oder Schul-

298 ___ Die vermutlich vom Badener Künstler Rudolf Schwerter gestaltete illusionistische Fassadenmalerei am Lateinschulhaus zeigt das humanistische Bildungsprogramm. In den Kartuschenfeldern finden sich hebräische, griechische und lateinische Inschriften, die auf diese Unterrichtsfächer verweisen. Die Frauenfiguren symbolisieren die sieben freien Künste. Von rechts nach links finden sich die Figuren mit ihren Attributen Grammatik (mit ABC-Tafel und Schlüssel), Arithmetik (Tafel), Geometrie (Dreieck und Winkel), Rhetorik (Schlangenstab – symbolisiert den Scharfsinn), Dialektik (Rede-Gestus), Astronomie (Armillarsphäre und Messgerät), Musik (Laute) und Theologie (Bibel und Kerze oder Szepter). Aufnahme um 1900.

meister zu arbeiten, bis ihnen die Stelle eines Prädikanten angeboten wurde. Einige Studenten setzten aber ihre Studien an der Universität fort. Um auch minderbemittelten Schülern ein Studium zu ermöglichen, gab es so genannte Alumnate, eine Art Stipendium, die den Studenten Freiquartier und Unterhalt gewährten. Einer dieser Stipendiaten, der als Prädikant wieder nach Brugg zurückkehrte, war Johann Heinrich Hummel, der für den Bau der Lateinschule mitverantwortlich zeichnete.

57–63

In der zweiten Hälfte des 16. Jahrhunderts wurde die *Deutsche Schule* gegründet. Sie sollte wohl die Lateinschule entlasten und jene Schüler aufnehmen, die kein Studium anstrebten. Der Deutschschulmeister brauchte für sein Amt keine spezielle Ausbildung vorzuweisen. Er konnte Handwerker sein, mit Kenntnissen in Lesen und Schreiben. Die Stadt unterstützte den Deutschschulmeister mit einer kleinen Entschädigung aus der Schultheiss-Pur-Stiftung.[6]

Auch an der Deutschen Schule wuchs die Klassengrösse zunehmend, sodass man 1641 nach einer weiteren qualifizierten Lehrperson Ausschau hielt. Als Ende des Jahres für

___ 6 Diese Stiftung wurde 1572 vom Schultheissen Urs Michael Pur 1572 eingerichtet. Vgl. dazu Banholzer, Geschichte der Stadt Brugg, S. 267. ___ 7 StABg A 32, S. 147, 426. ___ 8 Fricker, Lateinschulhaus, S. 19ff. Vom Reformatorenzyklus sind nur wenige Gemälde erhalten geblieben. Der Bücherbestand und die Reformatorenporträts wurden vom Brugger Rat in den 1830er-Jahren verkauft. ___ 9 Feer, Jugenderinnerungen, S. 5ff. ___ 10 StABg A 64, S. 135, 298–301, 307. ___ 11 Byland/Hafner/Elsasser, 150 Jahre Volksschule, S. 33. ___ 12 Ebenda, S. 10f. ___ 13 StABg B A.IIa.45, 11. 10. 1877; B A.IIa.46, 31. 10. 1878.

die Mädchen eine «Lehrgotte», das heisst eine Lehrerin, eingestellt werden sollte, rebellierten einige Bürger.[7]

Ein Eintrag in den Ratsprotokollen von 1750 bestätigt, dass es in Brugg wie in anderen Orten neben den offiziellen Stadtschulen noch Nebenschulen gegeben hat. Deren Schüler wurden alljährlich angehalten, sich den Examen der offiziellen Schulen zu unterziehen.

> **Fassadenmalerei mit abendländischem Lehrplan**
> In den unruhigen Zeiten des Dreissigjährigen Kriegs (1618–1648) fühlte man sich nicht nur veranlasst, die Stadt neu zu befestigen, sondern auch das Lateinschulhaus teilweise neu zu bauen (1638–1642). Vermutlich vereinte man zwei bestehende Häuser unter einem Dach: die Provisorei und das alte Schulhaus, das durch einen Neubau ersetzt wurde. Initianten waren Schultheiss Hans Friedrich Effinger und Prädikant Johann Heinrich Hummel. Im obersten Stock wurde eine Bibliothek eingerichtet. Die Innenausstattung war, macht man sich die Zeitumstände bewusst – in Europa wütete der Dreissigjährige Krieg –, für Brugger Verhältnisse erstaunlich: Die Bibliothek schmückte ein in seiner Art einzigartiger Gemäldezyklus mit Porträts der Reformatoren.[8]

Die Schulentwicklung vom 18. bis ins 19. Jahrhundert

Einblick in den Schulalltag des 18. Jahrhunderts geben uns die Jugenderinnerungen von Jakob Emanuel Feer. Des Knopfmacher Samuel Feers Sohn wurde bereits mit fünf Jahren eingeschult, was eine flexible Einschulung vermuten lässt. Feer war ein frühreifes, sehr intelligentes Kind und erhielt deshalb bereits für die Brugger Schule eines von den sechs bestehenden Stipendien. Der Schüler war gierig nach Erklärungen, doch es wurde bloss auswendig gelernt. Er schrieb enttäuscht: «Die Geographie lernten wir auch auswendig. Wöchentlich hatten wir eine Stunde Rechnungsübung. Allein wir kamen nicht über die vier Spezies hinaus und von Brüchen lernten wir überhaupt nichts. Von deutscher Sprache war keine Rede. Nicht einmal einen Brief lehrte man uns schreiben, so sehr glaubte man, dass, wenn wir nur brav Latein lernten, sich das übrige schon von selbst geben würde. Und das war damals die vortreffliche, sonst so gerühmte Schule, wo doch wirklich nichts als das Gedächtnis geübt wurde.»[9]

Die Schule war auch immer darum bemüht, sich neuen gesellschaftlichen und politischen Situationen anzupassen. So sah sich der Rat 1794 vor die Wahl gestellt, entweder in der Stadt Nachtlaternen einzuführen oder einen Lehrer für Rechnen, Schreiben und die französische Sprache einzustellen. Die Stadtbehörde entschied sich für die Bildung, und 1795 stellte Pfarrer Feer den neuen Lehrer Philipp Duchêne von Metz vor. Er richtete im Musiksaal des oberen Spitals ein Unterrichtslokal für den Französischunterricht ein.[10]

Nach der Kantonsgründung von 1803 fand in der Schule eine schrittweise Umstrukturierung statt. Das kantonale Schulgesetz von 1805 führte die allgemeine *Schulpflicht* ein: Jedes Kind hatte nach dem 6. Altersjahr die Schule so lange zu besuchen, bis es lesen und schreiben, eventuell auch rechnen konnte.[11] Mit dem Schulgesetz von 1822 verlangte der Kanton von neu einzustellenden Lehrern, dass sie eine spezifische Lehrerbildung absolviert haben mussten.[12]

Im Lauf des 19. Jahrhunderts wurden *Kleinkinderschulen* üblich, die teilweise auf privater Initiative fussten. In Brugg führten die Schwestern Amsler in den 1870er-Jahren eine Kleinkinderschule, für die sie von der Gemeinde jeweils eine Holzgabe beanspruchten.[13]

1877 schaffte man das Examen an der Kleinkinderschule ab, weil laut Gesetz nicht länger die Leistung, sondern das Alter über die Aufnahme an die Grundschule entscheiden sollte.[14] Im gleichen Jahr setzte die Schulpflege eine Kommission ein, die sich mit der Einführung eines Kindergartens auseinander zu setzen hatte.[15]

Die Brugger Gemeindeschule erhielt 1894 ihre heutige Struktur. Sie wurde von der ersten bis zur fünften Klasse, die Oberstufe von der sechsten bis zur achten Klasse geführt. Künftig sollten Knaben und Mädchen vom ersten bis zum achten Schuljahr in gemischten Klassen unterrichtet werden.[16]

> **Aus der Altenburger Schulchronik**
> Die Altenburger Schulchronik aus den Jahren 1813 bis 1889 listet für jedes Schuljahr alle Schülerinnen und Schüler auf und gibt über deren Alter, Schuleintritt und -austritt Auskunft. Über die schulischen Leistungen der Schüler wird gemäss den Kriterien «Betragen», «Fleiss», «Fortschritt» und «Bemerkungen» informiert. Unter dem Stichwort «Bemerkungen» fallen Äusserungen wie «besitzt wenig Verstand», «hat eine schwere Aussprache» oder «schaut zuviel den Vögeln nach». Manchmal fühlte sich der Lehrer verpflichtet, ein differenziertes Bild der Zustände zu schildern, fürs Jahr 1868/69 beispielsweise ist zu lesen: «Die sehr geringe Begabung dieser Kinder [auf zwei Schülerinnen bezogen], verbunden mit Unruhe sowie ihr Erscheinen mit zerzausten Haaren, zerrissenen Kleidern machen dem Lehrer viel Mühe und Verdruss.»
>
> Den Schulalltag auflockernde, spezielle Anlässe durften in der Chronik nicht fehlen. Ab 1865 finden sich Hinweise auf Schülerreisen. Zwar wurden sie nicht alljährlich durchgeführt, doch standen auf dem Programm Spaziergänge auf die Burg bei Villigen und im Schuljahr 1873/74 sogar auf die Gislifluh mit anschliessender Rückfahrt mit der Eisenbahn von Aarau. Gefreut haben dürften sich die Kinder wohl auch über die zehn Rappen, die Gemeinderat Johann Jakob Fricker 1859 anlässlich seines Hochzeitstages jedem spendete.
>
> Die schulfreien Zeiten waren unterteilt in Frühlingsferien im April, Heuferien im Mai/Juni, Ernteferien im Juli/August und Herbstferien im Oktober. Feriendaten und -dauer waren unterschiedlich, das heisst wetterabhängig. So war es auch möglich, dass bei Regenwetter während der Ernteferien wieder Schule gehalten wurde.
>
> Neben den erfreulichen Mitteilungen finden sich auch traurige Nachrichten in der Chronik. Am 17. Juli 1853 ertrank der elfjährige Schüler Rudolf Bart beim Baden in der Aare.[17]

Um den Standort einer *Bezirksschule* hatte sich Brugg beim Kanton zu bewerben. Neben Brugg erhielten 1835 neun weitere Gemeinden im Kanton die Bewilligung, eine Bezirksschule zu führen. Bis 1874 blieb Brugg einziger Standort im Bezirk. Untergebracht war die Bezirksschule im ehemaligen Lateinschulhaus. Bis 1838 wurde sie von einer eigenen Schulpflege betreut. Danach legte man die Schulpflegen der Gemeinde- und der Bezirksschule zusammen. 1919 übernahm der Kanton von der Gemeinde die Aufgabe der Lehrerbesoldung.

Als 1883 das neue Hallwylerschulhaus eingeweiht wurde, führte man gleichzeitig eine Diskussion über die Einführung einer Mädchenbezirksschule, denn bisher besuchten

— 14 StABg B G.Ia.7, 4. 2. 1870. — 15 StABg B A.IIa.45, 8. 3. 1877. — 16 StABg B G.Ib.8, 9. 10. und 26. 10. 1894; B G.Ib.15, 4. 2. 1910. — 17 StABg C 106. — 18 StABg B G.IIa.4, 23. 9. 1891, 24. 3. 1894. — 19 Die Ausführungen fussen, wenn nicht anders angegeben, auf der Festschrift von Tobler, Bezirksschule. — 20 StABg B G.Ib.11, 3. 4. 1902.

nur Knaben die Bezirksschule. Brugg konnte sich nicht dafür entscheiden und baute 1891 die Mädchenoberstufe in eine mittlere und obere Mädchenschule aus. Bei einer Wiederaufnahme der Diskussion 1893 entschied sich die Schulpflege, der schlechten finanziellen Lage der Stadt Rechnung tragend, wiederum gegen eine Einführung. Den Mädchen sollte stattdessen der Eintritt in die Knabenbezirksschule ermöglicht werden. Dieser Entscheid löste bei den Bürgern eine heftige Reaktion aus, da Koedukation (die gemeinsame Ausbildung beider Geschlechter) nicht ihrem Gesellschaftsbild entsprach. Die Stimmbürger setzten an der Gemeindeversammlung vom 19. Dezember 1894, entgegen der Mehrheit von Gemeinderat und Schulpflege, die Einrichtung einer Mädchenbezirksschule durch.[18]

Zusätzlich zum bestehenden Fächerkanon wurden, dem Zeitgeist entsprechend, nach und nach neue Fächer eingeführt. 1842 wünschte die Erziehungsdirektion des Kantons Aargau die Durchführung eines regelmässigen Turnunterrichts, während dem auch Waffenübungen abgehalten werden sollten. In Brugg brauchte es einige Anläufe, die erst 1855 von bleibendem Erfolg gekrönt waren. Die Schützenmatte fungierte als Turnplatz, und im Schützenhaus standen bis zum Bau der ersten Turnhalle auf der Schützenmatte 1887 zwei Zimmer für den Turnunterricht zur Verfügung. 1911 wurden weitere Fächer wie der Handfertigkeitsunterricht für Knaben der fünften und sechsten Klasse und der Bezirksschule sowie freiwillige Koch- und Haushaltungskurse ins Lernprogramm integriert.[19] Die modernen Fremdsprachen führte man bereits 1902 ein und beschloss, den Nichtlateinern Englisch und Italienisch anzubieten.[20]

299 —— 1883 wurde das Hallwylerschulhaus an der Stelle eines mittelalterlichen Kastells erbaut. Eine der vormaligen Besitzerfamilien dieses Kastells war die Familie von Hallwyl. 1968 musste das alte Schulhaus einem Neubau weichen. Bild unbekannten Datums.

300 __ Für die 1895 neu eröffnete Mädchenbezirksschule wurde eine weibliche Lehrkraft eingestellt – Auguste Bochsler (1872–1952). Nach ihrem Studium an der Universität Zürich unterrichtete sie bis 1932 die Fächer Deutsch, Geschichte, Geografie und Schönschreiben. Ihre eiserne Disziplin war gefürchtet. Das Bild zeigt nicht sie, sondern ihre Fotografierkünste; die Lehrerin stand hier, am Kantonalen Schützenfest 1902, hinter der Kamera.

Bürgerschule

Unter dem 19. September 1895 findet sich in den Akten der Schulpflege der Hinweis, dass man die Einführung einer Bürgerschule in Betracht zog.[21] Sie wurde denn auch im folgenden Jahr von kantonaler Seite als obligatorisch erklärt. Ihre Aufgabe bestand vor allem darin, 17- bis 19-jährigen Jünglingen, die keine höhere Schule besuchten, wöchentlich in Lesen, Rechnen, Buchhaltung, vor allem aber in Vaterlands- und Verfassungskunde zu unterrichten. Am 16. November 1900 eröffnete man die Bürgerschule.[22] Diese schulische Verpflichtung blieb bis Ende der 1970er-Jahre bestehen.

In der Schweiz entstanden in der zweiten Hälfte des 18. Jahrhunderts die ersten *Kadettenkorps*. 1804 wurde in Brugg das zweite aargauische Korps gegründet.[23] Im Kadettenunterricht erhielten Knaben der oberen Schulstufe unter militärischer Leitung wöchentliche Anweisungen, in denen neben dem Waffengebrauch im weiteren Sinn auch die gesellschaftliche Schulung von Bedeutung war. So wird im zweiten Reglement von 1808 als Zweck des Unterrichts die «Beförderung des Schulfleisses, eines sittlichen Betragens und der körperlichen Gewandtheit» genannt.[24] Bis 1861 war das Korps der Schulpflege unterstellt, danach der aargauischen Militärdirektion. Die beiden Institutionen waren für die Aufnahme der Bezirksschüler zuständig, die ab dem 8. Altersjahr beitreten konnten. Auch aus den Nachbarorten wurden Bezirksschüler ins Brugger Kadettenkorps rekrutiert. Als Inspektor amtete ein Schulpfleger oder ein Lehrer, und als Exerziermeister wirkte ein geübter Militär aus dem Brugger Bürgertum. Zusammen ernannten sie die Offiziere unter den Kadetten, wobei Schulrang, Alter und Benehmen eine wichtige Rolle spielten. Bei dieser Wahl war, so erzählt man sich, auch die Abstammung des Zöglings von Bedeutung. Zwischen Ostern und Oktober wurden wöchentlich ein- bis

__ 21 StABg B G.IIa.4. __ 22 StABg B G.Ib.2. __ 23 Die erste Gründung fand in Aarau 1788/89 statt. __ 24 Brack, Kadettenkorps, S. 7. __ 25 Zu diesem Kapitel Holliger, Kadettencorps, S. 62.

301 — Die Teilnahme am Rutenzug, hier 1935, war für die Kadetten einer der Höhepunkte im Jahr.

zweimal, in manchen Phasen gar täglich Übungen abgehalten. Die zwei herausragenden Tage im Brugger Kadettenjahr waren der Ostermontag, an dem Manöver stattfanden, und der Rutenzug, den das Korps 1805 erstmals begleitete.

Die Bedeutung, die den Kadettenkorps zugeschrieben wurde, stand in engem Zusammenhang mit kriegerischen Bedrohungen. Das neue Schulgesetz von 1835 brachte dem Kadettenwesen nach einer sehr flauen Phase in den 1820er-Jahren wieder neuen Aufschwung. Von diesem Zeitpunkt an waren alle Bezirksschüler verpflichtet, den Kadettenunterricht zu besuchen. 1865 wurden Waffenübungen zu einem obligatorischen Bestandteil des Unterrichtes. Die Attraktivität des Kadettenkorps war nicht zuletzt auch davon abhängig, ob Einladungen seitens anderer Korps erfolgten, so zum Beispiel zum traditionellen Maienzug in Aarau. Nach Herbstauszügen, das heisst grossen Übungen, wurde im Rathaus zum Tanz aufgespielt.

Nach dem Ersten Weltkrieg kam es gesamtschweizerisch zu heftigen Auseinandersetzungen um das Wehrwesen, in deren Folge auch die Kadettenkorps in Frage gestellt wurden. Es kam zu Auflösungen oder wie in Brugg zu Reorganisationen. Die in den 1930er-Jahren erneut aufflammende Diskussion brachte keine wesentlichen Änderungen. Erst eine 1965 im Grossen Rat eingereichte Motion führte zu einer Volksabstimmung und 1972/73 zur Abschaffung der meisten Korps im Aargau. Für den Jugendfestumzug behielt Brugg bis in die Gegenwart, solange sich genügend freiwillige Teilnehmer finden liessen, 463 — ein Nostalgie-Kadettenkorps bei.[25]

Schulentwicklung im 20. Jahrhundert

Nachdem sich die obligatorische Schulpflicht eingebürgert hatte, sollte die Schule den neuen gesellschaftlichen Bedürfnissen angepasst werden. Kennzeichnend für das 20. Jahrhundert ist unter anderem die zunehmende Differenzierung der Berufsbildung. Daneben wurde die medizinische Betreuung der Schüler ausgebaut, indem die Hygiene vermehrte Beachtung fand und Schularztbesuche, Impfungen und Zahnpflegeinstruktionen eingeführt wurden.

302 —— Eine Primarschulklasse im Stapferschulhaus, 1930.

Dass sich die Schulbehörden zu Beginn des 20. Jahrhunderts mit höchst unterschiedlichen Problemen zu beschäftigen hatten, zeigt unter anderem die Schaffung von Bademöglichkeiten im Hallwylerschulhaus. Vor allem im Winterhalbjahr war man darauf bedacht, alle Kinder einmal wöchentlich baden zu lassen, am Donnerstag die Mädchen, am Samstagvormittag die Knaben.26

Gleich zu Beginn des neuen Jahrhunderts erhielten die Brugger Schulen, bedingt durch die Eingemeindung von Altenburg, einen Zuwachs an Schülerinnen und Schülern, sodass eine dritte Lehrkraft an der unteren Primarschule angestellt werden musste.27 Die Schülerzahl war aber weiterhin sehr hoch. Betrachtet man die durchschnittliche Schülerzahl pro Lehrer im kantonalen Vergleich, steht Brugg 1910 an zweitvorderster Stelle mit 59 Schülern pro Lehrer. Bremgarten wies 38, Laufenburg 83 Schüler pro Lehrer auf.28 Die Räumlichkeiten des 1910 neu bezogenen Stapferschulhauses begrenzten die Klassengrössen dann auf 50 Schüler.29

Verschiedene berufliche Ausbildungsmöglichkeiten in Brugg

Die ersten Schritte zur Gründung einer *Berufsschule* leitete man in Brugg bereits am Ende des 19. Jahrhunderts ein. Auf Initiative der «Gesellschaft junger Männer» begannen 1871 28 Lehrlinge ihre Ausbildung an der so genannten Handwerkerschule. Der Unterricht fand in Randstunden oder am Sonntag statt und wurde von Bezirkslehrern erteilt. 1884 bewirkte der Einwohner- und Gewerbeverein eine Neugründung. Die Schule nannte sich fortan «Lehrlings-Schule Brugg». Ihr erster Lehrer liess sich 1885 am Technikum in Winterthur zum Gewerbelehrer speziell ausbilden. Die Schüler hatten einen Semesterbeitrag von 1.50 Franken zu entrichten, hinzu kam eine finanzielle Unterstützung vom Kanton und von der Kulturgesellschaft.

—— 26 StABg B G.Ib.11. —— 27 Ebenda. —— 28 StABg B G.Ib.15, 4. 2. 1910. —— 29 Ebenda, 11. 1. 1910.
—— 30 Das Kapitel fusst, soweit nicht anders angegeben, auf den Ausführungen von Kälin, Berufsschule. —— 31 StABg B A.IIa.50, 27. 5., 1. 9., 19. 9., 20. 9., 21. 9., 14. 11. 1887.

Das kantonale Lehrlingsgesetz von 1921 erklärte den gewerblichen Berufsschulunterricht als obligatorisch. Neun Jahre später bewirkte das Bundesgesetz über die berufliche Ausbildung eine Reorganisation, in deren Folge Brugg eine Berufsausbildung für Elektromonteure und Gärtner aus dem östlichen Kantonsteil und Hochbauzeichner und Bauzeichner aus dem ganzen Kanton anbot. Aus der Region Brugg kamen folgende Berufe dazu: Maschinenbauer, Bauschlosser, Schmied, Maurer, Gipser, Zimmermann, Säger und diverse Frauenberufe. Diese Neuregelung liess die Schülerzahl auf 500 ansteigen. Finanziell unterstützt wurde die Berufsschule von den jeweiligen Wohngemeinden der Lehrlinge. 1951 erfolgte der Wechsel der Trägerschaft vom Gewerbeverein zur Stadt. Die permanenten Raumprobleme löste man 1963 mit einem Neubau an der Annerstrasse. Das Bundesgesetz über die Berufsbildung aus dem Jahr 1978 führte als bedeutendste Neuerung die Berufsmittelschule ein.[30]

Im Frühjahr 1887 befasste sich die Regierung mit der Weiterbildung der Landwirte und war bemüht um die Einrichtung einer kantonalen Schule. Brugg bewarb sich neben Lenzburg und Baden um deren Standort und erhielt im Herbst 1887 den Zuschlag. Neben zwei Schulzimmern mussten für die Wintermonate ein Speisezimmer, ein Schlafsaal und ein Lehrerzimmer zur Verfügung gestellt werden. Am 14. November 1887 fand die offizielle Eröffnung der *Landwirtschaftlichen Winterschule* statt. Die Schulräumlichkeiten waren im Schützenhaus hergerichtet worden.[31] 1894 zwangen neue Bestimmungen seitens des Bundes den Kanton dazu, die Schule allen interessierten Bürgern zugänglich zu machen. Zudem sollten nun auch Absolventen aus den Kantonen Solothurn, Baselland, Thurgau und Schaffhausen aufgenommen werden. Diese Neuerungen forderten, bedingt durch die höheren Schülerzahlen, andere Lokalitäten. 1897 entschied sich der Kanton für einen Neubau. Nach längerem Suchen und Verhandeln wurde auf dem Areal der Brunnenmühle,

303 —— Weil die Landwirtschaftliche Winterschule als Internatsschule konzipiert war, durfte sie ausserhalb der Stadt liegen. Der Bau wurde nach einer umständlichen Vorprojektierungsphase – das kantonale Hochbauamt war überlastet – nach dem Ausführungsprojekt des kantonalen Hochbaumeisters Ernst Hünerwadel umgesetzt.

unterhalb der Baslerstrasse, die Landwirtschaftliche Winterschule gebaut und am 4. November 1901 eröffnet.[32]

Durch die Ansiedlung verschiedener industrieller Betriebe am Ende des 19. und zu Beginn des 20. Jahrhunderts wuchs auch in Brugg das Bedürfnis nach gut ausgebildeten kaufmännischen Angestellten. Auf Anregung des «Vereins reisender Kaufleute» löste man aus der bereits bestehenden Handwerkerschule nun die *Kaufmännische Fortbildungsschule Brugg* heraus. Vermutlich erleichterte der eben gefasste Bundesbeschluss über die Förderung der kommerziellen Bildung eine solche Gründung, denn darin wurde eine Bundesunterstützung zugesagt.

Am 3. Mai 1909 startete der erste zweijährige Lehrgang der Kaufmännischen Fortbildungsschule mit sechs Lehrern und 36 Schülern, unterteilt in zwei Klassen. Räumlichkeiten fand man in der Bezirksschule. Der 1914 gegründete Kaufmännische Verein übernahm die Schule, wie es bei den anderen kantonalen Sektionen bereits üblich war. Ab 1936 bürgerte sich die Bezeichnung «Kaufmännische Berufsschule» ein. Die am 1. Mai 1941 neu in Kraft tretende kantonale Verordnung über die kaufmännische Berufsbildung straffte die obligatorischen Stunden von vier auf zwei Halbtage, forderte ein Schulreglement und einen kantonal verbindlichen Lehrplan.

Die im Sommer 2003 in die Realität umgesetzte gesamtschweizerische KV-Reform sollte ein den wirtschaftlichen Bedürfnissen angepasstes Berufsfeld schaffen. Eines der Hauptziele der Reform war die bessere Vernetzung der Lernorte. Diese Forderung beinhaltete nicht zuletzt eine grössere Einbindung der Lehrbetriebe, was die Praxis aufwertet. Entsprechend wurde die Anzahl Schulstunden vom ersten zum dritten Lehrjahr von zwei auf einen Schultag minimiert. Die Lehrabschlussprüfung setzt sich neu zur Hälfte aus einem betrieblichen und einem schulischen Teil zusammen.[33]

Nachdem die landwirtschaftliche Winterschule im Herbst 1958 nach Schloss Liebegg in Gränichen übersiedelte,[34] fand die *Frauenschule* in diesen Gebäuden ein Unterkommen. 1958 begann der erste Ausbildungslehrgang für Handarbeitslehrerinnen. Ab 1960 konnten sich Interessentinnen auch zu Hauswirtschaftslehrerinnen und Kindergärtnerinnen ausbilden lassen. Damit wurde kantonal die erste Ausbildungsmöglichkeit für Kindergärtnerinnen überhaupt geschaffen. Erst 1973 fasste man die drei Ausbildungslehrgänge zusammen und nannte die Schule «Kantonales Seminar Brugg». Der Bezug des Neubaus 1977 ermöglichte die Erweiterung der Ausbildung von ursprünglich zwei auf drei Jahre.[35] Die Schule wurde 2001 in die neu geschaffene Fachhochschule Pädagogik integriert.

Im Oktober 1956 fand an einer Konferenz in Aarau die Diskussion um die Schaffung eines *kantonalen Technikums* mit Standort in Brugg statt. In der Folge, am 29. April 1957, bewarb sich der Brugger Gemeinderat bei der kantonalen Studienkommission offiziell darum. 1958 wurde ein Brugger Aktionskomitee gegründet und seitens der Industrie von Brugg und Umgebung 600 000 Franken gestiftet, um die Aktivitäten zur Schaffung eines aargauischen Technikums im Raum Brugg-Windisch voranzutreiben. Am 23. Juni 1959 fiel im Grossen Rat der Entscheid zur Errichtung des Aargauischen Technikums auf der Klos-

—— 32 StABg B A.IIa.54, 2. 10. 1894; B A.IIa.55, 23. 6. 1897, 14. 7. 1897; B A.IIa.59, 2. 10. 1901. —— 33 Dieses Kapitel folgt, wo nicht anders vermerkt, den Ausführungen von Mühlemann, Kaufmännische Berufsschule. Die Informationen zur KV-Reform 2003 entstammen dem Handout zur Reform der kaufmännischen Grundbildung. —— 34 StABg B A.IIa.164, 1. 10. 1958. —— 35 Metz, Bildungspolitik, S. 160. —— 36 BgNbl 1957, S. 66; 1958, S. 70; 1959, S. 75f.; 1960, S. 77; 1961, S. 64. StABg B G.Ia.59, 11. 1. 1965. —— 37 StABg B G.Ia.54, 26. 1. 1960. —— 38 StABg A 32, S. 450. —— 39 StABg A 53, S. 62, 76. —— 40 StABg A 46, S. 495. —— 41 StABg A 46, S. 112. —— 42 StABg A 49, S. 202 (1763). —— 43 StABg A 49, S. 18 (1757). —— 44 StABg B G.IIa.4, 22. 2. 1892. —— 45 Ebenda, 6. 12. 1892. —— 46 StABg B G.IIa.4.

termatte in Windisch. Aus den über 40 Projekten, die 1960 beim Architekturwettbewerb eingereicht worden waren, ging dasjenige des Solothurner Architekten Fritz Haller siegreich hervor. Der Bau der Höheren Technischen Lehranstalt wurde in den Jahren 1964 bis 1966 realisiert. Für die erste Aufnahmeprüfung an die HTL meldeten sich 285 Kandidaten. Der grosse Ansturm zeigte das Bedürfnis nach dieser Schule.[36]

Im Lauf des 20. Jahrhunderts wurden Informationen über die immer differenzierter gewordenen Berufsbildungsmöglichkeiten in zunehmendem Mass bereits an der Oberstufe der Gemeindeschule eingebracht. Nachdem die gesetzlichen Grundlagen dafür geschaffen waren, bewilligte die Einwohnergemeinde am 18. Dezember 1959 die Einrichtung einer *Berufswahlklasse* auf das Schuljahr 1960/61. Für diese Klasse, deren Grösse auf 30 Schüler begrenzt war, wurden auch Interessenten aus dem Einzugsgebiet des Bezirks berücksichtigt.[37]

Aus dem vielfältigen Angebot der Region Brugg im Bereich Erwachsenenbildung sei hier stellvertretend die *Volkshochschule* herausgegriffen. Sie wurde am 31. Oktober 1979 gegründet. In Brugg wurde damit eine Idee aufgegriffen, die seit den 1950er-Jahren in der Schweiz Verbreitung gefunden hatte.

Mehr Disziplin bitte

Disziplinarische Probleme haben die Lehrkräfte in allen Jahrhunderten beschäftigt. Im 17. und 18. Jahrhundert häuften sich die Klagen darüber, dass die Eltern ihre Kinder nicht in die Schule schickten. Oftmals reagierten die vom Rat gemahnten Eltern, indem sie die «Lehrgotte» oder den Schulmeister als zu streng beurteilten. 1642 wurde der Provisor gerügt, weil er die Kinder mit der Rute auf den Kopf, ins Gesicht und auf den Rücken geschlagen hatte.[38] Auch von der Lehrgotte Märki verlangte man 1767 ein humaneres Verhalten gegenüber den Schülerinnen.[39]

Ausserhalb des Schulbetriebs fielen eher die Knaben auf, welche Streiche verübten. 1741 wurde der Grossweibel beauftragt, in den Schulen nochmals ein klares Aufenthaltsverbot für Knaben auf dem Kirchhof zu deklarieren, damit sie dem Kirchengebäude keinen Schaden zufügten.[40] Während der Kinderlehre setzte man 1737 die Knaben direkt unter die Kanzel, um Zucht und Ordnung zu gewährleisten.[41]

Nicht nur die Schüler wurden zurechtgewiesen. Dem Schulmeister Füchslin hielt man vor, dass er öfters in Privathäusern zum Tanz aufspiele, was als unanständig und unziemlich betrachtet wurde.[42] Der gleiche Schulmeister musste sich auf offener Strasse von einem aufgebrachten Bürger «Hurenbub» nachrufen lassen, weil er dessen faulen Enkel während des Unterrichtes gerügt hatte.[43]

Ein häufiges Delikt im 19. Jahrhundert war das Übertreten des Badeverbots. Den Schülern war es untersagt, ohne Beisein von Erwachsenen in der Aare zu baden. Da ein kühlendes Bad im Sommer verführerisch wirkte, die Erwachsenen jedoch meist anderweitig beschäftigt waren, wurde das Badeverbot oft missachtet. Dass das Strafmass im 19. Jahrhundert aus heutiger Sicht doch recht hart anmuten kann, zeigt folgendes Beispiel: Schüler, die Unfug im Schulzimmer getrieben hatten, wurden zu acht Stunden Karzerstrafe bei Brot und Wasser verurteilt.[44] Eine Karzerstrafe war zudem mit einer Geldbusse verbunden, die im Dezember 1892 auf zehn Rappen für die ersten zwei Stunden und auf 30 Rappen für drei und mehr Stunden gekürzt wurde.[45] Am 29. September 1892 bestrafte man den Erstklässler Albert Baumann, weil er wiederholt Kinder, die das Essen in die Fabrik trugen, geschlagen hatte.[46] Dies ein Beispiel für die Diskriminierung und Verhöhnung von Fabrikkindern.

304 — Die Lehrerin Maria Louise Froelich (1833–1903).

Mädchenbildung

Die Mädchen wurden vermutlich erst mit dem Aufkommen der Deutschen Schule offiziell eingeschult. Wir dürfen davon ausgehen, dass Mädchen aus begüterten Familien vor 1642 Privatunterricht erhielten. Danach wurden sie von einer «Lehrgotte» unterrichtet. 1723 beklagte sich die Lehrgotte Märki beim Rat, dass einige Eltern ihre Töchter ausserhalb der ordentlichen Schule unterrichten liessen, was den Rat aber nicht zum Eingreifen veranlasste.[47] Das Ringen um den Bildungsanspruch von Mädchen war auch im 19. Jahrhundert ein Dauerthema und begann mit dem Entstehen der Bezirksschule von neuem. Das kantonale Schulgesetz von 1865 gestand den Mädchen den Besuch der Bezirksschulen gesetzlich zu, worauf andere Städte wie Lenzburg, Baden und Aarau reagierten, nicht aber Brugg.

Gerade der Bildungsbereich öffnete den Mädchen, neben der gewerblichen Tätigkeit an der Seite des Ehemannes, schon früh eine selbständige berufliche Perspektive. Manchmal wurden Witwen als «Lehrgotten» eingesetzt. Diese Art der beruflichen Beschäftigung kam dem Rat entgegen, weil auf diese Weise Witwen nicht Gefahr liefen, armengenössig zu werden. Die Lehrgottenstelle fungierte in manchen Fällen als soziale Versicherung. Dies macht das Beispiel der Nachfolge der oben erwähnten Lehrgotte Märki deutlich. Nach deren Tod übernahm die älteste Tochter die Stelle, mit der Auflage des Rats, ihre beiden Schwestern zur Mithilfe anzuhalten und so den Verdienst aufzuteilen.[48]

Im 19. Jahrhundert entwickelten sich die Ausbildungsmöglichkeiten für die als typisch weiblich geltenden Berufe. Als Reaktion auf das Schulgesetz von 1835, das die Mädchen-Arbeitsschule für obligatorisch erklärte, diskutierte man die Ausbildungsmöglichkeit für Arbeitsschullehrerinnen. Allerdings dauerte es noch Jahre, bis diese eingerichtet wurde. Eine Lehrerinnenausbildung konnte im 19. Jahrhundert einzig am privaten

— 47 StABg A 42, Bl. 248. — 48 StABg A 47, S. 441 (1745). — 49 StABg A 48, S. 16. — 50 Das Töchterninstitut Montmirail in Neuenburg war eine beliebte und häufig gewählte Ausbildungsstätte für Töchter aus gut bürgerlichem Haus. Vgl. dazu auch: Belart, Marie Elisabeth Jäger. — 51 StABg B G.Ic.7.

Töchterinstitut in Aarau absolviert werden. Vor 1872 waren nur sechs Prozent der Lehrkräfte im Kanton weiblichen Geschlechts. Danach ergriffen zunehmend Frauen den Lehrerinnenberuf. Bereits im Ratsprotokoll von 1753 ist nachzulesen, dass die Lehrgotte für ihre beschwerliche Arbeit eine zusätzliche Gratifikation erhalten sollte, weil sie für zwei Personen arbeite, aber nur für eine entlöhnt werde.[49] Im 19. und zu Beginn des 20. Jahrhunderts wurden die Lehrerinnen lohnmässig weiterhin tiefer eingestuft als die Lehrer. Dies zeigt unter anderem das Beispiel der Brugger Lehrerin Maria Louise Froelich. Die 1833 geborene Lehrerin besuchte nach der Grundschule das Töchterinstitut Montmirail,[50] um danach als Erzieherin im Ausland zu wirken. Ab 1857 stand sie im Schuldienst. Sie verdiente 1877/78 mit einem Wochenpensum von 28 Schulstunden 1400 Franken jährlich. Ihr Lehrerkollege mit gleichem Jahrgang und gleicher Ausbildung am kantonalen Lehrerseminar bezog im Vergleich 1877/78 jährlich 2000 Franken Lohn.[51]

Information vor dem Internet

Heute besteht das Problem, aus der Flut von Informationen herauszufiltern, was wichtig ist. Früher hatten die Brugger das Problem, zuverlässige Informationen überhaupt zu erhalten. Selbstverständlich gab es Orte, wo man sich traf und Neuigkeiten austauschen konnte: die Brunnen und Waschhäuser etwa und die Stammtische. Doch wurden dort vielfach blosse Gerüchte weitergegeben. Zudem missbilligte der Rat, wenn politisiert wurde: Die gesamte Bürgerschaft durfte sich vor 1798 nur mit seiner Bewilligung versammeln. Umgekehrt stellte sich den Behörden das Problem, wie sie Erlasse allen Bürgern zur Kenntnis bringen konnten.[1]

Amtliche Veröffentlichungen

Die gebräuchlichste Art, Erlasse kundzumachen, war das *Verlesen* in der Kirche nach der Predigt. Das war schon vor der Reformation üblich gewesen, nachher behielt man diese Form bei. Der Kirchgang gehörte zu den christlichen Pflichten, somit wurde die ganze Gemeinde erreicht. Wer die Kirche vor dem Verlesen der Verlautbarungen verliess, wurde bestraft. Ob die Mitteilungen der Obrigkeit auch in einen Gottesdienst passten, war dieser anscheinend egal.[2]

Eine weitere Möglichkeit bestand darin, einem *Weibel* oder einem Stadtboten aufzutragen, eine Information von Haus zu Haus zu verkünden. Dies geschah noch im 18. Jahrhundert. Eine dritte Form war der *Aushang* von Mitteilungen. Dieser Weg setzte aber voraus, dass alle Adressaten auch lesen konnten, was nicht immer der Fall war. So behauptete 1666 der Rothauswirt, er könne weder lesen noch schreiben. Trotzdem wurden Mitteilungen mindestens seit Beginn des 17. Jahrhunderts angeschlagen, entweder an den betreffenden Lokalen, zum Beispiel Wirtshäusern, oder beim oberen und beim unteren Tor und am Kaufhaus. In der zweiten Hälfte des 18. Jahrhunderts wurden manche Erlasse gedruckt und an die Haushaltungen verteilt, so etwa die Feuerordnung von 1769. Die Publikation in Zeitungen («Amtsblatt», amtliches Publikationsorgan) ist eine Entwicklung des 19. und 20. Jahrhunderts.[3]

—— 1 StABg A 33, S. 774; A 35, S. 269; A 64, S. 44f. – Selbst die Zwölfer durften sich nur an den angesetzten Tagen versammeln: StABg A 56, S. 248–250, 274f., 279f., 301–303. —— 2 RQ Brugg, Nr. 66f. StABg A 31, S. 24, 117; A 33, S. 253; A 58, S. 95, 97; A 65, S. 228f.; A 39, Bl. 249; A 41, S. 440, 503. Vgl. Weber, Rudolf: «… aus dem Wort Gottes geboren.» Zofingen 1993, S. 22. —— 3 StABg A 131, S. 45; A 43, S. 300; A 46, S. 328; A 48, S. 61; A 36, S. 83–85; A 31, S. 97; A 41, S. 440; A 39, Bl. 249; A 42, Bl. 257v; A 43, S. 402; A 53, S. 291. StABE A I 899. —— 4 StABg A 46, S. 163; A 47, S. 624; A 52, S. 169.

Individuelle Informationsbeschaffung

Wer sich selbst informieren wollte, war auf Bücher und Zeitungen angewiesen. Allerdings waren Druckwerke enorm teuer. Vor der Reformation ist denn auch nur von einigen Geistlichen bekannt, dass sie Bücher besassen. Die neue Lehre stützte sich ausschliesslich auf den Text der Bibel ab, weshalb die Kirchenbehörden darauf achteten, dass in allen Familien eine Bibel vorhanden war. 1738 war das in 14 Haushalten nicht der Fall: Sieben wurden angewiesen, eine zu kaufen, die übrigen erhielten je eine vom Pfarrer. Diese Bibeln verblieben wohl im Eigentum der Stadt.[4]

687 ——

484 ——

Zugang zu anderen Büchern bot die *Stadtbibliothek,* die als Erste im Aargau 1640 gegründet wurde, bloss elf Jahre nach derjenigen von Zürich. Untergebracht wurde sie im neuen Lateinschulhaus, das ein Bibliothekszimmer aufwies, geschmückt mit eigens angefertigten Porträts von Reformatoren. Treibende Kräfte für die Errichtung der Bibliothek waren Schultheiss Effinger und Pfarrer Hummel, der später oberster Geistlicher der bernischen Landeskirche wurde. Der Rat beauftragte Hummel, jährlich auf der Frankfurter Messe gute Bücher zu kaufen, was er jedoch erst 1644 durch einige Vertrauensmänner besorgte. Es scheint, dass die Bibliothek vor allem von Geistlichen benutzt wurde und der Bücherbestand im 18. Jahrhundert nicht mehr aktuell war. In den 1830er-Jahren wurden die Bilder und Bücher verkauft.

57–63 ——

1864 erfolgte eine Neugründung, die sieben Jahre später mit 2100 Bänden schon die grösste Bibliothek des Bezirks war. Daneben bestanden in Brugg sechs weitere Bibliotheken, von denen für das Publikum vor allem jene der Lesegesellschaft mit 1570 Bänden von Interesse war. 1827/28 gegründet, bestand die Lesegesellschaft bis 1917. Sie stellte ihren Mitgliedern hauptsächlich Zeitungen zur Verfügung. Die Stadtbibliothek hat sich seit

305 —— Hans Friedrich Effinger förderte nicht nur die Stadtbibliothek, er schenkte ihr auch dieses Buch. Der Titel passt gut zur Aufgabe von Bibliothek und Lateinschule.

ihrer zweiten Gründung von einer eher wissenschaftlich ausgerichteten Bibliothek – anfänglich wurden keine Romane angeschafft! – gewandelt zu einer Bibliothek, die heute von einem breiten Publikum rege benutzt wird.[5]

Der Kauf von Büchern war nicht nur für die Stadtbibliothek schwierig, sondern auch für Private: Nur in den Jahren 1668 bis 1672 wohnte ein eigentlicher Buchhändler in Brugg, nämlich der aus Frankfurt stammende Reinhard Ammon. Nachdem er 1671 in Brugg nicht eingebürgert worden war, zog er nach Windisch und erhielt drei Jahre später das dortige Bürgerrecht. Er wirkte auch als Verleger, doch sind nur wenige Werke aus seinem Verlag bekannt. Ein bedeutendes Werk über die Reformation in Graubünden gab er 1680 heraus, als er in Windisch wohnte, doch gibt das Titelblatt als Verlagsort Brugg an.[6]

Abgesehen von diesem Einzelfall hielten vor allem Buchbinder Bücher und Kalender feil: Die Druckwerke lagen erst in Form von gefalteten Bogen vor und wurden von ihnen nach den Wünschen der Auftraggeber gebunden. Konkurrenz erwuchs den Buchbindern durch Krämer und Hausierer, besonders beim Verkauf von Kalendern. Der Verkauf von Büchern durch Buchbinder war noch lange üblich: Um 1850 verkaufte der Buchbinder Johann Kraft-Stäbli auch Karten und Bücher. Eine Buchhandlung erhielt Brugg erst wieder 1865 mit dem Effingerhof – angeschlossen an eine Druckerei und Buchbinderei![7]

Die Post

Eine wichtige Institution für den Informationsaustausch war und ist die Post. Die ersten Botendienste wurden von Kaufleuten organisiert, grosse Städte hatten eigene Boten. Spätestens im 17. Jahrhundert wurde in Brugg – an der Route (Deutschland–)Schaffhausen–Bern(–Genf) – ein Postbüro eingerichtet. Es befand sich bis 1873 im Haus des jeweiligen «Postcommis», dann bis 1896 im «Roten Haus», darauf in der Alten Post, bis 1957 das Postgebäude westlich des Eisi bezogen wurde. Der Umzug an den neuen Standort an der Bahnhofstrasse ist für Herbst 2005 vorgesehen.

Der Service war bescheiden: Bis 1751 bedienten zwei Kurse pro Woche die Strecke, nachher deren vier. Die Porti waren für einfache Leute kaum erschwinglich. Dies gilt auch für die Zeit von 1804 bis 1849, als der Kanton den Postdienst betrieb.

Nebst Briefen wurden seit dem 18. Jahrhundert auch Reisende befördert, diese Station befand sich im 19. Jahrhundert beim «Roten Haus». Weitere Dienstleistungen kamen hinzu: 1852 der Telegrafen-, 1893 der Telefon- und 1906 der bargeldlose Geldverkehr.

In Lauffohr wurde 1835 eine Postablage eingerichtet und fünf Jahre später nach Rein verlegt. Vor 1911 erhielt Lauffohr wieder ein Postbüro; jenes in Altenburg bestand von 1897 bis 1918.[8]

---

[5] Fricker, Stadtbibliothek. Kdm Brugg, S. 293–298. Speich, Reformatoren-Galerie. StABg A 32, S. 506; A 46, S. 59; A 60, S. 54, 171. Heitz, Ernst: Die öffentlichen Bibliotheken der Schweiz im Jahre 1868. Basel 1872, S. 42f. Weitere Bibliotheken: Lehrer, Arbeitslehrerinnen, Militär, Bezirksschule, Grütliverein, Lesegesellschaft. — [6] Baumann, Windisch, S. 349–351. StABg A 24. Fricker, Stadtbibliothek, S. 96 und Tafel 16. — [7] StABg A 39, Bl. 78; A 131, S. 19; A 49, S. 108; A 49, S. 34, 126, 132; A 53, S. 162, 240. Keller, 100 Jahre Effingerhof, S. 19f. Brugger Wochenblatt, 6. 5. 1854. Adressbuch 1911. — [8] Franck, Postwesen. Seiler/Steigmeier, Geschichte des Aargaus, S. 134f. Adressbuch 1911, S. 32. Müller, Zwangsheirat, S. 150. — [9] StABg A 39, Bl. 147v. Blaser, Fritz: Bibliographie der Schweizer Presse. 2 Bde. Basel 1956–1958. Müller, Presse 19. Jahrhundert, S. 108–117. Brugger Wochenblatt, 15. 4., 6. 5. 1854, in der Kantonsbibliothek, Aarau. StABg B C.VIIIa.27; B C.IIIc.2. Zivilstandsamt Brugg, Familienregister der Ortsbürger, Bd. 1, S. 291. Druck: gemäss Impressum der Zeitung ja, doch besass er keine Einrichtung zum Drucken.

Nicht sehr vielseitig: Die Zeitungen

Zeitungen kamen erst im 17. Jahrhundert langsam auf, und zwar erschienen sie vor allem in Handelsstädten, wo Informationen zusammenliefen. In Brugg beschloss der Rat 1703, beide Basler Zeitungen und die «Zürcher Zeitung» zu abonnieren. Die «Schaffhauser Zeitung» werde Herr Bächli herumgeben, dem dafür eine Entschädigung zugesprochen wurde. Eine Berner Zeitung existierte damals noch nicht, auch eine aargauische fehlte. In Brugg war es um die Mitte des 19. Jahrhunderts so weit, dass ein Lokalblatt erschien: einige Jahre früher als bisher angenommen. Schon bevor im Effingerhof gedruckt wurde, produzierte ein initiativer Brugger eine Zeitung: Seit dem 1. April 1854 kam das «Brugger Wochenblatt» heraus. Als Drucker und Verleger firmierte der Buchbinder Johann Kraft-Stäbli.

Johann Kraft wurde 1804 als Sohn eines Schuhmachers geboren, 1831 heiratete er Susanna Elisabeth Stäbli. 1838 geriet er in Konkurs, wobei seine Frau den grössten Teil seiner Berufsutensilien erwarb. Trotz Zahlungsunfähigkeit verlor er sein Stimmrecht nicht und konnte sein Geschäft weiterführen. 1864 erklärte seine Frau, eine Vermögenszunahme von etwa 4000 Franken sei weitgehend auf seine Tätigkeit zurückzuführen. Ob die Zeitung noch dazugehörte, ist fraglich: Erhalten sind bloss zwei Nummern aus dem Jahr 1854. Zudem gilt nach heutiger Meinung ein Lokalblatt im 19. Jahrhundert kaum als Geschäft, sondern mehr als Reklame für eine Druckerei. Ob Kraft seine Zeitung selbst druckte, ist nicht sicher.[9]

1863/64 lancierte Jakob Dülly, Verleger und Buchdrucker in Brugg, die «Neue Volkszeitung», um der vom Gründer des Effingerhofs versprochenen Zeitung zuvorzukommen. Diese, der «Aargauische Hausfreund», löste dann 1866 die «Volkszeitung» ab. Seither erscheint im Effingerhof bis heute ein Lokalblatt.

Wenn auch der Effingerhof den Zeitungsplatz Brugg dominierte, so war er doch nicht unangefochten: Der «Hausfreund» war ein «braves», liberal-konservatives Blatt und damit manchen zu wenig fortschrittlich. Diese Kreise gründeten den «Anzeiger für Brugg und Umgebung», der von 1870 bis 1873 erschien, aber neben dem «Hausfreund» nicht zu bestehen vermochte. Als Redaktor wirkte Fürsprech E. Rohr, gedruckt wurde er von Gott-

306 ⎯ Titelseite des «Brugger Wochenblatts», das 1854 nachgewiesen ist.
Es handelte sich, wie damals üblich, um vier Seiten pro Nummer ungefähr im Format A4. Das Jahresabonnement kostete drei Franken.

lieb Kraft, einem Sohn von Johann Kraft. Ein weiterer Anlauf, ein zweites Blatt zu etablieren, erfolgte um 1900 angesichts des Streits zwischen Hans Siegrist und Edmund Schulthess. Auch dieser Versuch scheiterte, doch blieb das neue «Brugger Tagblatt» erhalten, sodass seit 1900 in Brugg eine Tageszeitung erscheint. Allerdings verlor sie 1969 ihre Selbständigkeit und wurde zu einem Kopfblatt des «Aargauer Tagblatts». Damit entstand eine Konkurrenzsituation zwischen dem «Aargauer» und dem «Badener Tagblatt», wovon Brugg profitierte: bis zu deren Fusion 1996 zur «Aargauer Zeitung». Damit ist der Name «Brugger Tagblatt» verschwunden, das Kopfblatt ist abgesunken zu einer Regionalausgabe.

Verblieben sind der «Brugger Generalanzeiger» (seit 1940, als Nachfolger des «Hausfreunds») und das «Regional» (seit 1993), beides Gratisanzeiger. Zu ihnen gesellte sich das kantonal ausgerichtete Lokalradio Argovia, das seit seiner Gründung 1990 seinen Sitz in Brugg hat.[10]

[10] Müller, Presse 19. Jahrhundert, S. 108–117. Müller, Presse 20. Jahrhundert, S. 139–152. Hintermeister, Adressbuch, S. 45. StABg B B.Ia.11, 1862–1865; B B.Ia.12, 1866f. – Nichts Näheres ist bekannt über die «Brugger Mittheilungen». 1879 kam in Brugg der «Aargauer Landbote» heraus (Müller, Presse 19. Jahrhundert, S. 112/Anm. 11, S. 138). Um 1934 erschien der «Unteraargauer Volksanzeiger», ein Inserateblatt: BgNbl 45 (1935), S. 69. – StAAG R06/1990/1004 und 2142. www.argovia.ch.

Kultur

«Kultur» ist ein Begriff, der heute sehr gebräuchlich ist. Man spricht unter anderem von Gesprächskultur, Firmenkultur, Kulturmanagement, politischer Kultur. In diesem Kapitel allerdings geht es um einen engeren Kulturbegriff. Schon immer war es den Menschen ein Anliegen, kreativ zu sein, ihre nähere Umgebung, wie zum Beispiel Alltagsobjekte, zu gestalten. In dieser Weise ist eine kunsthandwerkliche und künstlerische Tradition gewachsen, deren Erzeugnisse weit zurückreichen. Eine andere Tradition liegt im Erfinden und Erzählen von Geschichten. Daraus hat sich wohl auch das Theater entwickelt. All diese Traditionen lassen sich auch in Brugg nachweisen, seien es künstlerische Erzeugnisse, die aus der Römerzeit überliefert sind, seien es Gemälde oder auch Fotografien von Theateraufführungen, die aus dem 19. Jahrhundert auf uns gekommen sind. In früheren Zeiten, und bis ins Ancien Régime, waren die Künstler aufgehoben in einem Auftragsnetz, das von kirchlicher oder adlig-obrigkeitlicher Seite gestützt war. Seit dem 19. Jahrhundert sind die Künstler unabhängig von ihren Auftraggebern und können ihre Kunst frei gestalten, gleichzeitig sind sie aber auch gezwungen, selber Käufer zu suchen. Hier nun kommt dem Staat, oder der Stadt, eine neue wichtige Aufgabe zu: die Kulturförderung. Ein Blick auf die Brugger Kulturgeschichte zeigt eine grössere Zahl von Künstlerinnen und Künstlern wie auch Kunstvermittlern, die durch ihr Schaffen die städtische Kultur massgeblich beeinflusst haben.

In den letzten Jahrzehnten des ausgehenden 20. Jahrhundert hat sich das kulturelle Angebot in der Stadt vervielfacht, was oft privater Initiative zu verdanken war. Das vielfältige Angebot erstaunt, bedenkt man die Nähe der beiden kulturell sehr aktiven Städte Baden und Aarau.

Bedeutende Maler mit Wurzeln in Brugg

Die künstlerischen Erzeugnisse im Mittelalter und in der Frühen Neuzeit beschränkten sich grösstenteils auf den kunsthandwerklichen Bereich. Nur wenige Werke der Bildenden Kunst sind uns aus dieser Zeit noch bekannt. Ganz anders verhält sich dies mit Werken aus der Epoche des Barocks. Eine aufblühende künstlerische Tätigkeit, gefördert durch die Gegenreformation, prägte diesen Zeitraum. Doch auch reformierte Gebiete blieben in ihren künstlerischen Erzeugnissen nicht zurück, was deutlich zeigt, dass sich die Kunstwelt vom Bildersturm der Reformationswirren erholt hatte. Anteil an dieser barocken Kunstblüte hatte auch eine Brugger Künstlerfamilie. Der Glasmaler *Hans Jakob I. Dünz* (um 1575–1649) absolvierte seine Ausbildung in Brugg und liess sich nach seinen Wander-

307 __ Dieses Bild des Reformators Heinrich Bullinger (1504–1575) war Teil der in ihrer Art einzigartigen Reformatorengalerie, die von Johann Heinrich Hummel konzipiert und von Hans Jakob II. Dünz für die Bibliothek des Lateinschulhauses ausgeführt wurde.

jahren in Bern nieder. Seine künstlerische Ausdrucksweise war teilweise noch der Renaissance verhaftet. Es gelang ihm, tradierte Themen und Motive originell und neu zu formulieren. Einer seiner Söhne, *Hans Jakob II. Dünz* (1603–1668), wurde einer der bedeutenden Porträtmaler der auf dem Land ansässigen bernischen Patrizier. Mit seinem künstlerischen Schaffen bewegte er sich in einer Gattung, die im 17. Jahrhundert nicht zuletzt des Repräsentationsbedürfnisses wegen eine erstaunliche Blüte trieb. Hans Jakob II. Dünz kehrte um 1628 von Bern in die Heimat seines Vaters zurück. In Brugg stieg er in die Ämterlaufbahn ein und machte politische Karriere – er war zuletzt Mitglied des Kleinen Rates.[1] Einer seiner Söhne, *Johannes Dünz* (1645–1736), trat in seine künstlerischen Fussstapfen und wurde Porträtmaler. Ab 1661 in Bern ansässig, malte er Angehörige der bedeutendsten Berner Geschlechter. In seiner Kunst konzentrierte er sich zuerst auf den repräsentativen Ausdruck, der wohl auch von seinen patrizischen Auftraggebern gefordert wurde. In einer späteren Werkphase zeigt sich eine deutliche Tendenz zu einem verinnerlichten Ausdruck der Dargestellten. Einzigartig für die barocke Kunst in der Schweiz ist sein berühmtes Gruppenporträt der Berner Bibliothekskommission. Mit diesem Gemälde lehnte sich Dünz an die niederländischen Regenten- und Gildenporträts an. Johannes Dünz malte auch Veduten und Stillleben.[2]

Die Bildende Kunst war in der Mitte des 19. Jahrhunderts durch die Gattung der Historienmalerei dominiert. In Anbetracht der damaligen Zeitumstände mit all den Nationalstaatengründungen versteht sich diese Gattungspriorität. Aus diesem Grund konnte sich zum Beispiel die Landschaftsmalerei, die weniger im Visier des öffentlichen Interesses stand, freier entfalten. Einige Brugger Maler betätigten sich in diesem Bereich. Die Eltern des bekannten Schweizer Landschaftsmalers *Adolf Stäbli* (1842–1901) zogen noch vor dessen Geburt nach Winterthur. Sein Vater Diethelm (1812–1868) trat dort eine Stelle

__ 1 Speich, Künstlerfamilie Dünz, S. 115. Speich, Reformatoren-Galerie, S. 101f. __ 2 Speich, Künstlerfamilie Dünz, S. 117ff. __ 3 Adolf Stäbli 1842–1901. __ 4 Château Talcy-sur-Mer, in Marchenoir (Loir et Cher) war in Philipp Albrecht Stapfers Besitz. Über die Stapfergemälde – auch Daniel und Johannes Stapfer wie auch Sophie-Louise Stapfer-Burnand wurden von Handmann porträtiert – vgl. Freivogel, Emanuel Handmann, S. 184.

als Zeichenlehrer an der Gewerbeschule an. Nach einer Ausbildung beim Zürcher Maler Rudolf Koller und bei Johann Wilhelm Schirmer in Karlsruhe verbrachte Adolf den grössten Teil seines Lebens in München. München galt in der Mitte des 19. Jahrhunderts als das Kunstzentrum Europas, das im Lauf des Jahrhunderts gegen 200 Schweizer Künstler anlockte. Weil Stäblis Eltern ihr letztes Lebensjahr im Bürgerasyl in Brugg verbrachten, hielt sich Stäbli ab und zu in der Stadt auf. Zudem fand er 1892 auch einen Brugger Mäzen – Gottlieb Felber (1865–1933). Felber ist zusammen mit Adolfs Schwester Adèle Stäbli für die Entstehung der Adolf-Stäbli-Sammlung verantwortlich, die heute im Heimatmuseum untergebracht ist.[3]

Porträts als Repräsentationsmittel

Im Besitz der Stadt Brugg befinden sich Porträts von Mitgliedern einiger Brugger Geschlechter. Die beiden Gemälde von Albrecht und Johann Friedrich Stapfer wurden vom Maler Emanuel Handmann (1718–1781) gemalt. Es handelt sich dabei vermutlich um vom Maler gefertigte Kopien der sich im Château Talcy-sur-Mer befindenden Originale.[4] Handmann war in der Blütezeit seines Schaffens in Bern tätig und schuf für die Berner Stadtbibliothek die Schultheissenporträts. Offenbar ersetzten oder ergänzten sie einen Theologenzyklus, der 1693 von der Berner Hochschule in die neuen Räumlichkeiten der Bibliothek transferiert wurde. Dieser Theologenzyklus entstand auf Anregung des aus Brugg stammenden Berner Dekans Johann Heinrich Hummel. Als Vorbild diente der Brugger Reformatorenzyklus. Der Erschaffer der Schultheissenbildnisse Emanuel Handmann war wohl einer der begnadetsten Porträtisten im Bern des 18. Jahrhunderts. Er porträtierte unter anderen auch Johann Georg Zimmermanns Lehrer Albrecht von Haller und den Preussenkönig Friedrich den Grossen.

Johann Georg Zimmermann liess sich von keinem Geringeren als dem international tätigen Winterthurer Porträtisten Anton Graff (1736–1813) konterfeien. Graff weilte seit 1766 als Porträtlehrer an der Kunstakademie in Dresden, zudem war er dort Hofmaler. Im Gegensatz zu dem in barocker Manier arbeitenden Johannes Dünz stehen Graffs Porträts bereits in der Tradition der Aufklärung, das heisst, in seinen Bildnissen verloren die Herkunft und die soziale Stellung der Porträtierten an Bedeutung.

Emil Anner (1870–1925) erhielt seine künstlerische Grundausbildung an der Kunstgewerbeschule in Zürich. Von 1892 bis 1896 dauerte sein München-Aufenthalt, während dessen er sich vor allem mit der Radiertechnik vertraut machen konnte. Anner darf um die Jahrhundertwende zu den besten Schweizer Radierern gezählt werden. Von 1899 bis zu seinem Tod wirkte er als Zeichenlehrer an der Bezirksschule in Brugg. Anner wurde auch Malermusiker genannt, weil er sich vor allem in der zweiten Lebenshälfte sehr mit der Musik auseinander setzte. Am 23. Oktober 1923 erlebte Brugg die Uraufführung seiner Symphonie in f-moll für grosses Orchester, Altsolo und Frauenchor.

Als Maler des Bielersees ging *Ernst Geiger* (1876–1965) in die Kunstgeschichte ein. Er wuchs im Palais Frölich (heute Stadthaus) in Brugg auf und wandte sich nach forstwirtschaftlichen Studien der Malerei zu. Seine Landschaftsbilder zeigen seine Auseinandersetzung mit Ferdinand Hodler, Giovanni Giacometti und Cuno Amiet. Mit einzelnen dieser Künstler pflegte er auch persönlichen Kontakt. 1918 liess er sich in Ligerz nieder.

Was Ende des 19. Jahrhunderts in der Bildenden Kunst mit einer Palette von unterschiedlichen Stilrichtungen begann, wurde im 20. Jahrhundert weitergeführt. Ein Maler,

308 ___ Im Gemälde «Sommermorgen» (1894) gelang es Adolf Stäbli dank der ausgewogenen Bildkomposition, den Betrachtenden trotz einem aufkommenden Unwetter eine positive Stimmung zu vermitteln.

der seine Lehrzeit als Bauzeichner in Brugg absolvierte, der aus Remigen stammende *Wilhelm Schmid* (1892–1971), zählt zu den wenigen Schweizer Malern, die sich der Neuen Sachlichkeit zuwandten. Zwischen 1912 und 1938 lebte er in Berlin und Paris und sah sich danach gezwungen, seiner jüdischen Frau wegen in die Schweiz (Tessin) zurückzukehren. Schmid hinterliess ein umfangreiches Werk, dessen Qualität überzeugt.

Weitere Brugger Künstler hatten oder haben über die Region hinaus eine Ausstrahlung. So unter anderem *Otto Kälin* (1913–2001), der ab den 40er-Jahren einige Wettbewerbe im Bereich der Wandmalerei (Kasernen Emmen und Thun, Altartafel Königsfelden, Hauptaltar katholische Kirche Aarau) für sich entscheiden konnte. Diese Erfolge brachten ihm weitere Direktaufträge ein.[5] Der Maler *Willi Helbling* (*1920) holte sich seine künstlerische Grundausbildung an der Kunstgewerbeschule Zürich unter anderem bei Ernst Gubler. Sein Kunstschaffen ist vielseitig und bewegt sich zwischen Gegenständlichkeit und Abstraktion. Der in Gebenstorf geborene Bildhauer *Franz Pabst* (1927–2000) erlebte seine Jugendzeit in Brugg. Nach kurzer Ausbildung an der Kunstgewerbeschule in Zürich wechselte er nach Amsterdam und später nach Paris. Nach seiner Rückkehr liess er sich in Riniken nieder und beteiligte sich an der städtebaulichen Arbeitsgruppe «team brugg 2000».[6] Die Objektkünstlerin und Malerin *Eva Wipf* (1929–1978) verbrachte ihre letzten Lebensjahre in Brugg, wo sie sehr zurückgezogen lebte und arbeitete. Ihr Werk zeichnet sich durch eine stilistische Vielfalt aus. Ihre eigenständige Bildsprache ist voller religiöser Elemente.

___ 5 Fischer, Otto Kälin, S. 39ff. ___ 6 Omlin, Franz Pabst, S. 25ff. Siegenthaler, Franz Pabst, S. 37ff.

> **Die jüngere Künstlergeneration**
> Ende des 20. Jahrhunderts sind einige bildende Künstler aus Brugg zu erwähnen, die einen bedeutenden Beitrag zum zeitgenössischen Kunstschaffen leisten, so der aus Brugg stammende und in Kanada wirkende Peter Haller (*1939), der in Basel tätige Peter Brunner-Brugg (*1946), Jacques Braun(*1947), der in Spanien arbeitende Hugo Wirz (*1948) und der in New York tätige Arnold Helbling (*1961), Sohn von Willi Helbling.

Johann Georg Zimmermann – ein philosophierender Arzt

Der Arzt und Philosoph Johann Georg Zimmermann (1728–1795) stellte neben den Brugger Prädikanten eine herausragende Persönlichkeit dar. Er entstammte einer angesehenen Brugger Familie. Nach dem Abschluss der Schulzeit in Brugg absolvierte er die Akademie in Bern, um danach an der Universität Göttingen Medizin zu studieren. Dort wurde er Protegé des grossen Schweizer Gelehrten Albrecht von Haller, dem er in späteren Jahren eine Biografie widmete. Von 1754 bis 1768 amtete er als Stadtarzt in Brugg. Das doch eher kleinbürgerliche Milieu schien ihm jedoch weniger zu behagen, auch wenn er sich durch seine politischen Aktivitäten bemühte – er wurde Mitglied des städtischen Grossen Rates –, gesellschaftlich Fuss zu fassen. Ein reger Briefwechsel mit bedeutenden Zeitgenossen und die schriftstellerische Tätigkeit vermochten seine Unzufriedenheit ein wenig zu zügeln. So erstaunt seine Mitgliedschaft in der 1761 gegründeten Helvetischen Gesellschaft kaum. Hier fanden sich aufklärerisch denkende Persönlichkeiten aus der ganzen Schweiz alljährlich im Mai im Bad Schinznach zusammen, um über die Verbesserung der Lebensumstände zu debattieren. Während seiner Brugger Zeit entstand der grösste Teil seines schriftstellerischen Schaffens, wohl nicht zuletzt auch deshalb, weil Zimmermann beruflich unterfordert schien. Seine beiden Werke «Über die Einsamkeit» von 1756 und

309 ___ Der Arzt Johann Georg Zimmermann war während seiner Brugger Zeit auch politisch aktiv. Der Aufstieg in die oberste städtische Behörde war ihm verwehrt. Das Gemälde wurde von einem der berühmtesten Porträtisten der Zeit gemalt, vom in Dresden wohnenden Winterthurer Anton Graff.

«Über den Nationalstolz» von 1758 erlangten vor allem in Deutschland grosse Beachtung. Sie wurden in fast alle europäischen Sprachen übersetzt. Auch sein medizinisches Werk «Von der Erfahrung in der Arzneykunst» von 1764 wurde sehr gut aufgenommen.

1868 endlich gelang es ihm, aus der engen Brugger Lebenswelt auszubrechen. Er folgte einem Ruf nach Hannover, wo er «grossbritannisch-königlicher» Leibarzt wurde. Seine Tätigkeit brachte ihm ein gutes Einkommen und grosse gesellschaftliche Anerkennung. Dass er sich trotz all dem später nach Brugg zurücksehnen würde, hätte er sich kaum träumen lassen. Ein weiterer Höhepunkt in seiner Karriere war der ehrenvolle Ruf Katharinas der Grossen nach Russland, dem er keine Folge leistete. Als der Preussenkönig Friedrich der Grosse kurz vor seinem Tod nach ihm verlangte, reiste Zimmermann nach Potsdam. Die Gespräche mit dem Herrscher fanden 1788 ihren Niederschlag in der Schrift «Über Friedrich den Grossen und meine Unterredung mit ihm kurz vor seinem Tode». Zimmermann lebte, von zunehmenden Depressionen geplagt, bis zu seinem Tod in Hannover.[7]

Im Bann der Literatur

Aus dem 19. Jahrhundert sind vermehrt literarische Zeugnisse aus Brugg selbst überliefert. Die in ihrer Zeit bekannte Schriftstellerin *Anna (Nanette) Rothpletz-von Meiss* (1786–1841) zog nach dem Tod ihres Gatten 1815 mit ihren drei Kindern zu ihren Eltern nach Brugg. 1827 publizierte sie ihren ersten Roman unter dem Pseudonym Rosalie Müller. Mit all ihren noch folgenden Romanen, in denen sie als Verfechterin der in der damaligen Zeit gültigen Familienideologie auftrat, war sie sehr erfolgreich. Dass eine Frau in einer künstlerischen Tätigkeit an die Öffentlichkeit trat, war in der damaligen Zeit eher unüblich. Genügend Kenntnisse in allen künstlerischen Belangen waren von gesellschaftlichem Vorteil, jede Professionalisierung jedoch ungebührend. Rothpletz wurde vermutlich auch nur deshalb veröffentlicht, weil sie in ihren Werken die Frauen darin bestärkte, an ihrem angestammten Platz zu bleiben.[8]

Der Brugger Literat *Abraham Emanuel Fröhlich* (1796–1865), Bruder des Komponisten Friedrich Theodor Fröhlich, betätigte sich nach seinem Theologiestudium kurze Zeit als Lateinlehrer in Brugg. Als er bei der Pfarrwahl nicht berücksichtigt wurde, liess er sich 1827 als Deutschlehrer an die Kantonsschule Aarau verpflichten. Er war zudem als Redaktor der «Neuen Aargauer Zeitung» tätig. Fröhlichs politischer Kurswechsel vom radikalen zum konservativen Denker kostete ihm die Wiederwahl an der Kantonsschule. Verständlicherweise kam dem Literaten 1835 die Berufung an die Bezirksschule Aarau, wo er als erster Rektor amtete, gelegen. 1824/25 entstand, geschrieben aus seiner Enttäuschung über die nicht erfolgte Pfarrwahl, eine Sammlung von Fabeln. Diese brachte ihm Erfolg, weil sich für die Leserschaft hinter den Tier- und Pflanzengestalten erkennbare Zeitgenossen verbargen. Obschon sehr produktiv, gelang es Fröhlich nur noch 1843 mit seinen satirischen Epigrammen in «Der junge Deutsch-Michel», an seine viel versprechenden künstlerischen Anfänge anzuknüpfen. Letztlich vermochte er kein Werk zu schaffen, das literarisch überdauerte.[9]

Der in Brugg geborene *Adolf Vögtlin* (1861–1947) absolvierte ein Studium der Philologie und Kunstgeschichte und war danach als Lehrer in Zürich tätig. Vögtlin wurde mit

---

[7] Banholzer, Solothurner Briefe, S. 61f.; Meier, Armer Zimmermann, S. 53f. [8] Stump, Anna Rothpletz-von Meiss. [9] Biographisches Lexikon, S. 244. Strässle, Neujahrsblätter als Spiegel der Literatur, S. 65. Biographisch-Bibliographisches Kirchenlexikon Bd. XXIII, Artikel Fröhlich. www.bautz.de. [10] Strässle, Neujahrsblätter als Spiegel der Literatur, S. 67. Biographisches Lexikon, S. 806.

310 — Die Schriftstellerin Anna Rothpletz-von Meiss nimmt eine besondere Stellung in der Literaturszene des frühen 19. Jahrhunderts ein, weil für Schriftstellerinnen in der damaligen Schweiz keine Tradition bestand.

seinem 1891 veröffentlichten Roman «Meister Hansjakob, der Chorstuhlschnitzer von Wettingen» bekannt. Mit dem Bekenntnisroman «Heinrich Manesses Abenteuer und Schicksale» gelang Vögtlin ein durchschlagender Erfolg. Seine historischen Werke standen ganz in der Tradition Gottfried Kellers und Conrad Ferdinand Meyers. Doch im Gegensatz zu diesen beiden Autoren ist Vögtlin heute in Vergessenheit geraten.[10]

Mit den beiden gebürtigen Bruggern Christian Haller (*1943) und Urs Augstburger (*1965) hat die Stadt auch in der zweiten Hälfte des 20. Jahrhunderts zwei namhafte Autoren vorzuweisen.

> **«Brugger Begegnung»**
> «Ab heute ist Brugg Literaturstadt.» So betitelte das «Brugger Tagblatt» im September 1986 die Eröffnung der «Brugger Begegnung». Und ein begeisterter Bericht mit dem Titel «Brugg, die Propheten-, ist nun auch eine Literaturstadt» folgte in der gleichen Zeitung einige Tage später. Seit 1986 führt Brugg die Literaturtage alle zwei Jahre durch. Initiiert wurde das deutsch-schweizerische Autorentreffen von der deutschen Partnerstadt Rottweil. Was für die Kleinstadt Brugg als Wagnis begann, wurde und ist nach wie vor ein erfolgreiches Unterfangen, das Brugg während dreier Tage in den Bann des Wortes, der Literatur versetzt.

Musikalisches Leben

Eine breite musikalische Tradition wurde und wird in der Stadt Brugg durch verschiedene Blasmusiken, Chöre und auch durch den Orchesterverein Brugg gepflegt. Gegen das Ende des 20. Jahrhunderts etablierten sich verschiedene Konzertreihen aller Stilrichtungen: Jazz im Salzhaus, Popmusik im Jugendhaus Piccadilly «Pic», Unterschiedliches im Zyklus «Musik am gleis 1», organisiert vom Kulturfonds der Metron, der Zyklus «Abendmusik» in der reformierten Stadtkirche und eine klassische Kammermusikreihe im Zimmermannhaus.

Obwohl mehrere Brugger Musiker mit kompositorischen Werken hervortreten, sticht doch eine Musikerpersönlichkeit in diesem Bereich heraus: *Friedrich Theodor Fröhlich* (1803–1836). Fröhlich wurde in eine Zeit hineingeboren, in welcher der Musik innerhalb der Künste eine immer bedeutendere, auf dem Höhepunkt der Romantik gar die führende Rolle zukam. Dies geschah wohl nicht zuletzt auch deshalb, weil die Musik dem Wunsch der Epoche gemäss das Gefühl ganz direkt anzusprechen vermag.

Friedrich Theodor Fröhlich sollte nach dem Willen seiner Eltern Jurisprudenz studieren und besuchte zu diesem Zweck die Universitäten von Basel und Berlin. Doch im Verlauf des Studiums wurde ihm seine Vorliebe für die Musik, speziell für die Komposition, zunehmend bewusst. Ein Stipendium ermöglichte ihm 1826 einen weiteren Berlin-Aufenthalt. Während dieser Zeit nahm er an einem reichen musikalischen Leben teil, lernte Felix Mendelssohn kennen und knüpfte andere wichtige Kontakte, wie zum Beispiel mit dem Germanisten Wilhelm Wackernagel. Nach vier Jahren kehrte Fröhlich voller Ideen als Musikdirektor nach Aarau zurück. Nun war er mit der Leitung verschiedener Chöre und Orchester, mit der Schulmusik und mit dem Erteilen privater Musikstunden beschäftigt. Fröhlich bereicherte das Aarauer Musikleben mit vielen Konzerten. Dabei kamen auch einige seiner eigenen Kompositionen zur Aufführung. Trotzdem blieben viele seiner Werke unveröffentlicht. Da sie der neuen Stilrichtung der Romantik verpflichtet waren, hatten sie in einer der Klassik verhafteten Schweiz vermutlich wenig Chance zur Anerkennung. Fröhlich ist einer der wenigen Schweizer Komponisten der Romantik – und der einzige Frühromantiker. Die Bedeutung seines kompositorischen Werkes, von Messen, Motteten, einem Oratorium und Orchesterwerken, wurde erst nach seinem Tod erkannt. Berufliche Unzufriedenheit und private Probleme führten dazu, dass er sich 1836 das Leben nahm.[11]

Das Musiktheater «Die traurigen Lieder des Theodor Fröhlich», das anlässlich des 200. Geburtstags des Komponisten 2003 entstand und in der Spinnerei Windisch aufgeführt wurde, bot die Möglichkeit, einige der leider noch unedierten, aber bedeutenden Lieder wie auch der sonstigen Kompositionen kennen zu lernen.

Die Musikvermittlung – ein grosses Anliegen
Als bedeutende Schulmusiker oder Musikdirektoren, wie sie auch genannt wurden, sind *Ernst Broechin* (1894–1965) und *Albert Barth* (1922–1985) zu erwähnen. Barth war verantwortlich für die Gründung der Brugger *Musikschule* 1974. Der Brugger Musiker *Karl Grenacher* (1907–1989) war 1931–1973 als Musikdirektor am Lehrerseminar in Wettingen tätig. Er initiierte unter anderem die Konzerte in der reformierten Stadtkirche.

Ein neues Stadtbild um die Wende zum 20. Jahrhundert
Das Ausbrechen aus den beengenden räumlichen Verhältnissen der mittelalterlichen Kleinstadt begann in grösserem Rahmen Ende des 19. und Anfang des 20. Jahrhunderts. In dieser Zeit prägten die Bauwerke des Brugger Architekten *Albert Froelich* (1876–1953) die Stadt neu und markant.

―― 11 Sarbach, Friedrich Theodor Fröhlich. Biographisches Lexikon, S. 248ff. Fröhlichs handschriftlicher Nachlass befindet sich in der Universitätsbibliothek Basel. ―― 12 Vgl. Haefeli-Sonin, Zuzana; Speich, Klaus: Das Vindonissa-Museum in Brugg. Architekturführer. Bern 1996.

311 —— Weit über die Brugger Grenzen hinaus wurden die Kompositionen des Brugger Frühromantikers Friedrich Theodor Fröhlich bekannt.

Der als Sohn eines Kupferschmieds in Brugg aufgewachsene Albert Froelich absolvierte seine Lehrzeit im renommierten Badener Architekturbüro Dorer und Füchslin. Nach Aufenthalten in Paris und Italien liess er sich 1902 in Berlin nieder. Die 1904 in Brugg erstellte Abdankungshalle war sein erster Auftrag, welchen er selbständig ausführte. Nachdem er in Berlin das Neue Schauspielhaus am Nollendorfplatz realisieren konnte, war er als Architekt in aller Munde und wagte darauf 1906 den Schritt in die Selbständigkeit. Neben seinem Büro in Charlottenburg eröffnete er ein Jahr später eine Filiale in Brugg. Hier realisierte er einige Privathäuser, unter denen die Villa Simmen (heutige Musikschule) hervorsticht, sowie mehrere öffentliche Bauten wie das Stapferschulhaus (1910), das Vindonissa-Museum (1912)[12], die alte Kantonalbank und den Bahnhofsumbau

312 —— Der Architekt Albert Froelich (1876–1953). Zeichnung von Eduard Renggli, 1925.

313 ⸺ Das 1912 entstandene Vindonissa-Museum ist ein Gesamtkunstwerk, wie es als Museumsbau in der Schweiz in dieser Art selten erhalten ist. Bereits das äussere Erscheinungsbild – ein symbolisches Tor umrahmt den Eingang – lässt erahnen, was im Innern anzutreffen ist. Die Malerei im Innern wurde von Werner Büchli ausgeführt.

von 1920/21 inklusive der gegenüberliegenden Häuserzeile.[13] Albert Froelich erreichte als Architekt internationale Erfolge. Seine Werke lehnen sich stilistisch an den Jugendstil an und zeigen auch symbolistische Einflüsse. Obwohl Froelich einer traditionellen Formensprache verpflichtet blieb, die den Weg in die Moderne nicht suchte, vermögen seine als Gesamtkunstwerke konzipierten Bauten noch heute zu beeindrucken.

Metron – ein Unternehmen geht neue Wege

Die Metron[14] wurde im März 1965 durch Zusammenschluss verschiedenster Fachleute wie Architekten, Planer und Soziologen gegründet. In der Führung der betrieblichen Organisation, die absolut projektbezogen lief und läuft, darf Metron als Pionierin gelten. Ebenso bezeugen das Mitspracherecht der Mitarbeitenden und der Wert, den das Unternehmen auf Bildung und Weiterbildung legte, den neuen Weg, den die Firma einschlug.

Ziel der interdisziplinären Zusammenarbeit war die Idee einer ganzheitlichen Planung, welche den Lebensraum des Menschen wohnlich gestaltet. Die Metron richtet ihr Interesse bis heute auf die planerische Entwicklung von Städten, speziell auch von Aargauer Kleinstädten.

1974 erfolgte aufgrund des schnellen Wachstums und gemachter Erfahrungen eine Umstrukturierung hin zur Selbstverwaltung. Firmensitz war von 1974 bis zum Neubau in Brugg das Volg-Hochhaus in Windisch. Zwischen 1985 und 1993 realisierte die Metron ihr eigenes «Wohn- und Geschäftshaus Stahlrain» in Brugg.[15] Die Metron ist ein Unternehmen, das im soziokulturellen Bereich bedeutende Akzente gesetzt hat. Ihre Bauten überzeugen vom formal-ästhetischen Standpunkt.

⸺ 13 Fischer, Albert Froelich, S. 57. ⸺ 14 Metron = griechisch das Mass. ⸺ 15 Kurz, Metron-Geschichte, S. 16f. Das Gebäude wurde von einem Baukonsortium – Wartmann & Cie AG Immobilien (West- und Wohnflügel) und Metron Haus AG (Südflügel) – in Auftrag gegeben. Ebenda, S. 187. ⸺ 16 Wernli, Kulturgesellschaft, S. 14, 43. Vgl. Meier, Liebessteuern, S. 153f.

314 ___ Ansicht des Wohn- und Geschäftshauses Stahlrain, das die Metron 1985–1993 erstellen liess und wo sie auch ihren Geschäftssitz einrichtete.

Kulturelle Institutionen

1815 wurde als Tochtergesellschaft der vier Jahre zuvor in Aarau entstandenen Gesellschaft für vaterländische Kultur die «Brugger Bezirksgesellschaft für vaterländische Kultur» gegründet, die spätere *Kulturgesellschaft*. Ziel der Gründungsmitglieder war es, die soziale Not zu lindern und die Bildung zu verbessern. Der Begriff «Kultur» wurde hier sehr weit gefasst. Aus den Diskussionen ihrer Mitglieder erwuchsen viele Ideen, die teilweise umgesetzt wurden, so zum Beispiel die Pflege von schönen Plätzen und Aussichtspunkten, die letztlich als Vorläufer von «Tourismus Brugg» gesehen werden müssen. Auch die Neue Aargauer Bank geht mit der 1849 erfolgten Gründung der Sparkassengesellschaft auf ihre Initiative zurück. Zeugnis von heutiger Aktivität legen die «Brugger Neujahrsblätter» ab, die mit Unterbrüchen seit 1819 und seit 1890 ununterbrochen unter der Herausgeberschaft der Kulturgesellschaft erscheinen. 1821 initiierte die Kulturgesellschaft die Einrichtung eines Lesezimmers und gründete eine Lesegesellschaft. Es wurden Zeitschriften und eine belletristische Bibliothek für die Bevölkerung bereitgestellt. Die Idee zur Gründung einer Stadtbibliothek kam 1863/64 aus anderen Kreisen und wurde von der Kulturgesellschaft zuerst als Konkurrenzangebot abgelehnt.[16]

Die Entdeckung des Amphitheaters von Vindonissa 1897 hatte im gleichen Jahr die Gründung einer «Antiquarischen Gesellschaft von Brugg und Umgebung» (ab 1906 *Gesellschaft Pro Vindonissa*) zur Folge. Da die Ausgrabungen reiches Fundmaterial zutage förderten, entstand 1903 der Wunsch, dieses in einem Museum zu präsentieren. Dieses wurde 1912 realisiert.

1984 wurde die *Städtische Galerie Zimmermannhaus* eröffnet. Sie löste die in Lauffohr bestehende städtische Galerie ab und machte es sich zur Aufgabe, zeitgenössisches Kunstschaffen zu unterstützen. Zeitgenössische Kunst zeigten und zeigen auch die Galerie «New York» und die kleine Galerie im «Wöschhüsli» an der Falkengasse mit ihrem ganz speziellen Cachet. 2003 wurde an der Hauptstrasse die «Alpha Art»-Galerie eröffnet.

315 ___ **Innenansicht des Heimatmuseums wenige Tage vor der Eröffnung vom 3. Oktober 1964. Die Ortsbürger beschlossen 1956, das ehemalige Zeughaus (1673) in der Hofstatt zu renovieren und in ein Heimatmuseum umzuwandeln. Hier fand auch das Adolf-Stäbli-Stübli ein Unterkommen, welches zuvor im alten Rathaus untergebracht war.**

1998 wurde der *Kulturverein Arcus* gegründet, der mit dem Kulturhaus Odeon ein multifunktionales Kinotheater betreibt. Bereits zwei Jahre früher bildete sich der *Verein Salzhaus Brugg,* der im ehemaligen bernischen Salzhaus mit Hilfe von Veranstaltungen eine Begegnungsstätte schuf, die ein breites Publikum anspricht.

arbeiten, produzieren, verkaufen

Bauerndörfer und bäuerliche Kleinstadt

Im Mittelalter und in der Frühen Neuzeit bildete der einheimische Landbau die Grundlage für die Ernährung der Menschen in Stadt und Land. Dabei unterschied sich die dörfliche Landwirtschaft grundsätzlich von der kleinstädtischen. Innerhalb des heutigen Brugger Gemeindebanns waren beide Typen vertreten: der dörfliche in Altenburg und Lauffohr, der kleinstädtische in Brugg selbst.

Ackerbau und Viehzucht in Altenburg und Lauffohr

Mit ganz wenigen Ausnahmen wohnten die Menschen beider Gemeinden bis nach 1800 innerhalb einer geschlossenen, durch einen Etter umzäunten Dorfsiedlung. Hier befanden sich ihre Wohnhäuser, Scheunen und Ställe sowie die Gärten.

Die Wiesen- und Ackerflur lag ausserhalb des Dorfes und wurde nach dem Prinzip der Dreizelgenwirtschaft bestellt. Das gesamte Ackerland war in drei Zelgen eingeteilt. In einem Drei-Jahres-Rhythmus säten die Bauern zuerst Wintergetreide (meist Dinkel) und einige Zeit nach dessen Ernte Sommergetreide (Roggen, Gerste, Hafer). Im dritten Jahr liessen sie die betreffende Zelg brach, damit sich der Boden erholen konnte. Da innerhalb der Zelgen keine Wege bestanden, mussten die Arbeiten des Pflügens, Säens und Erntens koordiniert erfolgen. Die Gemeindeversammlung beschloss jeweils den Beginn eines Arbeitsgangs. Der einzelne Bauer war somit nicht frei in der Bewirtschaftung seines Eigentums, und er durfte dasselbe auch nicht einzäunen.

In Altenburg rahmten die ursprünglichen Zelgen das Dorf im Osten und Süden ein:
- Unteres Grüt (östlich des heutigen Bahndamms, zwischen Altenburger und Schöneggstrasse)
- Oberes Grüt (im Raum der heutigen Kreuzung Badstrasse/Habsburgerstrasse)
- Unter dem Hag (südlich des Dorfes etwa bis zum heutigen Schwimmbad)

Wegen der Zunahme der Bevölkerung mussten die Altenburger Land in grösserer Entfernung des Dorfes roden. So entstanden weitere Teilzelgen:
- Eichernzelg
- Au
- Hämiken[1]

---

1 StAAG AA 545, S. 197–250.

316 — Bauer mit «Benne» bei Altenburg, vermutlich Ende des 19. Jahrhunderts.

317 — Erntearbeiten in Lauffohr, vermutlich in den 1920er-Jahren.

Das Bodenzinsverzeichnis von 1680 schätzte die gesamte Altenburger Flur auf 210 1/2 Jucharten (etwa 76 Hektaren).[2]

Die Zelgen der Lauffohrer sind schwieriger zu lokalisieren. Gesichert ist die Zelg Sommerhalde, also das Gebiet nördlich der Landstrasse nach Brugg. Südlich davon – zwischen Landstrasse und Auhof – lagen die Auzelg und die «Zelg vor der Au» (auch Tornau genannt). Gemäss einer Angabe von 1687 umfasste die ganze Flur (ohne Auhof und Mühlegut) 123 1/2 Jucharten (oder rund 45 Hektaren) zinspflichtiges Land.[3]

Einzelhöfe ausserhalb der Dörfer gab es nur vereinzelt: Im Grenzbereich zwischen Altenburg und Birrenlauf (Schinznach-Bad) lag das *Hölzli*, ursprünglich *Freienhausen* genannt, mit eigenem Gemeindebann. Es bestand aus zwei kleinen Höfen, dem Oberen und dem Unteren Hölzli. Im Oberen hiessen die Bewohner während Jahrhunderten Rey, im Unteren Hafner. Bei beiden Geschlechtern handelte es sich um Mitglieder der Randgruppe der Landsassen, die zwar Berner Staatsangehörige waren, aber kein Gemeindebürgerrecht besassen.

Beide Gütchen waren eingezäunt, stiessen aneinander und enthielten je ein einfaches, strohbedecktes Bauernhäuschen mit Scheune und Stall. Zum Oberen gehörten 12 bis 14 Jucharten (4–5 Hektaren) Baumgarten, Acker-, Matt-, Holz- und Weideland, zum Unte-

— 2 StAAG AA 563, S. 133–142. — 3 StAAG AA 551, S. 7–16; AA 1167, S. 989–1011. — 4 UB Brugg, Nr. 93, 181. StAAG AA 563, S. 145, 147f.; AA 687, S. 29; AA 730, S. 128, 172–177, 259. StABg C 76, S. 180–187. — 5 StABE B VII 228, S. 37; B VII 241, S. 18. StAAG AA 458, S. 380, 392; AA 462, S. 39, 44; AA 1109, Nr. 18. StABg B D.IIa.8, Nr. 617; C 75, S. 8–18.

ren vermutlich etwas mehr. Beide Höfe verschwanden im 19. Jahrhundert vollständig: Das Obere Hölzli wurde 1828 aufgegeben; das Untere musste um 1858 dem Bahnbau Brugg–Aarau weichen.[4]

Erst gegen Ende des 18. Jahrhunderts entstand im Grenzbereich von Altenburg und Windisch der *Rütenenhof*. Initiative Brugger Bürger hatten hier Land erworben, das bisher nur extensiv genutzt worden war. Sie meliorierten den Boden und steigerten den Ertrag. Dies entsprach der damaligen Agrarpolitik der Berner Regierung, welche dem Inhaber gestattete, hier 1781 eine Scheune und 1795 ein Wohnhaus zu erbauen. Der Rütenenhof ging 1917 an die Chemische Fabrik AG Brugg und 1922 an die Röhrenfabrik Hunziker & Cie. AG, welche die dortigen Kieslager ausbeutete und die Gebäude 1960 abbrechen liess.[5]

Im Gemeindebann Lauffohr lagen drei grössere Höfe ausserhalb des Dorfes, dazu kleine bewohnte Liegenschaften in der Oberen Au. Der stattliche *Auhof* war zu einem unbekannten Zeitpunkt in den Besitz des Spitals Brugg gelangt. Dem Spital gehörten weitere Güter vor allem in der Ehfäde im Süden der Stadt an. Diese Liegenschaften wurden lange Zeit durch angestellte Knechte bewirtschaftet oder stückweise verpachtet. Die Rentabilität zugunsten des Spitals liess jedoch bereits im 17. Jahrhundert zu wünschen übrig, weshalb der Rat 1641 beschloss, die Güter zu verpachten und zu diesem Zweck ein Bauernhaus in der Au zu bauen.

Ein Pachtvertrag von 1714 zeigt auf, dass die 102 Jucharten (= 36 Hektaren) umfassenden Spitalgüter vom Auhof aus als Grossbetrieb mit zwei Ochsengespannen zu je vier Zugtieren bewirtschaftet wurden. Da der Grossteil aus Ackerland bestand, lieferte die Stadt das notwendige Futter vor allem aus dem Mönthaler und Remiger Heuzehnten; ausserdem durften die Ochsen im Herbst auf verschiedene städtische Wiesen zur Weide getrieben werden. Der Anbau erfolgte in Halbpacht; der Bauer musste also die Hälfte des

318 — Kleinbauernhaus in Altenburg, heute Altenburgerstrasse 62. Links der Zustand von 1898 mit Strohdach, rechts die heutige Ansicht mit Ziegeldach.

Getreideertrages im städtischen Kornhaus abliefern, dazu das Stroh für die Stadtpferde; auch vom Obst und von den Nüssen durfte er nur die Hälfte behalten; andererseits erhielt er von der Stadt das Brennholz, das Holz für Pflug und Wagen sowie die Hälfte des erforderlichen Salzes.

Doch auch mit den Pächtern und deren Ertrag war der Rat oft nicht zufrieden. Ab 1728 pachteten wohlhabende Brugger Bürger und hohe Amtsträger die Spitalgüter samt dem Auhof zu einem festen Jahreszins. Sie stellten einen Bauern zu deren Bewirtschaftung an und erhofften sich fette Gewinne daraus. Als sich ihre Erwartungen nicht mehr erfüllten, gaben sie das Lehen 1776 auf. Der Rat beschloss hierauf, den Auhof ohne die übrigen Spitalgüter auf neun Jahre zu vergeben – wiederum in Halbpacht; aus sieben Bewerbern wählte er Ulrich Ackermann aus Riniken aus. Nach Ablauf des Vertrages wollte sich die Stadt endgültig vom Auhof trennen. Nach einer Versteigerung im «Bären» zu Stilli bot Ackermann 4100 Gulden, dazu ein kleines Stück Land für das noch 50 Jucharten (= 18 Hektaren) umfassende Gut. Seine Nachkommen bewirtschaften den Auhof bis zum heutigen Tag.[6]

Unmittelbar an der ursprünglichen Brugger Stadtgrenze (Burgerziel) lagen zwei bewohnte Güter, die bis 1823 ebenfalls zum Gemeindebann Lauffohr gehörten: Die *Wickihalde* (auf dem einstigen Besitz des Klosters Wittichen im Schwarzwald gelegen) stand westlich des Rebmooses; das einstige Bauernhaus dient heute – stark umgebaut – der Militärverwaltung.[7] Als besonders prächtig galt der *Sonnenberg,* der sich ebenfalls an die Stadtgrenze anschloss und bis gegen die Obere Au ausdehnte. Wegen seiner schönen Lage über dem Aaretal war er als Standort für Sommerhäuschen wohlhabender Brugger Familien, die stückweise Parzellen davon erwarben, begehrt. Vom Hauptgut, dem «Grossen Sonnenberg», steht noch die barocke Scheune mit den ovalen Ochsenaugen hart an der Zurzacherstrasse (so genanntes Frölichgut). Im «Kleinen Sonnenberg» errichtete 1864 der reiche Uhrenkaufmann Johann Siegrist-Belart aus Konstantinopel seine Villa, die heute dem Waffenplatz als «Dufourhaus» dient.

Kleinstädtische Landwirtschaft in Brugg
Obwohl das Gewerbe die Existenzgrundlage der Brugger Bevölkerung bildete, bot ihr die Landwirtschaft vom Mittelalter bis ins 19. Jahrhundert eine wichtige Ergänzung.

Tierhaltung in der Kleinstadt
Das Stadtbild Bruggs war noch um 1800 stark bäuerlich geprägt.[8] Innerhalb der Stadtmauern standen damals nicht weniger als 42 Scheunen und Ställe. Dazu kamen noch etwa 25 Schweinepferche. Auf insgesamt 140 Wohnhäuser traf es 52 Halter von Vieh. Lediglich an der Hauptgasse liess sich der Eindruck eines Bauernstädtchens knapp vermeiden – jedenfalls für das Auge, nicht aber für die Nase!

---

6 StABg u. a. A 32, S. 384, 409; A 33, S. 464; A 39, Bl. 108v; A 42, Bl. 19v, 25v; A 43, S. 293; A 53, S. 36, 71, 76, 88f.; A 56, S. 214–216, 220, 223f., 234; A 60, S. 86f., 109, 125, 131f., 154, 165f., 235; A 131, S. 148f.; A 155b; A 473. StAAG AA 1396, S. 356–362. — 7 Zur Wickihalde an der Wende 18./19. Jahrhundert vgl. StABg A 142, S. 326; B C.IVa.1, S. 168. — 8 StABg B D.IIa.1-2. StABE B VI 474–479, 482. — 9 StABg A 58, S. 113, 124, 278/II. — 10 StABg z. B. A 32, S. 476; A 36, S. 175, 586; A 38, Bl. 98, 180; A 42, Bl. 226; A 43, S. 248, 255, 290; A 44, S. 9, 59; A 46, S. 452; A 47, S. 561, 605; A 48, S. 16–18; A 49, S. 204; A 53, S. 191, 194, 239, 280, 323; A 58, S. 170, 183, 185, 235, 328f.; A 63, S. 126; A 65, S. 126; A 130, S. 131; A 131, S. 269.

Scheunen und Ställe standen hinter der Hauptverkehrsader, vor allem an der Storchengasse, am Spitalrain und auf der Untern Hofstatt. An der Hauptgasse befanden sich die blitzblanken Gasthäuser, Werkstätten und Läden, in den oft dazugehörigen Hinterhäusern die Ökonomietrakte mit Stallgeruch. Wer kein Hinterhaus besass, sperrte die Tiere zumindest in einen Innenhof.

1794 hielten sich 49 Haushaltungen insgesamt 100 Schweine. In der heutigen Altstadt standen elf Kuhställe mit 31 Ochsen, Kühen und Kälbern. Die Stadt war verpflichtet, für einen Stier zu sorgen; sie übertrug dessen Haltung meist einem der grössten Viehbesitzer, der dafür die «Munimatte», ein vier Jucharten grosses Stück Allmend im Düllenacker, nutzen und sein Vieh im Herbst im Stadtgraben weiden lassen durfte.[9]

Von den 41 Brugger Pferden (im Jahr 1794) waren 27 im Besitz der drei Gastwirte zum «Roten Haus», «Rössli» und «Sternen», die sich mit Vorspann- und Fuhrdiensten einen lukrativen Zusatzerwerb verschafften; in ihren grossen Stallungen boten sie den Durchreisenden zudem Platz für ihre Zug- und Reitpferde. Unter den Privatleuten konnten sich nur die reichsten ein eigenes Pferd leisten; ein solches kostete mehr als ein durchschnittliches Jahreseinkommen.

Miststöcke und Jauchegruben mitten in Brugg

Menschen und Tiere produzierten innerhalb der Stadtmauern Mist und Jauche, die man vor dem Düngen der Gärten und Felder bei den Häusern und vor den Ställen «aufbewahrte». Den Abort nannte man etwas vornehmer das «heimliche Gemach», die «Heimlichkeit» oder – als Fremdwort – «Secret». Die gepflegten Ausdrücke konnten aber nicht über den entsetzlichen Gestank hinwegtäuschen, der aus oft undichten Gruben drang und sich besonders beim Entleeren ausbreitete. Ab 1759 durfte «Gülle» daher nur morgens vor sieben und abends nach fünf Uhr ausgetragen werden.

Noch grössere Probleme boten die Miststöcke, häufig blosse Misthaufen, welche die Viehhalter vor ihren Ställen, oft auf den engen Gassen, gelegentlich auch in den Innenhöfen, auftürmten. Nach einem Regen floss aus jedem Miststock eine braune Brühe in den «Ehgraben» oder gar über die ungepflästerten und daher aufgeweichten Gassen. Der Rat behielt sich daher das Recht vor, «Mistwürfen» zu bewilligen oder entfernen zu lassen. 1708 verbot er solche an der Kirchgasse, wohl um die Schuhe und die langen Röcke auf dem Kirchgang nicht zu beschmutzen. 1722 wies er den Sternenwirt an, das Mistwasser hinter seinem Haus unverzüglich auszuschöpfen, weil es in den Keller eines Nachbarn eindrang. Immer wieder mussten auch Metzger gebüsst werden, weil sie Blut und Fleischabfälle auf den Mist warfen.

Da der Rat die Zahl der Miststöcke eher vermindern als vermehren wollte, schickte er den Grossweibel von Zeit zu Zeit auf eine Inspektionstour, damit sich «keine neuen einschleichen» konnten. Er musste jeweils eine Liste der illegalen einreichen und bei den legalen nachmessen, ob sie nicht zu weit in die Gasse hinausragten (je nachdem 1,50–2,10 Meter). 1729 galten 15 «Mistwürfen» als rechtmässig. Wer keine eigene besass, musste entweder bei der Stadt einen Platz pachten, sich bei einem Besitzer «einmieten» oder den Kot ausserhalb der Stadttore deponieren. Miststöcke galten daher als Vermögenswert und wurden bei Liegenschaftskäufen gesondert aufgeführt.[10]

Zweifellos hielten viele Bruggerinnen auch Hühner, die oft eine eigentliche Plage bildeten. In artgerechter Bodenhaltung tummelten sie sich frei auf den Gassen, stiegen auf die Miststöcke und drangen in fremde Ställe ein. Im Pflichtenheft des Sigristen stand aus-

319 — Scheune mit Tennstoren an der Hofstatt (Nr. 17). Die Stallungen befanden sich im Innenhof. Die Liegenschaft gehört zum «Roten Bären» (Hauptstrasse 48).

drücklich, er müsse Hühner vertreiben, welche den Weg zum Gotteshaus «beschmeissen» und das Gras auf dem Kirchhof zertreten würden. Um die Andacht der Kirchgänger nicht zu stören, verbot der Rat 1780, Hühner und «Güggel» während des Gottesdienstes auslaufen zu lassen. Das Halten von Tauben war sogar gänzlich untersagt.[11] Keinerlei Probleme bot dagegen das Halten von Tieren auf den ausserhalb der Mauern gelegenen Höfen, etwa in der Brunnenmühle, im Hohlweg oder bei der Ziegelhütte.

Weiden: Anlass zum Streit

In den Ackerbaugebieten bestand meist ein Mangel an Wiesland und damit an Heu und Emd zur Fütterung des Viehs. Seit dem Mittelalter durften die Bauern daher ihre Tiere auf die abgeernteten Felder der ganzen Dorfflur und auf die Brachzelg führen, um das Unkraut und das aus dem Wurzelwerk spriessende Grünfutter abzufressen. Die Schweine aber trieben sie in die Wälder, um Kräuter und Blätter, vor allem aber Eicheln zu suchen.

Da Brugg einen sehr kleinen Gemeindebann besass, reichte das wenige Weideland bei weitem nicht aus. Vermutlich bewilligten die Grafen von Habsburg als Förderer des Städtchens den Brugger Bürgern schon im 13. Jahrhundert, ihr Vieh auch auf dem Gebiet der umliegenden Gemeinden zur Weide zu treiben – sehr zum Unwillen der dortigen Bauern, die dadurch ihren eigenen Ertrag geschmälert sahen. Daraus entstand viel Streit mit den Nachbarn.

53 — Nachdem die wichtigen Dokumente beim Überfall von 1444 verbrannt waren, fehlten den Bruggern die schriftlichen Beweismittel, um ihre Ansprüche durchzusetzen. Es kam daher bald zu Gerichtsverfahren – sowohl mit den Gemeinden des Eigenamts als auch mit den Herren von Schenkenberg.

— 11 StABg A 39, Bl. 62; A 44, S. 9; A 52, S. 149; A 58, S. 149. — 12 StABg A 6, S. 150, 159, 314. — 13 StAAG AA 450, S. 603-664, 881-928. — 14 StABg A 459b+d. GA Windisch, Gemeinderatsakten I, Nr. 1-3. StABE B VII 103, S. 212f. Baumann, Windisch, S. 134f. — 15 StABg z. B. A 48, S. 101; A 50, S. 113, 115f.; A 51, S. 38f., 169, 171-173, 193, 219, 228, 244; A 52, S. 4, 60, 149, 161; A 54, S. 292, 294. — 16 UB Brugg, Nr. 115, 418, 446. StABg A 6, S. 169f. Baumann, Windisch, S. 270-273.

Der Kampf gegen den Fluss

623f.

Die Aare prägte die drei Gemeinden Altenburg, Brugg und Lauffohr stark. Mit Ausnahme der Aareschlucht floss sie breit daher und mäandrierte fortwährend; sie verlegte ihren Lauf bald auf die eine, bald auf die andere Seite und bildete auch Seitenarme. Bei Hochwasser aber entwickelte sie eine ungeheure, zerstörerische Kraft.

Die Brugger Stadtchronik schildert solche Katastrophen anschaulich: So sei die Aare 1480 derart gestiegen, dass sie durch die Vorstadt «niderluf» und Schutzmauern weggerissen habe. 1530 überschwemmte sie einen Garten in der Vorstadt.[12]

Auch weniger drastische Hochwasser bedrohten die Bauern der Uferdörfer in ihrer Lebensgrundlage; sie schwemmten ihr Land und damit buchstäblich einen Teil ihrer Existenz fort. Besonders betroffen waren die Altenburger. So baten sie die Obrigkeit 1752 um Hilfe «wider den so stark bei ihnen einreissenden Feind, die so grausam tobende und alles verheerende Aare». 1762 schätzten sie, seit 1680 seien ihnen 10 3/4 Mannwerk privates Matt- und 34 1/2 Jucharten Ackerland, also insgesamt etwa 16 Hektaren Land, weggerissen worden; in diesen Zahlen seien die 117 Jucharten (= etwa 42 Hektaren) extensiv genutzte Allmend nicht eingerechnet, welche ihnen die Aare «weggerafft». Die Altenburger behaupteten nun, ein Teil dieses Landes sei auf der Umiker Seite angeschwemmt worden, und sie forderten die Überlassung eines dortigen, 40 Jucharten grossen Holzschachens. Dagegen verwahrte sich wiederum die Gemeinde Umiken.[13]

Mehr Erfolg hatte die Gemeinde Windisch, deren Schachenland gleich von zwei Flüssen bedroht wurde. In der Aare bildete der jeweilige Schiffsweg die Grenze zwischen Brugg und der Landvogtei Königsfelden, und dieser verlief im 17. Jahrhundert meist auf der linken Seite (also durch das «Strängli»). Die Windischer setzten 1680 durch, dass ihnen die Regierung den Geissenschachen als Ersatz zusprach. Zum Leidwesen der Brugger blieb dies auch so, als die Hauptströmung wieder auf die rechte Seite wechselte, sodass der Geissenschachen bis heute zu Windisch gehört.[14]

Die Bauern nahmen die Flussschäden allerdings nicht schicksalsergeben hin. Sie schützten ihr Land durch Dämme und vor allem durch Mauern und Pfahlreihen. Auch die Stadt Brugg investierte viel Geld in solche Uferverbauungen. Als 1765 das Haus im Auhof einmal mehr gefährdet war, zog der Rat sogar einen auswärtigen Fachmann bei, den Schwellenmeister Jakob Furrer aus dem Amt Büren.[15]

Das Grundproblem solcher Massnahmen lag in den so genannten «Schupfwuhren», welche den Aarelauf gegen das andere Ufer «schupften». Dadurch schützte man zwar das eigene Ufer, schob die Gefahr von Landverlusten jedoch den Nachbarn zu, die sich ihrerseits durch «Schupfwuhre» in die umgekehrte Richtung revanchierten. Dadurch entstanden viele Prozesse, vor allem zwischen Altenburg und Umiken sowie zwischen Brugg, Windisch und Gebenstorf.[16]

Die Streitigkeiten wurden nach der Eroberung des Bözbergs durch Machtsprüche Berns gelöst, und zwar weitgehend zugunsten der Brugger. Für das Gebiet links der Aare legte die Regierung 1466 ein sehr grosses Weidegebiet fest: Es sollte aufwärts bis zum Schloss Wildenstein und bis Effingen reichen, abwärts bis zum Schmidberg zwischen Villigen und Böttstein; doch umgekehrt waren die betroffenen Dorfbauern berechtigt, ihre Tiere auch auf Brugger Boden weiden zu lassen, namentlich in den ausgedehnten Waldungen auf dem Bruggerberg. Um eine Übernutzung zu vermeiden, durfte jede Haushaltung nur eigene Schweine und solche für den Eigenverbrauch halten und nicht etwa zugekaufte oder fremde Tiere. Rechts der Aare beanspruchte Brugg das Weiderecht bis gegen Mellingen, Othmarsingen und Wildegg, was die dortigen Bauern heftig bestritten. In einem Schiedsspruch von 1482 unterlagen diesmal die Städter; hier wurde das Weidegebiet auf die Gemeinden Altenburg, Habsburg, Hausen, Windisch und Oberburg begrenzt.[17]

Trotzdem bot das Weiderecht der Brugger noch während Jahrhunderten Anlass zu Streit, auch zwischen den Bürgern selbst. Die Ratsbücher sind voll von Klagen, besonders über Flurschäden, welche Pferde, Schafe und Ziegen anrichteten. Nach 1711 kam es zu einem erneuten Prozess zwischen Brugg und den Nachbargemeinden links der Aare; die Letzteren behaupteten, ihr Land werde übernutzt, und dies umso mehr, als auch das Vieh von Stilli in Lauffohr, Rein und Rüfenach weiden durfte.[18]

Der Weidgang erforderte die Anstellung eines Hirten, der die Tiere in einer Herde auf die betreffenden Weiden und in die Wälder führte. Er wurde je Stück Vieh von deren Eigentümern entschädigt und erhielt zusätzlich eine Amtswohnung im gleichen Haus wie die Hebamme an der Storchengasse. Dieser Hirtendienst war wenig gefragt; oft wurde er von städtischen Randfiguren oder von Kleinbauern der Umgebung geleistet. Auch diesbezüglich sind die Protokolle voll von Beschwerden über mangelnde Pflichterfüllung. Der Rat verlangte daher eine Bürgschaft für Schäden «wegen allfälliger Verwahrlosung des Viehs».[19]

Gärten, Bünten, kleine Güter und Allmenden

In Dorfgemeinden wie Altenburg und Lauffohr lagen die Gemüsegärten bei den Wohnhäusern, also innerhalb des eingezäunten Dorfbereichs. «Bünten» nannte man kleinere Pflanzplätze ausserhalb der Dorfsiedlung, die privat bebaut wurden, also nicht den Regeln der Dreizelgenwirtschaft unterstanden.

In Brugg waren die Verhältnisse ganz anders. Innerhalb der Stadtmauern bestand schon im Spätmittelalter kaum Platz für das Anlegen von Gärten. Diese befanden sich daher ausserhalb der Tore, wodurch sich die Unterscheidung von Gärten und Bünten etwas verwischte. Da der Gemeindebann («Burgerziel») von Brugg aber sehr klein war, erwarben einzelne Haushaltungen sowie die Bürgerschaft als ganze auch Landstücke jenseits der Stadtgrenze. Dabei handelte es sich teils um sehr kleine Parzellen, die intensiv als Gärten und Bünten bepflanzt wurden, teils um zahlreiche Gütchen von unterschiedlicher Grösse, die eingezäunt werden durften und daher dem Weidgang entzogen waren. Letztlich gelangte fast alles Land innerhalb der «Ehfäde» in Brugger Besitz, obwohl es politisch eindeutig im Gemeindebann von Windisch, Umiken oder Lauffohr lag. Dabei lagen die kleineren Gärten in unmittelbarer Nähe der Stadtsiedlung, etwa am Eisi, zwischen Schulthess-

---

— 17 RQ Brugg, S. 5–8, 47f., 63. RQ Königsfelden, S. 25–34. UB Brugg, Nr. 198–205, 211–215. Vgl. dazu auch Baumann, Bözberg, S. 86–94, 99–102. Baumann, Windisch, S. 229f. — 18 StABg A 41, S. 129; A 42, Bl. 49v; A 131, S. 252, 254, 256, 265f., 271f., 287, 355, 407; A 459a. GA Villigen, Schachtel 2. StAAG AA 1229, 8.8.1729; AA 1231, 13.1.1746; AA 1378, S. 181, 186, 191. Vgl. dazu auch Baumann, Stilli, S. 283f. — 19 StABg z. B. A 42, Bl. 4, 106, 153v; A 45, S. 156; A 47, S. 702, 704, 710f.; A 48, S. 32, 41, 60, 82, 135f., 150, 160; A 131, S. 112, 295, 366, 390. — 20 Zu den Begriffen «Burgerziel» und «Ehfäde» siehe oben S. 291. Zum Versuch, Gärten und Bünten zu lokalisieren, vgl. Stahl, Brugg um 1530, S. 100–128 und Plan VIII. Vgl. auch Banholzer, Geschichte der Stadt Brugg, S. 141. — 21 StAAG AA 1151, S. 67. StABg A 6, S. 264f.; A 52, S. 5, 61, 64; A 61, S. 113–116, 147; A 281, S. 1–51. RQ Brugg, S. 12. — 22 StABg A 458a. Banholzer, Geschichte der Stadt Brugg, S. 141. Stahl, Brugg um 1530, S. 120f., 124. — 23 StABg A 36, S. 605, 607, 616f.; A 38, Bl. 109; A 41, S. 185; A 57, S. 126–130, 132. — 24 StABg B C.VIIIa.3, vgl. auch A 343.

320 — Gärten, Bünten und Schwemmland um 1660 auf der Karte des Eigenamts von Hans Konrad Gyger.

Allee und Paradiesstrasse sowie vor den Toren der Vorstadt. Das Gebiet südlich der heutigen Renggerstrasse (zwischen Stapfer- und Bahnhofstrasse) hiess noch um 1920 «In Gärten».[20]

Diese Gärten und Bünten waren für das Überleben der Brugger Bürgerschaft mehrheitlich von existenzieller Bedeutung. Es herrschte daher ein reger Handel mit den einzelnen Parzellen. Reichere Bürger kauften solche auf und legten sie zusammen, sodass ärmeren Haushaltungen Mangel drohte. Die Stadtbehörden gaben daher immer wieder Gemeindeland an Interessenten ab; zu diesem Zweck erwarben sie im Namen der Bürgerschaft gezielt Boden, um stets über genügend Büntland zu verfügen. Ab 1530 gab der Rat sogar den Stadtgraben für die Anlegung von 23 Gärten frei.

Die frühesten Stadtbünten sind für das Rebmoos belegt. Es handelte sich um eine Allmend (Allgemeingut), die allerdings sumpfig war und die daher mit Gräben entwässert werden musste. Bereits im 15. Jahrhundert wurde das Rebmoos aufgeteilt und an die Bürger gegen Zins abgegeben. Später gingen die Bünten in das Eigentum der Bürger über; sie durften aber nicht an Auswärtige verkauft werden. 1639 handelte es sich um 99 Parzellen.[21]

Den Auschachen (westlich des Auhofs) liess die Stadt ebenfalls schon im 15. Jahrhundert urbarisieren. 1458 verpachtete sie 61 «Rütinen» als Bünten; 1505 waren es 63, zu denen nun 26 neue dazukamen.[22]

Auch später schuf der Rat neue Bünten. So teilte er 1718 die Nägelismatte in 16, 1778 den Langacker in 35 Bünten auf. Den Pfauenacker und das Paradies wandelte er ebenfalls in solche Pflanzplätze um und verkaufte sie einzeln.[23]

Für das Jahr 1790 liegt ein detailliertes Verzeichnis der privaten Bünten vor. Allein in der Ehfäde gegen Windisch besassen 79 Brugger Bürger insgesamt 17 eingezäunte Gütchen, 28 Gärten und 152 Bünten, also rund 200 Parzellen. Ausserdem gehörten 40 Bürgern grössere oder kleinere Landstücke im Gemeindebann Lauffohr, 18 im Gemeindebann Umiken. Zu diesen kamen jene innerhalb des Burgerziels hinzu. Die grosse Zahl belegt die Bedeutung dieser Pflanzplätze für die Selbstversorgung der städtischen Haushaltungen.[24]

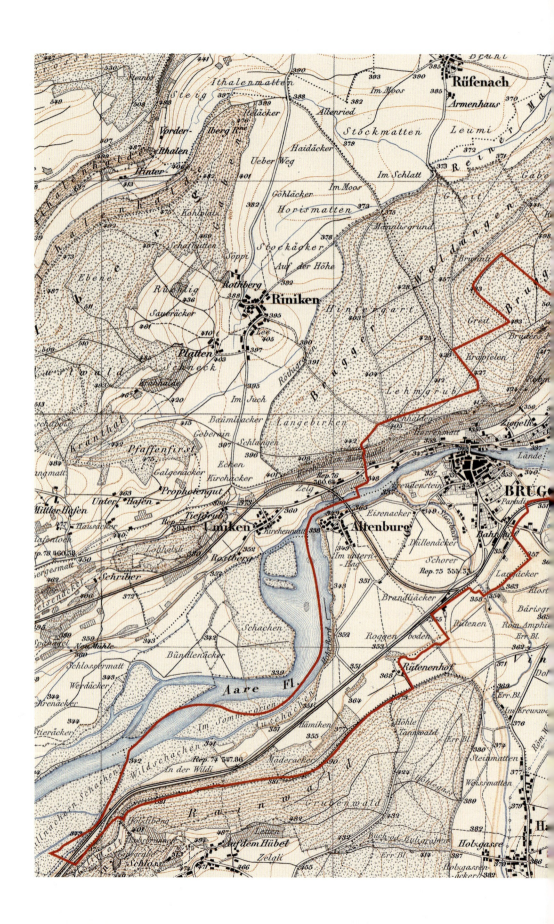

321 — Der heutige Brugger Gemeindebann auf der Siegfriedkarte von 1878. Sie enthält die wichtigsten Hof- und Flurnamen.

Trotz der grossen Nachfrage nach Bünten behielt der Rat beträchtliche Landreserven. Er verpachtete sie jeweils auf sechs Jahre und rettete sie auf diese Weise ins 19. Jahrhundert hinüber. Gemäss einem genauen Verzeichnis von 1855 handelte es sich um die folgenden Parzellen (total 27,68 Hektaren). Die meisten Flurnamen haben sich als Strassenbezeichnungen erhalten und lassen sich daher noch heute ungefähr lokalisieren.

Landwirtschaftlich genutzte Liegenschaften der Ortsbürgergemeinde Brugg 1855[25]

Flurname	Kulturart	Fläche in Jucharten und Quadratfuss
Schützenmatt	Acker- und Mattland	3.37230
Ziegelacker	Ackerland	3.37090
Herrenmatt	Matt- und Büntland	5.01834
Promenade	Gottesacker	1.05148
Promenade	Matt- und Büntland	2.06566
Freudenstein	Mattland und Gärten	4.07596
Weiermatt	Ackerland	8.21101
Auschachen	53 Bünten	18.19622
Düllenacker	Ackerland	7.12000
Schorrer	Ackerland	3.32000
Langacker	Ackerland	7.00000
Radacker	Ackerland	7.32000
Rütenen (Musterplatz)	Ägerten	3.00000
Kleinere Parzellen	Mattland und Gärten	0.22850
Total		76.35037

Diese Landreserven von umgerechnet insgesamt 27,68 Hektaren lagen zum grössten Teil im Gebiet, welches seit 1890 überbaut wurde. Sie dienten der Stadt einerseits für öffentliche Bauten (Schulhäuser, Kindergärten, Fussballplatz im Auschachen), andererseits zum günstigen Verkauf an Firmen, die hier Fabriken errichteten, so die Seidenwebereien Bodmer und Fierz, die Maschinenfabrik Weber (nachmals Müller), das Kabelwerk von Gottlieb Suhner sowie die Eisenkonstruktionsfirma Wartmann. 1896 schenkte die Ortsbürgergemeinde der Eidgenossenschaft sogar 16 470 m² Bünt- und Wiesland zur Errichtung der neuen Kaserne im einstigen Ziegelacker. Eine weitere Schenkung war bereits 1894 erfolgt: Die Einwohnergemeinde erhielt das Eisi, den Freudenstein sowie die alte und die neue Promenade (heute Rottweilerstrasse und Schulthess-Allee) mit der Bedingung, diese für alle Zeiten als öffentliche Anlagen zu erhalten.[26]

Weinbau: Mässiger Wein vom Bruggerberg

«Um Brugg herum liegen hundert kleine Gemüsegärten und Felder, mit Küchenpflanzen reich besetzt, und die Rebhügel prangen mit kleinen Landhäuschen: Dies ist die Wirtschaft der städtischen Bewohner, von denen jeder sein Gärtchen baut und sein Stück Reben besitzt.» So nahm der Zürcher Hans Rudolf Maurer die Umgebung Bruggs nach 1790 wahr.[27]

—— 25 Flächenangaben in Jucharten und Quadratfuss, wobei 1 Juchart = 40 000 Quadratfuss = 36 Aren. StABg B B.IIIb.1–2. —— 26 StABg B C.IVa.13, S. 268, 335, 362f.; B C.IVa.14, S. 19, 137, 172, 340f., 343, 462; B C.IVa.15, S. 28, 129. B C.IVa.17, S. 39, 403, 405. —— 27 Maurer, Brugg. —— 28 RQ Brugg, S. 14f. —— 29 Stahl, Brugg um 1530, S. 101f., 109–112, 126, Plan VIII. —— 30 UB Brugg, Nr. 459. —— 31 Vgl. dazu auch Baumann, Kurze Beschreibung, S. 49–51.

Der Weinbau der Brugger lässt sich bis in die Anfänge des Städtchens zurückverfolgen. Das Habsburger Urbar, ein Abgabenverzeichnis, das um 1305 niedergeschrieben wurde, aber viel ältere Hinweise enthält, führt bereits Weingärten beim Rebmoos auf.[28] Der Sonnenhang des Bruggerbergs wurde allerdings nur ganz allmählich mit Reben besetzt. Um 1530 bestanden erst zwei Rebhänge: Der grössere umfasste 24 Parzellen über dem Rebmoos, ungefähr zwischen der heutigen Langmattstrasse und der neuen Kaserne; der kleinere lag an der Mühlehalde, etwa zwischen dem Annerplätzli und der heutigen Grenze zu Umiken. Der ganze Hang dazwischen war noch eine Halde, auf welcher etwas Gras wuchs.[29]

Dann aber setzte die Urbarisierung ein. So empfingen acht Bürger 1559 die «Halde an der Kurzen Steig» (heute Hansfluhsteig), den Abhang nördlich der Schützenmatt, als Lehen des Junkers Hartmann von Hallwyl. Sie teilten ihn unter sich auf in der Absicht, ihn «zu einem Reb- oder Weinberg zu machen».[30] In der Folge wurde die ganze Südseite des Bruggerbergs durchgehend mit Reben bepflanzt, und zwar so weit die Ehfäde reichte. Der Rat liess auch städtisches Land in der Herrenmatt mit Weinstöcken kultivieren und daraus eigentlichen Stadtwein produzieren. Der Stadtplan von 1700 zeigt sogar auf, dass auch die Halde unterhalb der Zurzacherstrasse (zwischen der heutigen Kasinobrücke und dem Grenzweg) bis fast an die Aare einen einzigen Weingarten bildete. Dies blieb in etwa bis 1900 so.[31]

Der Rebensaft wurde in verschiedenen Trotten verarbeitet, welche jeweils einige Privatbesitzer gemeinsam erbauten und betrieben. Am frühesten sind die «Grülitrotte» in der Mühlehalde sowie die Rebmoostrotte bezeugt. Der Rat unterhielt an der Baslerstrasse die «Herrentrotte», für deren Betreuung er einen Trottmeister anstellte. Der Wein des städtischen Rebbergs wurde im Stadtkeller gelagert. Dorthin wurde auch der Weinzehnten gebracht, den die Rebbauern der Kirchgemeinden Brugg, Rein, Bözberg und Mönthal entrichten mussten. Ferner wünschten viele Schuldner, die Zinsen in Form von Wein zu bezahlen. Dadurch kamen grosse Mengen von Rebensaft im Stadtkeller zusammen. Dieser wurde als Honorar an Beamte und Behörden, zur Verpflegung der Insassen im Spital sowie als Neujahrsgabe an die Bürger verwendet. Der Rest wurde über den Handel verkauft. Die Ratsherren mussten daher den Stadtkeller reihum verwalten.

322 —— Ummauerte Gärten in der westlichen Vorstadt. Im Hintergrund der rebenbestockte Hang des Bruggerbergs in den 1920er-Jahren.

323 —— Die Herrentrotte bei der Einmündung des Remigersteigs in die Baslerstrasse, um 1900.

Die Qualität des Weines vom Bruggerberg und von der weiteren Umgebung galt als schlecht. Die Besitzer der Reben und die Trottmeister verstanden zu wenig von der Kelterung und Pflege des Rebensafts. Der Verkauf geriet angesichts des importierten Weins aus der Waadt und dem Elsass unter Druck. Der Rat förderte daher den Absatz des einheimischen Produkts. Er schrieb den Wirten den Ausschank des eigenen Weines vor, ja er verbot allen Bürgern, nach Martini (11. November) auswärts Wein einzukaufen und in die Stadt zu führen.

Im Lauf der Zeit scheint sich die Qualität des «Bruggers» gebessert zu haben, aber nicht allerorts. Ein Bericht von 1861 meint: «Der Brugger Rebberg gleicht einer Musterkarte; da kommen tadellose, ausschliesslich mit guten Sorten bepflanzte Rebstücke neben übelbesorgten und fast ganz mit saurem Gewächs bestockten zum Vorschein. Der grössere Teil aber ist gut bebaut und dieser fast durchgehends mit edelm Gewächs besetzt. Grosse Auslagen müssen schon gemacht worden sein, bis der Weinberg in diesem guten Zustande war.»

Die Arbeit im Weinberg war aufwändig und intensiv. Am steilen Hang wurde die gute Erde laufend hinuntergeschwemmt und musste wieder hinaufgetragen werden, ebenso der Mist. Die zahllosen Mäuerchen und Treppchen waren ständig zu unterhalten. Noch heute sind etwa 50 Rebtreppen mit einer Gesamtlänge von 1757 Metern erhalten.[32]

Waldungen: Enormer Holzbedarf

Der Holzbedarf der Brugger Bürgerschaft war gewaltig. Man benötigte diesen Rohstoff nicht nur in allen Haushaltungen zum Kochen und Heizen. Viele Bünten und Gärten wurden durch Zäune abgegrenzt. In den Weinbergen kam man nicht aus ohne hölzerne Treppen und Zehntausende von Rebstecken. Die Wehre der Flussverbauungen bestanden aus

—— 32 Belart, Rebtreppchen.

Holzpflöcken. Der Ziegler brauchte Holz zum Brennen der Ziegel, der Wagner zum Bau von Fuhrwerken und Kutschen, der Schreiner für die Möbel, der Zimmermann für die Dachstühle, Wände, Treppen und Türen. Der Färber gewann Farben aus den Eichenstrünken, der Küfer benötigte Reifstangen für die Fässer, der Gerber verwendete Eichenrinde für die Verarbeitung von Tierhäuten.

Innerhalb des Brugger Gemeindebanns (Burgerziel) gab es keinen Wald, in der Ehfäde lediglich einen unbedeutenden im Auschachen. Das Holz musste daher im Bann anderer Gemeinden, also gleichsam in fremdem Territorium, aufgetrieben werden. Und da Privatwälder in dieser Gegend eher Seltenheitswert besassen, war die Holzbeschaffung weitgehend eine Aufgabe der öffentlichen Hand.

Über die grossen Waldungen nördlich von Brugg verfügte im Mittelalter die jeweilige Herrschaft, innerhalb der Kirchgemeinde Rein also das Kloster Murbach, auf dem Bözberg das Haus Habsburg, später der Landesherr auf Schenkenberg und schliesslich, ab 1460, der Staat Bern. In diesen Herrschaftswäldern kamen den Bewohnern der umliegenden Siedlungen gewisse teils gewohnheitsrechtliche, teils verliehene Nutzungsrechte zu. Im Lauf der Zeit traten die Landesherren sogar einzelne Parzellen in das Eigentum von Gemeinden ab. So besass Brugg spätestens seit der Zeit um 1300 den Wald Chräpfele oberhalb der heutigen Kaserne.

Die Brugger begnügten sich aber nicht mit diesem Waldstück; sie forderten vielmehr den ganzen Brugger- oder Reinerberg von Riniken bis Rein für sich. Diese Frage blieb so lange unentschieden, als die umliegenden Gemeinden dünn besiedelt waren und das Holz offenbar für alle ausreichte beziehungsweise übernutzt werden konnte. Der Streit um den Bruggerberg entbrannte jedoch im 15. Jahrhundert, als die Bauern der Umgebung selbstbewusster auftraten und als Markwart von Baldegg als Herr von Schenkenberg den ganzen Berg (mit Ausnahme der Chräpfele) als Herrschaftswald beanspruchte und Schädigungen, ja Verwüstungen durch die Brugger geltend machte.

Der Streit um den Bruggerberg schien nach der Eingliederung der Herrschaft Schenkenberg in den Staat Bern eher zugunsten der Städter auszugehen. Jedenfalls teilten die

324 — «Sie sueche Mies zum Chränze». Brugger Schuljugend in der «Büscheliwoche» im Ortsbürgerwald auf dem Bruggerberg, um 1930.

«Gnädigen Herren» den Reinerberg östlich des Wegs Hansfluhsteig–Remigen 1499 den Bruggern zu. Dies ging zulasten des Amts Bözberg, vor allem der Gemeinden Lauffohr, Rein und Rüfenach, die nun ihrerseits den Kampf aufnahmen. 1527 überprüfte der Berner Grosse Rat sein früheres Urteil tatsächlich; er anerkannte den Holzbedarf des Amts Bözberg und verfügte die Teilung des Reinerbergs. Die Brugger erhielten nur noch die eine Hälfte. Sie führten diese Niederlage auf ihr damaliges Festhalten am katholischen Glauben zurück.

Obwohl es der Stadt Brugg 1521 gelungen war, den Scherzberg zwischen Scherz und Schinznach-Bad zu erwerben, nahm der Holzmangel im 16. Jahrhundert offenbar dramatisch zu. Nur so ist zu erklären, dass der Rat 1572 den Schmidwald bei Madiswil (zwischen Langenthal und Huttwil) kaufte. Die Nutzung und Verwaltung dieses weit entfernten Forstes war jedoch mit grossen Schwierigkeiten verbunden, sodass sich die Behörden nach näher gelegenen «Hölzern» umsahen.

Mit dem Erwerb eines Teils des Gerichts Villnachern 1588 scheinen zwei Wälder verbunden gewesen zu sein: das «Mannlehen» bei Villnachern und ein Gebiet bei Freienhausen/Hölzli ausserhalb von Altenburg. Im 17. Jahrhundert kamen der Widacker auf dem Bözberg sowie zusätzliche Parzellen auf dem Bruggerberg (von den Gemeinden Villigen und Rüfenach) dazu. 1667 stiess der Rat daher den unrentablen Schmidwald wieder ab.[33]

Erst im 19. und 20. Jahrhundert kamen weitere Waldungen hinzu; von grösserer Ausdehnung sind dabei: Letzi und Sennhütte (Gemeindebann Effingen), Engmatt (Gallenkirch), Sennweid (Mönthal), Tschupp- und Riedackerhalde (Oberbözberg), Tempel (Remigen), Homberg/Geerehuse (Unterbözberg) sowie der Geissenschachen (Windisch). Anlässlich der Eingemeindungen brachte Altenburg 1901 den Wildischachen und die Chaibhalde ein,[34] Lauffohr 1970 seine Gemeindewaldungen am und auf dem Bruggerberg sowie auf der Burghalde (Remigen).[35] Alle Stadtwaldungen zusammen umfassten im Jahr 2002 eine Gesamtfläche von knapp 620 Hektaren. Sie befinden sich ausschliesslich im Eigentum der Ortsbürgergemeinde.[36]

Bis ins 19. Jahrhundert befanden sich die Waldungen in einem schlechten Zustand. «Tragt allerhand schlecht Holz und Gestäud», lautete etwa eine Beschreibung von 1694. Es fehlten jegliche Kenntnisse einer sinnvollen Waldnutzung oder gar Waldpflege. Man beutete den Wald für die Gegenwart aus, ohne zu bedenken, dass das Aufwachsen grosser Bäume – etwa für Bauholz – zeitlich mehrere Generationen erforderte.

Konkret wurden Jahr für Jahr ganze Waldstücke vollständig abgeholzt und zu Klaftern oder zu Reiswellen aufgemacht, um den Bürgernutzen ausrichten zu können. In der Regel überliess man die kahl geschlagenen Flächen dem Wildwuchs. Sträucher und Büsche schossen auf, die nach einigen Jahren wieder geschlagen wurden. Auf diese Weise hatten kleine Bäumchen kaum eine Überlebenschance, umso mehr, als ja auch das Vieh in den Waldungen weiden durfte und Holzfrevler ihr Unwesen trieben. Zwar fehlte es nicht an mahnenden Stimmen, den Jungwald sorgfältig einzuzäunen, Eichen zu setzen und beim Ausholzen grössere Eichen und Tannen zu schonen. Es fehlte auch nicht an Gesetzen der Berner Regierung, um die Wälder wieder zu sanieren. Doch viele Vorschriften wurden oft nicht eingehalten, vernünftige Einsichten nicht umgesetzt.[37]

[33] Heuberger, Brugger Gemeindewald. Banholzer, Schmidwald. Zur Entwicklung auf dem Bruggerberg vgl. Baumann, Rein und Rüfenach, S. 147–153. — [34] StABg C 57, S. 1. — [35] Baumann, Rein und Rüfenach, S. 149, 155. — [36] RBO 2002. — [37] Wullschleger, Forstliche Verhältnisse. — [38] StABg z. B. A 33, S. 191, 700; A 39, Bl. 196, 209; A 48, S. 16; A 55, S. 67; A 61, S. 219, 221f., 243; A 62, S. 155f., 182, 208, 244, 246; A 130, S. 157, 159, 243, 247, 250. — [39] Mitteilung des Statistischen Amtes des Kantons Aargau vom 31. 8. 2004.

Obst-, Flur- und Waldfrevel

In der «guten, alten Zeit» waren Diebstähle in der freien Natur an der Tagesordnung. Für viele galt so genanntes «Freveln» nicht als Stehlen, und dies vor allem, wenn es sich um Gemeindegut handelte. Man stieg auf Kirsch- und Apfelbäume, plünderte Gärten und Bünten, liess das Vieh auf fremdem Land grasen und hieb im Wald lebenskräftige Jungbäume mit dem verbotenen Gertel um. Bussen, Einkerkerung, gelegentlich auch öffentliche Blossstellung in der Trülle halfen anscheinend wenig. Kinder, die «ungescheut in den Gütern raubten», mussten in der Schule bestraft werden. Dennoch waren Übergriffe auf fremdes Eigentum an der Tagesordnung.

Um Diebstähle dieser Art einzudämmen, lohnte sich die Anstellung (und Entlöhnung) von Aufsehern. So musste der Rat für jeden Wald einen eigenen Bannwart beschäftigen, bis 1790 allein auf dem Bruggerberg deren fünf. Sie mussten einen Eid ablegen, «in allweg gute Sorg und Aufsicht zu tragen, die Frevler fleissig anzuzeigen und was möglich zu verbessern».

Besonders wichtig war die Herbstwacht. Je nach Stand der Vegetation wählte der Kleine Rat auf Ende August oder Anfang September zwei Traubenhüter, welche abwechslungsweise die Rebberge innerhalb der Ehfäde bewachen, aber auch ein offenes Auge auf Obstbäume und Bünten richten mussten, und zwar bei Nacht mehr als bei Tag. Grundsätzlich sollte mindestens einer von ihnen während 24 Stunden unterwegs sein, zeitweilig war dem einen eine Ruhepause zwischen zehn Uhr abends und morgens um vier Uhr gestattet. Für den Dienst als Bannwart oder Traubenwächter meldeten sich oft mehrere Bewerber, meist aus der ärmsten Schicht. Oft wurden jedoch Klagen über sie laut, sie würden ihre Pflicht vernachlässigen, unter dem Schutz ihres Amtes selbst freveln und daher anderen Dieben «durch die Finger sehen».[38]

Erst nachdem die Waldungen während der Helvetischen Revolution fast ganz ruiniert worden waren, griff der Brugger Stadtrat energisch ein. Er erwirkte ein gänzliches Verbot des Weidgangs und die Verminderung der Holzgaben. 1820 zog er erstmals einen qualifizierten Forstmann zu, 1822/1825 erliess die Gemeinde das erste Waldreglement, und seit 1854 beschäftigte sie einen vollamtlichen, wissenschaftlich ausgebildeten Förster. Die planlose Ausbeutung der Wälder fand ein Ende.

Die sinkende Bedeutung der Landwirtschaft im 19. und 20. Jahrhundert

Die letzten 200 Jahre waren gekennzeichnet von der Modernisierung und Redimensionierung der bäuerlichen Arbeit. Nach 1800 wurde die Landwirtschaft zunächst von allen Zwängen und Einschränkungen früherer Epochen befreit: Zehnten und Bodenzinsen konnten losgekauft werden. Das Gesetz hob den Flurzwang mit Dreizelgenwirtschaft und allgemeinem Weidgang auf. Dadurch konnte der Bauer seinen Boden fortan individuell bebauen und somit den Ertrag steigern. Bis in die 1870er-Jahre blieb die Getreideproduktion vorherrschend. Als aber die billigen Weizenimporte aus Nordamerika einsetzten, vermochten die Schweizer Mittellandbauern nicht mehr zu konkurrieren. Sie gingen zur Graswirtschaft mit Milch- und Fleischproduktion über. Die bisher vorwiegend braune Landschaft wurde grün. Hatte man auf dem heutigen Stadtbann (Brugg, Altenburg, Lauffohr) 1794 erst 133 Stück Rindvieh gezählt, so stieg ihre Zahl bis 1916 auf 319. Dann sanken die Bestände wegen der starken Bautätigkeit bis 1990 auf 54.

Der Verlust an Kulturland durch die Fabrik-, Haus- und Strassenbauten kennzeichnete die Entwicklung im 20. Jahrhundert. Die landwirtschaftlich genutzte Fläche sank im Zeitraum 1912 bis 1990 von 343 auf ganze 64 Hektaren.[39] Dementsprechend ging die Zahl der Bauernbetriebe zurück. Hatte man 1929 noch 32 vollberufliche Landwirte gezählt, so sind es heute noch drei, alle im ehemaligen Gemeindebann Lauffohr. Die Zahl der nebenberuflich tätigen «Rucksackbauern» sank seither von 41 auf 13. Für die Beschäftigung von Arbeitskräften verlor der bäuerliche Sektor seine frühere Bedeutung: Zählte man 1929 130 Beschäftigte, so sind es heute noch fünf!

Der Rebbau am Bruggerberg war schon vorher verschwunden. 1889 waren noch 21 Hektaren mit Weinstöcken bebaut. Doch setzte in jenen Jahren die Krise in diesem Sektor ein: Im Aargau war die Produktion grösser als der Absatz; viele Konsumenten bevorzugten fremden, vielleicht auch besseren Wein. Ab 1905 verbreitete sich im Bezirk Brugg die Reblaus, welche die Vernichtung zahlloser Weinstöcke zur Folge hatte. Der Weinbau lohnte sich nicht mehr. Die Brugger Bürger nahmen die strenge Arbeit in den Reben nicht mehr auf sich und liessen die Abhänge mit Gras überwachsen.[40]

---

[40] Aargauische statistische Mittheilungen für das Jahr 1889, S. 34. Schweiz. Areal- und Anbaustatistiken, Vieh- und Betriebszählungen, hg. vom Bundesamt für Statistik, Bern. Roth, Kulturgeographie.

[1] Maurer, Brugg. — [2] Vgl. dazu Ammann, Wirtschaft und Lebensraum. — [3] Feer, Jugenderinnerungen, S. 25. — [4] Betr. die Gewerbe der Fuhrleute und Schiffer siehe unten S. 589–615.

Handwerk und Gewerbe

«Die kleine Stadt Brugg ist an einer andern Ecke des alten Vindonissa gebaut. Die hier in die Enge gepresste Aare fliesst unter einem einzigen Bogen durch und in beträchtlicher Tiefe; die Fahrt ist nicht sehr sicher. [...] Sie ist an einen sanften Abhang gebaut, mit breiten Strassen und verschiednen ansehnlichen Häusern artig geschmückt. Die öffentlichen Gebäude scheinen wohl unterhalten. Die kleine Bürgerschaft lebt in einer bescheidenen Genügsamkeit, die mit der Industrie ihrer Nachbarinnen Lenzburg, Aarau, Zofingen sehr absticht. Sie geniesst eine Unabhängigkeit und Bequemlichkeiten, die eine untätige Ruhe nähren. [...] Alte Sitten und mitunter ein wenig Furcht und Eifersucht hemmen mit den schlechten auch die besten Neuerungen.»[1]

Diese Mentalität wirtschaftlicher «Genügsamkeit» und «untätiger Ruhe» der Brugger Bürgerschaft dauerte bis gegen die Wende zum 20. Jahrhundert an. Gewisse Anzeichen deuten allerdings darauf hin, dass die Wirtschaft Bruggs im Spätmittelalter bedeutend dynamischer gewesen war, namentlich unter der Herrschaft der Habsburger und vor der Zerstörung im Jahr 1444. Das Städtchen hatte damals mehr Einwohner gezählt als um 1800; das Einzugsgebiet des Brugger Marktes war grösser gewesen, und die wenigen überlieferten Hinweise lassen eine weiträumigere Verflechtung des Brugger Handels vermuten.[2] Die restriktive Einbürgerungspolitik ab etwa 1650 und die rückläufigen Einwohnerzahlen belegen, dass Brugg seine wirtschaftliche Dynamik erst seit dem 17. Jahrhundert verlor und in Selbstgenügsamkeit und konservativer Unbeweglichkeit versank. Nach der Helvetischen Revolution wurde die Rückständigkeit Bruggs gegenüber den Nachbarstädten zwar von fortschrittlichen Persönlichkeiten erkannt; doch erst 1890 leitete eine gezielte Industrialisierungspolitik den wirtschaftlichen Aufschwung Bruggs ein.

Gewerbliche Vielfalt vor 1800

Handwerk und Kleingewerbe bildeten während Jahrhunderten die Existenzgrundlage der Brugger Bevölkerung. Um 1770 handelte es sich um 93 Einzelbetriebe in 38 Berufssparten; dazu kamen drei Ärzte, einige Handelsfirmen sowie der Salzfaktor, und dies alles bei einer Bevölkerung von rund 670 Köpfen. «Unter allen waren, so lang ich mich erinnere, nur drei vorzügliche Köpfe, deren Arbeiten auswärts gesucht wurden», urteilte Jakob Emanuel Feer in seinen Jugenderinnerungen.[3] Fast die ganze Produktion beschränkte sich somit auf den Absatz im eigenen Städtchen und in dessen unmittelbarem Einzugsgebiet der Landvogteien Schenkenberg und Königsfelden.[4]

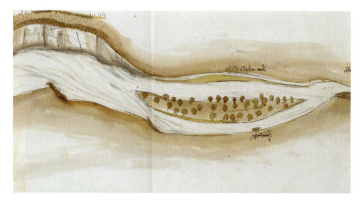

325 — Die Schiff- und die Klostermühle an der Aare unterhalb Bruggs. Ausschnitt aus dem Plan zu einer Wuhr- und Schwellenstreitigkeit von 1664/65.

326 — Die Brunnenmühle. Radierung von Nicolas Pérignon, um 1776.

Allerdings betreiben viele Kleinbauern auf der Landschaft nebenbei ebenfalls ein Handwerk, oft ohne vollwertige Ausbildung, dafür zu tieferen Preisen. So spielte in den meisten Sparten der freie Markt zwischen Stadt und Land, wobei die Brugger Meister vor allem mit besserer Qualität oder mit spezielleren Produkten konkurrieren mussten. Im Unterschied zu vielen anderen Städten besass Brugg nur wenige gewerbliche Vorrechte oder gar Monopole gegenüber der ländlichen Umgebung. Immerhin begründete das Marktrecht ein gewisses Verkaufsmonopol.[5]

Die Versorgung der Brugger Bevölkerung mit Nahrungsmitteln

Die *Metzger* vertraten seit dem Mittelalter ein stark belegtes Gewerbe. Schlachtlokal und Metzgerbank befanden sich im Untergeschoss des städtischen Kaufhauses (am Platz des heutigen Bezirksgerichts). Die Metzger kauften die Tiere teils in der Umgebung, teils in entfernteren Gebieten ein, etwa im Berner Oberland, im Entlebuch oder im süddeutschen Staat Baden. Für den Fleischverkauf gab es keine privaten Läden; mehrere Metzger standen nebeneinander an der Bank und breiteten dort ihr Angebot aus.

Dagegen gab es keine Brugger *Fischer*. Die Berechtigung, innerhalb der Stadtmauern in der Aare zu fischen, stand nämlich allein den Fischern von Stilli und Königsfelden zu, und zwar hinauf bis zur Brunnenmühle, wo das Fanggebiet der Fischer von Auenstein und Biberstein begann. Auf der Länge des Gemeindebanns von Altenburg durften zusätzlich einige der dortigen Bauern dem Fischfang nachgehen. Somit mussten die Brugger Haus-

— [5] Wo in diesem Kapitel keine weiteren Quellen angegeben sind, stützen sich die Ausführungen in erster Linie auf die Brugger Ratsprotokolle und deren Regesten, für die frühere Zeit auch auf Banholzer, Geschichte der Stadt Brugg, S. 84–98. — [6] Baumann, Stilli, S. 126–192.

haltungen ihren Fischbedarf auf dem Markt decken. Das Fischereirecht der Altenburger ging erst im 20. Jahrhundert an den Staat über, während sich jenes unterhalb der Brunnenmühle bis zum heutigen Tag im Privatbesitz der Fischereiberechtigten von Stilli und Windisch befindet.[6]

Die *Bäcker* oder *Pfister* durften das Brot zwar zu Hause backen, während Jahrhunderten verkauften sie es jedoch – ebenfalls nebeneinander – in der «Brotlaube» an der untern Hauptgasse (ungefähr auf der Höhe der Häuser mit den Nummern 45–47), und zwar täglich von morgens um fünf bis abends um sechs Uhr. Im Lauf der Zeit zogen es immer mehr Meister vor, die Backwaren in ihrem Privathaus abzusetzen, weshalb der Rat die «Brotlaube» 1777 abbrechen liess.

Die meisten übrigen Nahrungsmittel und Haushaltartikel boten Krämerinnen und Krämer in ihren *«Kramläden»* an: etwa Spezereien, Öl, Zucker, Weinbeeren, Mandeln, Gewürze sowie Seife, Schnüre, Faden und Papier, im 18. Jahrhundert auch Kaffee und Tabak.

Das Mehl bezogen die Bäcker und Privathaushalte von den *Müllern.* Wohl noch älter als die Stadt Brugg war die *Brunnenmühle* (eigentlich Goppenbrunnenmühle). Zinsbezüger waren im 14. Jahrhundert die Ritter von Rinach, welche ihre Rechte 1398 dem Johanniterorden in Leuggern verkauften. Eigentliche Besitzer waren die jeweiligen Müller, seit 1531 die Grülich, in deren Geschlecht die Brunnenmühle während sechs Generationen bleiben sollte. Damals verlief die Grenze zwischen Brugg und Umiken genau zwischen Mühlehaus und Scheune, sodass die Müller im Amt Schenkenberg wohnten und sich dadurch der Befehlsgewalt des Stadtregiments entziehen konnten.

Der Brugger Rat bemühte sich daher stets um eine Mühle auf eigenem Gebiet. Im 15. Jahrhundert (vermutlich 1466) gestattete er den Bau einer *Schiffmühle* im Strängli. Sie ruhte auf zwei massiven Schiffen, zwischen denen das Rad durch die Aare angetrieben wurde. Von 1629 an führte die Stadt den Betrieb in eigener Regie. Da die Schiffmühle häufig stark unter Hochwasser litt, ja manchmal ganz zerstört wurde, erforderte sie ständig grosse Investitionen. Der Rat suchte daher nach kostengünstigeren Dauerlösungen. Seit 1563 verfolgte er das Projekt einer *Mühle in der östlichen Vorstadt,* das aber erst 1652 verwirklicht und bereits 1657 wegen Wassermangels wieder aufgegeben wurde. Die Stadt baute hierauf erneut eine Schiffmühle, die sie bis mindestens 1688 betrieb. Vermutlich in den 1630er-Jahren hatte der Rat zusätzlich die seit 1601 bestehende *Mühle in Lauffohr*

327 ___ Blick auf die 1834 errichtete «Neumühle» an der Aare bei Lauffohr. Dahinter links der lang gezogene, ehemalige Gasthof Sternen, erbaut 1822. Foto von 1898.

328 ___ Die spätgotische Mühle an der Hohlgasse in Lauffohr, erbaut 1601. Aufnahme 1949.

erworben. Sie stand bis vor einigen Jahren an der Hohlgasse und bezog das Wasser vom Bruggerberg.

Die angestrebte Dauerlösung ergab sich schliesslich 1674, als der Brugger Rat die Lauffohrer Mühle gegen die Brunnenmühle eintauschen konnte. Unter seiner Kontrolle verpachtete er die Letztere fortan. Doch im liberalen 19. Jahrhundert privatisierte die Stadt ihre eigenen Betriebe. Sie veräusserte 1836 die Brunnenmühle samt viel Boden für 25 230 Franken – und kaufte sie 1896 mit weniger Boden für 85 000 Franken zurück. Attraktiv war nun nicht mehr die Mühle, die in der Folge eingestellt wurde, sondern das dazugehörige Quellensystem. Es lieferte nämlich nicht weniger als 2000 bis 2800 Minutenliter und sicherte der aufstrebenden Industriestadt eine zeitgemässe Wasserversorgung. Die alte Mühle in Lauffohr dagegen blieb fortan in Privatbesitz und wurde – 1893 um eine Sägerei erweitert – bis 1914 betrieben.

Auf den Felsplatten in der Aare bei Lauffohr errichtete Johannes Wächter 1834 die so genannte *Neumühle,* die er in der Folge zu einer Getreide- und Gipsmühle mit Öle, Sägerei und weiteren Antriebsmöglichkeiten ausbaute. Die drei Wasserräder nutzten hier die Wasserkraft der Aare. Das leistungsfähige Werk fiel 1908 dem Kraftwerk Beznau zum Opfer, dessen Betreiber alle im möglichen Staugebiet befindlichen Wasserrechte aufkauften und einstellten. Das stattliche Mühlegebäude steht noch heute dominierend gegenüber der Limmatmündung.[7]

Bewirtung einheimischer und fremder Gäste

Das Tavernenrecht, also die Berechtigung, ein Gasthaus zu betreiben, lag bis 1798 bei der Stadt Brugg. Die jeweiligen Tavernenwirte mussten den Rat daher alljährlich um die Bestätigung ihres Unternehmens bitten und dafür auch eine Steuer entrichten. Dieses Recht ging im 19. Jahrhundert auf die betreffenden Hausbesitzer über.

In Brugg bestehen noch heute drei Tavernen, deren Rechte mindestens ins 16. Jahrhundert, vermutlich schon ins Spätmittelalter zurückreichen: der «Sternen» (gegenwärtig «Havanna»), das «Rote Haus» und das «Rössli» (Letztere ursprünglich an der Hauptstrasse 9 und 19). In diesen Gasthöfen übernachteten die Durchreisenden. Den Gästen durften kalte und warme Speisen sowie einheimischer oder welscher Wein (oft La Côte) aufgestellt werden. Bei allen Tavernen handelte es sich um repräsentative Häuser mit Unterkünften für Gäste, Wirtsfamilie und Gesinde; dazu gehörten ferner stattliche Scheunen und Stallungen zur Unterbringung der Pferde, Kutschen und Fuhrwerke. Sie erforderten viel Investitions- und Betriebskapital. Ihre Besitzer waren daher oft nicht Bürger von Brugg, sondern vermögliche Fremde. Zeitweise wechselten die Wirte (oder Pächter) häufig, zeitweise hielten sich eigentliche Wirtedynastien über mehrere Generationen.

Daneben hatte jeder Brugger Bürger bis 1798 das Recht, in seinem Haus eine Weinstube («Zapfenwirtschaft») zu führen. Ursprünglich durfte er nur seinen selbst gekelterten Rebensaft anbieten, allenfalls auch solchen von anderen Bruggern. Spätestens ab 1645 war es den Zapfenwirten gestattet, Wein in den Nachbarvogteien Schenkenberg und Königsfelden anzukaufen, um dadurch die Gaststube während des ganzen Jahres offen zu halten. Zum Wein durften sie lediglich Brot und Käse auftischen, auf keinen Fall warme Speisen. Auch war es ihnen nicht erlaubt, Gäste mit einem Wirtshausschild anzulocken; ein Reif, allenfalls mit einem grünen Zweig, musste genügen.

---

7 StAAG AA 1151, S. 339v, 340r; DB W 01/0011/10; DB W 01/0048-50: Wasserwerkskontrolle 1857–1920, Nr. 152, 274f., 415; R05.B02, 21. 2. 1902, 28. 2. 1908. StABg B A.Ic.4, S. 41–43; B C.IVa.3, S. 268; B C.IVa.14, S. 410–415; B C.IVa.15, S. 133–140.

Die zahlreichen überlieferten Wirtschaftsnamen (etwa «Salmen», «Kreuz», «Wilder Mann», «Pfauen», «Roter» und «Schwarzer Ochsen»), die heute oft wieder an den Häusern prangen, lassen darauf schliessen, dass auch Weinstuben angeschrieben waren. Jedenfalls geht aus den Quellen vor 1800 nicht hervor, ob es sich um weitere Tavernen oder um blosse Zapfenwirtschaften handelte. Für die Dörfer Lauffohr und Altenburg bewilligte die Berner Obrigkeit dagegen nie eine Wirtschaft.

Bekleidung und Haarpflege

Die Bekleidungsbranche war im Städtchen zu jeder Zeit gut vertreten. *Woll-* und *Leinen-*, später auch *Baumwollweber* stellten in Brugg und den Dörfern die verschiedenen Stoffe her. Für die Veredlung waren die Färber und Bleicher zuständig. *Färber* sind seit dem Mittelalter nachgewiesen. Im 17./18. Jahrhundert wirkten in Brugg drei bis vier Meister, vor allem in der Krinne, an der Spiegelgasse und in der Vorstadt, wegen des Abwassers also möglichst nahe an der Aare; das Gebäudeverzeichnis von 1805 zählt sogar sieben Färbereien auf, was die Bedeutung dieses Handwerks unterstreicht.

Eine *Bleiche* wurde dagegen erst 1650 durch einen Meister aus Goldbach ZH gegründet; sie befand sich seither in einem eigenen Gebäude bei der Brunnenmühle und ging mit dieser 1674 an die Stadt Brugg über. Bei der Mühle trieb ein Wasserrad auch eine Walke an, die durch Pressen, Stossen und Stauchen eine Verdichtung und Verfilzung der Stoffe bewirkte. Die Tücher wurden auf einer benachbarten Wiese, zeitweilig auch auf der Herrenmatt an der Sonne gebleicht.

Die individuelle Anfertigung von Mänteln, Hosen und Röcken war Sache der *Schneider*, von denen es stets eine grössere Anzahl gab (1806 allein sieben in Brugg). Das *Nähen* von Wäsche bildete jedoch einen der wenigen Frauenberufe. Ein oder zwei *Hutmacher* fanden stets ihr Auskommen in Brugg. Dagegen tauchte für den an der Pest 1668 verstorbenen *Kürschner* Jakob Märki erst im 20. Jahrhundert wieder ein Nachfolger auf. Der einzige bekannte *Knopfmacher*, Samuel Feer (1727–1787), schliesslich konnte nur überleben, weil er seine vielfältigen Erzeugnisse den Schneidern auch auf entfernteren Märkten anbot und weil seine Gattin daneben noch einen Kramladen sowie eine Weinstube führte.

Zu einer geordneten Haartracht war der *Kamm-* oder *Stählmacher* behilflich. Einen Haarschnitt dagegen verpasste der *Scherer*, welcher zudem Zähne zog und offene Wunden behandelte. Als im 18. Jahrhundert die Perücken in den oberen Kreisen in die Mode kamen, liess sich gelegentlich auch ein *Perruquier* in Brugg nieder. Anfänglich handelte es sich um Glaubensflüchtlinge aus Frankreich, die ab 1716 hier geduldet wurden. Nach 1740 liess sich ein Brugger Bürger, der während Jahrzehnten in Genf als Perückenmacher gearbeitet hatte, in seiner Vaterstadt nieder. Er beschäftigte sogar einen Gesellen und bildete vermutlich den ersten einheimischen Lehrling aus.

Das Ledergewerbe, eine Brugger Spezialität

Die Herstellung von Leder aus tierischen Häuten war Sache der *Gerber*. In Brugg wurde seit dem Mittelalter gegerbt, aber nur von wenigen Meistern und für den regionalen Markt. Noch 1634 wurde ein Weissgerber (für feineres Leder) aus Aarau eingebürgert, weil offenbar ein Mangel bestand. Den grossen Aufschwung erlebte dieses Gewerbe im 18. Jahrhundert, namentlich dank dem initiativen Rotgerber Johannes Frölich (1690–1757), von dessen sieben Söhnen fünf das Gerberhandwerk erlernten. Um 1800 gab es in Brugg sechs Gerbereien an der Falken- und der Spiegelgasse, an der Krinne und am Törlirain. Alle be-

329 ___ Die Gerberei Frölich an der Ecke Hauptstrasse/Schulthess-Allee in Liquidation, um 1893. Im Vordergrund sind noch einige Gruben zu sehen, in denen das Leder gegerbt wurde. Die Gebäude dahinter: links das Haus Schulthess-Allee 6, in der Mitte die ehemalige Rothausscheune, rechts das Haus Annerstrasse 5.

fanden sich nahe der Aare, wo das faulende, stinkende Wasser auf möglichst kurzem Weg in den Fluss geleitet werden konnte.

Auf Initiative von Vater Frölich liess der Rat 1713 bei der Brunnenmühle eine mechanische Lohstampfe (zur Zerkleinerung der Rinde) mit eigenem Wasserrad erstellen; dazu kam später auch eine Walke, welche die Tierhäute maschinell von Blut, Fett, Schmutz und Fleischresten reinigte. Seine Nachkommen liessen 1780 und 1788 offenbar leistungsfähigere Werke am Strängli erbauen, die bis 1833 in Betrieb waren. Die chemische Umwandlung der verweslichen Häute in haltbares Leder erfolgte in Gruben mit Hilfe gemahlener Eichenrinde. Sie dauerte je nach Feinheit und Dicke zwischen einigen Wochen und 18 Monaten; am meisten Zeit erforderte zähes Leder für Schuhsohlen.

Eine Vorstellung vom Umfang der Lederproduktion geben die Angaben von drei befragten Gerbern aus dem Jahr 1794: Ihr Vorrat an unbearbeiteten Häuten und Fellen betrug zusammen 863; in 15 Gruben gärten 519 Häute, während insgesamt 568 zum Verkauf bereit lagen. Den Bedarf an Tierhäuten konnten die Gerber Frölich kaum zur Hälfte aus dem Berner Gebiet decken; doch benötigten sie aus handelspolitischen wie aus seuchenpolizeilichen Gründen für den Import aus der Grafschaft Baden, dem Freiamt oder aus Zürich obrigkeitliche Spezialbewilligungen. Da die Gebrüder Frölich nach eigenen Angaben «gute und solide Ware» produzierten und sie billiger verkauften als auf der Warenmesse in Zurzach, konnten sie ihr Leder problemlos absetzen, zu einem Viertel ausser Landes. Der Verdienst war gut, und mancher Meister konnte es sich leisten, die unappetitlichen Arbeiten in der Gerberei den Gesellen, Lehrlingen und Gehilfen zu überlassen und stattdessen politische Ehrenämter zu bekleiden.

Die wichtigsten Abnehmer von Leder waren die *Schuhmacher*, von denen es 1657 allein in Brugg zwölf gab. Sie waren arm und genossen wenig Ansehen, sodass sich dieser Beruf immer mehr auf die Landschaft verlagerte. 1806 standen den gerade noch vier Meistern in der Stadt 112 in den Landgemeinden des Bezirks gegenüber. Diese waren exportorientiert, lieferten sie doch alljährlich Hunderte von Schuhen in die benachbarte Grafschaft Baden, wo offenbar keine Gerbereien bestanden.[8]

___ 8 StABg A 53, S. 332; A 55, S. 84; A 56, S. 229, 283. StABE B V 135, 138: Umfragen 1789, 1794. Frölich, Erinnerungen aus meinem Leben. ___ 9 Feer, Jugenderinnerungen, S. 27. ___ 10 StAAG BA.04 [prov. Nr.] 4392, Verzeichnis sämtlicher Handwerker …

Erfolgreich und angesehen waren dagegen die *Sattler,* die fast ausschliesslich in der Stadt arbeiteten und auch Sessel, Lederpolster und Taschen herstellten. Als besonders tüchtig galt Johann Kaspar Stapfer (1736–1811), «dessen Kutschen und Chaisen von weiter her bestellt wurden».[9]

Das Baugewerbe – für Brugger Bürger nicht standesgemäss?
Zimmerleute und *Maurer* bildeten in Brugg Mangelberufe. Hier bestand keine Konkurrenz zwischen Stadt und Land – im Gegenteil: Die Meister von Brugg und den Landvogteien Schenkenberg und Königsfelden waren schon im 16. Jahrhundert in einem einzigen Verband zusammengeschlossen. 1806 standen zwei Zimmerleuten aus der Stadt deren 44 aus dem übrigen Bezirk gegenüber; bei den Maurern war das Verhältnis 1 zu 56.[10]

Der Mangel an Handwerkern, welche die körperlich schweren Arbeiten auf dem Bau leisteten, scheint schon früher einem Dauerzustand entsprochen zu haben. Entgegen seiner restriktiven Zuwanderungspolitik im 18. Jahrhundert musste der Rat immer wieder fremden Maurern die Niederlassung bewilligen. Für die grossen Bauvorhaben an öffentlichen Gebäuden wie der Stadtkirche, dem Bürgerasyl oder dem Kornhaus war er auf Handwerker vom Land (vor allem aus Windisch) als Arbeiter, sogar als Bauführer angewiesen. Selbst das Amt des städtischen Werkmeisters (Stadtmaurer, Stadtzimmermann) musste oft tüchtigen Männern vom Land anvertraut werden, da geeignete Bewerber aus Brugg schlicht fehlten. Auch die *Ziegler* für die städtische Ziegelei, die *Kaminfeger* und im 18. Jahrhundert überdies die *Flachmaler* wurden mehrheitlich von auswärts beigezogen.

Für den Innenausbau standen dagegen ausreichend Berufsleute aus der Stadt zur Verfügung, und sie stritten sich nicht selten um Aufträge. Da gab es die *Glaser* und die *Schreiner* oder *Tischmacher,* seltener auch einen *Drechsler.* Fast durchwegs waren *Hafner* tätig, welche Geschirr herstellten und Öfen bauten.

330 ⎯ Küfermeister Bächli mit zwei Gesellen in der westlichen Vorstadt. Foto von 1898.

Die Bearbeitung von Eisen und anderen Metallen

Das Metallgewerbe war in Brugg zu allen Zeiten gut, auf dem Land dagegen kaum vertreten – mit Ausnahme der Hufschmiede. Hier sei die Situation um 1800 dargestellt.[11] Vom Durchgangsverkehr profitierten vor allem die *Hufschmiede,* welche die Pferde beschlugen. In der Regel handelte es sich um drei Werkstätten, die sich alle ganz nahe beisammen beim oberen Stadteingang befanden. Auch ein *Kupferschmied* arbeitete dort, ein weiterer an der Kirchgasse.

Die *Zeugschmiede* stellten einzelne Gegenstände her, je einer in der Vorstadt und beim «Roten Haus». Ebenfalls an der Hauptgasse betätigte sich ein *Büchsenschmied,* der Gewehre herstellte. Stark rückläufig war der Beruf des *Messerschmieds;* die einzige Werkstätte befand sich an der Spiegelgasse. *Nagelschmiede* gab es kaum je mehr als zwei; um 1800 war es noch einer an der Albulagasse. Schliesslich waren auf der Hofstatt zwei *Schlosser* beschäftigt, und am Spitalrain wirkte ein *Wagner,* dessen Beruf im Übrigen in den Dörfern stark verbreitet war.

Zur Metallbranche gehörte auch der *Uhrmacher.* Für gewöhnlich fand ein Meister in Brugg eine bescheidene Existenz, wobei er sowohl für private Kleinuhren als auch für die grossen Stadtuhren am Rathaus, an der Kirche und an den Toren zuständig war.

Schlecht einzuordnen sind die folgenden Berufe, die in Brugg stets mit einem bis drei Meistern vertreten waren: Die *Küfer* stellten Fässer und andere Holzgefässe her; sie pflegten auch den Wein im Stadtkeller. Die *Seiler* durften ihre Schnüre, Stricke und Seile auf den langen Wehrgängen an der Innenseite der Stadtmauer drehen. Die *Buchbinder* schliesslich erledigten alle Arbeitsgänge von der Herstellung des Papiers bis zum fertigen Schulheft, Geschäftsbuch oder Protokoll; auch verkauften sie Bücher und Kalender in ihrem Laden.

Kunsthandwerk in Brugg

Manche Handwerkssparte bot dem begabten Meister die Gelegenheit, auch künstlerisch tätig zu sein: Der *Buchbinder* malte oder prägte schöne Bucheinbände. Der *Tischmacher* schreinerte elegante Möbelstücke. Der *Hafner* schmückte seine Öfen mit Verzierungen und bemalten Kacheln; namentlich von den Meistern des Geschlechts Pfau, eines Seitenzweigs der berühmten Winterthurer Ofenbauerfamilie, ist bekannt, dass sie im weiten Umkreis Öfen liefern konnten, besonders für öffentliche Gebäude. Vor der Reformation fand sogar ein *Seidensticker* in Brugg Arbeit; wegen der späteren strengen Kleidervorschriften ging sie ihm danach vermutlich aus; auch benötigten keine Priester mehr Messgewänder. Leider ist von keinem dieser Kunsthandwerker ein Werk wirklich nachgewiesen und erhalten.

Maurer waren meist auch *Steinmetze,* eigentliche *Bildhauer,* die verzierte Tür- und Fenstergewände, Fenstersäulen, Erker, Brunnen und Grabplatten schufen. So stammte der Brugger Rathausbrunnen von Anton Wyg. Auch Meister aus der Familie Clarin waren erfolgreiche Bildhauer. Flachmaler betätigten sich oft als *Glas-* und *Kunstmaler.* Sternenwirt Jakob Brunner (1546–1589) etwa konnte farbige Glasscheiben in Rats-, Schloss-, Wirts- und Privatstuben liefern; einige davon sind noch heute zu bewundern. Aus der Handwerkstradition der Maler hat sich auch die berühmte Kunstmalerfamilie Dünz in Brugg und Bern entwickelt.

483f.

___ 11 StABg B D.IIa.1. ___ 12 Feer, Familie Feer, Bd. 2, S. 402–404. ___ 13 Banholzer, Brugger Gewerbe. Banholzer, Hafnerfamilie Pfau. Banholzer, Goldschmiede.

331 — Der Rathausbrunnen. Die fein bearbeitete Renaissancesäule des Brunnenstocks wurde 1563 vom Brugger Bildhauer Anton Wyg geschaffen. Der achteckige Trog stammt von 1824. Eduard Spörri schuf 1928 die Statue der Justitia. Links das restaurierte Haus Rathausplatz 4 von 1670, stilgeschichtlich im Übergang von der Spätgotik zur Spätrenaissance.

Zum Kunsthandwerk dürfen ebenso die *Glockengiesser* gezählt werden, die gelegentlich in Brugg arbeiteten. So läuten heute noch Glocken der Giesserfamilie Stalder von den Kirchtürmen Mönthals, Mandachs und Auensteins. Vom Glockengiesser Abraham Feer (1653–1722) soll die grössere Brugger Rathausglocke stammen, ebenso das Glöcklein in Königsfelden sowie weitere Geläute in Birr, Gebenstorf, Frick, Kölliken und Zurzach; daneben fertigte er Mörser, Türklopfer und Kerzenstöcke aus Kupfer und Zinn sowie eiserne Gefässe und Pfannen an. Mit diesem kombinierten Gewerbe brachte es Feer zu einem ansehnlichen Vermögen.[12] Die *Zinn-* oder *Kannengiesser* stellten Zinngeschirr (Teller, Platten, Becher und Kannen) her. Aufgrund der eingeprägten Zinngiesserzeichen lassen sich Werke von sechs Meistern aus dem 17. und 18. Jahrhundert (drei Jäger und drei Frölich) nachweisen.

Gelegentlich erteilte der Rat einem fremden *Goldschmied* die Erlaubnis, sich in Brugg niederzulassen, weil hier einheimische fehlten. Sie lebten einerseits von privaten Aufträgen wohlhabender Bürger. Daneben schufen sie Becher für den Rat und die Stubengesellschaft, die alle verloren gegangen sind. Doch von zwei aus Deutschland zugewanderten Meistern sind noch je zwei Abendmahlskelche erhalten. Von Erhard Renner aus Hamburg stammen zwei in Umiken (1613), vielleicht auch jener in Mönthal (1596). Vom Können Otto Baurs aus Lauingen an der Donau legen die beiden Kelche in Schinznach Zeugnis ab. Dennoch war die Existenzgrundlage für einen Goldschmied in Brugg sehr schmal.[13]

Handwerksorganisation und Interessenvertretung

Die Meister eines Handwerks schlossen sich oft zu zunftähnlichen Gesellschaften zusammen. Wie in Bern beschränkten sie sich darauf, ihre beruflichen Interessen zu vertreten; sie nahmen – im Gegensatz etwa zu Zürich und Basel – keinen direkten Einfluss auf die politische Leitung der Stadt.

332 ⎯ Werk eines in Brugg tätigen Goldschmieds in der Kirche Umiken, ein Abendmahlskelch von Erhard Renner aus Hamburg, 1613.

Für Brugg ist bereits 1421 eine Gesellschaft der Schuhmacher nachgewiesen. Auch die Sattler hatten sich schon in jener Epoche zusammengeschlossen. Im 17. und 18. Jahrhundert galt die Organisation in *Meisterschaften* als selbstverständlich. Prinzipiell genügten zwei Meister, um eine solche Vereinigung zu bilden. Belegt sind in Brugg die Meisterschaften der Metzger, Bäcker, Weber, Schneider, Gerber, Schuhmacher, Schreiner, Glaser, Hafner, Nagler und Messerschmiede. Gemeinsame Gesellschaften bildeten die Maurer/Steinmetze und Zimmerleute sowie die Schmiede, Schlosser und Uhrmacher. Grössere Gilden wie die Metzger wählten einen Obmann, kleinere ernannten von Fall zu Fall einen Sprecher.

Das grundsätzliche Ziel der organisierten Meisterschaften bildete die *Sicherung der Existenz aller Meisterhaushalte*. Zu diesem Zweck wurden Massnahmen vereinbart, die in einer Handwerksordnung niedergeschrieben wurden. Um die Konkurrenz von allzu jungen Meistern und von ungelernten «Stümplern» oder «Pfuschern» zu verhindern, wurde die *Ausbildung* festgelegt: meist eine Probezeit von etwa zwei Wochen, dann eine Lehre von zwei bis drei Jahren. Zu Beginn der Lehre wurde der Lehrling von der Meisterschaft in einem formellen Akt «aufgedungen» oder eingeschrieben, nach deren Beendigung durch mehrere Meister «lediggesprochen», also für fähig und damit als Geselle erklärt. Jedes Mal bezahlte der Lehrling eine Gebühr zuhanden der gemeinsamen Kasse. Während der Ausbildung wohnte er in der Familie des Meisters und bezahlte dafür ein Lehrgeld. An die Lehre schloss sich eine *Wanderzeit* von üblicherweise drei Jahren an. Sie sollte die Kenntnisse vertiefen und den geistigen Horizont erweitern, etwa durch die Erlernung einer Fremdsprache. Oft liess sich der Geselle anderswo nieder oder er starb gar; auf jeden Fall zögerte die Wanderzeit die Gründung eines neuen Konkurrenzbetriebs hinaus.

Bei der Rückkehr mit guten Zeugnissen («treu und ehrlich») wurde dem Gesellen je nach Handwerk die Herstellung eines «Meisterstücks» aufgetragen: dem Glaser ein Fensterrahmen mit Butzenscheiben, dem Sattler ein Kummet und ein Sattel, dem Küfer

⎯ 14 Vgl. z. B. die Handwerksordnung der Küfer: StABg A 48, S. 79f. Betr. Meisterstück vgl. StAAG BA.04 [prov. Nr.] 4393. ⎯ 15 StABg A 20.

ein Fässchen, dem Wagner ein Wagenrad, dem Schuhmacher je ein Paar Männer- und Frauenschuhe, dem Hufschmied das Beschlagen eines Pferdes. Sollte er dieses «mässig gemacht haben», wurde er – wieder gegen eine Gebühr – zum *Meister* ernannt und in die Meisterschaft aufgenommen. Nun erst durfte er eine eigene Werkstätte eröffnen.[14]

Um eine *Überproduktion zu verhindern,* konnte die Handwerksordnung die Zahl der Lehrlinge und Gesellen je Betrieb beschränken, ebenso die Weiterführung einer Werkstätte durch eine Meisterswitwe. Den Bäckern war verboten, mehr als alle zwei Tage, geschweige denn mehrmals täglich, Brot zu backen; keiner sollte auf seinen Backwaren sitzen bleiben, was das Angebot künstlich verknappte und die Konsumenten in ihrer Wahlfreiheit einschränkte. Solche Vorschriften benachteiligten den tüchtigen, initiativen Bäcker zugunsten seiner nachlässigeren Mitmeister. Auch die Metzger führten eine «Kehrordnung» ein, nach welcher sich die Meister im Schlachten von Tieren abwechselten.

Erklärtes Ziel dieser Massnahmen war, «dass einer als wie der andere könne sein Stückli Brot gewinnen und die Seinigen mit Gottes Hilfe durchbringen und einer als wie der andere in dem Frieden und in der Liebe und brüderlichen Treue bei einander können leben und verbleiben».[15] Derartige Regelungen führten aber gerade deshalb oft zu Streit, weil aktive Meister sich eingeengt fühlten und daher gegen die Vorschriften verstiessen. Wurde einer angezeigt, amtete die Meisterschaft als *Handwerksgericht,* welches die Übertreter büssen konnte. Daraus entstanden Neid, Missgunst, Verdächtigungen und Gerüchte, welche das Klima zwischen den Meistern vergifteten. Das Handwerksgericht schlichtete im Übrigen auch Konflikte zwischen Meistern und Lehrlingen sowie zwischen Meistern und Kunden, und es ahndete Beschimpfungen, Verleumdungen und Tätlichkeiten zwischen Berufskollegen.

Jedes Handwerk hütete auch seinen *Tätigkeitsbereich* und wachte gegen allfällige Übergriffe benachbarter Sparten. So stritten die Gerber gegen die Metzger wegen des Handels mit Tierhäuten, mit den Schuhmachern wegen des Einkaufs von Leder und mit den Kammmachern über den Bezug von Horn. Die Färber wollten den Hutmachern verbieten, die Hüte selbst zu färben. Hafner und Maurer zankten sich wegen gegenseitiger Übergriffe in ihr Handwerk, ebenso Schmiede und Schlosser sowie Schreiner, Zimmerleute, Drechsler und Glaser.

Viele Meisterschaften fühlten sich durch die *Konkurrenz der Landhandwerker* bedroht; diese forderten zum Teil niedrigere Löhne und Preise, erreichten aber auch oft das Ausbildungsniveau der städtischen Berufsleute nicht. Am liebsten hätten viele Stadtmeister die Ausübung ihres Handwerks in den Dörfern ganz verbieten lassen. Da dies politisch jedoch nicht durchsetzbar war, bemühten sie sich um Zusammenschlüsse über die Stadtgrenze hinaus. Mehrere Berufsgattungen, so die Schuhmacher, Maurer und Zimmerleute, bildeten daher Meisterschaften, welche Brugg und die Landvogteien Schenkenberg und Königsfelden umfassten. Dadurch mussten die Landhandwerker die gleichen Bestimmungen einhalten; sie profitierten aber auch von deren Schutz.

Zu Konflikten führte oft auch die Frage, wer berechtigt sei, *mit handwerklichen Produkten zu handeln,* ob nur die Meister selbst oder auch Krämer und Hausierer. Die Hafner wollten allein Geschirr verkaufen, die Nagelschmiede Nägel, die Metzger Fleisch, die Bäcker Brot, die Gerber Leder. Oft widersprachen solche Ansprüche dem überlieferten freien Marktrecht oder der obrigkeitlichen Wirtschaftspolitik und liessen sich nicht durchsetzen. So forderten die Leinweber 1765 ein Verkaufsmonopol für Stoffe, was sie mit ihrem schlechten Lebensstandard begründeten; als ihnen der Kleine und der Grosse Rat in beschränktem Mass entsprechen wollten, gelangten die vereinigten Krämerinnen und Krämer an die Regierung nach Bern, wo sie auf der ganzen Linie siegten. Dagegen war es dem Buchbinder Samuel Steinegger 1760 gelungen, den Krämern verbieten zu lassen, mit Kalendern zu handeln.

Städtische Gewerbepolitik

Der starke Konkurrenzschutz, den die Handwerker genossen, erforderte umgekehrt Massnahmen der Stadtbehörden, um die *Interessen der Konsumenten* zu wahren, die sich oft über den Mangel an Quantität und Qualität beklagten. Auf die künstliche Verknappung des Angebots und der Hochhaltung der Preise für Fleisch und Brot durch die Metzger und Bäcker antwortete der Rat mit deren Verpflichtung, die Bevölkerung ausreichend zu versorgen. Eigens dazu eingesetzte Fleischschätzer setzten den Höchstpreis bei jedem geschlachteten Tier fest. Für das Brot bestand ein Tarif, der auf die jeweils geltenden Getreidepreise abgestimmt war. Brotschätzer überprüften in Stichproben das Gewicht der Brotlaibe. Auch für die Wirte bestimmte der Rat alljährlich die Weinpreise. Auf Überforderungen durch die meist ländlichen Maurer und Zimmerleute reagierte er mit Maximaltaglöhnen für öffentliche Aufträge, was sich auch auf private Geschäfte auswirkte.

111f. — Wichtig waren sodann *gesundheitspolizeiliche Massnahmen*: Die Metzger durften nur Fleisch von Tieren verkaufen, die sie im städtischen Schlachthaus geschlachtet hatten; finniges Fleisch war als solches zu deklarieren, das Verkaufslokal sauber zu halten; die Metzger mussten die Hunde anbinden und mit einem Maulkorb versehen. Zum Import von Schlachttieren bestanden seuchenpolizeiliche Vorschriften aus Bern. Der Rat ergriff zudem Massnahmen zur Sauberhaltung der Brunnen; insbesondere bestrafte er Färber und Gerber, welche dort Tücher und Felle auswuschen und dadurch das Wasser verunreinigten.

Bei der engen Bauweise der Stadthäuser war dauernd die *Brandgefahr* in Grenzen zu halten. Besonders die Essen in Schmiede-, Messerschmiede- und Schlosserwerkstätten waren bewilligungspflichtig und wurden duch Feuerschauer und Kaminfeger regelmässig kontrolliert; dies galt auch für die Backöfen der Bäcker und die Brennöfen der Hafner.

Umgekehrt wahrte der Rat auch die *Interessen der Handwerker*. Er verweigerte fremden Meistern die Niederlassung oder Einbürgerung, wenn das betreffende Gewerbe bereits übervertreten war. Er verpflichtete die Wirte, Fleisch und Brot von den einheimischen Metzgern und Bäckern zu beziehen. Er schützte die internen Handwerksordnungen in Bezug auf Lehre und Wanderzeit, bestätigte Bussen wegen Verstössen und entschied interne Streitigkeiten der Meister in zweiter Instanz.

Oft ergriff der Rat schliesslich *Massnahmen gegen Überproduktion*. Dadurch bremste er zugleich initiative Meister und verunmöglichte geradezu Innovationen. So soll der Rat dem Knopfmacher Samuel Feer 1753 eine selbst konstruierte Knopfmaschine beschlagnahmt haben, die er mit den Füssen antrieb und «wo die Knöpfe mit scharfen Messern aus Horn herausgeschnitzelt» wurden; er verbot ihren Gebrauch, weil sie andere Handwerker schädige![16]

Im Übrigen leistete die öffentliche Hand den Handwerkern manche *Hilfestellungen*: Bedürftige Gesellen erhielten einen Reisepfennig auf die Wanderschaft, Rückkehrer ein kleines Startkapital zur Anschaffung der notwendigsten Geräte. Den Gerbern, Färbern, Hutmachern, Wagnern und Küfern überliess der Rat Holz und Rinde als Rohmaterial für ihr Gewerbe. Die Metzger durften die Tiere bis zur Schlachtung auf die Weide treiben. Den

— 16 Zit. in Feer, Jugenderinnerungen, Abschrift, Anm. 26. — 17 Feer, Jugenderinnerungen.
— 18 Pfister, Willy: Aargauer in fremden Kriegsdiensten. 2 Bde. Aarau 1980–1984.

Maurern stand der Steinbruch im Freudenstein zur Verfügung. Den Bleichern und Gerbern baute die Behörde eine Bleiche und Lohstampfe bei der stadteigenen Brunnenmühle, den Hafnern einen Brennofen auf dem Eisi. Die Gerber durften das Leder im Stadtgraben trocknen, die Färber ihre Tücher in den Lauben der Wehrgänge. Der Rat achtete auch darauf, dass städtische Aufträge gleichmässig auf die verschiedenen Meister aufgeteilt wurden. Zahlreichen unterbeschäftigten Handwerkern bot er städtische Ämter als Nebenerwerb an.

Die materielle Lage der Handwerker

Jakob Emanuel Feer schrieb aus der Erinnerung 17 ausgewählten Handwerkssparten die folgenden Verdienstmöglichkeiten um 1770 zu: Als gut schätzte er die Lage der Kupferschmiede, Hufschmiede, Wagner, Gerber, Sattler und Färber ein, als schlecht jene der Leinenweber, Nagelschmiede, Drechsler, Hafner, Kammmacher und Goldschmiede, als mittelmässig jene der Tischmacher und Messerschmiede. Bei den Bäckern, Schneidern und Schuhmachern stellte er grosse Unterschiede zwischen den einzelnen Meistern fest. Dies galt auch für die Metzger.[17]

Es war zweifellos die zu grosse Zahl an Meistern im Verhältnis zu den Aufträgen, die in gewissen Sparten das Überleben erschwerten. Daraus lassen sich die vielen Bemühungen erklären, die Konkurrenz auszuschalten und den Absatz zu sichern. Dies wiederum blockte Initiativen und Innovationen ab, und das Gewerbe verlor an Dynamik. Die Armut trieb viele Handwerker in den Konkurs. Sie wurden von der öffentlichen Fürsorge abhängig und verloren ihr Ansehen. Einzelne trieb ihre missliche Lage sogar aus ihrer Vaterstadt. Weil man dem Gabriel Völklin voraussagte, Brugg werde mit Schlossern übersättigt sein und er werde nichts verdienen können, sah dieser 1737 keinen andern Ausweg, als in fremde Kriegsdienste zu ziehen.

Solddienst als Alternative?

Der Kriegsdienst (Reisläuferei) im Auftrag fremder Staaten übte anscheinend für viele junge Brugger eine starke Anziehungskraft aus. Allein die gedruckten Listen des 18. Jahrhunderts weisen für Brugg überdurchschnittlich viele Söldner in den Heeren Frankreichs, Sardiniens und der Niederlande aus – nämlich 138 gegenüber 14 aus Altenburg und 17 aus Lauffohr.[18] Die Ratsprotokolle zeigen aber auf, dass es bedeutend mehr gewesen sein müssen. Dazu kamen noch diejenigen, welche im Dienst des Kaisers, deutscher Einzelstaaten, Venedigs oder Neapel-Siziliens standen. Gesamthaft mögen es also weit über 200 gewesen sein. Von den 138 erwähnten Reisläufern fielen lediglich zwei in einer Schlacht; einer blieb verschollen; 27 weitere starben in Militärlazaretten. Somit überstanden 108 ihre Dienstzeit. Manche von ihnen desertierten. Offenbar entsprach die Wirklichkeit bei vielen Bruggern nicht ihren Wunschvorstellungen.

Der ordentliche Weg, in fremde Dienste zu treten, ging über einen staatlich beauftragten Werber. Zu Beginn des 18. Jahrhunderts handelte es sich um den Brugger Bürger Samuel Spillmann, welcher die jungen Leute meist in den «Sternen» lockte, dort ein Volksfest veranstaltete und sie (oft alkoholisiert) motivierte, Handgeld zu nehmen. In seltenen Fällen ordnete der Rat die Überstellung sozial schwieriger, arbeitsscheuer Männer in den Kriegsdienst an. So wurde der Schneider Jakob Giger 1712 vor die Wahl gestellt, in holländische Dienste zu gehen oder bei Mus und Brot angekettet im Spittel zu leben. 1740 wollte der Rat Abraham Beck «wegen seines gottlosen Lebens und beständig liederlichen und

333 — Friedrich Frey (1800–1884). 1816–1829 Söldner in niederländischen Kriegsdiensten (Aufstieg bis zum Oberlieutenant). Nach seiner Rückkehr eidgenössischer Oberst. Bezirksamtmann, Stadtammann von Brugg und Grossrat.

diebischen Aufführung» nach Holland abschieben. Bei beiden ist nicht sicher, ob das Vorhaben zustande kam. Jedenfalls lebten sie später wieder in Brugg.[19]

Ein grosser Teil der Brugger blieb nur wenige Jahre oder gar Monate im Solddienst. Besonders lange hielt es jedoch Jakob Widmer aus, der 1724 nach 34 Jahren in venetianischen Heeren materielle Unterstützung seiner Mitbürger benötigte. Geeignete Rückkehrer konnten ihre militärische Erfahrung allenfalls im Berner Heer einbringen. So machte Jakob Belart (1734–1817) nach vier Jahren in Frankreich und zehn Jahren in Dänemark eine Offizierskarriere bis zum Major im Regiment Aarau/Brugg. Seine ganze Dienstzeit dauerte 41 Jahre.[20]

Einige wenige Brugger stiegen auch in ausländischen Armeen in den Offiziersrang auf: Rudolf Brugger starb 1762 als französischer Hauptmann in Giessen. Rudolf Füchslin beendete sein Leben als Capitaine-Lieutenant 1770 in Frankreich. Der «Chevalier» Johann Heinrich Frölich (1722–1802) schrieb seine Erinnerungen sogar nieder: Er war als 18-Jähriger gegen den Willen seiner Eltern in französische Kriegsdienste getreten, nahm 1744/45 als Grenadier an verschiedenen Belagerungen und Schlachten in Flandern teil und stieg bis 1750 sehr rasch zum Capitaine-Lieutenant auf. Dabei habe er seine «leidenschaftliche Liebe für die Kriegskunst» entdeckt. Viermal war er auf Heimaturlaub, wobei er zweimal mit unzimperlichen Methoden junge Männer für den Solddienst verpflichtete. 1757 erwarb er sich grosse Verdienste bei der Schlacht um Münster in Westfalen, aber auch schwere Verwundungen an Auge, Ohr und Rücken. König Louis XV verlieh ihm dafür das Ordenskreuz als «Chevalier de l'Ordre du mérite militaire». Stark körperlich geschwächt kehrte er 1760 nach Brugg zurück, «in traurigen Umständen, obschon mit Ehre und Geld beladen». 1761 demissionierte er. In Brugg erwarb er das Haus zum Salmen (Hauptstrasse 32). Er heiratete eine Witwe aus Zürich und lebte fortan sehr zurückgezogen. Seine Geldmittel brauchte er im Lauf der Zeit auf. Er starb 1802 – immer noch mit einer Kugel im Rücken – als Kostgänger in Lenzburg.[21]

— 19 StABg A 46, S. 422, 426. — 20 StAAG HA 9043, 10. 11. 1798. — 21 Chevalier Frölich von Brugg.

Niedergang des Handwerks und Kleingewerbes im 19. und 20. Jahrhundert

Die Helvetische Revolution brachte 1798 die *Handels- und Gewerbefreiheit* und damit das Ende aller Massnahmen der Behörden, welche das Überleben der Betriebe sichern sollten. Alle städtischen Vorrechte fielen. Dafür übernahm der Staat den Schutz der Bevölkerung in Bezug auf Gesundheitspolizei, Brandschutz und teilweise Preisüberwachung. Er förderte weiterhin die handwerkliche Ausbildung. Die Gewerbetreibenden organisierten sich nun in *Verbänden* statt in Meisterschaften, allerdings ohne Strafkompetenz und ohne Einschränkungen initiativer und innovativer Mitglieder. Der freie Markt ermöglichte auch Grossbetriebe und Fabriken. Immer häufiger übernahmen Maschinen Arbeiten, die bisher von Hand erledigt worden waren. Die wirtschaftliche Bedeutung des kleinen Handwerkers sank.

Die Volkszählung von 1850 zeigte bereits auf, dass die *Zahl der gewerblichen Kleinbetriebe* in Brugg trotz einer Verdoppelung der Einwohner nicht zugenommen hatte. Dagegen war die Vielfalt der Berufe fast gleich geblieben; einige wenige waren dazugekommen, vor allem Gärtner, Spengler, Gipser und Mechaniker. Während die Meisterstellen sich vor 1800 fast ausschliesslich in den Händen von Brugger Bürgern befunden hatten, bestand nun ein beträchtlicher Anteil der Handwerker aus zugezogenen Niedergelassenen, und diese Entwicklung setzte sich fort. Ebenso verlagerten sich die Betriebe immer mehr aus dem ummauerten Ring zuerst vor die Stadttore, dann auch in die Aussenquartiere, zumal nach der schrittweise erfolgten Erweiterung des Gemeindebanns.

Nach 1850 aber *starben ganze traditionsreiche Handwerkssparten aus*, etwa jene der Gerber und Sattler, der Weber, Färber und Bleicher, der Küfer und Nagler. Alle Mühlen wurden bereits um 1900 eingestellt. Leder wird nun industriell fabriziert. Gegen Ende des 20. Jahrhunderts verschwanden in Brugg die Kürschner, Schuhmacher, Wagner, Seiler,

334 ⎯ Inserat des Hotels Rössli, damals an der Hauptstrasse. Abgedruckt in: Führer durch Brugg & Umgebung, erschienen um 1910.

Schlosser und Schmiede, ja sogar die selbständigen Metzger. Ein einziger Bäcker und ein Messerschmied bilden die letzten Vertreter ihres Könnens. Geblieben sind *nur beschränkt mechanisierbare Berufe* wie derjenige des Scherers (heute Coiffeur) sowie des Schneiders und des Hutmachers, die sich vor allem auf individuelle Wünsche spezialisiert haben. Das Baugewerbe hat sogar einen starken Aufschwung genommen, wobei grössere Baugeschäfte den Einzelmaurer weitgehend abgelöst haben, während beim Innenausbau der Kleinbetrieb vorherrschend geblieben ist.

Dafür haben *neue Handwerksberufe* starken Auftrieb bekommen, zuerst jener des Buchdruckers, später auch jene des Fotografen, Automechanikers, Maschinenschlossers und des Radio- und Fernsehspezialisten. Insgesamt haben die *Arbeitnehmer* unter den Handwerkern auf Kosten der selbständig Erwerbenden zugenommen, ebenso der Dienstleistungssektor zulasten von Handwerk und Industrie.

Die Gewerbefreiheit hat allerdings vor einer alten Branche Halt gemacht. Schon zu Beginn des 19. Jahrhunderts wurde die Freiheit jedes Brugger Bürgers, eine Gaststube zu eröffnen, aufgehoben. Die Regierung anerkannte lediglich die drei verbrieften Tavernenrechte und behielt sich im Übrigen vor, konzessionierte *Gaststätten* zu bewilligen. 1820 gab es in Brugg 13, 1831 bereits 16 «Pintschenken»; dabei wurde die eine erstmals als «Bier-», eine andere als «Caffee-Wirtschaft» bezeichnet. Ab 1841 unterschied man zwischen Tavernen-, Speise-, Pint- und Eigengewächswirtschaften mit abgestuften Konzessionen. Mit der Zunahme der Bevölkerung und der wirtschaftlichen Entwicklung erhöhte die Regierung die Zahl der Tavernen und Speisewirtschaften zwischen 1854 und 1900 von 18 auf 29. Und dabei blieb es. Im Lauf des 20. Jahrhunderts kamen lediglich sechs Cafés dazu.

Zu Beginn des 19. Jahrhunderts bewilligte die Aargauer Regierung auch der damals noch vereinigten Gemeinde Lauffohr-Rein-Rüfenach ein gemeinsames Tavernenrecht. Es wurde zuerst an der Dorfstrasse in Lauffohr ausgeübt. 1822 verlegte man die Gaststätte an die verkehrsreichere Zurzacherstrasse (heute Nr. 231) und erweiterte sie 1832/1834 durch einen Tanzsaal sowie einen Trakt mit Gästezimmern. Dieses *«Gasthaus zu den 3 Sternen»* war bis 1907 in Betrieb und bildet heute noch den stattlichsten Bau im Dorf. Bereits 1875 und 1895 hatte die Regierung zwei weitere Konzessionen erteilt, die bis in die Gegenwart fortbestehen. Altenburg musste viel länger auf ein eigenes Wirtshaus warten. Erst 1834 erhielt das Dörfchen seine erste Pinte. Mit dem Aufschwung Bruggs durften gegen Ende des 19. Jahrhunderts zwei Speisewirtschaften im Grenzbereich zu Brugg ihre Pforten öffnen.[22]

Die drei traditionsreichen Brugger Tavernen haben viel von ihrem einstigen Glanz und ihrer Bedeutung verloren: Der alte «Sternen» wurde zum «Havanna Pub» umgestaltet, das «Rote Haus» redimensioniert und das «Rössli» von der Hauptstrasse in die ehemalige Scheune an der Storchengasse verlegt.

__ 22 StAAG DF, Wirtschaftskontrolle 1805–1860, MF.1/1999/0005-0007. StAAG BA.04 [prov. Nr.] 4333.

Heimindustrie

Spinnen und Weben

Seitdem die Menschen sesshaft geworden waren, Schafe züchteten und Flachs anbauten, spannen sie aus den Fasern Woll- oder Leinengarn, und aus dem Garn woben sie Tuch. Auf dem Land handelte es sich vor allem um Winterarbeiten für den Eigengebrauch. Mit der Zunahme der dörflichen Bevölkerung in der Frühen Neuzeit verschafften sich einzelne Kleinbauern am Webstuhl einen Zusatzverdienst – so auch in Altenburg und Lauffohr.

In Städten wie Brugg entwickelte sich die Woll- und Leinenweberei zu einem Handwerk mit organisierter Meisterschaft und vorgeschriebener Ausbildung samt Wanderzeit. Ihre Bedeutung sank jedoch im 18. Jahrhundert, einerseits durch die Konkurrenz vom Land, andererseits durch das Aufkommen der Baumwolle. Die Woll- und Leinenweber produzierten ausschliesslich für den örtlichen und regionalen Markt, wobei es vor allem die Krämer waren, welche die Stoffe an die Kundschaft brachten. Als es den fünf Brugger

335 —— Spinnerin am Spinnrad. Theaterszene aus einer Aufführung des Dramatischen Vereins Brugg, 1885.

336 — Heinrich und Salome Meyer-Fehlmann, Baumwollfabrikant und Grosskaufmann von Rüfenach, ab 1786 wohnhaft im Palais Frölich (heute Stadthaus) in Brugg.

Webermeistern materiell immer schlechter ging, versuchten sie den Tuchhandel 1765 an sich zu reissen, doch vergeblich. Der Berner Rat beharrte auf der Freiheit des Stoffhandels sowohl für die Weber als auch für die Krämer.[1]

Die Zukunft der Textilbranche lag jedoch in der Baumwolle. Im unteren Aargau war der Durchbruch zur exportorientierten Massenproduktion von Baumwollstoffen bereits um 1730 erfolgt. Seither wurde in den Dörfern in jedem Haus Garn gesponnen: Alte Leute, Invalide, Arme und vor allem Kinder, die darob die Schule verpassten, übten diese Arbeit aus. Vermutlich spannen auch im Städtchen bedürftige Leute, sicher die Insassen des Spittels. Aber auch das Baumwollweben verbreitete sich auf der Landschaft; in guten Zeiten war der Verdienst so hoch, dass die Landwirtschaft deswegen vernachlässigt wurde.

Im Unterschied zu Flachs und Schafwolle musste der neue Rohstoff importiert werden. Die Produktion der Baumwolltücher erfolgte daher im *Verlagssystem:* Grosskaufleute führten die unverarbeitete Baumwolle aus Übersee ein und lieferten sie an Verleger, so genannte «Fabrikanten», welche die ganze Tuchproduktion bis zur Veredelung organisierten. Diese verfügten über ein ganzes Netz von «Tüchlern» oder «Trägern», welche die Baumwolle buchstäblich in die Häuser der Spinnerinnen und Spinner und danach das Garn zu den Webern trugen. Das fertige Tuch ging anschliessend zum «Fabrikanten» zurück, wo es gebleicht und gewalkt wurde und anschliessend über die Kaufleute wieder in den Grosshandel ging. Dank dieser heimindustriellen Organisation konnten sich die Unternehmer den Bau und Unterhalt teurer Fabrikgebäude sparen.

Allein für das Amt Schenkenberg schätzte der Landvogt um 1760 die Zahl der Menschen, welche sich mit Spinnen über Wasser hielten, auf 800 bis 1000. Der Absatz stockte damals allerdings, weil die Verleger «aus Mangel scharfer Aufsicht und Ordnung so schlechte und geringhältige Tücher fabrizieren lassen», dass sie dieselben nur noch schlecht auf den Markt bringen konnten. Die Berner Regierung erliess daher ein Gesetz, welches die Produktion von Baumwollstoff reglementierte und insbesondere eine Qualitätskontrolle einführte. Jedes Tuch musste einem Tuchmesser vorgelegt werden, der es bei positivem Ergebnis mit seinen Initialen und dem Wort «Bern» versah und damit für

— 1 StABg A 50, S. 188; A 51, S. 27f., 40-44, 55-60, 63f., 79f., 84f., 133, 169f. — 2 StABE B V 191b, Nr. 23f., 38, 42, 47, 48, 51-64; B V 8-9: Etats der Messung der baumwollenen Tücher. — 3 Feer, Jugenderinnerungen, S. 25. StABg A 49, S. 179, 247. — 4 Ausführlicheres dazu bei Baumann, Rein und Rüfenach, S. 160-179. — 5 StABg A 59, S. 70; A 60, S. 170; A 61, S. 246f.

337 —— Das Zimmermannhaus in der Vorstadt. Erbaut 1805 durch den Baumwollfabrikanten Kaspar Zimmermann (1762–1825) vom Bözberg. Im Erdgeschoss befanden sich die Geschäfts- und Lagerräume, in den oberen Stockwerken herrschaftliche Wohnungen.

den Handel freigab.² Für Brugg lohnte sich die Beschäftigung eines eigenen Tuchmessers nicht; diese Beamten sassen in den Dörfern der Umgebung. In der Folge stieg hier die jährliche Tuchproduktion im Zeitraum 1762–1787 von 1521 auf 21 968 Stück.

Anfänglich besorgten *Grosskaufleute und Verleger* aus den umliegenden Städtchen den Einkauf der Baumwolle sowie die Produktion und den Vertrieb der Tücher. Wegen der Aussicht auf fette Gewinne taten sich in den 1760er-Jahren drei junge Brugger aus wohlhabendem Haus zusammen, Lebrecht Keller und die Gebrüder Bächli, Söhne eines Ratsherrn. Der Rat stellte ihnen die Herrenmatt zum Bleichen zur Verfügung und errichtete für sie bei der Brunnenmühle eine neue Walke. Offenbar verstanden die drei Jungunternehmer zu wenig vom Geschäft; statt sich selbst Kenntnisse anzueignen, stellten sie Arbeiter und Aufseher vom Land an und erlitten derartige Verluste im Baumwollhandel, dass sie das Geschäft aufgeben mussten.³

Den umgekehrten Weg ging Heinrich Meyer von Rüfenach: Er hatte zu denjenigen Kindern gehört, die nicht lesen und schreiben gelernt hatten, weil sie in ihrer Armut ständig spinnen mussten. Später ging er zum Weben über, beschäftigte dann als Tüchler einige Spinner und Weber und dehnte seinen Verlag immer weiter aus. Zum Unwillen der städtischen Grosskaufleute begann er, Baumwolle direkt einzukaufen und die entsprechenden Gewinne selbst einzustreichen. Auch spezialisierte er sich auf besonders feine Baumwollstoffe, die er in grossen Mengen absetzte. Dann wagte er den Sprung in die Stadt: 1786 schloss er sich mit Johann Jakob Bächli, Sohn, zur «Handlungs-Societät von Heinrich Meyer und Bächlin» in Brugg zusammen. Gleichzeitig erwarb er dort den schönsten Barockbau, das «Palais Frölich» (heute Stadthaus), wo die Firma im Erdgeschoss Büros einrichtete, während Meyer und seine Frau – dem neu errungenen Stand entsprechend – im oberen Stock residierten. Als Meyer 1821 starb, hinterliess er ein Vermögen von über 500 000 alten Franken.⁴

Meyer & Bächlin waren nicht konkurrenzlos geblieben. Der Gerberssohn und Schuhmacher Isaak Frölich betrieb den Baumwollhandel ebenfalls mit ansehnlichem Erfolg. Ausserdem führte Daniel Vögtlin in Brugg eine Filiale der Firma Johann Rudolf Imhof, Zofingen.⁵

Stricken und Wirken von Strümpfen, Kappen und Hosen

Mit der Mode, gestrickte Kleidungsstücke zu tragen, und mit den Kniehosen, die an den Beinen gestrickte Strümpfe erforderlich machten, kam der Beruf des *Lismers* auf. Dabei handelte es sich um ein Handwerk, das von Männern betrieben wurde, mit der entsprechenden Ausbildung und internen Organisation. Spätestens 1633 waren die Brugger Lismer in einer Meisterschaft organisiert. Sie besassen eine Handwerksordnung, der sich alle unterziehen mussten. Um diesen Beruf zu fördern, erteilte die Berner Regierung den Hosenstrickern des Unteraargaus 1672 einen besonderen Freiheitsbrief. Zur Brugger Meisterschaft gehörten auch die Lismer der Landvogteien Schenkenberg und Königsfelden. 1681 handelte es sich zusammen um etwa 20 Kleinstbetriebe. Die Stadt Brugg liess für sie bei der Brunnenmühle eine eigene Lismer- oder Strumpfwalke einrichten.[6]

Die grosse Nachfrage nach Strickwaren führte auch im Lismergewerbe ansatzweise zum Verlagssystem. Meister Abraham Frölich liess sich 1768 sogar im Eigenamt nieder, weil er dort Strumpfstricker beschäftigte. Die besonders initiativen Brüder Johannes und Sigmund Feer verbrachten einen Teil ihrer Wanderzeit in Flandern und lernten dort neue Verfahren des Strickens. Nach ihrer Rückkehr ging Johannes ebenfalls zum Verlagssystem über, indem er selbst Lismer im Fricktal für sich arbeiten liess; er nannte sich denn auch «Strümpffabrikant». Der ursprüngliche Zweck des organisierten Handwerks wurde damit zwar verfehlt; doch duldeten dies die andern Brugger Meister offenbar, weil sie selbst genügend beschäftigt waren.[7]

Bei der Fabrikation von Strümpfen und Kappen war das überlieferte Prinzip des existenzgesicherten Handwerksbetriebs allerdings schon längst durch eine neue Technik überholt. Der massenweise Export hatte die Einführung des mechanischen Strumpfwebstuhls zur Folge, einer mit den Füssen angetriebenen und mit den Händen bedienten Maschine. Dadurch entstand der Beruf des «Strumpfwebers», dessen Name eigentlich falsch war, sich jedoch allgemein einbürgerte. Die richtige Bezeichnung wäre «Strumpfwirker». «Weben» heisst nämlich, zwei Fadensysteme (Kett- und Schussfäden) rechtwinklig miteinander zu verbinden, was ein wenig dehnbares Produkt schafft. Beim «Wirken» dagegen wird (ähnlich wie beim Stricken und Häkeln) ein einziges Fadensystem in Bogen und Wellen so verschlungen, dass dehnbare, elastische «Tricotwaren» entstehen, was gerade bei Strümpfen und Kappen wünschbar ist.[8]

Die Strumpfweberei in Brugg und Umgebung wurde 1728 durch den französischen Glaubensflüchtling César Alméras eingeführt. Er produzierte verschiedenste Arten von Strümpfen und Kappen aus Wolle, Baumwolle und Seide. Der Erfolg veranlasste ihn, sich in einem Haus hart an der südlichen Stadtgrenze einzumieten, um eine Manufaktur zu errichten. Mehrere Gesellen sollten nebeneinander an einem Strumpfwebstuhl arbeiten, und Alméras versprach offenbar auch höhere Löhne und freie Kost. Der Brugger Rat betrachtete dies jedoch als Bedrohung des überlieferten Handwerksideals und versuchte, das Vorhaben mit der Begründung zu hintertreiben, die Gärten und Bünten der Bürger wären vor diesen Gesellen nicht sicher. Auf die Beschwerde von Alméras liess der Berner Commercienrat die Brugger jedoch wissen, er betrachte die Nützlichkeit eines solchen Eta-

---

— 6 StABg A 32, S. 168, 182; A 34, S. 36; A 53, S. 102, 145, 154–156; A 36, S. 131, 432; A 42, Bl. 176v; A 49, S. 247; A 55, S. 53, 67; A 57, S. 289; A 58, S. 207; A 61, S. 102, 117, 128f., 136f., 147f., 175, 189; A 62, S. 149, 293, 302, 309f.; A 63, S. 87, 93f.; A 65, S. 175, 203, 207, 209, 224; A 46, S. 295. StAAG AA 1834, S. 235–246. — 7 StABg A 53, S. 151; A 58, S. 260. StABE B V 31, S. 59f. — 8 Ausführlichere Darlegungen zur Strumpfweberei in der Region Brugg vgl. Baumann, Windisch, S. 358–373. — 9 StABE B V 4, S. 311ff., 332ff.; B V 23, S. 341. StAAG AA 494, 1764, S. 2; AA 696, 2.6.1763. StABg A 41, S. 301; A 45, S. 513, 520f. RQ Bern VIII/2, S. 628f. — 10 StABg A 54, S. 302; A 55, S. 193, 297; A 59, S. 52.

338 — Strumpfweber am Strumpfwirkstuhl.

blissements «vergnüglich»; er habe in der Hauptstadt gute Erfahrungen mit Betrieben dieser Art gemacht und hoffe, dass auch der Brugger Rat solches zum eigenen und des Landes Wohl einsehe. In Bern liefen damals bereits nicht weniger als 200 Strumpfwebstühle, weshalb der Rat schon 1728 ein Importverbot für ausländische Strümpfe und Kappen erlassen hatte. Das Geschäft von Alméras blühte. Es wurde später vom Elsässer Jean Lessell weitergeführt, der hier ein Vermögen von 4100 Gulden erwarb. Lessell verkaufte die Manufaktur 1763 dem erwähnten Strumpfstricker Abraham Frölich.[9]

117 — Die Strumpfwirkerei organisierte sich grundsätzlich in Kleinstbetrieben. Der aus Bern nach Windisch zurückgekehrte Strumpfweber Daniel Schmid nahm 1740 den vielleicht ersten jungen Brugger für drei Jahre in die Lehre. Auch hier wurde die dreijährige Wanderschaft obligatorisch, und als Meisterstück war ein Paar Strümpfe «mit spanischen Zwickeln» vorgeschrieben. Doch das Verlagssystem setzte sich auch in dieser Branche durch: Die Verleger kauften das Garn ein und brachten es den Strumpfwebern; diese verarbeiteten es zu Hause auf dem eigenen Wirkstuhl und lieferten die fertige Ware dem Verleger ab, der sie dann in den Grosshandel brachte.

Die Strumpfwirkerei nahm in der Folge einen gewaltigen Aufschwung. In Brugg lassen sich für die 1750er- und 1760er-Jahre mindestens 25 gelernte Strumpfweber namentlich nachweisen. Dazu kamen zahlreiche Heimarbeiter im Schenkenberger Gebiet und im Eigenamt, namentlich in Windisch-Oberburg. So lohnte es sich sogar, drei unabhängige Meisterschaften zu bilden, eine städtische und zwei ländliche.

Über die Verleger dieser Gegend ist wenig bekannt, da sich die geschäftlichen Beziehungen im Privaten abspielten. Zum Teil handelte es sich um Brugger Bürger von allerdings untergeordneter Bedeutung, die sich aber gerne als «Strumpffabrikanten» bezeichneten. Daneben waren auch auswärtige Unternehmer hier tätig. So erhielt Philipp Eyer von Belp 1773 offenbar ohne internen Widerstand die Niederlassung mit der Auflage, vor allem Einheimische zu beschäftigen und nur Engroshandel zu betreiben. Zwei Jahre danach hatte die Firma Eyer und Comp., nun in Entfelden, eine Ablage eröffnet, weil sie «vielen Burgern und Burgerinnen zu verdienen gebe» und es sich lohne, die abgelieferten Produkte hier zu veredeln.[10]

Die Hochkonjunktur in der Produktion von Strümpfen und Kappen veranlasste die Berner Regierung, ihr Importverbot gar nicht mehr durchzusetzen, weil dem einheimischen Gewerbe aus dem Ausland gar keine Gefahr drohe. Im Gegenteil: Die Obrigkeit befürchtete, die Strumpfweber in den Dörfern würden wegen ihrer hohen Löhne die Landwirtschaft vernachlässigen und dadurch die Versorgung mit Grundnahrungsmitteln gefährden. Sie wollte dieses Gewerbe in den Städten fördern und schrieb 1766 vor, ein Landmann müsse inskünftig die Bewilligung des Landvogts einholen, um sich «dieser Profession zu widmen»; junge, starke und zur Feldarbeit tüchtige Leute sollten von der Strumpfweberei abgehalten werden.[11]

Doch schon nach drei Jahren hatte sich die Situation geändert. Der inländische Absatz und der Export nach Frankreich, Italien und Indien stockten, weil billigere deutsche Waren die Märkte überschwemmten. Umgekehrt hatte die Ausbreitung der Strumpfweberei zu einer Überschussproduktion geführt, die nun die Erneuerung des Einfuhrstopps erforderte.[12] Trotzdem ging der Niedergang vor allem ab 1780 weiter. In den ersten fünf Jahren gingen die Aufträge um ein Drittel, bis 1790 um ein weiteres Drittel zurück. Und mit den Aufträgen sanken zusätzlich die Lohnansätze.[13]

Auch mit dem Spinnen und Weben von Baumwolle ging es in dieser Zeit bergab. Frankreich als Hauptabnehmer erliess 1785 ein Einfuhrverbot auf Baumwolltücher; 1789 brach dort die Revolution aus, und in der Folge setzten die Koalitionskriege in Europa ein. Zudem verkauften viele Schweizer Grosskaufleute das Garn lieber ins Ausland, wo die Weberlöhne niedriger waren. Die Firma Meyer & Bächlin liess bereits Anfang 1789 verlauten, sie exportiere fast nur noch nach Italien, doch damit könne die vormalige Beschäftigungslage nicht gesichert werden. Der Taglohn eines fleissigen Spinners war von 4 auf 2 1/2 Batzen gesunken. Die Not in den bedürftigen Kreisen wurde gross. Darunter litt natürlich auch das übrige einheimische Gewerbe, weil die Kaufkraft der Kunden fehlte.[14] So verwundert es nicht, dass sich eine allgemeine Unzufriedenheit mit den bestehenden Verhältnissen breit machte und viele sich von einem Umsturz in der Helvetischen Revolution eine Verbesserung erhofften.

Zu Beginn des 19. Jahrhunderts zählte Brugg noch fünf Leinen- und Baumwollweber, 10 Strumpfstricker und 14 Strumpfweber, in Altenburg und Lauffohr waren es insgesamt je drei. Leute, die am Spinnrad arbeiteten, wurden gar nicht gezählt. Ihre Zeit war ohnehin abgelaufen. 1828 eröffnete Heinrich Kunz nämlich seine erste grosse mechanische Spinnerei in Windisch.[15]

―― 11 StABE B V 8, S. 97ff.; B V 30, S. 231f., 249f. ―― 12 StABE B V 8, S. 172ff., 177f. ―― 13 StABE B V 176, Fasz. 8. StABg A 61, S. 211. ―― 14 StABE B V 192, Nr. 3, S. 25–36; Nr. 26, S. 273–288; Nr. 29, S. 331–339; Nr. 32, S. 373–384. ―― 15 StAAG BA.04 [prov. Nr.] 4392.

―― 1 Baumann, Brugg, S. 47. ―― 2 Bronner, Aargau I, S. 502. ―― 3 150 Jahre Kanton Aargau, S. 435. ―― 4 Fritzsche u. a., Historischer Strukturatlas, S. 124. ―― 5 Baumann, Windisch, S. 513.

Industrialisierung

Verpasster industrieller Aufbruch in Brugg

Bis weit über die Mitte des 19. Jahrhunderts hinaus basierten die Verdienstmöglichkeiten der Stadt auf Handwerk, Gewerbe und Kleinhandel. 1850 zählte man in Brugg 212 Handwerker sowie 120 Knechte und Mägde. Dazu kamen 95 Einwohner, die ihren Erwerb im Dienstleistungsbereich hatten: Dies waren Wirte, Fuhrleute, Kaufleute, Wäscherinnen oder Glätterinnen. Die Volkszählung von 1850 listet weiter 3 Heimarbeiter, 10 Arbeiter in Kleinbetrieben und 6 Landarbeiter auf.[1] Franz Xaver Bronner, der 1844 ein Verzeichnis über die im Kanton bestehenden Fabriken erstellte, erwähnt lediglich Bäurlins Kappenfabrik in Brugg, die damals bereits eingegangen war.[2] Die industrielle Aufbruchstimmung im Kanton in der ersten Hälfte des 19. Jahrhunderts hatte die Stadt nicht tangiert. Unter dem Konkurrenzdruck des billigen englischen Garns erfolgte die Mechanisierung der Baumwollspinnerei. Entlang der grossen Flussläufe nahmen die ersten Fabriken ihre Produktion auf und schufen neue Verdienstmöglichkeiten für Hunderte. 1810 entstand in Aarau die erste grosse mechanische Spinnerei des Kantons mit 3000 Spindeln. In unmittelbarer Nähe von Brugg erstellte Heinrich Kunz in Windisch 1828/29 seine Spinnerei, die er schon sechs Jahre später ausbaute und verdoppelte. Nur wenige Kilometer weiter östlich baute 1826 bis 1828 Heinrich Bebié im damaligen Gebenstorfer Ortsteil Turgi ein Fabrikgebäude. 1843 zählte der Kanton Aargau 20 Spinnereien mit total 137 350 Spindeln. Er stand in Bezug auf die Spindelzahl in der Schweiz an zweiter Stelle.[3]

Der industrielle Aufbruch ging an Brugg vorbei. Bereits im Ancien Régime hatten zwar die städtischen Verleger Heimarbeiter auf der Landschaft beschäftigt. Doch nutzte man andernorts das Vorhandensein von billigen Arbeitskräften aus der Heimindustrie und die Nähe zu Gewässern, die sich für die Nutzung der Wasserkraft eigneten, zur Errichtung von Fabriken.[4] In Brugg hingegen fehlte der politische Wille zur Ansiedlung von Industrie. Vielfach waren die Industriepioniere fremde Zuzüger. Als Heinrich Kunz nur schon die Absicht kundtat, in Windisch eine Fabrik aufzustellen, wollte ihm die Gemeinde das Bürgerrecht schenken.[5] Doch Brugg verhielt sich auch in dieser Hinsicht nach wie vor restriktiv und zeigte eine bewahrende Mentalität.

Keine Opfer für die Eisenbahn

Vom Durchgangsverkehr lebten Gastwirte, Metzger, Bäcker, Fuhrleute, Wagner, Schmiede und Sattler. Zusätzlich gelangten durch den Verkehr Zolleinnahmen in die Stadtkasse. Da so viele Bewohner davon profitierten, flossen die grossen Investitionen in die *Verbesserung des Strassenverkehrs.* So reduzierte die Stadt 1837 das steile Gefälle der Hauptstrasse und brach 1840 das Obertor und den Roten Turm ab. Dagegen sahen die Bürger den Nutzen der Eisenbahn weniger konkret. Eine 1855 eingesetzte Kommission befasste sich mit dem Projekt einer Bözbergbahn. Man gelangte zur Ansicht, dass der Personen- und Warenverkehr in Brugg nicht wesentlich ansteigen würde und kein Gewinn daraus entstehen könne. Als Vorteil für den Handel und als Erleichterung für die Kommunikation beurteilte man hingegen die Möglichkeit, Kreuzungs- oder Knotenpunkt zu werden. Neue «Etablissements» würden sich auch eher ansiedeln als an einem abgelegenen Ort. Einige befürchteten allerdings, die Bözbergbahn werde den Rest der Einnahmen, welche die Stadt aus dem Durchgangsverkehr bezog, zum Versiegen bringen.⁶

Brugg kam schliesslich ohne finanzielle Opfer zum Anschluss ans Eisenbahnnetz. Die 1846 gegründete Schweizerische Nordbahngesellschaft plante eine Eisenbahnlinie von Zürich über Turgi nach Waldshut und via Brugg nach Aarau. Am 7. August 1847 nahm die «Spanischbrötli-Bahn» auf der Strecke Zürich–Baden den Betrieb auf. Durch den Sonderbundskrieg kam der Bahnbau vorerst zum Stillstand. Am 20. September 1856 wurde die Strecke Baden–Brugg eröffnet, später kam die Fortsetzung nach Aarau und ermöglichte die durchgehende Reise von Romanshorn bis nach Bern. Der auf Windischer Boden stehende *Bahnhof* war zum grossen Ärger der Windischer mit «Brugg» angeschrieben.⁷ Im schweizerischen Vergleich war Brugg sehr früh erschlossen. Doch die wirtschaftlichen Folgen für die Stadt waren vorerst negativ. Die Eisenbahn bedeutete nicht den Beginn der Industrialisierung. Im Gegenteil: Der Durchgangsverkehr stockte, Handwerk und Gewerbe verloren an Einnahmen, die Fuhrhalterei wurde beinahe brotlos, und das Bevölkerungswachstum kam ins Stocken.⁸

Erste Industriespuren

Ab den 1860er-Jahren setzten die ersten Diskussionen um die Ansiedlung von Fabriken auf Stadtgebiet ein. Baumeister Friedrich Jäger wirkte hier als Pionier und brach für die Industrie eine Lanze. An der Ortsbürgergemeinde vom 20. Januar 1862 erklärte er, dass «die Gemeinde Brugg ihre durch die Eisenbahn verloren gegangenen Erwerbsquellen auf anderem Wege wieder aufzusuchen habe, dadurch, dass sie industriellen Projekten den grösstmöglichen Vorschub leiste». Jäger schlug vor, im Pfarrgut Freudenstein ein «Fabrik-Etablissement» aufzustellen. Ein «grossartiger» Kanal von Altenburg nach Brugg sollte 600 «Pferdekräfte» liefern, die Kosten wurden auf 500 000 Franken geschätzt.⁹ Auf eigene Rechnung hatte Jäger bereits Vermessungen vorgenommen und wollte das Projekt selbst realisieren. Eine Kommission wurde bestellt, die das Vorhaben prüfte. Die Befürworter stellten fest, dass Brugg sich lächerlich machen würde, wenn es sich dem Projekt entgegenstellte; andere aargauische Kleinstädte hätten Opfer nicht gescheut und «Begünstigungen aller Art angeboten», um zu ihrer Fabrik zu kommen. Die Fabrikarbeiter sollten in den umliegenden Gemeinden wohnen, weil es in Brugg zu wenige Mietwohnungen gab und die besitzenden Grundeigentümer kein Interesse bezeugten, Arbeiterwohnungen zu

— 6 Siegrist, Wirtschaftliche Bestrebungen, S. 4–9. — 7 Ebenda. — 8 Frauenlob, Brugg, S. 11; Siegrist, Wirtschaftliche Bestrebungen, S. 9. — 9 StABg B A.Ib.1, S. 89f.: Jäger führte nicht genauer aus, was für eine Fabrik er erstellen würde. — 10 Siegrist, Wirtschaftliche Bestrebungen, S. 10f. StABg B A.Ib.1, S. 89f. — 11 Siegrist, Wirtschaftliche Bestrebungen, S. 12f., inkl. Zitat. — 12 Ebenda, S. 16f., inkl. Zitat. — 13 StAAG Rechenschaftsbericht des Regierungsrats 1885, Beilage Nr. 32: Verzeichnis der auf 31. Dezember 1885 dem Fabrikgesetz unterstellten aarg. Etablissemente. — 14 Baumann, Stilli, S. 266–270.

erstellen.¹⁰ Damit war das Problem angesprochen, das den Bürgern am meisten Unbehagen bereitete. Sie hegten grosse Vorurteile gegenüber der Fabrikbevölkerung.

> **Vorurteile gegenüber der Fabrikarbeiterschaft**
> Eine Minderheit in der Kommission, welche das Fabrikprojekt Freudenstein prüfte, begründete im Juni 1862 ihre Ablehnung mit folgenden Argumenten: Die Fabrikarbeiter seien ökonomisch unselbständig, infolge ihrer leichten Arbeit nicht sparsam und stellten eine flottante Bevölkerung dar, die kein Interesse an einer geordneten Gemeindeverwaltung habe. Man rechnete mit grösseren Schullasten und Armenausgaben, die der Fabrikherr nicht tragen würde. Zudem befürchtete man eine Umwälzung der Machtverhältnisse und war besorgt, dass «die jetzige umsichtige, treue Gemeindeverwaltung später in weniger sichere Hände und in einen weniger günstigen Zustand gebracht werde».¹¹

Das Fabrikprojekt, das die Gemüter so stark beschäftigt hatte, kam nicht zur Ausführung. Obwohl die Gemeinde bereit war, Baumeister Jäger das Land im Freudenstein zu überlassen, führte dieser den Bau aus unbekannten Gründen nicht aus. Dafür siedelte sich ein anderer Betrieb an, der mehr dem Gusto des sittlichen Bürgergeistes entsprach, die Firma Fisch, Wild & Cie., der spätere Effingerhof. Ende 1863 gelangte Gottlieb Friedrich Fisch-Hagenbuch an die Gemeinde und fragte um einen Bauplatz an. Fisch hatte zuvor erfolglos versucht, von privater Seite in Brugg einen Bauplatz für sein Geschäft zu finden, das aus Buchdruckerei, Schriftgiesserei, Lithografie und Buchbinderei bestand. Er erhielt schliesslich das Gebäude des alten Effingerhofs von der Gemeinde zugestanden. Es heisst zu diesem Handel in den Akten: «Ein Hauptvorzug dieses Unternehmens […] dürfte wohl der sein, dass Hr. Fisch für die Betreibung seines Geschäftes vorherrschend intelligente Leute braucht, also manche geistige Kraft herbeizieht, wodurch Brugg auch in dieser Beziehung gehoben wird.»¹² Die Buchdruckerei etablierte sich und bot 1885 26 Männern und 10 Frauen einen Verdienst.¹³

Neben der Spinnerei Kunz gab es im Bezirk Brugg nach 1850 nur wenige industrielle Betriebe: In Lauffohr exstierte um 1852 die Zigarrenfabrik Büchler & Gebhardt,¹⁴ ab

339 ___ Die Lauffohrer Fabrikanten gehörten zu den frühen Pionieren in der Zigarrenindustrie. 1866 arbeiteten in der Zigarrenfabrik der Gebrüder Büchler & Straub in Lauffohr durchschnittlich 50 bis 60 Arbeiter. Aufnahme um 1922, nach Stilllegung der Fabrik.

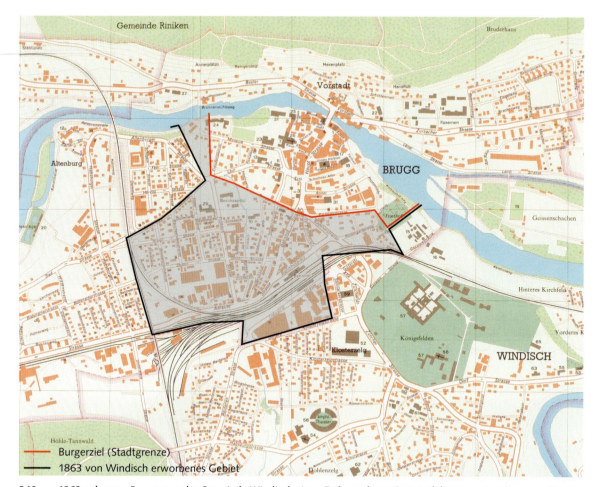

340 ⎯ 1863 gelang es Brugg, von der Gemeinde Windisch einen Teil von deren Gemeindebann zu erwerben. Damit wurden die Weichen für die künftige industrielle Entwicklung Bruggs gestellt. Als Kartengrundlage dient der Plan von Brugg und Windisch von 1965.

1865 in Stilli diejenige von Baumann, Hirt & Cie. In Lupfig stellte der Fabrikant Louis Debrunner ab 1856 Stroh- und Hutgeflechte auf industrieller Basis her. Nach 1870 bestanden in Windisch die Giesserei Müller & Finsterwald sowie die Altstofffirma Daetwiler und in Veltheim eine Schuhfabrik.[15] Brugger Unternehmer produzierten vor allem auswärts: So besass der nach 1866 in Brugg wohnhafte Fabrikant Daniel Rauber in Tiefenstein, Schwarzwald, eine mechanische Baumwollweberei.[16]

201 ⎯ Die Weichen für die zukünftige industrielle Entwicklung von Brugg wurden 1863 gestellt. Im Dezember dieses Jahres gelang es der Stadt, von der Gemeinde Windisch ein Gebiet von ungefähr 4525 Aren abzukaufen. Es entsprach etwa der einstigen Ehfäde und

⎯ [15] Baumann, Windisch, S. 627. StAAG BA.04, Gewerbepolizei, Akten 1860–1867, Nr. 1092: Stroh- und Pferdehaarfabrik L. Debrunner & Cie., Lupfig. Eine interessante Quelle zur frühen Industrie im Bezirk Brugg ist das Fabrikbüchli I und II in den Akten des Bezirkamts Brugg im Staatsarchiv Aarau. Zum Zeitpunkt der Manuskripterarbeitung war diese Quelle nicht verfügbar. ⎯ [16] Baumann, Windisch, S. 565, 655. Lebenserinnerungen Maria Rauber-Frey, Privatbesitz von Marianne Rauber, Brugg. ⎯ [17] Baumann, Windisch, S. 135–144. ⎯ [18] Siegrist, Wirtschaftliche Bestrebungen, S. 18–20. ⎯ [19] Heuberger, Brugg 1892 bis 1917, S. 43. BgNbl 18 (1907), S. 51. ⎯ [20] Chronik BgNbl 82 (1972), S. 172. Zahlen: Baumann, Windisch, S. 611. ⎯ [21] Banholzer, Zündholzfabrik, S. 133–146.

reichte darüber hinaus bis zum Bahntrassee der Südbahn. Für 25 000 Franken sicherte sich Brugg mit dieser Bannerweiterung das Bahnhofsgebiet und die Möglichkeit eines Wachstums ausserhalb der Stadtmauern.[17]

Mit der Eröffnung der *Bözberglinie* im August 1875 und der *Südbahnlinie* nach Wohlen 1882 – die Stadt beteiligte sich nun finanziell an beiden Linien – wurde Brugg ein Bahnknotenpunkt. Die verkehrsgünstige Lage sollte für spätere Firmen ein wichtiges Kriterium zur Ansiedlung darstellen.[18] Die Eisenbahn war bald ein gewichtiger Arbeitgeber und bot 1892 rund 60 Personen einen Arbeitsplatz.[19] Die Bähnler organisierten sich in eigenen Vereinen: 1896 entstand der Eisenbahner-Männerchor, 1897 die Berufsorganisation des Lokomotiv-Personalverbands Sektion Brugg, und 1900 gründeten sie die Konsumgenossenschaft. Dem Bahnhof Brugg waren 1902 119 und 1920 bereits 312 Personen unterstellt. Wesentlich dazu beigetragen hatte die Errichtung einer Reparaturwerkstätte und des Lokomotivdepots.[20]

Das nächste grössere Fabrikunternehmen kam 1882 in den Gemeindebann Altenburg zu stehen. Die Firma «Schweizerische Zündwarenfabrik in Brugg» produzierte so genannte Sicherheitszündhölzer und bot 1883 30 Frauen und 80 Männern sowie 150 bis 200 Heimarbeitern einen Verdienst. 1885 geriet die Firma in die Verlustzone, 1890 beschloss die Generalversammlung die Liquidation. Die Nachfolge trat die Industriegesellschaft Brugg an, mit ähnlichem Zweck und kontinuierlicher Geschäftsführung. 1894 zählte sie noch 14 Beschäftigte, 1896 erfolgte der Verkauf von Land und Gebäude an die Chemische Fabrik Brugg, Grandjean, Zimmermann & Cie.[21]

341 ___ Die erste Fabrik auf Altenburger Gebiet nannte sich «Schweizerische Zündwarenfabrik in Brugg». 1883 wurden täglich bis zu acht Millionen Zündhölzer angefertigt. Das Bild zeigt die Fabrik 1893, kurz vor dem Verkauf an die Chemische Fabrik Brugg.

Industrie im Bezirk Brugg 1885, vor der Gründung des Elektrizitätswerks Brugg[22]

Ort	Firma	Industriezweig	Arbeiter	Arbeiterinnen
Brugg	Fisch, Wild & Cie.	Buchdruckerei und Buchbinderei	26	10
Brugg	Schweizerische Zündwarenfabrik	Sicherheitszündhölzer	27	43
Lupfig	Louis Debrunner	Rosshaar und Strohwaren	14	21
Stilli	Baumann, Hirt & Cie.	Zigarren und Tabak	23	29
Veltheim	A. Hünerwadel-Schilplin	Schuhe	118	22
Windisch	Heinrich Kunz	Baumwollspinnerei und Zwirnerei	385	492
Windisch	Finsterwald & Schatzmann	Eisengiesserei und mechanische Reparaturwerkstätte	11	–
Windisch	Dätwyler Sl.	Hadernsortiererei	2	14

Veränderungen von Stadtbild und Alltag

Entscheidend für die industrielle Entwicklung von Brugg war die Einführung der *Elektrizität*. 1888 liess der Gemeinderat prüfen, ob die Wasserkraft der Aare zur Stromerzeugung geeignet sei. Die Stadt leistete hier Pionierarbeit, stand die Elektrizität Ende der 1880er-Jahre doch noch am Anfang ihrer Entwicklung. Geplant waren der Bau eines Kanals von Altenburg her und ein Maschinenhaus gegenüber der Brunnenmühle mit zwei Jonval-Turbinen von je 175 PS. Insgesamt kostete das Werk 473 284 Franken. Eine enorme Summe, wenn man berücksichtigt, dass die Einnahmen aus einer einfachen Gemeindesteuer 15 000 Franken betrugen.[23] Als am 12. November 1892 zum ersten Mal elektrische Lampen die Wohnungen und Strassen der Stadt beleuchteten, gehörte die Stadt zu den Stromerzeugern der ersten Stunde. Zwar nahm das Kraftwerk Kappelerhof der Elektrizitätsgesellschaft Baden einige Wochen vorher den Betrieb auf, doch kann Brugg für sich in Anspruch nehmen, das erste kommunale Elektrizitätswerk im Aargau gebaut und in Betrieb genommen zu haben.

Nun folgte eine Fabrikgründung nach der anderen: 1893 liess sich die Maschinenfabrik Weber (später A. Müller & Co.) im Schorrer nieder. Im gleichen Jahr erstellten die beiden Seidenwebereien Bodmer im Paradies und Fierz an der Seidenstrasse ihre Fabriken. 1896 erwarb Gottlieb Suhner (später Kabelwerke Brugg) Land an der Industriestrasse, und auch die Firma Wartmann, Vallette & Cie baute im Langacker ihre Konstruktionswerkstätte. Bei der erfolgreichen Ansiedlung der Industrie spielte die Ortsbürgergemeinde eine entscheidende Rolle: Sie verkaufte den bauwilligen Industriellen das Land zu einem günstigen Preis. Die einheimischen Landbesitzer dagegen verlangten übersetzte Summen und hätten mit dieser Haltung beinahe das Wachstum Bruggs verhindert.[24] Die bis 1900 angesiedelten Betriebe in Brugg und Altenburg beschäftigten um die Jahrhundertwende rund 480 Arbeiterinnen und Arbeiter. 1911 waren es bereits über 1070 Beschäftigte.

Die Tabelle Seite 544–546 vermittelt einen Einblick in die vielfältige industrielle Tätigkeit, die sich in Brugg bis zum Ende des Ersten Weltkriegs etabliert hatte. Allerdings muss berücksichtigt werden, dass die Übergänge zwischen Handwerk, Gewerbe und Industrie vielfach fliessend waren. Aus einzelnen Handwerksbetrieben entstanden Unter-

---

[22] StAAG Rechenschaftsbericht des Regierungsrats 1885, Beilage Nr. 32: Verzeichnis der auf 31. Dezember 1885 dem Fabrikgesetz unterstellten aarg. Etablissemente. — [23] Siegrist, Wirtschaftliche Bestrebungen, S. 21–31. Banholzer u. a., 100 Jahre Industrielle Betriebe, S. 7–29. — [24] Heuberger, Brugg 1892 bis 1917, S. 35.

Industrialisierung 543

342 — Der Oberwasserkanal des ersten kommunalen Elektrizitätswerks im Aargau im Bau, 1890/91.

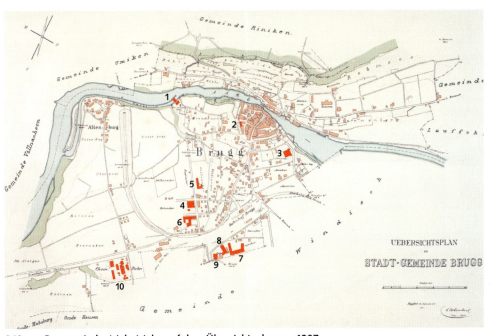

343 — Brugger Industriebetriebe auf dem Übersichtsplan um 1907.
1 Elektrizitätswerk und Kanal
2 Buchdruckerei Effingerhof
3 Seidenfabrik Bodmer
4 Seidenfabrik Fierz; Fröhlichstrasse
5 Gentsch, Strasser & Cie., Baugeschäft, Sägerei, Zimmerei; Fröhlichstrasse
6 A. Müller & Co., Maschinenfabrik; Fröhlichstrasse
7 Wartmann, Vallette & Cie., Brückenbau und Eisenbau-Konstruktionswerkstätte; Reutenenstrasse
8 Gottlieb Suhner & Co., ab 1908 Kabelwerke Brugg AG; Reutenenstrasse
9 F. Hauser Holzindustrie Brugg, Sägerei; Reutenenstrasse
10 Chemische Fabrik AG; Aarauerstrasse

nehmen, die erst später aufgrund ihrer Grösse und maschinellen Einrichtung als Fabrik gezählt wurden. So geht die Baufirma von Gentsch, Strasser & Cie. (später Kistler + Strasser AG) auf die Geschäftsgründung von Gottlieb Belart 1864 zurück, und die Möbelfabrik von Traugott Simmen feierte später das Jahr 1886 als Gründungsjahr und Beginn ihrer Erfolgsgeschichte: In jenem Jahr übernahm Simmen das Tuch-, Bettwaren- und Möbelgeschäft von Daniel Leder.

215f.

> **Wann galt ein Unternehmen als Fabrik?**
> Als Fabriken waren gemäss Bundesratsbeschluss von 1891 dem Gesetz zu unterstellen:
> – Betriebe mit mehr als 5 Arbeitern, welche mechanische Motoren verwendeten oder Personen unter 18 Jahren beschäftigten oder gewisse Gefahren für Gesundheit und Leben der Arbeiter boten;
> – Betriebe mit mehr als 10 Arbeitern;
> – Betriebe mit weniger als 6 Arbeitern oder 11, welche aussergewöhnliche Gefahren für Gesundheit und Leben boten oder den unverkennbaren Charakter von Fabriken aufwiesen.[25]

Vielfältige Industrie etabliert sich in Brugg[26]

Branche	Betrieb/Nachfolgefirmen	Unterstellung unter das Fabrikgesetz	Beschäftigte (1877–1900)	Beschäftigte (1911–1918)
Textil- und Bekleidungsindustrie				
Seidenstoffweberei	Bodmer & Cie./F. Stockar	1894–1931	132 (1894)	141 (1911)
Seidenstoffweberei	Fierz & Cie./ Emil Schaerer & Cie/ H. Starkenmann & Cie./ Leemann & Co./ Weberei Brugg AG	1894–1919	122 (1894)	106 (1911)
Kragen- und Hemdenfabrik	Paul Haase	1896–1946	12 (1899)	24 (1911)
Strickerei	K. Walther	1915–1966+[27]		10 (1915)
Baumwollweberei	Weberei Brugg AG	1917–1926		70 (1917)

___ 25 Bundesratsbeschluss vom 3.6.1891. In: Schweizerisches Industriedepartement (Hg.): Das Bundesgesetz betreffend die Arbeit in den Fabriken vom 23. März 1877, kommentiert durch seine Ausführung in den Jahren 1878–1899. Bern 1900, S. 35. ___ 26 Tabelle zusammengestellt aus drei Verzeichnissen: BAR E 7172 (A) –/1, Bd. 1, 1877–1911; Bd. 2, 1911–1925; Bd. 3, 1924–1932. Betriebe, die vor der statistischen Erhebung eingegangen waren, wie z. B. Schweizerische Zündwarenfabrik, fehlen. ___ 27 Die Kartei endet 1966. Danach ändert die statistische Erfassung. Betriebe, die mit + gekennzeichnet sind, existierten auch nach 1966. ___ 28 Nach der Landabtretung beim Gaswerk 1911 wurde die Windischer Eisengiesserei Finsterwald zu Brugg gezählt und erscheint in dieser Statistik. ___ 29 Die Ortsbürgergemeinde verkaufte am 9.6.1892 drei Bürgerbünten im Langacker an den Gemeinderat Hauser mit der Auflage, darauf eine Säge zu errichten und den Strom vom Elektrizitätswerk zu beziehen. In: Siegrist, Wirtschaftliche Bestrebungen, S. 30. Erst ab 1921 ist F. Hauser im Fabrikverzeichnis bei Windisch aufgeführt, vorher ist er unter Brugg aufgelistet. Die Strassenbezeichnung «Sagirain» im Süssbachtäli zeugt heute noch von der einstigen Firma.

Branche	Betrieb/Nachfolgefirmen	Unterstellung unter das Fabrikgesetz	Beschäftigte (1877–1900)	Beschäftigte (1911–1918)
Wäschefabrikation	Haase & Cie.	1918–1919		8 (1918)
Maschinenindustrie				
Maschinenfabrik, Eisengiesserei	Weber/ A. Müller & Cie.	1893–1966+	41 (1893)	162 (1911)
Eisenkonstrukteur	Schröder & Cie/ Wartmann, Vallette & Cie.	1896–1966+	35 (1896)	92 (1911)
Elektrische Drähte, Kabel	G. Suhner/ Kabelwerke Brugg AG	1896–1966+	8 (1896)	54 (1911)
Reparaturwerkstätte	SNOB/SBB	1897–1928	9 (1897)	21 (1911)
Mechanische Werkstätte, Ziegelmaschinen	Paul Baur/ Baur & Cie.	1900–1956	8 (1900)	19 (1911)
Installationsgeschäft, Maschinen	O. Seeberger/ Masch.fabrik Bg	1914–1933		15 (1914)
Modelschreinerei	A. Ehret	1918–1922		6 (1918)
Konstruktionswerkstätte, Autogarage	Andreas Schürch	1818–1966+		17 (1918)
Eisengiesserei	Finsterwald, Gebhard & Cie.[28]	–1921		24 (1911)
Baugewerbe				
Bauschreinerei	Jakob Huldi & Cie.	1893–1905	22 (1893)	
Zimmerei, Schreinerei, Säge	Gebr. Märki & Cie., Lauffohr	1910–1966+		24 (1910)
Schreinerei	Gentsch, Strasser & Cie.	1914–1966+		6 (1914)
Schreinerei	Jäggi, Baugeschäft	1919–1966+		14 (1919)
Holzverarbeitende Industrie				
Säge- und Hobelwerk	F. Hauser, Holzindustrie Brugg[29]	1900–1920	8 (1900)	43 (1911)
Möbel und Bettwaren	Traugott Simmen	1907–1966+	24 (1907)	37 (1911)
Möbelschreinerei/Holzschuhe	Louis Schleuchter/ Jakob Obrist	1907–1919	8 (1907)	10 (1911)
Chemische Industrie				
Chemische Produkte/ Farben	Chem. Fabrik Brugg/ Farbenfabrik Vindonissa	1896–1966+	4 (1896)	36 (1911)
Zelluloidwaren	A. Zinniker	1923–1966+		
Grafisches Gewerbe				
Buchdruckerei	Effingerhof Brugg	1879–1966+	46 (1879)	60 (1911)
Buchdruckerei	Brugger Zeitungsverein AG	1903–1907	10 (1903)	
Buchdruckerei	Keller & Cie.	1908–1966+	6 (1908)	6 (1911)

Branche	Betrieb/Nachfolgefirmen	Unterstellung unter das Fabrikgesetz	Beschäftigte (1877–1900)	Beschäftigte (1911–1918)
Steinverarbeitende Industrie				
Kalksandstein, Hartsteinwerk	Hunziker & Cie.	1907–1966+	39 (1907)	235 (1911)
Diverse				
Holz- und Blechwaren	Purfürst & Cie.	1900–1908	16 (1900)	
Hafnerei	Hafnerei, J. Wodniczack	1905–1906	7 (1905)	
Biskuitfabrikation	Kurt Vogel Cie.	1919–1923		10 (1919)

Die Industrie bewirkte ein eindrückliches Wachstum, das sich in der *Bevölkerungszahl* und in der Bautätigkeit niederschlug. Innert zwölf Jahren, von 1888 bis 1900, stieg die Bevölkerung von Brugg von 1583 auf 2345 beziehungsweise um 48 Prozent an. Eine markante Trendwende setzte auch in Altenburg ein. Hatte sich von 1870 bis 1888 die Altenburger Bevölkerung von 202 auf 162 Personen verringert und das Dorf ein Viertel seiner Bewohner eingebüsst, so nahm in der Zeitspanne 1888 bis 1900 die Einwohnerzahl von 162 auf 293 zu. Das entsprach einer Zunahme von über 80 Prozent. Lauffohr profitierte anfänglich weniger stark: Von 1870 bis 1888 nahm die Bevölkerung noch um 8 Prozent ab, von 279 auf 258 Personen; bis 1900 stieg die Bevölkerungszahl dann um 14 Prozent an, auf 293 Einwohnerinnen und Einwohner. Drastischer fiel das Wachstum in den folgenden zwei Jahrzehnten aus: Von 1900 bis 1920 schnellte die Einwohnerzahl von 293 auf 445, sie legte um 52 Prozent zu.

Nicht nur Brugg, Altenburg und Lauffohr wuchsen rasant, im Sog der neu angesiedelten Industrie standen auch Umiken und Windisch. Die beiden Gemeinden wuchsen überaus stark in der Zeitspanne 1900 bis 1920. Die Industrie wirkte somit der Entvölkerung entgegen. Hatte sich bis 1910 praktisch in allen anderen Gemeinden des Bezirks Brugg die Einwohnerzahl seit 1837 verringert, so traf dies für die genannten Gemeinden um Brugg nicht zu.[30]

Die Veränderungen im Stadtbild durch die Industrie waren markant: «Die Flachdächer der Fabriken und die hohen Schlote geben Brugg und der Nachbarschaft ein anderes Aussehen nach aussen, und die Arbeitsgeister darin ein neues Element nach innen», beschrieb ein Zeitgenosse die Situation um 1914.[31] Neue Wohnquartiere entstanden: So erstellte zum Beispiel zwischen 1906 und 1912 Baumeister Jakob Finsterwald die Häuser am Gartenackerweg beim Elektrizitätswerk Brugg. Auch das Gebiet zwischen Bodenackerstrasse und der Chemischen Fabrik – das heutige Blüemliquartier – wurde besiedelt, hinter den Kabelwerken entstanden Einfamilienhäuser im Windischer Quartier Klosterzelg.[32] Die intensive Bautätigkeit bewirkte einen Aufschwung des Baugewerbes, aber auch der Detailhandel profitierte von der dichteren Bevölkerungszahl.

> **Wasser und Gas in alle Haushalte**
> Erst nach 1888, als die Altstadt mit einem Hydrantennetz versorgt wurde, gelangten die Bewohner in den Genuss von fliessendem Wasser in ihre Häuser. Das rasche Wachstum der Ge-

___ 30 Tabelle in BgNbl 23 (1912), S. 48. ___ 31 BgNbl 24 (1914), S. 40. ___ 32 Chronik BgNbl 22 (1911), S. 45, Eintrag unter 24. 12. 1909. Germann, Bauen und Wohnen, S. 5–16. ___ 33 Führer durch Brugg 1923, S. 42. ___ 34 Tischhauser, Wasserversorgung, S. 17. ___ 35 Tischhauser, Gaswerk, S. 1–3.

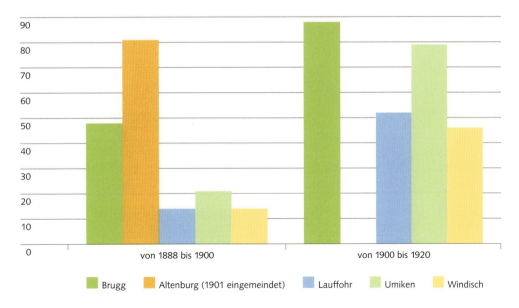

344 __ Zuwachs der Wohnbevölkerung in Brugg und Umgebung 1888–1900 und 1900–1920 in Prozent.

meinde bedingte die Ausweitung des Hochdrucknetzes. Die Gemeinde erwarb dafür 1896 das Brunnenmühlegut und liess die Quellen neu fassen, baute 1898 ein Pumpwerk und 1900 ein zweites grosses Reservoir.[33] Der Gebrauch von fliessendem Wasser in Küche, Bad und Waschküchen veränderte den Lebensalltag drastisch. Brunnen verloren ihre Bedeutung als Orte des Austauschs und des Plauderns, die grossen Frühlings- und Herbstwäschen in den städtischen Waschhäusern wurden selten. Eine Zählung von 1900 ergab 25 Waschküchenhähne, 59 Badeeinrichtungen, 132 Spülbecken, 245 Abtrittspülungen und 16 Bierpressionen.[34]

Schon in den Jahren 1870 bis 1877 hatte sich der Gemeinderat mit der Errichtung einer Ölgasfabrik beschäftigt. Erhebungen zeigten, dass die Gemeinde für den Betrieb eines eigenen Gaswerks zu klein war. Das änderte sich nach 1900. Zudem entsprach es den Vorstellungen vom modernen Leben, wenigstens Koch- und Heizgas zur Verfügung zu haben. Daher wurde 1911 ein Gaswerk auf Rechnung der Gemeinde gebaut und betrieben, als Ergänzung zum Angebot des Elektrizitätswerks.[35]

Enge Beziehungen zwischen Industrie und Politik

Das Beziehungsnetz zwischen Industriellen, Kreditgebern, Politikern und politischer Presse war eng geknüpft durch gegenseitige Einsitznahme im Verwaltungsrat beziehungsweise durch finanzielle Beteiligungen. Möbelfabrikant Traugott Simmen-Häny (1864–1939) war überall präsent. Er liess sich von 1897 bis 1901 in den Gemeinderat und von 1906 bis 1913 in den Grossen Rat wählen. Von 1902 bis zu seinem Tod war Simmen-Häny Verwaltungsrat der Aargauischen Hypothekenbank in Brugg, ab 1902 sass er im Verwaltungsrat des Effingerhofs, ab 1915 war er dessen Präsident. Nahe Beziehungen zu Edmund Schulthess ergaben sich, da Schulthess bis zur Bundesratswahl 1912 Verwaltungsratspräsident sowohl des Effingerhofs als auch der Aargauischen Hypothekenbank Brugg war. Zu den Stadträten bestand eine enge Verbindung: Der Notar Jakob Riniker wirkte von 1913 bis 1918 im Verwaltungsrat des Effingerhofs und trat mit der Wahl als

345 ▬ Die Wohnbautätigkeit wurde durch die Ansiedlung von Industriebetrieben gefördert. Neue Quartiere entstanden. Hier ein Postkartengruss aus dem Gartenackerquartier um 1910.

Stadtammann 1918 zurück. Auf ihn folgte Gustav Hürbin von 1918 bis 1927, Vizeammann von 1904 bis 1917.

Die Hypothekenbank Brugg nahm Industrielle bewusst in den Verwaltungsrat auf. Im Vorstand war der Fabrikant Hermann Rauber. Aus Baden kamen Friedrich Merker und aus Turgi Edmund Bebié hinzu. Die Bank war zudem eng verzahnt mit der politischen Behörde: Stadtschreiber Hermann Geissberger und der Gerichtsschreiber Traugott Keller waren weitere langjährige Verwaltungsräte.[36]

Personell vernetzt waren die Kabelwerke Brugg AG mit der Firma Wartmann, Vallette & Cie. sowie mit der Firma von Otto Suhner. Rudolf Wartmann, von 1911 bis 1917 Stadtrat und von 1908 bis 1930 Grossrat, sass von 1911 bis zu seinem Tod 1930 im Verwaltungsrat der Kabelwerke, Otto Suhner war von 1913 bis 1941 Mitglied.[37]

Landesstreik schweisste Brugger Unternehmer zusammen

Vor allem die Gründung des Verbands der Industriellen von Brugg und Umgebung im Jahr 1918 brachte die Brugger Unternehmensführer zusammen. Durch die bedrohliche Lage in den schicksalsschweren Tagen des Landesstreiks waren sich die verschiedenen Führer der Industrie im «Antistreik-Komitee» näher gekommen. Eines der wichtigsten Anliegen war es, den guten Kontakt unter allen leitenden Persönlichkeiten der Firmen zu bewahren und durch zwanglose Zusammenkünfte zu fördern. Das ermöglichte unter anderem gegenseitige Absprachen bezüglich Arbeitsbedingungen der Arbeiter und Angestellten und verhinderte in der Hochkonjunktur, dass sich die Firmen ihre Arbeitskräfte abwarben. Erster Präsident war Rudolf Wartmann von 1918 bis 1930. Auf ihn folgte 1931 bis 1935 Traugott Simmen-Häny, der bereits bei der Gründung massgeblich beteiligt gewesen war.[38]

▬ 36 Biographisches Lexikon, S. 728. Keller, 100 Jahre Effingerhof, S. 59. Geschäftsberichte Aargauische Hypothekenbank Brugg 1901–1920. ▬ 37 Kabelwerke Brugg, S. 106. ▬ 38 Verband der Industriellen, S. 5–9. ▬ 39 Banholzer, Max: Italiener am Bau der Bözbergbahn. In: BgT, 4. 5. 1996. ▬ 40 Müller, Zwangsheirat, S. 142 ▬ 41 Banholzer, Seidenweberei Bodmer, S. 158. ▬ 42 Banholzer, Maschinenfabrik, S. 74. ▬ 43 Auszug aus: Kistler AG Brugg, ohne Seitenzahlen.

Viel Arbeit, wenig Lohn

Im Zuge der Industrialisierung kamen fremde Gesichter nach Brugg. Bereits der Bau der Bözberglinie 1872 bis 1875 brachte *Italiener* aus Norditalien und Südtirol in unsere Gegend.[39] Der Bau des Elektrizitätswerks 1891/92 erforderte wiederum zahlreiche ausländische Arbeiter, da der Aushub und der Bau des Kanals ohne Maschinen erfolgte. In der Fremdenkontrolle in Altenburg sind für diese Jahre 92 Kanalarbeiter und 40 Erdarbeiter aufgeführt. Von 1895 bis 1900 verzeichnete die Fremdenkontrolle erneut 79 Erdarbeiter und 93 Maurer: Sie waren am Bau der verschiedenen neu entstehenden Fabriken beteiligt.[40] Die Seidenfabriken waren ebenso auf ausländische Arbeitskräfte angewiesen. Bei Bodmer stellten sie 1895 fast ein Viertel der Arbeiterschaft.[41] Als die Maschinenfabrik A. Müller & Cie. 1906 Mühe bekundete, Fachkräfte für ihre neu eingerichtete Giesserei zu rekrutieren, kamen sogar Russen nach Brugg.[42]

> **Baualltag anno dazumal**
> Die wöchentliche Arbeitszeit bei der Baufirma Gentsch, Strasser & Cie. betrug um 1910 59 Stunden. Die meisten Bauarbeiter kamen aus den umliegenden Dörfern, hauptsächlich aus Remigen. Maschinen fanden kaum Verwendung. Der Aushub für ein Bauwerk erfolgte mit Pickel und Schaufel. Das Fundament fertigte man noch häufig aus Bruchsteinmauerwerk oder aus gestampftem Zement. Daneben fand allmählich unarmierter Beton Verwendung. Ab etwa 1907 standen erste Betonmaschinen zur Verfügung. Fertigen Beton brachte man mittels Schubkarren oder Brenten an seinen Bestimmungsort. Grössere Transporte erfolgten mit Pferdefuhrwerken. Nach dem Ersten Weltkrieg schaffte die Firma Gentsch, Strasser & Cie. einen ausrangierten deutschen Militärlastwagen an.[43]

Die *Textil- und Bekleidungsindustrie* beschäftigte mehrheitlich Frauen (Tabelle Seite 550). Sie fanden ihren Verdienst nicht nur in den Fabriken, sondern auch in der Heimarbeit, die allerdings äusserst schlecht entlöhnt war. Die Hemden- und Kragenfabrik von Paul Haase beschäftigte 1918 über 120 Heimarbeiterinnen in Brugg und Umgebung und sogar in Frick.

Der Aufschwung von Firmen im Bereich der *Maschinenindustrie* hatte zur Folge, dass sich der Anteil der Frauen an der Gesamtzahl der Arbeitenden reduzierte (siehe

346 —— Arbeiter und Pferdegespann im Kalksteinbruch der Firma Gentsch, Strasser & Cie. in Lauffohr um 1900. Auf dem Gelände befanden sich zudem eine Kunststeinwerkstatt und ein Walzwerk für Schotter und Sand.

Kuchendiagramme 1893–1935 Seiten 556f.). 1920 betrug das Verhältnis 1206 Männer zu 336 Frauen oder 78 zu 22 Prozent. 1929 reduzierte sich der Anteil der Frauen auf 16 Prozent, 1940 auf 12 Prozent.44 Aus dieser Branchenverteilung ergaben sich grosse geschlechtsspezifische Unterschiede bezüglich Verletzungen am Arbeitsort. Die Erhebung von 1920 zählte insgesamt 674 Unfälle bei einer Gesamtarbeiterzahl von 1542 Personen! Bei den Frauen verunfallten insgesamt nur 17 beziehungsweise fünf Prozent aller Arbeiterinnen, hingegen traf es 54 Prozent aller Männer. In der Maschinenindustrie gab es am meisten Verletzungen. Rund 450 Unfälle entfielen auf diesen Industriezweig.45

*Hoher Frauenanteil in der Textil- und Bekleidungsindustrie*46

Seidenweberei	Fierz/Starkemann	1895: 122 Personen	45 Männer	77 Frauen
		1901: 113 Personen	19 Männer	94 Frauen
		1911: 106 Personen	9 Männer	97 Frauen
Seidenweberei	Bodmer/Stockar	1895: 132 Personen	27 Männer	105 Frauen
		1901: 113 Personen	30 Männer	83 Frauen
		1911: 141 Personen	12 Männer	129 Frauen
Kragen- und Hemdenfabrik	Paul Haase	1914: 35 Personen	3 Männer	32 Mädchen
		1917: 38 Personen	3 Männer	35 Mädchen
		1918: 60 Personen	3 Männer	57 Mädchen

Die nachstehende Liste zeigt, dass die Arbeit von Frauen in allen Branchen niedriger entlöhnt wurde als Männerarbeit. Im Effingerhof erhielten Frauen 1899 einen Tageslohn von 2 bis 3 Franken, während das tiefste Gehalt bei den Männern bei 3,50 Franken ansetzte. Deutlich wird das Gefälle auch aus der Lohnliste der Hemdenfabrik Paul Haase von 1920. Die tüchtigsten Näherinnen und Büglerinnen kamen auf einen maximalen Stundenlohn von 1,10 Franken, der männliche Arbeiter erhielt mindestens 1,20 Franken. Einem Lehrling bezahlte die Giesserei Finsterwald 1920 80 Rappen pro Stunde oder so viel, wie eine erwachsene Näherin bei Paul Haase verdiente.

Die Löhne der Arbeiterschaft erfuhren oft erst durch Streiks oder durch deren Androhung eine Aufbesserung. Dies betrifft vor allem die Zeit um den Ersten Weltkrieg, als die Lebenshaltungskosten stark stiegen. So führte die wirkungslose Forderung nach Lohnerhöhung 1917 bei Wartmann zur Kündigung durch 86 Arbeiter. 1918 erhielt die Firma erneut eine Kollektivkündigung, da sie nicht bereit war, zehn Prozent mehr Gehalt zu zahlen. Insbesondere während der Kriegszeit folgten die Löhne nicht der allgemeinen Preisentwicklung, und die Unzufriedenheit der Arbeiterschaft fand im Landesstreik vom November 1918 ihre Entsprechung.47 Bei den Kabelwerken betrug die durchschnittliche Lohnsumme eines Arbeiters im Jahr 1913 1250 Franken, zehn Jahre später, 1923, war sie um das 2,5fache auf 3100 Franken gestiegen.48

―― 44 RBE 1920, 1929 (1187 Männer, 234 Frauen), 1940 (1098 Männer, 144 Frauen). ―― 45 BgT, 4. 2. 1921. ―― 46 Banholzer, Seidenweberei Bodmer, S. 158. Banholzer, Seidenweberei Fierz, S. 153f. BAR E 7202 (–) –/1, Bd. 29: Eidgenössisches Fabrikinspektorat des II. Kreises. ―― 47 Zum Beispiel bei Wartmann 1919, siehe Wartmann Brugg, S. 17. ―― 48 Ebenda, S. 16f. ―― 49 BAR E 7202 (–) –/1, Bd. 29: Eidgenössisches Fabrikinspektorat des II. Kreises. ―― 50 Umrechnung von Monatslohn auf Tageslohn: 27:24 (4 x 6 Arbeitstage). ―― 51 Mit dem Bau des Gaswerks Brugg kam das Areal der Giesserei Finsterwald zu Brugg. Dementsprechend wechselte auch die Zuteilung in der Fabrikstatistik.

Löhne nach Berufen aufgeschlüsselt 1899–1929[49]

Betrieb	Beruf	Jahr: Lohn in Fr./Tag	Jahr: Lohn in Fr./Std.	Jahr: Lohn in Fr./Std.
Effingerhof AG	Buchbinder	1899: 3.50–5.80		
	Setzer	1899: 5.50–6.50		
	Drucker	1899: 5.80–7.50		
	Frauen	1899: 2.00–3.00		
Baur & Cie.	Arbeiter	1908: 4.00–6.50		
	Lehrling	1908: 1.00–1.90		
Paul Haase	Näherinnen	1908: 1.10–1.50[50]	1917: 0.40–0.80	1920: 0.80–1.10
	Büglerinnen	1908: 1.10–2.50	1917: 0.35–0.50	1920: 0.80–1.10
	Schulentlassene Mädchen			1920: 0.40
	Arbeiter			1920: 1.20–1.40
			1917: Gute Arbeiterin kommt auf 45.– in 14 Tagen	1929: Durchschn. Verdienst: 65.– in 14 Tagen
Chemische Fabrik	Arbeiter	1901: 2.80–3.10		
	Packerin	1901: 1.80–2.10		
Kabelwerke Brugg AG	Männer	1913: Durchschn. 1250.– pro Jahr, 24.– pro Woche	1919: 0.75–1.16	1923: Durchschn. 3100.– pro Jahr, 60.– pro Woche
	Frauen		1919: 0.40–0.67	
Wartmann, Vallette & Cie	Knaben, Schüler		1919: 0.45–0.55	
	Handlanger		1919: 0.70–0.85	
	Arbeiter an Maschinen		1919: 0.90–1.10	
Giesserei Finsterwald, Gebhard & Cie.[51]	Giesser		1920: 1.37–2.62	
	Kernmacher		1920: 1.50–2.39	
	Gussputzer		1920: 1.30–1.68	
	Handlanger		1920: 1.12–1.60	
	Lehrling		1920: 0.80	

Überprüfung der Arbeitsbedingungen durch Fabrikinspektoren

Fabrikarbeit blieb lange ohne gesetzliche Regelung. Erst 1862 wurde im Aargau ein Fabrikpolizeigesetz erlassen, das Fabrikarbeit für unter 13-Jährige verbot und die tägliche Arbeitszeit für unter 16-Jährige auf 12 Stunden beschränkte. 15 Jahre später regelte das eidgenössische *Fabrikgesetz* von 1877 schliesslich die Arbeitszeit von Erwachsenen und beschränkte sie auf elf Stunden pro Tag. Gerungen wurde in der Folge um bessere Arbeitsbedingungen in vielerlei Hinsicht. Die seit etwa 1895 geführten Berichte der Fabrikinspektoren über die Brugger Industriebetriebe geben einen Einblick in die damaligen Zustände und zeigen auf, dass viele Anliegen noch keine Selbstverständlichkeit waren, sondern eingefordert werden mussten. Kontrolliert wurden die hygienischen Verhältnisse: Standen den Arbeitenden überhaupt Toiletten zur Verfügung (Aussehen und Ausstattung wurden praktisch in allen Brugger Betrieben bemängelt), hatten die Arbeiter die Möglichkeit, sich zu waschen, war ein abschliessbarer Schrank für Kleider vorhanden? War die Fabrikordnung aufgehängt, wurden die Arbeiterlisten korrekt geführt? Wie hoch war der Anteil der Bussen gemessen an der Lohnsumme? Das Wichtigste war jedoch, die Unternehmen auf gesundheitsschädigende Arbeitsprozesse und Einrichtungen hin zu prüfen: Hatten die Werktätigen genügend Licht, mussten sie zu viel Staub einatmen, waren die

Maschinen mit Schutzabdeckungen versehen, bestanden gefährliche Schwellen oder unebene Böden? So verlangte zum Beispiel der Fabrikinspektor von Rudolf Wartmann im März 1900, die Fenster des Anbaus sofort und nicht erst im Winter einzusetzen. Um die Arbeiter vor Bleivergiftung durch Ablagerungen des Bleistaubs zu schützen, forderte der Fabrikinspektor beim Effingerhof 1903 einen fugenlosen Fussboden. Bei der Maschinenfabrik Baur & Cie. stellte er 1919 viele Augenverletzungen durch Schmirgeln und Meisseln fest, und bei der Hartsteinfabrik Hunziker bemängelte er den Schutz der Getriebe und die grosse Staubbelästigung beim Kippen des Steinmehls in die Mischmühle.[52]

1901 betrug die höchste gesetzlich mögliche Arbeitszeit 65 Stunden pro Woche. Mit dem «Samstagsgesetzlein» von 1906 wurde sie auf 64 Stunden angesetzt.[53] Innerhalb der Branchen bestanden grosse Unterschiede. So galt beim Effingerhof um 1899 die 56-Stunden-Woche, während die Arbeiter der Metallindustrie bei Wartmann, Vallette & Cie. 65 Stunden in der Werkhalle standen. Innerhalb der Grafischen Industrie bewegte sich der Effingerhof jedoch an der oberen Grenze: Um die Jahrhundertwende verlangte eine Eingabe des Personals den 9-Stunden-Tag. Als einzige Druckerei im Kanton wurden täglich 9 1/2 und damit 57 Stunden pro Woche gearbeitet. Im April 1904 reduzierte der Verwaltungsrat die Arbeitszeit auf 54 Stunden pro Woche, während bei den Kabelwerken ab 1906 64 Stunden vorgeschrieben waren.[54] Infolge der Ereignisse um den Landesstreik kam es in den Jahren ab 1919 zur Einführung der 48-Stunden-Woche auf gesamtschweizerischer Ebene.

Entwicklung der Arbeitszeiten in den Brugger Industriebetrieben[55]

Betrieb	Jahr: Std. pro Woche	Samstagsgesetz 1905: 64 Std. Höchstarbeitszeit	Jahr: Std. pro Woche	48-Stunden-Woche nach dem Landesstreik	Jahr: Std. pro Woche	Jahr: Std. pro Woche
Effingerhof AG	1899: 56					1931: 44–48
Paul Haase			1908: 60,5		1918: 55	
Hunziker & Cie.			1912: 59,5		1919: 48	1931: 47,5–49,75
Baur & Cie.			1912: 60		1919: 50,5	1926: 48
Wartmann, Vallette & Cie.	1898: 65				1919: 50	1924: 48
Kabelwerke Brugg	1906: 64		1919: 50		1924: 48	

Krisengeschüttelte Zwischenkriegszeit: Streiks überall

Ein Mittel im Kampf um bessere Arbeitszeiten und höhere Löhne waren Streiks. Sie dokumentieren die andere Seite des Industrialisierungsprozesses: Nicht alle profitierten im gleichen Mass vom Wohlstand durch die Industrie. Vor allem nach dem Ende des Ersten Weltkriegs brodelte es: Die Lebensmittel waren knapp (der Bundesrat verordnete 1919 sogar zwei fleischlose Tage), Nahrungsmittel- und Wohnungspreise waren unaufhaltsam in die Höhe geklettert und betrugen 1918 weit mehr als das Doppelte des Vorkriegsniveaus, die Löhne hingegen hatten nicht im gleichen Masse mit der Teuerung Schritt gehalten. Besonders davon betroffen waren die Arbeiter, sie litten unter der materiellen Not am

---

52 BAR E 7202 (–) –/1, Bd. 29. — 53 Schweizerische Fabrikstatistik 1911, S. XXII. — 54 Keller, 100 Jahre Effingerhof, S. 29. — 55 BAR E 7202 (–) –/1, Bd. 29. — 56 Belart, Landesstreik. Siehe auch Verband der Industriellen. — 57 Keller, 100 Jahre Effingerhof, S. 35. — 58 BgT, 3. 1. 1919. — 59 RBE 1921, S. 20: Ausgaben für Milch und Brot 2396 Fr.; Suppenabgabe 2559 Fr.; Lebensmittel zu reduzierten Preisen 8563 Fr.; Holzankauf 3433 Fr.; Arbeitslosenunterstützungen 250 Fr.; Verschiedenes 219 Fr.; Total 17 421 Fr.

347 — Generalstreik im November 1918: Soldaten passieren die Brücke und demonstrieren Ordnung. Die Truppen wurden aufgeboten, um die Bevölkerung vor befürchteten Unruhen und streikbrechende Arbeiter vor ihren Kollegen zu schützen.

meisten. Die Erbitterung und der Widerstand unter der stark gebeutelten Arbeiterschaft wuchs. Mit dem Ende des Kriegs schwand die äussere Bedrohung, die das Land zusammengehalten hatte. Die soziale Unzufriedenheit führte zum *Landesstreik*. Das «Oltener Komitee», in dem sich die Führer der Gewerkschaften und der Sozialdemokratischen Partei zusammengeschlossen hatten, rief auf den 12. November 1918 den Generalstreik aus. Nun bot der Staat Truppen auf: Die Soldaten sollten arbeitswillige Arbeiter schützen und allfällige Gewalttaten unterdrücken. In der Region Brugg standen eine Landsturmkompanie und eine Dragoner-Schwadron bereit. Da die Eisenbahner ebenfalls streikten, herrschte fast gespenstische Ruhe am Bahnhof. Durch wenige «Streikbrecher» und den Einsatz von Depotchef und Stadtrat Eduard Grob gelang es, einen sehr reduzierten Fahrbetrieb aufrechtzuerhalten.[56] Beim Effingerhof streikten alle Typografen. Dennoch konnten die Zeitungen erscheinen, da der Direktor persönlich eingriff.[57] Viele Industriebetriebe standen still oder arbeiteten reduziert, so die Kabelwerke, Wartmann, Valette & Cie. oder die Maschinenfabrik Müller & Cie. Viele Bürger fürchteten sich vor einem Umsturz oder einem Aufruhr der Arbeiterschaft: Am 12. November berichtete das «Brugger Tagblatt» von der Bildung einer Bürgerwehr in Brugg. Es gelang dem Brugger Bundesrat Schulthess, das «Oltener Komitee» zum Streikabbruch in der Nacht vom 13. auf den 14. November zu bewegen, und mit einiger Verzögerung nahmen Eisenbahner und Industriearbeiter auch in Brugg ihre Tätigkeit wieder auf. Der Landesstreik zeigte Wirkung: 1919 kam es zur Einführung der 48-Stunden-Woche in der Industrie. Auch die Brugger Beamten profitierten von besseren Arbeitszeiten: Ab Januar 1919 wurde der freie Samstagnachmittag in der Gemeindeverwaltung und in den Industriellen Betrieben Brugg eingeführt.[58]

Der Landesstreik war überlagert von einer schweren Wirtschaftskrise, welche auch Brugg zusetzte. Die Stadt reagierte 1921 darauf, indem sie Gratisbrot, Gratismilch und Suppe verteilte. Sie gab Lebensmittel zu reduzierten Preisen ab, unterstützte Bedürftige mit Holzgaben und richtete Arbeitslosenunterstützungen aus.[59] Nach 1923 setzte der Aufschwung ein, von diesem Zeitpunkt an wurden Arbeitslose von der Stadt nicht mehr unterstützt.⁶⁰ Die Maschinenindustrie kämpfte in diesen Krisenjahren um Aufträge und reduzierte die Löhne, um konkurrenzfähige Preise anzubieten. Die Textilindustrie befand sich in einem unaufhaltbaren Krebsgang. Verschiedenenorts kam es in Brugg immer wieder zu Streiks.⁶¹ Die höchsten Wellen warf jedoch der über fünf Monate andauernde Streik der Giesserei A. Müller & Cie. Die Arbeiterschaft, welche je nach Wirtschaftsgang als Manövriermasse benutzt wurde, die einmal Kurzarbeit, dann wieder Überstunden leistete, kurzfristig entlassen oder Lohnreduktion hinnehmen musste, zeigte ihren Unmut.

Fünf Monate Streik bei A. Müller & Cie.

Über 300 Arbeiter der Maschinenfabrik Müller & Cie. legten am 8. November 1920 die Arbeit nieder. Die Fabrik hatte sich gezwungen gesehen, zirka 20 Arbeitern zu kündigen und die Akkordlöhne herabzusetzen.⁶² Dies wollten die organisierten Arbeiter nicht hinnehmen. Wie die Massnahmen auf Arbeiterseite beurteilt wurden, geht aus der Berichterstattung des «Brugger Tagblatts» hervor: Die Abzüge an den Akkordlöhnen hätten im Durchschnitt ein Viertel der Löhne ausgemacht. In der Giesserei waren Abzüge von 22 bis 25 Prozent vorgesehen, in der Dreherei und Schlosserei in einzelnen Fällen solche bis zu 58 Prozent, bei einem Artikel sollte der Abzug am Akkordlohn 62,3 Prozent betragen.⁶³ Als die Arbeiter der Eisengiesserei Finsterwald, Gebhard & Cie. dazu aufgefordert wurden, Gussaufträge der bestreikten Maschinenfabrik Müller zu übernehmen, traten sie aus Protest am 15. November 1920 ebenfalls in den Ausstand.

Der Streik zog sich lange hin. Erst am 14. März 1921 wurde er beendet. Die Firma stellte 75 Mann wieder ein. Bei den Akkordlöhnen akzeptierte die Arbeiterschaft eine Reduktion von zehn Prozent. Zur Beendigung des Streiks beigetragen hatte wohl auch die Ebbe in der Verbandskasse: Der Streik kostete rund 230 000 Franken.⁶⁴

Goldene 1920er-Jahre und Weltwirtschaftskrise

Die Zahlen der Fabrikstatistik sind für die Industriestadt Brugg ein guter Anhaltspunkt bezüglich Konjunkturverlauf.⁶⁵ Die Nachkriegskrise hinterliess Spuren: 1921 zählte die Fabrikstatistik 21 Betriebe mit gerade noch 692 Beschäftigten. Bereits 1922 setzte eine deutliche Erholung ein: 29 Firmen mit insgesamt 1015 Arbeitenden waren dem Fabrikgesetz unterstellt. Die Beschäftigung nahm bis 1924 um 30 Prozent zu. Die Aufbruchstimmung schlug sich in der Gründung neuer Fabriken nieder. 1923 kam die Zelluloidwarenfabrik A. Zinniker, 1924 liess sich die Schraubenfabrik Marcel Widmer & Co. nieder, 1925 entstand die Farbenfabrik Frico an der Aarauerstrasse.⁶⁶ 1926 erfolgte gesamthaft ein Stellenrückgang um elf Prozent von 1298 auf 1151 Arbeitsplätze. Die Krise in der Textilindustrie mit der Schliessung der Baumwollweberei Brugg im selben Jahr wirkte sich offenbar

—— 60 RBE 1924, S. 17. —— 61 Siehe dazu: Banholzer, Seidenweberei Fierz, S. 149–164, und Keller, 100 Jahre Effingerhof, S. 38. —— 62 BgT, 9. 11. 1920. —— 63 BgT, 16. 11. 1920. —— 64 Banholzer, Maschinenfabrik. —— 65 Zahlen in RBE 1922–1964. —— 66 Frauenlob, Brugg, S. 153. —— 67 Aargauische Hypothekenbank Brugg, Geschäftsbericht 1933, S. 8. Im Bericht ist die Firma nicht namentlich genannt, es muss sich aber um die Maschinenfabrik A. Müller AG handeln. Mit der Sanierung ging sie offenbar in den Besitz der Bank über, denn 1941 verkaufte die Hypothekenbank Brugg die Firma Müller AG an die Georg Fischer AG in Schauffhausen. —— 68 Chronik BgNbl 44 (1934), S. 68. StABg B A.IId.310. —— 69 Chronik BgNbl 94 (1984), S. 200. —— 70 RBE 1930, S. 19. —— 71 StABg B A.IId.483. —— 72 RBE 1931, S. 3; 1932, S. 7; 1933, S. 22. —— 73 StABg B A.IId.483. —— 74 Fellmann, Vindonissa-Forschung. StABg B A.IId.483.

aus. Der Aufschwung ging aber weiter und hielt bis 1929 an. 1421 Menschen arbeiteten damals in der Industrie. Das Wachstum kam hauptsächlich durch fünf Unternehmen zustande, die in der Zeit von 1923 bis 1929 stark expandierten: Wartmann, Vallette & Cie. stellte in dieser Zeit 99 neue Arbeiter ein, die Maschinenfabrik Müller deren 52, die Möbelfabrik Traugott Simmen wuchs um 45 Leute, die Kabelwerke Brugg AG benötigten 38 weitere Beschäftigte, und auch der Effingerhof engagierte in diesem Zeitraum zusätzliche 27 Mitarbeiter. Die Möbelfabrik von Traugott Simmen verzeichnete 1929 sogar ihren Höchststand mit 151 Werktätigen. Den Rückzug der Textilindustrie und den markanten Aufschwung der Maschinenindustrie in Brugg erhellen die nachfolgenden Diagramme. Bis 1900 dominierte die Textilindustrie deutlich mit einem Beschäftigtenanteil von 56 Prozent. Bereits 1911 reduzierte sich ihr Anteil auf 25 Prozent und fiel bis 1935 auf 7 Prozent zurück. Nach 1923 führte die Maschinenindustrie die Branchen an: Sie beschäftigte jeden zweiten Arbeiter.

Die Beschäftigungszahlen von 1929 wurden erst 1945 wieder überschritten. Die 1930 einsetzende *Weltwirtschaftskrise* schlug sich auch in Brugg nieder. Jahr für Jahr verloren immer mehr Menschen ihren Arbeitsplatz. Hart betroffen waren in erster Linie die Metall- und die Maschinenindustrie. Die Maschinenfabrik Brugg AG wurde 1933 liquidiert. Die Aargauische Hypothekenbank Brugg vermeldete im selben Jahr, dass die Giesserei und Maschinenfabrik A. Müller & Cie. nur mit ihrer Hilfe aufrechterhalten werden konnte: «Der gänzliche Wegfall des früher beträchtlichen Exportes und der verschärfte Konkurrenzkampf im Inland machten eine Sanierung nötig.»[67] Von 1929 bis 1936 musste Brugg einen Beschäftigungsrückgang von 38 Prozent verkraften. In diesen Jahren wurden 543 Arbeitsplätze im industriellen Sektor abgebaut. Die Dominanz der Maschinenindustrie in Brugg hatte ihren Preis. 1933 wurde die Beschäftigung mit Ausnahme dieser Branche als normal eingestuft.[68] Im gleichen Jahr siedelte sich sogar ein neues Unternehmen an der Aarauerstrasse an: die Firma Isoplast als Hersteller von klebendem Verbandmaterial.[69] Mit der Abwertung des Schweizerfrankens 1936 erholte sich die Exportwirtschaft, und auch in Brugg ist im folgenden Jahr eine Trendwende festzustellen. Erstmals seit 1929 waren die Stellenzahlen nicht mehr rückläufig, sondern erhöhten sich ganz leicht von 878 auf 889 Beschäftigte.

Obwohl sich der Arbeitsplatzabbau in erster Linie auf den Industriestandort Brugg auswirkte, bekamen die umliegenden Dörfer, welche für ihre Arbeiterinnen und Arbeiter aufkommen mussten, die Folgen der Rezession ebenfalls zu spüren. Noch 1930 konstatierte man in Brugg nur eine geringe Zunahme der Unterstützungsansprüche von 25 auf 29 Fälle.[70] Doch mehrten sich die Anzeichen von zunehmender Bedürftigkeit unter der Bevölkerung. 1931 richtete die Stadt eine Winterhilfe aus, ab 1932 wurden *Notstandsarbeiten* finanziert, die durch Bund und Kanton subventioniert waren. Vor allem im Strassenbau wurden Projekte ausgeführt: Die Korrektion der Schöneggstrasse, Arbeiten an der Zurzacherstrasse, an der Unterführung Aarauerstrasse oder an der Kaserne.[71] Bodenacker-, Blumen- und Rosenstrasse erfuhren eine Verbesserung, provisorisch fahrbar gemacht wurden Zimmermann-, Hummel-, Niggliacker-, Seiden- und mittlere Grütstrasse. 1932 wurde die Anlage eines Stadtgartens beim Raubergütli beschlossen, beim Friedhof wurden 1933 die Zugänge verbessert sowie Umgebungsarbeiten ausgeführt.[72] Beiträge erhielt die Gemeinde für die Arbeiten an der Kanalisation in Altenburg, beim Wasserreservoir im Rainwald oder für die Erstellung einer neuen Badeanlage.[73] Auch die Vindonissa-Forschung «profitierte» von der Krise: Die vom Kanton finanzierten Arbeitslager boten jungen Arbeitslosen Arbeit, Unterkunft und einen Taglohn von einem Franken. Sie ermöglichten das Sondieren von grösseren Flächen innerhalb des Lagers.[74]

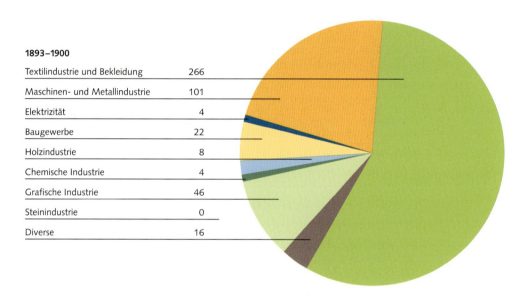

1893–1900

Textilindustrie und Bekleidung	266
Maschinen- und Metallindustrie	101
Elektrizität	4
Baugewerbe	22
Holzindustrie	8
Chemische Industrie	4
Grafische Industrie	46
Steinindustrie	0
Diverse	16

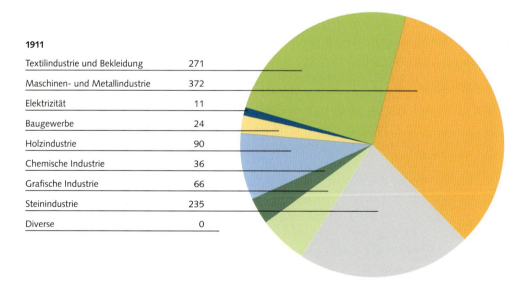

1911

Textilindustrie und Bekleidung	271
Maschinen- und Metallindustrie	372
Elektrizität	11
Baugewerbe	24
Holzindustrie	90
Chemische Industrie	36
Grafische Industrie	66
Steinindustrie	235
Diverse	0

348 —— Von der Textil- zur Metallindustrie: Beschäftigte in Brugg in den verschiedenen Branchen 1893–1900, 1911, 1923 und 1935.

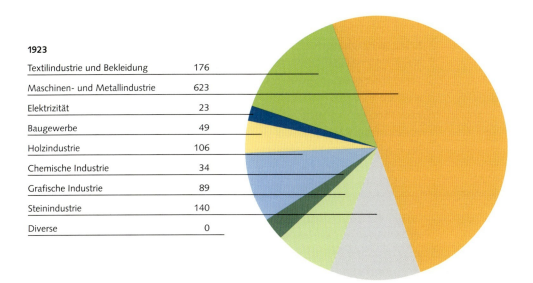

1923

Textilindustrie und Bekleidung	176
Maschinen- und Metallindustrie	623
Elektrizität	23
Baugewerbe	49
Holzindustrie	106
Chemische Industrie	34
Grafische Industrie	89
Steinindustrie	140
Diverse	0

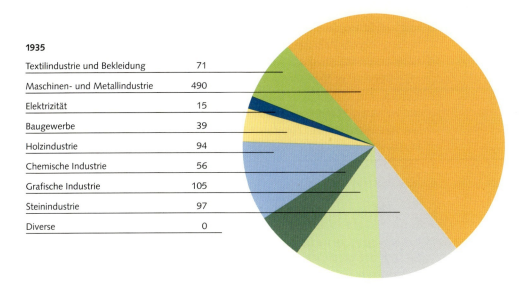

1935

Textilindustrie und Bekleidung	71
Maschinen- und Metallindustrie	490
Elektrizität	15
Baugewerbe	39
Holzindustrie	94
Chemische Industrie	56
Grafische Industrie	105
Steinindustrie	97
Diverse	0

Nicht für alle gab es Notstandsarbeiten. Personen, denen die Stadt finanziell unter die Arme griff, wurden mit Gemeindearbeiten beschäftigt. «Es lag uns eben doch daran, für die auszurichtenden Unterstützungen möglichst Gegenwerte zu schaffen», lautete die Begründung im Rechenschaftsbericht. Dies war nicht immer möglich: «Wohl war man stets darauf bedacht, Arbeitsgelegenheit zu schaffen, aber es gab doch Zeiten, wo die Leute zu feiern gezwungen waren», musste man 1936 eingestehen.[75]

Auf verschiedene Art und Weise erfuhren die Betroffenen Hilfe. Der Gemeinnützige Frauenverein Brugg etwa unterstützte 1936 61 Familien und Einzelpersonen.[76] Unter der Ägide des Verbandes der Industriellen von Brugg und Umgebung gründeten elf Industriebetriebe mit 605 Mitgliedern die Paritätische Arbeitslosenversicherungskasse. Die Institution zahlte von 1932 bis 1938 insgesamt 182 000 Franken Arbeitslosengelder.[77]

Kriegswirtschaft, Rohstoffmangel und Rationierung

Nach 1937 zog die Auftragslage in der Industrie an. Der Ausbruch des *Zweiten Weltkriegs* im September 1939 stoppte den Aufwärtstrend nicht. Doch Mobilisation und Kriegswirtschaft wirkten sich erschwerend aus, wie das Beispiel der Industriellen Betriebe Brugg (IBB) zeigt: Von den 50 Mitarbeitern mussten 1939 30 Mann in den Grenzbesetzungsdienst einrücken. Neun Wehrmänner waren vom Aktivdienst dispensiert. Sie waren verantwortlich für die Aufrechterhaltung der Grundversorgung mit Elektrizität und Gas. «Der Umstand, dass bei Personaleinstellungen immer Militärpflichtige berücksichtigt worden sind, hat sich besonders einschneidend bei der Installationsabteilung ausgewirkt. Es blieben nur zwei ältere, aus der Wehrpflicht entlassene Monteure zurück, die übrigens noch im Ortsluftschutz eingeteilt sind. Mit diesen zwei Mann konnten kaum die allerdringendsten Unterhaltsarbeiten des ca. 80 Kilometer langen, weit verzeigten Verteilnetzes des Versorgungsgebietes bewältigt werden», hiess es im Jahresbericht von 1939.[78]

Als einschränkende Massnahme wirkte zudem die Kontingentierung von Rohstoffen, und es waren Erfindungsreichtum, Dreiecksgeschäfte und gute Beziehungen nötig, um trotzdem produzieren zu können.[79] Schwierigkeiten bei der Beschaffung von Kupfer führten zum Beispiel dazu, dass die Kunden den Kabelwerken den benötigten Rohstoff selbst zur Verfügung stellten, indem sie alte Kabel zur «Ausschlachtung» von Blei und Kupfer weitergaben. Statt Kupfer verwendete man später das nur mässig geeignete Aluminium als Kabelleiter, zur Einsparung von Blei reduzierten die Kabelwerke die Dicke der Kabelmäntel.[80] Speziell in Kriegszeiten war man vermehrt auf die Elektrizität angewiesen, da die Einfuhr von Kohle aus dem Ausland erschwert war. Ausgerechnet im Winter fasste der Kanal zu wenig Wasser, und das gemeindeeigene Werk erzeugte zu wenig Strom. 1940 trat ein Dammbruch ein, der das Problem nochmals verschärfte. Ein sofortiger Neubau des Wehrs drängte sich auf, war aber erst möglich, nachdem das Eidgenössische Kriegsindustrie- und Arbeitsamt die notwendigen 650 Tonnen Zement und 17 Tonnen Baueisen 1943 bewilligt hatte.[81]

─── 75 RBE 1935, S. 19; 1936, S. 25. ─── 76 Chronik BgNbl 47 (1937), S. 69. ─── 77 Chronik BgNbl 49 (1939), S. 84. ─── 78 RBE 1939, S. 64. ─── 79 Beispiele in: Wartmann Brugg, S. 80–82. Wartmann verarbeitete von 1931 bis 1935 im Durchschnitt 1839 Tonnen Stahl, von 1936 bis 1940 1583 Tonnen, von 1941 bis 1945 nur noch 1243 Tonnen, von 1946 bis 1950 3013 Tonnen. ─── 80 Kabelwerke Brugg, S. 31. ─── 81 Christen, Stauwehr, S. 65–72. ─── 82 Chronik BgNbl 56 (1946), S. 102. ─── 83 Chronik BgNbl 52 (1942), S. 78; 53 (1943), S. 82; 54 (1944), S. 71–73; 55 (1945), S. 77. Siegrist, Mehranbau. ─── 84 Seiler/Steigmeier, Geschichte des Aargaus, S. 172–185. ─── 85 RBE 1946, S. 16. ─── 86 RBE 1953, 1956–1958. ─── 87 RBE 1962, S. 70. ─── 88 RBE 1963. Chronik BgNbl 74 (1964), S. 74.

349 — Arbeiter der Giesserei Müller, undatiertes Bild. Die nach dem Zweiten Weltkrieg einsetzende Hochkonjunktur führte zur Anstellung vieler so genannter Fremd- oder Gastarbeiter.

Die begehrten Rohstoffe gerieten auch dank der Sammeltätigkeit des zivilen Frauenhilfsdienstes in den Produktionskreislauf zurück. Über 16 Tonnen Altwaren brachten die Brugger Frauen während der fünfeinhalb Kriegsjahre zusammen. Den Reinertrag von rund 8000 Franken verteilten sie an gemeinnützige Institutionen.[82]

An der von Bundesrat Traugott Wahlen initiierten *Anbauschlacht* musste sich auch die Industrie beteiligen. Überall im Aargau wurden in der Folge so genannte Regionale Anbauwerke gegründet. Die Brugger Industrieunternehmen beteiligten sich gemeinsam an der Anbaugenossenschaft, für die Land an den Hängen des Fricker- und Kaistenberges erworben wurde.[83]

Hochkonjunktur und Fremdarbeiter

Entgegen Befürchtungen, die auf den Erfahrungen aus dem Ersten Weltkrieg basierten, setzte nach Kriegsende die Industrie zu einem Höhenflug an.[84] Innerhalb eines Jahres nahm die Beschäftigung um 18,7 Prozent zu und erreichte 1946 mit 1719 Stellen in Brugg einen Rekordstand. Bereits mussten die ersten *Fremdarbeiter* eingestellt werden.[85] Die Fremdarbeiter und Grenzgänger wurden bei der ersten Flaute 1953 allerdings wieder entlassen. 1957 hatte sich die Zahl der Beschäftigten im Vergleich zum Vorjahr so stark erhöht, dass Überzeitarbeit, Nachtarbeit, zweischichtiger Tagesbetrieb und Sonntagsarbeit bewilligt wurden. Doch bereits 1958 dienten die Fremdarbeiter wieder als Konjunkturpuffer, als sich in den Brugger Industriebetrieben ein Beschäftigungsrückgang von 218 Personen abzeichnete. Die Wirtschaft erholte sich schnell, der Aufwärtstrend setzte sich ab 1959 durch.[86]

Die Hochkonjunktur wies ihre Schattenseiten auf: Industrie- und Wohnungsbau boomten gleichzeitig, die Baukosten stiegen, und Bautermine konnten schwer eingehalten werden. Personalmangel und lange Lieferfristen herrschten vor. Die IBB fanden 1962 keine Fachkräfte mehr.[87] Generell zwang der Personalmangel zwar die Firmen zur Rationalisierung, zur Modernisierung der Industrieanlagen oder zur Einführung besserer Arbeitsbedingungen mit weniger Wochenstunden. Das Wachstum liess sich jedoch nur mit ausländischen Arbeitskräften bewältigen: 1963 waren von den 2467 Arbeitenden in Brugg, die dem Fabrikgesetz unterstellt waren, 948 Personen oder 38 Prozent Fremdarbeiter. Es ist bezeichnend, dass in diesem Jahr die katholische Kirche einen italienischen Seelsorger zur Betreuung von rund 2500 Gastarbeitern aus der Region in die Pfarrei Brugg holte.[88] Um die Konjunktur nicht weiter anzuheizen, stellte die öffentliche Hand ihre Bauvorhaben zurück, und in Zeiten von Personalmangel waren Frauen als Arbeitskräfte gefragt. Dies zeigte sich im Umstand, dass 1966 die Industrie eine Umfrage lancierte, welche das Bedürfnis nach einer Kinderkrippe abklärte.[89]

> **Neue Industriestadt im Birrfeld**
> Im Zuge der Hochkonjunktur expandierten die Industriebetriebe. Es zeichnete sich ab, dass im Birrfeld, wo die Landreserven ungleich grösser und auch billiger waren als in Brugg, eine neue «Industriestadt» im Entstehen war. Die Kabelwerke hatten im Birrfeld bereits 1955 eine neue Drahtseilfabrik für rund 100 Personen erstellt. Die BBC investierte in eine Gleisanlage und eröffnete 1960 neue Fabrikanlagen. Die Mühlebach-Papier AG erwarb 1963 in Lupfig 30 000 m² Land. Das grösste Papierlager der Schweiz nahm 1969 den Betrieb auf. Ein weiteres Brugger Unternehmen, die Otto Suhner AG, verlagerte seine Tätigkeit 1966 ins Birrfeld.[90] In diese Zeit fiel denn auch die Erschliessung des Wildischachen auf Brugger Gemeindegebiet. Als erstes Unternehmen bezog die Georg Fischer AG 1961 dort ihren neuen Fabrikbau.

Die zehn grössten industriellen Arbeitgeber in Brugg 1960[91]

Total Arbeiter	Firma	Industriezweig
432	Georg Fischer AG, Brugg	Eisengiesserei, Maschinenfabrikation
355	Kabelwerke Brugg AG	Kabel, Drahtseile
303	AG Hunziker & Cie.	Hartsteinwerk und Zementfabrik
169	Wartmann & Cie. AG	Eisenkonstruktionen
115	Effingerhof AG	Buchdruckerei, Buchbinderei
88	Eduard Zinniker AG Brugg	Fabrikation von Celluloid- und Kunststoffspritzgussartikeln
81	Traugott Simmen & Cie. AG	Möbel
75	K. Rütschi AG Pumpenbau Brugg	Maschinen
58	Otto Suhner AG	Fabrikation biegsamer Wellen
48	Eidgenössisches Zeughaus	Zeughauswerkstätte

Rezessionen und Strukturwandel

Anfang der 1970er-Jahre überhitzte sich die Konjunktur. Die Aufwertung des Frankens als Gegenmassnahme führte zu einem Rückgang der Nachfrage aus dem Ausland. Die Ölkrise jedoch würgte das Wachstum unerwartet ab und führte 1975 in die grösste *Rezession* der Nachkriegszeit. Bis Ende Jahr zählte der Aargau 2000 Arbeitslose, und in 133 Betrieben mit 7208 Arbeitnehmenden herrschte Kurzarbeit.[92] Auch in Brugg mussten Entlassungen und Kurzarbeit verfügt werden.[93] Innerhalb eines Jahres reduzierte sich die ausländische Bevölkerung um 14 Prozent von 1683 auf 1454 Bewohnerinnen und Bewohner. 1976 nahm

___

[89] Chronik BgNbl 75 (1965), S. 140; 77 (1967), S. 125. — [90] Kabelwerke Brugg, S. 32. Chronik BgNbl 80 (1970), S. 80. — [91] BAR E 7172 (B) 1967/142, Bd. 1, Sichtkarten von unterstellten industriellen Betrieben 1877–1966; E 7172 (B) 1967/143, Bd. 2, Sichtkarten von aufgehobenen industriellen Betrieben 1877–1966. — [92] Steigmeier/Seiler, Geschichte des Aargaus, S. 186. — [93] Chronik BgNbl 86 (1976), S. 68. — [94] RBE 1974, 1975. — [95] Zahlen aus: Betriebszählung 1975, Pendlerstatistik 1970, Wirtschaftszahlen 1983. Vgl. nachfolgende Tabelle. — [96] StABg B A.Ic.10, 4. 6. 1943. — [97] StABg B A.Ic.11, 16. 12. 1955.

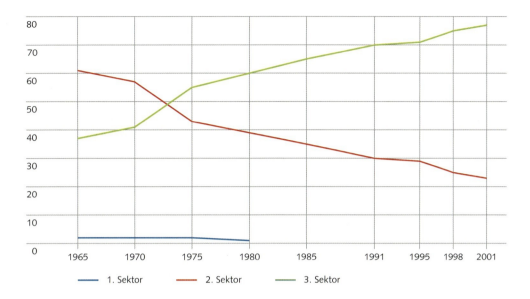

350 ＿ Die Industrie verliert an Bedeutung: Beschäftigtenanteile in den drei Sektoren Landwirtschaft (1. Sektor), Industrie (2. Sektor) und Dienstleistungen 1965–2001.

sie um weitere zehn Prozent ab und erreichte im folgenden Jahr den Tiefststand von 1272 Ausländerinnen und Ausländern.[94]

Gingen in der Hochkonjunktur 1965 in Brugg insgesamt 6328 Leute einer entlöhnten Erwerbsarbeit nach, so waren es im Rezessionsjahr 1975 20 Prozent weniger, nämlich 5055. Der Arbeitsplatzabbau erfolgte auf Kosten der Industrie. Im gleichen Zeitraum hatte der Dienstleistungsbereich um 19 Prozent deutlich zugelegt. Gleichzeitig verschob sich nun der Anteil der einzelnen Sektoren. 1965 überwog die Industrie mit 61 Prozent aller Arbeitsplätze, 1975 machte sie noch 43 Prozent aus. Der Dienstleistungsbereich, der 1965 37 Prozent ausmachte, wurde 1975 mit 55 Prozent Anteil aller Beschäftigten klar dominant. Was aus den Zahlen ebenfalls hervorgeht: Der Abbau in Brugg war ein Standortverlust zugunsten des Birrfelds. Im Vergleich mit dem Bezirk Brugg nahm die Zahl der Arbeitsplätze im Industriebereich im Zeitraum 1965 bis 1975 nicht ab, sondern stieg geringfügig an.[95]

Wohnen statt Werken

1946 stellte der Gemeinderat fest: Wohn- und Industriebauten im selben Quartier vertragen sich schlecht. Die Anwohner beklagten sich über Immissionen durch Lärm, Rauch und Russ sowie Erschütterungen. Daher stellte der Gemeinderat den Antrag, gewisse Industriezonen ausscheiden zu dürfen.[96] 1947 wurde die erste Industriezone im «Steiger» definiert und der Bau von Wohnungen grundsätzlich verboten. 1955 erfolgte die Schaffung von weiteren Industriezonen: im Steinacker (damals bereits überbaut durch die Kabelwerke), in der Rütenen (bereits überbaut durch Hunziker AG), in Hämikon (Gebiet westlich des Hunziker-Areals); im Adelboden (westlich der Frico AG) und in der Au (Wildischachen).[97] Wie schwierig das Umfeld für die Industrie im sich ausdehnenden Wohngebiet geworden war, illustriert der Streitfall mit der Giesserei Müller AG, der späteren Georg Fischer AG, die ihren Standort im Bilander hatte. Die Immissionen der Industrie empfanden die Anwohner immer stärker als

351 ____ Der 1953 aufgefüllte Oberwasserkanal des Elektrizitätswerks ist heute ein beliebter Spazierweg der Aare entlang.

352 ____ Am Ort der Giesserei Müller (Geschäftskarte um 1920) stehen heute die Hochhäuser der Überbauung Bilander.

353 ____ 1974 erfolgte der Abbruch der ehemaligen Seidenweberei Fierz & Cie. (Bild um 1900). An ihrer Stelle steht das Hochhaus Seidenstrasse 21.

Industrialisierung

354 ___ Rechts im Bild sichtbar ist die einstige Seidenfabrik Bodmer um 1900. Nach dem Brand der Möbelfabrik Glass, 1972, erfolgte der Abbruch. Heute wird hier in den «Papageienblöcken» gewohnt.

355 ___ Die Hemdenfabrik Haase (Bild der Fabrik um 1900) wich dem Hochhaus Laurstrasse Nr. 17.

356 ___ 1995 zog die Bauunternehmung Kistler AG an die Aarauerstrasse. Das Bild zeigt die Vorgängerfirma Gentsch, Strasser & Cie. mit ihren Gebäuden an der Fröhlichstrasse. Heute steht hier die Überbauung Süssbachweg.

> unhaltbare Belästigung. Sie kämpften vor Gericht um ihre Wohnqualität. 1964 verpflichtete das Aargauische Obergericht die Georg Fischer AG, bis März 1969 die Giesserei in Brugg zu schliessen. 1971 war es so weit: Mit einem besonders gefeierten «Abstich» stellte die Giesserei im Mai ihren Betrieb in Brugg ein. Für die Produktion von Maschinen hatte sie bereits 1961 den Fabrikneubau im Wildischachen bezogen.
>
> Die Verlagerung aus dem Zentrum an die Aarauerstrasse oder in die Industriezonen, aber auch der Strukturwandel hin zum Dienstleistungssektor brachte die alten Fabrikbauten zum Verschwinden. Wo einst Shedhallen gestanden hatten, wuchsen Hochhäuser. Wohnblöcke oder Reiheneinfamilienhaussiedlungen nahmen das Land in Beschlag.

Nach der Ölkrise erholte sich die Industrie auch in Brugg. Sie legte jedoch nicht in dem Masse zu wie der Dienstleistungsbereich, und ihr Anteil an der Gesamtbeschäftigung sank bis 1980 auf 39 Prozent. Nach einem nur leichten Rückgang erfolgte in Brugg ein erneuter radikaler Abbau in den Jahren 1995 bis 2001. Innert der Dekade 1991 bis 2001 verschwand knapp ein Drittel aller Arbeitsplätze im Industriebereich. Die Rezession der 1990er-Jahre stand damit im Zeichen des *Strukturwandels*.

Innerhalb des Bezirks ist Brugg nach wie vor die am stärksten industrialisierte Gemeinde. Rund 25 Prozent aller Firmen im Industriebereich haben gemäss Betriebszählung 2001 ihren Standort in der Stadt und bieten rund 30 Prozent aller Arbeitsplätze an.

Nur wenige Firmen aus der «Gründerzeit» vom Ende des 19. Jahrhunderts bis zum Ersten Weltkrieg existieren bis heute. Die Kabelwerke Brugg AG behaupteten sich äusserst erfolgreich auf dem Markt und erweiterten ihre Kapazität am Standort Brugg. 1970 erwarben sie das Areal der Firma Wartmann. 1987 waren die Kabelwerke das grösste Industrieunternehmen in der Region, und mit der Übernahme der Fatzer AG in Romanshorn und der Fortatech in St. Gallen 1992 ist die Firma grösster Drahtseilhersteller der Schweiz.[98] Andere Unternehmen aus der Anfangszeit der Brugger Industrie wandelten ihre Besitzerstruktur. 1997 wurde die Firma Hunziker Baustoffe AG von der Holderbank-Gruppe an das grösste Betonwaren-Unternehmen der Schweiz, die Vigier-Gruppe, verkauft. Die 130 Arbeitsplätze blieben erhalten.[99]

Einige Beispiele mögen den Strukturwandel illustrieren: 1977 endete die Tätigkeit der Möbelfabrik Traugott Simmen durch Konkurs. Die Stahlbaufirma Zschokke-Wartmann gab das Stahlgeschäft in Brugg 1984 auf und entliess 150 Arbeiter. Die Firma Georg Fischer AG plante 1983 den Abbau von 70 Arbeitsplätzen. Jeder fünfte der 325 Mitarbeiter war damit von den Restrukturierungsmassnahmen betroffen.[100] 1988 wurde die Firma an die Essin Holding AG verkauft und heisst nun M+S Brugg. 1986 stellte die Farbenfabrik Vindonissa ihre Produktion ein.[101] Strenge Umweltvorschriften sowie Nachfolgeprobleme führten zur Schliessung der Frico-Farbenfabrik 1988.[102] 2001 beendete die Isoplast ihre Tätigkeit. Wie sehr die Industrie bereits ein Teil der Geschichte geworden ist, illustriert die Tatsache, dass es 1993 zur Gründung des Vereins Industriekulturpfad Limmat-Wasserschloss kam. Der Verein hat zum Ziel, das vergangene industrielle Erbe nicht in Vergessenheit geraten zu lassen.

—— 98 Chronik BgNbl 98 (1988), S. 189; 103 (1993), S. 194. —— 99 Chronik BgNbl 108 (1998), S. 237.
—— 100 Chronik BgNbl 94 (1984), S. 205; 95 (1985), S. 165. —— 101 Chronik BgNbl 97 (1987), S. 168.
—— 102 Chronik BgNbl 99 (1989), S. 217. Abbruch der Gebäude nach Januar 1995.

—— 1 Generell: Banholzer, Geschichte der Stadt Brugg, hier S. 102f. Verschiedene Beispiele in den Ratsmanualen, StABg A 3, S. 112; A 33, S. 191; A 49, S. 188f. Stahl, Brugg um 1530, S. 64, 155.

Dienstleistungen

Die Bedeutung von Brugg als Zentrum der Region zeigt sich in vielen Bereichen: im Gesundheitswesen, in den Institutionen, die sich in einem städtischen Umfeld ansiedelten, oder in den Finanzdienstleistungen, die in Brugg erbracht werden. Am augenfälligsten ist die Zentrumsfunktion beim Thema Einkaufen. Mittelpunkt des Detailhandels ist der Brugger Neumarkt. Die nach 1975 in der Cityzone entstandenen Geschäftshäuser haben sich als neuer «Marktort» etabliert, wo Menschen aus der Region sich mit Gütern für ihren täglichen Bedarf eindecken. Die «Neustadt», wie sie 1925 genannt wurde, hatte im Verlauf des 20. Jahrhunderts der Altstadt, dem einstigen Marktort, den Rang abgelaufen. Doch einschneidende Veränderungen brachte bereits das 19. Jahrhundert: Die Umwälzungen in der Landwirtschaft und das Aufkommen der Eisenbahn stärkten Brugg als Zentrum für den Handel mit landwirtschaftlichen Gütern.

Breiteste Gasse für den Markt

Den Mittelpunkt des wirtschaftlichen Lebens im Mittelalter bildete der *Markt*. Das Marktgeschehen war im Kern der Stadt angesiedelt, sei es auf einem besonders grossen Platz wie dem Marktplatz in Basel oder in der breitesten Gasse, welche in Baden sogar Weite Gasse heisst. Auch die breiteste Gasse in Brugg, die Hauptstrasse, diente als Marktplatz. Laut schriftlichen Überlieferungen lagen die Häuser im Strassenabschnitt Hauptstrasse 31 bis 41 «am Markt». Die Gebäude wichen hier zurück, die Strasse wurde breiter und liess genügend freien Raum für die Stände der Händler. Die Hauptstrasse weitete sich in der Gegend des heutigen Erdbeeribrunnens von 9 auf 22 Meter und hiess damals «auf dem Platz». Hier, am zentralen Ort des Markts, standen Kaufhaus und Metzgerei.

Von den landwirtschaftlichen Erzeugnissen aus der Umgebung kam in erster Linie das Getreide zum Verkauf nach Brugg. Es musste zwingend im städtischen *Kaufhaus* angeboten werden. Damit sollte der Fürkauf, das heisst der Aufkauf von Getreide zu Spekulationszwecken, verhindert werden. Zuerst stand das Kaufhaus an der Kirchgasse, 1471 in einem dort neu erbauten Gebäude. Vier Jahre später tauschte die Stadt das Haus mit dem Haus beim oberen Brunnen, das direkt am Markt lag. Es umfasste mindestens drei Räume: ein Kornhaus, ein Ankenhaus und eine dritte Kammer. 1553 wurde das Kaufhaus abgerissen und ein Jahr später am Ort des heutigen Bezirksgerichts neu errichtet. Aufsicht und Verwaltung führte der Kaufhausknecht, später Kaufhausmeister genannt. Wie beim Getreide herrschten auch beim Butterverkauf, der nur im Ankenhaus gestattet war, strenge Vorschriften.[1]

357 __ Jahrmarkt um 1900: Die Hauptstrasse als breiteste Gasse nahm vom Mittelalter bis 1927 den Markt auf. Nach der Eröffnung der Umfahrungsbrücke 1980 nahmen die Jahrmärkte wieder von der Altstadt Besitz.

Die *Jahrmärkte* unterschieden sich von den Wochenmärkten. Sie waren Höhepunkte im Jahresablauf. Kauflustiges und unterhaltungsfreudiges Volk strömte herbei, oftmals kam es zu Streitereien und Schlägereien. Fremde Handwerker und Händler boten ihre Produkte an, man traf Geschäftsleute und erledigte Zahlungsverpflichtungen. Wochen- und Jahrmärkte waren für Brugger Handwerker und Gewerbetreibende von enormer Bedeutung. Konkurrenz für ihre eigenen Produkte suchten sie deshalb auszuschalten. Mehrmals musste der Rat die Rechte der auswärtigen Bauern schützen: So erlaubte er den Landleuten aus dem Eigenamt und dem Amt Schenkenberg, am Wochenmarkt selbst gebackenes Brot feilzuhalten.[2] Wiederholt musste der Rat auch festhalten, dass an einem «gerufenen Markt» wie dem Jahrmarkt alle Personen ihre Waren anbieten durften.[3]

__ 2 StABg A 31, S. 377; A 32, S. 460; A 49, S. 186. __ 3 StABg A 31, S. 439; A 55, S. 59. __ 4 StABE BV 310. Guggisberg, Salzhandel, S. 41. StAAG R01.F07/001, Fasz. 33b: Liste Salzkonsum im Aargau. __ 5 StAAG R01/F07/002, Fasz. 33b, Vertrag von 1803 mit Karl Friedrich Zimmermann. __ 6 StABE, BV 310. StABg Ratsmanuale 18. Jahrhundert. Banholzer in: BgT, 13. 1. 2001.

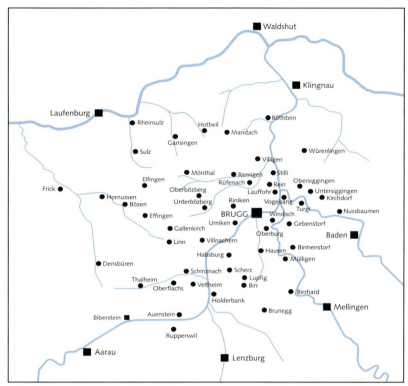

358 ___ Einzugsgebiet des Brugger Markts gemäss Zollordnung von 1460:
Der Brugger Markt hatte eine regionale Bedeutung. Das Einzugsgebiet veränderte
sich jedoch: Schultheiss Grülich bestätigte, dass etliche in der Zollordnung
genannte Dörfer um 1500 nicht mehr den Brugger Markt aufsuchten.

Wichtigste Salzfaktorstelle im Kanton

Brugg spielte seit dem Spätmittelalter eine wichtige Rolle als Handels- und Stapelplatz von Salz. Das unentbehrliche Salz wurde zur Viehfütterung und zur Konservierung von Lebensmitteln in grösseren Mengen benötigt und kam von weit her. Die Sicherung der Salzversorgung war deshalb eine öffentliche Aufgabe, davon zeugen die durch die Berner Obrigkeit errichteten Salzhäuser, aber auch die Tatsache, dass Bern den Salzhandel monopolisierte. 1739 zählte man auf Berner Territorium insgesamt 13 Salzlager mit 200 Bütten, das waren die von der Obrigkeit erlaubten Salzverkaufsstellen, auch Salzauswäger genannt. Am äussersten Rand lag das Salzmagazin von Brugg, das nächste war in Aarburg, dann kamen Wangen und Burgdorf. Von Brugg aus wurden 24 Salzbütten beliefert. Sie versorgten den Unteraargau, die Grafschaft Baden, das Freiamt und den Bözberg mit Salz.[4] Der Salzfaktor war zuständig für den Einkauf und die Organisation des Salztransports, vor allem war er aber verpflichtet, dafür zu sorgen, dass immer genügend Salz vorrätig war.[5] Es war ein einträglicher Posten: Im 18. Jahrhundert wurde die Stelle des Salzfaktors innerhalb der Schultheissenfamilie Zimmermann weitergereicht. Der Salzfaktor gehörte zu den reichsten Bürgern der Stadt.[6]

    1803 vergab der Kanton Aargau den Salzhandel an drei Pächter: an Johann Falcini aus Luzern, an Rudolf Stettler aus Bern und Karl Friedrich Zimmermann aus Brugg. Innerhalb des Kantons befand sich in Brugg die bedeutendste Salzfaktorei (Magazin für Salz). Ein um 1804 erstelltes Verzeichnis des jährlichen Salzverbrauchs im Kanton listet insgesamt vier Salzfak-

359 — 1732 erwarb die bernische Salzdirektion das so genannte Effinger-Schlösslein und erbaute an dessen Stelle das Salzhaus (Aufnahme um 1920). Mit der Entdeckung der Salzlager in Schweizerhalle 1836 und der Ausbeutung weiterer Salinen fiel in den folgenden Jahren der Salzimport weg. Mit dem Aufkommen der Eisenbahn wurden auch die Brugger Salzstadel an der Aare überflüssig. 1868 verkaufte der Kanton das Salzhaus an die Stadt Brugg.

toreien und deren Salzumschlag auf: Aarburg, 571 Fass; Rheinfelden, 360 Fass; Laufenburg, 640 Fass, und Brugg, 3036 Fass.

Als 1820 der Salzfaktor Gottlieb Stapfer starb, wurde seine Stelle neu ausgeschrieben. Aussergewöhnlich war dabei: Neben sechs Männern bewarb sich die Witwe von Gottlieb Stapfer um die Nachfolge. Sie wurde nicht berücksichtigt, denn der Finanzrat empfahl: «Wir können wohl nicht anraten, dass über die Bitte der Witwe des verstorbenen Herrn Salzfaktors Stapfer – so sehr sie auch Berücksichtigung verdienen mag – eingetreten werde, weil es hier nicht bloss um eine Salzbütte, sondern um die wichtigste Salzfaktorstelle im Kanton zu tun ist, die schon an und für sich – dann aber auch der Folgen wegen – nicht wohl einer Witfrau anvertraut werden kann.»[7]

Jahr- und Viehmärkte für das Landvolk

Während des 16. Jahrhunderts fanden in Brugg jeweils drei Jahrmärkte statt. Der Erste fiel auf den 3. Mai, der Zweite auf den 14. September und der dritte Jahrmarkt wurde am 6. Dezember abgehalten. Wie sehr ein vierter Jahrmarkt einem Bedürfnis entsprach, zeigt dessen Entstehungsgeschichte: Das Landvolk hatte zuvor regelmässig am 2. Februar, dem Lichtmess-Fest, die Stadt aufgesucht, um allerhand «ihnen notwendige Dinge und Sachen einzukaufen». So fanden sich mit der Zeit auch viele fremde Krämer ein. Dieser Tag liess sich bereits «mit einem halben Jahrmarkt vergleichen», begründeten die Brugger Bürger ihre Bitte um die Zulassung eines zusätzlichen Markttags 1604, welcher von Bern denn auch bewilligt wurde.[8] Bei diesen vier Jahrmärkten blieb es bis 1831. Zwar ersuchte die Stadt 1824 den Kanton um einen fünften Jahrmarkt, der im August abgehalten werden

— 7 Hauser-Kündig, Salzwesen, S. 11. Banholzer, Max: Von den Brugger Salzstadeln im 19. Jahrhundert. In: Aargauer Zeitung, 8. 1. 2002. StAAG R01/F07/0002, Fasz. 32b; R01/F07/0003, Mappe B, Fasz. 13f. — 8 Banholzer, Geschichte der Stadt Brugg, S. 104. RQ Brugg, Nr. 168, 197. Grotefend, Hermann: Taschenbuch der Zeitrechnung des deutschen Mittelalters und der Neuzeit. Hannover 1898 (zahlr. Neuauflagen), S. 72, 74, 83.

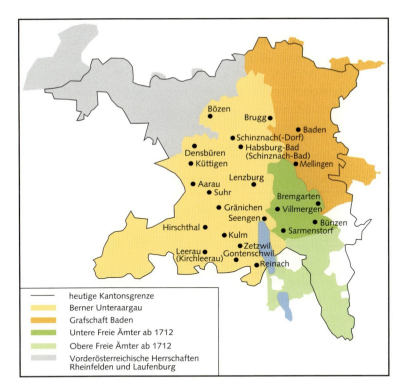
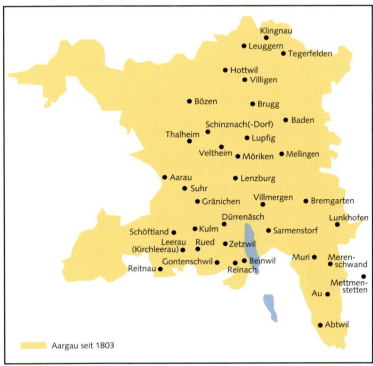

360 — Brugg war ein wichtiges Zentrum für den Salzhandel: vom Salzhaus aus belieferte Salzverkaufsstellen (Salzbütten) um 1739 und um 1804.

sollte. Der immer bedeutender werdende Viehhandel verlange zusätzliche Jahrmärkte und entspreche dem Wunsch der umliegenden Gemeinden, führte der Stadtrat als Argument an. Doch die Regierung lehnte ab. Bloss sieben Jahre später erfolgte aber die Bewilligung, die sogar für sechs Jahrmärkte erteilt wurde. Mit den zusätzlichen Märkten reagierte die Stadt auf den Strukturwandel in der Landwirtschaft. Die Umstellung vom Getreideanbau auf vermehrte Viehhaltung hatte eine starke Nachfrage nach zusätzlichen Vieh- beziehungsweise Jahrmärkten ausgelöst.⁹

> **Brugg reagiert auf den Strukturwandel in der Landwirtschaft**
> Die Gründe, die der Stadtrat 1831 zur Bewilligung von zwei weiteren Jahrmärkten anführte, belegen eindrücklich den Strukturwandel in der Landwirtschaft in den 1820er-Jahren: «Ein Hauptzweck des Marktes ist, die Erleichterung des Handels der Landleute sowohl für ihre Bedürfnisse und Produkte überhaupt, als besonders wegen dem Viehstand. Die Anlegung von künstlichen Wiesen, die Pflanzung von Klee und dergleichen Grasarten hat den Viehstand in hiesiger Umgegend sehr bedeutend gehoben. Die immerfort anwachsende Bevölkerung und die aufgeregtere Betriebsamkeit machen den gegenwärtigen Handel häufiger und lebhafter. Wegen vielseitigem Verkehr besucht der Landmann am liebsten den Markt im Bezirkshauptort. Die Bewohner des Kirchspiels Leuggern, Gansingen, Mettau, Sulz können, wenn sie nicht missbeliebige Flussfähren passieren wollen, in der Nähe nur die Märkte von Brugg und Laufenburg besuchen.»¹⁰

514

Brugg war lange Zeit einziger Marktort im Bezirk. Das änderte sich im 19. Jahrhundert: 1840 gab es insgesamt elf Jahrmärkte, zwei in Bözen (bewilligt seit 1831), drei in Schinznach (Marktordnung von 1832) und sechs in Brugg. Wochenmärkte dagegen fanden in keiner Gemeinde mehr statt. Die Vielfalt eines Jahrmarkts geht aus der Bözener Marktordnung hervor: Sie erwähnt einen Schuhmarkt, einen Sattlermarkt, einen Geschirrmarkt, einen Warenmarkt und einen Viehmarkt. Mit Bözen und Schinznach waren Dörfer zu einem Markt gekommen, die mit ihrer Einwohnerzahl Brugg übertrafen.¹¹ Trotz Konkurrenz blieb Brugg aber der wichtigste Marktort mit dem grössten Marktbetrieb. 1869 nahm die Stadt Gebühren von 136 Ständen ein. Die Händler setzten sich zusammen aus Brugger Gewerbetreibenden, die einen Stand vor ihrem eigenen Geschäft gepachtet hatten, und aus auswärtigen Händlern, die regelmässig ihre Waren feilboten. Die Verkäufer – und unter ihnen einige Verkäuferinnen – kamen teilweise von weit her: Sie stammten aus Birr, Lupfig, Baden, Mellingen, Wohlen, Lenzburg, Hallwil, Gontenschwil, Egliswil, Boniswil, Seon, Reinach und Aarau.¹²

--- 9 StAAG R01.F18/0009, Fasz. 31 (1824); R01.F18/0014, Fasz. 4 (1831). --- 10 StAAG R01.F18/0014, Fasz. 4, Brief vom 17. 2. 1831. Text leicht modifiziert. Die Petition trägt die Unterschrift der Ammänner, die namens ihrer Gemeinde die Eingabe unterstützten: Habsburg, Riniken, Birmenstorf, Mülligen, Oberflachs, Hausen, Rüfenach, Umiken, Mönthal, Hottwil, Lauffohr, Remigen, Bözberg, Windisch und Oberburg, Schinznach, Thalheim, Villnachern. --- 11 StAAG R02.IA10/0265, Fasz. 5. Ammann/Senti, Bezirk Brugg, S. 18f. --- 12 StABg B D.IIIb.7: Marktordnung 1861, Kontrolle über die Marktstände; B D.IIIb.8: 1874–1881. --- 13 RQ Brugg, Nr. 168, S. 197; Grotefend, Hermann: Taschenbuch der Zeitrechnung des deutschen Mittelalters und der Neuzeit. Hannover 1898 [zahlr. Neuauflagen]. StAAG R01.F18/0014, Fasz. 4. StABg B D.IIIb.7. Telefonische Auskunft Stadtpolizei Brugg, 5. 2. 2004. --- 14 StABg B A.Ia.4, S. 43–47. Brian Scherer/Meier/Steigmeier, Schneisingen, S. 138. --- 15 StAAG R02.IA10/0266, Fasz. 35. StABg B A.Ia.4, S. 246–249. --- 16 StABg B B.IIb.35, Fruchtmarktrechnung.

Jahrmarkttage in Brugg vom 16. Jahrhundert bis 2004[13]

16. Jahrhundert	1604	1831	1860 119 Stände	2004 ca. 150 Stände
	Lichtmess: 2. Februar	2. Dienstag im Hornung = Februar	Lichtmess- markt	
«uff crucis ze meyen»: 3. Mai	Kreuzauffindung: 3. Mai	2. Dienstag im Mai	Maien- markt	Maimarkt, 2. Dienstag im Mai
		3. Dienstag im Brachmonat (im Juni nach der Heuernte)	Junimarkt	
		3. Dienstag im Augustmonat (nach der Getreideernte, vor der Wintersaat)	August- markt	
«uff crucis ze herpst»: 14. September	Kreuzerhebung: 14. September	Dienstag vor Simon und Judae (Ende Oktober)	Herbst- markt	Martinimarkt, 2. Dienstag im November
«uff Nicolai»: 6. Dezember	Niklaus-Tag: 6. Dezember	Dienstag nach St. Niklaus im Dezember	Klaus- markt	Klausmarkt: 2. Dienstag im Dezember

Ein kantonaler Getreidemarkt in Brugg

Dass sich Brugg als zentraler Marktort gegenüber anderen Städten im Aargau durchsetzte, zeigt die Diskussion um den kantonalen Getreidemarkt. Durch die «Not der Zeit» veranlasst, wollte der Regierungsrat 1846 einen so genannten «Fruchtmarkt» oder Getreidemarkt im Kanton etablieren. Denn ab Mitte der 1840er-Jahre führten die Kartoffelkrankheit und geringe Ernten dazu, dass grosse Teile der Bevölkerung verarmten und unter Hunger litten.[14] Um die Abhängigkeit von Spekulanten (Fürkäufern) zu vermindern, aber auch um der Landbevölkerung einen Anreiz zu geben, ihr Getreide direkt zum besten Preis verkaufen zu können, sollte ein Kornmarkt im Kanton entstehen. Der Brugger Stadtrat bewarb sich neben anderen Städten darum und strich die Vorteile von Brugg hervor: zentrale, verkehrsgünstige Lage inmitten einer Getreideanbauregion und zugleich im Schnittpunkt der etablierten grossen Kornmärkte wie Zürich und Basel. Brugg könne als ausgleichender «Zwischenmarkt» dienen. Ob ein Kornmarkt im Kanton überhaupt Bestand haben könne, wagte der Stadtrat allerdings nicht zu bejahen. Er sah durchaus auch Nachteile: Durch die Zerstückelung der Felder gebe es nur wenig Bauern, die überhaupt ganze Fuder Getreide zu verkaufen hätten. Das meiste werde am Ort veräussert, wo es gepflanzt werde, oder dann von den Müllern der nahen Umgebung aufgekauft.[15] Dem Kornmarkt war tatsächlich kein dauerhafter Erfolg beschieden. Eröffnet im März 1852, verzeichnete er im ersten Betriebsjahr bis März 1853 für die Stadt einen Gewinn von 361,48 Franken.[16] Danach wird er in den schriftlichen Überlieferungen nicht mehr erwähnt. Mit dem Ausbau des europäischen Eisenbahnnetzes – ab den 1850er-Jahren auch in der Schweiz – war es möglich geworden, die regionalen Schwankungen der Getreideernten auszugleichen.

Brugg als Zentrum für den Viehhandel

1846 konnten sich die Brugger Bürger nicht vorstellen, welch gewaltige Umwälzungen der Bahnbau nach sich ziehen sollte. In seiner Bewerbung um den kantonalen Getreidemarkt strich der Brugger Stadtrat zwar hervor, dass viele «hiesige Bewohner durch den Betrieb der Eisenbahn einen grossen Teil ihres Erwerbs verlieren werden», und bemühte sich gerade deshalb, den Fruchtmarkt und damit eine weitere Verdienstmöglichkeit nach Brugg zu bringen. Er rechnete jedoch noch fest mit dem Transport auf der Aare. Schon bald wurde die entsprechende Infrastruktur allerdings nicht mehr genutzt, der Salzstadel an der Lände war bereits 1863 kaum mehr in Funktion, und eine Verlegung an den Bahnhof stand zur Diskussion.[17]

Die Fertigstellung eines zusammenhängenden Eisenbahnnetzes 1859 stärkte Brugg jedoch als Handelsplatz für Vieh. Konnten vorher höchstens Kälber auf Karren transportiert werden, so war es nun möglich, schwere Rinder und Kühe über weite Strecken zu befördern. So erklärte der Landwirtschaftliche Bezirksverein Brugg 1861: «Seitdem nun die Eisenbahn den Verkehr so sehr erleichtert hat, ist Brugg jedenfalls zu einem der ersten Viehmarktorte in weiter Umgebung geworden.» Daher bat der Verein den Stadtrat, sich beim Kanton um die Bewilligung zur Abhaltung von jährlich sechs weiteren Viehmärkten einzusetzen. Die Nachfrage nach zusätzlichen Viehmärkten war ausgelöst worden durch den weiter voranschreitenden Strukturwandel in der Landwirtschaft, die von der Getreidewirtschaft überging zur Viehwirtschaft. Mit den bereits bestehenden sechs Jahr- und Viehmärkten fand ab 1861 jeden Monat ein Viehmarkt statt. Brugg galt auch in den Jahren 1900 bis 1930 als bedeutender überregionaler Viehmarkt. Die nächsten gleichrangigen Marktorte waren Olten, Zürich, Winterthur, Sursee oder Sissach.[18]

Jüdische Viehhändler

Unter den seit 1860 genannten Händlern finden sich einige jüdische Namen: Bollag, Dreifuss, Wyler und Guggenheim. Im 19. Jahrhundert handelten die meisten Juden mit Tuch, Konfektionswaren, Eisenwaren und insbesondere mit Vieh und Pferden. Ausserhalb der Gemeinden Endingen und Lengnau durften sie weder Liegenschaften besitzen noch sich niederlassen. Erst das Niederlassungsgesetz von 1846 erlaubte den Juden geringfügige Erleichterungen. So siedelten sie sich von nun an in grösserer Zahl auch ausserhalb der beiden von Juden bewohnten Dörfer an. 1860 wohnte ein Zehntel der jüdischen Bevölkerung des Aargaus in anderen Gemeinden. In Brugg liess sich bis 1860 nur gerade ein Jude nieder, bis 1910 waren es dann 20, womit die Höchstzahl erreicht war. Für 1864 ist Leopold Bollag belegt, ein Händler im Bereich von Manufaktur- und Tuchwaren. 1911 gab es das Kleiderge-

---

— 17 StAAG R02.IA10/0266, Fasz. 35, Brief 28. 12. 1846; RRB, 17. 8. 1863, Nr. 1217: So verhandelte die kantonale Finanzdirektion mit der Nordostbahn in der Frage, ob ihr bei den Stationen von Brugg und Aarau Gebäude zur Salzaufbewahrung überlassen werden könnten. — 18 StAAG R03/P03, Handels- und Gewerbewesen, Markt, Hausierpolizei, Lotterien, Mass und Gewichte, Akte Nr. 46, Briefe vom 23.9.1861 und 12.11.1861. Kaufmann, Viehhändler, S. 65–83. — 19 StABg B D.IIIb.7, Kontrolle über die Marktstände pro 1861–1863. Adressbuch 1911, S. 89. Staehelin, Geschichte des Kantons Aargau, S. 185–189. Wildi, Tobias: Abwanderung im Surbtal – Zuwanderung in Baden. In: Badener Neujahrsblätter 73 (1998), S. 43–58. Kaufmann, Viehhändler, S. 120, 151. Aargauisches Ragionenbuch, Brugg 1913. — 20 Mühlebach, Markthalle, S. 58–60. Chronik BgNbl 40 (1930), S. 64; 41 (1931), S. 71; 42 (1932), S. 61; 47 (1937), S. 53; 51 (1941), S. 77; 52 (1942), S. 83; 108 (1998), S. 243; 110 (2000), S. 186. Fischer, Bezirksausstellung, S. 59–62.

> schäft zum Merkur, das Henri Bollag führte, sowie vier jüdische Vieh- und Pferdehändler. Neben den jüdischen Viehhändlern geschäftete auf dem Platz Brugg noch die Viehhandelsfirma Kraft & Co.[19]

Im 20. Jahrhundert stärkte Brugg nochmals seine Position als bedeutender Viehumschlagplatz. Seit 1921 fanden in Brugg die kantonalen Zuchtstiermärkte statt. Als ab 1928/29 noch sechs Schlachtviehmärkte hinzukamen, stellte sich die Frage nach der Unterbringung des Viehs immer dringender. Dazu bestand ein Bedürfnis der landwirtschaftlichen Organisationen nach einem Ort für Ausstellungen und Messen. Dies führte 1929 zur Erstellung der *Markthalle* auf Windischer Boden, der ersten ihrer Art in der Schweiz. Seit der Eröffnung wurde sie neben dem Viehmarkt rege benutzt für weitere Anlässe: 1929 strömten mehrere Tausend Interessenten zur ersten aargauischen Obstmesse. Die ab 1930 regelmässig durchgeführte «Grüne Woche» zeigte neben landwirtschaftlichen Produkten neue Entwicklungen im Bereich Maschinen, und auf der Klosterzelg wurde sogar vorgepflügt. Ein besonderer Höhepunkt war 1933 die von 20 000 Besuchern besuchte GELKA, die «Gewerbe- und Landwirtschaftsschau des Bezirks Brugg und aargauische Kunstausstellung». Als Ort für eine nationale Geflügelschau, eine interkantonale Landmaschinenschau, als Ausstellung für Brieftauben oder Schäferhunde stärkte die Markthalle den Ruf von Brugg, «die bäuerliche Metropole der Schweiz» zu sein. 1997 beschloss der Trägerverein, die in Viehzüchterkreisen geschätzte Institution der Markthalle zu verlegen. Die neue Auktionshalle steht heute in Brunegg.[20]

361 ⎯ Baslerstrasse um die Jahrhundertwende: Bauern treiben ihr Vieh auf den Markt. Ab 1861 fanden allmonatlich Viehmärkte in Brugg statt.

362 —— Die Markthalle von 1929 war die erste in der Schweiz gebaute Auktionshalle für landwirtschaftliche Produkte. Der schlichte Zweckbau lag verkehrstechnisch günstig hinter dem Bahnhof. Das Erdgeschoss war für den Markt und als Ausstellungshalle bestimmt und konnte 300 Tiere aufnehmen. Das Untergeschoss war als Kühl- und Lagerraum geplant.

Brugg, die Bauernmetropole

Fungierte die Stadt Brugg im 19. Jahrhundert als Marktzentrum für die Bauern aus dem Bezirk, so erhielt sie mit der Niederlassung des *Schweizerischen Bauernsekretariats und Bauernverbands* im Jahr 1900 eine gesamtschweizerische Ausstrahlung für die Bauernschaft. Unter der Führung von Ernst Laur spielte der Bauernverband als Interessenvertreter der Landwirtschaft in der Bundespolitik eine wichtige Rolle. Laur gründete das Bauernsekretariat als wissenschaftliche Forschungsstelle. Das hier gesammelte Zahlenmaterial ermöglichte die Erstellung einer schweizerischen Agrarstatistik, und darauf aufbauend stellte der Verband seine wirtschaftspolitischen Forderungen. In die Zeit des Ersten Weltkriegs fiel ein gewaltiger Mitgliederzuwachs, und in der Folge entstanden auch neue Abteilungen des Bauernsekretariats in Brugg: 1913 das Schätzungsamt für Bewertung von Liegenschaften, 1914 die Auskunftsstelle für Kranken- und Unfallversicherung, 1916 das landwirtschaftliche Bauamt, 1919 die Maschinenberatungsstelle und die Gütervermittlungsstelle. Der Bauernverband war nicht nur national eine gewichtige Institution geworden, in Brugg schuf er auch viele Arbeitsplätze: 1922 arbeiteten über 60 Personen in den verschiedenen Abteilungen, 2002 waren es 81 Vollzeitstellen. Zudem profitierten Brugger Betriebe von der Nähe des Bauernverbandes: Die seit 1901 erscheinende «Bauernzeitung» und ab 1911 die «Schweizerische Landwirtschaftliche Marktzeitung» wurden beim Effingerhof gedruckt, wie überhaupt der Druck der bäuerlichen Fach- und Standespresse dem Unternehmen einen sicheren Rückhalt bot.[21] Dass das 1897 gegründete und anfänglich auch in Bern niedergelassene Bauernsekretariat nach Brugg kam, ist übrigens das «Verdienst» von Ernst Laurs Frau Sophie Schaffner aus Brugg. Das Ehepaar wohnte anfangs in Brugg und später in Effingen, Laurs Frau war hier verwurzelt und wollte keinesfalls nach Bern ziehen.[22]

—— 21 Der Schweizerische Bauernverband 1897–1922, S. 19, 38–40, 51–56, 74–77. Franck, 100 Jahre Bauernverband, S. 154. Schweizerischer Bauernverband, Jahresbericht 2002. Müller, Presse 19. Jahrhundert, S. 109. 50 Jahre Bauernverband, S. 147–175. —— 22 Howald, Laur, S. 107–126.

363 —— Die Expansion des Bauernverbands zeigte sich in Brugg im Erwerb und Neubau diverser Liegenschaften.

1 1900–1904: Der erste Sitz des Bauernsekretariats befand sich im einstigen Haus Schaffner.
2 1904: Bezug der Räumlichkeiten an der Pestalozzistrasse 1.
3 1915: Neubau an der Pestalozzistrasse 3.
4 1918 erwarb der Verband das Grundstück mit der Walserscheune, dem späteren Heimatwerk.
5 1919: Das Gebäude der alten Post kaufte der Verband zusammen mit dem Zentralverband schweizerischer Milchproduzenten und dem Aargauischen Milchverband.
6 1920 wurden die Wohnhäuser an der Museumsstrasse 13 und 15 erstellt.
7 1928 kam das Schilplingut in den Besitz des Bauernverbands.
8 1948 wurde das «Haus des Schweizerbauern» eingeweiht.

364 ____ Blick in die Handweberei des 1929 gegründeten Heimatwerks. In Brugg befanden sich die Verkaufsstelle, die Lehr- und Musterwerkstätte für Handweberei sowie die Rohstoffzentrale des Heimatwerks. Aufnahme von 1934.

Brugger Heimatwerk hilft Bergbauern
1929 erfolgte die Gründung des Schweizer Heimatwerks als Hilfswerk für die Bergbevölkerung. Ziel war, der Entvölkerung der Berggebiete entgegenzuwirken durch die Förderung eines Nebenverdienstes im Winter. Hergestellt werden sollten in erster Linie Gegenstände des täglichen Bedarfs, insbesondere Textilien mit einem qualitativ und künstlerisch hohen Anspruch. In der alten Scheune an der Altenburgerstrasse wurde eine Handweberei eingerichtet, und im Winter wurden Webkurse abgehalten. Dem Heimatwerk angeschlossen war eine Verkaufsabteilung für den Absatz der Produkte. Das Heimatwerk eröffnete 1930 in Brugg seinen ersten Laden. Wichtiger wurde jedoch schon bald das Geschäft in Zürich am Rathausquai. 1996 schloss das Heimatwerk in Brugg seine in der Zwischenzeit in die Altstadt verlegte Verkaufsstätte.[23]

Verlagerung vom Jahrmarkt zum Ladengeschäft

Noch am Ende des Ancien Régime wickelte sich der Detailhandel hauptsächlich über Kaufhäuser und Märkte ab. Ab Mitte des 19. Jahrhunderts verloren diese gegenüber den Detailhändlern an Bedeutung.[24] Bereits 1853 wurde an einer Gemeindeversammlung die Diskussion darüber geführt, ob der Jahrmarkt von der Hauptstrasse weg «auf einen anderen günstigen Platz verlegt werden» solle, der ausserhalb der Stadt liege – ein deutlicher Hinweis darauf, dass die zentrale Bedeutung des Jahrmarkts in Frage gestellt und vor allem die auswärtige Konkurrenz nicht geschätzt wurde.[25] Während des ganzen Jahres konnte sich die Land- und Stadtbevölkerung in Brugger Geschäften mit Geschirr und Töpfen, Stoffen und Garn, Käse und Fetten, Mehl, Samen, Eisenwaren, Werkzeugen und Nägeln sowie Zigarren, Tabak und Lederwaren eindecken.[26] Auch die Institution des Kauf-

____ 23 BgT, 24. 10. 1931. Laur, Schweizer Heimatwerk, S. 58–61. Chronik BgNbl 108 (1998), S. 233. 50 Jahre Bauernverband, S. 60. ____ 24 HLS, Artikel Commerce. ____ 25 StABg B A.Ia.4, S. 267, 5. 4. 1853. ____ 26 Hintermeister, Adressbuch, S. 44–46. ____ 27 StABg B A.Ib.1, S. 72, 4. 7. 1861; S. 304f., 26. 4. 1866. ____ 28 Hintermeister, Adressbuch, S. 27, 72.

hauses, einstiger Marktort für den Getreideverkauf, erfuhr eine Abwertung. Bereits 1861 stellte der Gemeinderat den Antrag, «die ganz bedeutungslos gewordene Kaufhausverwaltung sei aufzuheben». Fünf Jahre später beschloss die Gemeindeversammlung, das Kaufhaus für die Bedürfnisse des Bezirksamts umzubauen mit Archiv und Arrestantenzimmer.[27]

Einen Überblick über die Geschäftstätigkeit und einen Einblick in das Produkteangebot in Brugg gewährt das Adressbuch von 1864. Typisch waren *Gemischtwarenhandlungen*: J. B. Graf führte eine Spezerei- und Samenhandlung, zugleich verkaufte er Butter und Fettwaren; Daniel Leder verdiente seinen Lebensunterhalt mit dem Handel von Spezerei-, Ellen-, Manufaktur- und Tuchwaren sowie künstlichen Blumen, Strickgarnen und Schuhnägeln. Ein weiteres Beispiel ist Johann Jakob Geissberger: Er geschäftete mit Getreide, Mehl, Feldsamen, Weingeist, Spezerei- und Ellenwaren. Zwei Kolonialwarenläden existierten 1864: Die Gebrüder Abraham und Samuel Karli verkauften Lebens- und Genussmittel aus Übersee, daneben handelten sie mit Feldsämereien und Käse en gros. Auch Hieronimus Hemmann führte Kolonialwaren in seinem Sortiment, zugleich verkaufte er Eisenwaren, landwirtschaftliche Sämereien und Spezereiwaren. «Chemische Produkte» waren beim Apotheker Valentin Schmidt oder bei August Rohr erhältlich. Einige wenige Handwerksbetriebe trieben zusätzlich mit Produkten Handel. Der Küfer Heinrich Füchslin führte neben Fässern auch Branntwein, und beim Schuster Heinrich Füchslin wird im Adressbuch von 1864 ausdrücklich der Schuhhandel erwähnt. Spezialisiert hatte sich der Schlosser Rauchenstein: Er wird als Kochherdfabrikant aufgeführt. Von den Frauen führten vorwiegend Witwen oder Unverheiratete ein eigenes Geschäft: Die Witwe Bäurlin handelte mit Geschirr, Glas, Steingut und Pinseln. Witwe Frölich vertrieb Spezereiwaren, Mehl und Grüsch (Kleie). Jungfer Holliger betrieb ein Schuhgeschäft, und eine Frau Keller trieb Handel mit Geschirr und Hadern (Lumpen für Papierherstellung). Die Geschäfte blieben auf die Stadt beschränkt: In Altenburg ist lediglich ein Samuel Fricker genannt, der Laden, Latten und Schindeln verkaufte. In Lauffohr handelte Jakob Wächter mit Nussbaumholz.[28]

Von der Gemischtwarenhandlung zum Spezialgeschäft

Die Industrialisierung wirkte sich auf Handel und Handwerk in mehrfacher Hinsicht aus. So verdrängten anderswo produzierende Schuhfabriken wie Bally oder Bata zwar die lokalen Schuhmacher, leiteten jedoch gleichzeitig die Gründung von Schuhverkaufsgeschäften ein. In Fabriken konfektionierte Kleidung und Wäsche ersetzte allmählich die Arbeit von Schneiderinnen oder Weissnäherinnen, es entstanden aber zugleich neue Geschäfte, welche diese Produkte anboten. Als weitere Veränderung zeichnete sich ab, dass immer mehr Artikel des täglichen Bedarfs nicht mehr im eigenen Haushalt produziert, sondern im Laden gekauft wurden. 1911 existierten in der Stadt neun Schuhhandlungen und zwei Schuhmacher, während es in den übrigen Dörfern des Bezirks noch 88 Schuhmacher gab sowie je ein Schuhgeschäft in Lupfig und Schinznach. Sechs Tuch- und Massgeschäfte in Brugg führten Kleider und Stoffe im Angebot, im übrigen Bezirk waren es deren zwei. Bäcker und Metzger profitierten in Brugg ebenso von der rasch angewachsenen Bevölkerung seit der Ansiedlung von Industriebetrieben in den 1890er-Jahren: So gab es bis 1911 bereits zehn Bäckereien und zehn einzelne Verkaufsstellen von Metzgern.

Der Vergleich der Adressbücher von 1864 und 1911 belegt die Entwicklung vom Gemischtwarenhandel zum spezialisierten Angebot in der Stadt, das auch neu aufgekom-

365 ___ Statt beim Schreiner kauften die Bewohnerinnen und Bewohner von Brugg und Umgebung ihre Wohnungsausstattung vermehrt in spezialisierten Geschäften wie dem Möbel- und Aussteuergeschäft von Traugott Simmen an der Hauptstrasse. Briefkopf von 1917.

mene Bedürfnisse abdeckte. So fanden in Brugg vier Butter-, Käse- und Milchhandlungen sowie ein Comestiblesgeschäft und das Schokoladen-Spezialgeschäft Merkur ihr Auskommen, auf der Landschaft war dies nicht der Fall. Zwei Aussteuergeschäfte boten auf dem Platz Brugg Möbel und Bettwaren an, dazu kamen zwei Velohandlungen mit Reparaturwerkstätten und eine Autogarage. Von der Stadt als Zentrum profitierten um 1911 wohl auch der Fotograf Karl Stalder-Kölla sowie die Bijouterie- und Uhrenhandlungen von Hermann Bliggenstorfer und der Geschwister Frey. Den Bedürfnissen einer städtischen Bevölkerung entsprachen schliesslich sechs Coiffeurgeschäfte und zwei Coiffeusen mit eigener Geschäftsadresse. Lupfig war die einzige Gemeinde in der Region, wo noch ein weiterer Coiffeur wirkte.[29]

Weit verbreitetes Hausieren

Den Verkaufsgeschäften in Brugg erwuchs Konkurrenz durch Hausierer, welche die unterschiedlichsten Produkte von Tür zu Tür gehend feilboten. So erteilte die Stadt im Jahr 1912 Bewilligungen für den Verkauf von Tuchwaren, Kleidungsstücken, Spielwaren, sodann für Blech-, Bürsten- und Holzwaren oder für Türvorlagen, Schreibmaterialien und Bilder. Zudem erhielten Sattler, Seiler, Kessel- und Schirmflicker die Erlaubnis, ihre Produkte und Dienste anzubieten.[30] Dieser Bewilligungspraxis nicht unterstellt waren hingegen die Bauern aus der Landschaft. Sie verkauften ihre Produkte direkt den Hausfrauen in der Stadt. Als 1916 der Versuch gemacht wurde, in Brugg den Wochenmarkt wieder einzuführen, rief man die Hausfrauen dazu auf, sich dort einzudecken. Sie sollten die Preise vergleichen und damit die billigsten Produkte erwerben können.[31]

Zunehmend Geschäfte ausserhalb der Altstadt

540 ___ Mit dem Erwerb des Gebiets der einstigen Ehfäde von Windisch hatte sich die Stadt die Möglichkeit für zukünftiges Wachstum gesichert. Die Ansiedlung diverser Industriebetriebe löste eine rege Bautätigkeit aus. Nicht nur neue Wohnquartiere ausserhalb der Altstadt wurden erschlossen, in zunehmendem Mass eröffneten Detailhändler ihre Ge-

___ 29 Adressbuch 1911. Fritzsche u. a., Historischer Strukturatlas, S. 120. ___ 30 RBE 1912, S. 10. ___ 31 Hausfreund, 30. 5. 1917. ___ 32 BgT, 23. 10. 1925.

366 —— Altenburgerstrasse 27: Ausserhalb der Altstadt fanden Geschäfte in den neu überbauten Wohnquartieren ihr Auskommen. Bild um 1926.

schäfte auch entlang der heutigen Alten Zürcherstrasse, der Badenerstrasse, der Aarauerstrasse, der Bahnhofstrasse oder auf dem Abschnitt der Hauptstrasse ausserhalb der einstigen Stadtmauer. Die damals bestehende Konkurrenzsituation von Altstadt und Neustadt erhellt ein Bericht aus dem «Brugger Tagblatt» von 1925: «Wer meint, das moderne Geschäftsleben konzentriere sich zur weitaus grösseren Weise im neuen Stadtteil gegen den Bahnhof hin, hier sei Geschmack und Eleganz zu Hause, ist falsch beraten. Im gedrängten Raum in der Hauptgasse, wo alles näher zusammen ist, schlägt auch heute noch das Herz der Stadt, blüht das städtische Gewerbe.»[32] Noch war die Altstadt ein attraktiver Standort: Das alte Hotel Rössli an der Hauptstrasse wurde 1927 zum Kaufhaus Rössli umgebaut. Doch dem Einkaufsverhalten der Zukunft entsprach die Erstellung von grossen

367 —— An der Stelle des 1957 abgerissenen Rauber-Hauses eröffnete am 4. Dezember 1959 das Kaufhaus Jelmoli. Das Urteil des «Brugger Tagblatts» am Eröffnungstag lautete: «Heute steht der modernste Bau der Stadt Brugg fix und fertig da, [...] Brugg geht neuen schönen Zeiten entgegen!»

Warenhäusern, wie sie 1968 und 1972 in Aarau und Baden entstanden. Brugg spielte hier eine Pionierrolle mit der Eröffnung des Warenhauses Jelmoli am 4. Dezember 1959. Es wurde als grosser Tag für die Stadt gefeiert, der Beginn einer neuen Ära als Einkaufszentrum Brugg. Die damalige Aufbruchstimmung und Euphorie verdeutlichte der Geschäftsleiter in seiner Rede: «Im Vertrauen auf Bruggs bedeutende Zukunft als Zentrum einer weit reichenden Gross-Siedlung» habe Jelmoli hier seine Zweigniederlassung gegründet.[33] 1700 m² Verkaufsfläche und 80 Angestellte standen den Kunden zur Verfügung. Kleider (Konfektionswaren), Spielwaren, Haushaltsartikel, Vorhänge, Parfümerie- und Herrenartikel waren unter einem Dach zusammengefasst.

Einkaufszentrum mit 11 000 m² Verkaufsfläche

Eine Zäsur bildet die City-Planung Ende der 1960er-Jahre, welche die Voraussetzungen schuf für die Erstellung von riesigen Bauvolumen für ein Einkaufszentrum. In den kommenden Jahrzehnten veränderte sich das Quartier zwischen Bahnhof und Lindenplatz radikal. Den Anfang markierte das Jahr 1975 mit der Eröffnung des *Neumarkt I,* ein Migros-Multi-Markt (MMM) mit einer Ladenfläche von 6800 m². Bereits am ersten Verkaufstag verzeichnete das Geschäft einen Riesenansturm: An 18 Kassen wurden insgesamt 7203 zahlende Kunden registriert. Sieben Jahre später erhielt der Migros-Bau mit dem *Neumarkt II* ein Gegenstück. Ein weiteres Einkaufszentrum mit elf Stockwerken und 4000 m² Verkaufsfläche für 21 Fachgeschäfte und Dienstleistungsbetriebe stand bereit, unter anderem liess sich dort die Coop-Genossenschaft nieder. Die beiden Grossverteiler Migros und Coop wirkten als Magnet, immer mehr Geschäfte verlegten ihre Lokalität in deren Nähe. Sie zogen nicht nur aus der Altstadt dorthin, sondern auch von der Badener-, Bahnhof- oder der Annerstrasse. Der Erfolg des Neumarkts war enorm: 1992 erreichten die in der Vereinigung Neumarkt Brugg zusammengeschlossenen Geschäfte mit 12 603 Franken erstmals den höchsten Quadratmeterumsatz aller Einkaufszentren in der Schweiz. Der Brugger Neumarkt wurde zum Anziehungspunkt für die Region und wirkte dem Trend entgegen, für den Wocheneinkauf ein Einkaufszentrum ausserhalb der Stadt aufzusuchen – das ebensogut im Birrfeld hätte stehen können.[34]

Kampf auf verlorenem Posten

Noch 1977 hiess der Slogan «z'Brugg chasch alles poschte!». Damit gemeint waren drei Standorte: Altstadt, Jelmoli und Migros-Neumarkt. Dies entsprach allerdings bereits einem Wunschdenken. Mitte August 1977 machte das Kaufhaus Rössli seine Türen zu, womit die Altstadt den Lebensnerv verlor. Jelmoli und Migros hatten sich als zu grosse Konkurrenten für das alte Kaufhaus Rössli erwiesen. Verschiedene Massnahmen in den folgenden Jahren sollten dazu beitragen, die Altstadt als Einkaufsort zu erhalten. So kam es 1978 zur Gründung der Interessengemeinschaft (IG) Altstadt. Die 1980 eröffnete Umfahrungsbrücke entlastete zwar von Gestank, Stau und Lärm, doch die Altstadt war des-

---

[33] BgT, 5. 12. 1959. — [34] Locher, Goldenes Dreieck, S. 77. Chronik BgNbl 86 (1976), S. 86; 87 (1977), S. 178; 93 (1983), S. 178; 102 (1992), S. 209; 104 (1994), S. 169. — [35] Chronik BgNbl 94 (1984), S. 190; 104 (1994), S. 163. — [36] Chronik BgNbl 79 (1969), S. 89; 80 (1970), S. 122. Regional, 11. 3. 2004. — [37] Neuenschwander, Lenzburg, S. 199. Beispiele in StABg B C.IVa.24. — [38] Schmid, Allgemeine Aargauische Ersparniskasse, S. 55–66: Bächli war Mitglied des Billard-Clubs, unterstützte die Revolution, wurde 1808 Grossrat und später Staatskassier. Johann Herzog hatte das Brugger Bürgerrecht.

368 — Überall weist Brugg attraktive Geschäfte auf: Werbung für die drei Einkaufsstandorte Altstadt, Jelmoli und Neumarkt im «Brugger Tagblatt», 1977.

wegen noch keine Einkaufsattraktion. Noch 1983, nach der Eröffnung des Neumarkt II, wurden die Verantwortlichen aufgefordert, der Teilung Bruggs in zwei Zentren entgegenzuwirken, zehn Jahre später war der Neumarkt das einzige Zentrum. Viele Geschäfte hatten in der Zwischenzeit die Altstadt verlassen oder waren eingegangen. 1993 beschloss die IG Altstadt aufgrund des fehlenden Engagements der beteiligten Geschäfte ihre Auflösung.[35] Erst 2003 erhielt der Strassenraum eine der neuen – nun mittlerweile 20 Jahre alten – Verkehrssituation entsprechende Gestaltung. Dahinter steckt die Hoffnung, die Altstadt neu beleben zu können.

Die Verlagerung vieler Geschäfte von der Altstadt ins Neumarkt-Gebiet betraf nicht allein Modehäuser, Fachhändler und Lebensmittelgeschäfte. Auch die verschiedenen *Finanzinstitute* sind heute im Dreieck Bahnhof–Post–Badenerstrasse angesiedelt. Noch 1969 eröffnete die Schweizerische Volksbank an markanter Stelle am Eingang zur Altstadt ihren modernen Neubau, über 30 Jahre später verschwanden die Bankschalter. Auch die Post plant eine Verlagerung um 400 Meter in Richtung City und wird 2005 im neu erstellten Gebäude auf dem Aebli-Areal neben der Neumarkt-Einfahrt einziehen.[36]

Späte Gründung der ersten Brugger Bank

Wer im 16., 17. oder 18. Jahrhundert Geld benötigte, konnte sich in Brugg, wie auch in anderen Aargauer Kleinstädten, an verschiedene Geldgeber wenden: an Privatpersonen, an Institutionen wie das städtische Spital, an die Stadt selbst oder an den Berner Staat. Als Sicherheit dienten liegende Güter. Wer keine Grundstücke oder Häuser zur Belehnung aufwies, hatte einen Schuldschein zu zeichnen und kreditwürdige Bürgen zu stellen. Wer, wie die Armen, beides nicht aufbrachte, musste in seiner Geldnot den Wucherer aufsuchen.[37] Aus dem Kreis der kantonalen Armenkommission gelangte 1810 erstmals der Vorschlag an den Kleinen Rat, es möge für die Bewohner des Kantons eine Ersparniskasse eingerichtet werden. Die Gründung einer in allen Kantonsgebieten vertretenen Bank war als Mittel zur Armutsbekämpfung gedacht; auch Dienstboten oder Handwerker sollten einen Anreiz haben, Ersparnisse für Notzeiten anzulegen. Die Gesellschaft für vaterländische Kultur im Kanton Aargau nahm die Anregung auf. 1812 kam es zur Eröffnung der ältesten Bank des Kantons, der «Allgemeinen», unter dem Namen «Zinstragende Ersparniskasse für die Einwohner des Kantons Aargau». Rund 40 Männer hatten sich durch ihre Unterschrift auf der Bürgschaftsurkunde verpflichtet, allfällige Verluste der Einleger aus eigenen Mitteln zu decken. Auch Männer aus Brugg standen für die Idee ein: Dies waren Hauptmann Johann Jakob Bächli, Salzfaktor Samuel Jäger, sodann Bürgermeister Johann Herzog von Effingen.[38] Das Beispiel machte im Kanton Schule. Bis zur Mitte des 19. Jahrhunderts entstand eine Reihe kleiner Geldinstitute nicht nur in den grösseren Städten,

369 —— Einstiges Verwaltungsgebäude der Aargauischen Hypothekenbank Brugg von 1910 an der Hauptstrasse, um 1960 ersetzt durch den heutigen Geschäftssitz der Neuen Aargauer Bank. Brugg ist nach wie vor wichtigster Standort der NAB. Diese Bank zählte Ende 2003 in Brugg 342, in Aarau 202 Arbeitsplätze. In Brugg befinden sich unter anderem das Service-Center der Bank, wo der Zahlungsverkehr abgewickelt wird, sowie die Bereiche Private Banking und Marketing.

sondern auch in den Dörfern. Nicht so in Brugg. Bis 1849 existierte in jedem Bezirkshauptort eine Sparkasse, ausgenommen in Brugg und in Zurzach!³⁹ In jenem Jahr ergriff nun die Kulturgesellschaft des Bezirks Brugg – ähnlich wie bei der Entstehung der Allgemeinen Aargauischen Ersparniskasse 1812 – die Initiative zur Gründung einer Bank in Brugg. Anfangs konzentrierte sich die Geschäftstätigkeit der Bank auf die Bedürfnisse des ländlich geprägten Bezirks. Die Sparkassagesellschaft des Bezirks Brugg und Umgebung nahm Spargelder entgegen, legte sie in Hypotheken an, zog Zinsen ein und händigte «Dividenden»⁴⁰ aus. Industrie und Handel gehörten noch nicht zur engeren Geschäftstätigkeit.⁴¹

—— 39 Vgl. 150 Jahre Kanton Aargau, S. 478–484. —— 40 Die Einnahmen wurden nach Abzug der Verwaltungskosten den Einlegern gutgeschrieben. Kägi, Aargauische Hypothekenbank, S. 8. —— 41 Generell: Kägi, Aargauische Hypothekenbank. —— 42 Aargauische Hypothekenbank Brugg, 61. Jahresbericht 1910, S. 5. —— 43 Heuberger, Brugg 1892 bis 1917, S. 42. —— 44 Zuerst als halb privat, halb staatliche Bank geführt, erfolgte der gänzliche Übergang an den Kanton 1913. Lauchenauer, Eduard: Die wirtschaftliche Entwicklung des Kantons Aargau seit der Gründung der Aargauischen Bank. Ein Rückblick der Aargauischen Kantonalbank 1855–1955. Aarau [1956], S. 166–172. —— 45 Vgl. 150 Jahre Kanton Aargau, S. 478–483. —— 46 Gezählt wurden die Aktiengesellschaften und Genossenschaften, deren Tätigkeit den Sparverkehr beinhaltet, weggelassen die Privatsparkassen wie Fabriksparkasse Edmund Bebié oder Schulsparkasse Reinach. Es fehlen dabei Handelsbanken wie Aarg. Kreditanstalt Aarau, welche den Geschäftsbereich Sparkasse nicht führte. —— 47 Kulturgesellschaft Brugg. In: BgNbl 1919, S. 5. —— 48 Aargauische Statistische Mitteilungen für das Jahr 1901. Die aargauischen Kreditinstitute in den Rechnungsjahren 1899 bzw. 1899/1900 und 1900 bzw. 1900/1901. Aarau 1901, S. 31f. Die Handelsbanken sind nicht aufgeführt, da sie bereits in der Erhebung nicht mit den Sparkassenbanken verglichen wurden.

Spar- und Leihkasse Brugg: Eine Erfolgsgeschichte

Eindrücklich schlägt sich der wirtschaftliche Wandel der Stadt Brugg in den Geschäftsberichten der Bank nieder: Die Ansiedlung von Industriefirmen in Brugg seit den 1890er-Jahren, welche sich in den folgenden Jahrzehnten zu führenden Unternehmen mit Hunderten von Beschäftigten entwickelten, bewirkten ein beispielloses Wachstum der Bank und ein Anpassen an die neuen Bedürfnisse. So führte die nun «Spar- und Leihkasse Brugg» genannte Bank 1895 eine Statutenrevision durch, welche erlaubte, die Geschäftstätigkeit auf das kommerzielle Gebiet auszudehnen. 1910 wandelte sie ihre Struktur in eine Aktiengesellschaft um und änderte ihren Namen in «Aargauische Hypothekenbank Brugg». Im Jahresbericht wird das Wachstum durch die Industrie deutlich aufgezeigt: «Während die neuen ländlichen Hypotheken ungefähr den abbezahlten Beträgen entsprechen, war der Zudrang von Geldgesuchen mit grundpfändlicher Sicherheit städtischer und industrieller Natur ein sehr starker.»[42] Brugg war ein für Banken interessanter Platz geworden, sodass auch die Kantonalbank ihre Stellung ausbaute und 1913 eine Niederlassung eröffnete. Der durch die Industrialisierung ausgelöste Erfolg schlug sich im Geldumsatz der Brugger Banken nieder: Im Zeitraum von 1893 bis 1917 stiegen die Einlagen von 13 auf 710 Millionen Franken, was einer 55fachen Erhöhung entsprach.[43]

Die Entwicklung der Aargauischen Hypothekenbank Brugg ist eine erstaunliche Erfolgsgeschichte: Mit der Eröffnung der Filiale in Möhlin und eines Geschäftssitzes in Rheinfelden überschritt sie 1913 die Grenzen des Bezirks und entwickelte sich in den folgenden Jahrzehnten zu einer Regionalbank, welche in mehreren Bezirken eigene Filialen aufwies. In diesem Sinne waren nur noch die Allgemeine Ersparniskasse aus dem Jahr 1812, die Kantonalbank von 1855[44] und die Aargauische Kreditanstalt von 1872 überregional tätig.[45] Zahlenvergleiche mit anderen Geldinstituten erhellen ebenso die bedeutende Stellung der Spar- und Leihkasse Brugg. Unter 35 Banken im Aargau rangierte die Brugger Spar- und Leihkasse im Jahr 1900 an vierter Stelle (siehe Tabelle).[46] 1919 konstatierte die Bank: «Aus dem Sparhäfelein der Brugger von 1850 hat sich eine Aktiengesellschaft entwickelt, deren Geschäftskreis den Bezirk längst überschritten hat und welche für Handel und Industrie und als Hypothekarinstitut für die Landwirtschaft den Mittelpunkt des Geldverkehrs unserer Gegend im grossen und kleinen als Aargauische Hypothekenbank bildet.»[47]

Vergleich der Sparkassenbanken im Aargau um 1900[48]

Institut	Total der Sparguthaben in Franken	Anzahl Einleger/ Sparbücher	Durchschn. Guthaben der Einleger in Franken
Allgemeine Aargauische Ersparniskasse	24 637 095	21 054	1170
Gewerbekasse Baden	7 268 341	5 134	1416
Spar- und Leihkasse Zurzach	7 106 988	5 199	1367
Spar- und Leihkasse Brugg	7 045 309	6 663	1057
Spar- und Leihkasse Zofingen	5 486 657	7 581	724
Aargauische Bank (Kantonalbank)	4 604 653	16 653	276

Banken als wichtiges Standbein der Wirtschaft

Die Schweizerische Volksbank eröffnete 1920 in Brugg die erste Filiale im Kanton, 1957 verlegte das Kleinkreditinstitut Bank Aufina, das 1953 von AMAG-Gründer Walter Haefner in Schinznach-Bad begründet worden war, seinen Hauptsitz nach Brugg.[49] Grosse Veränderungen brachten erst die 1970er-Jahre. Die damalige Geschäftsstrategie eines flächendeckenden Geschäftsstellennetzes führte zur Ansiedlung von mehreren Grossbanken. 1972 eröffnete die Schweizerische Bankgesellschaft (SBG) eine eigene Niederlassung in Brugg – 1985 zog sie in den Neumarkt-Neubau um. Auch die Aufina, welche mittlerweile an die SBG übergegangen war, expandierte: Sie zog 1972 in den Neubau an der Badenerstrasse ein. Die günstige Verkehrslage von Brugg war entscheidend dafür, dass sich 1975 die Genossenschaftliche Zentralbank (GZB) an der Aarauerstrasse niederliess und Brugg als Hauptsitz wählte. 1984 kam eine weitere Grossbank nach Brugg: Der Schweizerische Bankverein weihte seine neunte Filiale im Aargau ein.

Standen die 1970er- und 1980er-Jahre im Zeichen des Ausbaus des Filialnetzes, so folgten im Jahrzehnt darauf die Fusionen. Was sich landesweit abzeichnete, traf auch auf Brugg zu. Im Herbst 1989 fusionierte die Allgemeine Aargauische Ersparniskasse von 1812 mit der 1849 gegründeten Aargauischen Hypotheken- und Handelsbank Brugg[50] zur Neuen Aargauer Bank (NAB). Das Filialnetz der beiden Institute ergänzte sich, nur in Frick und Zurzach waren sie doppelt vertreten. Während die «Allgemeine» im Westaargau beheimatet war, hatte die Hypothekenbank Brugg ihren Schwerpunkt im Ostaargau. Als Folge der Fusion wanderte der Hauptsitz von Brugg nach Aarau ab. 1993 übernahm die Schweizerische Kreditanstalt (SKA) die Volksbank. Aufgrund eines Wertberichtigungsbedarfs von 200 Millionen Franken lehnte sich die NAB im September 1997 an die SKA und heutige Credit Suisse an, nun wurde die Volksbankfiliale aufgelöst. Die Veränderungen im Bankensektor gingen weiter: 1997 wurde die Bank Aufina an die GE Capital Services, eine Tochterfirma des US-Autokonzerns General Motors, verkauft. Durch die Fusion von Bankverein und Bankgesellschaft 1998 zur UBS verschwand eine weitere Bankfiliale in Brugg. 1999 übernahm die Basler Kantonalbank die Mehrheit an der Coop-Bank, ehemals GZB.

Laut Betriebszählung 2001 entfielen 936 Arbeitsplätze in der Stadt Brugg auf die Kredit- und Versicherungsbranche.[51] Wie bedeutend allein die Bankinstitute als Arbeitgeber sind, verdeutlichen die Zahlen aus dem Jahr 2003: Damals beschäftigten sie insgesamt 830 Personen.[52] Das Jahr 2005 markiert allerdings eine Zäsur: Die frühere Bank Aufina, nun GE Capital Bank, verlegt ihren Standort von Brugg nach Zürich-Altstetten. Damit gehen auf dem Platz Brugg rund 400 Arbeitsplätze verloren.

---

[49] Am 3. 10. 1953 wurde die Bank «Aufida» mit Firmensitz in Schinznach-Bad gegründet mit dem Ziel, Auto-Occasionen vorzufinanzieren. Mit der Sitzverlegung im Oktober 1957 nach Brugg erfolgte die Namensänderung in Bank «Aufina». Angaben gemäss telefonischer Auskunft AMAG Holdinggesellschaft. — [50] Die Namensänderung von «Aargauische Hypothekenbank Brugg» in «Aargauische Hypotheken- und Handelsbank» erfolgte 1962. — [51] Betriebszählung 2001, Statistisches Amt Aargau, Heft 152. — [52] Telefonische Auskünfte der entsprechenden Finanzinstitute. Suter, Ueli: Anfänge des Bankenplatzes Brugg und Entwicklung bis heute. In: BgT, 18. 1. 1984. Jung, Joseph: Von der Schweizerischen Kreditanstalt zur Credit Suisse Group. Zürich 2000, S. 39–42. — [53] Zahlen laut telefonischen Auskünften der Bankinstitute, Geschäftsberichte. — [54] Banholzer, Brugger Gewerbe. — [55] Riniker, Bezirksspital, S. 15f. — [56] Ryser, Rosa Vögtlin. Ryser, Urech'sches Kinderspital. 150 Jahre Kanton Aargau, S. 217–221. Riniker, Bezirksspital, S. 15f., inkl. Zitat. Festschrift Neubau Krankenheim. Festschrift Alters- und Leichtpflegeheim.

Bankinstitute als bedeutende Arbeitgeber im Jahr 2003[53]

Bankinstitut	In Brugg seit	Arbeitsplätze in Brugg Ende 2003	Gesamter Kanton
Neue Aargauer Bank NAB	1849	342	1021
Aargauische Kantonalbank AKB	1913	54	623
Bank Coop	1975	14	18
GE Capital Bank	1999 (1953)	400	(in der Schweiz) 650
UBS	1972	20	370

Brugg als Zentrum für den Gesundheitsbereich

Erst ab Mitte des 15. Jahrhunderts wurde die Errichtung eines *Spitals* in Brugg als dringend erachtet. Wobei ein Spital im Mittelalter eine andere Funktion hatte als heute: Es diente zur Aufnahme von kranken Pilgern und Durchreisenden beziehungsweise gewährte Armen und Altersschwachen eine Unterkunft. Zuvor (und noch bis ins 19. Jahrhundert) waren Hilfsbedürftige im nahe gelegenen Kloster Königsfelden aufgenommen worden. Das Brugger Spital war im Haus an der Spiegelgasse 8 untergebracht, an dessen Nordseite 1466 eine Kapelle angebaut und eingeweiht wurde. Ausserhalb der Stadt, an der Stelle des Kantonalen Seminars, stand das Siechenhaus für die Aussätzigen, welches 1454 erstmals erwähnt wird. 1551 erwarb die Stadt das Haus am Spitalrain 5 und richtete es als Pfrundhaus ein. Gegen eine bestimmte Einkaufssumme erhielten die Bürger im Alter Pflege und Unterkunft.[54]

Die seit dem späten Mittelalter bestehenden Einrichtungen behielten ihre Funktion bis ins 19. Jahrhundert. Mit der Gründung des Kantons Aargau 1803 ging die im einstigen Kloster Königsfelden eingerichtete *Kranken- und Pflegeanstalt* an den Kanton über und wurde sozusagen zum Kantonsspital. Erst 1866 beschloss der Grosse Rat die Trennung von Irrenanstalt und Krankenhaus und ermöglichte in Königsfelden den Neubau von 1872. Doch erst mit der Eröffnung des Kantonsspitals Aarau 1886 erfolgte die tatsächliche Trennung, das Bedürfnis nach fachmännischer Pflege und Heilung von Kranken konnte nun teilweise erfüllt werden. Schon bald entstanden weitere Regionalspitäler. Als letztes *Bezirksspital* wurde 1913 jenes in Brugg eröffnet. Die hiesige Bevölkerung empfand es damals als grossen Mangel, «dass in dem industriell aufstrebenden, zentral gelegenen Orte Brugg kein Spital vorhanden war». Als treibende Kraft wirkte der Verwaltungsrat der damaligen Spar- und Leihkasse Brugg unter dem Vorsitz von Edmund Schulthess. Der Verwaltungsrat schied 1907 aus dem Gewinn 10 000 Franken als Gründungsbeitrag aus und stellte in Aussicht, die Dotation allmählich auf 100 000 Franken zu erhöhen. Zudem setzte er eine Kommission ein, welche die Vorarbeiten an die Hand nahm. Den Bauplatz im Wert von 30 000 Franken schenkte die Ortsbürgergemeinde.[55] Das Spital wurde Anfang der 1970er-Jahre ausgebaut und 1995 saniert. Heute steht im Zuge der Spardiskussion des Kantons das Spital vor dem Aus: Der Regierungsrat beantragte 2005 die Schliessung der Akutabteilung und die Umnutzung der Infrastruktur in ein Pflegeheim, verbunden mit einem Angebot von Übergangspflege. Damit erhält das 1996 eingeweihte *Krankenheim* am Süssbach eine Erweiterung. So wie das Spital Brugg seitens der Bevölkerung grosse Unterstützung fand für Erweiterungspläne, Umbauten oder für seine Erhaltung, so traf dies in gleichem Masse für die *Alterssiedlung* und das *Altersheim* Brugg zu. Zum Beispiel ergab im Herbst 1963 der Reinertrag des Brugger Altstadtfestes zugunsten der geplanten Alterssiedlung 88 000 Franken. Wiederum stellte die Ortsbürgergemeinde das Land günstig zur Verfügung. 1967 war die Alterssiedlung, 1976 das Altersheim bezugsbereit.[56]

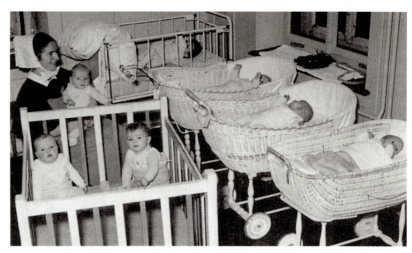

370 ⎯ Rosa Urech-Vögtlin (1820–1898), Begründerin des ersten Kinderspitals im Kanton Aargau.

371 ⎯ Riehener Diakonissen leiteten das Kinderspital in Brugg, welches 1947 um das reformierte Kinderheim erweitert wurde. Aufnahme von 1953.

> **Pionierin gründet erstes Kinderspital**
>
> Für die Behandlung von schwer erkrankten Kindern bestanden im 19. Jahrhundert keine Heilungs- und Pflegemöglichkeiten. Durch die Initiative von Rosa Urech-Vögtlin wurde in Brugg 1866 das erste Kinderspital erstellt, welches 1947 in ein Kinderheim überführt wurde und seit 1984 Sonderschulunterricht für geistig Behinderte erteilen kann.
>
> Die Brugger Bürgerin Rosa Vögtlin (1820–1898) wuchs in Aarau auf und heiratete 1845 Johann David Rahn von Zürich. 1853 starb dieser, und Rosa Rahn-Vögtlin zog nach Brugg zu ihrer Mutter. Sie erkannte, dass für schwerstkranke Kinder in Königsfelden keine Heilung und Pflege möglich war, und liess sich vom Arzt Rudolf Urech beraten. Das Vorhaben, ein Kinderspital zu errichten, wurde zwar positiv gewertet, der Umstand aber, dass eine Frau es ausführte, galt damals als anstössig. Dennoch liess sie sich nicht beirren. Mit Unterstützung ihrer Freunde sammelte sie Geld und konnte am 19. Juli 1866 das Kinderspital eröffnen. 1869 heiratete sie Rudolf Urech.[57]

Militär aus allen Landesteilen in Brugg

210 ⎯ Seit der Mitte des 19. Jahrhunderts existiert in Brugg ein *Waffenplatz.* Viele Menschen profitierten vom Ausbau der militärischen Infrastruktur und der Anwesenheit des Militärs. Hiesige Wirtschaften, Metzgereien, Lebensmittellieferanten, aber auch Uniformenschneider und nicht zuletzt das örtliche Baugewerbe wurden berücksichtigt. Die Anfänge waren bescheiden: Die Hofstatt diente als Sammel- und Exerzierplatz, die Pontoniersoldaten fanden bis 1855 ihr Logis in Privathäusern der Stadt. Als sich die Einwohner gegen weitere Einquartierungen zur Wehr setzten, wurde das ehemalige Kornhaus in der

⎯ 57 Ryser, Rosa Vögtlin. ⎯ 58 150 Jahre Waffenplatz, S. 9. ⎯ 59 Ebenda, S. 6. ⎯ 60 Chronik BgNbl 48 (1938), S. 71. Froelich, Kasernenbauten, S. 49. ⎯ 61 Chronik BgNbl 97 (1987), S. 193. Pro Natura, Infodienst Januar 2003. Die Investitionen für den Neumarkt II beliefen sich auf 34 Millionen Franken. ⎯ 62 BgNbl 112 (2002), S. 200.

372 —— Bis zum Bau der Kaserne 1898 exerzierten und wohnten die Soldaten in der Hofstatt. Bild vermutlich aus den 1890er-Jahren.

Hofstatt in eine Kaserne umgewandelt. Erst mit dem Kasernenneubau von 1898 verlagerte sich der gesamte militärische Betrieb auf Gebiete ausserhalb der Stadt.[58] Wie schon bei anderen Projekten, die für Bruggs Entwicklung Bedeutung hatten, ermöglichte erst die unentgeltliche Landabtretung des Ziegelackers durch die Ortsbürgergemeinde die Realisierung der Kaserne.[59] Der nächste Erweiterungsschritt folgte in der Krisenzeit 1937. Der zweite Kasernenbau schaffte Unterkunftsmöglichkeiten für 480 Mann sowie für Offiziere. Dazu kamen Stallungen für 70 Pferde, Garagen und Veloremisen. Die Stadt übernahm, wie bereits früher, die Erstellungskosten von 1,2 Millionen Franken, der Bund zahlte Miete.[60] In den folgenden Jahrzehnten wurden weitere Ausbauten, Neubauten und Renovationen vorgenommen. Einen Meilenstein stellte der Bau des riesigen eidgenössischen Zeughauses im Aufeld dar. Mit 38 Millionen Franken war es die grösste bis anhin in Brugg getätigte Investition im Hochbau. Allerdings birgt der Standort auch Konfliktpotenzial: Bereits die Eingliederung der Grossüberbauung auf der grünen Wiese 1986 in die Umgebung einer schützenswerten Landschaft rief in Naturschutzkreisen Proteste hervor. Und die Sümpfe des Schachens sind heute die letzten Laichgewässer des Laubfrosches am ganzen Aarelauf. Ausgerechnet hier befindet sich das Übungsgelände des Militärs.[61] Brugg wird als eidgenössischer Waffenplatz auch in Zukunft von Bedeutung sein, wie das 40-Millionen-Projekt für Sanierung und Ausbau der Kasernenanlagen in den Jahren 1996 bis 1999 zeigt.[62]

sich bewegen, planen, bauen

Brugg, ein wichtiger Verkehrsknotenpunkt

Die zentrale Bedeutung des Verkehrs für Brugg ergibt sich schon aus dem Ortsnamen: Die Brücke, die Brugg den Namen gab, ist Teil eines Verkehrsweges. Der Verkehr besteht jedoch aus mehr als nur Verkehrswegen oder – umfassender – der Verkehrsinfrastruktur; er umfasst auch die Verkehrsmittel – unter anderem Reittier, Wagen mit Zugtieren, Weidling, Eisenbahn – und die Verkehrsbedürfnisse, den Transport von Menschen und Gütern. Betrachtet man die Entwicklung des Verkehrs über die Jahrhunderte, so rücken zwei Aspekte in den Vordergrund: die Zunahme von Umfang und Technisierung. Die Transportkapazitäten vermochten jeweils knapp den Bedürfnissen zu genügen.[1]

Brugg liegt an mehreren historischen Verkehrsachsen: einmal an der Route von der Westschweiz in die Ostschweiz und in den süddeutschen Raum, dann auch an der Nord-Süd-Verbindung Basel–Bözberg–Zürich–Bündner Pässe oder nach Luzern und allenfalls weiter über den Gotthard. Was man heute oft vergisst: Zu den wichtigen Verkehrswegen gehörten nicht zuletzt die grossen Flüsse.

Für Massengüter das Schiff

Obwohl die Römer über ein gut ausgebautes Strassennetz verfügten, benutzten sie auch die Flüsse als Verkehrswege.[2] Nach ihrem Abzug fiel der Unterhalt der Strassen weg, womit der Wasserweg an Bedeutung gewann, bei allerdings abnehmendem Verkehr. Die Schifffahrt wies gegenüber dem Landweg zwei grosse Vorteile auf: Sie benötigte kaum Infrastruktur, und sie war für Massengüter geeignet; die Schiffe konnten mit grösseren Mengen beladen werden als Wagen und Karren. 1626 beispielsweise bestiegen etwa 200 Personen in Brugg ein Schiff, um die Zurzacher Messe zu besuchen. Dies lässt auf eine Ladekapazität von etwa zehn Tonnen schliessen. Auch auf der Reuss wurden flussabwärts bis zu zehn Tonnen geladen.[3]

Die Infrastruktur für die Schifffahrt war dürftig: Vor 1800 existierten in der Schweiz bloss drei Kanäle. An manchen Orten wurden *Anlegestellen* ausgebaut, daneben wurde manchmal ein Lagerhaus für die Güter errichtet. In Brugg legten die Boote ursprünglich

---

[1] Vgl. Glauser, Verkehr, S. 13. – Eine umfassende Verkehrsgeschichte steht noch aus. — [2] Baumann, Stilli, S. 78. Schnitter, Wasserbau, S. 22f. Pauli-Gabi, Thomas: Ein Flusshafen in Vindonissa. In: JbGPV 2002, S. 27–36. — [3] BgT, 1. 9. 1976. Glauser, Verkehr, S. 11.

373 __ Die Anlegestelle für Schiffe befand sich ursprünglich am rechten Aareufer unterhalb des Törlirains, wo hier ein Boot gezeichnet ist. Ausschnitt aus einem Plan von 1705.

am rechten Aareufer unterhalb des Törlirains an. Ein Anlegeplatz an dieser Stelle erklärt auch das Tor zwischen dem heutigen Salzhaus und der Aare. 1777 wurde den Schiffleuten ausdrücklich untersagt, beim Törli anzulegen, vermutlich zwecks vollständiger Verzollung der Waren. Eine Anlegestelle am linken Aareufer, im Bereich der Ländistrasse, liess die Stadt 1759 neu erstellen. Schon vor 1694 hatte sie ein Ländehaus errichtet als Lager für die ankommenden und abgehenden Waren. Im 18. Jahrhundert gab es verschiedene Neu- und Erweiterungsbauten, 1742 ausdrücklich wegen Platzmangels. 1769 ist vom «mittleren» Ländehaus die Rede, sodass man annehmen kann, dass damals drei Lagerhäuser bestanden.[4]

Eine weitere Anlegestelle war die «Schindellegi». Sie befand sich zwischen Altenburg und Schinznach-Bad, etwa bei der Mündung des Badbaches in die Aare, die damals aber viel näher beim Wülpelsberg floss. 1772 hatte die Aare das Ufer bei der Schindellegi erodiert, und die Behörden befürchteten eine Gefahr für die neue Landstrasse, die heutige Kantonsstrasse.[5] Die Anlegestelle Schindellegi dürfte kurz vor 1700 erstellt worden sein. 1694 wandte sich Brugg gegen die Bewilligung für ein «Schirm-Haus» oberhalb von

__ 4 Schnitter, Wasserbau, S. 98–100. Bodmer, Plan des Eigenamtes. Alt Brugg. In: BgNbl 57 (1947), S. 35, StABg A 37, S. 17; ähnlich schon 1760: A 49, S. 2; Zoll: vgl. A 57, S. 299. StABg A 49, S. 215. StAAG AA 1836, Nr. 2. StABg A 131, S. 147f.; A 47, S. 89; A 53, S. 311; A 60, S. 172, 180, 293–314; A 61, S. 34, 44. __ 5 StAAG AA 1106, Nr. 23 (1772). Koordinaten aufgrund der Michaelis-Karte: ca. 655 600/257 450. Vgl. Heuberger, Samuel: Zeugnisse zur ältesten Geschichte des Bades Schinznach. In: Taschenbuch der Historischen Gesellschaft des Kantons Aargau 1912, S. 101–120, hier 103. __ 6 StABg A 131, S. 142–145. StABE A II 551, S. 267. RQ Bern I/VIII, S. 273 (1714). StAAG P.01/0071. Auf früheren Plänen von 1660 und 1705 ist nichts verzeichnet (Schauenburg-Sammlung, Nr. 8–10). __ 7 StAAG RRB, 7. 1. 1812, Nr. 6; 8. 7. 1814, Nr. 8; 5. 4. 1825, Nr. 35; 4. 5. 1835, Nr. 22; 4. 6. 1835, Nr. 30; 9. 6. 1835, Nr. 17; R01.F03/0008, Nr. 78. __ 8 StAAG AA 1781, S. 205f. (keine Ausgaben in den Amtsrechnungen Schenkenberg und Königsfelden). StABE A II 388, S. 179. StABg A 49, S. 100. StAAG RRB, 1834, S. 84; 1839, S. 439, 442; 1876, Nr. 1288, 1798, 1881; R04.B01/0018, Nr. 48. – Eine Anordnung, den Stein in der Aare zu brechen, schickte der Berner Rat schon 1514 an Brugg: Haller, Berchtold: Bern in seinen Ratsmanualen, Bd. 3. Bern 1907, S. 35f. __ 9 StABg A 34, S. 216; A 6, S. 154; A 1, Bl. 326.

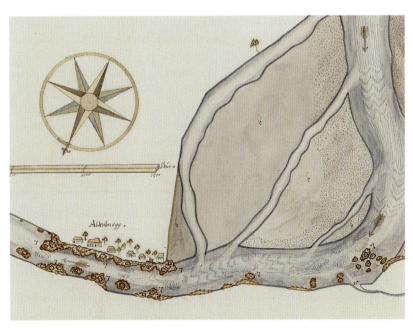

374 ▭ Zwischen den berüchtigten Felsen in der Aare bei Altenburg blieb bloss eine schmale Passage. Zudem lagen Felsen auf der Aussenseite der Biegung sowohl bei diesem als auch beim heutigen Aarelauf (dem östlichen Nebenarm hier). Ausschnitt aus einem Plan von 1753.

Altenburg, wurde aber abgewiesen. Belege für die Anlegestelle finden sich ab 1713, auf einem Plan von 1715 ist sie eingetragen.[6] Im 19. Jahrhundert handelte es sich um ein Holzgebäude, dessen Schindeldach öfters erneuert werden musste. 1835 verkaufte der Kanton das Gebäude, da die Aare ihren Lauf verändert hatte und das Salz von Brugg aus nun meist mit Wagen spediert wurde.[7]

Erfolgte das Ein- und Ausladen bei der Schindellegi, mussten die Waren weder die *Aareschlucht* noch die Felsen bei Altenburg passieren. Wie gefährlich diese Felsen für die Schifffahrt waren, zeigt der Versuch Berns im Jahr 1639, die Felsen wegzubrechen. Anscheinend mit geringem Erfolg, jedenfalls erging 1763 ein Befehl zum Sprengen der Felsen. 1834 und 1876 folgten weitere Vorschläge zur Beseitigung dieser Felsen – nicht zuletzt, da 1839 ein Floss dagegengeprallt und ein Flösser dabei ertrunken war.[8] Weitere Gefahren bestanden in Strudeln sowie in Kiesbänken, die in den frei fliessenden Gewässern häufig ihre Lage änderten. Dies erforderte dauernde Aufmerksamkeit von den Schiffleuten, eine schnelle Reaktion und Schiffe in gutem Zustand – was nicht immer der Fall war.

Unfälle auf dem Wasser – keine Seltenheit

Entsprechend kam es gelegentlich zu Unfällen. 1657 ging ein Brugger Weidling bei der Abfahrt in Aarau unter, wobei eine Person ertrank. 1513 erlitt ein Schiff, das Personen und Waren an die Zurzacher Messe beförderte, oberhalb von Altenburg Schiffbruch, wobei zahlreiche Menschen umkamen. 13 von ihnen wurden auf dem Brugger Friedhof begraben.[9]

Eine Katastrophe ereignete sich am 1. September 1626: Etwa 200 Menschen bestiegen am frühen Morgen in Brugg ein Schiff, um an die Zurzacher Messe zu gehen. Doch schon beim Ablegen brach der vordere Teil des morschen Schiffs auseinander. Viele Personen fielen ins Wasser oder versuchten sich schwimmend zu retten. Das stark beschädigte Schiff konnte schliesslich bei Lauffohr das Ufer erreichen. Gegen 100 Personen ertranken, darunter 47 aus Brugg. Etwa 90 Kinder verloren Vater oder Mutter, manche auch beide Elternteile. Für die Waisen ernannte der Rat sechs zusätzliche Vögte. Von den vier Schiffsleuten überlebten nur Hans Jakob Zimmermann und Hans Degerfeld, die vorläufig verbannt wurden. Diese Strafe diente auch der Beruhigung der Gemüter – noch 1632 verzeichnen die Ratsprotokolle Ehrverletzungen wegen des Schiffbruchs.[10]

Keine Menschenleben forderte der Untergang eines Zurzachschiffes oberhalb von Altenburg an Pfingsten 1679. Es war überladen gewesen, worauf die Schiffsleute im Herbst mit mehr Schiffen gegen Zurzach fuhren und weniger Material luden. Ebenfalls überladen hatte der Stiller Jakob Lehner 1823 seinen Weidling, der dann in der Nähe der Aarebrücke auseinander brach, wobei Lehners Sohn ertrank.[11]

Aufschwung des Landverkehrs

Wer einen Transport oder eine Reise machen musste, wählte das geeignete Verkehrsmittel. Die Schifffahrt hatte ihren Höhepunkt in der Zeit von 1600 bis 1750. In der Frühen Neuzeit nahm der Anteil des Landverkehrs zu. Manche Nachteile betrafen beide Verkehrswege, etwa Unfälle und Diebstähle. Das Wetter beeinträchtigte ebenfalls beide Transportformen: Hoch- und Niedrigwasser schränkten die Schifffahrt ein, Eis verunmöglichte sie ganz, etwa von Dezember 1715 bis Ende Februar 1716.[12] Nach ausgiebigem Regen wurden aber auch die Strassen morastig und kaum mehr befahrbar. Was den Flussverkehr ins Hintertreffen brachte, waren die technische Stagnation und die Schwierigkeit von Bergfahrten sowie der Bau von guten Strassen seit dem 18. Jahrhundert.

Von den Schiffen ist in den Quellen und in der Literatur nur selten die Rede. Für Luzern wird die These aufgestellt, dass schon im 13. und 14. Jahrhundert technisch anspruchsvolle Boote hergestellt wurden, die im Lauf der Jahrhunderte zwar verbessert, aber nicht grundsätzlich verändert wurden. Dagegen erfuhren Strassen und Wagen grosse Verbesserungen.[13]

Die *Fahrt gegen den Strom* ist anstrengend – mit Ladung umso mehr. Erschwerend wirkte sich aus, dass auf den Mittellandflüssen die Schiffe nur streckenweise vom Ufer aus gezogen werden konnten: Häufig waren die Ufer zu steil, oder die Fahrrinne wechselte dauernd die Seite. Entsprechend kam der Bergfahrt bis ins 17. Jahrhundert nur mässige Bedeutung zu. Im Spätmittelalter kam es oft vor, dass die Schiffe am Zielort verkauft wurden und die Schiffer zu Fuss heimreisten. Andererseits gibt es frühe Belege für Bergfahrten. Das 1626 verunglückte Schiff war morsch, also wohl alt, und musste im Lauf der Zeit auch flussaufwärts verkehrt haben. Die Ausfuhr von Schiffen wurde vielfach verboten

---

10 BgT, 1. 9. 1976. StABg A 31, 609f., 612–616, 633, 638, 646, 667f., 680–685; A 32, S. 4, 25v, 35, 149. Zum Schiffbruch vgl. Banholzer, Trauer- und Klagelied. — 11 StAAG AA 1834, S. 231; RRB 1823, S. 367. — 12 StABg A 131, S. 46a, 378. — 13 Glauser, Verkehr, S. 4f. Ruesch, Schifffahrt in Aarburg, S. 117f. — 14 Baumann, Stilli, S. 86, 93–97, 103–106, 109–115. BgT, 1. 9. 1976. StABg A 32, S. 267. StAAG AA 1781, S. 415. Vgl. RQ Bern I/VIII, S. 265f. Härry, Verkehrswege II, S. 264f. Vgl. StABE B VIII 35. – Die Zollordnung von 1664 enthält jedoch einen Tarif für neue Schiffe. Ruesch, Schifffahrt in Aarburg, S. 121. — 15 RQ Bern I/VIII, S. 273. — 16 Heuberger, Bözbergstrasse, S. 13f. — 17 Baumann, Stilli, S. 93–101. Härry, Verkehrswege II (1917), S. 159–161. RQ Bern I/VIII, S. 257, 269f. — 18 Baumann, Stilli, S. 93. Härry, Verkehrswege II (1917), S. 161. — 19 RQ Brugg, S. 40–43, 81f. Ammann, Zollordnungen, S. 46–63. Baumann, Stilli, S. 99, 122f. StAAG AA 1781, S. 415; AA 1306, S. 47–51. StABg A 31, S. 180. StAAG RRB 1876, Nr. 1288.

oder zumindest eingeschränkt. Seit dem 17. Jahrhundert nahm die Zahl von Fahrten gegen den Strom zu. Bis Brugg wurden die Waren in Weidlingen gerudert oder gestachelt, von Aarburg aufwärts wurden grössere Schiffe häufig gezogen, wobei es für ein volles Schiff 14 bis 16 Mann brauchte.[14]

In diesem Zusammenhang ist die Erstellung der Lände bei der Schindellegi zu sehen: Die Aareschlucht hinauf konnten die Boote nicht gezogen werden, zum Stacheln war der Fluss zu tief, zum Rudern die Strömung sehr stark. Wenn die Güter in Brugg ausgeladen und mit Wagen bis oberhalb von Altenburg gebracht wurden, mussten bloss noch leere Schiffe die Aareschlucht aufwärts gebracht werden. Ein Tarif von 1714 verzeichnet denn auch den Schiffslohn abwärts bis Brugg, aufwärts jedoch von «der länti ob Altenburg».[15]

Einen Hinweis auf die grosse Bedeutung der Schifffahrt bei Brugg gibt ein Bericht des Zollverwalters von 1755: Zu den gesamten Einnahmen von etwa 2000 Gulden trug der Verkehr über den Bözberg damals etwa 390 Gulden bei. Wenn wir für den Verkehr durch das Aaretal Richtung Stilli von gleich hohen Einnahmen ausgehen, brachte der Wasserverkehr über die Hälfte des Ertrags.[16]

Getreide, Salz, Wein und Erz

Doch welche Güter wurden überhaupt transportiert? 1616 wurden für Bergfahrten genannt: leere Fässer, Kaufmannsgüter und anderes; 1679 durften die Schiffsleute von Yverdon leere Fässer und Getreide stromaufwärts transportieren. Im 18. Jahrhundert spielte dann das Salz eine wichtige Rolle, das bis nach Freiburg geführt wurde.[17]

567–569

Salz

Bis ins 19. Jahrhundert war die Schweiz auf Salzimporte angewiesen. Die einzige Salzmine – in Bex VD – vermochte nicht einmal den Bedarf des damaligen Standes Bern zu decken. Um nicht von einem Produzenten respektive Lieferanten abhängig zu sein, bezogen die eidgenössischen Orte Salz aus verschiedenen Regionen: aus der Freigrafschaft Burgund, aus Lothringen, aus Bayern und Tirol, von Venedig. Die Transporte erfolgten meist auf dem Wasser, auch flussaufwärts. So konnte es vorkommen, dass sich auf der Aare ein Boot mit bayrischem Salz für Freiburg und eines mit Salz aus der Freigrafschaft mit Ziel Innerschweiz begegneten.[18]

Grundsätzlich handelte es sich vorwiegend um *Massengüter:* Aareabwärts kamen namentlich Wein vom Genfersee und Salz aus der Freigrafschaft Burgund, wobei Brugg in erster Linie Umladestation war. Weiter nennen die Zolltarife Fische, neue Schiffe und Flosse, im 17. Jahrhundert auch Bausteine. Der Export von Holz in Form von Flossen florierte vor allem in der ersten Hälfte des 19. Jahrhunderts, nach dem Wegfall der Exportbeschränkungen oder -verbote. Mit dem Bau der Eisenbahn und der Ersetzung des Brennholzes durch Kohle ging die Flösserei zurück, doch schlugen noch 1876 Flösser von Niedergösgen vor, die Felsen in der Aare bei Altenburg zu beseitigen. Die Flosse dienten manchmal auch als Transportmittel, etwa für Fische in Fässern oder für zugesägtes Holz.[19]

Im 17. und 18. Jahrhundert wurde auf dem Bözberg, bei Küttigen und im Birrfeld Eisenerz abgebaut und auf dem Wasser zum Verhütten nach Albbruck und Wehr (am deutschen Rheinufer) gebracht. Es handelte sich um beträchtliche Mengen: In den 1780er-Jahren beliefen sich die Transporte von Küttigen auf etwa 1100 Tonnen jährlich. Das Erz wurde anscheinend in Brugg umgeladen – vermutlich transportierten es andere Schiffsleute weiter –, jedenfalls legte man 1770 einen Lagerplatz dafür an; bereits 1730 wurde Lauffohr als Ladeplatz genannt.[20]

Eine gemischte Last trugen die Zurzachschiffe, die Personen und unterschiedliche Kaufmannswaren nach Koblenz brachten, von wo diese auf dem Landweg zu den Messen in Zurzach gelangten. Sie dürften erheblich zum Flussverkehr beigetragen haben, wenn man vergleicht, welchen Anteil an den Jahreseinnahmen der Fähre in Stilli auf die Messebesucher entfiel, die auf der Strasse nach Zurzach reisten.[21]

Die Schiffsleute: Wenige Brugger

Der Transport auf den Flüssen erforderte Schiffsleute mit der nötigen Erfahrung und Ausrüstung. Nun gab es wohl in den meisten Dörfern am Fluss jemanden mit einem Boot, das Transportgewerbe konzentrierte sich aber auf wenige Orte. Zu ihnen gehörten die Hauptorte, die ihren Bürgern Vorrechte erteilen konnten, so Bern, Luzern und Zürich. Daneben gab es Umladeorte, wie zum Beispiel Yverdon, Aarburg oder Koblenz, oder Orte mit einem zusätzlichen Flussgewerbe wie Stilli.

Trotz seiner Funktion als Etappenort war das Schiffergewerbe in Brugg wenig bedeutend. Es gab zwar Schiffsleute, wie im Zusammenhang mit Unfällen deutlich wird: Sowohl die Schiffsleute des Unglücks von 1626 wie auch des Unfalls in Aarau 1657 waren Brugger. Insgesamt machten sie aber nur einen geringen Teil der Bevölkerung aus. Der Beruf kam im 17. Jahrhundert vor allem im Geschlecht Degerfeld vor, vermutlich in Kombination mit dem Schiffsbau. Noch 1737 wollte ein Jüngling das Schifferhandwerk lernen.[22] In Altenburg hingegen stellten die Flusstransporte wohl einen wichtigen Nebenerwerb der dortigen Fischer und Kleinbauern dar. 1712 wurden diese beauftragt, bei der Brunnenmühle herabgefallene Felsen mit dem Boot zu entfernen. 1766 liess man Altenburger Schiffsleute oder den Fährmann von Holderbank Material für Uferbefestigungen herbeiführen. Anscheinend gab es in Brugg keine dafür qualifizierten Leute.[23]

Niedergang der Flussschifffahrt

Für die abnehmende Bedeutung und das weitgehende Verschwinden der Flussschifffahrt in der Schweiz sind drei Gründe wesentlich: Erstens wurde die Konkurrenz durch den Strassentransport immer stärker, namentlich seit dem Strassenbau im 18. Jahrhundert. Zweitens wurden seit dem 19. Jahrhundert Fabriken an den grossen Flüssen gebaut, welche die Wasserkraft nutzten. Die dazu errichteten Verbauungen bildeten Hindernisse, welche die Schifffahrt stark erschwerten; hätten sich die Flussbenutzer nicht dagegen gewehrt, wäre die Schifffahrt wohl ganz verunmöglicht worden. Solche Fabriken standen

---

—— 20 Baumann, Bözberg, S. 557–560. Lüthy, Alfred: Küttigen. Küttigen ohne Jahr, S. 91f. 1780–1788 wurden im Mittel ca. 7000 Kübel à 400 Berner Pfund verkauft: StAAG AA 395, S. 367. StABg A 53, S. 343. StAAG AA 1230, 27. 11. 1730. —— 21 Baumann, Stilli, S. 53. —— 22 Baumann, Stilli, S. 78–90. Vgl. oben, Abschnitt Unfälle. StABg A 32, S. 151v, 267; A 46, S. 47, 142. —— 23 StABg A 131, S. 37; A 51, S. 244; A 52, S. 4. —— 24 Vgl. Baumann, Stilli, S. 116–121. —— 25 Härry, Verkehrswege I, S. 253–265. Canal d'Entreroches, bes. S. 76–78. Lüscher, Gottlieb: Die schweizerischen Binnen-Schiffahrts-Projekte. Aarau 1942. Seiler/Steigmeier, Geschichte des Aargaus, S. 181–183. —— 26 Härry, Verkehrswege I, S. 178–180. Schneider, Eisenbahnpolitik, S. 13. Seiler/Steigmeier, Geschichte des Aargaus, S. 134–137. —— 27 Seiler/Steigmeier, Geschichte des Aargaus, S. 135–137. Schneider, Eisenbahnpolitik, S. 86–95. Kessler, Adolf: Die Schweizerische Nordostbahn (1853–1901). Diss. Zürich 1929, S. 91–154.

etwa in Baden, in Turgi und in Windisch. Die Elektrizitätswerke kamen erst auf, nachdem die Flussschifffahrt schon bedeutungslos geworden war. Den Todesstoss versetzte der Schifffahrt aber drittens die Eisenbahn: Sie war schneller, vermutlich günstiger und ebenfalls zur Beförderung von Massengütern geeignet. 1872 war in Stilli die Schifffahrt, die früher einen bedeutenden Erwebszweig gebildet hatte, praktisch bedeutungslos geworden.[24]

239–249 — Die Idee einer kommerziellen Schifffahrt auf den Flüssen war damit jedoch noch nicht begraben. Im 20. Jahrhundert wurden zahlreiche Projekte diskutiert, die Schifffahrt wieder aufzunehmen, nun aber nicht mehr in einem gewerblichen Umfeld, sondern mit umfangreicher Korrektion der Flüsse und mit Motorschiffen. Nach dem Zweiten Weltkrieg konzentrierten sich die Pläne auf eine Verbindung vom Genfer- über den Neuenburger- und den Bielersee und die Aare bis zum Rhein – wie es sie vom 17. bis ins 19. Jahrhundert schon einmal gegeben hatte. In der Au zwischen Brugg und Lauffohr war ein grosser Hafen vorgesehen, und die Aareschlucht sollte mit einem Flusskraftwerk mit integrierter Schleuse aufgestaut werden. Verwirklicht wurden diese Pläne bekanntlich nicht, doch blieb bis 1989 bei Brückenbauten die Auflage, genügend Freiraum für passierende Schiffe einzuplanen.[25]

Ein neues Kapitel: Die Eisenbahn

Die Nachrichten von einem neuen Verkehrsmittel, das von einer Dampfmaschine angetrieben wurde und auf eisernen Schienen rollte, häuften sich in den 1830er-Jahren in der Schweiz. Zuerst herrschten Skepsis und Ablehnung gegenüber diesem Verkehrsmittel vor, doch schon bald kam ein eigentliches Eisenbahnfieber auf.[26] Trotzdem dauerte es bis 1847,

200, 537f. — bis die erste Linie in der Schweiz den Betrieb aufnehmen konnte: die «Spanischbrötli-Bahn» von Zürich nach Baden. Sie bildete das erste Teilstück der Verbindung Zürich–Basel. Bis das Folgestück gebaut wurde, vergingen wieder einige Jahre: Zuerst beanspruchten der Sonderbundskrieg und die Gründung des Bundesstaates die öffentliche Aufmerksamkeit. Dann tauchte die – 1852 negativ beantwortete – Frage auf, ob sich der Bund in den Eisenbahnbau einschalten sollte. Schliesslich folgten endlose Streitereien um die Linienführung: Die privaten Bahngesellschaften wollten möglichst einfach zu bauende Strecken, die Kantone, die Konzessionen erteilten, und die Gemeinden wollten vom Verlauf der Bahnlinien möglichst stark berücksichtigt werden. Nach vielem Taktieren wurde 1856 die Verlängerung bis Brugg und 1858 bis Aarau fertig gestellt, wo bereits eine Verbindung nach Basel und Bern bestand.

Die Eisenbahngesellschaften

Der Bau und Betrieb der Eisenbahnen erfolgte im 19. Jahrhundert durch private Gesellschaften. Im Aargau waren dies vor allem die Nordostbahn (NOB), die von Zürich aus ihre Strecken baute, und die Schweizerische Centralbahn (SCB), die im Dreieck Basel–Bern–Luzern tätig war. Es handelte sich um kommerzielle Unternehmungen, deren Aktionäre eine Dividende erwarteten. Nicht immer war dies der Fall: 1876/77 gerieten beide Gesellschaften in Finanznöte, die neue Nationalbahn machte 1878 Konkurs. Für die Seetalbahn musste das Kapital in England gesucht werden. Erst 1898 stimmte das Volk mit grosser Mehrheit einem Gesetz zu, das dem Bund die Kompetenz gab, Eisenbahngesellschaften zu verstaatlichen: Von 1900 bis 1909 erwarb die Eidgenossenschaft die fünf grossen Eisenbahngesellschaften und fügte sie ab 1902 zu den Schweizerischen Bundesbahnen zusammen. 1913 bis 1948 kamen vier kleinere Privatbahnen dazu.[27]

Eisenbahn-Streckenbau im Aargau

Linie nach	erbaut	als Doppelspur	
		Brücken	Strecke
Baden	1856	1856	1856
Aarau	1858	–	1862
Basel	1875	1875/1904	1904
Birrfeld	1882	–	1994
Viadukt Bözberg–Birrfeld	1969	1969	1969

207–210 Die Bözbergstrecke wurde 1873–1875 gebaut, obwohl inzwischen Züge auf den konkurrierenden Linien durch den Hauenstein und nach Waldshut mit Anschluss an die deutsche Rheintalbahn verkehrten. Das Material für den Damm der Bözberglinie stammte zum Teil vom Südbahneinschnitt, dem Aushub vom Bau der Linie Richtung Birrfeld.[28]

Ursprünglich wurden die Züge von Dampflokomotiven gezogen, doch forcierten die SBB nach dem Ersten Weltkrieg, der eine Kohleknappheit zur Folge hatte, die Elektrifizierung. Die Linien, die Brugg berührten, wurden in den Jahren 1925 bis 1927 für den elektrischen Betrieb ausgerüstet.[29]

Der erste Brugger *Bahnhof* war ein Holz-Ständerbau und beherbergte zugleich den Güterschuppen, weshalb der Boden einige Stufen über dem Schienenniveau lag. 1868 wurde das Stationsgebäude durch einen repräsentativen Steinbau ersetzt, der zum Teil aus Material der früheren Bahnhofbauten in Zürich errichtet wurde. 1918 bis 1921 folgte die Erweiterung mit zwei Seitenflügeln zum heutigen Gebäude. 1934 wurden überdachte Zwischenperrons errichtet und mit Unterführungen erschlossen – vorher mussten die Reisenden zum Einsteigen bis zu vier Geleise überschreiten. In den letzten Jahren wurden die Perrons zum bequemeren Einstieg erhöht und mit Aufzügen erschlossen; auch die Überdachung wurde verlängert.

Die Infrastruktur wuchs ebenfalls: 1856 wurden zwei Güterschuppen, ein Lokomotivschuppen und eine Drehscheibe errichtet, der Geleiseplan von 1874 zeigt schon 11 Geleise sowie eine Drehscheibe, welche die Zufahrt zur Lokomotivremise ermöglichte. Bei den Bauarbeiten von 1934 wurde gleichzeitig die Länge des Geleisefeldes ausgedehnt.[30]

Für die Lokomotiven baute die NOB 1892 zwei Schuppen, von denen jener neben der Südbahnlinie noch steht. Mit zunehmendem Verkehr stieg die Zahl der in Brugg stationierten Lokomotiven, sodass 1911 bis 1913 ein Ringschuppen erstellt wurde. Im Endausbau waren 28 Standplätze vorgesehen, vorerst wurden aber nur deren sieben verwirklicht, bei denen es bis heute geblieben ist. Zusätzlich errichteten die SBB eine Reparaturwerk-

---

28 Schneider, Eisenbahnpolitik, S. 22–51, 63–68, 70f., 75–77. Schienennetz Schweiz, S. 23, 25, 27, 39, 102. – Material nur zum Teil geeignet für den Damm: Rohrer, Bözbergbahn, 28. 2. 1975. Schienennetz Schweiz, S. 47, 49, 116. Rohrer, Bözbergbahn, 3. 3. 1975. Tomasi, Aarebrücken. 29 Schienennetz Schweiz, S. 67–69. – Unterwerk 1924: Mathys, Auskünfte, S. 52. 30 Lanfranconi, Bahnhof Brugg, S. 44f., 48, 50 und Faltplan. BgNbl 45 (1935), S. 41–44. Stutz, Bahnhöfe, Nr. 79. 31 Schweizerische Bauzeitung 63 (1914), S. 69–71. StAAG RRB 1931, Nr. 431, 1531, 1765; 1932, Nr. 287. Statistisches Jahrbuch [der SBB] 1939. 32 Rohrer, Bözbergbahn, 3. 3. 1975. StAAG RRB 1857, Nr. 390, 2046, 2517. Vgl. S. 628. 33 Michaelis-Karte. Lanfranconi, Bahnhof Brugg, S. 44f. StAAG RRB 1874, Nr. 1102, 1563, 2067, 2315, 2594. 34 StAAG RRB 1883, Nr. 1142, 1280; 1896, Nr. 808, 1562; 1901, Nr. 827, 1985, 2080; 1902, Nr. 188, 924; 1911, Nr. 88, 136, 341; 1913, Nr. 648. Frauenlob, Verkehrspolitische Entwicklung, S. 24–27. BgNbl 37 (1927), S. 41–44; 48 (1938), S. 71; 49 (1939), S. 46. 35 Vgl. z. B. den Plan von 1918 von Bezirksgeometer Ruh, abgedruckt bei Germann, Bauen und Wohnen, nach S. 9. 36 Baumann, Windisch, S. 606–620. StAAG RRB 1948, Nr. 836; 1949, Nr. 1434.

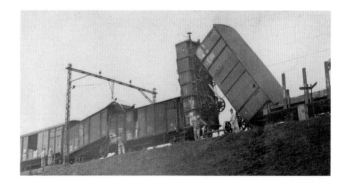

375 __ Dieser spektakuläre Unfall ereignete sich zwischen 1925 und 1934 bei der Unterführung Kirchenfeld in Windisch.

stätte für den Unterhalt der Dampflokomotiven. Mit deren Verschwinden wurde 1928 auch die Werkstätte aufgehoben. Als Ersatz dafür versuchte Brugg eine Traktorenreparaturwerkstätte und, als dies nicht gelang, die Materialverwaltung der Kreisdirektion zu erhalten. Infolge des Verkehrsrückgangs schoben die SBB die Verlegung des Materialmagazins hinaus, erst 1938 erstellten sie auf Windischer Boden ein Gebäude dafür.[31]

Die Eisenbahn wirkte sich erheblich auf den Alltag in Brugg aus. Schon vor dem Bau tauchten Befürchtungen auf, dass der Funkenwurf der Dampflokomotiven Wald, Kulturen und vor allem Strohdachhäuser in Brand setzen könne – nicht unbegründet, wie auswärtige Beispiele zeigten. In Altenburg wurde ein Strohdachhaus im Hölzli (in der Nähe der heutigen Autobahnbrücke) abgerissen, da sich ein Umdecken nicht gelohnt hätte. Gebannt wurde die Gefahr schliesslich durch die Elektrifizierung.[32]

Durch die Streckenführung wurden viele Landparzellen entzweigeschnitten und zerstückelt. Bisherige Strassen und Wege wurden unterbrochen oder ihre Benutzung erschwert. Ein Beispiel: Auf der Michaelis-Karte von 1843 und den Geleiseplänen von 1855 und 1858 hatte die heutige Bahnhofstrasse eine Fortsetzung Richtung Hausen. 1874 wurde sie von den Geleiseanlagen überdeckt. Die betroffenen Gemeinden wollten den Übergang beibehalten, doch wurde ihr Begehren vom Bundesrat weitgehend abgewiesen. Lediglich eine Verbindung südlich entlang der Geleise zum Übergang Zürcherstrasse und einen Fussgängerdurchgang beim Süssbach musste die Nordostbahn erstellen.[33] Beim Übergang Zürcherstrasse kam es in der Folge zu häufigen, manchmal längeren Wartezeiten, sei es wegen durchfahrender Züge oder wegen Rangierarbeiten. Brugg und Windisch reklamierten während Jahrzehnten gegen die Beeinträchtigung, allerdings erfolglos, obwohl viele Menschen davon betroffen waren: 1899 überquerten im Mittel 2400 Fussgänger pro Tag die Bahnlinie. 1927 wurde endlich – zusammen mit einer Erhöhung des Damms von Turgi her – bei der Badenerstrasse eine Unterführung gebaut. Die Unterführung der Aarauerstrasse folgte 1937/38.[34]

Altenburg wurde mit dem Damm, der zur Aarebrücke und weiter zum Bözberg führte, beinahe von der Welt abgeschnitten und hatte nur noch bei der Aare und durch den Tunnel Nigglistrasse Zugang zu einem Teil seines Gemeindegebiets.[35]

Schliesslich beschäftigten auch Name und Standort des Bahnhofs die Menschen. Die Brugger waren 1856 unzufrieden, dass das Stationsgebäude auf Windischer Boden zu stehen kam, und fanden die Distanz von zehn Minuten Fussweg (!) vom Städtchen unzumutbar. Die Windischer ärgerten sich, dass die Station den Namen «Brugg» trug, erhielten jedoch von der Direktion der Nordostbahn keine sie befriedigende Lösung angeboten – «Brugg-Windisch» genügte ihnen nicht. Als Windisch 1863 einen Teil seines Gemeindegebiets an Brugg abtrat, war das Problem vorerst aus der Welt. Spätere Gesuche auf Änderung der Stationsbezeichnung in Brugg-Windisch lehnten die SBB 1938 und 1948/49 ab.[36]

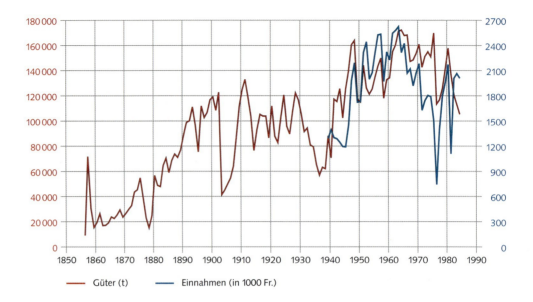

376 ___ Güterfrequenzen am Bahnhof Brugg, 1856–1984. Der Güterumschlag nahm bis zum Ersten Weltkrieg kräftig zu, unterbrochen von drei Rückschlägen: 1858 fiel der Verlad Richtung Westen, 1875 jener vom Bözberg her weg, und 1903 machte sich die Verstaatlichung der verschiedenen Eisenbahngesellschaften und deren Fusion zu den SBB bemerkbar. Im Übrigen spiegelt die Grafik die wirtschaftliche Entwicklung mit Industrialisierung, De-Industrialisierung und Krisen.

Mehr Züge, mehr Reisende

Anfänglich war der Verkehr im Bahnhof Brugg noch sehr bescheiden: Insgesamt 12 Züge pro Tag verkehrten in Brugg, teils Personenzüge, teils Güterzüge mit Personenbeförderung. Züge ohne Personenbeförderung scheint es nur als Extrazüge gegeben zu haben. 100 Jahre später, 1956, betrug die tägliche Zahl der Züge 322, Extrazüge nicht mitberechnet! In den folgenden Jahren bewegte sie sich weiterhin zwischen 300 und 400, mit dem Höchststand von 380 im Jahr 1974: Im darauf folgenden Jahr übernahm die neue Heitersberglinie einen Teil der Züge.[37]

Die Frequenzen waren für Personen und Güter unterschiedlich hoch. Der Güterverkehr erlitt mehrere schwere Einbrüche. Beim Personenverkehr waren die Rückschläge deutlich geringer als beim Güterverkehr. Seit etwa 1940 ist eine stetige Zunahme der Einnahmen festzustellen, 1944 und 1945 übertrafen erstmals die Einnahmen aus dem Personenverkehr jene des Güterverkehrs. Seit 1964 ist dies dauernd der Fall, wobei der Güterverkehrsertrag stagniert, jener aus dem Personenverkehr hingegen fast ungebremst wächst. Dazu beigetragen haben zweifellos die Einführung des Taktfahrplans 1982 sowie die Zürcher S-Bahn 1990, von der ein Ast bis Brugg reicht.

In zwei Schritten (1999/2001) wurden die SBB in die Divisionen Güterverkehr und Personenverkehr aufgeteilt. Damit lassen sich die aktuellen Zahlen nicht mehr mit frühe-

___ 37 Lanfranconi, Bahnhof Brugg, S. 45–47, 53. Statistisches Jahrbuch [der SBB] 1963–1984. Seiler/Steigmeier, Geschichte des Aargaus, S. 209f. ___ 38 Frauenlob, Verkehrspolitische Entwicklung, S. 36–39. Statistische Tabellen [der SBB] 1902–1933. Statistisches Jahrbuch [der SBB] 1934–1984. Seiler/Steigmeier, Geschichte des Aargaus, S. 193–195. Auskünfte von Martin Pfändler, Bahnhof Brugg, vom 18. 12. 2003. ___ 39 Rohrer, Bözbergbahn, 28. 2. 1975. Müller, Vereinsgeschichte, S. 90f. ___ 40 Baumann, Windisch, S. 611, 632. Roth, Kulturgeographie, S. 131. Statistische Quellenwerke der Schweiz, Bd. 438. Statistisches Amt des Kantons Aargau, Hefte 29 und 33, 152.

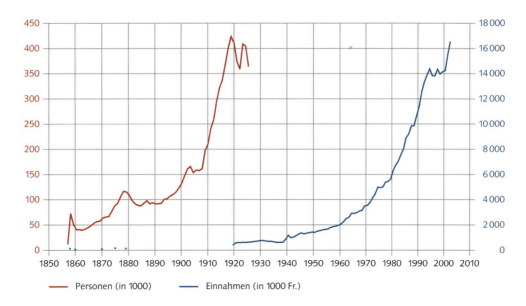

377 ___ Frequenzen der Reisenden beziehungsweise Einnahmen aus dem Personenverkehr am Bahnhof Brugg, 1856–2002. Beim Personenverkehr wurden bis 1919 die abgehenden Personen gezählt, seither die verkauften Fahrausweise und Einnahmen, weshalb die Zahlenreihen nicht verglichen werden können. Die Einbrüche im 19. Jahrhundert und die Spuren der Wirtschaftskrise der 1930er-Jahre sind deutlich schwächer als beim Güterverkehr.

ren vergleichen. Im Jahr 2000 wurde der gesamte Bereich Güterverkehr samt den Rangiergruppen von Brugg nach Lupfig verlegt, mit Folgen für die Einnahmen wie für die Beschäftigtenzahl.[38]

Die Eisenbahner
Für den Bau der neuen Strecken benötigten die Gesellschaften zahlreiche kräftige Hände, gab es doch noch fast keine Maschinen. So arbeiteten an der Bözberglinie 1873 über 4000 Männer, die Tunnelbauer nicht mitgezählt. Der Bau der zweiten, doppelspurigen Aarebrücke 1904/05 beschäftigte so viele Personen, dass die Musikanten unter ihnen eine eigene Musikgesellschaft bilden konnten.[39] Auch für den Betrieb wurde viel Personal gebraucht: im Bahnhof und im Güterschuppen, für das Stellwerk und das Rangieren sowie als Zugpersonal.

Personalbestand des Bahnhofs Brugg inklusive Zugpersonal[40]

Jahr	1902	1910	1920	1930	1939	1951	1962	1967	1973	1981
Beschäftigte	119	137	312	276	231	243	249	350	310	323

1920 erreichte der Personalbestand des Bahnhofs Brugg einen vorläufigen Höchststand. Die grosse Zahl von Beschäftigten ist auf die Werkstätte zurückzuführen, die 1928 allerdings bereits wieder aufgehoben wurde. Als Ersatz erhielt Brugg, nach langen Bemühungen, 1938 ein Materialmagazin. 1967 bot dieses 33 Personen Beschäftigung. Die SBB – und vorher zweifellos auch die Nordostbahn – waren damit wichtige Arbeitgeber in der Region Brugg-Windisch.

Der Grossteil der Eisenbahner wohnte in Windisch oder Brugg: in Windisch vor allem im Klosterzelg- und Reutenenquartier, in Brugg namentlich im Bodenacker. So sind etwa Häuser am Holderweg von Eisenbahnern gebaut worden, jene am Enzianweg von der Eisenbahner-Baugenossenschaft Brugg. Auch am Gartenackerweg gehörten einige Wohngebäude Bahnangestellten. Frei stehende Häuser erwarben die – offenbar besser verdienenden – Lokomotivführer Härdi und Streich sowie der Bahnmeister Sigmund Graf, eher kleine Reihenhäuser besassen der Bahnarbeiter Karl Keller, der Lokomotivführer Ernst Keller und der Bahnangestellte Samuel Richner.[41]

Auch in der Freizeit kamen manche Eisenbahner zusammen, jedenfalls bestanden einige Eisenbahner-Vereine: eine Musikgesellschaft, ein Männerchor und ein Sportverein.[42] Vielleicht war das Gruppengefühl unter den Eisenbahnern so stark, vielleicht schlossen sie sich in eigenen Vereinen zusammen, weil sie unregelmässige Arbeitszeiten hatten und mit den dadurch bedingten Absenzen in den bestehenden Vereinen schief angesehen worden wären.

Strassenverkehr mit Pferd und Wagen

Den zentralen Punkt des Strassennetzes um Brugg bildete die namengebende Brücke. Sie existierte schon in römischer Zeit, wie die Strassenführung mit den begleitenden Gräbern zeigt. Offen ist, ob sie in nachrömischer Zeit dauernd bestanden hat. Vermutlich riss gelegentlich ein Hochwasser die Brücke weg. Um sie zu ersetzen, brauchte es neben technischem Können vor allem jemanden, der den Bau organisierte und überwachte. Ob es eine solche Herrschaft vor der Jahrtausendwende gab, ist bis heute nicht geklärt.

Die erste Erwähnung des Namens «Brugg» fällt in die Zeit um 1160: Die Siedlung muss damals bereits bestanden haben, und vor dieser die Brücke.[43] Gegen Norden zielte die Verbindung nach dem Rhein und nach Basel, welches sich leichter über einen Juraübergang als durch das linksufrige Aaretal erreichen liess. Bei den Pässen stand der Bözberg im Vordergrund. Richtung Mittelland standen mehrere Routen zur Wahl. Wichtig war die Strasse, die bei Windisch über die Reuss und nach Zürich führte, weiter via Walensee und über die Bündnerpässe nach Italien. Durch das Reusstal oder über Birrfeld–Villmergen–Fahrwangen gelangten die Reisenden nach Luzern. Schwierig einzuschätzen ist schliesslich die Bedeutung der Ost-West-Verbindung. Der Hauptteil des Verkehrs dürfte die Strecke über Mellingen–Lenzburg gewählt haben. Für Brugg stand der Verkehr zwischen dem westlichen Mittelland und Zurzach mit seinen Messen beziehungsweise der Verkehr nach Süddeutschland im Vordergrund.[44]

Routenvielfalt vor dem Aufkommen der Städte

Die Route zwischen Brugg und Luzern durch das Freiamt und das Seetal berührte auf etwa 50 Kilometern keine einzige Stadt. Offenbar handelte es sich um eine Verbindung, die

---

41 Germann, Bauen und Wohnen, S. 8–10. StABg B D.IIa.8. – Die Reihenhäuser wurden zwei resp. drei Jahre später verkauft, zu deutlich höheren Preisen. — 42 Müller, Vereinsgeschichte, S. 91. Zum Eisenbahner-Sportverein vgl. Aargauer Zeitung, 11.9.2004. — 43 IVS Dokumentation, AG 13.0.1. Mehrere Hochwasser im 15. und 16. Jahrhundert: vgl. Banholzer, Geschichte der Stadt Brugg, S. 26, 213, 263. — 44 IVS Dokumentation, AG 3, 13, 40 und 43. Glauser, Verkehr, S. 13–17. — 45 Lüthi, Fernstrassen, S. 85. Glauser, Verkehr, S. 15–17. — 46 Rohr, Murbachhöfe, bes. S. 17, Anm. 1, und 179. Glauser, Verkehr, S. 14. Baumann, Stilli, S. 13. Lüthi, Fernstrassen, S. 64f. — 47 Glauser, Verkehr, S. 7, 14. Franz, Günther (Hg.): Quellen zur Geschichte des deutschen Bauernstandes im Mittelalter. Darmstadt 1974, S. 200–207. — 48 Baumann/Frey, Freudenau, S. 75, 78.

schon vor der Entstehung der Städte existiert hatte: Bevor diese mit ihrer Infrastruktur, ihren Märkten und Interessen eigentliche Knotenpunkte für den Verkehr bildeten, mussten Transporte mit anderen Etappenorten und mit Eigenleuten organisiert werden.[45] Dies lässt sich auch für die Region Brugg nachweisen.

Das Kloster Murbach im Elsass erhielt 840 das Kloster Luzern mit umfangreichem Grundbesitz in der Innerschweiz geschenkt. Als Verbindungsglieder und Absteigeorte dienten die vier Höfe – eigentliche Besitz- und Verwaltungszentren – im Aargau: Lunkhofen, Holderbank, Rein und Elfingen. Jenseits des Bözbergs gehörten die Höfe Gipf, Wittnau, Schupfart, Möhlin, Augst und Pratteln ebenfalls zum Kloster Murbach. Damit ist eine Route von Basel bis nach Luzern erkennbar, die nicht dem direktesten Weg, sondern dem Murbacher Besitz folgte. Von Luzern führte die Route durch das Reusstal nach Lunkhofen. Die nächste Station war vermutlich Holderbank, von wo man entweder über Brugg nach Rein oder auf einer Fähre über die Aare und bei Linn oder Gallenkirch über den Bözberg nach Elfingen gelangte. Der Abt von Murbach besuchte zweimal jährlich alle Höfe, um Recht zu sprechen.[46]

Vermutlich wurden auch die Naturaleinkünfte des Klosters über diese Stützpunkte ins Elsass gebracht. Das war der Fall beim Kloster Muri, das im 11. und 12. Jahrhundert Wein aus dem Breisgau und dem Elsass durch eigene Bauern im Frondienst mit Karren abholen liess.[47] Das Stift Säckingen besass umfangreichen Besitz im Glarnerland und in der Ostschweiz. Aus dem Glarnerland wurden jährlich 163 Schafe und 29 Rinder auf dem Landweg nach Säckingen getrieben. Die übrigen Abgaben – unter anderem 350 grosse und über 1000 kleine Käse und 116 Mütt Hafer – wurden auf dem Wasser nach Zürich gebracht, wo säckingische Hofleute aus Kaisten, Hornussen, Gallenkirch, Sulz und andern Orten sie abholten und ins Stift brachten. Sie benutzten dafür den Landweg, nicht die Limmat. Zwischen Lauffohr und dem gegenüberliegenden Weiler Roost verkehrte eine Fähre, die zu drei Vierteln Säckingen gehörte. Für das Übersetzen der Glarner Schafe erhielten die Fährleute jeweils eines der Tiere.[48]

Die Beispiele zeigen, dass die jeweiligen Transporte auf verschiedenen Routen mit unterschiedlichen Stationen abgewickelt wurden. Gleichzeitig dienen sie als Erklärung für manche der verwirrend zahlreichen Wegspuren über den Bözberg: Neben dem Über-

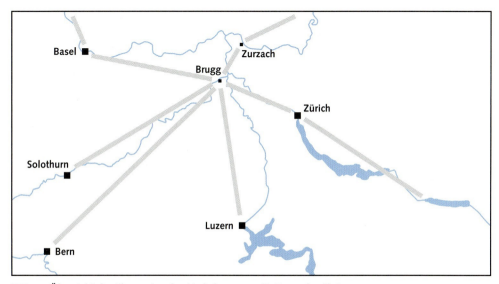

378 ___ Übersicht der überregionalen Verkehrswege, die Brugg berührten.

gang beim Stalden führten Verbindungen an Brugg vorbei. Die «Chatzensteig»-Route führte von Effingen über Oberbözberg und südlich an Remigen vorbei zur Aare bei Lauffohr/Stilli, mit Varianten etwas nördlich respektive über Kirchbözberg und durch das Itele. Weiter westlich führten mehrere Wege von Hornussen oder Effingen über Gallenkirch oder Linn zur Fähre bei Schinznach-Bad oder südlich nach Veltheim.[49]

Die *Fähre bei Lauffohr* dürfte schon früh existiert haben. Darauf deutet die Tatsache hin, dass der Ortsname (Lufar, Lunvar) – allerdings erst 1280 belegt – von «Fähre» abgeleitet ist. Aufgrund ihrer Lage dürfte die Siedlung Lauffohr deutlich vor die Jahrtausendwende zurückgehen: Entweder änderte sie später den Namen, oder die Fähre bestand damals schon. Ein zweites Indiz sind die Besitzungen des Stifts Säckingen: Schon im Frühmittelalter war es in Glarus begütert, und 965 erwarb Säckingen das Schifffahrtsrecht auf dem Walensee. Entsprechend ist auch der Besitz des Dinghofes im Roost und des Fährrechts in diese Zeit anzusetzen.[50]

Ursprünglich dürfte die Fähre zwischen Lauffohr und dem Roost verkehrt haben. Darauf deuten am linken Ufer der Ortsname und der Zugang am flachen Ufer hin. Für Roost spricht weiterhin, dass sich dort das Zentrum des säckingischen Besitzes sowie eine Gerichtsstätte und eine Herberge befanden. Vielleicht bediente die Fähre auch den Limmatspitz, die Landzunge zwischen Aare und Limmat nördlich von Vogelsang. Um 1250 liess Graf Rudolf von Habsburg, der spätere König, beim Turm zu Freudenau eine Brücke über die Aare errichten. Sie hatte nicht allzu lange Bestand, danach kam wieder die Fähre bei Lauffohr in Betrieb. Um 1410 wurden die Siedlungen im Roost und in Freudenau auf einem Kriegszug verbrannt, nach dem Alten Zürichkrieg verlegte der Landesherr des linken Aareufers die Fähre in sein neu gegründetes Dorf Stilli, wo sie bis zur Aufhebung Anfang des 20. Jahrhunderts blieb.[51]

Es scheint, dass die Siedlung Freudenau mit Turm und Brücke in der zweiten Hälfte des 13. Jahrhunderts zu Brugg in Konkurrenz stand: Beide Siedlungen wiesen Flussübergänge mit Anlegestellen für Schiffe auf sowie Lagerplätze für Güter und waren damit Begegnungsorte für Reisende und Kaufleute. Spätestens im 14. Jahrhundert setzte sich Brugg durch.

Die Fähre in Stilli dürfte vor allem dem Verkehr vom Mittelland nach Nordosten gedient haben, namentlich dem Besuch der Zurzacher Messen. Jedenfalls liegen auffallend wenige Informationen vor über andere Bözbergübergänge neben dem Stalden.[52]

Mit dem Aufkommen der Städte und des Fernhandels und mit der Lockerung herrschaftlicher Bindungen änderte sich auch das Transportwesen: Statt durch leibeigene Bauern des jeweiligen Herrn wurden Güter von selbständigen Fuhrleuten transportiert, die nicht mehr auf herrschaftliche Höfe als Etappenorte Rücksicht zu nehmen brauchten. Die Städte zogen den Verkehr an sich und suchten konkurrierende Verbindungen auszuschalten. 1566 klagte Brugg beim Obervogt von Schenkenberg, dass der Verkehr von Stilli teils über Rüfenach nach Umiken gehe, wodurch der Stadt der Zoll und Bern das Geleit entgehe. Die Fähre zwischen Au und Hard bei Wildegg – die früher wohl von Holderbank nach Schinznach-Dorf übersetzt hatte – hätten Brugg und Aarau gerne beseitigt, da sie die

---

[49] Baumann, Bözberg, S. 612–618. — [50] Baumann/Frey, Freudenau, S. 73–77. — [51] Ebenda, S. 75–80. Baumann, Stilli, S. 4–8, 15. — [52] Baumann/Frey, Freudenau, S. 97–101. Baumann, Bözberg, S. 613–615. Baumann, Stilli, S. 52f. — [53] Banholzer, Geschichte der Stadt Brugg, S. 234. StABg A 28, S. 211. Baumann, Bözberg, S. 616; Baumann, Stilli, S. 13–15. — [54] Glauser, Verkehr, S. 13–16. IVS-Dokumentation, AG 43. Michaelis-Karte, Blatt XI. StABg A 31, S. 356; A 32, S. 406; A 33, S. 569; A 36, S. 224v; A 39, S. 285; A 42, Bl. 117; A 61, S. 282.

Einnahmen aus dem Brückenzoll verminderte. Sie konnten sie zwar nicht verbieten lassen, achteten aber genau darauf, dass Wagen dort nicht übersetzten. 1577 erreichte Brugg, dass das bestehende Schiff durch ein kleineres ersetzt wurde, das keine Wagen tragen konnte. Anscheinend lohnte es sich jedoch, die Waren am einen Ufer abzuladen und auf dem anderen Ufer wieder auf Wagen zu laden. Allerdings ist fraglich, ob dieser Übergang vom Fernverkehr frequentiert wurde oder ob dort nur Transporte zwischen dem Schenkenbergertal und Lenzburg abgewickelt wurden.[53]

Die Verkehrsbedürfnisse im Mittelalter und in der Frühen Neuzeit sind noch kaum erforscht, wie die Birrfeld-/Freiamtroute zeigt: Sie wurde mindestens ab 1200 begangen; im 14./15. Jahrhundert verlagerte sich der Warenverkehr von Basel nach Luzern – grossteils Wein aus dem Elsass in die Innerschweiz – auf die direktere Linie über den Hauenstein. Dass dies nicht schon früher geschah, ist der Einflussnahme der Habsburger zuzuschreiben. Die Route blieb weiter in Gebrauch und wurde auf der Michaelis-Karte von 1843 als «Alte Brugger Strasse» bezeichnet. Einerseits diente sie vermutlich Kaufleuten, die von Luzern her an die Zurzacher Messen reisten. Zum anderen wurde sie vom überregionalen Handel benutzt. In den Brugger Ratsmanualen finden sich einige Einträge zu Luzerner Kaufleuten, sowohl als Einzelpersonen wie auch als Kollektiv. Zweimal wird ausdrücklich Wein als Transportgut genannt.[54]

Strassen über den Bözberg
Die für Brugg wichtigste Strasse war zweifellos die über den Bözberg. Schon in römischer Zeit gab es eine Verbindung, ihr Verlauf ist aber nicht bekannt: Bei der so genannten «Römerstrasse» wurden bisher keine archäologischen Funde aus römischer Zeit gemacht. Be-

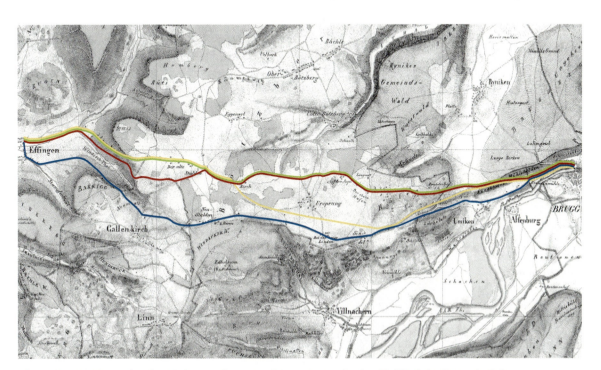

379 __ Die vier Wege über den Bözberg nach Brugg: «Römerstrasse» (rot), mittelalterliche Strasse (grün), begangen ab dem 13. Jahrhundert, frühneuzeitliche Strasse (gelb), erstellt 1576–1590, und heutige Strasse (blau), erbaut 1778/79.

lege für ihre Benutzung reichen bis ins 13. Jahrhundert zurück. In welchem Jahrhundert sie entstand, ist offen. Falls der Name «Windischtal» von Anfang an benutzt und nicht später in diese Form umgedeutet worden ist, wäre dies ein Hinweis darauf, dass die Strasse schon vor der Siedlung Brugg – erstmals genannt um 1160 – existierte.

Ein Hinweis auf die Bedeutung des Bözbergs ist ein Hospiz – das allerdings verschiedenen Übergängen dienen konnte – aus der Zeit um 1200 in Effingen und seine Ersetzung nach einem Brand durch die spätere Taverne zur Glocke.[55] Aufschlussreich ist auch der Ertrag des Zolls in Brugg sowie die Existenz einer Tavernenbannmeile: Die Stadt Brugg verfügte über das Tavernenmonopol. Im Umkreis einer Meile (= zwei Wegstunden oder zehn Kilometer),[56] später noch einer Stunde, durften nur in ihren Mauern Tavernen betrieben werden. Ausgenommen war jene am Reussübergang in Windisch, die wohl bereits existiert hatte, als Brugg das Privileg erhielt. Konkret sind mit der Bannmeile die habsburgischen Ämter Eigen und Bözberg gemeint, wo die Habsburger überhaupt über die Tavernenrechte entscheiden konnten.

Um dieses Vorrecht kam es zu langwierigen Konflikten, besonders um die 1455 eingerichtete Wirtschaft beim Aareübergang in Stilli. Noch im 18. Jahrhundert versuchte Brugg dort eine Taverne zu verhindern. Der Durchgangsverkehr war offenbar rege genug, dass es sich um das Vorrecht zu kämpfen lohnte.[57]

Die Aaretalstrasse: Eine Nebenroute
Als regionale Verbindung hatte es wohl schon im Früh- und Hochmittelalter entlang der Aare einen Weg gegeben. Grössere Bedeutung erlangte die Verbindung seit dem 14. Jahrhundert mit dem Aufstieg Süddeutschlands als Wirtschaftszentrum sowie mit den Genfer und vor allem den Zurzacher Messen. Der Ost-West-Verkehr wählte meist die Strasse über Baden–Mellingen–Lenzburg oder – weniger häufig – den Wasserweg, dennoch verblieb einiger Fernverkehr auf der Aaretalstrasse. Um die Mitte des 18. Jahrhunderts wurden etwa dreimal mehr Güter in Lenzburg abgefertigt als in Brugg.

Im 18. Jahrhundert führte der gebräuchlichste Weg durch das Birrfeld nach Lenzburg und von dort nach Westen: Die bernische Verwaltung wollte den Verkehr auf die Strasse über Suhr–Oftringen–Murgenthal lenken. Deshalb verwarf sie ein Projekt, die Strecke Brugg–Wildegg auszubauen, weil sie ein Abschwenken des Verkehrs auf die Strasse

---

55 Baumann, Bözberg, S. 569–587. Frey/Wälchli, Effingen. — 56 Vgl. Baumann, Strassenwesen, S. 68. — 57 Heuberger, Geschichte der Stadt Brugg, S. 81. Baumann, Stilli, S. 247–249. RQ Brugg, Nr. 20 Ziff. VII. Baumann, Bözberg, S. 522–524. — 58 IVS Dokumentation, AG 4. Baumann, Strassenwesen, S. 33–35, 44f., vgl. 59, 98, 124–132. — 59 Heuberger, Brugg im 19. Jahrhundert, S. 63. StABg A 49, S. 137; A 50, S. 177; A 51, S. 28f., 118, 124f.; A 52, S. 299; A 60, S. 206, 216, 242; A 61, S. 254; A 63, S. 220. StABE B 5 484, S. 17. — 60 StABg A 131, S. 29–33, 142–145, 151, 155–157, 230f., 270f., 327; A 38, Bl. 58, 132. Pfister, Im Strom der Modernisierung, S. 202–209. StABg A 236, S. 25, 29, 56. — 61 StABg A 239a, 1792. StAAG AA 1306, S. 47–51. Dubler, Masse, S. 34f., 51, 61. StABE B 5 484, S. 139, spricht von einem Vertrag zwischen [Schultheiss] Frölich und wohl seinem Schwager Iselin von Basel, dem dominierenden Güterfuhrmann auf der Route Basel–Zürich. Vgl. zu ihm: Frey, Robert: Das Fuhrwesen in Basel von 1682 bis 1848. Diss. Basel 1932, S. 81f. — 62 Banholzer, Brugger Ratsbuch seit 1803. StABg A 217, A 236, A 237, A 239a. Feer, Familie Feer, Bd. 2, S. 385–388. Frölich, Erinnerungen Übergangs-Periode, S. 8f. StABE B VI 369. – Weitere Pächter: 1734–1743 Herr resp. Gebr. resp. Franz Wetzel, 1744–1755 Johann Schmid, der um 1755 in den Kleinen Rat gelangte. Die Salzspedition war von Bern der Familie Zimmermann übergeben, die im 18. Jahrhundert vier Schultheissen stellte, nach 1780 der Familie Bächli. Vgl. S. 149. — 63 StABg B B.IIb.38.

Aarau–Olten und damit durch solothurnisches Gebiet befürchtete. Erneut tauchte die Frage in den 1760er-Jahren beim Bau einer neuen Strasse von Hunzenschwil nach Brugg auf; sie wurde zugunsten der Route über Holderbank entschieden.[58]

Das Speditionsgewerbe

Von der guten Verkehrslage von Brugg profitierte das entsprechende Gewerbe, wie zum Beispiel Gasthäuser und Schmieden. Direkt am Transport beteiligt war der «Spanner»: Vor der Korrektur der Hauptgasse 1836 bis 1838 war ihr Verlauf deutlich steiler als heute; ein Güterwagen mit sechs Pferden benötigte drei Vorspannpferde, um den Anstieg zu bewältigen; darum kümmerte sich der Spanner.[59]

Wirtschaftlich bedeutender war das Speditionsgewerbe: die Organisation von Gütertransporten für Dritte. Eindeutige Belege dafür liegen seit Beginn des 18. Jahrhunderts vor. Damals führten der Sternenwirt Johannes Frölich und Hans Jakob Feer eine Speditionsgesellschaft, die mehrfach in Streitfälle wegen beschädigter oder verlorener Waren verwickelt war. Konflikte aus dem 17. Jahrhundert deuten darauf hin, dass schon frühere Sternenwirte im Transportgeschäft tätig waren.

Transportiert wurden vorerst vor allem Kaufmannswaren mit Ziel oder Ursprung Zurzacher Messe sowie Salz. Als weiteres Transportgut erschien im Lauf des 18. Jahrhunderts das Getreide. So wurden in den 1730er- und 1740er-Jahren mehrere Tausend Säcke entspelzter Dinkel für Genf in Brugg umgeladen. Gegen Ende des Jahrhunderts nahm der Getreidetransit stark zu.[60]

1792 wurden im Brugger Ländehaus eingelagert und weiterverschickt: 11,5 Tonnen Baumwolle, 11,3 Tonnen Eisen, 357 Tonnen andere Waren, 4840 Tonnen entspelzter Dinkel und 18 918 Fässer Salz. Salz und Getreide kamen von oder durch Süddeutschland und waren für das westliche Mittelland bestimmt. Daneben war mindestens ein Brugger Spediteur auch am Salztransport nach Luzern und Zürich beteiligt, vermutlich auch am Transport Basel–Zürich.[61]

Die Speditoren, die in den Quellen genannt werden, erscheinen gleichzeitig als Pächter des städtischen Ländehauses. Das Pachten dieses Magazins (seit 1747 deren zwei) war nur für Transporteure zweckmässig. Die Pächter können somit als die führenden Spediteure betrachtet werden. Sie stammten aus dem Kreis der Familie Frölich: 1708 und 1714 zahlten Johann Frölich, Sternenwirt, und Johann Jakob Feer, Schwiegersohn des Schultheissen Johann Jakob Frölich, zusammen einen Teil der Miete. Nach dem Konkurs des Sternenwirts schloss sich Feer mit seinem Schwager, dem Buchbinder Johann Heinrich Frölich, zusammen, schied aber spätestens 1730 aus. Der Buchbinder Frölich hatte einen Teil des Ländehauses und zeitweilig auch das ganze bis 1754 in Pacht, sein Sohn Johann Jakob übernahm von 1754 bis 1778 das ganze Ländehaus. Zudem war der Buchbinder verschwägert mit dem Basler Fuhrmann Hieronymus Iselin, der den Güterverkehr Basel–Zürich dominierte. Nach 1780 wurde die Firma Frölich & Cie. vom bisher beteiligten Johann Jakob Bächli übernommen. Der jüngere Frölich und Bächli profitierten davon, dass sie das von Bern im Ausland gekaufte Getreide transportieren konnten. Beide Frölich wie auch Bächli gelangten zur Schultheissenwürde![62]

Im 19. Jahrhundert war es mit der Dominanz einer einzelnen Familie vorbei: 1824 wurden zehn Spediteure aufgeführt, von denen keiner 40 Prozent des Umschlags im Ländehaus erreichte. Mit dem Aufkommen der Eisenbahn verschwand das Speditionsgeschäft völlig, die Magazine an der Lände standen leer.[63]

Strassenbenutzung und aufwändiger Unterhalt

Über den Bözberg sind mindestens vier Streckenführungen nachgewiesen (s. Abb. 379). Eine neue Linienführung wurde nur dann realisiert, wenn die bisherige Strasse in einem schlechten Zustand war und eine Neuanlage deutliche Vorteile brachte. Bei der modernen Strasse wurde dieser Grund ausdrücklich genannt, die frühneuzeitliche wurde nach aufwändigen Reparaturen in den 1570er-Jahren erstellt. Für die «Römerstrasse» hat Lüthi darauf hingewiesen, dass die Zufahrt von Effingen heute zum Teil nicht mehr sichtbar sei, weil sie vom Windischbach wegerodiert wurde. Ob das der Grund für die Verlegung war oder ob die Erosion später erfolgte, ist nicht zu rekonstruieren.[64]

Der Unterhalt der Strassen umfasste lange Zeit vor allem das Ausbessern von Löchern – mit Steinen, Erde oder auch Astmaterial – und das Zurückschneiden von Sträuchern und Bäumen am Strassenrand. Diese Massnahmen dienten nicht nur der Erhaltung der Strassenbreite; sie wurden auch ergriffen, damit die Strasse schneller trocknete und die Fahrbahn fest blieb. Gelegentlich wurden Steine und Felsen aus dem Weg geräumt.[65]

Verglichen mit solch einfachen Massnahmen war der Unterhalt am Bözberg weit umfangreicher: Nach 1522 wurde das Strassenbett auf etwa 300 Metern mit stehenden Pflastersteinen versehen, eine Strecke von etwa zwei Kilometern erhielt ein hölzernes Strassenbett. 1569/70 musste die Strasse geräumt werden, Erdrutsche und Geröll hatten sie nach einem Unwetter verschüttet.[66]

Manche *Schäden* an den Strassen waren den Anstössern anzulasten. Optimal war eine ebene, wenig geneigte und trockene Fahrbahn. Nun warfen manche Leute Abfälle auf die Fahrbahn, wodurch Trockenheit und Festigkeit abnahmen. Dies geschah auch bei Misthaufen an der Strasse, die «safteten». Umgekehrt holten Leute aus Mangel an Dünger für die Landwirtschaft den auf den Strassen liegenden Mist und übertrieben dabei, sodass der Brugger Rat das «Grübeln» in den Strassen untersagte.[67]

Der Hauptteil des Schadens rührte jedoch von den Fuhrwerken her. Die Transporte auf der Strasse profitierten von zahlreichen Neuerungen. Im Hochmittelalter herrschten Saumtiere beim Landtransport vor. Noch 1341 war der Zoll in Luzern auf diese Transportart ausgerichtet. Hingegen ist schon 1251 im Zolltarif von Freudenau von «currus», Wagen, die Rede. Dies zeigt, dass regionale Unterschiede bestanden – noch 1731 gab es übrigens im Amt Weggis weder Pferde noch Wagen!

Bei den *Fuhrwerken* handelte es sich vorerst hauptsächlich um zweirädrige Karren. Der vierrädrige Wagen war zwar bekannt und ermöglichte grössere Ladungen, verfügte aber lange Zeit über keine lenkbare Vorderachse, weshalb er schwierig einzusetzen war. Glauser datiert dessen Durchbruch ins 15./16. Jahrhundert; in England waren lenkbare Wagen erst seit dem 17. Jahrhundert üblich.

Die Transportkapazität erhöhten weiter die Hufeisen – bekannt seit dem 9. Jahrhundert, verbreitet erst deutlich später –, der Kummet, um Pferde wirkungsvoll einspannen zu können (seit dem 9. Jahrhundert) und die Eisenreifen um die Räder (14./15. Jahrhundert). Alle diese Neuerungen setzten den Strassen zu: Die Eisenteile beschädigten die

---

[64] Baumann, Bözberg, S. 569–587. Lüthi, Fernstrassen, S. 63. — [65] Baumann, Strassenwesen, S. 58–63, 75f., 97f., 108. StABg A 33, S. 228. — [66] Baumann, Bözberg, S. 577f. — [67] StABg A 39, Bl. 135; A 43, S. 3; A 42, Bl. 157v. — [68] Glauser, Verkehr, S. 6–12. Baumann/Frey, Freudenau, S. 76. Lay, Maxwell G.: Die Geschichte der Strasse. Frankfurt 1994, S. 49. Baumann, Strassenwesen, S. 43, 65, 129. – Grundsätzlich ist zu unterscheiden zwischen der Erfindung und der Verbreitung: Hier geht es um den Gebrauch, in technikgeschichtlichen Darstellungen vor allem um die frühesten Belege, vgl. z. B.: Treue, Wilhelm (Hg.): Achse, Rad und Wagen. Göttingen 1986. — [69] Baumann, Strassenwesen, S. 65. Heuberger, Bözbergstrasse, S. 96f. StABg A 48, S. 42; A 58 und A 59, passim.

380 —— Einen Eindruck vom Verkehr in der Frühen Neuzeit vermittelt diese Aufnahme aus der Zeit um 1900 mit der ungeteerten, etwas morastigen Baslerstrasse und dem vierrädrigen Leiterwagen. Bloss die Kleidung wirkt zu modern!

Oberfläche der Strasse direkt, der Kummet durch grössere Wagenladungen und die damit höhere Belastung. Bremsen kamen erst im 19. Jahrhundert auf, vorher wurden bergab entweder die Räder blockiert oder den Rädern so genannte Radschuhe, eine Art Kufen, unterlegt. Beide Bremsarten schädigten die Strassen äusserst stark, ebenso der Einsatz von Eisen an Hufen und Wagenrädern. Verstärkt wurde die Beanspruchung durch die zunehmend grösseren Ladungen: Während beim Murianer Weintransport im 11./12. Jahrhundert die Nettolast noch etwa 0,7 Tonnen pro Fuhrwerk betrug, erhöhte sie sich bis zum Ende des 16. Jahrhunderts auf 1 bis 1,3 Tonnen, im 18. Jahrhundert gar auf 2 bis 2,5 Tonnen (inklusive Wagen) oder 1,75 Tonnen Ladung.[68] Zur Schonung der Strassen wurden im 18. Jahrhundert Gewichtslimiten eingeführt. Über den Bözberg galt um 1750 eine Beschränkung auf zwei Tonnen. Die Kontrolle gestaltete sich jedoch schwierig. Erst nach dem Bau der neuen Bözbergstrasse wurde in Brugg auf dem Eisi eine Lastwaage erstellt, auf der Wagen mit Ladung gewogen werden konnten. In den folgenden Jahren häuften sich die Bussen fürs Überladen.[69]

Neubau statt Flickwerk
Eine neue Stufe im Transportwesen wurde durch den Bau von «Kunststrassen» erreicht; solche planmässig von Grund auf angelegte Strassen existieren seit dem 18. Jahrhundert. In der Schweiz ging Bern voran, das seit etwa 1700 nach dem Vorbild Frankreichs seine Strassen gründlich verbesserte oder neu anlegte. Zuerst kamen die Transitrouten an die Reihe. Ihre Bevorzugung beruhte auf handfesten wirtschaftlichen Interessen: Am Ende des 18. Jahrhunderts standen die Erträge aus den Zöllen an dritter Stelle der bernischen Staatseinnahmen! Diese Erträge flossen jedoch nur, wenn die Fuhrleute durch bernisches Gebiet zogen und nicht andere Routen benutzten. Die Qualität der Strassen war ein wichtiger Faktor für die Streckenwahl. Auch die Pächter des Postregals forderten gute Strassen. Früher hatte die drohende Abwanderung des Verkehrs Unterhaltsarbeiten an einzelnen

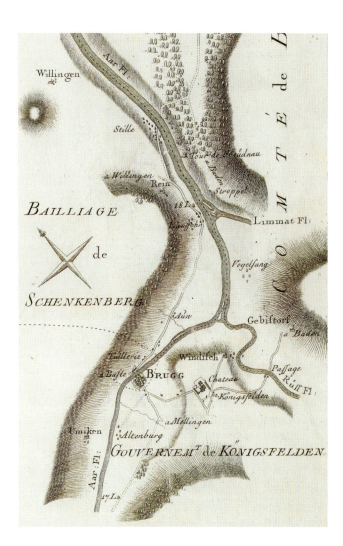

381 —— Wenige Jahre nach der Fertigstellung der Aargaustrasse publizierte Pierre Bel eine «Carte topographique de la grande route de Berne à Zurich & Zurzach» mit den Ortschaften, Abzweigungen, Stundensteinen und Orientierungspunkten.

Wegstücken veranlasst, nun wurden systematisch und in weit grösserem Umfang Strassen verbessert oder neu angelegt.[70]

1706 bis 1711 erneuerte Bern zunächst die alte Strasse nach Lenzburg. 1742 beschloss der Berner Rat einen planmässigen Strassenbau und bewilligte dafür einen regelmässigen jährlichen Kredit. 1753 begannen die Arbeiten an der *Aargaustrasse*. Für die Linienführung massgebend waren hauptsächlich die Kosten für Bau und Unterhalt, die Streckenlänge und die Steigungen. So kam es, dass die Strasse an Burgdorf, Langenthal und Aarau vorbeiführte. Die eine Linie führte nach Othmarsingen an die Berner Grenze und weiter nach Zürich.

Vorgesehen war auch eine Abzweigung nach Brugg, hauptsächlich für Waren aus Schaffhausen und aus dem südlichen Deutschland, die bei Stilli in bernisches Gebiet gelangten. Dabei standen sich die Linienführungen Hunzenschwil-Wildegg-Holderbank-Brugg und Lenzburg-Othmarsingen-Birrfeld-Brugg gegenüber. Die Variante durch das Birrfeld war ebener und kostete weniger, zudem diente sie dem Verkehr aus dem

—— 70 Baumann, Strassenwesen, S. 82–99 und passim. Vgl. Blaich, Fritz: Die Epoche des Merkantilismus. Wiesbaden 1973, S. 126–132, 183f. —— 71 Baumann, Strassenwesen, S. 96–134. —— 72 StABg A 53, passim (S. 216–319); A 54, S. 42. —— 73 StABg A 53, S. 213, 224, 233–235, 256f., 260.

Elsass nach Luzern. Für die Variante über Holderbank wurden die Salztransporte aus dem Magazin in Brugg und die Fuhren von und nach Königsfelden ins Feld geführt, die von einer kürzeren Strecke profitieren würden. Für diese Variante entschied sich der bernische Grosse Rat im April 1768. Zwei Jahre später waren zwei Drittel der Strecke Hunzenschwil–Stilli fertig gestellt.[71]

Brugg war vom Bau dieser Strecke direkt betroffen, und zwar nicht nur aufgrund der Strassenführung innerhalb des Stadtbanns. Schon bald kam von Bern die höfliche Anfrage, ob die Stadt sich nicht an den Kosten dieses für die Allgemeinheit nützlichen Werks beteiligen wolle, zum Beispiel mit dem Bau der Süssbachbrücke. Darauf beschloss Brugg ohne Begeisterung einen Beitrag von 4000 Pfund, trotz Bedenken wegen befürchteter Umsatzverluste der Wirtshäuser. Die Süssbachbrücke allerdings erwähnte die Stadt tunlich nicht, damit sie nicht am Ende noch für deren Unterhalt aufkommen musste.

In den Landvogteien mussten die Gemeinden zur Finanzierung beitragen. Sie erhoben eine Abgabe von den Grundstückbesitzern, das heisst auch von vielen Brugger Bürgern. Im Amt Königsfelden beschwerten sich die Leute nicht, im Amt Schenkenberg dagegen schon: Viele Brugger argwöhnten, sie würden benachteiligt, weil nur ihre Liegenschaften für die Festlegung der Abgabe geschätzt wurden. Den Dorfleuten wurde aufgrund einer allgemeinen Schätzung ein Betrag auferlegt, oder sie leisteten ihren Anteil mit Arbeit. Der Brugger Rat teilte die Unzufriedenheit seiner Mitbürger und wurde, ohne viel Nachdruck, beim Landvogt vorstellig. Die Beiträge der Brugger an den Strassenbau im Stadtbann legte der Rat mittels einer groben Einteilung in Klassen fest und verzichtete auf eine Vermögenserhebung! Allerdings handelte es sich auch nicht um sonderlich hohe Beträge: Die Abgabe in den Ämtern betrug 1 bis 2 Kreuzer pro 100 Gulden Grundstückwert und Woche; im Amt Stilli insgesamt 518 Gulden, im Amt Königsfelden 186 Gulden.[72]

Der Strassenbau im Gebiet der Stadt warf keine hohen Wellen. Der Rat liess 2 Bennen (Einachs-Handkarren), 6 Pickel und 16 Schaufeln anfertigen. Das nötige Kies sollte nicht aus der Weihermatte gegraben, sondern von der Sandgrueb durch einen Kännel herabgelassen werden. Die Arbeit wurde durch Arbeiter verrichtet, nicht durch die Bürger im Gemeinwerk. Weil die Strasse beim Schützenhaus höher zu liegen kam, musste die Zufahrt zur Ländi angepasst werden.[73]

Nach der Fertigstellung der Aargaustrasse kam die *Strasse über den Bözberg* an die Reihe. Diese Strasse war je nach Zustand mehr oder weniger häufig benutzt worden: War sie in schlechtem Stand, suchte der Verkehr Ausweichrouten. So zog in den 1750er-Jahren ein grosser Teil der Gütertransporte durch das Rheintal bis Zurzach und von da über Bülach nach Zürich, obwohl der Weg fast um die Hälfte länger war. Damit gingen auch die Einkünfte in Brugg entsprechend zurück. 1755 wurde deshalb eine neue Streckenführung über den Bözberg vorgeschlagen, um den steilen Aufstieg zwischen Effingen und (Alt-)Stalden und die morastige Passage östlich des Stalden zu vermeiden. Im Fricktal wurde die Strasse um diese Zeit verbessert, Brugg bot einen Beitrag an für die Instandsetzung über den Bözberg – doch während 18 Jahren geschah nichts. Erst 1773 gab der Berner Rat die Projektierung in Auftrag. Die Verzögerung hatte finanzielle Gründe: Die für den Strassenbau bereitgestellten Mittel wurden zuerst für die Ost-West-Achse verwendet, wo eine Verkehrszunahme grössere Mehreinnahmen brachte als am Bözberg. 1774 wurden die Arbeiten an der Aargaustrasse abgeschlossen.

Der Neubau der Bözbergstrasse erfolgte in den Jahren 1777 bis 1779 unter der Leitung des berühmten Ingenieurs Mirani. An die Kosten von etwa 64 000 Pfund trugen die Gemeinden der Landvogteien Schenkenberg und Kasteln 7500 Pfund – wegen ihrer Armut deutlich weniger als die sonst üblichen zwei Drittel – und die Stadt Brugg freiwillig

6000 Pfund bei. Nach dem Bau galt die Bözbergstrasse gemäss zeitgenössischem Urteil als «unstreitig eine der bequemsten Bergstrassen der Schweiz».[74]

Einnahmequelle Verkehr

Strassenverbindungen waren begehrt, da der Verkehr finanzielle Vorteile brachte. Dabei handelte es sich nicht nur um einen indirekten Nutzen wie zum Beispiel um einen höheren Umsatz für bestimmte Handwerksbetriebe oder für das Gastgewerbe. Der Verkehr brachte an manchen Orten auch direkte Einnahmen. In Brugg wurden Zoll und Geleit erhoben. Das *Geleit* war eine Abgabe an eine Herrschaft, die dafür Sicherheit, namentlich vor Überfällen, garantierte. Ursprünglich stellte sie dafür eine Begleitmannschaft. Diese Abgabe war auch auf dem Wasser fällig.[75]

Mit der Zeit fiel die Begleitung weg, und damit wurden die Einkünfte aus dem Geleit übertragbar, wovon die Habsburger – beim ständigen Mangel an flüssigen Mitteln – auch Gebrauch machten.[76] Wie die Brugger Stadtchronik berichtet, hatte Herzog Albrecht der Lahme eine Rente von 54 Gulden jährlich aus dem Brugger Geleit an das Strassburger Geschlecht von Mülnheim versetzt. Nach Albrechts Tod kaufte Brugg mit Genehmigung seiner Söhne diese Rente den Mülnheim ab. Weitere jährliche Beträge kamen der Anna Manesse, geborene Mülner, respektive ihren Erben aus der Familie von Hallwyl (100 Gulden) und dem Kloster Königsfelden (15 Gulden) zu. Zudem wurde um 1400 ein Teil der Leibrente einer Königsfelder Nonne aus dem Brugger Geleit bezahlt. Brugg habe die gesamten Einkünfte aus dem Geleit kassiert und davon die Renten ausgerichtet, bis Bern 1435 das Geleit für sich beansprucht und seither Brugg seinen Anteil von 54 Gulden ausbezahlt habe, meldet der Chronist. Eine Bestätigung dafür liefert die Tatsache, dass Bern den Zins der Hallwyl ablöste. Später wird der Anteil Bruggs in den Urkunden regelmässig mit einem Drittel angegeben.[77]

Beim *Zoll* sind verschiedene Abgaben zu unterscheiden: Der Pfundzoll war eine Gebühr für Waren, die auf dem Markt verkauft wurden. In den mittelalterlichen Quellen ist meist von «Bruggzoll» die Rede. Der Brückenzoll gehörte den Habsburgern, die ihn aber in mehreren Teilen verpfändet hatten. Den Hauptteil konnte Brugg 1378 von Grimm von Grünenberg für 1320 Gulden erwerben. Weitere versetzte Anteile übernahm Brugg 1458 und 1461. Damit gehörte der Brückenzoll unangefochten der Stadt.[78]

---

74 Zitat: Supplement zu dem allgemeinen helvetisch-eidgenössischen oder schweizerischen Lexicon, 1. Teil (303), zitiert nach Baumann, Bözberg, S. 587; ders., S. 580–587. Heuberger, Bözbergstrasse. Banholzer, Bözbergstrasse. BgT, 20. 4. 1977. Banholzer, Max: Der Archimedes der Berner. Zum 200. Todestag von Antonio Maria Mirani. In: Der Bund, 3. 11. 1978. — 75 Lexikon des Mittelalters, Bd. 4, Sp. 1204f. RQ Brugg, Nr. 97, S. 175f. — 76 Marchal, Guy P.: Sempach 1386. Basel 1986, S. 59–105, betrachtet Pfandschaften als Mittel der Verwaltung: Wenn, wie in diesem Fall, nur Einkünfte ohne Funktionen verpfändet werden, trifft dies nicht zu. — 77 Banholzer, Geschichte der Stadt Brugg, S. 140. StABg A 6, S. 119. Bickel, Hallwil, S. 125, 174f.; Thommen, Urkunden II, Nr. 546. UB Brugg, Nr. 125, 142. RQ Brugg, Nr. 10. – Die Angaben sind widersprüchlich: Gemäss einer späteren Nachricht zog Bern das Geleit 1445 an sich (StAAG AA 1834, S. 73–80), die Urkunde sei im Feuer, also 1444, verloren gegangen (ebenda, 85), also noch in Brugger Besitz. Gesichert ist, dass Brugg später 54 gl. auf dem Geleit besass: StABg A 319; A 41, S. 481; A 42, Bl. 235v; A 47, S. 49; A 48, S. 150; A 16 und A 17. Vgl. aber: StABE Ratsmanual, 14. 7. 1603 und 12. 11. 1661. — 78 RQ Brugg, Register. Banholzer, Geschichte der Stadt Brugg, S. 139f.; Thommen, Urkunden I, Nr. 785 (S. 539); II, Nr. 94. UB Brugg, Nr. 137, 148. — 79 StABg A 1, S. 39–44, 49; A 319; B B.IIIf.5, S. 39–42; A 47, S. 659. — 80 Heuberger, Bözbergstrasse, S. 129. Banholzer, Geschichte der Stadt Brugg, S. 262.

Nun erscheint jedoch in den Quellen auch der Ausdruck «Zoll», meist als festes Wortpaar «Zoll und Geleit». Dabei handelt es sich nicht um ein verdoppelndes Wort, sondern um eine Änderung beim *Brückenzoll:* Während 1460 gemäss Zollordnung zahlreiche Güter zollpflichtig waren, wurde der Brückenzoll laut einem Tarif von 1821 nur noch von Personen zu Fuss oder zu Pferd und von leeren Wagen verlangt, ähnlich in einer Abrechnung von 1747. Innerhalb dieses Zeitraums wechselte auch der Anteil der Stadt von 54 Gulden am Geleit zu einem Drittel von Zoll und Geleit. Zu vermuten ist eine Vereinfachung der Erhebung: Statt dass der Bern unterstellte Geleiteinnehmer und der städtische Zolleinnehmer von denselben Gütern ihre unterschiedlichen Gebühren einzogen und der Geleitsmann jährlich 54 Gulden der Stadt Brugg ablieferte, erhob dieser beide Abgaben, wovon die Stadt Brugg ein Drittel erhielt. Dem städtischen Zolleinnehmer verblieb die Abgabe von Personen und leeren Wagen.

Der Wechsel erfolgte sicher nach 1495, wahrscheinlich sogar nach 1611 und sicher vor 1643: Seit diesem Jahr weisen die Rechnungen schwankende Beträge für das Geleit aus. Die bis 1611 abgerechneten Erträge aus dem Zoll sind deutlich höher – um 1600 über 150 Gulden – als nach 1643, wo sie jeweils 50 bis 60 Gulden betragen. Zudem variieren sie im 15. und 16. Jahrhundert erheblich, während sie um die Mitte des 17. Jahrhunderts bemerkenswert stabil sind.[79]

Zahlen, bitte!

Die Einkünfte aus dem Zoll waren für die Stadt von einiger Bedeutung, auch wenn sie nicht die grössten Einnahmeposten darstellten. Für die Jahre 1575 und 1600 hat Max Banholzer die Einnahmen der Stadt zusammengestellt: 1575 machte der Zoll 6,5 Prozent der gesamten Einnahmen aus, 1600 waren es 7 Prozent. Einen Hinweis auf die Bedeutung der Zolleinkünfte gibt auch der freiwillige Beitrag von Brugg an den Neubau der Bözbergstrasse, der 3000 Gulden betrug: 1777 reichte dies für etwa 7000 Taglöhne von Handlangern beim Strassenbau![80]

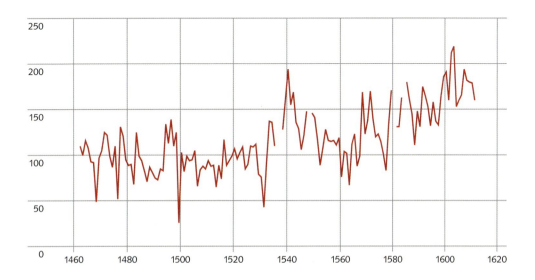

382 ___ Zolleinnahmen in Brugg in Gulden, 1462–1611. Hinter den nervösen Ausschlägen bei den Zollerträgen ist eine langfristige Entwicklung zu erkennen: Bis 1520 waren die Zehnjahresmittel ziemlich stabil, 1520 bis 1570 etwas höher. In den vier Jahrzehnten seit 1570 stiegen sie dann stetig an.

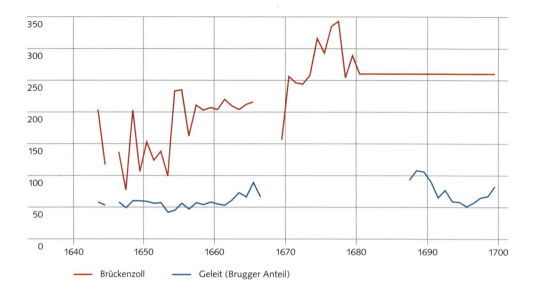

383 ⎯ Einnahmen der Stadt Brugg an Brückenzoll und Anteil am Geleit in Gulden, 1643–1699. Der Anstieg der Zollerträge setzte sich beim Geleit seit 1643 fort, es verdoppelte sich beinahe innert 40 Jahren. Ab 1680 verpachtete Brugg seinen Anteil des Geleits gegen einen festen Betrag an Bern.

Die Erträge aus den Verkehrsabgaben schwankten erheblich, was auf die wirtschaftliche Situation, aber auch auf politische, militärische, kirchliche und medizinische Ereignisse zurückzuführen ist: So brachten die Einsiedler Engelweihen in den Jahren 1483 und 1494 einen Strom von Pilgern und damit überdurchschnittliche Zollerträge. Umgekehrt trocknete der Schwabenkrieg den Handel weitgehend aus, wie der Negativrekord von 1499 zeigt. 1531 machte sich die Proviantsperre Berns gegenüber den Innern Orten bemerkbar, 1653 der Bauernkrieg und 1656 der Erste Villmergerkrieg. Wie stark sich Seuchen wie die Pest auf die Erträge auswirkten, lässt sich nicht schlüssig beantworten: 1552 waren die Zolleinnahmen deutlich geringer, 1541 und 1564 blieben sie trotz Pestepidemie im gewohnten Bereich. Dagegen dürfte die Lücke in den Rechnungen nach 1665 mit der Pest direkt zusammenhängen. Die Schwankungen in den 1640er-Jahren waren zweifellos eine Folge des Dreissigjährigen Kriegs.[81]

Nach 1680 lässt sich die Entwicklung bei den Erträgen aus den Verkehrsabgaben nur noch grob verfolgen, da Brugg seinen Anteil Bern gegen einen festen jährlichen Betrag überliess: von 1680 bis mindestens 1714 waren es 260 Gulden, ab 1745 430 Gulden, seit 1784 680 Gulden. Allerdings scheint die Verpachtung nicht durchgehend gegolten zu haben, die Ratsprotokolle enthalten gelegentlich Abrechnungen über Zoll und Geleit.[82]

Eine umgekehrte Verpachtung hatte es im 16. Jahrhundert gegeben: 1577 übernahm Brugg von Bern das Geleit für 400 Pfund jährlich, die Vereinbarung wurde auf drei Jahre abgeschlossen. Im ersten Jahr belief sich der Ertrag, nach Abzug der Kosten, auf 285 Pfund,

⎯ 81 Banholzer, Geschichte der Stadt Brugg, S. 229–231. ⎯ 82 StABg A 48, S. 150 (4. 2. 1751), 168 (11. 3. 1751); A 131, S. 286 (1715); A 47, S. 238 (1743). ⎯ 83 StABg A 1, S. 175; A 29, S. 138. Baumann, Bözberg, S. 578. ⎯ 84 StABg A 42, Bl. 235v, 237, 266v; A 41, S. 481; A 47, S. 49, 310. ⎯ 85 Heuberger, Brugg im 19. Jahrhundert, S. 49–54. StAAG RRB 1906, Nr. 397. StABg B A.Ib.3, S. 317–326, 328, 351; B A.Ib.4, S. 14–18. Roth, Kulturgeographie, S. 124. ⎯ 86 StABg A 35, S. 23. Marktbesuche vgl. Ratsmanuale, passim.

im zweiten auf 632 Pfund. Bemerkenswert ist, dass sich die Landvogtei Schenkenberg auch in diesen Jahren an den Kosten für die Bözbergstrasse beteiligte.[83]

Vermutlich ging Bern auf diese Verpachtung ein, um seine Verwaltung zu vereinfachen; später suchte es dagegen seinen Einfluss auszuweiten. Im 18. Jahrhundert fragte Bern mehrmals an, ob Brugg seinen Anteil an Zoll und Geleit abtrete. Ziel war, die Strassenabgaben nur noch an den Landesgrenzen zu erheben. Brugg erklärte sich grundsätzlich einverstanden, doch kam der Handel nicht zustande.[84]

Das 19. Jahrhundert brachte radikale Umwälzungen beim Zoll. Der Kanton Aargau zahlte als Rechtsnachfolger von Bern der Stadt Brugg für ihren Anteil am Ertrag von Zoll und Geleit jährlich einen festen Betrag. Als Brugg 1827 wegen des stärkeren Verkehrs eine Anpassung verlangte, verzögerte die Regierung diesen Schritt zunächst, bestritt dann den Anspruch Bruggs und anerkannte dessen Recht erst 1831. Doch schon 1834 wurde der Zoll an die Landesgrenzen verlegt. Die Regierung stellte sich auf den Standpunkt, dass der Anspruch Bruggs damit entfalle. Nach einem langen Rechtsstreit urteilte ein Schiedsgericht zugunsten der Stadt und verpflichtete den Kanton zu den entsprechenden Zahlungen. 1848 folgte die nächste Umstellung: Der neue Bundesstaat beseitigte alle Binnenzölle und zahlte dafür eine jährliche Entschädigung an die Kantone, die sie an die früheren Inhaber verteilten. Brugg erhielt auf diese Weise 5552 Franken pro Jahr zugesprochen. Mit der neuen Bundesverfassung von 1874 fielen die Entschädigungen für Zoll und Weggeld weg, sodass Brugg nur noch 3000 Franken jährlich für den Brückenzoll erhielt und dafür die Brücke unterhalten musste. Schon 1906 hätte der Kanton seine Zahlungen gerne eingestellt: Die Kosten für den Unterhalt seien vernachlässigbar, ein Neubau koste etwa 30 000 Franken, damit seien 3000 Franken jährlich überrissen. Die Verpflichtung bestand jedoch weiter und führte beim Neubau der Aarebrücke zu heftigen Diskussionen: Die Ortsbürgergemeinde kassierte das Geld, aber die Einwohnergemeinde war für den Unterhalt zuständig! Noch 1963 findet sich der Betrag in der Gemeinderechnung.[85]

Bessere regionale Verbindungen im 19. und 20. Jahrhundert

Brugg lebte nicht nur vom Fernverkehr, die Stadt war auch ein regionales Zentrum und damit angewiesen auf Verbindungen in die Umgebung. Allerdings sind für das Mittelalter und die Frühe Neuzeit fast nur die Gründe bekannt, welche die Menschen nach Brugg führten: Gerichts- und Verwaltungsangelegenheiten, militärische Übungen und das Schiessen auf der bis 1660 gemeinsam geführten Zielstatt vor der Stadt. Wichtig war vor allem der Brugger Markt: Im Mittelalter wurde er von Menschen aus einem Umkreis von zwei bis drei Stunden Reiseweg besucht. Das Einzugsgebiet des Marktes umfasste später vermutlich den heutigen Bezirk samt Gebenstorf, Birmenstorf und dem Siggenthal.[86] Wie intensiv der Besuch aus den entfernteren Orten – namentlich von Auenstein und aus dem Schenkenbergertal – war, muss offen bleiben.

Einen Eindruck vom regionalen Strassennetz vermitteln die Karten aus der Frühen Neuzeit: Es gab fast nur Ortsverbindungsstrassen. Die Michaelis-Karte (um 1843) zeigt schon ein deutlich feineres Wegnetz. Einerseits ist die Karte detaillierter, andererseits kamen neue Verkehrsbedürfnisse hinzu, nämlich die Erschliessung der landwirtschaftlichen Grundstücke nach Aufhebung des Flurzwangs und die Wege zu den neuen Fabriken. So lassen sich Fähren ausmachen zwischen Lauffohr und dem Limmatspitz unterhalb Vogelsang, zwischen dem Stroppel und dem Limmatspitz sowie vom rechten Limmatufer nach Vogelsang, auf einem anderen Plan zudem eine Fähre zwischen Lauffohr und dem Roost. Diese Flussübergänge dienten vor allem den Arbeitern der Fabriken an der Limmat.

384 ⎯ Diese Vogelschaukarte gibt einen Eindruck vom Strassennetz um 1700: Strassen existierten praktisch nur zwischen Siedlungen. Allerdings fehlen auch Verbindungen, unter anderem die Bözbergstrasse!

Ein gewisses Bedürfnis bestand schon vorher, wurden doch bereits 1822 und 1829 – ohne Fährbewilligung – bis zu 50 Personen täglich übergesetzt. Die Verbindung zum Stroppel wurde 1855 wieder eingestellt, 1880 wurde die Fähre nach Vogelsang an den Ort der heutigen Brücke verlegt und nach dem Ersten Weltkrieg durch einen festen Übergang ersetzt.[87]

Das Wegnetz in die umliegenden Gemeinden wurde somit im 19. und 20. Jahrhundert laufend verbessert. Dabei handelte es sich selten um neue Strassen: Auf der Karte der Land- und Nebenstrassen von 1838 fehlen im Vergleich zu heute bloss die Verbindungen Mönthal–Elfingen oder Oberbözberg–Remigen. Eine neue Strasse nach Remigen lehnte Brugg ab, weil die steile Remigersteig geblieben wäre. Häufig ging es um den Ausbau von bestehenden Wegen. Neu erstellt wurden die Brücken in Stilli 1903 als Ersatz für die Fäh-

⎯ 87 Michaelis-Karte. Müller, Verkehrsgeschichte Windisch, S. 42, Abb. 63. Baumann, Stilli, S. 60f. 150 Jahre Kanton Aargau, S. 489. ⎯ 88 Michaelis-Karte. StABg B A.Ic.4, S. 312. 150 Jahre Kanton Aargau, S. 486–492. StABg B A.Ic.5, S. 325 ⎯ 89 A. J.: Die Unterführung der Zürcherstrasse in Brugg. In: BgNbl 38 (1928), S. 71–78. Widmer, Hans-Peter: Ein bisschen Heimweh nach Mülligen. In: BgNbl 113 (2003), S. 197–210. ⎯ 90 150 Jahre Kanton Aargau, S. 508–512. Hemmeler, Postgeschichte, S. 21; Franck, Postwesen, S. 110–114. Staehelin, Geschichte des Kantons Aargau, S. 388f. Seiler/Steigmeier, Geschichte des Aargaus, S. 134f. ⎯ 91 Franck, Postwesen, S. 110–114. StABg B A.Ic.8, S. 154, 283; B A.Ic.10, S. 244, Akten Gemeinderat 40/7. ⎯ 92 BgNbl 42 (1932), S. 60; 40 (1930), S. 64. Adressbuch 1911, S. 14, und Inserat vorne. BAR E 7202 (-) -/1, Bd. 29, E 7172 (B) 1967/142, Bd. 1, 1877–1966. – Die neuen Garagen befanden sich am Bahnhofplatz und an der Bahnhofstrasse.

re und die Brücken in Schinznach-Bad 1914. Die Eisenbahnbrücken über die Reuss bei Gebenstorf und über die Aare bei Altenburg erhielten zusätzlich einen Fussgängersteg. Der 1910 beschlossene Brunnenmühlesteg sollte in erster Linie eine Wasserleitung von der Brunnenmühle Richtung Schönegg tragen und wurde zusätzlich als Übergang für die Fussgänger konzipiert.[88]

Zu Fuss oder in der (Blech-)Kutsche?
Die Stege weisen darauf hin, dass ein Grossteil der Wege zu Fuss zurückgelegt wurde. Dazu zwei Beispiele: Im Jahr 1900 wurde an drei Tagen der Verkehr über den Bahnübergang Zürcherstrasse gezählt. Er wurde von 7123 Fussgängern (80,9 Prozent), 758 Handwagen (8,6 Prozent), 433 Velos oder Motorwagen (4,9 Prozent) und 494 von Tieren gezogenen Wagen (5,6 Prozent) benutzt. Und es war durchaus üblich, dass Kinder ihren Vätern ein warmes Mittagessen in die Fabrik brachten, etwa von Mülligen nach Windisch oder Brugg.[89]

Als weiteres Verkehrsmittel dienten die *Postkurse:* 1804 verkehrten Postkutschen nur auf den Strecken Olten–Zürich mit Abzweigung in Lenzburg über Brugg–Zurzach nach Schaffhausen sowie dem Rhein entlang. Bis 1849 kam für die Region Brugg die Strecke über den Bözberg hinzu. Die Bedienung der Landgemeinden, welche nicht an den Fernreisestrecken lagen, folgte ab der zweiten Hälfte des 19. Jahrhunderts: 1865 wurde der Reisepostkurs Brugg–Lauffohr–Remigen–Laufenburg eröffnet, 1876 jener nach Mönthal. Weitere folgten, so nach Birr und Schinznach-Dorf. Allerdings waren die Postkutschen, wie die Eisenbahn, ziemlich teuer: Um 1830 kostete die Fahrt pro Wegstunde etwa vier bis fünf Batzen oder etwa den halben Tageslohn eines Fabrikarbeiters. Entsprechend gering blieb die Benutzung.[90]

In den 1920er-Jahren wurden die Postkutschen durch *Postautos* abgelöst. In den folgenden Jahrzehnten kamen neue Linien hinzu, manche fielen später wieder weg; 1958 verkehrten von Brugg aus Postautos nach Birmenstorf, Mönthal, Oberbözberg, Gansingen und Mellingen. 1962 wurde Mülligen angeschlossen, 1983 Habsburg. Aber erst 1988 erhielten auch Linn und Gallenkirch Anschluss an den öffentlichen Verkehr.[91]

Das verbreitetste private Verkehrsmittel war das Fahrrad. 1921 waren im Kanton 1661 Motorfahrzeuge registriert, während der Bestand an Fahrrädern auf 43 000 geschätzt wurde – ein Fahrrad auf 5,6 Einwohner. Der Bestand vervierfachte sich beinahe in den Jahren 1921 bis 1952.

Die erste Autogarage in Brugg
Eröffnet wurde der erste Automobilbetrieb in Brugg 1906: Damals zählte man in der Stadt drei Autos und ebenso viele Motorräder. Entsprechend kümmerte sich die Garage nicht nur um Autos. Im Adressbuch von 1911 lautet der Eintrag:

«Schürch, Louis Andreas, Velohandlung, Velo- und Automobilreparaturen, Autogarage, Aarauerstrasse.» Gemäss Inserat verkaufte Schürch auch Motoren, Näh- und Waschmaschinen, Öl und Benzin. Im Bericht der Fabrikinspektion wird der Betrieb als Konstruktionswerkstätte und Autoreparaturwerkstätte bezeichnet. Das Geschäft lief anscheinend gut, 1918 beschäftigte Schürch 15 Arbeiter und einen Jugendlichen. In den Jahren bis 1950 schwankte die Zahl der Arbeiter zwischen sechs und zehn.

1923 lautete die Adresse «Bahnhofstrasse 13», es handelte sich um die spätere Garage Aebli am Platz des künftigen Postgebäudes. Zwei weitere Garagen entstanden 1929/30.[92]

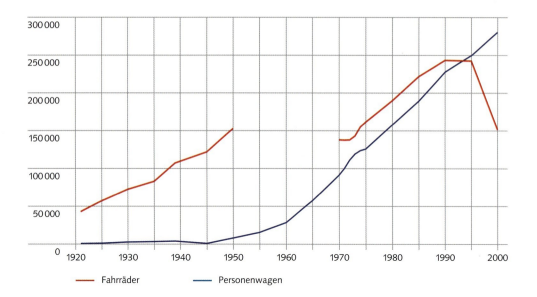

385 __ Bestand an Personenwagen und Fahrrädern im Aargau, 1921–2000. Das Velo war bis 1950 das Massenverkehrsmittel. Der scheinbare Rückgang nach 1990 ist eine Folge geänderter Einlösung, jener zwischen 1950 und 1970 deutet auf eine Verschiebung zu Mofas und Kleinmotorrädern hin. Seit 1960 ist der Bestand an Personenwagen stetig – und unbeeindruckt von Krisen – gewachsen.

Trotz – oder wegen? – ihrer geringen Zahl übten Motorfahrzeuge früh eine grosse Faszination aus, wie einige Notizen in den Neujahrsblättern belegen: 1892 drehte in Aarau eine «Dampfkutsche» ihre Runden. 1902 passierten etwa 120 Automobile beim Rennen Paris–Wien auch Brugg. 1929 schliesslich fand ein Motorradrennen auf die Habsburg statt.

Die Zahl der *Personenwagen* stieg aber erst seit dem Ende des Zweiten Weltkriegs stark an. Mit der Hochkonjunktur konnten sich mehr und mehr Leute ein Auto leisten. 1970 benutzten weniger als ein Viertel der Erwerbstätigen das Privatauto für den Arbeitsweg, im Jahr 2000 betrug der Anteil schon über 50 Prozent. Dazu passt, dass 1960 vor allem in den Gemeinden um Brugg der Anteil derjenigen Leute besonders hoch war, die auswärts arbeiteten: In Lauffohr, Umiken, Villnachern, Riniken, Stilli, Hausen, Lupfig und Windisch überstieg die Zahl dieser Wegpendler diejenige der am Ort Arbeitenden. Die verkehrsgünstige Lage ermöglichte das Pendeln, namentlich nach Brugg, aber auch nach Baden, Zürich und Aarau. Im Jahr 2000 arbeiteten auch in den Gemeinden Hottwil, Mandach, Elfingen, Bözen, Effingen, Linn und Gallenkirch zwei Drittel bis drei Viertel der Erwerbstätigen auswärts. Da die Motorisierung grössere Pendeldistanzen ermöglicht, weisen Gemeinden, deren Bevölkerungszahl im 20. Jahrhundert noch lange abnahm, seit etwa den 1970er-Jahren wieder ein Bevölkerungswachstum aus.[93]

Einen weitaus grösseren Anteil am Gesamtverkehrsvolumen als der Arbeitsverkehr hat der Freizeitverkehr. War früher die Ausfahrt am Sonntagnachmittag etwas Besonderes, so benutzen heute viele Leute das Auto völlig selbstverständlich. Der «Aus-

__ 93 150 Jahre Kanton Aargau, S. 492. Statistisches Jahrbuch des Kantons Aargau 2002, S. 156. Volkszählung 2000, Bd. 2: Pendlerstatistik, S. 24f. und Tab. 1. Roth, Kulturgeographie, S. 238–288. Vgl. z. B. HLS, Artikel Bözen, Habsburg, Hottwil, Mönthal. __ 94 Seiler/Steigmeier, Geschichte des Aargaus, S. 179–181. StABg Akten Stadtrat 3/17; Perspektiven des Schweizerischen Verkehrswesens (= Entwicklungsperspektiven der Schweizerischen Volkswirtschaft bis zum Jahr 2000, Teil VII), Bern, St. Gallen 1972, Textband, S. 102. Statistisches Jahrbuch des Kantons Aargau 2001, S. 8, 156.

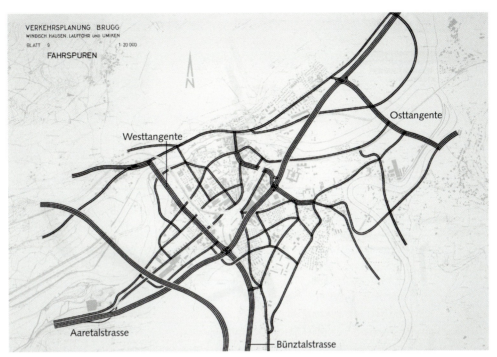

386 ____ Das geplante Strassennetz in der Region Brugg mit der jeweiligen Anzahl Fahrspuren, 1965. Als Verlängerung der Bünztalstrasse war eine vierspurige Westtangente mit Brücke nach Umiken vorgesehen, vom Gebiet Ägerten eine Osttangente nach Gebenstorf.

Verkehrsplanung in der Hochkonjunktur

Der seit dem Ende des Zweiten Weltkriegs anhaltende Wirtschaftsaufschwung machte bald notwendig, dass das Wachstum in geordnete Bahnen gelenkt wurde – dass geplant wurde. Gemäss dem rasanten Wachstum rechneten die Planer in den 60er-Jahren für die Schweiz um das Jahr 2000 mit mindestens 10 Millionen Einwohnern. Entsprechend utopisch erscheinen heute manche der damaligen Vorschläge.

Dies gilt auch für den (Strassen-)Verkehr. Deutlich wird dies in der Verkehrsplanung, welche die Gemeinden Brugg, Windisch, Hausen, Lauffohr und Umiken 1959 in Auftrag gaben. Der 1965 abgelieferte Bericht basierte auf den geplanten National- und kantonalen Strassen. Davon sind heute die Autobahn A3 – mit wesentlich geänderter Linienführung – und die Bünztalstrasse als Zubringer der A3 ins Birrfeld gebaut, die Aaretalstrasse wurde nur bis Hunzenschwil verwirklicht, von der Ost- und der Westtangente ist heute nicht mehr die Rede.

Das Beispiel zeigt nicht zuletzt den Pferdefuss der damaligen Planungen: Diese betrachteten den Menschen bloss als Benutzer der Infrastruktur, nicht aber als Betroffenen; zum Beispiel sollte die Westtangente mitten durch ein Wohnquartier geführt werden.

Eine wichtige Entwicklung haben die Planer dagegen unterschätzt. 1972 rechnete eine Studie für das Jahr 2000 mit 410 Personenwagen pro 1000 Einwohner, effektiv waren es im Aargau 512![94]

387 __ Die Hauptstrasse präsentierte sich nicht immer so wie heute: Bis zur Eröffnung der Mittleren Umfahrung 1980 quälte sich der ganze Transitverkehr durch die Altstadt. Auch die bauliche Umgestaltung von 2003/04 ist nicht die erste: 1836/37 wurde im untern Teil die Steigung ausgeglichen, wovon heute noch die Hochtrottoirs zeugen.

gang» macht etwa 40 Prozent des Freizeitverkehrs aus. 1988 ergab eine Umfrage der Regionalplanungsgruppe Brugg ein schwaches Interesse an Nachtbussen. Trotzdem wurden Ende 1990 an Freitag- und Samstagabenden solche Kurse ins Birrfeld – als Ersatz für die abendlichen Regionalzüge –, nach Thalheim und nach Riniken-Remigen-Villigen eingeführt. Sie werden rege, wenn auch sehr unterschiedlich benutzt – so stark, dass sich heute auch der Kanton an der Finanzierung beteiligt.[95]

Die Kehrseite dieser Medaille ist der zunehmende Strassenverkehr. Brugg war davon doppelt betroffen: als Zielort, indem die Stadt zahlreiche Arbeitsplätze bot und bietet, und als Verkehrsknotenpunkt und Durchgangsort. 1925 musste die Aarebrücke neu gebaut werden, weil die alte Brücke den zunehmend schwereren Lastwagen nicht mehr gewachsen war.

Der motorisierte Verkehr beanspruchte den öffentlichen Raum mehr und mehr für sich: 1927 wurde der Markt erstmals ausserhalb der Altstadt durchgeführt. Trauerzüge waren später auf der Hauptstrasse nicht mehr denkbar. Die Linde auf dem Lindenplatz wurde 1951 noch verschont, 1970 stillschweigend dem Verkehr geopfert.

In den 1970er-Jahren fuhren Autos weiterhin durch die Altstadt – mit zunehmendem Verkehr immer langsamer. 1973 zeigten Messungen zur Luftverschmutzung alarmierende Werte, laute Proteste flammten dagegen auf. Zwar wurden seit den 1960er-Jahren Schnellstrassen geplant, die Brugg entlastet hätten, doch war eine Realisierung nicht in Sicht. In dieser Situation beschloss Brugg den Bau einer eigenen Entlastung, der Mittleren Umfahrung, die 1980 eingeweiht wurde. Im Oktober 1996 wurde schliesslich das

__ 95 Statistisches Jahrbuch der Schweiz 2001, S. 451–454; 2003, S. 454, 457. StABg Akten Stadtrat 40/7, 1988 und 1990; Auskünfte von Herrn Zimmermann, Postauto Regionalzentrum Aarau. __ 96 BgNbl 38 (1928), S. 79; 63 (1953), S. 69. Burger, Lindenbaum, S. 101–110. Die neue Altstadt von Brugg. In: BgNbl 114 (2004), S. 21–40, bes. 22–25. Baumann, Bözberg, S. 610–612. __ 97 Bauordnung 1892, § 46f. StABg B A.Ic.9, 6. 7. 1928, S. 40–45; C 102 (Lagerbuch Altenburg), Nr. 65. __ 98 StABg B A.Ic.5, 29. 4. 1906, S. 92; B A.Ic.6, 16. 12. 1927, S. 27; B A.Ic.6, 9. 10. 1914, S. 198–206, 331; B A.Ic.8, 22. 12. 1922, S. 28–33. Auskünfte von Stefan Zinniker, Stadtbauamt Brugg. StABg P001.1.52f. __ 99 Banholzer, Gassen und Häuser. Ders., Namen und Begriffe. StABg A 32, S. 221. Vgl. Banholzer, Geschichte der Stadt Brugg, S. 88.

letzte Teilstück der Autobahn A3 eröffnet. Damit umfährt heute der grösste Teil des Transitverkehrs Brugg.[96]

Strassen bis vor die Haustür

Das lokale Strassennetz diente weitgehend der Feinerschliessung und wuchs seit 1890 parallel zur Bautätigkeit. Für den Durchgangsverkehr wurden bloss zwei neue Strassen gebaut: die Badenerstrasse mit der Unterführung (1927) und die Mittlere Umfahrung. Neue Quartierstrassen wurden jeweils in mehreren Schritten erstellt: Sofern ein Gebäude errichtet wurde, wo noch keine Strasse existierte, war der Bauherr für die Zufahrt verantwortlich. Erst nach der Überbauung erwarb die Stadt die Fläche für die Strasse und erstellte diese. Manchmal dauerte dieser Prozess lange: An der Rosenstrasse standen schon im 19. Jahrhundert Häuser, die Übernahme erfolgte erst nach 1948.[97]

Die meisten Strassen – jedenfalls ausserhalb der Altstadt – wiesen noch bis weit ins 20. Jahrhundert hinein einen Naturbelag auf. Dies hatte im Sommer Belästigungen durch Staub zur Folge; gemäss einem Votum an einer Gemeindeversammlung wurde er bis ins zweite Stockwerk hochgewirbelt. Abhilfe bot das Besprengen mit Wasser, 1927 rechnete der Stadtrat mit dreimaligem Spritzen an 100 Tagen. Der vorhandene Einspännerwagen reichte nicht aus für die 13,5 Kilometer Strassennetz, doch lehnte die Gemeindeversammlung den Kauf eines Lastwagens diskussionslos ab. Das Problem wurde schrittweise anders gelöst, indem die Strassen geteert wurden. Für die Bahnhofstrasse und die Aarauerstrasse wurde der Teerbelag schon 1914 beschlossen, für die Fröhlichstrasse und die Frickerstrasse 1922. Die Quartiersträsschen kamen meist in der Nachkriegszeit an die Reihe. Eine Verbreiterung der Strassen erwies sich selten als nötig, da der Bebauungsplan von 1892 schon Strassenbreiten von sechs bis zehn Metern vorsah.[98]

Die Brugger Strassennamen

Über Strassennamen denkt man in der Regel nicht nach – man braucht sie zur Lokalisierung eines Ortes, die Frage nach ihrem Ursprung taucht nur selten auf.

Die Strassennamen in der Brugger Altstadt sind grossenteils so alt, dass nichts über ihre Entstehung vermerkt ist. Entsprechend ist die Deutung manchmal schwierig, manchmal aber auch offensichtlich: Der Spitalrain führt am ehemaligen Spittel vorbei, die Storchengasse hat ihren heutigen Namen vom Storchenturm, die Kirchgasse führt zur Kirche. Die Falkengasse hiess früher Krattengasse und endete beim Krattenturm, den neuen Namen hat sie dem Haus zum Falken entlehnt. Wie jedoch die Spiegelgasse, die Strälgasse (alter Name der Storchengasse), die Albulagasse (früher Albelengasse) und die Krinne zu ihren Namen gekommen sind, darüber können bloss Mutmassungen angestellt werden.[99]

Verschiedene alte Strassen leiten ihren Namen auch von einer Lokalität ab: von ihrem Zielort oder von einem Flurnamen. Als Beispiele für die erste Gruppe lassen sich die Zurzacher-, Basler- und Aarauer-, aber auch die Altenburger- und Reinerstrasse anführen. Flurnamen enthalten die Paradiesstrasse, der Rebmoosweg, der Maiacker und der Wildenrainweg. Zu dieser Gruppe gesellten sich im 20. Jahrhundert weitere Strassen: Weihermattring und -weg, Sternackerstrasse, Grütstrasse, Nigglistrasse (1918: Niggliackerstrasse), Bodenackerstrasse, Platte, Haldenweg, Bifangweg, Wildischachenstrasse und andere mehr. Eine dritte Gruppe weist Strassen auf, die – vor allem in der ersten Hälfte des 20. Jahrhunderts – nach einem Bauwerk benannt wurden: die Werkstrasse (nach dem Elektrizitätswerk), später

Museumstrasse, die Seidenstrasse (nach der Seidenfabrik), der Dammweg und die Kanalstrasse. Einige Zeit hiess das westliche Ende der Badstrasse nach der Zementwarenfabrik Hunzikerweg. Manchmal sind die lokalen Bezüge nicht mehr ersichtlich: Der Ziegelweg führte wohl zum Ziegelacker und zur Ziegelhütte bei der Schützenmatte, auf dem Ziegelacker steht aber heute die Kaserne. Der Flurname Bilander wurde mit der Zeit auf das Gebiet innerhalb der Bahnlinie bezogen, weshalb Oberer und Unterer Bilanderweg umgetauft wurden in Tulpen- und Narzissenweg.

Vor allem im Gebiet zwischen Süssbach und Eisenbahndamm sind zahlreiche Strassen nach Brugger Bürgernamen benannt. Manchmal stand das Geschlecht im Vordergrund, manchmal ein prominenter Vertreter: Bei der Stapfer- und der Renggerstrasse gilt die Reverenz wohl den helvetischen Ministern, bei der Egger- und der Schilplinstrasse eher dem Geschlecht. Eindeutig ist der Bezug beim Hafnerweg, der nach einem Altenburger Geschlecht benannt wurde.

Ausserhalb des Bahnviadukts häufen sich Strassen mit Blumen- oder Pflanzennamen. Die Annahme ist aber falsch, die Namen seien in einem Zug vergeben worden: Die Rosenstrasse sowie der Nelken- und der Lilienweg erhielten ihre Namen schon 1915, wohl auf Vorschlag von Anwohnern – zumindest die Rosenstrasse war damals noch privat, die Behörden hatten andere Vorschläge vorgelegt. Der Enzian-, Tulpen-, Narzissen- und Holderweg hingegen wurden – wohl in Anlehnung an Erstere – erst 1954 nach Pflanzen benannt, vorher hiessen sie Obere und Untere Dammstrasse respektive Bilanderweg. Gegen Westen hin blieb man bei Blumen und Bäumen.

Wie einige der Beispiele gezeigt haben, wurden Strassen verschiedentlich auch umgetauft. Neben den genannten betrifft das auch die Bahnhofstrasse (früher vom Lindenplatz an Aarauerstrasse genannt), die Pestalozzistrasse (früher Schulstrasse), die Industriestrasse (früher Reutenenstrasse), die Rottweilerstrasse (früher Ostring) und die Zürcherstrasse, die später in Alte Zürcherstrasse umbenannt wurde und heute Am Neumarkt heisst.

Und manchmal werden Strassen im Volksmund anders genannt, zum Beispiel der «Hasirain». Es handelt sich um eine inoffizielle Bezeichnung für die Laurstrasse. Die Bezeichnung leitet sich zweifellos von der Fabrik von Paul Haase ab, die an der Stelle des heutigen Hochhauses stand.[100]

287 ──

Die städtische Verkehrspolitik regelt das Nebeneinander und Miteinander von motorisiertem Privatverkehr, öffentlichem Verkehr, Fussgängern und Radfahrerinnen. Eine Herausforderung bildete der rasante Anstieg des Personenwagenbestands: Fussgänger und Velos benötigen weniger Platz. Somit galt in den 1960er- und 1970er-Jahren die Aufmerksamkeit vor allem dem Autoverkehr und der dafür notwendigen Infrastruktur. In der Euphorie der Hochkonjunktur wurde dabei teils sehr grosszügig geplant. Der Bau der 14 Meter breiten Unterführung Schöneggstrasse (beschlossen 1964) kann als Beispiel dienen.

── 100 Banholzer, Namen und Begriffe. Ders., Strassentaufe. Ders., Strassen. Hinweis von Astrid Baldinger Fuchs. ── 101 StABg Prot EG, 3. 7. 1964. BgNbl 91 (1981), S. 147; 92 (1982), S. 159. Stadtkanzlei, Prot ER, 28. 10. 1988, S. 337; Prot ER, 11. 9. 1992, S. 359. ── 102 Stadtkanzlei, Prot ER, 30. 10. 1970, S. 32; 5. 6. 1970, S. 107; 3. 11. 1972, S. 523; 20. 1. 1989, S. 355; 9. 9. 1994, S. 104; 3. 4. 1992, S. 300; 9. 11. 1994, S. 90; 5. 5. 2000, S. 321. Zollplätzli: Prot ER, 27. 6. 1986, S. 65; 31. 10. 1980, S. 266. Auskünfte von Stefan Zinniker, Stadtbauamt Brugg. – Den Radweg zwischen Kaserne und Bruggerberg (1983/84) hat der Waffenplatz erstellt. BgNbl 95 (1985), S. 175; 96 (1986), S. 186. ── 103 Aargauer Zeitung, 22. 1. 2004, 31. 1. 2004.

Andererseits vermochte die offizielle Infrastruktur dem Bedarf nicht zu folgen. Neben und vor dem Parkhaus Eisi (1979/80) entstanden weitere Parkplätze: in der Schulthess-Allee, bei der Schützenmatt, der Schöneggkreuzung und der Weihermatt. Sie kamen irgendwann einmal dazu – so unauffällig, dass sie erst bei der Beschilderung, der Einführung von Gebühren oder bei Reklamationen aktenkundig wurden.[101]

Im Lauf der 1980er-Jahre erfolgte langsam die Abkehr von den Massstäben der Hochkonjunktur. Verkehrsberuhigungsmassnahmen sollten vom zu schnellen Fahren abhalten. Die angewendeten Formen unterscheiden sich: Neben Aufpflästerungen und bepflanzten Einbuchtungen wurden auch Betontöpfe und optische Verengungen erstellt. Zonen mit Tempo 30 gibt es bislang aber erst eine, die Dorfstrasse Lauffohr.

Gleichzeitig wurde nach Möglichkeit die Situation der Velofahrer und Fussgängerinnen verbessert: Unter der Zurzacherstrasse wurde eine Unterführung gebaut, durch den Eisenbahndamm erfolgte ein weiterer Durchstich, am Bahnhof wurden zusätzliche Veloständer errichtet, die Einbahnstrasse Museumstrasse wurde für Velos in der Gegenrichtung geöffnet, und beim Zollplätzli wurde ein Lichtsignal eingerichtet.[102] Druck zur Ausführung dieser Massnahmen machten häufig, neben Politikern, die Anwohner und Quartiervereine, während sich die Stadt auch mit bescheideneren Massnahmen begnügt hätte. Als aktuelles Beispiel kann die Verkehrssituation um das geplante Schulhaus Bodenacker angeführt werden: Während die Stadt einige Verkehrsberuhigungsmassnahmen auf der Bodenackerstrasse vorschlägt, erarbeitet der Quartierverein ein Verkehrskonzept für Brugg-West.[103]

Das pragmatische Vorgehen der Stadt ist geldsparend, führt jedoch selten zu einer umfassenden Lösung. So haben zwar die Radfahrer ein gutes Netz auf Quartierstrassen, im Zentrum jedoch können sie die Hauptachsen nicht vermeiden.

Wie lange es bis zur (Teil-)Realisierung von Vorschlägen dauern kann, zeigt das Beispiel *Ortsbus:* 1970 reichte Thomas Wartmann im Einwohnerrat ein Postulat ein, mit dem er die Einrichtung eines städtischen und regionalen Busnetzes anregte. Einerseits ging es ihm um die bessere Erschliessung von Lauffohr, andererseits schwebte ihm ein regionaler Busbetrieb vor, wie sie in Aarau und Baden-Wettingen damals entstanden.

Das eine Anliegen wurde sogleich erfüllt, indem ab Dezember 1970 zusätzliche Postautokurse nach Lauffohr verkehrten. Den Bericht über ein Busnetz liess der Stadtrat vom Verkehrsverein respektive von dessen Präsidenten Fritz Senn – der sich schon vorher für Fahrplanbegehren eingesetzt hatte – ausarbeiten. Der Bericht lag im Herbst 1973 vor und schlug zwei Linien vor: Brugg-West via Bahnhof nach Windisch (Gegend Baschnagel) sowie Unterwindisch via Bahnhof nach Lauffohr. Die Kosten für bauliche Anpassungen wurden

388 —— Den Bedarf an Infrastruktur für Fahrräder belegt diese Foto aus der Zeit um 1970. Offenbar fuhren viele Leute mit dem Velo an den Bahnhof und stiegen dort in die Eisenbahn um.

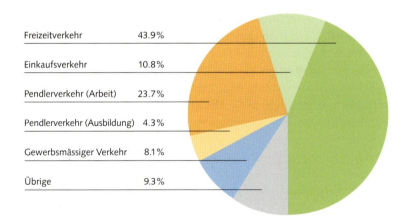

389 ___ Anteil der Verkehrszwecke an der gesamten Verkehrsleistung in der Schweiz, 2000. Den grössten Anteil an der Verkehrsleistung hat nicht etwa das Pendeln, sondern mit über 43 Prozent der Freizeitverkehr!

auf 300 000 Franken geschätzt, die jährlichen Betriebskosten auf 373 000 Franken. Eine grössere Region wurde anscheinend nicht ins Auge gefasst. Der Stadtrat engagierte sich wenig für diese Idee: In einem Zwischenbericht erwähnte er Diskussionen mit dem Verkehrsverein und der Kreispostdirektion – nicht aber mit privaten Busunternehmen oder mit regionalen Verkehrsbetrieben. Danach finden sich in den Akten des Stadtrats keine Spuren dieser Idee mehr, bis 1984, als eine Privatfirma eine Offerte einreichte. Einen neuen Anlauf startete die EVP 1986. Eine konkrete Variante hiess der Einwohnerrat 1992 gut, in der Volksabstimmung wurde sie dagegen abgelehnt. Im Januar des folgenden Jahres stimmte der Einwohnerrat einem befristeten Versuchsbetrieb zu, die Kosten überstiegen diesmal seine Kompetenz nicht. Die Stadt profitierte davon, dass seit 1991 eine Buslinie nach Bad Schinznach bestand, die man mit geringen Mehrkosten über die Bodenackerstrasse führen konnte. 2002 zog sich die Bad Schinznach AG zurück, da der Bus hauptsächlich von Spaziergängern benutzt wurde und keine zusätzlichen Badegäste brachte. Der Bus fährt nur noch nach Brugg-West (Steiger). Die mässigen Frequenzen hatten zur Folge, dass 2003 die Kurse an Samstagen und Sonntagen eingestellt wurden.

Vom Anstoss bis zur Betriebsaufnahme des Ortsbusses waren 23 Jahre vergangen! Mag sein, dass das Interesse der Bevölkerung nicht sonderlich gross und die Distanzen in Brugg-West gering waren. Andererseits fehlte der Bus als Instrument der Raumplanung: Wenn die Bauvorhaben darauf abgestützt worden wären, wären heute vermutlich die Benutzerfrequenzen höher.[104]

___ 104 Stadtkanzlei, Prot ER, 5. 6. 1970, S. 127; 20. 11. 1970, S. 245; Akten Stadtrat 40/7 und 40/48. BgNbl 103 (1993), S. 180, 186, 189; 104 (1994), S. 161. Stadt Brugg: Öffentliche Auflage Ortsplanungsrevision, 1993, S. 15. Auskünfte von Herrn Zimmermann, Postauto Regionalzentrum Aarau.

___ 1 Vgl. allgemein: Hauser, Albert: Wald und Feld in der alten Schweiz. Zürich 1972. Für die neuere Zeit: Walter, Natur. Einseitig, aber anregend: Marquardt, Umwelt und Recht. Zur Veränderung der Landschaft: Ammann/Meier, Landschaft in Menschenhand. ___ 2 Hauser, Albert: Verzauberter und entzauberter Wald. In: ders., Wald und Feld, S. 69–88. Marquardt, Umwelt und Recht, S. 23. Seiler/Steigmeier, Geschichte des Aargaus, S. 14–17. HLS, Artikel Alemannen, Dorf, Landesausbau. Marquardt, Umwelt und Recht, S. 29–42. – Dabei ist umstritten, wann der Landesausbau endete (um 1300 oder um 1400) und wie sich die Bevölkerung entwickelte (Rückgang: Marquardt; weiteres Wachstum: Meyer. In: HLS, Artikel Landesausbau). ___ 3 Vgl. die Themen Landwirtschaft, Verkehr, Mühlen, Siedlungen. StABg A 53, S. 213, 224, 234f.; A 55, S. 185; A 32, S. 288; A 46, S. 278; A 48, S. 2; A 49, S. 157; A 54, S. 256, 269; A 57, S. 316; A 60, S. 96, 101, 132. UB Brugg, Nr. 162. StAAG PN.01/0067. StABg A 36, S. 105. Michaelis-Karte. ___ 4 StABg A 33, S. 55, 60; A 35, S. 128.

Raum und Infrastruktur

Vom Menschen gestaltete Landschaft
Der Mensch ist ein Teil der Natur, verändert sie aber auch. Im Lauf der Jahrhunderte hat sich die Haltung des Menschen gegenüber der Umwelt vielfach gewandelt.[1] Einerseits musste er dem Boden seinen Lebensunterhalt abringen, andererseits war die wilde Natur dem Menschen unheimlich, was sich in zahlreichen Sagen und Bräuchen niedergeschlagen hat. Wie sehr der Mensch die Landschaft gestaltet hat, zeigt sich daran, dass der Boden hierzulande ohne seine Eingriffe grösstenteils mit Wald bedeckt wäre. Nach der Römerzeit dürfte ein Grossteil des vorher bebauten Landes wieder von Wald überwachsen worden sein. Die vor allem seit dem 7. Jahrhundert zuwandernden Gruppen von Alemannen mussten Land roden. Unter günstigen Klimabedingungen verstärkte sich die Rodungstätigkeit zwischen etwa 950 und 1300. Für die späteren Ansiedlungen blieben nur die schlechteren Lagen, zum Beispiel auf dem Bözberg. Meist handelte es sich um Einzelhöfe auf kargem Land, von denen nach einer Klimaverschlechterung und nach Krisenphänomenen im 14. Jahrhundert viele wieder aufgegeben wurden. Seit dem 16. Jahrhundert kam es erneut zur Anlage von Höfen in Randlagen.[2]

Neben dem Abholzen oder Zurückdrängen des Waldes erfolgten viele weitere *Eingriffe in die Landschaft:* Der Boden wurde bebaut und eingeteilt. Strassen und Wege entstanden und wurden ausgebaut, Quellen wurden gefasst und zu den Wohnorten geleitet. Kies und Sand gewann man an verschiedenen Stellen. Auch Steinbrüche gab es mehrere: im Freudenstein, beim Bruderhaus, am Bruggerberg bei der Vorstadt, nördlich von Bad Schinznach. Bei der Ziegelhütte existierte ein zweifellos künstlich angelegter Weiher, ein weiterer Weiher ist im Gebiet Weihermatte zu vermuten.[3] Nicht zuletzt wurden Gebäude errichtet: Wohnhäuser, landwirtschaftliche und gewerbliche Bauten, Kirche und Stadtbefestigung. Doch alle diese Eingriffe, abgesehen von der Landwirtschaft, hielten sich bezogen auf Umfang und Geschwindigkeit der Veränderungen bis ins 19. Jahrhundert in einem bescheidenen Rahmen. Die Bevölkerungsentwicklung erforderte keine umfangreicheren Massnahmen, und die Maschinen, die dazu notwendig gewesen wären, fehlten. So wurde zum Beispiel nichts aus dem Vorschlag von 1645, die Bünz von Wildegg nach Brugg zu leiten, um die dortigen Güter zu bewässern.[4]

Den grössten Einsatz zeigten die Anwohner beim Schutz des Kulturlandes vor der Erosion durch die Aare. Seit dem 16. Jahrhundert liegen Nachrichten vor über *Uferverbauungen:* Häufig führten diese zu Streitigkeiten, da die Bewohner des gegenüberliegenden Ufers klagten, die Schwellen drängten das Wasser auf ihre Seite und verursachten ihnen Schaden. Diese so genannten Wuhre hatten unterschiedlich lange Bestand. Eine um 1750 oberhalb von Altenburg angelegte Schwelle bestand 30 Jahre später noch. Andererseits waren um 1780 zwei Jahre alte Verbauungen schon weitgehend verschwunden. Gezähmt wurde die Aare erst durch die Juragewässerkorrektion ab 1868 und durch den Bau von zahlreichen Flusskraftwerken um 1900.[5]

Die Natur wurde genutzt, aber nicht – oder nur gering – übernutzt. Zudem waren viele Nutzungen aufeinander abgestimmt: Das Forcieren der einen hätte andere beeinträchtigt.

Auswirkungen der Industrialisierung

Im 19. Jahrhundert kam eine neue, romantische Naturbetrachtung auf. Sie konzentrierte sich zuerst auf die Alpen und ihre Bewohner, die als edle, unverdorbene «Wilde» verklärt wurden. Nun liegt Brugg bekanntlich nicht in den Alpen, sichtbar wird diese idyllisierende Betrachtung aber auch in verschiedenen Ansichten von Brugg.[6]

Grössere Eingriffe in die Landschaft brachte der Bau der *Eisenbahnen*. Die Verkehrswege mit den Kunstbauten und die begleitenden Gebäude bildeten ein neues Element in der Landschaft. Für viele stellte die Eisenbahn den Boten der Moderne dar – in Brugg jedoch nicht den ersten: Schon in den 1820er-Jahren hatte die neue Zeit angeklopft, waren Türme und Tore niedergelegt worden. Die Linie von Baden nach Aarau folgte dem Gelände. Viel augenfälliger waren die späteren Bauten: der bis zu 13 Meter hohe Damm der Baslerlinie, der Südbahneinschnitt und die Erhöhung der Geleise Richtung Turgi 1927.[7]

542 —— Der Bau des Elektrizitätswerks mit dem einen Kilometer langen Kanal und dem Turbinenhaus veränderte die Landschaft an sich nicht stark, bildete aber die Grundlage für die Industrialisierung. Die neue Industrie, und in ihrem Gefolge auch Wohnhäuser, beanspruchte zunehmend Land, das bisher landwirtschaftlich genutzt worden war. Der Abbau von Sand und Kies durch die Zementwarenfabrik Hunziker frass sich tief ein zwischen
636–638 —— Bahnlinie und Wülpelsberg. Die Fabriken – und nicht nur sie – brachten Immissionen mit sich: Lärm, verschmutzte Luft, verunreinigte Gewässer, Schwermetalle im Boden.[8]

Als Reaktion auf diese Entwicklung kamen um die Wende zum 20. Jahrhundert *Natur- und Heimatschutzbewegungen* auf, vorerst, um wenigstens einzelne schöne Objekte zu erhalten. Teils spielten auch patriotische Motive mit: Wenn man die Heimat kennt, liebt man sie auch, argumentierten die Schutzvereine. Diese Überlegung dürfte mit dazu beigetragen haben, dass im Kadettenunterricht nach dem Ersten Weltkrieg vermehrt Ausmärsche und Patrouillenläufe unternommen wurden.[9]

Ablesen lässt sich die Entwicklung an den Inhalten der «Brugger Neujahrsblätter»: Naturkundliche Artikel sind lange eine Seltenheit. 1892 und 1923 wurde über die Linner Linde geschrieben: ein Gedicht und eine Auseinandersetzung mit einer Sage. Der erste naturkundliche Artikel erschien 1927 zum Thema Auenwälder, ein weiterer 1948 über Orchideen. 1950 war fast das ganze Heft den Auen gewidmet: Anlass war der Bau des Kraftwerks

—— 5 Banholzer, Geschichte der Stadt Brugg, S. 226, 232f. StABg A 31, S. 208; A 39, Bl. 240; A 48, S. 101; A 50, S. 111–113; A 51, S. 381; A 55, S. 87, 108. StAAG AA 451, S. 369–382; Schnitter, Wasserbau, S. 117–119. Ammann/Meier, Landschaft in Menschenhand, S. 67f. —— 6 Walter, Natur, S. 27–31, 45–48. Setz, Druckgraphische Ansichten. —— 7 Vgl. Kap. Verkehr. Heuberger, Brugg im 19. Jahrhundert, S. 62–66. —— 8 Schnitter, Wasserbau, S. 208. RBE 1947, S. 17. —— 9 Walter, Natur, S. 82–95. Brack, Kadettenkorps, S. 3, 39f., 47. —— 10 BgNbl, Register 1890–1990. —— 11 Belart, Stausee, S. 29f. —— 12 Walter, Natur, S. 179–206. —— 13 Ammann/Meier, Landschaft in Menschenhand, S. 66–72. Obrist, Süssbach, S. 15–17. StABg B A.Ic.8, S. 249–274, 286–305. —— 14 Ammann/Meier, Landschaft in Menschenhand, S. 109–111. Auenschutzpark Aargau: Auen im Wasserschloss, 2003.

390 —— Heimelig und beschaulich wirkt Brugg auf dieser Ansicht von 1832: Nichts stört die Ruhe.

Wildegg-Brugg, das ihnen die Lebensgrundlage entzog. Weitere pflanzenkundliche Aufsätze wurden seit den 1970er-Jahren publiziert, solche über Natur- und Landschaftsschutz erst seit 1980.[10] Dieses Ergebnis entspricht der verbreiteten Haltung gegenüber dem Naturschutz. Die wirtschaftlichen Interessen waren jeweils unbestritten, und ihr Vorrang wurde nur ausnahmsweise und erst in den letzten Jahrzehnten vermehrt in Frage gestellt. Dies zeigte sich um 1930 bei den Plänen für ein neues Elektrizitätswerk: Diskutiert wurde bloss, ob es durch einen Kanal oder durch einen Stausee gespeist werden sollte – dass ein Kraftwerk gebaut wurde, war klar und wurde nicht hinterfragt. Der Naturschutz trat zwar auf, fand aber wenig Gehör.[11]

In den 1950er- und 1960er-Jahren ging die Zukunftseuphorie einher mit dem Glauben, dass alles technisch machbar sei. Seit den 1970er-Jahren kam Skepsis gegenüber dieser Haltung auf, wozu der Konjunktureinbruch 1973/74 wesentlich beitrug. Die Diskussion um das «Waldsterben» in den 1980er-Jahren schärfte das Bewusstsein für die Auswirkungen menschlichen Handelns auf die Natur.[12] Als Beispiel für die sich wandelnde Haltung mag der *Wasserbau* dienen: Flüsse und Bäche können eine Bedrohung darstellen, indem sie manchmal das umgebende Land überschwemmen und manchenorts die Ufer erodieren. Abhilfe suchte man in einer Befestigung der Ufer oder des ganzen Bettes. Damit war die Gefahr für Gebäude und Kulturland gebannt. Zu sehen sind solche Massnahmen heute noch an der Aare, zum Beispiel oberhalb der Mündung des Badbaches, und beim Süssbach, der von der Windischer Gemeindegrenze bis zur Laurstrasse in einem Betontrog dahinfliesst. Für die restliche Strecke des Süssbachs wurde schon in den 1920er-Jahren angeregt, den Bach in Röhren zu legen und das Tobel aufzuschütten. Aus finanziellen Gründen wurde die Idee damals nicht verwirklicht. In den 1960er-Jahren war es so weit: Ins unterste Tobel bauten die IBB Garagen, der Rest wurde aufgefüllt.[13] In den 1990er-Jahren setzte sich die Erkenntnis durch, dass solche Gewässerkorrektionen nicht nur die Natur verarmen lassen, sondern dass sie – zusammen mit der zunehmenden Versiegelung des Bodens – auch die Hochwasser verstärken. Um die Hochwasserspitzen zu brechen, braucht es Überflutungszonen und naturnah gestaltete oder freie Ufer. 1995 wurde das Strängli von seinem Korsett befreit. Im Wildischachen und im Wasserschloss wurden die Seitenarme geöffnet oder neu angelegt. Mit diesen Massnahmen will der Kanton die verbliebenen Auengebiete – nach dem Auftrag der Auenschutzpark-Initiative – lebendig erhalten.[14]

Damit schliesst sich in Ansätzen der Kreis: Die Natur, welche der Mensch über Jahrhunderte unter Kontrolle zu bringen und sich nutzbar zu machen suchte, gibt er heute – zumindest punktuell – wieder frei.

Neue und verschwundene Siedlungen

Der Universalgelehrte Franz Xaver Bronner schrieb 1844 in seinem «historisch-geographisch-statistischen Gemälde» des Aargaus über Lauffohr: «Zu dieser Gemeinde gehören die obern und die untern Auhöfe nebst dem Gute Sonnenberg.» Zu Altenburg notierte er: «kleines Dorf auf einem vorspringenden Felsengeländ an der Aar. [...] Zu dieser Gemeinde gehören auch die Höfe Oberhölzli, Unterhölzli, die Reutinen.»[15]

Bronner erinnert uns daran, dass es neben Städten, Dörfern und Weilern auch bei uns Einzelhöfe gab. Manche bestehen noch, andere sind in den wachsenden Siedlungen aufgegangen oder aber verschwunden.

365–368 __ *Übersicht über die Siedlungen, ihre Entstehungszeit und ihre Besonderheiten*[16]

	Siedlung	entstanden	Bemerkungen
298–301	*Gemeinde Lauffohr*		
602	Lauffohr	vor 1000	Name von einer Fähre
499	Auhof	1641	Spital Brugg baut Wohnhaus für den Lehennehmer
	Mittlere Au	vor 1840	
	Obere Au	vor 1700	auf Plan der Brugger Ehfädi
500	Sonnenberg	vor 1700	Sommerhäuser reicher Brugger
500	Wickihalde	vor 1700	
516f.	Schiffmühle-Haus	vor 1652	Schiffmühle bestand schon 1466
	Gemeinde Brugg		
55	Ziegelhütte	1446	
	Stadtsiedlung	vor 1160	Brücke schon in römischer Zeit
	Vorstadt	um 1450	ummauert 1522 bis 1525, Turm bei der Brücke schon 1311
54	Obere Vorstadt	1496	abgegangen, Gebiet erst im 18. Jahrhundert wieder bewohnt

__ 15 Bronner, Aargau II, S. 343f., 272f. __ 16 Lauffohr: StABg A 32, S. 409; A 31, S. 481; A 41, S. 340. Plan der Brugger Ehfädi (u. a. in: Baumann, Windisch, S. 137). BAR, Zentralarchiv der Helvetischen Republik, Bd. 1423, S. 237–243. Michaelis-Karte. StABg A 33, S. 657. Banholzer, Geschichte der Stadt Brugg, S. 90. – Brugg: Banholzer, Geschichte der Stadt Brugg, S. 94f. RQ Brugg, Nr. 89 Ziff. 99 (1512/13). Vgl. UB Brugg, Nr. 162. Baumann, Was feiert Brugg 1984? Motschi, Neues zu alten Bausteinen. Kiem, Martin: Das Kloster Muri im Kanton Argau. Basel 1883, S. 29. Zur Datierung vgl. Siegrist, Acta Murensia, S. 7–12. Banholzer, Geschichte der Stadt Brugg, S. 31, 53, 146. UB Brugg, Nr. 275 und S. IIIf., VIII. StABg A 36, S. 591; A 41, S. 395; A 43, S. 301; A 130, S. 26, 142, 163, 165, 219, 222, 224, 249. Kdm Brugg, S. 326–332. – Altenburg: Siegrist, Acta Murensia, S. 13, 17f. Regesta Habsburgica I, Nr. 262, 266. Baumann, Windisch, S. 260. Belart, Veränderungen, S. 155f. Plan der Gemeinden Brugg und Windisch 1:7500, 1981. Zehnder, Gemeindenamen, S. 504. UB Brugg, Nr. 128. Schweizer/Glättli, Das habsburgische Urbar II/1, S. 49. UB Brugg, Nr. 93, 181. StAAG AA 563, S. 147. Vgl. Frey, Habsburg, S. 24, 50. StABg A 32, S. 265; B C.VIIIa.1.

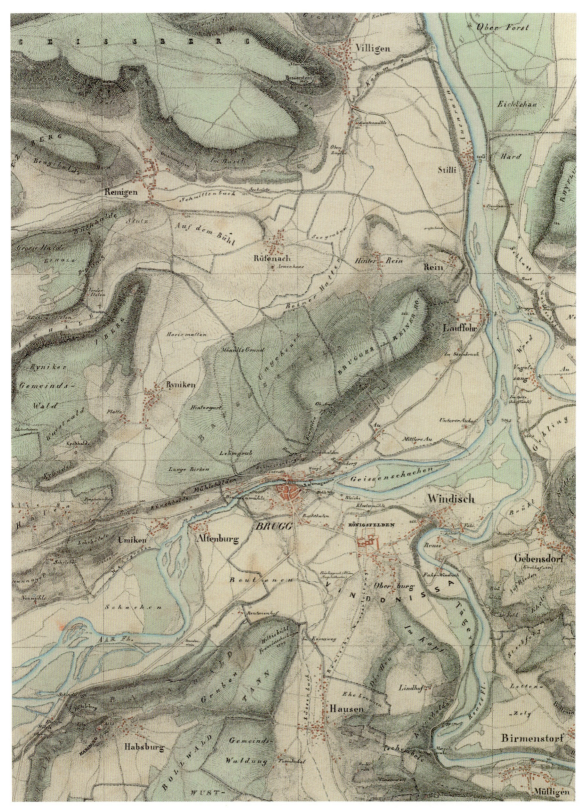

391 —— Die 1843 publizierte Michaelis-Karte ist die erste präzise Karte des Aargaus. Sie bietet eine gute Übersicht der Siedlungen.

392 —— Diese Ansicht der Habsburg von Norden von 1634 zeigt im Vordergrund die beiden Hölzli-Höfe.

	Siedlung	entstanden	Bemerkungen
301–303	Gemeinde Altenburg		
295–299	Altenburg	um 1160	spätrömisches Kastell
499	Reutenenhof	1781	Scheune, Wohnhaus 1795, abgebrochen 1960
	Hämiken	??	kein Beleg für Siedlung, ausser die Endung des Ortsnamens: typisch für alemannische Siedlungen des 7. bis 9. Jahrhunderts
498	Freienhausen	1273	Siedlung aufgegeben, seit spätestens 1634 zwei Wohnhäuser: Oberes und Unteres Hölzli, 1828 respektive 1858 abgetragen

—— 17 Michaelis-Karte. Siegfried-Atlas, Blatt 38, Ausgabe 1878. —— 18 Vgl. Staehelin, Geschichte des Kantons Aargau, S. 166f. Koch, Städtebau, S. 33. Vgl. Kuhn/Schneider, Stadtplanung, S. 85f. Hornberger, Stadtgestalt, S. 31. Germann, Bauen und Wohnen, S. 6.

Die Zusammenstellung zeigt eine Landschaft mit vielen kleinen Siedlungen. Erstaunlich ist ihre Kontinuität: Bloss eine einzige (vermutete) Wohnstätte wurde vor dem 19. Jahrhundert dauerhaft aufgegeben. Hingegen sind verschiedene Wohngebäude ausserhalb von bestehenden Siedlungen hinzugekommen.

Wachstum der Siedlungen seit der Industrialisierung

Bis zum Einzug der Industrie in Brugg nach 1890 veränderte sich das Siedlungsbild nicht stark: Ausserhalb der früheren Stadtmauern entstanden weitere Häuser, 1843 existierten bereits das heutige Stadthaus, das gegenüberstehende Fischergut sowie das Schilplinhaus (heute Bauernverband) mit den jeweiligen Nebengebäuden sowie zwei Schmieden.

Bis 1878 kamen neben vereinzelten Bauten einige Häuser am Wildenrainweg und im Sonnenberg sowie im Bereich zwischen Bahnhofstrasse, (Alter) Zürcherstrasse und dem Weg zum Bahnhof hinzu.[17]

Nach der Inbetriebnahme des städtischen Elektrizitätswerks liessen sich verschiedene Industriebetriebe in Brugg nieder. Mit der Erstellung dieser Fabriken und des für die Beschäftigten benötigten Wohnraums setzte ein kräftiger Bauboom ein. Diese Bebauung erfolgte nicht gesteuert und auch nicht gebiets- oder quartierweise, sondern weitgehend unkoordiniert. Immerhin lassen sich Schwerpunkte erkennen.

Leitplanken beim Bauen

Auch wenn es keine Etappierung von Baugebieten gab: Ungeregelt war die Bautätigkeit nicht. Da die Freiheit des Einzelnen – auf seinem Grund so bauen zu können, wie er wollte – andere beeinträchtigen konnte, wurden Einschränkungen als nötig erachtet und festgelegt. In Brugg beschloss die Gemeindeversammlung schon 1892, vor dem Einsetzen der starken Bautätigkeit, eine *Bauordnung* mit zugehörigem Bebauungsplan. Sie enthielt namentlich Vorschriften zum Brandschutz und zur Gesundheitspolizei. Aus heutiger Sicht fallen zwei Regelungen auf:

Als Baugebiet wurde der Gemeindebann rechts der Aare nördlich der Eisenbahnlinie Basel–Zürich sowie die Vorstadt bestimmt. Fast das ganze linksufrige Gebiet und die Flächen südlich und westlich der Bahnlinie galten nicht als Baugebiet. Zwar durfte auch dort gebaut werden, doch errichtete oder übernahm die Stadt in diesen Gebieten keine Strassen. Entsprechend wurde dort wenig gebaut, abgesehen von den Fabriken südlich des Bahnhofs.

Als Zweites fallen die geplanten Strassen auf: Über fast das ganze Baugebiet war ein ziemlich regelmässiges Netz von Quartierstrassen vorgesehen, meist ohne Rücksicht auf bestehende Gebäude. Ihre Breite inklusive Trottoirs betrug jeweils zehn Meter – auch heute noch ausreichend! Für Neubauten galten die Baulinien, die fünf Meter hinter dem Strassen- respektive Trottoirrand verliefen. Der Abstand von Haus zu Haus über die Strasse war also mindestens 20 Meter gross. Dies lässt sich nicht einfach mit nachbarrechtlichen Regelungen erklären: Der Mindestabstand zwischen frei stehenden Häusern auf benachbarten Grundstücken war kleiner. Vermutlich wurde der Bauabstand zur Gesundheitsförderung so gross gewählt: Bei grosser Bevölkerungsdichte wie in den Altstädten konnten sich Seuchen sehr leicht ausbreiten. Für Wohnbauten galt die Forderung nach Luft und Licht, möglichst nach Sonne. Vielleicht wirkte auch der Gürtel von Landsitzen vor den Stadtmauern als Vorbild.[18]

Offenbar war der Landbedarf bei dieser lockeren Bauweise manchen Bauherren und Hauskäufern zu gross, wie verschiedene Überbauungen zeigen: Wo Häuser nicht an einer

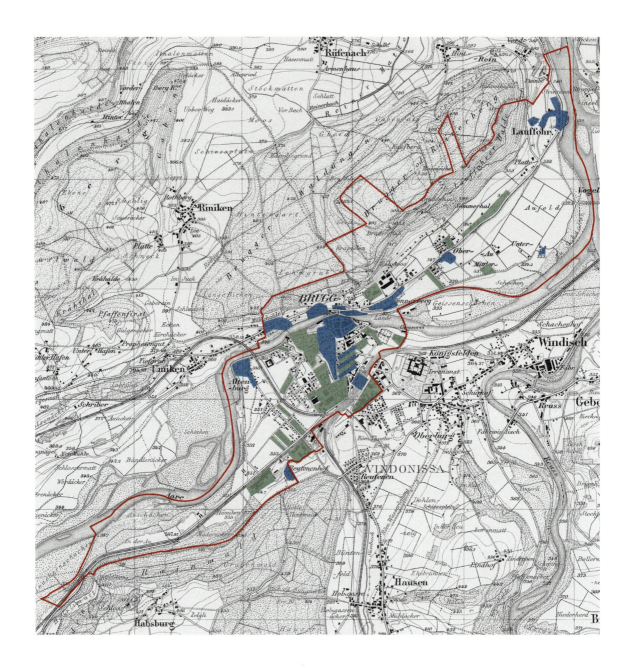

393 ⎯ Die beiden Grafiken zeigen die Siedlungsentwicklung: Auf der Landeskarte von 1940 sind die überbauten Flächen von 1880 blau, die von 1914 grün eingetragen, auf der aktuellen Landeskarte die von 1955 braun, die von 1970 hellblau. Deutlich lassen sich die jeweiligen Schwerpunkte der Bautätigkeit erkennen, auch wenn Abbruch und Neubau nicht dargestellt sind. Die Siedlungsentwicklung hatte auch politische Folgen: Die auf Brugg ausgerichtete Bebauung im ehemaligen Lauffohrer Gemeindebann förderte die Gemeindeverschmelzung von 1970, indem die Zahl der Bewohner dieses Gebiets – tendenziell Befürworter der Fusion – die des Dorfkerns Lauffohr – mehrheitlich Gegner – übertraf. (Reproduziert mit Bewilligung von swisstopo [BA 056989])

Raum und Infrastruktur **631**

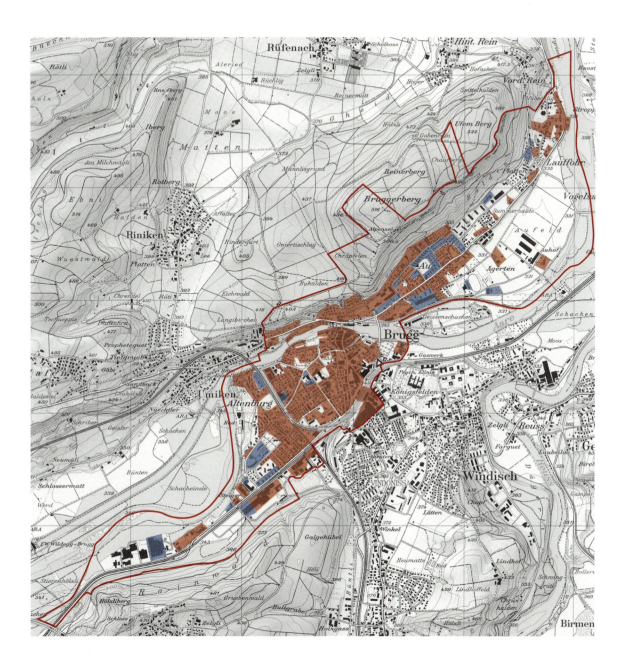

394 ___ Alte Zürcherstrasse von Süden, 1955. Der Wohnblock rechts rief bei seinem Bau 1953 Proteste hervor, weil er mit sechs Stockwerken als zu gross empfunden wurde – heute nimmt man ihn neben dem Neumarkt I kaum mehr wahr.

geplanten Strasse standen, bestimmten die Anstösser die Breite der Erschliessungsstrasse und wählten sie häufig geringer. Beispiele dafür sind der Gartenackerweg (Gesamtüberbauung von Baumeister Finsterwald), die Fröhlichackerstrasse, der Düllenweg, der Tulpen- und Narzissenweg und der Maiacker.

Der vorgesehene Abstand von Baulinie zu Baulinie wurde auch im überarbeiteten Bebauungsplan von 1912 weitgehend beibehalten, im ehemaligen Altenburger Gemeindegebiet aber verschiedentlich reduziert. Teils war dies eine Folge der schon bestehenden Bebauung, aber nicht in jedem Fall: An der Jurastrasse standen noch keine Gebäude.[19]

Die Revision der Bauordnung (1911) brachte neu die Möglichkeit, zur Gewinnung besserer Überbauungsmöglichkeiten Grenzregulierungen und Güterzusammenlegungen durchzuführen, durch Beschluss der Gemeindeversammlung oder der Mehrheit der betroffenen Grundeigentümer mit mehr als der Hälfte der Fläche.[20]

Eine Differenzierung kam mit der Ausscheidung von *Nutzungszonen* nach dem Zweiten Weltkrieg. Angeregt wurde sie an der Gemeindeversammlung im Sommer 1943. 1946 gab sich die Gemeindeversammlung die Kompetenz, einzelne Gebiete als Wohn-, Indus-

___ 19 Bau-Ordnung für die Stadt Brugg. Brugg 1898. StABg P001.1.52f. (Bebauungsplan 1892 mit Ergänzung). Stadtbauamt Brugg, Bebauungspläne 1911–1929. ___ 20 Bau-Ordnung der Stadt Brugg. Brugg 1912. StABg B A.Ic.6, S. 14–20. ___ 21 StABg B A.Ic.10, S. 108, 286. StAAG Akten Grossrat 1953, Nr. 752. Bauordnung der Stadt Brugg vom 18. Mai 1956. Zonenordnung der Stadt Brugg, 1959. Bau- und Nutzungsordnung der Stadt Brugg, 1996. Bauzonenplan, revidiert 4. August 2003. Gestaltungsplan; Möglichkeiten und Anwendung raumplanerischer Instrumente auf Quartierebene, Zürich 1985, S. 1–3. Vgl. Kuhn/Schneider, Stadtplanung, S. 99f. ___ 22 Zitat: Bau- und Nutzungsordnung der Stadt Brugg, Stand September 2003, § 1 Abs. 1. ___ 23 StABg B A.Ic.4, S. 137; B A.Ic.6, S. 14–20; B A.Ic.10, S. 481.

trie- oder Gewerbezone zu bezeichnen und dafür besondere Vorschriften zu erlassen. Eingeführt wurde dieses Planungsinstrument mit dem Teilbebauungsplan linkes Aareufer (1951) und der Bauordnung von 1956. Diese beschränkte, zusammen mit Zonenordnung und Zonenplan von 1959, die Zahl der Geschosse und damit die Höhe der Wohnhäuser, allerdings nicht für alle Zonen. Zudem verlieh sie dem Gemeinderat die Befugnis, Ausnützungsziffern festzulegen.

In den 1960er- und 1970er-Jahren sprengten manche neuen Bauten – Neumarkt I, verschiedene Wohnblöcke – die gewohnten Grössenverhältnisse: Die Wachstumseuphorie schlug sich auch in der Grösse nieder. Solche städtebaulichen «Ausrutscher» hatte das damalige Baurecht zugelassen. Um sie künftig zu verhindern und um sinnvoll Einfluss nehmen zu können auf Veränderungen im überbauten Raum, verlangt die geltende Bauordnung von 1996 für städtebaulich heikle Gebiete einen Gestaltungsplan.[21]

Diese Ergänzung der baurechtlichen Bestimmungen kam nicht von ungefähr, sondern war eine Folge der intensiveren Nutzung und der gestiegenen Ansprüche. Die neuen Bestimmungen schlugen sich in eidgenössischen und kantonalen Vorschriften nieder – die Brugger Bau- und Nutzungsordnung «vollzieht das eidgenössische und kantonale Recht in den Bereichen Raumplanung, Umweltschutz und Bauwesen» –, zeigen sich aber auch in den kommunalen Vorgaben.[22]

Opposition gegen neue baurechtliche Vorschriften regte sich gelegentlich, richtete sich aber meist gegen einzelne Punkte: 1898 ging es um die Beiträge an den Kanalisationsbau, 1911 empfanden die Baumeister die Bauordnung als zu einschränkend, und den Teilbebauungsplan linkes Aareufer von 1950 lehnten die Stimmberechtigten ab, weil ihnen manche vorgesehenen Strassen zu breit waren.[23]

264–269 __

Ein Denkmal der Hochkonjunktur: Der Neumarkt

Wenn man mit Auswärtigen über Brugg ins Gespräch kommt, lautet eines der ersten Stichworte in der Regel: Neumarkt. Offenbar ist er heute eines der Brugger Wahrzeichen. Wie kam es dazu?

Die Stadterweiterung erfolgte im 19. und beginnenden 20. Jahrhundert vor allem Richtung Bahnhof. Die Häuserzeile am Bahnhof etwa entstand zwischen 1912 und 1920. Dagegen blieb das Gebiet am südlichen Ende der Alten Zürcherstrasse bis in die 1960er-Jahre dünn bebaut: Zwischen der Alten Zürcherstrasse und der Badenerstrasse breitete sich zum Bahnhof hin die Strösslerwiese aus. Auch westlich der Zürcherstrasse bestanden Grünflächen. Die Landbesitzer und Wirte auf beiden Seiten der Strasse, Rosalie Strössler und Hansruedi Füchslin, wollten keine baulichen Veränderungen oder waren dazu nicht in der Lage. Mit dem Tod von Frau Strössler 1962 wurde der Weg frei für eine Überbauung: Für die Migros war die Filiale von 1935 viel zu klein geworden, ein Neubau sollte Abhilfe schaffen. Coop plante ebenfalls, zusammen mit Hansruedi Füchslin, den Bau eines Hotels und Warenhauses.

Zuerst mussten aber die Bauvorschriften geändert werden – das war nichts Neues, schon früher hatten Bauvorhaben zu Änderungen des Bebauungs- oder Zonenplans geführt. Diesmal ging es um radikale Änderungen. Zudem übten die Grossverteiler ziemlich grossen Druck aus, die Migros besass auch Bauland im Birrfeld, wo die Bevölkerungszahl damals rasant zunahm. Die «City-Planung» bildete ein anforderungsreiches Geschäft für den Einwohnerrat: Nicht nur überstiegen die Bauvorhaben – ein Bauvolumen von über 100 Millionen Franken – die Vorstellungskraft, sie mussten auch mit der Verkehrsplanung verknüpft werden, und ihre wirtschaftlichen Folgen liessen sich kaum abschätzen. So soll ein Einwohnerrat nach der Diskussion gefragt haben: «Worüber wird jetzt abgestimmt?» Die City-Planung wurde oppositionslos gutgeheissen und 1971 vom Grossen Rat genehmigt.

Die Migros begann bald darauf mit dem Bau und konnte im März 1975 ihren neuen Markt eröffnen, das Hochhaus wurde im September 1976 fertig. Der Coop-Bau verzögerte sich aus verschiedenen Gründen, sodass der Grossverteiler auf den Bau verzichtete. Darauf übernahm der für den Bau von Geschäftshäusern bekannte Unternehmer Viktor Kleinert das Land und liess den Neumarkt II errichten, der im September 1982 eröffnet wurde.

Die City-Planung wurde zu Beginn der 1980er-Jahre grundlegend überarbeitet, ein Vorgang, der auf verschiedene Ursachen zurückgeführt werden kann. Entweder war die erste Fassung gänzlich auf die Grossverteiler ausgerichtet gewesen und hatte das übrige Gebiet nur zur Vertuschung einbezogen. Eine andere Möglichkeit ist, dass die Planung als so unbefriedigend erachtet wurde, dass die Behörden eine gleichartige Fortsetzung verhindern wollten. Oder, harmloser: Geschmack und Ziele hatten sich mit oder seit dem Ende der Hochkonjunktur geändert.[24] Eine Beurteilung ist immer zeit- und standortgebunden, sie fällt auch nach über 20 Jahren schwer. Stattdessen sollen hier einige weitere Bemerkungen angebracht werden.

Der Bau von Einkaufszentren in Städten, mit Anbindung an den öffentlichen Verkehr, entspricht den raumplanerischen Zielen und ist einem Shopping-Center auf der grünen Wiese vorzuziehen – Spreitenbach öffnete 1970 seine Tore.

Es ist unbestritten, dass der Neumarkt als Magnet Konsumenten und Umsatz an sich gezogen und damit den bestehenden Geschäften entzogen hat. Damit hat er zum Strukturwandel im Detailhandel beigetragen – aber auch nicht mehr.

Die hauptsächlichen Promotoren sind finanziell nicht ungeschoren davongekommen: Die Migros war beim Tivoli in Spreitenbach stark engagiert und verkaufte wegen Liquiditätsproblemen das fast fertige Gebäude in Brugg an die Viktor Kleinert Geschäftshäuser AG. Diese wiederum musste den Neumarkt II wegen Überschuldung 1992 verkaufen.

Zur Ästhetik braucht es keinen Kommentar. Über Geschmack lässt sich bekanntlich streiten, doch gibt es in diesem Fall gar keinen Streit: Die Bauten gefallen fast niemandem.

Wie prägend der Neumarkt ist, geht aus dem Beschluss des Stadtrats hervor, die Alte Zürcherstrasse umzubenennen in: Am Neumarkt.[25]

―― 24 Der ganze Abschnitt basiert auf: Locher, Goldenes Dreieck, mit Zitat: S. 91. Vgl. Siegfried-Karten 1878 und 1902/03; Germann, Bauen und Wohnen, S. 14. ―― 25 Bühler/Elsasser, Welche Zukunft, S. V. Seiler/Steigmeier, Geschichte des Aargaus, S. 184f. Locher, Goldenes Dreieck, S. 77. Beschluss vom 16. 5. 2001, Auskunft von Herbert Hauptlin und Stefan Zinniker, Stadtbauamt Brugg. ―― 26 RBE 1930–1980 und 2001. Kantonales Statistisches Bureau, Wohnungszählung 1910, S. 86. Wohnungen und Mietpreise im Kanton Aargau. Ergebnisse der Wohnungszählung vom 1. Dezember 1950. 1954 (= Statistische Mitteilungen des Kantons Aargau, Heft 5), Tab. 1. Eidg. Volkszählung vom 1. Dezember 1960, Bd. 2: Kanton Aargau. Bern 1964 (= Statistische Quellenwerke der Schweiz, Bd. 367), S. 74f. Volkszählung 1990, Bd. 3: Gebäude und Wohnungen. Aarau 1994 (= Statistisches Amt Aargau, Heft 111), Tab. 10. Germann, Bauen und Wohnen, S. 6. Meier u. a., Revolution im Aargau, CD-ROM, Statistik Bevölkerung. Statistisches Jahrbuch der Schweiz 2003, S. 390. ―― 27 Zitat: BgNbl 73 (1963), S. 115. RBE 1962, S. 23; 1961, S. 31; 1972, S. 12.

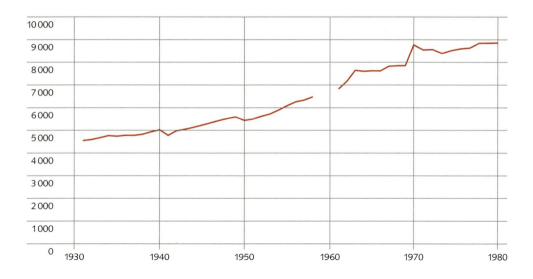

395 ___ Entwicklung der Brugger Bevölkerung, 1931–1980. Zwischen 1930 und 1958 war das Wachstum ziemlich gleichmässig, dann fünf Jahre geradezu stürmisch, flachte dann ab und lag von 1970 bis 1980 nahezu bei null. Der Sprung von 1970 zeigt die Eingemeindung von Lauffohr.

Zunehmende Beanspruchung des Baugebiets

Einer der Gründe für die steigende Nutzung im Verlauf des 20. Jahrhunderts liegt im Bevölkerungswachstum. Der starke Wachstumsschub um die Jahrhundertwende hatte sich in den 1920er-Jahren abgeschwächt. Nach dem Zweiten Weltkrieg verstärkte sich die Zunahme der Einwohnerzahl wieder und erreichte zwischen 1950 und 1970 über zwei Prozent pro Jahr.

Seit 1970 hat die Bevölkerung nur noch geringfügig zugenommen: etwa um 500 Personen in 30 Jahren oder um knapp sechs Prozent – ganz im Gegensatz zum Wohnungsbau: Die Zahl der Wohnungen ist im gleichen Zeitraum von 2787 auf 4385 gestiegen, also um 57 Prozent! Die durchschnittliche Zahl der Bewohner einer Wohnung ist deutlich gesunken, vor allem seit etwa 1960. Betrug sie 1910 noch 4,5 und 1960 immer noch 3,5, so liegt sie heute mit 2,1 Personen etwas tiefer als das gesamtschweizerische Mittel von etwa 2,3.[26]

Die zunehmende Bevölkerung und der Wunsch nach mehr Wohnfläche pro Person beanspruchten das verfügbare Baugebiet äusserst stark, weshalb neue Lösungen gesucht wurden. Schon der Rechenschaftsbericht des Stadtrats von 1962 erklärte, der Rückgang der Baubewilligungen sei symptomatisch für den privaten Wohnungsbau im Allgemeinen und für den kleinen, baulich stark ausgenützten Gemeindebann im Besonderen. Gebaut wurden also vor allem Mietwohnungen, und zwar neu auch in Form von Hochhäusern. 1961/62 errichtete die zur Georg Fischer AG gehörende Maschinenfabrik Müller eine Überbauung im Bodenacker mit zwei lang gezogenen 6-geschossigen und einem 16-geschossigen Block. Dies war etwas Neues: Bis zu diesem Zeitpunkt waren meist 3- oder 4-geschossige Mehrfamilienhäuser gebaut worden. In der Chronik der Neujahrsblätter schwingt Stolz mit: «Mit 16 Stockwerken ist es das höchste Wohnhaus des Kantons.» Weitere Wolkenkratzer mit ähnlicher Höhe entstanden um 1970 am Hafnerweg und wenige Jahre später im Bilander.[27]

249–256 ___ Eine kreative Variante zu den Hochhäusern bilden die *Terrassenhäuser* am Bruggerberg: Sie kombinieren die verdichtete Bauweise mit einer bisher wenig genutzten Wohnlage und bieten jeder Wohnung direkten Ausgang ins Freie. Die Idee präsentierte der Brugger Architekt Hans Ulrich Scherer 1959. Die ersten Terrassenhäuser wurden in Umiken bis 1965 erstellt, in Brugg mit einiger Verzögerung.[28]

Einen Ansatz zur Schonung der Baulandreserven bietet das verdichtete Bauen: mehr Wohnfläche pro Grundstückfläche. In Brugg führte die Bau- und Nutzungsordnung von 1996 zu einigen Veränderungen in diese Richtung: Einige Zonenänderungen brachten eine Anhebung der Ausnützungsziffer, also der zulässigen Bruttogeschossfläche pro Grundstückfläche. Bei Arealüberbauungen galt weiterhin eine höhere Ausnützungsziffer, neu war jedoch keine Mindestfläche des Areals mehr festgelegt.

Zurzeit ist eine Vereinheitlichung der Plangrundlagen im Gang. Dabei werden auch die Baulinien, also die Mindestabstände von der Strasse, die gemäss Bebauungsplan von 1912 bis zu sechs Metern und mehr betragen, grossteils auf das kantonale Mass von vier Metern herabgesetzt. In manchen Fällen wird dies eine stärkere Ausnutzung der Grundstücke ermöglichen.[29]

Zusätzliche Raumansprüche entstanden durch die immer zahlreicheren Autos. Schon die Zonenordnung von 1959 verlangte «ausreichende Parkierungsmöglichkeiten». Eine Ergänzung von 1968 verpflichtete Grundeigentümer, sich an anderen Parkierungsanlagen zu beteiligen, wenn auf eigenem Grund keine errichtet werden konnten. Einige Jahre später wurde die Mindestzahl erhöht und bestimmt, dass bei grösseren Überbauungen mindestens zwei Drittel unterirdisch angelegt werden mussten, damit nicht zu viel Grünfläche verloren ging. Aktuell geht der Trend in die umgekehrte Richtung, die Anzahl der Pflichtparkplätze wurde für bestimmte Zonen – namentlich die Altstadt – reduziert.[30]

Wegzug der Industrie aus den Wohnzonen

Eine Entlastung des Baugebiets für Wohnbauten ergab sich durch die Verschmelzung mit Lauffohr, das noch grössere Baulandreserven aufwies, sowie durch den Wegzug der Industrie. Dieser hatte verschiedene Gründe: Mit der Überbauung der Nachbarschaft fehlte den Betrieben der Platz für Erweiterungen. Wenn Raum vorhanden war, war doch der Boden an anderen Orten, etwa im Birrfeld, deutlich billiger. Die Anwohner klagten wegen Immissionen.

560–564

Fassbar werden Reklamationen vor allem seit der Mitte des 20. Jahrhunderts. Das heisst nicht, dass es früher keine Belästigungen gegeben hätte. Schon der Standort für das Gaswerk wurde 1911 unter anderem mit den Windverhältnissen begründet, die wenig Belästigungen erwarten liessen. Lärm und Gerüche führten 1943 zum Antrag, verschiedene Nutzungen in Bauordnung und Bebauungsplan auszuscheiden. Bei der Diskussion über den Zonenplan wurde 1959 im Grossen Rat das Ziel formuliert, das Bauen in Bahnen zu lenken und eine weitere unerwünschte Vermengung zu vermeiden.

[28] Hans Ulrich Scherer, dipl. Architekt ETH/SIA. In: BgNbl 77 (1967), S. 102–107. — [29] Zonenordnung 1976. BNO 1996. – Einzelne Abzonierungen von 1996 stehen nicht im Widerspruch dazu, sondern sind eine Angleichung an die bestehende Bebauung: Öffentliche Auflage Ortsplanungsrevision, S. 7. Auskunft von Stefan Zinniker, Stadtbauamt Brugg. — [30] StAAG Akten Grossrat 1968, Nr. 1287. Zonenordnung 1972, § 6b. BNO 1996, § 8. — [31] Roth, Kulturgeographie, S. 174 f., 255 f. Vgl. Walter, Natur. StABg B A.Ic.5, S. 334, 361; B A.Ic.5, S. 21; B A.Ic.10, S. 108; B A.Ic.11, S. 71, 281; B A.Ic.12, S. 96, 185, 198. StAAG Akten Grossrat 1959, Nr. 417 Banholzer, Chemische Fabrik, S. 106, 110–113. Auskunft Rosa Müller-Thomi, Brugg. Vgl. Kap. Industrie. — [32] Seiler/Steigmeier, Geschichte des Aargaus, S. 175 f. RBE 1947, S. 17. Obrist, Süssbach, S. 17.

396 ▬ Im 19. Jahrhundert gehörte zu allen stattlichen Häusern ausserhalb der Altstadt ein grosser gestalteter Garten: Gemäss dem Stadtplan von 1848 erstreckten sich zwischen Zimmermannhaus und Schützenhaus mehrere Gärten, unterbrochen bloss von der Hansfluhsteig und dem zurückversetzten Debrunnergütli. Heute ist von diesen historischen Gärten praktisch nichts mehr erhalten.

Einer der wichtigsten Verursacher war zu Beginn des Jahrhunderts die Chemische Fabrik Brugg, später die Maschinenfabrik Müller im Bilander: In weitem Umkreis konnte man riechen, wenn gegossen wurde, und manche Leute litten dann an Kopfschmerzen. Die Belästigungen hörten erst auf, als das Werk im Wildischachen gebaut und der Betrieb im Bilander 1971 eingestellt wurden. Andere Firmen zogen weg oder gaben die Produktion auf. Vor allem im Gebiet zwischen Bahnlinie, Süssbach und Schöneggstrasse verschwanden Fabrik- und Gewerbebetriebe und machten Wohnungen Platz. Dafür entstanden im Wildischachen, im Steiger und in der Ägerten zonenkonform Industrie- und Gewerbegebiete.[31]

Dass die Reklamationen vor allem seit den 1950er-Jahren fassbar sind, ist kein Zufall: Die Bevölkerung nahm zu, die Produktion wurde ausgeweitet (aber nicht rationalisiert), sodass es bei dichterer Nutzung zu Konflikten kam; die Hochkonjunktur ermöglichte den finanziellen Aufwand zur Beseitigung der Immissionen. Ausschlaggebend für die Reklamationen waren denn auch meist Verursacher mitten im Wohngebiet: Neben der Maschinenfabrik Müller etwa der Süssbach mit seiner Schmutzfracht von der Reichhold Chemie und von einem privaten Schlachthaus an der Altenburgerstrasse.[32]

Die Lärmimmissionen

Als Verursacher von Lärm stehen nicht Industrie und Gewerbe im Vordergrund, sondern verschiedene andere Quellen. Ein Bürger beklagte sich an einer Gemeindeversammlung über den Nachtlärm!

Der hauptsächliche Lärmproduzent in Brugg waren die SBB mit zahlreichen Zügen und mit der eisernen Aarebrücke: Bei Westwind hörte man bis gegen Stilli, wenn ein Zug die

> Brücke befuhr. Die Eisenkonstruktion wurde 1995 hauptsächlich aus baulichen Gründen durch einen Betontrog ersetzt. Dies brachte auch eine deutliche Verminderung des Lärms. Allerdings waren die Immissionen entlang der Strecke ebenfalls zu hoch, doch liessen sich die SBB lang Zeit für die Sanierung: Die Lärmschutzverordnung des Bundes ist schon 1987 in Kraft, Schallschutzwände werden in unserer Region jedoch erst seit Mitte der 1990er-Jahre errichtet. Dabei kam Brugg früh an die Reihe, da es an stark befahrenen Strecken liegt.[33]

Vom Umgang mit schönen alten Häusern

Die Beschäftigung mit Vindonissa förderte in der Region Brugg den Denkmalschutzgedanken: Als ein Auswärtiger kurz vor 1900 Ausgrabungen durchführte und die Funde verkaufte, erhielt der Gedanke Auftrieb, dass man das römische Erbe schützen und bewahren müsse. Die Antiquarische Gesellschaft von Brugg und Umgebung (heute Gesellschaft Pro Vindonissa) begann mit systematischen Grabungen und konnte 1912 ein Museum für die Funde eröffnen. Das Thema Vindonissa blieb im Vordergrund, in den «Brugger Neujahrsblättern» finden sich in dieser Zeit nur wenige Aufsätze zu anderen archäologischen Fundstellen oder zu historisch oder künstlerisch wichtigen Bauten.

Zwar gab es Ansätze. Der spätere Brugger Architekt Hans Herzig half 1909 bis 1911 bei den Planaufnahmen für die Publikation «Das Bürgerhaus der Schweiz» mit. Und seit der Bauordnung von 1912 konnte der Gemeinderat Baugesuche aus Gründen der Ästhetik oder des Heimatschutzes ablehnen. Schon 1910 sprach sich die Gemeindeversammlung auf den Rat eines auswärtigen Fachmanns gegen den Abbruch der bisherigen Kaserne auf der Hofstatt aus, und zwar aus ästhetischen Gründen und wegen ihrer guten Bausubstanz.

Kraft erhielt die Idee des *Denkmalschutzes* jedoch erst ab den 1940er-Jahren, als auch die kantonale Denkmalpflege geschaffen und mit der Inventarisierung der Kunstdenkmäler begonnen wurde. In Brugg wurde das Schlösschen Altenburg renoviert. In den «Neujahrsblättern» erschienen vermehrt Aufsätze. Jener über «Alt Brugg» beruhte auf Führungen durch das Städtchen, die im Hinblick auf die Inventarisierung der Kunstdenkmäler organisiert wurden.[34]

1948 wurden zudem 27 Gebäude und Brunnen in Brugg unter kantonalen Denkmalschutz gestellt. Es handelt sich um Reste der Stadtbefestigung, drei Brunnen und verschiedene Gebäude in der Altstadt sowie Bauten ausserhalb der Stadt: das Schlösschen

---

— 33 StABg B A.Ic.10, S. 499. Tomasi, Aarebrücken, S. 111, 128. Schienennetz Schweiz, S. 116, 119. BgNbl 105 (1995), S. 254. Ruhe bitte! [elektronischer Text]: www.sbb.ch/umwelt/umwelt/faq_laerm_d.htm. — 34 Laur-Belart, Rudolf: Die Erforschung Vindonissas unter S. Heuberger 1897-1927. In: Argovia 43 (1931), S. 81-109. Führer durch Brugg 1905, S. 19. Hans Herzig, Architekt. In: BgNbl 76 (1966), S. 59-63. StABg B A.Ic.11, S. 423. Die Inventarisation der aargauischen Kunstdenkmäler. In: Argovia 55 (1943), S. 314-320. Bericht über die Tätigkeit des aargauischen Kantonsarchäologen. In: Argovia 57 (1945), S. 256-262. Alt Brugg. In: BgNbl 57 (1947), S. 33-80, 33. — 35 Kantonales Altertümerverzeichnis Nr. 3. BNO Brugg 1996, Anhang 3. Neu: kath. Kirche, Stadtmauer in der Vorstadt, Wohnhausanbau am Schlössli, Teile von Spiegelgasse 6 und 10, Abdankungshalle. — 36 BNO 1996, Anhänge 1a und 1b, § 42 Abs. 2. Bauzonenplan 1998 (rev. 2003). — 37 Denkmalpflege, Akten Bezirk Brugg, alte DS-Akten, aus Nachlass Reinhold Bosch. Froelich, Carlo; Keller, Rudolf: Zum Umbau des Zimmermannshauses 1983/84. In: BgNbl 94 (1984), S. 171-176. Alt Brugg. In: BgNbl 57 (1947), S. 33-80, 39. Kdm Brugg, S. 333-335, 326, 356. Auskünfte von Peter Hoegger, Kunstdenkmäler-Inventarisation. — 38 Burger, Lindenbaum. Aargauer Zeitung, 22. 4. 2004. BNO 1996, Anhang 5. Naef, Felix: Historische Bäume in der Region. In: BgNbl 114 (2004), S. 137-152.

Altenburg, das Schilplinhaus (heute Bauernverband), das Stadthaus, ein Gartenhäuschen an der Annerstrasse und der Schützenpavillon bei der Schützenmatte. Sie figurieren heute noch auf der Liste, einige weitere Objekte sind dazu gekommen.[35]

Ergänzend sind einige Gebäude durch die Bau- und Nutzungsordnung von 1996 kommunal denkmalgeschützt. Für die Altstadt gelten besondere Vorschriften für Um- und Neubauten. Zudem wurden zwei «Ensembleschutzgebiete» festgelegt, wo «Abbruch und wesentliche Veränderung von Haupt- und wichtigen Nebengebäuden [...] nur bei Vorliegen wichtiger Gründe» zulässig sind. Es handelt sich um die Häuserzeile an der Stapferstrasse zwischen Aarauer- und Frickerstrasse sowie um das Dorfgebiet von Altenburg. Allerdings waren dort beim Dorfplatz schon früher drei grössere Häuser abgebrochen worden, und die Zone reicht nach Süden nur bis zum Sodweg.[36]

Manche Gebäude wurden wegen des Widerstands der Eigentümer nicht unter Schutz gestellt, obwohl es gerechtfertigt gewesen wäre. Auf der provisorischen Liste standen das Fischer- respektive Rauber-Haus (am Platz des Jelmoli-Gebäudes) und das Frölichhaus im Sonnenberg. Gegen dessen Schutz wehrte sich die Stadt, offenbar mit Erfolg; heute steht nur noch die grosse Scheune an der Zurzacherstrasse. Beim Zimmermannhaus erhob das Bezirksspital Einsprache gegen eine Unterschutzstellung, weil es das Haus verkaufen wollte und eine Einbusse beim Erlös befürchtete. Entsprechend wurde die Bausubstanz später zu wenig gepflegt und das Haus beim Umbau 1983/84 ausgekernt. Ein weiteres, nicht unter Schutz gestelltes und heute verschwundenes Gebäude ist die ehemalige Mühle an der Hohlgasse in Lauffohr.[37]

Ansätze zu einem Sinneswandel zeigt der Umgang mit markanten *Bäumen*: 1970 musste die Linde, die dem Lindenplatz den Namen gegeben hatte, ohne Diskussion dem Verkehr weichen. Dagegen unterschrieben 2004 etwa 750 Personen eine Petition für den Erhalt der Magnolie im Stadtpark, die der geplanten Erweiterung des Parkhauses Eisi im Weg steht. Der Anhang 5 der Bau- und Nutzungsordnung listet die kommunal geschützten Einzelbäume und Baumgruppen auf, und in den «Brugger Neujahrsblättern» 2004 erschien ein Artikel über «Historische Bäume in der Region» – der wiederum an gefällte markante Bäume erinnert.[38]

Diese Verankerung des Schutzgedankens rührt zweifellos auch daher, dass das überbaubare Gebiet von Brugg heute weitgehend belegt ist, dass also Neubauten fast nur noch an der Stelle von Bestehendem errichtet werden können – und damit Vertrautes verschwindet. Die Wahl zwischen Abbruch und Neubau und Renovation und allenfalls Umnutzung wird in Zukunft wohl noch einiges zu diskutieren geben.

Versorgung und Entsorgung

Heute besteht eine ausgeklügelte Infrastruktur, um die Bewohner mit lebensnotwendigen oder auch nur angenehmen Dingen zu versorgen: Wasser, Elektrizität oder Fernsehprogrammen. Dabei handelte und handelt es sich fast immer um Gemeinschaftsunternehmen.

Wasserhahn statt Brunnen

Die Bedeutung der Versorgung mit Wasser zeigt sich an der Siedlungsentwicklung: Siedlungen entstanden nur dort, wo Wasser vorhanden war. Flusswasser wurde möglichst gemieden. Das Dorf Lauffohr hatte wenig Probleme: Am Bruggerberg entsprangen verschiedene Quellen oberhalb des Dorfes, von denen um 1900 sieben gefasst waren, die

397 ___ 1 Einer der ältesten Brugger Brunnen ist der Erdbeeribrunnen, so genannt nach der Figur auf dem Stock. 2 Entfernt wurde der Brunnen, der einst am Eingang zur Schulthess-Allee stand. 3 Mehrmals den Standort gewechselt hat der Schützenbrunnen; heute steht eine Kopie auf dem Eisi. 4 Seit 1883 konnten auch die Altenburger im Hof Wasser holen. 5 Die Anwohner der Bahnhofstrasse erhielten 1872 einen Brunnen, renoviert 2004.

gegen 400 Liter pro Minute lieferten. Der Auhof und die mittlere Au verfügten über drei Sodbrunnen: Diese Art der Versorgung war einfacher, als das Quellwasser Hunderte von Metern weit herbeizuführen.

Altenburg galt, trotz der Aare, als wasserarme Gemeinde. Lediglich der Reutenenhof und vermutlich die Güter im Hölzli konnten Quellen am Hang des Wülpelsbergs nutzen. Für das Dörfchen lagen sie zu weit weg, dort benutzte man Sodbrunnen – der «Sodweg» erinnert noch daran – und führte das Vieh an die Aare zur Tränke. Den «Luxus» von Brunnen mit fliessendem Wasser erhielt Altenburg erst 1883, als es Wasser von den Südbahnquellen erwerben konnte und drei Brunnen damit speiste: im Hof, beim Dorfplatz und vor dem Schulhäuschen.[39]

___ 39 Mühlberg, Quellenkarte, Beilage II, und Quellenkarte Brugg. StAAG AA 451, S. 377; R04.B01/0018. Banholzer, Max: Sie sind fast 120 Jahre alt. Die drei Altenburger Brunnen. In: Aargauer Zeitung, 13. 6. 2002. Auskunft von Rosa Müller-Thomi, Brugg. ___ 40 Stahl, Brugg um 1530, S. 90–97. Banholzer u. a., 100 Jahre Industrielle Betriebe, S. 40f. Bäbler, Johann Jakob: Beiträge zur Bau- und Wirtschaftsgeschichte der Stadt Brugg. In: Taschenbuch der Historischen Gesellschaft 1896, S. 136–157, hier 145–149. Kdm Brugg, S. 276–281. StABg A 65, S. 33; A 48, S. 68, 84–89; A 60, S. 192–194.
___ 41 Kdm Brugg, S. 276–281. Banholzer, Max: Odyssee eines «Wanderbrunnens». In: BgT, 2. 4. 1988.

4

5

Brugg konnte seinen Wasserbedarf lange aus den Quellen am Bruggerberg decken. Ursprünglich wurden nur die Quellen in der Herrenmatt genutzt. Das Wasser wurde in einer Brunnenstube vor dem Niederen Tor gesammelt und mit Röhren über die Brücke geleitet. Noch im 16. Jahrhundert gab es bloss zwei Brunnen: den unteren beim Sternen respektive beim Rathaus und den oberen bei der Einmündung der Albulagasse in die Hauptgasse. Erst die Fassung der höher gelegenen Bruderhausquellen 1547 erlaubte, einen Brunnen an der Ecke Hauptgasse/Kirchgasse zu erstellen. Mit der Zeit kamen verschiedene Brunnen dazu; ein Stadtplan aus der zweiten Hälfte des 17. Jahrhunderts zeigt acht Standorte innerhalb der Stadtmauern. Ausserhalb gab es seit 1603 den Brunnen beim Schützenhaus und seit dem Ausgang des 18. Jahrhunderts einen auf dem Eisi. Auch die Bewohner des heutigen Stadthauses erhielten Wasser.[40]

Erstaunlich mobil: Die Brunnen

Die ursprünglich hölzernen Brunnen wurden im Lauf des 16. Jahrhunderts durch Tröge und Stöcke aus Stein ersetzt. Grösse und Form waren je nach Standort und Entstehungszeit verschieden. Manche Stöcke waren bemalt, so die damaligen Schützen-, Bären-, Rössli- und Rathausbrunnen, hingegen trug wohl nur der Bären-Brunnen eine Figur. Wenn heute auch der Rathausbrunnen mit einer Figur der Justitia geschmückt ist, weist das auf die Veränderungen von Brunnen hin: Die Figur stammt von 1928, der Trog von 1824, der Stock ist das Original von 1557/1563.

Viele Brunnen sind versetzt worden: Der Schützenbrunnen stand ursprünglich beim Schützenhaus und später im Freudenstein; heute steht er als Kopie auf dem Eisi. Gar vier Umzüge in nur 170 Jahren erfuhr der ehemalige Rösslibrunnen, ein halbkreisförmiger Wandbrunnen: Zuerst befand er sich beim «Rössli», dann gegenüber der Einmündung der Fröhlichstrasse in die Aarauerstrasse, 1952 an der Freudensteinturnhalle und heute beim Zollplätzli (Vorstadt 2)![41] Seit fliessendes Wasser in die Häuser kommt, braucht man die Brunnen nicht mehr: Viele sind verschwunden oder liegen in einem Depot.

398 __ Mit der Gemeinde Lauffohr kam auch ihre Wasserversorgung an Brugg und wurde in die Industriellen Betriebe Brugg integriert. Das Reservoir Mühleweiher war 1914 erbaut worden.

Die Einwohnerschaft war auf das Wasser der *Brunnen* angewiesen: Manchmal war es knapp. Umso mehr achtete die Stadt darauf, dass es nicht verschmutzt wurde. Die Verunreinigung von Brunnen war verboten, eigene Aufseher wurden deswegen bestellt. 1724 wurde ein neuer Brunnenschauer zum Spitalbrunnen bestimmt, weil der bisherige nicht direkt – offenbar von seiner Werkstatt – zum Brunnen sah. Zahllos sind die Übertretungen, sei es bei Tätigkeiten im Haushalt, sei es durch Handwerker wie zum Beispiel die Küfer, die ihr Material durch Einlegen in Wasser vorbereiteten. Manche Brunnen hatten denn auch einen Nebentrog, in drei Brunnen durften Gefässe gewaschen werden. Akzeptiert war die Aufbewahrung lebender Fische in Brunnen. Darüber hinaus wurde bloss das Abwasser für private Nutzungen bewilligt.[42]

Selbstverständlich verlangte die Wasserversorgung ständigen Unterhalt, sie genügte aber grundsätzlich den Bedürfnissen bis ins 19. Jahrhundert. Mit dem Wachstum der Bevölkerung wurde das Wasser knapp. Auf dem Gebiet zwischen Lindenplatz und Bahnhof entstanden seit der Mitte des 19. Jahrhunderts Häuser, deren Bewohner nach Wasser verlangten. Nach einigem Suchen konnte im Bruderhaus zusätzliches Wasser gefasst und durch neue Leitungen zu zwei neu aufgestellten Brunnen an der Bahnhof- und der Zürcherstrasse geführt werden. Reserven für weiteres Wachstum bestanden jedoch keine. Als dann beim Aushub für die Südbahnlinie ergiebige Quellen angeschnitten wurden, konnte sich Brugg 400 Liter pro Minute sichern.

Auf dieser Basis beschloss die Gemeinde 1883 den Bau einer *Hochdruck-Wasserversorgung*. Beim Bruderhaus wurde ein Reservoir von 200 m^3 erstellt, und wer wollte, konnte sich eine Hauszuleitung einrichten lassen. Bei laufenden Brunnen zahlten die Bezüger 10 Franken pro Minutenliter, für Hausleitungen mit Hahnen pauschal 20 Franken im Jahr. Erst seit 1901 wurde der Verbrauch gemessen und bezahlt.

Nach der Betriebsaufnahme des Elektrizitätswerks siedelte sich Industrie an, und die Bevölkerung nahm zu. Mit der Eingemeindung von Altenburg mussten auch dessen Einwohner mit Wasser versorgt werden. Diese Faktoren erhöhten den Wasserbedarf massiv. Die Stadt er-

__ 42 RQ Brugg, Nr. 94, S. 174; Nr. 14, S. 34. Banholzer, Geschichte der Stadt Brugg, S. 119. StABg A 55, S. 219–221 und passim. Fische: StABg A 43, S. 45; A 39, Bl. 51v; A 59, S. 43. – Die Angaben bei Mühlberg, Quellenkarte, sind widersprüchlich: Beilage II führt zwei Sode auf, die Karte eine ungefasste Quelle, was wahrscheinlicher ist; in Beilage II ist weder bei Brugg noch bei Altenburg der Süssbach erwähnt. __ 43 Banholzer u. a., 100 Jahre Industrielle Betriebe, S. 41–46. __ 44 RBE 1911, S. 9. Kantonales Statistisches Bureau, Wohnungszählung 1910, Tab. I. Banholzer u. a., 100 Jahre Industrielle Betriebe, S. 46.

griff deshalb die Gelegenheit und erwarb 1896 die Brunnenmühle mit den zugehörigen ergiebigen Quellen. Zur Verbesserung des Netzes wurde ein Reservoir mit Pumpwerk errichtet und einige Jahre später ein Fussgängersteg mit Wasserleitung über die Aare gebaut.[43]

Die neue Annehmlichkeit war bald selbstverständlich: 1911 zahlten 729 Familien Wasserzins bei 786 besetzten Wohnungen: Über 92 Prozent der Wohnungen waren angeschlossen. Der Verbrauch belief sich im Mittel auf 184 Liter pro Kopf und Tag.[44]

In den 1920er- und 1930er-Jahren wurde das Leitungsnetz erweitert, um Neubauten und zum Teil auch bestehende Gebäude ans Netz anzuschliessen. Damit stieg der Wasserbedarf nochmals an. 1935 errichtete die Gemeinde zusammen mit der Firma Hunziker das Reservoir Rainwald, welches das Wasser von einem Grundwasserpumpwerk der Firma erhielt. Sie nutzt es noch heute, der Wasserversorgung dient es als Löschwasserreserve. 1949 nahm das kommunale Grundwasserpumpwerk Bilander den Betrieb auf. Es war sehr willkommen, da manche Jahre überaus trocken waren und der Wasserverbrauch pro Kopf sehr hoch lag: 1940 erreichte er 704 Liter pro Kopf und Tag, im Mittel der Jahre 1942 bis 1950 lag er bei 510 Litern, 1952 stieg er wieder auf 607 Liter. Um 1970 betrug er zwischen 500 und 600 Liter und sank 1975 auf etwa 400 bis 430 Liter, in den 1980er-Jahren und heute liegt er unter 400 Litern pro Kopf und Tag. Dazu beigetragen haben wohl eine Tariferhöhung, die zu sparsamerem Umgang mit dem Nass führte, und der Rückgang der Industriebetriebe – der Pro-Kopf-Verbrauch in Haushalten beträgt nur etwa 160 Liter.

Der Versorgungssicherheit dienten der Bau zusätzlicher Reservoirs und die Verbindung mit anderen Wasserversorgungen: 1946/47 wurde ein zweites Reservoir Mühlehalde (1000 m^3) erstellt, elf Jahre später das Reservoir Galgenhübel mit 4000 m^3. Zurzeit wird das Reservoir Mühlehalde von 1898 ersetzt durch ein neues mit 2000 m^3 Fassungsvermögen.

Die Zusammenarbeit hat eine lange Vorgeschichte: Schon 1921 erfolgte eine Verbindung zum Umiker Netz – wohl als Trostpflaster für die Ablehnung eines Zusammenschlusses der Gemeinden –, die zu einer engeren Kooperation und schliesslich 1981 zur Übernahme der Umiker Wasserversorgung führte. 1924 erfolgte eine Verbindung zum Windischer Netz und bald darauf eine Leitungsverlängerung im Hinblick auf einen Zusammenschluss mit Lauffohr. Bei der Eingemeindung übernahmen die IBB – seit 1907 gehörte die Wasserversorgung zu ihren Aufgaben – auch die Lauffohrer Anlagen: die Quellfassungen und das Reservoir Mühleweiher sowie das Grundwasserpumpwerk Ägerten.

Ebenfalls um 1970 fiel der Entscheid für eine weitere Grundwasserfassung: das Werk «Vorhard» im Villigerfeld, mit dem die Brugger Wasserversorgung einen anderen Grundwasserstrom anzapft und in welchem auch die Gemeinden Remigen und Rüfenach Pumpen betreiben. Auch Stilli wird von dort versorgt, und es besteht eine Notwasserverbindung zur Wasserversorgung Villigen. Seit 2000 ermöglicht eine Leitung die gegenseitige Belieferung mit der Wasserversorgung Untersiggenthal. Das Wasserversorgungsgebiet der IBB umfasst heute die Gemeinden Brugg und Umiken, wobei die höher gelegenen Häuser aus dem Riniker Reservoir Pfaffenfirst versorgt werden.

Diese Kooperation und die verschiedenen Standorte der Fassungen erhöhen die Versorgungssicherheit. Das zeigte sich etwa im Sommer 2003, als ein Brand das Pumpwerk Vorhard teilweise ausser Betrieb setzte: Remigen und Rüfenach benötigten eine Notstromversorgung, um ihren Wasserbedarf zu decken. Brugg kann dagegen den Ausfall einer Fassung ohne grössere Probleme verkraften. Diese Reserve wird künftig noch verstärkt: Die Grundwasserfassung Bilander, die nur mit grossem Aufwand vor Verschmutzungen gesichert werden kann, soll durch eine neue Fassung im Badschachen ersetzt werden und selber nur als Notfassung bestehen bleiben.⁴⁵

> **Feuerwehr und Brandschutz**
> Eine Einrichtung, die man häufig mit Wasser in Verbindung bringt, ist die Feuerwehr, und nicht ohne Grund: Zum Löschen eines Brandes braucht es viel Wasser. Doch beschränkte sich der Brandschutz nicht auf das Löschen, mindestens so wichtig war die Brandverhütung:
>
> Schon vor dem Überfall 1444 hatte es in Brugg auch steinerne Häuser gegeben, nachher gestattete Bern die Nutzung eines Steinbruchs, um den Wiederaufbau zu fördern. Zudem errichtete Brugg eine Ziegelhütte, und ab spätestens 1513 mussten alle Häuser mit Ziegeln gedeckt werden – noch 1840 trug etwa die Hälfte der Häuser in Altenburg und Lauffohr ein Strohdach. Allerdings waren die baulichen Schutzmassnahmen in der Stadt nicht perfekt. Noch im 18. Jahrhundert ist von fehlenden Brandmauern die Rede, und die Kamine mussten erhöht werden. Der Unterhalt wurde manchmal vernachlässigt, vor allem drückten sich viele Bürger um ihre Pflicht, die Kamine regelmässig fegen zu lassen. Die Feuerschauer fanden viele Mängel bei ihren Inspektionen in den Häusern.⁴⁶
>
> Mindestens so wichtig waren individuelle Vorsichtsmassnahmen: Es war verboten, Stroh und Heu auf dem Estrich aufzubewahren – besonders, wenn das Kamin nicht durchgehend war, mit offenem Licht (ohne Laterne) Scheunen und Ställe zu betreten, in den Häusern ohne besondere Erlaubnis zu waschen.
>
> Brach dennoch ein Brand aus, wurde Wasser in ledernen Feuereimern herangeschleppt, wobei vermutlich unterwegs ein Teil verschüttet wurde; das Feuer konnte jeweils nur aus kurzer Distanz bekämpft werden. Einen Fortschritt brachten die handbedienten Spritzen, von denen die Stadt im 18. Jahrhundert zwei bis drei besass. Eine davon kaufte sie beim einheimischen Daniel Keisereisen. Das Wasser zum Löschen holte man aus den Brunnen sowie notfalls aus der Aare. Im 19. Jahrhundert wurden an mehreren Orten Löschwasserbecken erstellt.⁴⁷
>
> Beim Löschen musste die ganze Einwohnerschaft mithelfen, die Feuerspritzen wurden von einer eigens bestimmten Mannschaft bedient. Daneben gab es die Gruppe der Feuerläufer, die bei auswärtigen Bränden zu Hilfe eilten. Ein neues Element brachte das Hydrantennetz, das mit der Wasserversorgung in den 1880er-Jahren erstellt wurde. Schon 1864 erfolgte die Gründung des Rettungskorps: Diese Organisation half, Menschen und Gut zu retten, beteiligte sich aber nicht an den Löscharbeiten. Erst zu Beginn der 1950er-Jahre wurde die Zweispurigkeit Rettungskorps/Feuerwehr beseitigt. Schon vorher hatte die Motorisierung Umteilungen erfordert. 1931 machte eine Motorspritze den Anfang, unter anderem folgten

54f.

---

45 Banholzer u. a., 100 Jahre Industrielle Betriebe, S. 47–54. IBB aktuell, August 1998, S. 1f. BgNbl 114 (2004), 200. IBB aktuell, August 1998. Auskünfte von Fridolin Jenny, IBB Wasser. www.trinkwasser.ch. — 46 Kdm Brugg, S. 312f. Banholzer, Geschichte der Stadt Brugg, S. 27, 133–135. RQ Brugg, Nr. 89 Ziff. 99 (S. 157). Bronner, Aargau II, S. 271f., 343f. StABg A 42, Bl. 8, 173v; A 46, S. 480; A 43, S. 348 und passim. — 47 Banholzer, Geschichte der Stadt Brugg, S. 133–135. RQ Brugg, Nr. 80 Ziff. 3. StABg A 36, S. 207; A 46, S. 538; A 49, S. 211; A 61, S. 140. Feur-Ordnung der Statt [sic!] Brugg (1769), Ziff. 8. Rettungskorps, 125 Jahre, S. 101. — 48 Feur-Ordnung, Ziff. 10. StABg A 36, S. 253; A 44, S. 57A; A 46, S. 9; A 52, S. 66 und passim. Rettungskorps, 125 Jahre, passim. www.fwbrugg.ch. — 49 Heuberger, Brugg 1892 bis 1917, S. 57. Vgl. allg.: Illi, schîssgruob. StABg A 33, S. 356, 453, 775, 894; A 53, S. 191, 194; A 43, S. 236; A 32, S. 476; A 131, S. 196. – Misthaufen in Ehgräben waren verboten: A 32, S. 448v. — 50 StABg A 130, S. 116.

1957 die erste Autodrehleiter und 1963 das erste Tanklöschfahrzeug. Im Lauf der Zeit kamen weitere Aufgaben dazu, so die Öl- und Chemiewehr oder die Bergung von Toten und Verletzten bei (Verkehrs-)Unfällen. Heute ist die Feuerwehr Brugg als Stützpunktfeuerwehr für zahlreiche Gemeinden und die eine Röhre des Bözberg-Tunnels zuständig, was allerdings in Frage gestellt wurde. Seit 2005 ist die Umiker Feuerwehr in jene von Brugg eingegliedert.

A propos Wasser: In den letzten Jahren machten Brandfälle gerade noch ein knappes Drittel der Ernstfalleinsätze der Feuerwehr aus![48]

Abwasser – vom Nachttopf zum Klärschlammproblem

Bei den Römern war die Abwasserentsorgung bereits hoch entwickelt. Im Legionslager Vindonissa wurde ein Netz von Abwasserkanälen gefunden. In manchen mittelalterlichen Städten gab es ebenfalls welche, nicht jedoch in Brugg, das keinen Stadtbach hatte. Wie wurde das Problem gelöst?

Grundsätzlich wurden nur geringe Mengen Abwasser produziert, solange das Wasser beim Brunnen geholt werden musste – es handelte sich um die Ableitungen aus dem Schüttstein und aus dem Abtritt. Dieses «heimliche Gemach» befand sich entweder im Haus, im Hof oder im Garten – daher die Redewendung «i mues uf's Hüsli». Schüttstein und Abtrittablauf (im Haus) waren nicht auf die Gasse gerichtet, sondern auf den Hof oder den so genannten «Ehgraben»: Von dort lief die Flüssigkeit auf die Gasse und wurde weggespült.[49]

Daneben waren Nachttöpfe in Gebrauch, die gewöhnlich auf die Gasse geleert wurden, wobei ihr Inhalt auch einen Passanten treffen konnte. Vermutlich meint der Ratsentscheid von 1708 diese Praxis, wenn er festhält, dass die «unreinen Zuber am Morgen nach der Öffnung der Tore» hinausgetragen werden sollen.[50]

399 ____ Ein «Ehgraben» bildete die rechtlich festgelegte Grenze eines Grundstücks und diente als Ablauf des Abwassers. Die Ehgraben mussten regelmässig gesäubert werden, sonst schädigte die gestaute Nässe, wie auch die von Misthaufen, die Mauern anderer Häuser, was öfters zu Klagen führte. Ehemaliger Ehgraben am Spitalrain, Aufnahme 2005.

Im 19. Jahrhundert war es nicht gestattet, die Abtritte in die Ehgräben zu leiten. Die Fäkalien wurden in Gruben gesammelt, die periodisch geleert wurden und deren Inhalt wohl als Dünger Verwendung fand.[51]

Gegen Ende des 19. Jahrhunderts, als mit der Zuleitung von Wasser in die Häuser der Verbrauch zunahm, genügte dieses System nicht mehr. Zudem hatte das Wasser auf den Strassen der «Neustadt» mangels Gefälle keinen Abfluss. So beschloss die Gemeindeversammlung 1892, als Pionier im Aargau, mit der Bauordnung auch die Anlage einer *Kanalisation* und bewilligte vier Jahre später das Geld für die ersten Kanäle. Sie führten das Wasser unterirdisch in die Aare. Und es gab je länger, je mehr Abwasser: 1900 zählte man bereits 25 Waschküchenhahnen, 59 Badeeinrichtungen, 132 Spülbecken und 245 Abtrittspülungen. Die Kanalisation wurde sukzessive erstellt. Da aber eine Anschlusspflicht nur bis zu einer Entfernung von 30 Metern galt, wurden weiterhin Gebäude mit Abtrittgruben errichtet, von denen manche bis in die 1960er-Jahre verwendet wurden.[52]

Spätestens nach dem Zweiten Weltkrieg zeigten sich die Probleme der bisherigen Kanalisation: Im Sommer 1947 führte die Aare so wenig Wasser, dass die im «Strängli» mündende Kanalisation üble Zustände verursachte. Zudem zeigte sich, dass die Einleitung des Abwassers in die Gewässer deren Selbstreinigungskraft überforderte: Es kam zu Überdüngung, verstärktem Algenwachstum und abnehmendem Sauerstoffgehalt. Vor allem grosse Städte, die ihren Trinkwasserbedarf zum Teil aus Gewässern deckten, waren besorgt. Die Abwasser mussten also gereinigt werden: Die erste Kläranlage der Schweiz entstand 1913 bis 1916 in St. Gallen, jene der Stadt Basel nahm den Betrieb erst 1982/83 auf.

In Brugg bewilligte die Gemeindeversammlung 1948 einen Projektierungskredit für eine *Kläranlage,* die gemeinsam mit Windisch und der Klinik Königsfelden in der Nähe des Gaswerks gebaut werden sollte. Die Vorlage erfolgte unter Druck des Kantons, der die Bewilligung für neue Einleitungen von Abwasser in öffentliche Gewässer nur noch erteilte, wenn sie geklärt wurden. Vorgesehen waren in Brugg vier Anlagen, da man vom Gefälle der bestehenden Kanalisationsleitungen ausging. Als zweckmässiger erwies sich eine grossräumigere Lösung mit Einbezug des Birrfelds am heutigen Standort im Windischer Schachen. Wegen Projektänderungen erfolgte die Einweihung erst 1967. Träger der Abwasserreinigungsanlage (ARA) ist der Zweckverband Kläranlage Brugg-Birrfeld, dem seit 1988 zehn Gemeinden angehören.

Die Anlage verfügt seit Beginn über eine mechanische und eine biologische Reinigungsstufe, sie wurde aber im Lauf der Jahre mehrfach verbessert. Unter anderem wurde 1990 eine chemische Behandlung installiert, und die Stadt Brugg erstellte vor einigen Jahren mehrere Regenwasser-Rückhaltebecken, damit der maximale Zufluss in die Kläranlage und damit deren Überbeanspruchung reduziert werden kann.[53]

Allerdings verwandelt die ARA nicht einfach Schmutzwasser in sauberes Wasser: Das gereinigte Wasser enthält immer noch Rückstände. Bei manchen – zum Beispiel Sub-

―― 51 StABg A 51, S. 203. Banholzer u. a., 100 Jahre Industrielle Betriebe, S. 140f. Heuberger, Brugg 1892 bis 1917, S. 57. ―― 52 Bauordnung 1892, § 30, 52–56. Heuberger, Brugg 1892 bis 1917, S. 57f. Bauordnung 1912, § 40. ―― 53 RBE 1947, S. 17. Walter, Natur, S. 130–133, 164–170. Vgl. Illi, schîssgruob, S. 113–125. Banholzer u. a., 100 Jahre Industrielle Betriebe, S. 140–147. StABg B A.Ic.10, S. 402; Prot ER, 21.1.1994, S. 17. ―― 54 Klärschlamm-Entsorgungsplan Aargau (Umwelt Aargau, Sondernummer 9, Nov. 2000), S. 10–16. Banholzer u. a., 100 Jahre Industrielle Betriebe, S. 143–147. Technische Verordnung über Abfälle, § 32, 53a. Verordnung über umweltgefährdende Stoffe, Anhang 4.5, Ziff. 52f. ―― 55 StABg B A.Ic.1–4; B A.Ic.5, S. 85, 91. ―― 56 Adressbuch 1911, S. 77. StABg B B.Ia.15, 1867, S. 14f.; B B.Id.21ff; B A.Ic.9, S. 446, 462; B A.Ic.10, S. 281; B A.Ic.11, S. 149, 449. ―― 57 StABg B A.Ic.11, S. 449. unter uns, 11 (1977), Nr. 25. BgNbl 70 (1960), S. 77; 72 (1962), S. 104; 81 (1971), S. 128.

stanzen aus Medikamenten – ist die Wirkung auf die Umwelt noch wenig bekannt. Weiter fallen beträchtliche Mengen an Klärschlamm an, 1991 etwa 90 m³ pro Tag. Zwecks Volumenreduktion entwässert man den Klärschlamm seit 1984 und lässt ihn faulen. Mit dem dabei entstehenden Gas wird Elektrizität und Betriebswärme gewonnen. Der verbleibende Schlamm wurde lange als Dünger in der Landwirtschaft verwendet. Aufgrund der Belastung mit Schwermetallen, Krankheitskeimen und anderem hat der Bund diese Verwertung untersagt, sodass nur die Verbrennung bleibt – Deponieren ist ebenfalls verboten.[54]

Kehricht – ein Problem des 20. Jahrhunderts
Der Begriff «Abfall» oder «Kehricht» erscheint erst spät in den Protokollen der Gemeindeversammlung, nämlich 1906: Damals stellte ein Anwohner den Antrag, der Kehrichtwagen solle auch in Altenburg zirkulieren. Darauf fragte der Stadtrat die betroffenen Haushalte an (37, im Bereich Aarauerstrasse/südliche Habsburgerstrasse), von denen die meisten weder den «Kehrichtwagen» noch den «Scherbenwagen» begehrten. Die Gemeinde beschloss trotzdem, dieses Gebiet zu bedienen.[55]

Offenbar stellte Kehricht im 19. und beginnenden 20. Jahrhundert noch kein Problem dar: Es entstand weniger Abfall, da meist Mehrweg-Verpackungen verwendet oder Waren offen verkauft wurden. Das Sammeln hatte einen grossen Stellenwert: 1911 gab es drei Sammler von Altkleidern im Bezirk. Holz konnte im eigenen Ofen verbrannt werden, und die Asche diente als geschätzter Dünger im eigenen Garten, wo organische Abfälle auch kompostiert werden konnten. Aufschlussreich ist, dass es keinen Beschluss der Gemeindeversammlung gibt, die Kehrichtabfuhr einzuführen. Dieser Dienst entstand als «Nebenprodukt» der Strassenreinigung.

Was eingesammelt wurde, wanderte auf eine *Deponie.* Mit der Ablagerung wurde beim Schwimmbad begonnen und dem Aareufer entlang weitergefahren, bis man um 1960 das Gebiet nördlich der Abzweigung Wildischachen erreichte. Dann war Schluss: Schon 1954 hatte sich ein Anwohner über die Deponie beschwert – meist wurden die Abfälle angezündet, um das Volumen zu reduzieren. Zudem lag die Deponie über einem Grundwasserstrom, sodass der Kanton eine Erweiterung wohl nicht gestattet hätte.[56]

Brugg sah sich nach einer regionalen Lösung um und fand sie im Beitritt zum Zweckverband Kehrichtverwertung Region Baden-Brugg, den neun Gemeinden 1959 gründeten. Ursprünglich plante man eine Schnellkompostierungsanlage, die 1961 auch den Betrieb aufnahm. Sie erfüllte die Erwartungen aber nur beschränkt, zudem stiegen die Kehrichtmengen schneller an als vorhergesehen. Das veranlasste den Zweckverband zum Bau einer *Kehrichtverbrennungsanlage* in Turgi, die 1970 eingeweiht wurde. 1977 waren 56 Gemeinden angeschlossen, 2002 umfasste das Einzugsgebiet 84 Gemeinden. Die anfallende Wärme wird zur Stromerzeugung genutzt, seit 1997 zusätzlich für die Fernwärmeversorgung. Zur Reinigung der Abluft wurde die Anlage durch zwei Elektrofilter, zwei Rauchgaswäscher und eine Entstickungsanlage ergänzt. Nach der Verbrennung bleibt ein Rest des Abfalls übrig, nämlich Schlacke, Filterstaub und Wäscherschlamm.[57]

Somit löst auch die Kehrichtverbrennungsanlage das Kehrichtproblem nur zum Teil, indem sie das Volumen stark reduziert. Manche Altstoffe wurden seit den 1970er-Jahren getrennt gesammelt zwecks *Wiederverwertung,* Papier schon früher, da es sich lohnte. Als dessen Preise sanken, garantierte die Stadt den durchführenden Vereinen einen festen Abnahmepreis. Eine Sammlung von Altglas fand erstmals 1974 statt, von Aluminium 1984 und von Styropor 1992, dazwischen (1988) folgte die Einrichtung einer regionalen Kompostieranlage. Auslöser dafür war der Kapazitätsengpass der Kehrichtverbrennungsanlage, die keine Grünabfälle mehr annahm und die Anlieferpreise massiv erhöhte. Dies führte zum Gesamtpaket, das der Einwohnerrat im Mai 1989 beschloss: die Einführung einer Kehrichtsackgebühr und einer unentgeltlichen Grünabfuhr sowie das Einrichten von mehreren Sammelstellen für wieder verwertbare Altstoffe. Der Erfolg liess nicht auf sich warten: Von 1989 auf 1990 sank die Kehrichtmenge um 1350 Tonnen oder um ein Drittel, dafür nahm die Menge des gesammelten Papiers ebenfalls um ein Drittel zu.[58]

Die Industriellen Betriebe als Organisation

Die Wasserversorgung wurde anfänglich als eine Gemeindeaufgabe von der Stadtverwaltung betreut. Bis 1901 wurden die Aufwendungen aus der allgemeinen Kasse bestritten, erst 1902 wurde eine eigene Rechnung geführt.

Schon vorher, 1892, erhielt das Elektrizitätswerk eine eigene Organisation mit einer Aufsichtskommission und einem Leiter, der ab 1907 auch für die Wasserversorgung zuständig war. Fünf Jahre später kam die Gasversorgung dazu, und das Ganze erhielt den Namen «Industrielle Betriebe der Stadt Brugg». Sie bildeten eine Abteilung der Stadtverwaltung mit eigener Rechnungsführung respektive eine unselbständige Anstalt. Als solche konnten sie nicht selbständig handeln: Die Kompetenz zu allen Rechtsgeschäften, zum Beispiel Abschluss von Verträgen und Grundbucheinträge, lag rechtlich gesehen beim Stadtrat – in der Praxis handelte man häufig unkomplizierter. Auf Anfang 2002 wurden die IBB in eine Aktiengesellschaft umgewandelt, die unter dem Dach der IBB Holding AG die IBB ComNet AG, die IBB Wasser AG, die IBB Erdgas AG und die IBB Strom AG umfasst. Die Holding gehört zu 100 Prozent der Einwohnergemeinde Brugg. Mit der Umwandlung wurde die rechtliche Situation geklärt. Zudem ist die IBB weniger abhängig von der Politik: Tarife können nach wirtschaftlichen Kriterien festgelegt werden und bedürfen nicht mehr der Zustimmung durch den Einwohnerrat. Schliesslich können die IBB so auf die Liberalisierung der Energiemärkte schneller reagieren.

Zurzeit planen die IBB, ihre bisherigen Standorte in einem Neubau auf dem Gaswerkareal zusammenzuführen.[59]

Elektrizität: Die IBB steigern den Stromabsatz

In den Anfangsjahren der Elektrizität diente diese neue Energiequelle vor allem der Beleuchtung und war auch ein bisschen Spielerei. In Brugg hingegen strebte man mit dem Bau des Elektrizitätswerks an, Industrie an den Ort zu holen. 1890 beschloss die Gemeinde den Kredit für den Bau von Kanal und Werk, am 12. November 1892 erhellte erstmals elektrisches Licht das Städtchen. Aber auch das erwähnte Ziel wurde erreicht: Während 1893 das Verhältnis von Lichtstrom zu Kraftstrom noch 75 zu 15 Pferdestärken betrug, hatte es sich am Ende des folgenden Jahres auf 126 zu 74 angenähert. 1916

---

58 BgNbl 85 (1975), S. 147; 86 (1976), S. 64; 95 (1985), S. 180; 99 (1989), S. 215; 100 (1990), S. 242; RBE 1988, S. 37; 1989, S. 48; 1990, S. 39. Auskünfte von Peter Meer, KVA Turgi. — 59 Banholzer u. a., 100 Jahre Industrielle Betriebe, S. 11, 15, 44–46. www.ibbrugg.ch. Auskünfte von Ernst Bühler, IBB. — 60 Siegrist, Wirtschaftliche Bestrebungen, S. 21. Heuberger, Brugg 1892 bis 1917, S. 38f. Vgl. Stadelmann, Kurt: Lichtbilder der Schweiz. In: Hengartner, Thomas; Rolshoven, Johanna (Hg.): Technik – Kultur. Zürich 1998, S. 291–308. Banholzer u. a., 100 Jahre Industrielle Betriebe, S. 10–25. Belart, Stausee. — 61 Banholzer u. a., 100 Jahre Industrielle Betriebe, S. 16, 25. www.ibbrugg.ch. Banholzer u. a., 100 Jahre Industrielle Betriebe, S. 93–96. IBB, Rechenschaftsbericht 1983, S. 8 (Zitat); 1975, S. 3; 1978, S. 3; 1979, S. 3.

waren Motoren mit einer Leistung von 1655 Pferdestärken sowie Lichtquellen mit einer Leistung von 964 Pferdestärken am Netz. Dies war nur möglich, weil nicht alle gleichzeitig Strom benötigten: Die Industrie brauchte die Energie vor allem während des Tages, für die Beleuchtung wurde sie aber nachts benötigt. Deshalb war ein ausgewogenes Verhältnis erwünscht. Schon bald wurden auch Aussengemeinden mit Strom versorgt.

Versorgung der Aussengemeinden mit Strom

Bad Schinznach	1895
Umiken	1903
Lauffohr	1910
Schinznach-Bad	1911
Eigenamt	1912
Scherz	1915
Habsburg	1916

Mit dem steigenden Verbrauch vermochte die Produktion nicht mitzuhalten. Verschiedene Massnahmen, wie etwa neue Turbinen und Verbesserungen am Kanaleinlass, brachten eine Produktionserhöhung, ein Wehr – das heute noch besteht – wurde jedoch erst 1942 bis 1944 erstellt. Schon 1898 wurde eine Dampfmaschine als Reserve bereit gestellt, 1907 schloss das Elektrizitätswerk mit dem Kraftwerk Beznau einen Stromliefervertrag ab. 1936 erwarben die IBB das Kraftwerk Zufikon, traten es jedoch noch im gleichen Jahr dem Aargauischen Elektrizitätswerk ab.

Bereits vor dem Ersten Weltkrieg bestanden Ideen und Pläne für ein Kraftwerk, welches das Gefälle der Aare zwischen Wildegg und Brugg nutzen sollte. Mit der Realisierung in Villnachern wurde 1949 begonnen, drei Jahre später wurde das Brugger Werk stillgelegt.[60] Seither kaufen die IBB sämtliche elektrische Energie ein und verteilen sie an die Verbraucher.

Der Stromverbrauch stieg stetig an, besonders seit 1940: 1945 war die Marke von 10 Mio kWh deutlich überschritten, 1970 wurden fast 50 Mio kWh verbraucht, 1990 über 100 Mio kWh, 2002 betrug der Absatz über 138 Mio kWh. Die Steigerung erfolgte, obwohl bei zahlreichen Haushaltgeräten der Verbrauch gesenkt werden konnte.

Lange Zeit suchten die IBB den Stromabsatz zu steigern: In den 1920er-Jahren propagierten sie die Elektrizität durch Abgabe von verbilligten Kochherden und anfänglichem Gratisstrom, obwohl das eigene Kraftwerk den Bedarf nicht zu decken vermochte. Nach der Energiekrise von 1973 wünschten manche Kunden vom Erdöl unabhängig zu sein, und installierten Elektroheizungen. Die IBB betrachteten diese Entwicklung mit gemischten Gefühlen: Einerseits stieg so ihr Umsatz, andererseits trug diese Nutzung zu höherem Spitzenbedarf und damit höheren Einstandspreisen bei. 1983 überstieg in den Wintermonaten die Nacht- die Tagbelastung, weshalb «ein vorläufiger Anschlussstop für Elektroheizungen verfügt werden musste. Diese Massnahme ist nur temporär und wird so bald als möglich aufgehoben.» Heute unterstützen die IBB gemäss eigener Aussage Massnahmen zum Stromsparen.[61]

Mit dem Durchbruch der Elektrizität als Energie kam auch die Regulierung: Um sachkundige Installationen zu gewährleisten respektive Unfälle zu vermeiden, erliess der Bund Vorschriften über die Berechtigung dazu. Hausinstallationen führten in Brugg lange auch die IBB aus – bis 1956 hatten sie gar das Monopol. Erst nachher erhielten auch private Firmen die Konzession dazu. Infolge der Personalknappheit in der Hochkonjunktur konnte aber erst 1966 ein Hausinstallationskontrolleur eingestellt werden.

400 ▬ Das Gaswerkareal in den 1950er-Jahren. Seit dem Bau hatte das Werk verschiedene Anpassungen erfahren, unter anderem erhielt es 1927 einen zweiten Gasbehälter und 1950/51 eine Kohlenaufbereitungs- und Ofenbeschickungsanlage (rechts).

1992 zählte die Installationsabteilung noch acht Mitarbeiter und sechs Lehrlinge. Vier Jahre später wurde sie an eine private Firma verkauft, nachdem schon der Verkaufsladen geschlossen worden war.[62]

Die Verbindung mit der Welt: Telegraf und Telefon

Schon vor dem Strom hielt die Elektrizität mit dem *Telegrafen* in Brugg Einzug. 1852 nahm die erste schweizerische Telegrafenlinie den Betrieb auf. Die für Telegrafenbüros vorgesehenen Orte mussten das Lokal sowie das Land für die Leitungen für zehn Jahre unentgeltlich zur Verfügung stellen. Dem stimmte die Ortsbürgergemeinde schon im Februar des gleichen Jahres zu, ebenso einem Betrag an die Bürokosten. Trotzdem war die Telegrafenstation Ende Jahr noch nicht in Betrieb: Vielleicht haperte es mit dem Rest der Bürokosten, der von Privaten aufgebracht werden musste. Der Verkehr betrug 1866 über 3100 Telegramme, erreichte 1925 über 12 300 und sank nach dem Zweiten Weltkrieg massiv ab.[63]

Inzwischen hatte das *Telefon* seinen Siegeszug angetreten. 1880 hatte in Zürich der Aufbau des ersten Ortsnetzes begonnen, in Brugg war es 13 Jahre später so weit. Diese Ver-

▬ 62 Banholzer u. a., 100 Jahre Industrielle Betriebe, S. 106–111, 29. Stadtkanzlei, Prot ER, 17. 1. 1997, S. 418. Auskünfte von Daniel Roth, Brugg, und Otto Kern, Brugg. – Es gab schon vorher Elektroinstallateure, z. B. sind im Adressbuch 1911 zwei verzeichnet, die vermutlich in den umliegenden Gemeinden arbeiteten. ▬ 63 Generaldirektion PTT, 100 Jahre Nachrichtenwesen, Bd. 1, S. 145–149, 258–263. StABg B A.Ia.4, S. 245, 252; B A.Ib.1, S. 137. 150 Jahre Kanton Aargau, S. 513f. ▬ 64 Generaldirektion PTT, 100 Jahre Nachrichtenwesen, Bd. 2, S. 268–280. Banholzer, Max: Die Anfänge des Telefons in Brugg. In: BgT, 15. 8. 1981. ▬ 65 Adressbuch 1911. ▬ 66 RBE. 150 Jahre Kanton Aargau, S. 516. Hengartner, Thomas: Telephon und Alltag. In: ders.; Rolshoven, Johanna (Hg.): Technik – Kultur. Zürich 1998, S. 245–262.

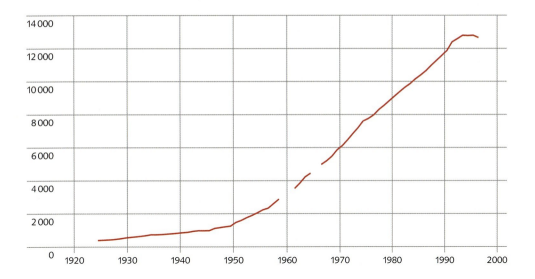

401 —— Telefonabonnemente in Brugg, 1924–1996. Die Zahl der Telefonabonnenten nahm bis 1950 stetig, seither kräftig zu. Nach 1993 trat keine Stagnation ein, die Grafik erfasst bloss die Mobiltelefone nicht.

zögerung brachte den Vorteil mit sich, dass es schon Überlandleitungen gab, dass Brugg also mit der grossen weiten Welt – oder jedenfalls mit Zürich und Aarau – verbunden war. Das erste Telefonverzeichnis umfasste 27 Teilnehmer, vor allem Firmen, Gaststätten und einige Mediziner und Juristen.[64]

Eine öffentliche Sprechstation wurde noch vor der Jahrhundertwende im Postbüro eingerichtet. 1911 bestanden schon über 100 Anschlüsse: Noch immer überwogen die Firmen, bloss bei fünf Abonnenten ist kein geschäftliches Interesse ersichtlich. Damit wies Brugg ein dichtes Netz auf, verglichen mit den umliegenden Gemeinden: Im ehemaligen Altenburg gab es wohl nur zwei Anschlüsse, in Lauffohr existierte jener bei den Gebrüdern Finsterwald zum Sternen, während sich in Hausen im Gasthof Rössli eine öffentliche Sprechstation befand und es in Birr noch gar kein Telefon gab.[65]

Auch die Nutzung nahm zu: Wurden im Jahr 1895 insgesamt 6431 Ortsgespräche geführt, waren es fünf Jahre später schon 36 000 und 1952 fast 700 000. Für die Zunahme lassen sich einerseits technische Verbesserungen anführen wie Stromversorgung über das Netz statt lokaler Batterie, automatische Zentrale statt des «Fräuleins vom Amt» (1935), komfortablere, inzwischen auch kabellose Apparate. Andererseits nahm die Vertrautheit mit dem neuen Medium zu, die Nutzung weitete sich aus: Anfänglich diente das Telefon fast ausschliesslich sachlicher oder geschäftlicher Kommunikation. Erst mit zunehmender Verbreitung wurde es privater, befand sich nicht mehr in Nachbars Hausgang und wurde für persönliche Gespräche verwendet, die heute bei Jugendlichen klar dominieren.[66]

Gasversorgung – später Einstieg, späte Blüte

Seit etwa der Mitte des 19. Jahrhunderts benutzten grössere Städte Gas für die Strassenbeleuchtung.[67] In Brugg diskutierte man die Einführung um 1870 ebenfalls, sah aber davon ab, weil der Ort zu klein war. Um die Jahrhundertwende wurde die Versorgung mit Gas wieder zum Thema, in der Schweiz entstanden nochmals 44 Gaswerke, darunter das Brugger.

Zwei Firmen reichten schon 1906/07 Konzessionsgesuche ein, doch kam keine Einigung zustande. So nahm die Stadt das Geschäft an die Hand. Die Gemeindeversammlung beschloss am 5. Juni 1911 den Bau und Betrieb eines *Gaswerks* und bewilligte den nötigen Kredit. Noch vor Ende Jahr konnte der Betrieb aufgenommen werden! Da der Standort im Bann von Windisch lag, dieses aber keine Steuerbefreiung gewährte, erlangte Brugg die Abtretung des Gebiets gegen eine Entschädigung und Zusicherung gleicher Preise für Gas.

Inzwischen produzierte jedoch das Brugger Elektrizitätswerk Strom, und die Strassen wurden elektrisch beleuchtet. Deshalb wurde Gas nur zum Kochen und Heizen abgegeben, nicht aber zu Beleuchtungszwecken. In den neuen Zwei- und Dreifamilienhäusern war wohl der Platz knapp für die Lagerung von Holz oder Kohle zum Heizen und Kochen, sodass man das saubere Gas schätzte. 1912 bezogen 562 Abonnenten in Brugg und 144 in Windisch rund 182 000 m^3 Gas. Das Netz erfuhr in den nächsten Jahren wesentliche Erweiterungen, die Zahl der Anschlüsse und die gelieferte Menge stiegen.

Produziert wurde das Gas aus Steinkohle, die Nebenprodukte Koks, Teer und Ammoniak wurden verkauft. Probleme brachte der Erste Weltkrieg mit ungenügender Kohleeinfuhr, sodass der Bundesrat eine Rationierung anordnete. Zusätzlich benutzte man Holz zum Vergasen und zog sogar Torf in Betracht. Dasselbe geschah während des Zweiten Weltkriegs.

Seit der Jahrhundertmitte stagnierte jedoch der Absatz, die Konkurrenz von Elektrizität zum Kochen und von Erdöl zum Heizen machte sich bemerkbar. Zudem war das Steinkohlegas giftig. So konnte der Preis, der seit 1941 30 Rappen pro m^3 betrug, nicht angehoben werden. Damit war aber auch die Ertragslage unbefriedigend. 1966 ertönte die Klage, der Gaspreis sei tiefer als die Gestehungskosten. Das Gaswerk wurde von den übrigen Zweigen der IBB quersubventioniert.[68]

Einen Ausweg bot der Anschluss an eine Fernversorgung, die mit neuen Methoden und grösseren Mengen günstiger produzieren konnte. So beschloss Brugg 1966, das Gas von der Gasversorgung Zürich zu beziehen und die Eigenproduktion einzustellen. Im folgenden Jahr wurde umgestellt, was einige technische Anpassungen erforderte. 1974 erfolgte der Übergang zu *Erdgas*. Der zweimalige Wechsel ist damit zu erklären, dass die grosse Transitleitung Deutschland–Italien, mit der auch der schweizerische Bedarf gedeckt werden konnte, erst 1972 bis 1974 erstellt wurde. Hätte man so lange selbst produziert, wäre ein Grossteil der Bezüger wohl abgewandert.

Der Absatz nahm mit dem ersten Wechsel zwar kräftig zu, stagnierte aber bald: eine Folge der Preiserhöhungen der Gasversorgung Zürich, die ihre Anlagen vorzeitig abschreiben musste. Brugg wehrte sich mit rechtlichen Schritten gegen die Überwälzung dieser Kosten, konnte sie aber nicht verhindern. Erst um 1980 stieg der Verbrauch bei sin-

---

[67] Der Abschnitt «Gas» beruht weitgehend auf dem entsprechenden Kapitel von Banholzer u. a., 100 Jahre Industrielle Betriebe. Interessant als Vergleich: Brunner, Hans: 100 Jahre Gasversorgung Olten. Olten 1999. — [68] IBB, Rechenschaftsberichte 1946ff. — [69] Auskünfte von Ernst Bühler, IBB. Fetz, Hermann; Lassau, Guido; Wälchli, David: Gasleitungsbau – auch ein archäologisches Projekt. In: BgNbl 109 (1999), S. 129–147. www.ibbrugg.ch.

kenden Preisen (und steigenden Ölpreisen) wieder, dieser Trend hält bis heute an. In den Jahren 1980 bis 1990 hat sich der Absatz der IBB an Gas etwa verzehnfacht. Dies ist unter anderem auf den Anschluss weiterer Gemeinden zurückzuführen.

Anschluss umliegender Gebiete ans Gasnetz

Lauffohr	1916/1928
Altenburg	1922
Umiken	1923
Turgi, Ennetturgi, Gebenstorf	1925
Hausen	1927
Vorderrein	1988
Birr, Lupfig	1984/1987
Brunegg	1988
Mägenwil	1989
Scherz	1990
Schinznach-Bad	1995
Holderbank	2004

Diese Ausweitung des Versorgungsgebiets war nur möglich nach dem Bau (1984) einer Verbindungsleitung nach Lenzburg mit Anschluss an den Gasverbund Mittelland. Vorher hätte für eine solche Ausweitung die Kapazität nicht gereicht. Nun konnte auch die Versorgungssicherheit verbessert werden. Eine dritte Einspeisung erfolgte von der 1997 gebauten Versorgungsleitung des Gasverbundes Erdgas Ost mit einer Abzweigung in Remigen. 2002 hatte sich der Absatz gegenüber 1990 wieder mehr als verdoppelt, auf rund 212 Mio m^3. Von dieser Menge wurde mehr als die Hälfte (113 Mio m^3) zum Heizen und für Warmwasser verwendet. Dagegen verbrauchen Haushalt und Gewerbe nur etwa 0,6 Prozent (1,3 Mio m^3): Das Kochen spielt heute kaum mehr eine Rolle für den Gesamtverbrauch. Auch über die Erdgastankstelle wird erst eine geringe Menge abgesetzt. Den Rest (97 Mio m^3) bezogen «umschaltbare Anlagen»: Grossabnehmer – Industrie, Grossüberbauungen –, die zusätzlich eine weitere Heizung installiert haben, die sie bei hohem Gasverbrauch einschalten müssen. Für die IBB hat das den Vorteil, dass sie grosse Mengen verkaufen kann, ohne das Netz auf die Höchstbelastung auszulegen. Die Grosskunden profitieren von günstigeren Tarifen, die übrigen Verbraucher von den grösseren Umsätzen.[69]

Gemeinschaftsantenne statt Antennenwald

1958 startete das Fernsehen in der Schweiz mit seinen Sendungen. Mit den Fernsehgeräten verbreiteten sich auch die Antennen auf den Dächern. Dieser Antennenwald störte viele, namentlich in der Altstadt. Nicht nur ästhetische Gründe sprachen für eine Gemeinschaftsantenne: Sie konnte auch so platziert werden, dass sie einen besseren Empfang hatte. 1966 lehnte der Einwohnerrat eine entsprechende Motion ab, weil der Stadtrat noch abwarten wollte. 1970 bewilligte er dann den beantragten Kredit und indirekt das Reglement, das Anschlusszwang vorsah, 1972 konnte die Altstadt mit sechs Programmen bedient werden. Bis etwa 1980 waren die meisten Quartiere angeschlossen.

Inzwischen war auch der Inhalt ausgeweitet worden: Seit Ende 1977 wurden 18 UKW-Sender übertragen. Damit mehr TV-Programme angeboten werden konnten, bezogen die IBB von 1981 an die Signale von der Antenne Rotberg der Firma Wiedmann-

Dettwiler AG. Nach zahlreichen Wechseln bei Name und Besitzverhältnissen liefert heute die Cablecom AG als Nachfolgerin die Signale von der Antenne Rüsler an die IBB, die sie auf ihrem Netz verteilt und verrechnet. Weitere Dienstleistungen – Internetzugang, digitales Telefonieren, Pay-TV – bietet die Cablecom den Konsumenten direkt an und zahlt pro Kunde eine Entschädigung an die IBB für die Netzbenutzung: Die IBB sind zu klein, um selbst ein umfassendes Serviceangebot gewährleisten zu können.[70]

---

[70] HLS, Artikel Fernsehen. Stadtkanzlei, Prot ER, 23. 11. 1966, S. 78; 28 8. 1970, S. 164. IBB, Rechenschaftsbericht 1972, S. 17; 1977, S. 14; 1980, S. 19; 1981, S. 22. Auskünfte von Ernst Bühler, IBB.

glauben, zweifeln, deuten

Die alte Kirche

Vom Wesen und von der Struktur der Kirche

Die christliche Kirche war die umfassendste Erscheinung des Mittelalters. Sie durchdrang mit ihrer Lehre und ihren Einrichtungen alle Bereiche des Lebens. Geistiges Leben und höhere Bildung waren fast allein in ihrer Obhut, die Künste standen vorab in ihrem Dienste, das ganze kulturelle Leben war von ihr geprägt. Sie war nicht nur älter als der noch unfertige Staat und hatte so in allen Dingen manche Erfahrung voraus, sie ergriff die Menschen auch tiefer und gab ihnen Antwort auf wesentlichere Fragen, als es der Staat tun konnte – mit ihrer Botschaft von der Erlösung und ihren Sakramenten als Zeichen göttlicher Gnade. Nach dem Beispiel Christi nahm sie sich der Hungernden und Kranken an.

Die Kirche zeigte sich als von Christus gestiftet, gewiss noch mit menschlichen Schwächen, aber in Verbindung mit der siegreichen Kirche der Heiligen. Deren Verehrung als Vorbilder, als besondere Freunde Gottes, nahm einen wichtigen Platz ein; Kirchen- und persönliche Namenspatrone wurden gerne angerufen, ihr Andenken wurde gefeiert.

Das heutige Gebiet der Gemeinde Brugg gehörte im Mittelalter mindestens zwei verschiedenen Pfarreien und sogar Bistümern an; die Aare trennte die Bistümer Basel, zum Erzbistum Besançon gehörend, vom Bistum Konstanz und damit vom Erzbistum Mainz. Die Bewohner rechts der Aare waren vor der Stadtwerdung zunächst der Pfarrei Windisch zugehörig, die das ganze Eigenamt umfasste und damals als Dekanatssitz noch grössere Bedeutung hatte. Wohl um 1200 erfolgte indessen die Trennung; 1227 erscheint in den Quellen ein erster Brugger Leutpriester. Das Dekanat hiess im Spätmittelalter kurze Zeit Staufen oder Ammerswil, im 15. Jahrhundert Mellingen. Altenburg verblieb aber noch für Jahrhunderte – bis zur Eingemeindung 1900 – bei der Pfarrei Windisch.[1]

Die schmalen Gebiete links der Aare, also die Vorstadt und namentlich die Au und Lauffohr, gehörten zur Pfarrei Rein im Bistum Basel, deren Kirche St. Leodegar wohl vom Kloster Murbach im Elsass errichtet worden war, 1291 aber samt dem Hof Rein und weiteren Höfen an König Rudolf von Habsburg verkauft wurde. 1345 ging sie als habsburgi-

---

[1] Das ganze Kapitel ist eine neu geordnete und gestraffte Fassung des 6. Kapitels im I. Teil von Banholzer, Geschichte der Stadt Brugg, und stützt sich demnach auf dieselben Quellen (dort detaillierte Angaben). Nur die wichtigsten seien hier genannt: StABg: Urbar der Kirche A 191; Baurodel der Kirche A 352; Zinsrodel der Kirche und der Kaplaneien A 398-408, 421, 422, 433-436. Gedruckte Quellen und Literatur: UB Brugg. Kdm Brugg. Kdm Königsfelden. Gloor, Stadtkirche. Gloor, Geistlichkeit. Gloor, Brugger Landschaft. Fellmann, Stadtkirche. Baumann, Windisch, bes. Kap. 11 des IV. Teils. Baumann, Rein und Rüfenach, bes. das Kapitel S. 77-87.

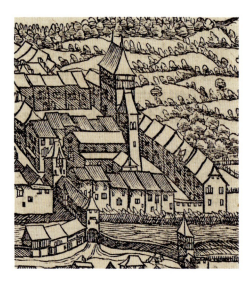

402 __ Ausschnitt aus dem Holzschnitt in der Eidgenössischen Chronik von Johannes Stumpf, 1548. In der Bildmitte die dreischiffige Kirche, dahinter das mächtige Wohnkastell des Effingerhofs, unten der Schwarze Turm und die 1532 neu erbaute gedeckte Aarebrücke.

sche Schenkung an das Frauenkloster Wittichen im Schwarzwald über. Erst 1526, kurz vor der Reformation, wurde die Vorstadt von Rein abgelöst und mit der Pfarrei Brugg vereinigt.

Das Gotteshaus

Das «vilwirdige Gotshus sannt Niclausen ze Brugg» war Mittelpunkt des kirchlichen Lebens. Als Filiale der Kirche von Windisch wurde ein erster Bau, vielleicht zuerst nur eine Kapelle, sicher noch im romanischen Stil in der Zeit vom 10. bis 12. Jahrhundert erbaut. Konzipiert war diese als einschiffige Saalkirche von unbekannter Länge mit querrechteckigem Chor. Eine Erweiterung mit bedeutend grösserem Chor erfolgte wohl kurz vor 1300; ihre Länge ist ebenfalls unbekannt, sie kann bis zum Turm gereicht haben. Dieser war kaum je ein Wehrturm, besass er doch bereits frühgotische Schallfenster; er wurde wohl Ende des 13. oder Anfang des 14. Jahrhunderts errichtet; die älteste erhaltene Glocke wird ins 14. Jahrhundert datiert. Erst in einer dritten Bauphase, wohl zu Beginn des 15. Jahrhunderts, erhielt die Kirche ein nach Süden verbreitertes Schiff: Damit reichte sie sicher bis zum Turm, der nun nicht mehr in der Mittelachse lag. Der vierte Bau, begonnen 1479 mit dem polygonalen neuen Chor, wuchs in Etappen zur dreischiffigen Anlage. Zu diesem Werk vereinigten sich kirchlich-frommer Sinn und erhöhtes Selbstbewusstsein der Bürgerschaft. Man errichtete einzelne Seitenkapellen, woraus schliesslich die beiden Seitenschiffe mit Pultdächern entstanden, zudem wurde 1501 der Turm erhöht. Diese Arbeiten zogen sich bis 1518 hin und schlossen mit einer grossen Kirchweihe ab. Die so entstandene Pseudobasilika blieb im Wesentlichen bis ins 18. Jahrhundert hinein bestehen.[2]

Die Kirche wurde im Lauf der Zeit auch reich ausgestattet. Sie erhielt im Chor verschiedene Glasgemälde, um die Wende zum 16. Jahrhundert auch eine künstlerisch geschmückte Orgel und ein Altarbild auf dem Marienaltar vom Badener «Nelkenmeister mit der Rispe» (Thüring Meyerhofer, ein gebürtiger Brugger). Der Kirchenschatz umfasste eine grössere Sammlung Kelche, eine Silbermonstranz von 1438, ein grosses Silberkreuz von 1505, dazu zahlreiche Gewänder, verschiedene grosse Bücher (unter anderem neun

__ 2 Die hier wiedergegebene Baugeschichte weicht von den bisherigen Darstellungen ab, v. a. von Fellmann, Stadtkirche. Sie stützt sich auf Unterlagen der Kantonsarchäologie, v. a. den Bericht mit Zeichnungen von Hannes Froelich über die Untersuchungen von 1985 und die «Bemerkungen zur Baugeschichte der Stadtkirche» von Peter Frey und dessen mündliche Erläuterungen.

Die alte Kirche **659**

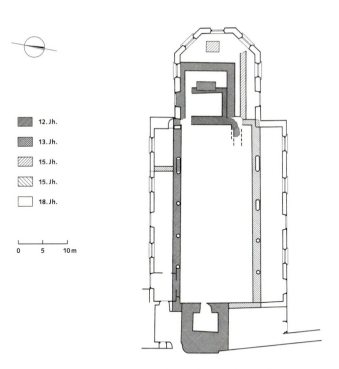

403 — Grosser Grundrissplan der Kirche, Zeichnung der Kantonsarchäologie 2004.

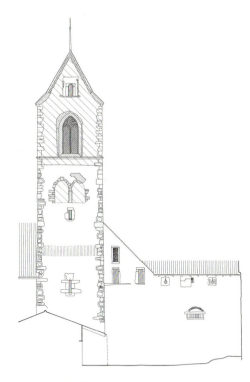

404 — Westfront der Stadtkirche, Zeichnung der Kantonsarchäologie 1985.

angekettete Singbücher), eine Nikolaus- und eine Marienfahne und nicht zuletzt Reliquien in grosser Zahl, darunter auch absonderliche Stücke.

Der kostbarste Schmuck aber waren die *Altäre* für die Geistlichen der verschiedenen Pfründen, die ältesten wohl aus einem allgemeinen Bedürfnis nach vermehrter Seelsorge, die späteren als Stiftungen führender Familien und Zeugen individueller Frömmigkeit des Spätmittelalters geschaffen. Sie waren bestimmten Heiligen, etwa Lieblingsheiligen der Stifter, geweiht.

405 — Älteste Glocke der Stadtkirche Ende 13. oder Anfang 14. Jahrhundert mit Inschrift «O REX GLORIE XRE VENI CVM PACE SCE NICOLAE ORA P NOBIS».

406 — Die Nikolaus-Glocke von 1501.

Die Pfründen in der Stadt Brugg[3]

Priester	Stiftung, Pflichten	Kaplanei (Wohnung)
Leutpriester Hoch- oder Fronaltar, wohl St. Nikolaus	1227 erstmals erwähnt, von der Stadtgemeinde erwählt	Wohnung seit 1478 im «Salzmannhaus» (heutiges Pfarrhaus), Garten und Mättli
Marienkaplan	1304 erstmals erwähnt, im 15. Jahrhundert Mittelmesse und Organist	Wohnhaus südlich des Effingerhofs, Garten und Bünte
Katharinenkaplan (Katharina von Alexandria)	Frühmesse und vier Messen wöchentlich, seit Mitte 15. Jahrhundert St. Georgskirche Mönthal, 1517 Vereinigung der beiden Pfründen	Wohnung in der alten Leutpriesterei, Bünte und Mättli
Verenakaplan und 11 000 Jungfrauen	1304 gestiftet von Kaplan Walter Finsler, Präsentation durch Familie Finsler, im 15. Jahrhundert Familie Sattler	
Antoniuskaplan (Antonius von Padua?)	Anfang 15. Jahrhundert gestiftet von Familie Effinger	
Dreikönigskaplan	1481 gestiftet von Elisabeth von Schönau, vier Messen wöchentlich und übrige Gottesdienste	Wohnhaus an der Spiegelgasse 10
Konrads- oder Magdalenenkaplan	1484 gestiftet von Schultheiss Konrad Arnold und Gemahlin Anna Meyer, vier Messen wöchentlich und übrige Gottesdienste	Wohnung im alten Kaufhaus an der Kirchgasse
Spitalkaplan	Kapelle im alten Spital an der Spiegelgasse, 1461 gestiftet von Niklaus Fricker	Wohnung an der Hauptgasse
Zwei Seitenkapellen ohne Pfründen:		
Hieronymuskapelle	1504 gestiftet von Thüring Fricker	
Grülichkapelle	1509 gestiftet durch Hans Grülich († 1508)	

---

[3] Gloor, Geistlichkeit.

Kapellen ausserhalb der Kirche gab es nur wenige. Das 1480 am Kirchhof errichtete Beinhaus war wohl als kleine Kapelle gestaltet. Vor dem oberen Tor bezeichnete seit dem 14. Jahrhundert ein Kreuz die Grenze gegen das Eigenamt, es war gedeckt und sah einer Kapelle ähnlich. Daneben stand ein Bildhäuschen. Ganz in der Nähe, bereits auf dem Boden der Pfarrei Windisch, erbaute 1508 der Brugger Ulrich Schiber die Rosenkranzkapelle, die durch zwei eigene Pfleger verwaltet wurde. Um die Mitte des 15. Jahrhunderts gab es offenbar kurze Zeit ein Absteigehaus der Zürcher Dominikaner – zuhinterst an der Spiegelgasse, dem Hallwilerhof gegenüber; ob es eine Hauskapelle aufwies, ist unbekannt.

Die Heiligen der Brugger Kirche

Bildliche Darstellungen wurden den Gläubigen verschiedentlich in der nahen Klosterkirche Königsfelden vor Augen geführt (mit Kgf. bezeichnet).

Nikolaus (4. Jahrhundert):
Bischof von Myra in Kleinasien. Patron der Schifffahrt, Freund der Kinder und Beschützer der Jungfrauen. Habsburgischer Lieblingsheiliger: Ihm geweiht waren die Burgkapellen auf der Habsburg und auf dem Stein zu Baden. Brugger Kirchenpatron. – Kgf.: eigenes Fenster mit mehreren Szenen.

Maria
Als «Muttergottes» verehrte Mutter Jesu. – Kgf.: mehrfach dargestellt.

Katharina von Alexandrien († wahrscheinlich 307)
Gestorben unter Kaiser Maxentius. Patronin der Wissenschaften. Zählt zu den 14 Nothelfern. Bevorzugte Heilige im Hause Habsburg. Dargestellt mit Rad und Schwert. – Kgf.: zwei Szenen.

Verena (4. Jahrhundert)
Legendenumwobene Heilige, zur Thebäischen Legion gehörend. Kam über Mailand nach Solothurn und nach Zurzach, wo sich ihr Grab befindet. Patronin der Fischer, Schiffer, Müller und Pfarrhaushälterinnen. Dargestellt mit Krug und Kamm. – Kgf.: im St.-Anna-Fenster.

Antonius von Padua (1195–1231)
Franziskaner, guter Prediger, 1232 heilig gesprochen. Lieblingsheiliger des Volkes, vor allem als Wiederbringer verlorener Dinge. – Kgf.: im St.-Anna-Fenster.

Konrad († 975/76)
Bischof von Konstanz, Erbauer mehrerer Kirchen und eines Spitals, Wohltäter der Armen. Patron des Bistums.

Drei Könige
Sternkundige Weisen aus dem Morgenland: Kaspar, Melchior und Balthasar. Folgten dem Stern und fanden das Jesuskind in Bethlehem, beschenkten es mit Gold, Weihrauch und Myrrhe. – Kfg.: im Fenster der Menschwerdung Christi.

Hieronymus (um 347–420)
Lebte in Trier, Rom, Aquileja, Reisen durch Kleinasien und im Heiligen Land, vor allem in Bethlehem. Übersetzer der Bibel (Vulgata), grosser Sprachenkenner der christlichen Antike, Kirchenvater, Patron der Gelehrten.

407 __ Relief auf der Nikolaus-Glocke von 1501.

Die Filialkirche St. Georg zu Mönthal

Das Dörfchen mag in mittelalterlicher Zeit wohl eine eigene Pfarrei gebildet haben.⁴ Jedenfalls schildert der Brugger Stadtchronist Sigmund Fry⁵ die Verhältnisse in verklärender Weise so: «dan zuo der selben zit war ein herlich ding in moenental, und warend nün höf alda, und niderthalb in Schwendy ouch etlich höff, so dan ist ein Schloss daselbst gestanden, nempt man noch die burghalden, und hat dass Schloss geheissen freudegg. Die alle hand in moenenthal zuo der kilchen ghört, und es war ein eigener kirchherr da, der hatte alle Zehnten gehabt und genossen [...].»

Die Erträge des Kirchengutes waren bescheiden: Laut Habsburgischem Urbar von 1303/1307 ergab der Zehnten 24 bis 26 Mütt Kernen, 11 bis 14 Malter Haber und 2 1/2 bis 3 Pfund Basler Währung. Um 1380 kam der Kirchensatz durch Schenkung des österreichischen Herzogs Leopold III. an die Stadt Brugg. Die Finanzverwaltung besorgte ein Brugger, wohl ein Mitglied des Rats, als «St. Georgen-Pfleger». Dem Bischof entrichtete die Kirche 1441 3 Mark Silber, die Pfründe 2 Mark. Im Alten Zürichkrieg erlitt das kleine Dorf schwere Brandschatzung, darauf fiel die Pest ein, «und das Volk starb dahin und die Güter wurden wüst und Mönthal zergieng, dass sich kein Kirchherr mehr erhalten konnte». (Sigmund Fry)

1517 wollten die Brugger dem Basler Bischof den Kirchensatz übergeben, doch dieser lehnte ab. Darauf vereinigte Brugg die Pfründe mit jener des Frühmessers, da sie einzeln keinen Priester mehr zu erhalten vermochten. Die Seelsorge besorgte wohl seit 1428

__ 4 Kdm Brugg, S. 361–365. Boner, Georg: Das Jahrzeitbuch der Kirche St. Georg in Mönthal. In: Argovia 48 (1936), S. 69ff. Gloor, Brugger Landschaft, S. 49–52. __ 5 Im Folgenden jeweils aus StABg A 6, S. 291–294.

408 — Das Siegel des Frauenklosters Wittichen im Schwarzwald, 1544.

ohnehin der genannte Geistliche oder ein Stellvertreter. Er hatte ausser an allen Sonntagen noch an rund 20 Feier- und Gedenktagen die Messe zu lesen, bei Verhinderung durch schlechtes Wetter in der Stadtkirche. Die kleine, dem heiligen Georg geweihte Kirche erhielt um 1480 einen gewölbten Chor, 1482 eine Altartafel, gemalt von Hans Studer von Zürich, 1484 eine neue Glocke vom Giesser Ludwig in Basel.

Die Geistlichen

Aus der grossen Zahl von Geistlichen – es sind rund 65 namentlich bekannt – weiss man nur von wenigen Genaueres. Ihre Ausbildung, zumeist an Dom- oder Stiftsschulen, war recht verschieden; gute Lateinkenntnisse, kirchliches Zeremoniell und Gesang bildeten die Haupterfordernisse, Charakterschulung und praktische Seelsorge wurden wenig gepflegt. Wohl suchte die Kirche den Bildungsstand des Klerus zu heben, dieses Unterfangen blieb aber durch das Patronatswesen vielfach unwirksam. Immerhin ist von manchen Geistlichen der Universitätsbesuch nachgewiesen, und an geistigen Interessen fehlte es vielen nicht.

Kirchherren hiessen die Besitzer der Kirche, welche das Kirchengut meistens als Lehen erhielten, wobei es weitgehend unbekannt ist, wie weit sie persönlich in Brugg amteten oder ihre kirchlichen Funktionen eher einem Leutpriester als Stellvertreter überliessen, den sie nach Absprache besoldeten. 1360 wurde die Kirche durch bischöflichen Erlass dem Kloster Königsfelden übergeben, das sich in der Folge als Kirchherr und den Brugger Leutpriester bloss als Stellvertreter betrachtete; über die ganze Zeit vermochte aber die Stadtgemeinde das Pfarrwahlrecht zu wahren.

Eine ganze Reihe von Amtsinhabern ist bekannt. Nach dem ersten Leutpriester Albertus 1227 erscheint erst 80 Jahre später, 1307 bis 1315, Heinrich von Freienbach aus einer Luzerner Familie, obwohl noch ohne Priesterweihe, bereits als Kirchherr; er war 1310 auch Protonotar (Kanzler) Herzog Ottos von Österreich und wechselte 1315 nach Graz, empfing dann erste Weihen und wurde zugleich Domherr von Passau, 1323 schliesslich Pfarrer am Wiener Stephansdom († 1336). Mehrere seiner Stellvertreter und weitere frühe Leutpriester sind wenigstens dem Namen nach bekannt. Der Elsässer Konrad von Michelbach, Brugger Leutpriester um 1351/52, war Chorherr des Stiftes Murbach. Johann Kandrer, Privatsekretär der Königin Agnes, war zuerst Kaplan in Basel, dann um 1350 bis 1364 Leutpriester und bis 1360 letzter Kirchherr in Brugg. Im 15. Jahrhundert tritt uns Johann Gerster deutlicher vor Augen. Nach Studien an der Universität Heidelberg 1417 bis 1419 übernahm er 1423 die Pfarrei Brugg, wechselte aber 1430 als Leutpriester an das Zürcher Grossmünster.

Der Stadtbürger Pelegrin Stäli, Leutpriester 1450 bis 1474, fertigte 1455 die Abschrift eines theologischen Traktats an, das sich heute in der Klosterbibliothek Engelberg befindet. Sein Nachfolger in den Jahren 1478 bis 1504, der aus Klingnau stammende Lüpold Wetzel, erscheint als erster «Buchhändler», besorgte er doch in Basel verschiedene Messbücher, Predigtsammlungen und Sentenzen und verkaufte sie an seine Amtsbrüder in der Umgebung. Der erste Brugger Spitalkaplan, Ludwig Zeller, später Priester in Suhr, Aarau und Beromünster, war ein bibliophiler Kleriker, der sich eine beachtliche Büchersammlung anschaffte. Der junge Bremgarter Johannes von Aal, ab 1524 Mittelmesser und Organist in Brugg, 1529 kurz Pfarrer in Bremgarten, dann bis 1536 in Baden, ab 1538 in Solothurn Stiftsprediger und ab 1544 Propst, gehörte zu den geistig regen Klerikern, die sich auch die Erzeugnisse der jungen Buchdruckerkunst zu nutze machten.

Die zahlreichen Geistlichen fanden nicht alle in der Seelsorge Beschäftigung. So übernahmen einzelne auswärtige Pfründen, andere erteilten Privatunterricht, besorgten vielfältige Schreibarbeiten oder versuchten sich im Kunsthandwerk. Über ihre Lebensführung ist wenig bekannt, mit einigen hatte die Obrigkeit wegen Verstössen gegen das Zölibat zu schaffen. Aber auch von positiven Leistungen ist zu berichten, etwa von Spenden an den Kirchenbau. Von der stillen, seelsorgerischen Arbeit des Einzelnen wissen die Akten nichts.

Kirchliches Leben

Der Besuch der Gottesdienste an den Sonn- und zahlreichen Feiertagen war eine Selbstverständlichkeit, ebenso die Einhaltung der Fastengebote, weitgehend auch die Teilnahme an Prozessionen und Wallfahrten. Weite Volkskreise fanden zudem die Möglichkeit zu kirchlich-religiöser Betätigung in den *Bruderschaften*. Dies waren religiöse und gesellige, gelegentlich auch zunftähnliche Vereinigungen mit eigenem Brauchtum. Typische Berufsverbände waren die Schneider- und die Schuhmacherbruderschaft, die beim Umbau der Kirche 1480 je ein Glasgemälde mit Darstellungen ihrer Patrone stifteten. Die «Pfeiferbruderschaft unserer lieben Frau» wurde 1457 von Bern mit einem Freiheitsbrief bestätigt, da sie ihre älteren Briefe verloren hatte; an ihrer Spitze stand ein König, schon 1430 bezeugt. Sie war vermutlich identisch mit der gleichzeitig existierenden, gleichnamigen Bruderschaft zu Königsfelden. Ob sie auch identisch war mit der 1493 erneut von Bern mit einem Freiheitsbrief ausgezeichneten Bruderschaft der Spielleute? Ihre Mitglieder belebten an festlichen Tagen die Gassen der Stadt und begleiteten die ausziehenden Mannschaften. Die von 1495 bis 1520 bezeugte «Sebastiansbruderschaft» vereinigte wohl wie andernorts die Schützen. Über die «alte Bruderschaft» und die «grosse Bruderschaft», 1467 bis 1490 erwähnt, ist nichts Genaueres bekannt. Viele Brugger, vor allem aus führenden Familien, traten der 1471 vom Franziskanerbruder Andreas gegründeten «Muttergottesbruderschaft» in Königsfelden bei, welche viermal jährlich eine Jahrzeitmesse für die verstorbenen Brüder hielt. Die Geistlichen des Kapitels Mellingen bildeten eine eigene «Kapitelsbruderschaft», der auch einige vornehme Laien angehörten.

Unverheiratete Frauen, die nach religiösem Leben in einer Gemeinschaft verlangten, konnten den *Beginen oder Schwestern* beitreten, einer kleinen, ordensähnlichen Vereinigung in einem Haus am Kirchhof. Für ihr Leben erliess die Stadt 1455 eine spezielle Ordnung. Sie widmeten sich der Krankenpflege und werden wohl auch die Gräber gepflegt haben, zudem hüteten sie das Heilige Grab während der Karwoche. *Klöster* gab es in Brugg keine, aber im nahen Doppelkloster Königsfelden fanden einige Töchter vornehmster Brugger Familien Aufnahme. Auch in Zürich lebten einzelne Bruggerinnen im Zisterzienserinnenkloster Selnau und im Dominikanerinnenkloster Oetenbach. Von Männern in auswärtigen Klöstern weiss man weniger. Erwähnenswert ist Georg Carpentarius (Zimmermann), der nach einem bewegten Leben 1509 in die Basler Kartause eintrat, wo er dann als Bibliothekar, Übersetzer und Chronist tätig war († wohl 1523).

Für das breite Volk bildeten *Wallfahrten und Bittgänge* Höhepunkte kirchlichen Lebens. Das beliebteste Wallfahrtsziel war Zurzach mit dem Grab der heiligen Verena; mit einer Wallfahrt konnte auch ein Besuch der berühmten Zurzacher Warenmesse verbunden werden. Um 1500 bildete Brugg mit Baden, Klingnau, Waldshut, Tiengen, Kaiserstuhl und Neunkirch einen eigenen Kultverband der «sieben Städte», der gemeinsame Prozessionen nach Zurzach durchführte, so 1503 mit 12 000 Pilgern; 1515 und 1519 wurden ebenfalls gemeinsame Buss- und Bittgänge organisiert. Andere Wallfahrtsziele waren Säckingen mit dem Grab des heiligen Fridolin und alljährlich die Marienkapelle in Bözen. Auch nach Einsiedeln werden Brugger mitgezogen sein, da häufig grosse Pilgerscharen durch das Städtchen zogen; bei offiziellen Wallfahrten, so bestimmte man 1466, hatten die Leute aus dem Amt Schenkenberg mit den Bruggern zu ziehen. Die bunte Pracht kirchlichen Lebens entfaltete sich besonders an den Hochfesten des Kirchenjahres und an den zahlreichen Feiertagen, so etwa am Tag des hochverehrten heiligen Nikolaus. Von der Kirchweihe 1520 berichtet die Stadtchronik: «kostet die stat ein gross gelt, dan es kamend unsaglich vil lüth.»

Verwaltung und Finanzhaushalt

Die Aufsicht über das Kirchenwesen, das heisst über die Kirche, die Gottesdienstordnung und die Vermögensverwaltung, war nach der Formulierung von 1493 Sache von Schultheiss, Rat und der ganzen Gemeinde. Der *Sigrist,* der stets vom Leutpriester gewählt wurde, hatte sich nicht nur um den Kirchenbau, den Kirchenschatz und die Glocken zu kümmern, sondern hatte auch auf die Abhaltung der Jahrzeiten und Vigilien zu achten. Er hatte freie Wohnung und war steuerfrei, erhielt als Lohn je drei Pfund von Stadt und Kirche, war bei jeder Spende beteiligt, bezog kleinere Gebühren von Tauf- und Grabgeläute sowie von Jahrzeiten und durfte an Ostern und Weihnachten in jedem Haus seinen Obolus einziehen.

Die beiden *Kirchenpfleger,* häufig Mitglieder der Räte, besorgten die Finanzverwaltung: Einzug der Zinsen, Austeilung der öffentlichen Spenden, Bezahlung der laufenden Rechnungen und Reparaturen. Als Lohn bezogen sie 2 Mütt Kernen, 15 Eier und 1 Huhn und bei jeder Spende 6 Brote.

An *Einkommen* hatte die Kirche den Zehnten; den Mehrteil bezog zwar Königsfelden, doch hatte die Leutpriesterei noch eigene Zehntrechte; davon zeugt ein Streit zwischen

409 ___ Antlitz Christi auf dem «Schweisstuch der Veronika». Holzrelief aus Brugg, Anfang 16. Jahrhundert, heute im Schweizerischen Landesmuseum, Zürich.

den beiden Instanzen 1457. Die Einkünfte an Zinsen waren bedeutend. In Brugg war wohl die Hälfte der Häuser zinspflichtig, was zumeist von Jahrzeitstiftungen herrührte. Aber auch aus den meisten Dörfern der Ämter Schenkenberg und Königsfelden und von weiteren flossen der Brugger Kirche Zinsen zu. Sie betrugen gegen Ende des 15. Jahrhunderts: 54 Mütt Kernen, 19 Mütt Roggen, 25 Mütt Haber (zusammen rund 6,2 t Getreide), 10 Hühner, 30 Eier, 22 Pfund Geld. Die Marienkaplanei bezog 34 Mütt Kernen, 8 Mütt Roggen, 21 Mütt Haber (zusammen rund 3,9 t Getreide), 12 Hühner, 135 Eier, 21 Pfund in Geld.

Die Kirche lebte nicht zuletzt auch von mannigfachen Vergabungen, vorab von *Jahrzeitstiftungen.* Dabei wurde ein Grundstück oder ein Haus mit einem Zins in Geld, Getreide oder Wachs belastet, grössere Geldbeträge wurden zinstragend angelegt. Die Spender legten oft die Verteilung unter den Geistlichen sowie dem Sigristen und dem Schulmeister fest. Bei grossen Stiftungen wurden häufig genauere Modalitäten der Jahrzeit festgelegt: Gesänge, Texte, Anzahl Kerzen und vieles mehr. Das Testament Thüring Frickers († 1519) ist wohl das eindrücklichste Zeugnis altkirchlicher Frömmigkeit. Es gab aber auch einfachere Kerzen- und Ewig-Licht-Stiftungen.

Die aus Vergabungen oft resultierenden *Spenden,* mit Glockengeläute angekündigt, lockten viele Empfänger an. Vier «Bürgerspenden», von den Abgaben der Weingärten an der Sommerhalde gespeist, dazu mehrere, teilweise sogar mehrfache Spenden einzelner Wohltäter. Als volle Spende galt die Vergabung des Zinses von 1 Mütt Kernen; davon erhielt der Schulmeister 20 Brote, die Kirchenpfleger 2, der Leutpriester 8, der Sigrist 6; der Rest ging an die Armen, die so von der Kirche eine willkommene Hilfe erhielten, lange bevor der Staat sich ihrer annahm. Die Mildtätigkeit der Kirche versöhnte viele mit ihren offensichtlichen Schwächen.

Kirchliche Begriffe

Pfründe oder Präbende
Unterhaltskapital eines Geistlichen, als Anteil an Vermögen und Einkommen der Kirche

Pfründen(un)wesen
Übernahme mehrerer Pfründen durch einen Geistlichen; Entartung zur «Pfründenjagd»

Patronat
Recht eines Pfründenstifters (beziehungsweise seiner Nachkommen), den betreffenden Geistlichen zu bestimmen

Vigil
von lat. vigilia = (Gebets-)Wache; Brauch, die Nacht vor einem Festtag, besonders vor Ostern, in Schriftlesung und Gebet zu verbringen; allgemein Vortag, Vorfest mit eigenem Gottesdienst

Jahrzeit
Messe zum Gedenken und Seelenheil eines Verstorbenen an dessen Sterbetag; Stiftungen ermöglichten die Abhaltung durch viele Jahre.

Leutpriester
Priester für die Leute, für die Gemeinde; Stadt- oder Dorfpfarrer

Kaplan
Priester für einen bestimmten Personenkreis (Familie, Bruderschaft, Zunft); auch Hilfspriester für ein Teilgebiet einer Pfarrei

Filialkirche
Tochterkirche, gegründet durch eine Mutterkirche

Ewiges Licht
ständig brennendes Licht (meist aufgehängte Öllampe) am Aufbewahrungsort der Eucharistie (geweihte Hostie)

Bruderschaften
Vereinigungen religiöser und gesellschaftlicher Art; Gebetsgemeinschaften, im Mittelalter vor allem in den Städten, später auch auf dem Land; oft mit eigenen Gottesdiensten, häufig mit sozial-karitativem Zweck

Beginen
meist in Städten gemeinschaftlich lebende fromme, karitativ tätige Frauen; von Handarbeit, Eigengut und Stiftungen lebend, ohne kirchlich genehmigte Regel und Gelübde; im Spätmittelalter oft Anschluss an Bettelorden; Ausbreitung über ganz Mittel- und Westeuropa, trotz kirchlichen Bedenken

Sentenzen
Sammlungen von kurzen Auszügen aus den Werken der Kirchenväter, am bekanntesten jene von Petrus Lombardus (nach 1150).

Die Reformation

Ursprünge

Die Kirche hatte im Spätmittelalter wohl alle Bereiche des Lebens durchdrungen, dabei aber auch manche Züge dieser Welt angenommen.[1] So war der durchaus weltliche Gesichtspunkt des materiellen Nutzens in vielen ihrer Bereiche bestimmend geworden, nicht zuletzt im Pfründenwesen, zum Schaden der Seelsorge. Der Ruf nach Reform der Kirche an Haupt und Gliedern erscholl im Spätmittelalter immer wieder; Konzilien und einzelne Bischöfe bemühten sich darum, ohne freilich der schweren Schäden Meister zu werden. Kritik an verschiedenen Einrichtungen und Vertretern der Kirche war oft zu hören; neu war, dass der Glaube an die Kirche wankte, ja dass die Kirche schliesslich von manchen verworfen wurde.[2]

Es waren recht verschiedene Kräfte, die dabei zusammenwirkten: die Kritik der Humanisten, die erstarkende Macht der Staaten, die sich von der älteren Kirche behindert fühlten, das Verlangen breiter Volksschichten nach Befreiung von den Abgaben an die Kirche. Die entscheidende Richtung erhielt die Bewegung der Reformation aber von jenen Männern, die zu einer neuen Sicht des Glaubens gelangt waren. Luther verkündete die Rechtfertigung der Kirche allein aus dem Glauben, Zwingli ging daran, in Zürich eine christliche Gemeinde zu schaffen, deren Lehre und Einrichtungen allein auf der Bibel beruhen sollten. Ihm folgten die Pfarrer vorab in manchen Schweizer Städten. Mit obrigkeitlicher Unterstützung entstanden so die reformierten Landeskirchen, da sich die städtischen Obrigkeiten schon seit Jahrzehnten angewöhnt hatten, auch in kirchliche Dinge ordnend einzugreifen.[3]

Die Anfänge der Reformation in Brugg und Umgebung

Wie sich die Brugger Geistlichen zur reformatorischen Bewegung stellten, ist nur zum Teil bekannt. Sicher begann der Leutpriester schon früh in ihrem Sinn zu predigen, bekam aber bald den Rückgang der Kirchenopfer zu spüren. 1526 wurde er verabschiedet und zog nach Oltingen BL. Sein betagter Nachfolger Lottstetter, bisher Kaplan in Kaiserstuhl und

— 1 Das ganze Kapitel stützt sich auf die allgemeine schweizergeschichtliche Literatur (Dierauer, von Muralt, Schweiz. Kriegsgeschichte), bes. auf Feller, Richard: Geschichte Berns, Bd. II. Bern 1953, S. 110–166, und Guggisberg, Kirchengeschichte, S. 55–132. Zu Brugg: Heuberger, Reformation in Brugg. Die wichtigste Quellensammlung: Steck/Tobler, Akten Berner Reformation. — 2 Nebst diesen Werken bes. Vasella, Oskar: Die Ursachen der Reformation in der deutschen Schweiz. In: Zeitschrift für Schweizer Geschichte 27 (1947), S. 401–424. — 3 Ebenda.

410 — Die liturgischen Bücher wurden vielfach zertrennt und die Pergamentblätter als Umschläge von Rodeln aller Art wieder verwendet. Das abgebildete Blatt aus dem späten 13. oder der ersten Hälfte des 14. Jahrhunderts stammte aus einer Bibelkonkordanz und wurde 1536 Umschlag des ältesten Brugger Totenrodels.

Pfarrer in Wetzikon, war durchaus altgläubig. Er erhielt Unterstützung durch den jungen Kaplan Wesmer, den Mittelmesser von Aal und Kaplan Füchsli. Anhänger der kirchlichen Neuerung waren die in den Kanton Zürich abwandernden Kapläne. Johannes Ragor war wohl schwankend; da er sich nicht ans Zölibat hielt und sogar Kinder hatte, wurde er von Bern im November 1524 angewiesen, mit seiner Magd in die Ehe zu treten; er konnte darauf weiterhin in Brugg bleiben und wurde 1530 sogar ins Burgrecht aufgenommen. In Windisch hörten die Altenburger Bauern von Pfarrer Heinrich Ragor reformationsfreundliche Töne. In Rein wirkten in ähnlichem Sinn beide Pfarrer, besonders aber Kaplan Stülz.

Die Brugger Geistlichkeit zur Zeit der Reformation
Leutpriester
Matthäus Hiltbrand, von Brugg, 1518–1526; Hans Lottstetter, von Kaiserstuhl, 1526–1528
Frühmesser
Johannes Kaufmann, Herkunft unbekannt, 1509–1522, später in Buch am Irchel; Niklaus Steiner, von Glarus, 1522–1526, vorher in Buch, später in Wetzikon und Diakon in Zürich; Silvester Wesmer, von Zofingen, 1526–1528
Mittelmesser/Organist
Johannes Sattler, von Brugg, 1507–1524 (†); Johannes von Aal, von Bremgarten, 1524–1528
Verenenkaplan
Ulrich Füchsli, von Bremgarten, 1519–1528, um 1526 gleichzeitig Kaplan in Bremgarten
Antoniuskaplan
Heinrich Kalt, von Brugg, 1513–1523 (†); Ulrich Stromeier, von Waldshut, 1523–1525, dann Pfarrer auf Bözberg
Dreikönigskaplan
Johannes Ragor, von Klingnau, 1501–1528

> *Magdalenen-/Konradskaplan*
> Kaspar Birch, Herkunft unbekannt, 1491–1528
> *Windisch*
> Heinrich Ragor, wohl ein Sohn des Brugger Kaplans Johannes Ragor, ab 1515 Leutpriester, ab 1528 Prädikant, erster Dekan des neuen Pfarrkapitels Schenkenberg, 1544–1554 Prädikant in Brugg
> *Rein*
> Hans Ulrich Wagner, von Waldshut, 1528; Johannes Sarch, von Brugg, 1528–1544, später in Schinznach, Umiken, Gränichen; Kaplan: Heinrich Stülz von Schaffhausen, verheiratet, um 1527 entlassen, nachher in verschiedenen Kirchen im Bernbiet[4]

Das Eindringen der neuen Anschauungen in die *Bürgerschaft* bleibt uns weitgehend verborgen. Zürich war nicht weit, von den vielen Durchreisenden konnte man leicht von den Neuerungen hören, dazu kamen verwandtschaftliche Verbindungen mit Bürgern der grossen Städte und Beziehungen der Geistlichen von ihrer Studienzeit her. Ein Beispiel war Albert Bürer, Sohn des ehemaligen Stadtschreibers Hans Bürer. Seit 1514 in Basel immatrikuliert, lebte er dort als Famulus (Gehilfe, Assistent) bei Beatus Rhenanus. 1520 besuchte er nicht nur Brugg, sondern auch Zwingli, 1521 ging er nach Wittenberg zu Melanchthon und pries Luther überschwänglich.[5]

Ein Zwischenfall aus dem Jahr 1525 beleuchtet die Lage: Der Schneider Marti Zulauf zeigte sich als Anhänger der Neuerung und half seinem Knecht, über die Stadtmauer zu entweichen, als dieser wegen blasphemischer Äusserungen bestraft werden sollte, worauf er selbst gebüsst wurde.[6]

Das reformatorische Gedankengut fand früh auch im *Kloster Königsfelden* Verbreitung.[7] Schriften Luthers und Zwinglis waren in die Klausur zu den «wunderfitzigen Frauen» gelangt, die nach der Lektüre der Paulusbriefe ihren Stand bald nicht mehr bejahten. Sie wandten sich am 5. September 1523 durch ihre Äbtissin Katharina Truchsess von Wald-

---

[4] Die biografischen Daten: Gloor in BgNbl 57 (1947) und 61 (1951). Pfister, Die reformierten Pfarrer. Dejung, Emanuel; Wuhrmann, Willy: Zürcher Pfarrerbuch 1519–1952. Zürich 1953. — [5] Wackernagel, Rudolf: Geschichte der Stadt Basel. Bd. III, Basel 1924, S. 163. Brändly, Willy: Albert Bürer über Luther und die Wittenberger Verhältnisse Anno 1521 und 1522. In: Zwingliana 1950, Bd. IX, Heft 3, S. 176ff. – «Der Mann ist, wie es sich aus seinem Antlitz zeigt, gütig, umgänglich und heiter. Seine Stimme ist angenehm und klangvoll, und zudem so, dass ich die angenehme Beredsamkeit des Mannes bewundere. Er ist sehr fromm, was auch immer er sagt, was auch immer er lehrt, was auch immer er tut, auch wenn von seinen gottlosesten Feinden das Gegenteil gesagt wird. Wer ihn einmal gehört hat, wünscht – jedenfalls wenn er nicht aus Stein ist – ihn immer wieder zu hören, so tiefen Eindruck hinterlässt er bei den Zuhörern. Kurz, bei ihm lässt nichts zu wünschen übrig, was er zur vollkommensten Frömmigkeit der christlichen Religion macht, sogar wenn alle Sterblichen aufs Mal zusammen mit den Pforten der Hölle widersprechen sollten.» Latein. Brief Bürers vom 27.3.1522, deutsche Übersetzung von Prof. Alfred Seiler, Kantonsschule Solothurn. Horawitz, Adolf; Hartfelder, Karl (Hg.): Beatus Rhenanus, Briefwechsel. Leipzig 1886. — [6] StABg A 4, S. 25. — [7] Liebenau, Königsfelden, S. 113f., 120f. Steck/Tobler, Akten Berner Reformation, alle Nrn. unter dem Stichwort «Königsfelden» (Register). Blösch, E. (Hg.): Valerius Anshelm. Die Berner Chronik. 6 Bde., Bern 1884–1901, Bd. 5, S. 27–31. Guggisberg, Kirchengeschichte, S. 81–83. — [8] Die Glaubensmandate sind publiziert in Steck/Tobler, Akten Berner Reformation: 1, S. 249; 2, S. 510; 3, S. 609; 4, S. 891; 5, S. 1221.

burg an Bern, «als die armen gefangnen verwaisten kind, dy da ganz beschwärt an seel und lib syent». Zugestandene Erleichterungen genügten ihnen nicht, sie verlangten, frei über ihren Stand entscheiden zu dürfen – und bald begannen die Austritte. Bern gestattete den Frauen, ihr mitgebrachtes Gut im Beisein des Brugger Schultheissen und des Schenkenberger Vogts mitzunehmen. Als Sicherheitsmassnahme sah sich Bern 1524 veranlasst, die Kleinodien zu sich zu nehmen. Den ausgetretenen Nonnen wurde im Juni 1525 schliesslich das weitere Betreten des Klosters verboten, und der Guardian (Seelsorger, Wächter) wurde angewiesen, für die Abhaltung der Gottesdienste zu sorgen. Der Reformator Heinrich Bullinger förderte indessen die Auflösung des Konvents mit seiner Auslegung des 127. Psalms, worin er die Schönheit der christlichen Familie pries. Bald heiratete eine Nonne den uns bekannten Albert Bürer.

Die Strategie Berns

Berns Haltung war lange Zeit schwankend und mutet aus heutiger Sicht unentschlossen an. Der Rat wollte die Bewegung auf alle Fälle im Griff behalten. Er wandte dazu zwei Mittel an. Durch mehrmalige Ämterbefragungen (Einberufung der Männer ab 15 Jahren in den Landvogteien und Munizipalstädten) erkundete er immer wieder die Stimmung im Volk. Er wollte damit Rückendeckung gewinnen und gleichzeitig das Volk zum Nachdenken über den Glauben veranlassen, was nicht leicht war, da es noch niemals darüber befragt worden war. So betonte Brugg mehrmals, dass es damit überfordert sei. Die Fragen betrafen kirchliche Lehren und Einrichtungen, aber auch das politische Verhalten. Brugg mahnte mehrfach zum Frieden, warnte vor Zwist in der Eidgenossenschaft und beteuerte seine berntreue Haltung.

Durch Glaubensmandate[8] versuchte darauf der Rat, aus den Antworten Bilanz zu ziehen und den weiteren Gang der Dinge zu steuern. Dabei musste er indessen auch die Entwicklung im eidgenössischen Glaubensstreit im Auge behalten. Diese Mandate waren jeweils von den Kanzeln zu verlesen und an den Kirchentüren anzuschlagen. Die Hauptpunkte des Berner Rats lauteten folgendermassen:

1. 15. Juni 1523: Prediger sollen sich allein auf die Heilige Schrift berufen (der Rat war sich wohl kaum bewusst, damit der Reformation Bahn zu brechen!).
2. 22. November 1524: Altkirchliche Einrichtungen werden zum Teil geschützt (Zölibat, Fasten, Bilderverehrung), einige aber angezweifelt (Ablass, Bann, Ehedispense).
3. 7. April 1525: Kirchliche Überlieferungen (Fasten, sieben Sakramente) werden geschützt, Wallfahrten werden freigestellt, Sakramente und Dispense sind unentgeltlich, Geistliche werden der Steuerpflicht und der weltlichen Gerichtsbarkeit unterstellt, betreffend Jahrzeiten und Fegefeuer herrscht Glaubensfreiheit.
4. 21. Mai 1526: Das 3. Mandat wird bestätigt.
5. 27. Mai 1527: Die Predigt ist frei (entsprechend dem 1. Mandat), eigenmächtige Neuerungen werden verboten.

> **Die Brugger Stimme: Zurückhaltend, konservativ**
>
> **20. Mai 1526:** «Belieben wie von altershar und lib und guot zuo m. h. [meinen Herren] setzen, und sich von den Eidgnossen der merteil nit sündern».
>
> **14. Mai 1527:** «semliche sachen ze ermessen uszuolegen, so do lib, sel, eer und guot berürt, ist uns zuo schwer und erfordernt lüt höchers und vernunftigers verstands dann wir sind».
>
> **24. November 1527:** «sind wir (als der schrift unerfaren) gar kleiner verstentnuss, zuo semlichen schweren und ungepruchten dingen ützit zuo raten [...] wüssend nit, wohin das reicht und langet [...].»[9]

Entscheidung durch Glaubensgespräche

Die Glaubensfrage hatte bereits zu einem eidgenössischen Zwist geführt. Die Tagsatzung setzte auf den 16. Mai 1526 eine Disputation in Baden fest.[10] Sie begann mit zahlreichen Altgläubigen, auch Vertretern der Bischöfe und bekannten Verteidigern der Kirche wie Dr. Eck aus Ingolstadt und Generalvikar Fabri aus Konstanz. Gegen sie kamen die Anhänger der Reformation nicht an, da Zwingli wegblieb; immerhin waren der Basler Reformator Oekolampad und Berchtold Haller aus Bern erschienen. So endete am 9. Juni die Veranstaltung mit einem Sieg der Katholiken. Die anschliessende Publikation der Akten führte zu neuem Streit, und Bern distanzierte sich davon. Die Sieben Orte verlangten nun eine neue Ämterbefragung und drohten, im Weigerungsfall selbst an die bernischen Ämter zu gelangen. Dies gab den Reformationsfreunden in Bern aber Auftrieb. Bereits hatten sie im Grossen Rat die Mehrheit, nun errangen sie diese in den Osterwahlen 1527 auch im Kleinen Rat.

> **Konfessionelle Gliederung der Alten Eidgenossenschaft**
> *Katholische Orte*
> Fünf Orte: Uri, Schwyz, Unterwalden, Luzern, Zug
> Sieben Orte: obige, dazu Freiburg, Solothurn
> *Neutral*
> Appenzell (1597 Landesteilung: Innerrhoden katholisch, Ausserrhoden reformiert)
> *Reformierte Orte*
> Zürich, Bern, Basel, Schaffhausen, Glarus (mit katholischer Minderheit)

Brugg beteuerte in der Ämterbefragung seine berntreue Gesinnung – trotz auftretenden Spannungen. Diese entstanden aus den Schenkenberger Ansprüchen auf den Reinerberg. Nicht zufrieden mit der Regelung bernischer Schiedsleute von 1526, den Wald Brugg zu überlassen gegen eine Entschädigung von 100 Pfund, betrieben die Schenkenberger ihre

___
[9] Steck/Tobler, Akten Berner Reformation, Nr. 891, 1205, 1330. ___ [10] Muralt, Leonhard von: Die Badener Disputation 1526. Leipzig 1926 (Quellen und Abhandlungen zur schweizerischen Reformationsgeschichte). ___ [11] Was die Brugger im Frühjahr 1527 in Bern erlebten: Im Grossen Rat rief man ihnen höhnisch entgegen: «Gotwilkomen, ir unsere herren von Brugg, sind üweren bürgern zu Bern gotwilkomen», und auf Brugger Reden über die Bauern anspielend: «Ich bring dirs uf 10 puren zefressen» und «ich halts uf zwenzig puren». ___ [12] StABg A 6, S. 220–223. RQ Schenkenberg, Nr. 20. ___ [13] Steck/Tobler, Akten Berner Reformation, Nr. 1330, S. 502f. ___ [14] StABg A 90, Brief Berns an Brugg, 23.11.1527. Handlung oder Acta gehaltner Disputation zu Bernn [sic] in Üchtland 1528, S. 193ff.

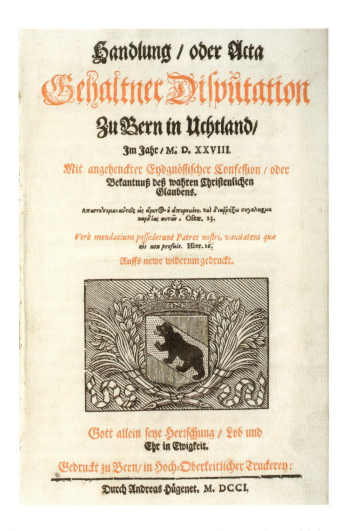

411 — Die Disputationsakten in der Ausgabe von 1701.

Sache hartnäckig weiter. Bei der gerichtlichen Auseinandersetzung in Bern im Frühjahr 1527 ernteten die Brugger im Grossen Rat nur Spott und Hohn, und ihre Sache war bald verloren.[11] Am 4. April wurde die Teilung des Berges und die von Brugg abzuliefernde Summe beschlossen.[12] In einer neuen Ämterbefragung im September 1527 erlitt die vom Grossen Rat bereits beschlossene Zulassung der Priesterehe eine Abfuhr: Brugg stimmte mit der grossen verwerfenden Mehrheit, Schenkenberg mit den annehmenden Ämtern.[13] Ein bezeichnender Vorfall ereignete sich in Brugg an Allerheiligen. Als der Pfarrer über die Fürbitte der Heiligen sprach, widersprach ihm der Veltheimer Bauer Hans Wächter und verzeigte ihn sogar bei den bernischen Amtleuten wegen schriftwidriger Predigt. Bern lud darauf beide zum vorgesehenen Glaubensgespräch.[14]

Die Berner Disputation vom 6. bis 26. Januar 1528 in der Barfüsserkirche war in zweifacher Hinsicht ganz auf den Sieg der Reformation hin angelegt. Es wurden nämlich zehn in ihrem Sinn abgefasste Thesen vorgelegt, wobei allein dem Wort der Schrift Beweiskraft zuerkannt, die Autorität der Kirchenväter und Konzilien dagegen ausgeschlossen wurde. Sodann wurde die Teilnahme geschickt gelenkt: Zwingli erschien mit gegen hundert Begleitern, darunter auch Oekolampad und die Strassburger Capito und Bucer, reformiert gesinnte schweizerische und süddeutsche Städte waren zugegen, dazu pflichtgemäss gegen 250 bernische Pfarrer, auch die Brugger Geistlichen Lottstetter, Füchsli und Wesmer; die Bischöfe und die Sieben Orte hingegen sagten ab. Der Kaiser verwarf das Gespräch, da dies nicht Sache eines einzelnen Staates, sondern eines allgemeinen Konzils sei. Am 13. Januar war man erst bei der zweiten These angelangt – und schon mussten die Geistlichen sich unterschriftlich entscheiden, ob sie alle Thesen annehmen wollten oder nicht; etwa 200 stimmten ihnen zu, darunter alle aus dem Amt Schenkenberg und auch der Windischer Pfarrer, etwas über 40 verwarfen sie, so die drei Brugger. Am Rand kam auch der Brugger Predigtstreit zur Sprache; da der Pfarrer aber nicht mit dem schriftkundigen Bauern disputieren wollte, musste er ihn mit drei Kronen entschädigen.[15] In der Schlusssitzung erklärten Zwingli und Haller den Sieg der Reformation, worauf die Thesen ohne Vorbehalt in Kraft traten.

Die Durchsetzung der Reformation

In Bern folgten nun die reformatorischen Massnahmen Schlag auf Schlag. Am 27. Januar wurde der Ratsbefehl zur Einstellung der Messe und zur Entfernung von Altären und Bildern erteilt, worauf im Münster ein Bildersturm mit Verwüstungen einsetzte. Am 2. Februar fand die Gemeindeversammlung statt, mit Gehorsamseid. Am 7. Februar erfolgte das Reformationsmandat mit 14 Artikeln als Grundlage der neuen reformierten Landeskirche.[16] Am 17. Februar lag der Beschluss auf Abstimmungen in den Ämtern vor.

In Brugg wurde die Gemeinde auf den 1. März einberufen.[17] Nach Verlesung des Reformationsmandats durch bernische Ratsboten ergab die Abstimmung durch Auseinandertreten in zwei Gruppen eine Mehrheit von fünf Stimmen für den alten Glauben – ein eindrückliches Bekenntnis. Bern rechtfertigte seine Neuerung mit dem Apostelwort «man soll Gott mehr gehorchen als den Menschen» – eben das war auch die Überzeugung der Altgläubigen, und sie trösteten sich mit dem im vormittäglichen Hochamt gesungenen 90. Psalm. Gleichentags stimmte das Eigenamt der Reformation zu, am folgenden Tag auch das Amt Schenkenberg. Brugg war nun völlig isoliert, und die Spannung in der Stadt spitzte sich dramatisch zu, nur mit Mühe konnten Gewalttaten verhindert werden. Die Schenkenberger drohten, die Häuser der Altgläubigen zu stürmen. Brugg musste ihnen drei Geiseln stellen. Am 3. März versammelten sich die Altgläubigen; nach eindringlichen Mahnungen einflussreicher Persönlichkeiten, unter anderem des Königsfelder Hofmeisters und des Schenkenberger Vogts, gaben sie schliesslich ihren Widerstand auf – «mit weinenden ougen». Sie durften noch eine letzte Messe feiern und entfernten dann mit grosser Trauer sorgfältig die Bilder und trugen sie in die Spitalkapelle.

Gleichzeitig endete auch das klösterliche Leben in *Königsfelden*.[18] Dort wurden die Bilder verbrannt, die köstlichen Geräte nach Bern überführt, die Mönche mit geringer Ent-

--- 15 Ebenda. Steck/Tobler, Akten Berner Reformation, Nr. 1465, 1482, S. 594, 597f. — 16 Steck/Tobler, Akten Berner Reformation, Nr. 1513. — 17 StABg A 6, S. 395f. Salat, Johann: Chronik der Schweizerischen Reformation von deren Anfängen bis und mit Ao. 1534. Solothurn 1868 (Archiv für die schweizerische Reformations-Geschichte, Bd. 1), S. 181. — 18 Liebenau, Königsfelden, S. 123ff., 132f. — 19 StABg A 421; A 191, S. 74. — 20 StABg A 6, S. 298; A 90. - StABE Spr. ob DD 34. UB Brugg, Nr. 389. — 21 StABg A 6, S. 297. StABE Spr. ob DD 32, S. 175, 193, 202. UB Brugg, Nr. 372. — 22 StABg A 404 (Verzeichnis der zurückgegebenen Stiftungen). — 23 StABg A 6, S. 297; A 404. — 24 StABg A 6, S. 158. — 25 Steck/Tobler, Akten Berner Reformation, Nr. 2577, 2595. — 26 StABg A 6, S. 395f. Salat, Johann: Chronik der Schweizerischen Reformation von deren Anfängen bis und mit Ao. 1534. Solothurn 1868 (Archiv für die schweizerische Reformations-Geschichte, Bd. 1), S. 181.

schädigung entlassen – nur eine Nonne, Anna Segesser, blieb noch einige Zeit im Kloster. In Brugg folgte bald die Entlassung der altgläubigen Priester und die Aufhebung der Kaplaneien. Die Frühmess-, Marien- und Verenapfründen wurden fortan durch den Dreipfründenpfleger verwaltet. Das Haus des Frühmessers wurde zur Provisorei, die beiden anderen Kaplaneien wurden vermietet, später verkauft.[19] Umtriebe verursachte die Rückgabe der übrigen Pfründen. Die Antoniuspfründe fiel an die Stifterfamilie Effinger zurück. Schwieriger gestaltete sich die Sache bei der Konradspfrund; schliesslich erhielten die nächsten Erben Gertrud Segesser zwei Drittel, ihr Neffe Simon von Römerstal in Biel ein Drittel. Die Schönaupfrund konnten die Erben, weil landesfremd, nicht zurückverlangen; sie übergaben sie der Stadt zugunsten des Spitals. Junker Jakob von Rinach, wohl eine Hauptstütze der Altgläubigen, Stiefvater der Erben, erreichte von Brugg die Zusicherung, dass die Kaplanei wieder aufgerichtet werde, «wann die mess wider von ir kranckheit gesund wurde»; eine ähnliche Hoffnung äusserte er auch beim Rückzug seiner eigenen Jahrzeitstiftung von 100 Gulden.[20] Die Rosenkranzkapelle wurde 1530 abgebrochen. Ihre Gülten (Zinsbriefe) wurden vom Kleriker Kilian Harder von Lichtensteig, einem Neffen des Stifters, zurückverlangt. Er liess sich deshalb in Bern nieder, verschwand aber, sobald er das Geld erhalten hatte.[21] Bei der Rückgabe zahlreicher Jahrzeitstiftungen und ähnlicher Vergabungen an die Stifter und ihre Erben erlangte Gertrud Segesser den Hauptanteil von rund 320 Gulden.[22]

Auch die Paramente, rund 80 kirchliche Gewänder, fielen zum grössten Teil an die Stifterfamilien zurück. Übrige Stücke des Kirchenschatzes wie Monstranz, Kelch und Kreuz wurden verkauft, aus dem Erlös wurden Salz- und Kornvorräte angekauft. Aus weiteren Stücken wurden ein Abendmahlkelch und ein Dutzend Becher für die Herrenstube verfertigt.[23] Die Orgelmusik wurde für Generationen aus der Kirche verbannt; die Orgelpfeifen wanderten als Bedachung auf den Oberen Turm.[24] Das Läuten der Kirchenglocken wurde stark eingeschränkt.[25]

Ein Streich der Altgläubigen
Einige Wochen nachdem die «Bilder» (wohl auch Statuen, «Götzen» genannt) aus der Kirche in die Spitalkapelle überführt worden waren, wollte man sie einmal inspizieren – doch da waren sie verschwunden, bei Nacht und Nebel durch verschlossene Türen und Tore entkommen, wie Sigmund Fry berichtet, der ihnen nachruft, sie seien des Todes würdig. Einem Fuhrmann aus Beromünster hatten Altgläubige zu später Nachtstunde die Bilder auf seinen Wagen geladen und ihm darauf zum Tor hinausgeholfen, wie der altgläubige Luzerner Chronist Hans Salat erzählt.[26]

Kriegsgefahr und Belastungen
Die Kirchenspaltung führte bald zu starken Spannungen in der Eidgenossenschaft und schliesslich zu den beiden Kappelerkriegen. Die Brugger mussten dabei wohl oder übel auf bernischer Seite mitmachen, Truppen stellen und erhebliche Kosten selbst tragen. Am 31. Oktober 1528 erfolgte der Auszug ins Oberland mit 30 Mann. Die Kosten beliefen sich auf 210 Pfund. Am 6. Juni 1529 wurde mit 30 Mann nach Bremgarten ausgerückt, mit einem Kostenaufwand von 235 Pfund. Im Frühjahr 1531 folgte der Auszug nach Musso am Comersee mit 8 Mann. Als Kosten werden 260 Pfund genannt. Am 11. Oktober 1531 rückte eine Truppe von 50 Mann nach Bremgarten und ins Zugerland vor und wehrte einen Vorstoss der Fünf Orte am Kestenberg ab. Die Kosten beliefen sich

dieses Mal auf 634 Pfund. Der Kommentar des Stadtchronisten Sigmund Fry lautet folgendermassen: «elenders kriegen ist nie ersehen noch erhört worden».[27]

Neue Seelsorger, neue Einrichtungen

Die Reformation lehrte das allgemeine Priestertum aller Gläubigen so, dass ein besonderes Amtspriestertum daneben keinen Platz mehr fand. Der Vorsteher der Gemeinde hatte zu predigen – er hiess Prädikant oder Verbi Divini Minister, Diener am göttlichen Wort. Der erste Amtsinhaber, von 1528 bis 1536, war der Schaffhauser Heinrich Linggi.[28] Seine Studien hatte er um 1514 in Wien, darauf unter Glarean in Paris absolviert. 1521 wurde er Kaplan in Solothurn, wo er seiner reformationsfreundlichen Gesinnung wegen 1523 entlassen wurde, wonach er seiner Vaterstadt als Schulmeister diente. Er wird es in Brugg nicht leicht gehabt haben, im Sinn der neuen Kirche das Gotteswort zu verkünden. Er hatte zudem die Pfarrer der Umgebung im Verständnis der Heiligen Schrift zu fördern. Ihm zur Seite stand der Helfer des Kapitels Brugg-Lenzburg,[29] der nach der Ordnung von 1532 jederzeit für einen erkrankten oder sonstwie verhinderten Pfarrer einspringen und zudem zweimal wöchentlich in Königsfelden eine Predigt halten musste. Der erste sicher bezeugte Helfer war 1532 Andreas Häuptinger aus Mellingen, ehemals Schulmeister in Aarau, ab 1526 in seiner Vaterstadt. Obwohl er in Brugg das Haus der ehemaligen Marienkaplanei und 1534 das Bürgerrecht erwerben konnte, verliess er die Stadt schon im folgenden Jahr.[30] In Windisch und Rein konnten die Pfarrer, weil Anhänger der Reformation, auf ihrem Posten bleiben.

Die Täuferbewegung

Die schwärmerischen Kinder der Reformation, die eine sündenlose Gemeinde Christi sein wollten und Staat wie obrigkeitlich gelenkte Kirche ablehnten, traten auch in Brugg auf.[31] Jakob Gross aus Waldshut verbreitete die Lehre der Täufer schon 1526 im Unteraargau, auch Hans Bruppacher aus Zollikon war hier tätig, und Ende 1528 trafen sich deren Anhänger zu einer geheimen Zusammenkunft bei der Sakramentskapelle in Villnachern. Bern schickte im September 1530 ein scharfes Mandat in den Unteraargau. Anfang Juli 1532 versuchte es umsonst, das Täuferwesen durch eine öffentliche Disputation in Zofingen zu überwinden; aus Brugg nahmen Prädikant Linggi und Stadtschreiber Fry daran teil. Zu grösserer Bedeutung gelangte die Bewegung in Brugg aber nicht.

___ 27 StABg A 6, S. 156f., 364f. Steck/Tobler, Akten Berner Reformation, Nr. 1949, 1981, 1987, 1994, 2329, 2332–2334. – Vgl. die ausführliche Darstellung in Banholzer, Geschichte der Stadt Brugg, S. 216. ___ 28 Pfister, Die reformierten Pfarrer, Nr. 485. Mehr in Banholzer, Geschichte der Stadt Brugg, S. 215. ___ 29 Müller, Capitel Brugg-Lenzburg, S. 14. ___ 30 StABg A 421. Ammann, Bürgerbuch, S. 213. StABE B III 444, S. 72. Pfister, Die reformierten Pfarrer, Nr. 907, 999. ___ 31 Steck/Tobler, Akten Berner Reformation, Nr. 793, 848, 2055, 2878ff. Muralt, Leonhard von: Glaube und Lehre der schweizerischen Täufer in der Reformationszeit. 101. Neujahrsblatt zum Besten des Waisenhauses in Zürich, 1938. Muralt, Leonhard von; Schmid, Walter: Quellen zur Geschichte der Täufer in der Schweiz. Bd. 1, Zürich 1952, S. 40, 334f., 363.

___ 1 Dem ganzen Kapitel liegt wiederum die allgemeine schweizergeschichtliche Literatur zugrunde, wie in Anm. 1 des Kapitels über die Reformation, besonders Guggisberg, Kirchengeschichte. ___ 2 Müller, Capitel Brugg-Lenzburg. ___ 3 Zur Baugeschichte der Stadtkirche: Kdm Brugg, bes. S. 281–293.

In der bernischen Staatskirche

Die Struktur der neuen Kirche[1]

Bern hatte seine eigene Reformation durchgeführt und damit seine eigene Kirche geschaffen: keine vom Staat unabhängige Institution eigenen Rechts, auch nicht mehr Glied einer sichtbaren internationalen Ordnung. Nach dem grundlegenden Synodus, der bernischen Kirchenordnung von 1532, hatte die Obrigkeit die Aufgabe, das Evangelium in Lehre und Leben zu erhalten, sie sollte aber nicht die Gewissen knechten und nur über die äussere Ordnung, das heisst über «Hand und Mund», gebieten. Die Herzen aber sollten sich frei dem Evangelium öffnen, das die Prädikanten verkündeten.

Das Kapitel Brugg-Lenzburg

Die Landeskirche wurde in Anlehnung an die alten Dekanate in acht deutsche und fünf welsche Kapitel gegliedert. Das Kapitel Brugg-Lenzburg,[2] zuerst auch Schenkenberg genannt, umfasste die 18 reformiert gewordenen Kirchgemeinden der ehemaligen Dekanate Mellingen und Frickgau, also Teile der Bistümer Konstanz und Basel. Der Dekan hatte alle Prädikanten, Helfer, Schulmeister und Provisoren jährlich ein- oder zweimal zu versammeln, in der Regel in Brugg, gelegentlich auch in Lenzburg. Anlässlich einer solchen Versammlung wurden nicht nur obrigkeitliche Mandate und Fragen der Seelsorge besprochen, sondern auch die Amts- und Lebensführung der Kapitelsbrüder zensuriert; dabei erhielten die Brugger regelmässig gute Noten. In unregelmässigen Abständen fanden zudem so genannte Generalkapitel statt, wozu auch die weltlichen Obrigkeiten – Landvögte, Untervögte und die Schultheissen der beiden Städte – eingeladen wurden.

In einem Verzeichnis der Dekane von 1328 bis 1807 erscheinen 26 Namen, darunter je fünf aus Brugg (Niklaus Ernst, 1575–1591; Michael Clarin, 1614–1629; Johann Heinrich Frey, 1636–1638; Johann Konrad Keyserysen, 1651–1670; Friedrich Frey, 1711–1737) und aus Windisch, aus Lenzburg sogar deren sechs. Die Dekane blieben in der Regel lebenslang in ihrem Amt.

Die Stadtkirche

Die Stadtkirche erfuhr im Lauf der drei auf die Reformation folgenden Jahrhunderte zwei grössere Umgestaltungen.[3] Eine Erste betraf vor allem das Innere. Über hundert Jahre blieb sie zunächst in ihrem kärglichen Zustand – ohne Altäre, Bilder, Orgel, bar jeden Schmucks. Endlich beschlossen Rat und Burger, etwas zu ihrer Verschönerung zu unter-

412 — Die barocke Kanzel von 1642 in der Stadtkirche.

413 — Der Abendmahlstisch aus Muschelkalk gehört zur einheitlichen barocken Chorausstattung mit Taufstein, Kanzel und Pfarrstuhl von 1641/42.

414 — Der 1641 datierte Taufstein.

nehmen. Welchen Anteil dabei der tatkräftige Prädikant Johann Heinrich Hummel und der mit ihm befreundete Schultheiss Hans Friedrich Effinger hatten, ist nicht auszumachen. 1634/35 erhielt die Kirche zunächst eine neue Verglasung. 1641/42 folgte die Aufstellung einer neuen Chorausstattung im barocken «Knorpelwerkstil». Der Abendmahlstisch, der Taufstein und die Kanzel mit dem Pelikan – Symbol des Opfertodes Christi – bilden mit der Nebenkanzel seither kräftige, bunte Akzente im Kirchenraum. Dieser wurde vom Zürcher Hans Ludwig Stadler neu ausgemalt. Auch das Äussere der Kirche wurde nicht vergessen. 1655 wurden Kirche und Turm neu verputzt, und schliesslich erhielt 1670 das Geläute eine weitere Glocke, ein Werk des Zürcher Glockengiessers Heinrich Füssli (heute im Höfli des Kirchgemeindehauses). 1677 wurde der Friedhof von der Kirche weg, vor das Obere Tor hinaus (an die Stelle der heutigen gewerblichen Berufsschule) verlegt.

Die heutige Raumgestalt erhielt die Kirche aber erst 1734 bis 1740, nach längeren Vorbereitungen. Dabei wurde auch ein Riss des bernischen Werkmeisters Niklaus Schiltknecht, Schöpfer der Heiliggeistkirche in Bern, eingeholt, doch wurde der Bau dann ein-

— 4 StABg A 61, S. 32; A 63, S. 110, 125, 241. — 5 Ebenda. — 6 Das ganze Kapitel stützt sich auf Pfister, Die reformierten Pfarrer.

facher gestaltet. Die Aussenmauern des Schiffs wurden ersetzt und mit acht grossen und vier kleineren Fenstern über den Eingängen versehen. Der Chorbau folgte 1738 mit fünf grossen und zwei kleineren Fenstern über den Türen. Über die ganze Kirche wurde ein grosses, alle Raumteile überdeckendes Dach gezogen – womit eine Staffelhalle entstand und der basilikale Eindruck verloren ging. Zum Abschluss dieser Bauarbeiten wurde schliesslich der Kirchhof neu gepflästert.

Eine Bereicherung brachte der Bau der Orgel 1759 durch den bekannten Viktor Ferdinand Bossart aus Baar (sie diente bis 1891). Der Reliefschmuck wurde von Joachim Waltisbühl von Muri, die Vergoldung vom Maler Widerkehr aus Bremgarten angefertigt. Gegen Ende des 18. Jahrhunderts erhielt die Kirche neue Butzenfenster (1792), auch mussten Reparaturen am Dach und im Chor vorgenommen werden.[4] Vom Pfarrhaus vernimmt man wenig aus den Akten. 1786/87 wurden grössere Unterhaltsarbeiten fällig, wobei 3000 Ziegel aus dem Magazin in Königsfelden bezogen werden konnten.[5]

Die Werkleute von 1734 bis 1740
Maurer und Steinhauer
Kaspar Meyer, von Mägenwil; Kaspar Spillmann; Peter Brunn; Antoni Moor
Zimmerleute
Felix Koprio, von Oberburg; Johann und Jakob Bächli
Tischler
Wilhelm Degerfeld, Meister Rengger; ebenso für das Chorgestühl: Heinrich Stäbli und Kaspar Frölich
Stuckateure
Hans Jakob Schärer, von Schaffhausen; Kaspar Stiller, von Säckingen

Prädikanten und Helfer

Die reformierten Seelsorger hatten es besonders in den ersten Jahrzehnten der neuen Kirche nicht leicht. Da ihnen keine Weihe mehr besondere Gewalt verlieh, fehlte ihnen jede höhere Beglaubigung; umso mehr waren sie auf den Schutz der weltlichen Obrigkeit angewiesen und deshalb auch von ihr abhängig. Die Stellen mussten anfangs meistens mit ehemaligen Priestern besetzt werden: Als Prädikanten behielten sie vielfach die alten Fehler, die dem Klerus eigen gewesen waren, bei. Sie hatten nun zumeist Frau und Kinder, mussten also einer Familie vorstehen, worin sie noch keine Erfahrung hatten. Es brauchte auch einige Zeit, bis Bern in seiner neu geschaffenen Hohen Schule oder Akademie genügend Prädikanten ausgebildet hatte. Von den 20 Nachfolgern des ersten nachreformatorischen Prädikanten Linggi waren 16 Bürger von Brugg; sie amteten durchschnittlich fast 13 Jahre.[6]

Die Helfer, rund 70 Amtsinhaber sind bekannt, blieben im Durchschnitt nur vier Jahre auf ihrem Posten. Sie kamen aus allen Gegenden des Bernbiets, einige auch von weiter her. Nicht weniger als 16 Gemeinden umfasste ihr Arbeitsgebiet. Die Pfarrer waren gehalten, mit dem Helfer redlich umzugehen, ihm ein Nachtessen und ein Frühstück vorzusetzen und ihn nach gehaltener Predigt wieder zu entlassen. 1573 erhielt der Helfer eine neue Behausung an der Storchengasse.

415 — Johannes Völklin, ab 1670 für 22 Jahre Prädikant in Brugg.

Besoldung der beiden Brugger Seelsorger Mitte des 16. Jahrhunderts[7]

	Geldbetrag	Kernen	Dinkel	Roggen	Haber	Wein
Prädikant	110 Pfund	36 Mütt	–	21 Mütt	3 Malter	8 Saum
Helfer	80 Pfund	–	10 Malter	4 Mütt	5 Malter	–

Die Besoldung der beiden Seelsorger erfolgte durch den Hofmeister von Königsfelden. Diese Pfründen waren recht bescheiden, besonders jene des Helfers. Sie reichten kaum für den Unterhalt einer Familie, weshalb ihre Inhaber die Stelle häufig wechselten.

Lassen wir die Reihe der Prädikanten an uns vorüberziehen. Die beiden ersten Nachfolger Linggis, beide Brugger, hatten noch als katholische Priester begonnen: *Matthäus Hiltbrand* als Leutpriester in Brugg 1518 bis 1526, nach seiner Entlassung als Anhänger der Reformation in Oltingen BL und auf verschiedenen Pfarreien im Bernbiet, kehrte nun in seine Vaterstadt zurück als Prädikant von 1536 bis 1544. Heinrich Ragor, zunächst Leutpriester in Birmenstorf, ab 1515 in Windisch, dort 1528 erster Dekan des neuen Kapitels, amtete von 1544 bis 1553 in Brugg. Die Amtszeiten der zwei nächsten Prädikanten waren eher Episoden. Der junge *Christoph Lüthard* begann 1551 als Provisor, wurde 1552 Helfer und 1554 gegen den Willen von Bern Prädikant. Der gelehrte Herr provozierte aber auf der Kanzel und musste schon nach einem Jahr die Stelle wechseln. Darauf versuchte es Bern mit dem betagten *Peter Schnyder* aus Diessenhofen, zuerst dortiger Kaplan, dann Pfarrer in Laufen, Prädikant in Zofingen und Aarburg; er galt als streitbar. Bei der nächsten Wahl setzte ein zähes Ringen mit Bern um das Wahlrecht ein.[8] Brugg berief sich auf sein österreichisches Privileg, auf die Zusicherung seiner alten Freiheiten bei der Übergabe an Bern

— 7 StAAG AA 460, S. 361–377 [1533]; AA 472 [1555]. — 8 StABg A 6, S. 165f.

416+417 ⎯ Grabplatten von zwei Brugger Prädikanten: links Niklaus Ernst (am Kirchplatz, 1591), rechts Johann Konrad Keyserysen (in der Kirche, 1671).

1415, wies auch auf die Erhaltung dieses Rechts in den katholisch gebliebenen Städtchen des Unteraargaus hin. Erst nach Entsendung einer Delegation – die beiden Schultheissen und der angesehene Hartmann von Hallwil – gestand Bern am 16. März 1558 die freie Wahl zu, aber unter Vorbehalt seiner Bestätigung. Die Wahl war eine glückliche: *Niklaus Ernst,* zuerst Provisor in Bern, dann Prädikant zu Grafenried und Murten, leitete die Brugger Gemeinde bis 1591, dazu war er ab 1566 Kammerer, ab 1575 Dekan. 1586 liess er sich in den ausbrechenden Prädestinationsstreit verwickeln, der die Berner Kirche durch viele Jahre erschütterte; es ging dabei um das Problem der göttlichen Vorherbestimmung zur ewigen Seligkeit. Sein Nachfolger, der Brugger *Konrad Stanz,* war 1581 hier kurz Provisor gewesen, dann Helfer in Signau und Prädikant in Sumiswald und Meiringen. Er stand der Brugger Kirche 1592 bis 1602 vor und erwies sich als guter Prediger und eifriger, treu besorgter Hirte, wofür er vom Kapitel mehrmals hohes Lob erhielt. Er wechselte dann als Helfer ans Berner Münster, wo er 1611 an der Pest starb. *Michael Clarin,* ein Sohn des aus Italien zugewanderten Baumeisters und Erbauers der ersten Brugger Steinbrücke, absolvierte seine Studien in Bern, Heidelberg und Basel und begann seine geistliche Laufbahn kurz als Provisor in Bern. 1597 wurde er Brugger Lateinschulmeister, 1602 Prädikant. Er unterhielt eine lebhafte Korrespondenz mit Johann Jakob Breitinger, Antistes (Vorsteher) der Zürcher Kirche. Ab 1614 wurde er zudem Dekan. Er stand auch bald einer zahlreichen Familie vor; drei Söhne folgten ihm in beruflicher Hinsicht.

Unter den Glaubensflüchtlingen aus der Pfalz, die dort durch den Dreissigjährigen Krieg vertrieben wurden, waren auch manche evangelische Theologen. So kam 1626 Bendicht Rau aus Rohrbach bei Heidelberg an die Brugger Helferstelle, ertrank aber nach einem halben Jahr beim grossen Schiffbruch auf der Aare. Auf ihn folgte sogleich Johann Heinrich Gräff aus Simmeren, der dann 1629 bis 1639 die Prädikantenstelle versah; als Helfer folgte ihm Bernhard Heinrich Metzler, der indessen 1634 in die Pfalz zurückkehrte.

Über die herausragende Gestalt in der Prädikantenreihe des 17. Jahrhunderts, Johann Heinrich Hummel, wird an anderer Stelle berichtet. Es sei noch auf zwei Brugger Seelsorger aufmerksam gemacht: Johannes Rüeff stand nur kurz, 1654 bis 1659, der Brugger Kirche vor, dann wurde er als Professor für Hebräisch nach Bern berufen, wo er zunächst Vorsteher des Kollegiums, dann in schrittweisem Aufstieg Helfer am Münster wurde. Von Hummel gefördert und beraten, folgte 1670 Johannes Völklin, zuerst Schulmeister in Aarau, ab 1667 an der Brugger Lateinschule; fast 22 Jahre lang war er der Brugger Kirche ein «getreuweiferiger Seelenhirt».9

57–63

Aus manchen Familien wurden eigentliche «Prädikantendynastien». So folgten auf den Brugger Lateinschulmeister Johann Jakob Frölich († 1751) kurz darauf seine Söhne: Johann Jakob († 1786) war zuerst Helfer in Zofingen, dann Prädikant in Brugg 1755 bis 1785, schliesslich noch kurz in Kölliken. Sein Bruder Johann Heinrich († 1795) war 1751 kurz Brugger Lateinschulmeister, dann Prädikant in Rued ab 1752, in Holderbank 1764–1785 (ab 1755 als Kämmerer); schliesslich folgte er seinem Bruder in Kölliken 1786–1794, darauf erlangte er 1794 noch kurz die begehrte Pfarrstelle von Ammerswil.10 Ähnliches liesse sich wohl auch bei den Familien Wetzel, Rytz, Stapfer und Stäbli beobachten. Den fulminanten Schlusspunkt der Prädikantenreihe setzte Jakob Emanuel Feer, der «Revolutionspfarrer», der seinen Prädikantenrock 1798 an den Nagel hängte und in die Politik einstieg.

175f.

Eine soziale Pioniertat: Die Brugger Prädikantenwitwen- und Waisenkiste

Seit Beginn des 18. Jahrhunderts wurden in der bernischen Kirche verschiedene Projekte im Sinn heutiger Pensionskassen entworfen.11 Sie sollten der traurigen Tatsache, dass Witwen und Waisen von Prädikanten häufig in Not gerieten, Abhilfe schaffen. Lange blieben solche Projekte unverwirklicht. Die Stadt Thun spielte schliesslich die Vorreiterrolle und gab damit den Anstoss für die Gründung der «Brugger Kiste», wie man diese «Pensionskasse» nannte. Der aus Brugg stammende Gebenstorfer Prädikant Abraham Rengger, der Vater des späteren helvetischen Politikers, trug seinen Amtsbrüdern im Mai 1765 ein solches Projekt vor; deren 16 waren sogleich zum Beitritt bereit. «Einzig das edle Vergnügen kommenden Geschlechtern zu dienen, Betrübte zu erquicken, Verlassene zu unterstützen, zur Erziehung unsrer Mitburger etwas beyzutragen, das sollen unsre Beweggründe zu solchen patriotischen Stiftungen seyn.»12

Eine Kommission nahm sich der Verwirklichung des Vorhabens an; ein Reglement («Gesatzbuch») wurde aufgestellt und eine eiserne Kiste angeschafft. Nach einem Jahr konnte darin von neun Pfarrern bereits die Einlage von je zehn Gulden deponiert werden. Der Brugger Rat nahm zustimmend Kenntnis von der neuen Einrichtung und steuerte 200 Gulden bei. Hauptgönner aber war der begüterte Johann Jakob Zimmermann (1734–1785),

---

9 Banholzer, Max: Johannes Völkli – Schulmeister und Prädikant 1640–1692. In: BgNbl 92 (1982), S. 147–150. — 10 Bei Pfister, Die reformierten Pfarrer, irrtümliche Angaben hier berichtigt nach Max Baumann. — 11 Pfister, Die reformierten Pfarrer, S. 47f. — 12 Ebenda, vermutlich nach Rengger. — 13 Dieselben Quellen wie im entsprechenden Abschnitt des Kapitels über die alte Kirche. — 14 StABE A II 115, Ratsmanuale 237, S. 123; 238, S. 138 (beide 1533); B III 446, ProtChorg., S. 125 (1533). — 15 StABg A 38, Bl. 94v, 122; A 39, Bl. 13, 252v; A 36, S. 498; A 41, S. 68; A 42, Bl. 13v, 92, 159v, 217; A 43, S. 272, 363; A 36, Bl. 113. — 16 Kdm Brugg, S. 361–365.

Hauptmann und nachmaliger Schultheiss, der seit einem Jahr im Zwölferrat sass; er stiftete 400 Gulden. Bald entschlossen sich die übrigen, allenthalben im Bernbiet wirkenden Brugger zum Beitritt, und es flossen regelmässig auf Neujahr die Jahresbeiträge: 15 Batzen von Vikaren, 20 von Pfründen erster Klasse, 30 von solchen zweiter Klasse. Das Geld wurde zinstragend angelegt und konnte vielen bedürftigen Hinterlassenen von Brugger Prädikanten willkommene Unterstützung leisten. Diese «Brugger Kiste» trug auch dazu bei, den guten Ruf der Prophetenstadt zu stärken.

Die Filialkirche in Mönthal nach der Reformation

64, 82 — Auch nach der Reformation blieb Brugg Kirchherr in Mönthal.[13] Der Übergang in die neue Ordnung vollzog sich nicht ganz ohne Auseinandersetzungen. Dabei ging es nicht etwa um den Glauben, sondern um finanzielle Aspekte. Ein «Verseher», also wohl ein Verweser der Pfarrstelle, wurde zusammen mit den Bauern aktiv für die Schaffung einer selbständigen Pfarrstelle und fand beim Dekan und beim Pfarrkapitel Unterstützung. Die Mittel wollte man der Frühmesspfrund entnehmen. Die Streitsache kam vor die Gnädigen Herren von Bern. Die Prädikanten verwiesen auf Taufstein und Sakramentshäuschen als Zeugnisse dafür, dass Mönthal einst eine rechte Pfarrkirche gewesen sei, die nun wieder aufzurichten sei. Ihnen hielt Sigmund Fry entgegen, sie könnten den Kirchensatz haben; die Prädikanten könnten ja etwas von ihrer Pfrund zusammensteuern und damit eine Pfarrei aufrichten. Das lehnten diese aber rundherum ab und wiesen auf den grossen Nutzen hin, den Brugg aus Mönthal ziehe, was Fry in Abrede stellte. Der Streit fand in Bern 1533 seine Beilegung.[14] Die Gemeinde Mönthal sollte durch den Provisor versehen werden; er sollte sich wie andere Prädikanten in Bern examinieren lassen und in Glaubenssachen dem Kapitel gehorsam sein. Da er ja nun nur noch den Sonntagsgottesdienst zu halten hatte, mochte dies neben seinen schulischen Pflichten zu bewältigen sein. Wohl wurde dem Provisor Ende des 17. und in der ersten Hälfte des 18. Jahrhunderts oftmals der städtische Anteil am Weinzehnten in Überthal überlassen, doch galt dieser Wein als sauer. Eine gewisse Hilfe erhielt ab 1728 der Provisor Johann Jakob Stäbli: Der Brunnenmüller musste ihm jeden Sonntag ein Pferd stellen, was noch bis weit ins 19. Jahrhundert hinein üblich blieb.[15] Der häufige Wechsel in diesem Amt zeigte aber, dass dieses Doppelamt nicht gerade geschätzt war.

Das Amt des St.-Jörgen-Pflegers hatte jeweils der neue Schultheiss für seine beiden Amtsjahre zu versehen. Waren die Einnahmen des Kirchleins auch nicht sehr gross, so waren sie doch nicht zu verachten. Die Zinsen von Häusern in Brugg und Umgebung und von den Mönthaler Hofgütern betrugen um 1575/1580 rund 280 Pfund, dazu 22 Mütt Getreide.

Der Brugger Rat dokumentierte seine Fürsorge für das Kirchlein aber mehrfach.[16] 1587 erhielt der Turm eine neue Glocke mit den Namen der Brugger Ratsherren, übrigens in Brugg gegossen, 1688 eine zweite, vom Lenzburger Giesser Baumann, mit dem Stadtwappen. 1590 stifteten die Brugger Ratsherren ein Rundfenster mit ihren Wappen – bis heute ein schöner Akzent im Chorraum –, 1660 folgten in zwei Fenstern des Schiffs je eine Fünfergruppe von Wappen. Und Schultheiss Hans Heinrich Effinger liess 1641 eine Empore einbauen, um mehr Platz zu schaffen. Verschiedene Reparaturen und Ergänzungen waren ab 1761 vorzunehmen, so wurde 1782 eine Kirchenuhr angebracht.

Zwei Kirchherrschaften aus ehemaligem Witticher Besitz

Brugg erwarb im Lauf des 16. Jahrhunderts, also bereits nach vollzogener Reformation, die beiden Kirchensätze Bözberg und Rein. Deren Geschichte ist in neuester Zeit erforscht und in zwei Büchern ausführlich dargestellt worden.[17] An dieser Stelle sei deshalb nur das Wichtigste über das Frauenkloster Wittichen im Schwarzwald mitgeteilt.

Das Kloster war 1325 durch die selige Luitgard gegründet worden und nahm in der Folge die Regel der heiligen Klara an. Es gewann Unterstützung von habsburgischer Seite, insbesondere von Königin Agnes in Königsfelden, die deshalb als zweite Gründerin betrachtet wurde. Ihr Bruder, Herzog Albrecht, und dessen Gattin Johanna vergabten 1345 dem Kloster den Kirchensatz von Rein, wohin ja auch Lauffohr und bis zur Reformation die Brugger Vorstadt gehörten. Er umfasste die Liegenschaften der Kirche, das so genannte Widum, mit 40 bis 50 Jucharten und jene der zugehörigen Kapellen von Villigen und Remigen, dazu Zehntabgaben der ganzen Kirchgemeinde, insgesamt etwa 27 Mark Silber. Das Kloster musste aber den Leutpriester besolden sowie Pfarrhaus und Chor unterhalten. Es stellte für die Verwaltung einen eigenen Schaffner an und erwarb für ihn ein Wohnhaus in der Altstadt (heute Spitalrain Nr. 4). 1353 wurde das Kloster sogar ins Brugger Burgrecht aufgenommen. Der Schaffner leistete auch Steuern und mancherlei Abgaben an Kirche, Schule, Herrenstube, an die Landvögte zu Schenkenberg und Königsfelden sowie an andere Personen. Er legte 1515 ein schönes Urbar aller Güter an. Dafür bezog er auch eine Entschädigung in Geld und erhielt die Nutzung zweier Parzellen zugesprochen (der Flurname «Wickihalde» bei der heutigen Kaserne erinnert noch daran). 1389 erwarb Wittichen zum stattlichen Preis von 350 Goldgulden auch den Kirchensatz von Bözberg, der aber nur die Hälfte desjenigen von Rein einbrachte.

Die Reformation veränderte die Stellung Wittichens zunächst nicht. Berns Angebot von 1527/28, die in der Herrschaft Schenkenberg liegenden Güter käuflich zu erwerben, lehnte Wittichen ab. Der Schaffner führte seine Verwaltung weiter und erwarb sogar weitere Zinsbriefe. Da aber der reformiert gesinnte Schutzvogt, Graf Wilhelm von Fürstenberg, das Kloster Wittichen bedrängte, verkaufte dieses 1544 seine Kirchengüter zu Rein und auf Bözberg für 3300 Gulden an den Junker Hartmann III. von Hallwil, der im folgenden Jahr zudem von seinem Schwager Jakob von Rinach dessen Besitzungen in und um Brugg, so auch den «Hallwiler Hof», erwarb.

Nach dem Tod Hartmanns III. 1573 teilten seine drei Söhne die festen Häuser und die Einkünfte unter sich auf. 1588 verkaufte Hans Georg den «Hallwiler» und ein Drittel der beiden Kirchensätze für 18 000 Aargauer Gulden an die Stadt Brugg. Im folgenden Jahr verkaufte auch Samuel sein Drittel an Brugg für 4700 Berner Gulden. Aber den dritten Anteil vermochte Brugg nicht zu erlangen. Hans Hartmann trat ihn 1599 der Stadt Bern für 8000 Gulden ab. So waren nun also Bern und Brugg im Verhältnis 1:2 Inhaber der Kirchensätze. Die Einnahmen und Ausgaben konnten damit bequem aufgeteilt werden. Vom Zehnten auf Bözberg ging ein Viertel ursprünglich an den Bischof, doch hatte dieser noch in mittelalterlicher Zeit diese «Quart» an die Herren von Rotberg gegeben, woran sich alle Inhaber der Kirchensätze hielten; erst 1726 konnte Bern diesen Anteil erwerben. Die Aufwendungen waren üblicherweise so geregelt: Die Inhaber des Kirchensatzes hatten für Chor und Pfarrhof samt Wirtschaftsbauten, die Gemeinde für Schiff und Turm aufzukommen. Auf Bözberg verursachte die Kirche keine grossen Aufwendungen. Die Gemein-

---

17 Das ganze Kapitel stützt sich auf die ausführlichen Darstellungen von Baumann, Bözberg, S. 374–432, und Baumann, Rein und Rüfenach, S. 92–106. — 18 Die folgenden Zeilen lehnen sich stark an Guggisberg, Kirchengeschichte an, bes. S. 159ff. Informativ ist auch Weber, Rudolf: «... aus dem Wort Gottes geboren.» Zofingen 1993. — 19 StABg A 32, Bl. 402, 434v.

de liess um 1680 das Schiff erhöhen und mit barocken Fenstern versehen, 1763 den Turm mit einer Uhr ausstatten und 1794 eine Empore einbauen. Das ländlich schlichte Pfarrhaus mit gotischen Reihenfenstern stammt von 1665 – offenbar ein starker Umbau eines früheren; erst 1752 drängte sich eine gründliche Sanierung auf. Die Pfarrscheune datiert von 1763. Kostspieliger wurde Rein: 1642/43 erfolgte der Neubau des Pfarrhofs als bescheidenes Häuschen, vermutlich 1678 wurden im Estrich zwei Zimmer eingebaut, um 1715 wurde eine Instandstellung und Erhöhung vorgenommen, 1789 erfolgte ein gänzlicher Neubau mit Ökonomiegebäuden, 1791 wurde ein Waschhäuschen erstellt. Ein Hauptteil des Kirchensatzes war die Kollatur, das Einsetzungsrecht des Pfarrers. Da behalf man sich folgendermassen: Brugg schickte jeweils einen Doppelvorschlag, der Landvogt von Schenkenberg einen einfachen nach Bern; meistens wurde der erstgenannte Bewerber gewählt. So wurden im 17. und 18. Jahrhundert in Rein sämtliche Pfarrer aus Brugg gewählt, auf Bözberg mit zwei Ausnahmen ebenso.

Die Brugger Kirchherrschaften fanden zu Beginn des 19. Jahrhunderts ihr Ende. Der neue Kanton Aargau war an die Stelle der Gnädigen Herren von Bern getreten und wollte sich die reformierte Kirche völlig unterordnen, sich vor allem staatstreue, gleich gesinnte Pfarrer sichern. Andererseits schwand in Brugg das Interesse an den auswärtigen Kirchensätzen. Die Einnahmen waren infolge Aufhebung des Kleinen Zehnten zurückgegangen, die anstehenden grösseren Renovationen an den Pfrundhäusern erweckten Bedenken. Auch hatte sich der Bedarf an freien Pfarrstellen für Brugger Theologen deutlich vermindert. Nach mehreren Anläufen kam es 1810 zum Abtretungsvertrag für Rein und Bözberg, der für Brugg noch günstig ausfiel: Mit einer Ablösungssumme, die ratenweise zu bezahlen war, konnte sich die Stadt ihrer lästigen Verpflichtungen entledigen und gleichzeitig die Zehnten noch behalten.

Kirchlich-religiöses Leben

85f. — Bei der Neugestaltung des Gottesdienstes[18] nach der Reformation musste die neue Kirche die Erfahrung machen, dass Altes niederzureissen immer einfacher ist als Neues aufzubauen. Da aus Brugg wenig Zusammenhängendes und Spezifisches zum kirchlich-religiösen Leben überliefert ist, sollen die allgemeinen Züge der bernischen Landeskirche hier mitberücksichtigt werden. Der neue Gottesdienst war ein reiner Wortgottesdienst und bestand anfänglich fast nur aus der Predigt und wenigen Gebeten; nur viermal jährlich wurde das Abendmahl gereicht. In Bern wurde täglich, auf dem Land ausser am Sonntag wenigstens noch an drei, später an zwei Wochentagen gepredigt, wozu mindestens eine Vertretung aus jedem Haus erwartet wurde. Mehrmals erschienen neue bernische Predigerordnungen, so 1587 und 1638. Die vielen Predigten waren gewiss eine Überforderung für die Pfarrer wie für die Gemeinde, zumal sie frei zu halten waren. Sie dauerten auch oft zu lange und waren von ermüdender Gleichförmigkeit, oft wurden die biblischen Themen breit ausgewalzt statt vertieft. Am Sonntagnachmittag wurde Kinderlehre gehalten, woran auch Erwachsene teilnahmen. In Zeiten, da man Gottes Zorn zu fürchten und um seine Gnade besonders zu bitten Anlass fand, wurde auf die Sonntagsheiligung vermehrt Wert gelegt, was auch die weltliche Obrigkeit mit entsprechenden Erlassen unterstützte (Schliessung der Stadttore während des Gottesdienstes 1630, Verbot des Kegelspiels 1642, Verlegung des «Ausschiessens» auf den Montag 1641).[19] Der Gottesdienstbesuch wurde nun vermehrt kontrolliert, Versäumnisse wurden gebüsst. Nach der Predigt waren auch verschiedene Mitteilungen zu machen, vor allem über obrigkeitliche Erlasse – auch zu rein weltlichen Sachen.

418 ___ Illustration aus der Bibelausgabe von Johannes Grüninger, 1485.

Daneben gab es auch einfachere und wohl auch kürzere Gottesdienste, vor allem an Werktagen, wobei biblische Texte vorgelesen und Psalmen gesungen wurden. Doch im Lauf des 18. Jahrhunderts wurde die Zahl der Werktagsgottesdienste in Brugg mehrmals reduziert, da sie offenbar nur schwach besucht wurden.[20] So wurde 1738 der Pfarrer vom Donnerstags- und Samstagsgebet dispensiert, da diese Tage als seine Studientage galten; da konnte ein Schulmeister der Gemeinde vorstehen und sogar predigen. 1746 wurde auf Antrag des Pfarrers das Freitagsgebet abgeschafft, 1783 auch das Donnerstagsgebet.

Der Gemeindegesang fand nur langsam Eingang, wohl hauptsächlich auf dem Weg der Schulung der Kinder. 1687/88 wurde Meister Johannes Buchhorn, Strumpfstricker, für sein Singen mit den Schülern nach dem Sonntagsgottesdienst honoriert. In der folgenden Generation war es dann der Deutschschulmeister Hans Rudolf Leuppi (um 1665–1735), der die gesangliche Schulung pflegte.[21]

Der Kirchengesang wurde im 17. und 18. Jahrhundert durch Posaunen- und Zinkenbläser[22] verstärkt; die Zinke war ein weit verbreitetes, gerades oder leicht geschweiftes Instrument aus Holz oder Horn, mit sieben Löchern und einem der Trompete ähnlichen Mundstück versehen. Wieweit die Posaunisten mit den Stadttrompetern identisch waren, ist nicht bekannt, auch wird ihre Anzahl nicht angegeben. Aus den Ratsprotokollen vernimmt man gelegentlich Klagen über ihre Nachlässigkeit. Die Zukunft gehörte aber der

___ 20 StABg A 46, S. 161; A 47, S. 600; A 49, S. 21; A 59, S. 71. ___ 21 StABg A 38, Bl. 24, 80v, 91v, 83, 107v; A 39, Bl. 13v; A 36, S. 524; A 42, Bl. 92v; A 43, S. 43, 197, 205, 251; A 36, S. 159; A 41, S. 319, 356, 546. ___ 22 Ebenda und StABg A 44, S. 21–21v; A 45, S. 296; A 46, S. 209, 228, 312; A 47, S. 603, 687; A 48, S. 2, 36, 140. ___ 23 StABg A 48, S. 50; A 49, S. 219, 235, 245, 202; A 56, S. 152, 191. Feer, Jugenderinnerungen, S. 26. ___ 24 StABg A 47, S. 553; A 48, S. 136. ___ 25 Müller, Capitel Brugg-Lenzburg.

419 __ Innenansicht der Stadtkirche vor der Restaurierung von 1954/55.

Orgel – lange als «unanständiges» Instrument verpönt. Als erste Gemeinde brach Burgdorf 1701 diesen Bann, erst 1729 folgte das Berner Münster. Im Aargau dauerte es noch geraume Zeit bis zu deren Einführung; dabei dürfte Aarau 1756 eine Pionierrolle gespielt haben. Kurz darauf kam auch in Brugg die Wende; der junge Deutschschulmeister Christian Rudolf Füchslin (1721–1789), 1748 nach Brugg berufen, gab den Anstoss. Als ihm 1756 die Stelle eines Lateinschulmeisters in Erlach angeboten wurde, anerbot er sich, in Brugg zu bleiben, wenn hier eine Orgel angeschafft würde. Das Werk wurde durch Viktor Ferdinand Bossart aus Baar 1758 geschaffen, gegen ein Honorar von 1600 Gulden, wozu dann noch erhebliche Nebenkosten für Aufstellung, Verschönerungen und Anpassungen kamen. Füchslin versah darauf als erster Brugger das Amt des Organisten während rund 30 Jahren. Die Bläser wurden nun nicht mehr benötigt und wurden verabschiedet; dafür musste ein Orgeltreter eingestellt werden, als Erster versah Johannes Bächli, Strumpfweber, diese Tätigkeit. 1776 fertigte Füchslin ein neues Orgel-Psalmenbuch an. Er machte sich auch sonst um das Brugger Musikleben verdient; so gründete er zusammen mit einigen Musikliebhabern, Damen und Herren, ein «Collegium Musicum».[23]

Die religiöse Bildung erfolgte ausser in Gottesdiensten und im Schulunterricht vor allem im Elternhaus. Man war deshalb bestrebt, die Heilige Schrift stärker zu verbreiten. 1737 wurde eine Anzahl Bibeln für die deutsche und für die Mädchenschule angeschafft. Im folgenden Jahr stellte man fest, dass 14 Haushaltungen ohne Bibel waren; darauf erhielten sieben von ihnen eine solche vom Dekan, die übrigen sollten eine kaufen. Die Kinder, die den Psalter und den Heidelberger Katechismus auswendig gelernt hatten, wurden mehrmals zum Aufsagen in der Kirche ermuntert und mit dem dafür geschaffenen Pfennig belohnt (so 1746 und 1750).[24]

Schliesslich seien auch noch die Zusammenkünfte der «Geistlichen»[25] kurz betrachtet. Zwar waren nur eine oder zwei Kapitelsversammlungen vorgesehen, im kleinen

420 —— Aussenansicht der Stadtkirche, 2004.

Kreis kamen sie aber häufig zusammen. Das Brugger Kapitel machte sogar den Vorschlag, sich allwöchentlich zu treffen, womit es aber nicht durchdrang; Bern wollte nicht mehr als vierteljährliche Colloquia akzeptieren (1549/50). Solche Treffen gaben Gelegenheit zum Gedankenaustausch über Fragen der Seelsorge, über das Verhältnis zur Obrigkeit und zur altgläubigen Umgebung sowie ganz allgemein zu den Zeitläufen. Man pflegte gerne die Geselligkeit bei Speis und Trank, gelegentlich wurde auch Tafelmusik geboten. Etwas von der altkirchlichen Herrlichkeit, von der Art der Bruderschaft des ehemaligen Kapitels Brugg-Mellingen, wurde wieder spürbar.

Religion im 19. und 20. Jahrhundert

Kirche und Staat

Kennzeichnend für die Entwicklung der Kirche im 19. und 20. Jahrhundert ist die Trennung vom Staat, die nach der Kantonsgründung 1803 schritt- und teilweise in die Wege geleitet wurde. Da eine sofortige Loslösung aus dem einstigen Staatskirchentum undenkbar war, wurde der «Kleine Rat» (Regierungsrat) zur obersten kirchlichen Behörde. 1821 fasste man die beiden historisch gewachsenen Pfarrkapitel Lenzburg-Brugg und Aarau-Zofingen zu einem Generalkapitel zusammen, das sich später zur obersten gesetzgebenden landeskirchlichen Behörde, der so genannten Synode, entwickelte. Schrittweise zog sich der Staat aus den innerkirchlichen Angelegenheiten zurück.

Schrittweise Trennung von Kirche und Staat

ab 1846	Das Generalkapitel regelt die Liturgie betreffende Angelegenheiten selbständig.
ab 1852	Die Kirchgemeinden unterbreiten dem Regierungsrat für die Pfarrwahl einen Dreiervorschlag.
ab 1858	Auch Laien dürfen ins Generalkapitel aufgenommen werden.
1864	Der Pfarrer wird durch die Kirchgemeinden gewählt.
2. März 1866	Der Grosse Rat genehmigt das Gesetz über die «Organisation der reformierten Landeskirche des Kantons Aargau». Oberste Behörde der reformierten Kirche ist nun die Synode, zusammengesetzt aus 138 Vertretern der Kirchgemeinden und des Pfarrkapitels. Nur die allgemeinen Beschlüsse bedürfen noch der Genehmigung des Grossen Rats.
ab 1877	Die nach 1816 von den Pfarrern geführten Ehe-, Geburts- und Sterberegister wie auch die Ortsbürgerregister (ab 1818) gehen an die Zivilstandsämter über. Gleichzeitig wird die Zivilehe als obligatorisch eingeführt.

In der Staatsverfassung von 1885 anerkannte der Staat die Selbständigkeit der drei christlichen Landeskirchen (evangelisch, römisch-katholisch und christkatholisch) unter seiner Aufsicht. Die Synode erhielt den Auftrag, das kirchliche Leben in den Kirchgemeinden zu beaufsichtigen. Doch verblieben zum Beispiel das Pfrundgut und die Kirchengüter bis 1906 weiterhin in staatlichem Besitz. Die Organisation der Kirchgemeinden wurde dem politisch-demokratischen Aufbau angeglichen, mit der Besonderheit, dass die römisch-katholische Kirche der weltweit geltenden kirchenrechtlich-hierarchischen Struktur untergeordnet blieb.

Reformierte Kirchgemeinde im 19. Jahrhundert

1803 wählte man auch in Brugg, weil die neuen kantonalen Bestimmungen es forderten, fünf Mitglieder fürs neu zu gründende Sittengericht.[1] Neben dem Stadtammann und dem amtierenden Pfarrer gehörten ihm drei weitere Mitglieder des Gemeinderats an. Aufgabe des Gremiums war es, in der Nachfolge des Chorgerichts über das sittliche Leben der städtischen Gemeinschaft zu wachen. Als häufigste Traktanden der Zusammenkünfte standen uneheliche Schwangerschaften und Ehestreitigkeiten an. Bereits im 19. Jahrhundert gelang es dem Sittengericht nicht, alle Ehestreitigkeiten zu beheben, was eine Scheidung der zerstrittenen Eheleute unumgänglich machte.

> **Folgen eines unerlaubten Umgangs**
>
> Das Sittengericht lud am 25. Oktober 1866[2] die ledige Emma Frei vor. Ihr wurde vorgeworfen, dem Gericht ihre uneheliche Schwangerschaft nicht gemeldet zu haben. Emma Frei berichtete, dass sie während ihrer Schneiderinnenlehre Heinrich Müller, einen Eisenbahnwärter in Turgi, kennen gelernt habe. Bei einem späteren Treffen von Emma und Heinrich in Zürich sei es zu unerlaubtem Umgang gekommen. Nach dem Erkennen ihrer Schwangerschaft hätten die beiden vorgehabt zu heiraten. Durch einen Gichtanfall ausgelöst, sei es vorher zu einer Früh- und Totgeburt gekommen. Aus diesen Gründen habe sie es unterlassen, die gesetzlich vorgeschriebene Anzeige zu machen. Obwohl kein schriftliches Eheversprechen vorlag, konnte Emma Frei Briefe vorweisen, in denen klar von einer Eheschliessung die Rede war. Das Sittengericht beschloss, mit einer Anzeige ans Bezirksgericht zuzuwarten, um ein schriftliches Eheversprechen von Heinrich Müller einholen zu können, welches der Anzeige beigelegt werden sollte.
>
> Andere Fälle verliefen nicht so glimpflich. So erzählte Maria Unger am 28. November 1867[3] vor dem Sittengericht, sie sei von einem Schustergesellen in ihrem Zimmer überfallen und trotz Gegenwehr geschwängert worden. Der momentane Aufenthaltsort des Gesellen sei ihr jedoch nicht bekannt, vermutlich sei er in Amerika. Diesen Fall leitete das Sittengericht ans Bezirksgericht weiter.

In der zweiten Hälfte des 19. Jahrhunderts wandelte sich die reformierte Kirche des Kantons Aargau zu einer demokratischen, öffentlich-rechtlichen Landeskirche. Durch die Strukturreform von 1866 wurden die Geschäfte der Kirchgemeinde künftig durch die Kirchgemeindeversammlung und durch die von ihr gewählte Kirchenpflege geführt. Die Kirchenpflege löste das ehemalige Sittengericht in dessen Aufgabe ab.[4]

Am 30. Dezember 1868[5] traf sich die reformierte Kirchenpflege in Brugg zu ihrer ersten Sitzung. Den Mitgliedern wurde nahe gelegt, zur Belebung des sittlich-religiösen und kirchlichen Lebens in der Gemeinde beizutragen. In ihrem Pflichtenheft fanden sich unter anderem folgende Aufgaben: die Einsetzung des Organisten, des Orgeltreters und des Sigristen sowie die Fahndung nach Unzuchtsvergehen. Eine weitere Aufgabe bestand in

—— 1 Ar KG ref II 1.10. —— 2 Ar KG ref II 1.10, S. 96. —— 3 Ar KG ref II 1.10, S. 104. —— 4 Staehelin, Geschichte des Kantons Aargau, S. 78. —— 5 Ar KG ref III B 8.1, Prot Kirchenpflege. —— 6 Ebenda, 1. 12. 1885. —— 7 Biographisches Lexikon, S. 247. —— 8 StABg B A.IIa.58, 7. 11. 1900, 18. 12. 1900; B A.IIa.59, 27. 3. 1901, 22. 5. 1901, 27. 11. 1901. Die Kirchenpflege setzte sich zusammen aus Bezirksamtmann Frey, Herrn Rauber-Angst, Stadtschreiber Geissberger, Bauverwalter Belart und Pfarrer Viktor Jahn.

der Durchführung von Kirchgemeindeversammlungen; die erste wurde am 25. Mai 1869 einberufen. Von 226 Stimmberechtigten waren 181 anwesend.

Einige Probleme, welche die Kirche im 19. Jahrhundert beschäftigten, weisen auf den sich bereits im Gang befindlichen Säkularisierungsprozess hin. Allein die Notwendigkeit zur Gründung einer aargauischen Gesellschaft für Sonntagsheiligung in den 1880er-Jahren zeigt symptomatisch auf, wie der Sonntag immer weniger respektiert wurde. Brugg hatte sich speziell damit auseinander zu setzen. Denn nicht selten missachtete zum Beispiel die Militärschule die *Sonntagsruhe*. In einem ähnlichen Zusammenhang ist die 1888 vom Synodalausschuss an Brugg gerichtete Anfrage zu verstehen, in welcher dieser Aufschluss darüber verlangte, ob die noch nicht dienstpflichtigen Jünglinge am Sonntag zu militärischen Vorübungen aufgeboten würden. Die Regierung wurde darum gebeten, am Sonntagmorgen Schiessverbot auszusprechen, um einen ungestörten Gottesdienst zu ermöglichen. Doch nicht nur von dieser Seite wurde der Gottesdienstbesuch in Frage gestellt. Die gewerbliche Fortbildungsschule erteilte, so wurde 1885 festgestellt, jeweils am Sonntag von 8 bis 12 Uhr Zeichenunterricht. Die Schule wurde daraufhin gebeten, den Teilnehmern des Kurses den Gottesdienstbesuch nahe zu legen.[6] Ab Ende des 19. Jahrhunderts konkurrenzierten auch die zunehmenden Freizeitaktivitäten vermehrt den Gottesdienstbesuch.

Samuel Heinrich Fröhlich (1803–1857)
In Brugg finden sich keine eigentlichen Hinweise auf eine *pietistische Bewegung* in den 1830er-Jahren. Doch der aus Brugg stammende Theologe Samuel Heinrich Fröhlich verlor seine Pfarrstelle in Leutwil, weil er mit seinen Erweckungspredigten bei der Bevölkerung gut aufgenommen wurde, jedoch die Missgunst von Kirchenrat und Regierung hervorrief. Verständlicherweise kamen diese Erweckungspredigten den religiösen Bedürfnissen der Bevölkerung sehr entgegen, nach einer Zeit der vernünftigen, kühlen Religiosität, welche die Zeit der Aufklärung im 18. Jahrhundert mit sich gebracht hatte. Zusätzlichen Grund zur Entlassung Fröhlichs bot seine Ablehnung der Kindstaufe, der Konfirmation und des Abendmahls. Fröhlich begründete die «Gemeinschaft evangelisch Taufgesinnter», die auch «Neutäufer» oder gar «Fröhlichianer» genannt wurde. In Amerika gründete eine Gemeinschaft von Auswanderern, die Europa aus Glaubensgründen verlassen hatten, die «Apostolic Christian Church». Sie beriefen sich auf die Schriften von Fröhlich.[7]

Reformierte Kirchgemeinde im 20. Jahrhundert
Wie die politische Gemeinde beschäftigte sich auch die reformierte Kirchgemeinde Anfang des 20. Jahrhunderts mit der Eingemeindung von Altenburg. Die Windischer Kirchgemeinde, der Altenburg zuvor angehörte, wollte wegen der Einbusse ihrer Steuerkraft verständlicherweise nicht auf die Altenburger Mitglieder verzichten. Die Brugger ihrerseits versuchten, die Auszahlung des Altenburger Anteils aus Kirchenvermögen und Kirchgut herauszuwirtschaften. Einig waren sich beide Kirchgemeinden und der Kirchenrat nur darin, dass der Staat die Finanzlöcher stopfen sollte, welche die gewaltsame Vereinigung bewirkte. Der Stadtrat verlas in seiner Sitzung vom 27. November 1901 ein kantonales Dekret, wonach der Kirchgemeinde Brugg vom abträglichen Pfrundvermögen der Pfarreipfründe Windisch eine Aussteuersumme von 5500 Franken ausbezahlt werden sollte. Die Kirchgemeinde Windisch erhielt demgegenüber eine Steuersumme von 350 Franken.[8]

421 ___ Die dem heiligen Nikolaus geweihte reformierte Kirche geht in ihren Grundmauern bis aufs 13. Jahrhundert zurück. Der Bau hat vom 15. bis 18. Jahrhundert bedeutende Erweiterungen erfahren. Ansicht mit dem Lateinschulhaus von 1968.

In diesen Jahren tagte die Kirchenpflege fünf bis sechs Mal jährlich. Diese Sitzungsfrequenz steigerte sich im Lauf des Jahrhunderts aufs Doppelte. Der Kirchenpflege fielen organisatorische Aufgaben zu, so auch die Verwaltung der Gebäude – Kirche, Pfarrhäuser und Sigristenhaus. Daneben war sie weiterhin für personelle Fragen zuständig. Ein Dauerthema stellte immer wieder die Benutzung der Kirche ausserhalb der Gottesdienste dar. So entschied die Kirchenpflege am 14. April 1903, Brugger Vereine, die einen Beitrag zum Gottesdienst leisteten, taxenfrei in die Kirche zu lassen. Eine weitere Herausforderung bot die zunehmend schlechtere Akustik des Kirchenraumes. Bedingt durch den rückläufigen Gottesdienstbesuch verschlechterte sich die akustische Verständlichkeit der Predigt bereits Anfang des Jahrhunderts. Als Massnahme schloss man für die Sonntagspredigt die Kirche hinten, platzierte die Leute nur vorn und hoffte dadurch, den Gottesdienstbesuchern bessere Hörqualität zu verschaffen.[9] Doch damit war das Problem noch nicht gelöst. Mit Hilfe von Textilien, wie zum Beispiel Teppichen, verbesserte man später die Akustik.

«Nach den grossen Umwälzungen, die uns die Nachkriegszeit in wirtschaftlicher, politischer und sozialer Hinsicht gebracht hat, darf auf kirchlich-religiösem Gebiet die erfreuliche Tatsache registriert werden, dass eine allgemeine Wiederbelebung insbesondere der evangelisch-reformierten Landeskirche Platz ergriffen hat. Es kommt dies vor allem in vermehrter Beanspruchung der kirchlichen Einrichtungen, einer zahlreichen Beteiligung an den Gottesdiensten und weiteren Veranstaltungen dieser Art sichtbar zum Ausdruck.» Mit diesen einleitenden Worten begründete der Autor eines Neujahrsblätterartikels die äusseren Umstände, welche 1935 zum Bau eines *Kirchgemeindehauses* führten.

___ 9 Ar KG ref III B 8.2, 28. 8. 1903. ___ 10 Bläuer, Kirchgemeindehaus, S. 37–44. ___ 11 Ar KG ref III B 8.20. ___ 12 Klasshelfer waren ausgebildete Theologen, die im Sinn eines Pfarrhelfers in allen Gemeinden des Kantons amteten.

422 ___ Eine prägende Pfarrerpersönlichkeit um die Jahrhundertwende war Viktor Jahn (1865–1936). Er amtete in Brugg von 1890–1926. Jahn war sowohl in vielen sozialen Institutionen tätig als auch kulturell sehr aktiv. Er verfasste unter anderem Texte für einige in Brugg aufgeführte Schauspiele.

Durch das zunehmende Interesse an den Aktivitäten der Kirche wurde der Mangel an geeigneten Lokalitäten immer deutlicher. Das Bedürfnis nach einem Unterrichtszimmer, Probelokalitäten für Chor und Theater und einem Saal für grössere Veranstaltungen zeichnete sich klar ab. Als geeigneten Bauplatz fand man östlich an die Kirche angrenzendes Land, das von der Einwohnergemeinde übernommen werden konnte. An der Kirchgemeindeversammlung vom 5. März 1935 wurde der Bau eines Kirchgemeindehauses beschlossen und der Kredit für einen Planungswettbewerb gesprochen.[10]

Die durch das Bevölkerungswachstum bedingte Zunahme der Gläubigen und die veränderten Anforderungen an die Aufgaben des Pfarrers machten es 1957 notwendig, eine zweite und 1972 gar eine dritte Pfarrstelle einzurichten. Die Brugger Kirchgemeinde reagierte damit im Vergleich zu anderen Aargauer Gemeinden sehr spät auf die veränderten Bedürfnisse. Im Rechenschaftsbericht vom 17. März 1958 machte der Pfarrer Paul Etter auf die schwierige Situation der Kirche in einer Zeit des wirtschaftlichen Aufbruchs nach dem Krieg aufmerksam. Er meinte, dass viel von der Kirche erwartet werde: «Sie soll Volksschäden aufdecken und bekämpfen, sozial ausgleichend wirken, die Nöte und Sorgen ihrer Glieder erkennen und überwinden helfen, in allem auch in ihrer Verkündigung mehr mit der Zeit gehen und deren Errungenschaften in ihren Dienst stellen, also Kirche mit Radio, mit Film, mit Fernsehen, Seelsorge am Telefon, vor allem mehr zeitgemäss Geschäftigkeit und Betrieb schaffen.»[11]

Die Pfarrer hatten bis 1937 die Unterstützung von so genannten Klasshelfern.[12] Ihnen kam die Aufgabe zu, innerhalb des Kapitels für erkrankte oder abwesende Pfarrer einzuspringen. Diese Stelle existierte bereits seit der Reformation. Nach 1937 gab es Vikariatsstellen, die 1949 in Pfarrhelferstellen umgewandelt wurden. Stand die Tätigkeit der Pfarrer auch nicht mehr im gesellschaftlichen Mittelpunkt, so fiel es doch auf, wenn einer ihrer Exponenten, wie zum Beispiel 1995, in der Schweizer Presse für Schlagzeilen sorgte. Der sehr engagierte und ideenreiche Brugger Pfarrer Lukas Baumann, der seit 1987 im Amt war, bekannte sich zu seiner Homosexualität, was für unerwarteten Aufruhr in der Bevölkerung sorgte. Der gesellschaftliche Wertewandel, der seit den 1970er-Jahren spürbar wurde, machte auch vor den Türen der Kirche nicht Halt. Die Ausgestaltung persönlicher Lebensformen prallte mit traditionellen Moralvorstellungen und Tabus zusammen. Pfarrer Lukas Baumann blieb mit einem Teilzeitpensum bis 2000 im Amt.

> **Wohin gehört Lauffohr?**
> Die Lauffohrer Kirchgänger waren der Kirchgemeinde Rein zugeteilt.[13] Eine Zuteilung der Kirchgenossen von Lauffohr nach Brugg wäre bei der politischen Vereinigung von Lauffohr mit Brugg 1970 die konsequente Folge gewesen. Doch das Ergebnis einer Umfrage, die zwischen dem 24. und dem 29. Oktober 1970 unter der Bevölkerung gemacht wurde, zeigte ein anderes Bild. Unterschiedlich gefärbte Stimmzettel für die beiden Dorfteile «Alter Dorfteil» und «Au» liessen das Abstimmungsergebnis im Detail erkennen. Der mehrheitlich reformierte «Alte Dorfkern» entschied sich trotz höheren Steuern, bei Rein zu bleiben, sodass die «Auer» überstimmt wurden. Die Stimmbeteiligung von 62 Prozent lässt auf eine gewisse Brisanz des Abstimmungsthemas schliessen. Der Brugger Kirchenpflege blieb an der Sitzung vom 18. Januar 1971 nichts mehr als festzustellen, dass Brugg ebenso wenig Rechte auf die Lauffohrer wie auf deren Kirchensteuern habe.[14]

Frauen in der reformierten Kirche

Als ab 1858 Laienabgeordnete ins Generalkapitel gewählt werden konnten, übernahmen Männer diese Aufgabe. Wie waren denn die Frauen, über ihre Tätigkeit als treue Kirchgängerinnen hinaus, als Laien wie auch als Geistliche ins kirchliche Leben integriert?

1949 legte die Synode fest, dass Frauen ebenfalls in die Kirchenpflege gewählt werden konnten.[15] Im folgenden Jahr stand in Brugg die Wahl eines neuen Kirchenpflegers an. Gewählt wurde wiederum ein Mann. Und noch an der Kirchgemeindeversammlung vom 19. Oktober 1953 empfahl die Kirchenpflege, vorläufig von der Wahl einer Frau in dieses Gremium abzusehen.[16] Als 1962 die ersten Frauen, nämlich Erna Bindschädler, Emmi Fischer-Hofer und Marie Ganz in die neunköpfige Kirchenpflege gewählt wurden, durften die Bruggerinnen für sich die erste Ausübung des Frauenstimmrechts auf kantonaler Ebene beanspruchen. Dazu verlängerte man die Amtsperiode 1958 bis 1961 ins Jahr 1962, weil das Frauenstimmrecht für kirchliche Belange am 30. April 1961 von den Wählern und am 28. November 1961 vom Grossen Rat genehmigt wurde. Auch in der Kirchgemeinde Brugg wurde das Frauenstimmrecht mit einem Glanzresultat von 693 Ja- gegenüber 165 Nein-Stimmen angenommen.[17] 1982 übernahm Sabine Boller-Hirt als erste Frau das Präsidium der Kirchenpflege.[18]

Mitte der 1950er-Jahre waren Frauen auch zum Pfarramt zugelassen. Waren es anfänglich noch wenige Pfarrerinnen, machten sie 1990 bereits 15 Prozent des evangelischen Klerus aus.[19] Mit Annelies von Gunten versah von 1972 bis 1975 die erste Theologin in Brugg ein Pfarramt. Nicht unerwähnt bleiben soll, dass sich damals die Suche nach einem neuen Pfarrer bereits nicht mehr so einfach gestaltete und man nach mehreren Absagen um Annelies von Guntens Zusage froh war.[20]

Auf Gemeindeebene waren die Frauenabende rege besucht. Bei Handarbeiten, die vor allem bei der Weihnachtsbescherung an Bedürftige Verwendung fanden, hörten die Anwesenden eine besinnliche Lektüre. Auch anderweitig waren Frauen in der Kirche aktiv und organisierten am 8. März 1957 in der Brugger Kirche erstmals den Weltgebetstag der Frauen.

___ 13 Vgl. dazu: Baumann, Rein und Rüfenach, S. 105ff. ___ 14 Ar KG ref III H 18.1. ___ 15 150 Jahre Kanton Aargau, S. 269. ___ 16 Ar KG ref III C 10.1 A. ___ 17 Ar KG ref III B 8.20. ___ 18 Ar KG ref F 16.2, Wahlprotokolle. ___ 19 Vischer/Schenker/Dellsperger, Ökumenische Kirchengeschichte, S. 309. ___ 20 Ar KG ref III B 8.9, Prot Kirchenpflege, 9. 12. 1972.

423 ▬ Der Chrischona-Chor mit Prediger Zubler im Jahr 1938. Die Chrischona-Gemeinde Brugg wurde am 3. Mai 1903 von 45 Frauen und Männern gegründet. Die Mitglieder suchten eine neue geistige Heimat. Sie fanden sich in der durch den liberalen Protestantismus geprägten religiösen Welt nicht zurecht.

Evangelische Allianz

Als Reaktion auf den zunehmenden theologischen Liberalismus, eines Liberalismus, der sich gegen alle Dogmen wandte und auch die Bibelauslegung freier zu gestalten gedachte, entstanden ab den 1840er-Jahren als Reaktion verschiedene evangelische Freikirchen. Bereits Mitte des 19. Jahrhunderts schlossen sich diese verschiedenen evangelischen Gemeinschaften zur evangelischen Allianz zusammen, um der immer stärker einsetzenden Zersplitterung der evangelischen Christenheit entgegenzuwirken. Zu dieser Allianz zählten in Brugg neben der evangelischen Landeskirche die Chrischona-Gemeinde, die Evangelisch-methodistische Gemeinde, die Freie evangelische Gemeinde, die Heilsarmee und die Pfingstgemeinde. Gemeinsam wurden die so genannten «Allianzwochen» gefeiert.

Die Grüninger-Bibel

1986 gelang es den beiden Brugger Kirchgemeinden zusammen mit der Stadt, ein Exemplar der so genannten Grüninger-Bibel anzukaufen. Diese Bibel wurde in einer kleinen Auflage 1485 von Johannes Grüninger in Strassburg gedruckt. Sie war die zehnte vorlutherische deutsche Bibel. Alle früheren Bibeln waren in grossen Formaten gedruckt, nicht so die Grüninger-Bibel, sie entstand in einem Handformat. Durch ihre Handlichkeit hatte sie über längere Zeit Vorbildcharakter für den Druck von Familien- und Hausbibeln. Das 1986 angekaufte Exemplar befand sich von 1642 bis 1837/38 im Besitz der Stadtbibliothek Brugg. Ein Prägestempel und ein Eintrag in der Bibel verweisen auf diesen ehemaligen Besitz.

424 —— Die Abbildung aus der Grüninger-Bibel zeigt den Anfang des Johannes-Evangeliums. Links ist eine Darstellung der Dreifaltigkeit, rechts der Evangelist Johannes zu sehen.

—— 21 Vgl. auch Tabelle am Ende des Kapitels. —— 22 Baumann, Windisch, S. 692ff. —— 23 PfA Brugg, Sitzungsprotokoll der bischöflichen Kommission für Errichtung einer Missionsstation Brugg, 1. Sitzung, Gebenstorf, 7. 3. 1898, S. 1. Zu Mitgliedern dieser Kommission wurden der Dekan des Kapitels Regensberg oder dessen Vertreter Kammerer Schürmann (Pfarrer in Kirchdorf), Dekan Pabst (Pfarrer in Hornussen), Pfarrer Müller von Birmenstorf, Pfarrer Eugen Heer von Lenzburg und Curat Gerold Oeschger von Gebenstorf ernannt.

Katholische Kirchgemeinde

Die Brugger Katholiken vor der Gründung ihrer eigenen Kirchgemeinde

Trotz der Vorherrschaft der Reformierten im Berner Aargau hielten sich einzelne Katholiken in Brugg auf. Im Lauf des 19. Jahrhunderts nahm die Zahl der Katholiken dank der verfassungsmässig gewährten Niederlassungsfreiheit stetig zu.[21] Gründe dafür waren die Industrialisierung und der Standort der Kaserne sowie der kantonalen landwirtschaftlichen Winterschule. Diese Institutionen zogen auswärtige Arbeitskräfte und Studenten an. Doch waren Regierung und katholische Kirche bereits zu Beginn des 19. Jahrhunderts bemüht, die Katholiken in der Region Brugg zu betreuen. Die Gründung einer Spitalkaplanei in der Kirche Königsfelden 1826 war ein erster Schritt in diese Richtung. Unterstellt wurden die Katholiken des Bezirks Brugg dem Pfarrer von Birmenstorf, seelsorgerisch betreut wurden sie vom Hilfspriester in Gebenstorf.

1872 bewilligte der Grosse Rat die Schaffung einer Kaplanei Gebenstorf, die vom Königsfelder Spitalkaplan betreut werden sollte. Die Gottesdienste fanden nun in Gebenstorf statt, denn die Spitaldirektion weigerte sich, weiterhin Messen in der Königsfelder Kirche zuzulassen.[22]

Gründung der katholischen Kirchgemeinde

Durch die Industrialisierung Ende des 19. Jahrhunderts nahm die Zahl der Katholiken in Brugg weiter zu. Ihre seelsorgerische Betreuung, vor allem auch der Unterricht der Kinder, war unbefriedigend. Ebenso stellte sich der lange Weg zur Gebenstorfer Kirche als Hindernis heraus. Überhaupt befanden sich die Brugger Katholiken hinsichtlich Finanz- und Stimmrechtsfragen in einer misslichen Lage. Da sie in ihrer Kirchgemeinde nicht steuerpflichtig waren, erhielten sie auch das Stimmrecht nicht. Deshalb waren sie erleichtert, als 1898 das bischöfliche Ordinariat von Basel-Lugano eine Kommission beauftragte, die Konstituierung einer *Missionsstation* in Brugg vorzubereiten.[23] Der Name «Missionsstation» hing mit der inländischen Mission zusammen, die sich an der Finanzierung mitbeteiligte. Die inländische Mission war 1863 als erstes katholisches Hilfswerk gegründet worden und machte sich die finanzielle Sicherstellung der katholischen Seelsorge in Diaspora-Gebieten zur Aufgabe.

Im Sommer 1898 beklagte sich ein Familienvater in Brugg über die grossen Schwierigkeiten, welche mit dem Besuch des Religionsunterrichts in Gebenstorf verbunden seien. Ein darauf folgendes Gesuch an den Stadtrat, das von 25 Familien und 10 Einzelpersonen unterzeichnet wurde, beantwortete der Stadtrat positiv, indem er den Katholiken ab dem 24. November die Möglichkeit zur Abhaltung von Gottesdiensten und Religionsstunden gewährte. Nun begannen sich die Katholiken zu organisieren. Ein Treffen von Maler Ursus Schmidlin, Glasmaler Richard Arthur Nüscheler, Bahnmeister Kläusler, Kaufmann Schumacher und Landwirtschaftslehrer Ed. Drack am 30. November 1898 endete mit dem Beschluss zur Gründung einer katholischen *Kirchengenossenschaft*. Sie sollte finanziell auf eine solide Basis gestellt werden. Den Bischof bat man, ein Empfehlungsschreiben für eine Beitragssammlung aufzusetzen. Am Neujahrstag 1899 fand der erste Gottesdienst im Singsaal des Bezirksschulhauses Hallwyl statt. In den gleichen Räumlichkeiten durfte auch der Religionsunterricht abgehalten werden.

Bald schon zeigte sich die Schaffung einer eigenen Pfarrstelle für die neue Brugger Missionsstation als unumgänglich. Mit der Begründung, die Brugger Katholiken stammten vornehmlich aus Arbeiterkreisen, bat die Kommission am 1. Mai 1899 die inländische Mission um finanzielle Unterstützung für die Anstellung eines Geistlichen. Bereits im

August desselben Jahres übernahm der erste Priester, Fridolin Umbricht, das katholische *Pfarramt* in Brugg. Bis zu diesem Zeitpunkt versah der Birmenstorfer Pfarrer Müller Gottesdienst und Religionsunterricht kostenlos für die Brugger Missionsstation. Die Römisch-katholische Genossenschaft erhob von den stimmberechtigten Männern eine freiwillige Kultussteuer von jährlich zwei Franken, welche die Auslagen für die Gottesdienste und die Kosten der Pfarrwohnung abdecken sollte.

Wenige Jahre nach dem Entstehen der Römisch-katholischen Genossenschaft Brugg meldeten die Windischer Katholiken ihr Interesse an einem Beitritt an. Am 22. November 1907 antwortete das Bischöfliche Ordinariat: «Dem römisch-katholischen Pfarramt in Brugg ist die Pastoration aller im Bezirk Brugg wohnenden Glaubensgenossen zugewiesen.»[24] Von Brugg aus wurden die Katholiken nun im ganzen Bezirk Brugg betreut, mit Ausnahme der Gemeinden Birrhard, Effingen, Mandach, Mönthal und Mülligen. Diese Gemeinden, von benachbarten Bezirken pastoriert, wurden aus steuerrechtlichen Gründen mit einem neuen Dekret ebenfalls dem Bezirk Brugg zugeteilt.[25]

Seelsorgekreise der römisch-katholischen Kirchgemeinde Brugg 2003
Brugg-Zentrum
Windisch mit den Gemeinden Hausen und Habsburg; Zentrum in Windisch – Einweihung der Marien-Kirche 1965.
Brugg-Nord mit den Gemeinden Remigen, Rüfenach, Riniken, Mönthal, Ober- und Unterbözberg, Stilli, Umiken und Villigen; Kirchliches Zentrum Lee in Riniken – 1978 von der reformierten Kirchgemeinde Umiken errichtet, Katholiken eingemietet.
Brugg-West mit den Gemeinden Auenstein, Oberflachs, Schinznach-Bad, Schinznach-Dorf, Thalheim, Veltheim und Villnachern; Kirchliches Zentrum in Schinznach-Dorf.
Birrfeld mit den Gemeinden Birr, Birrhard, Mülligen, Lupfig und Scherz; Einweihung der Paulus-Kirche Birrfeld in Lupfig 1966.

Missionsstation, Baugenossenschaft, Kirchenverein oder Kirchgemeinde?

Verwirrend viele Namen ranken sich um die katholische Kirchgemeinde. Als von bischöflicher Seite die Gründung einer katholischen Gemeinde in Brugg in Betracht gezogen wurde, sprach man von einer «Missionsstation». Bereits 1900 an der ersten Generalversammlung nach dem Zusammenschluss einigte man sich auf den Namen «Römisch-katholische Genossenschaft Brugg», später entwickelte sich daraus die «Römisch-katholische Kirchgemeinde».

Als der Bau einer eigenen Kirche anstand, wollte der Bischof diese Angelegenheit nicht allein der Genossenschaft überlassen. Aus diesem Grunde bestellte er eine Kommission, den nachmaligen Römisch-katholischen Kirchenverein Brugg. Dieses auserwählte kleine Gremium erhielt grosses Gewicht und trat als Landkäufer und Bauherr auf.

—— 24 PfA Brugg, Ordner 4/7. —— 25 PfA Brugg, Dekret Nr. 1275, 19. 6. 1937, Der Regierungsrat des Kantons Aargau an den Grossen Rat, Akte 4/1 im Ordner 4. —— 26 Ebenda. —— 27 PfA Brugg, Anonymes Schreiben in den Akten (4/3 Ordner 4). Das Schreiben trägt den Titel «Gedanken zur Kirchgemeindeversammlung» und scheint im Zusammenhang mit der Gründung einer katholischen Kirchgemeinde in Windisch entstanden zu sein. Mit Bleistift steht geschrieben «Feb. 1956». —— 28 Vgl. auch Baumann, Windisch, S. 689ff. —— 29 Adolf Gaudy war ein Vertreter des Späthistorismus und wandte sich später dem Neuen Bauen zu. Gaudy ist für seine vielen katholischen Kirchenbauten bekannt. Brugg war einer der Ersten. HLS Artikel Gaudy.

Somit befanden sich Land, Gebäude und Kultgeräte im Besitz des Kirchenvereins; die Genossenschaft fungierte bloss als Mieterin. Bereits vor dem Kirchenbau kam ein Unbehagen auf, wie der Vorstoss eines Genossenschaftsmitglieds an der Vorstandssitzung vom 17. November 1904 zeigt; dieser verlangte Aufschluss über das rechtliche Verhältnis zwischen Römisch-katholischem Kirchenverein und Römisch-katholischer Genossenschaft. Da sich der Kirchenverein auf das kanonische Recht berief, gelang es ihm, die Bestimmungen des demokratischen Staates zu umgehen.

Man möchte meinen, dass die Entwicklungen zwischen 1935 und 1937 eine Bereinigung der Situation hätten herbeiführen müssen. Denn an der Vorstandssitzung vom 13. November 1935 berichtete Pfarrer Binder, dass die inländische Mission ihren Beitrag künftig um 2000 Franken kürzen werde. Dies veranlasste die Brugger Katholiken, eine Motion von 1931 wieder aufleben zu lassen, in welcher die bisherige Genossenschaft in eine Kirchgemeinde umgewandelt werden sollte. Mit einem grossrätlichen Beschluss vom 20. Dezember 1937 wurde die neu gegründete *Römisch-katholische Kirchgemeinde Brugg* auf eine solide finanzielle Basis gestellt. Sie war nun eine öffentlich-rechtliche Körperschaft und hatte das Recht, Steuern zu erheben. Die bis anhin einzig privatrechtlich erhobenen Ansprüche der Genossenschaft ergaben einen ungefähren Steuereingang von 16 000 Franken, was durch die öffentlich-rechtliche Stellung auf 21 500 Franken korrigiert werden konnte.[26]

Mit der Begründung, einer interessierten Minderheit in einer wichtigen Angelegenheit nicht die Stimm-Mehrheit überlassen zu wollen, blieb der Kirchenverein allerdings weiterhin bestehen.[27] Damit überdauerte ein indirektes Kontrollorgan des bischöflichen Ordinariates. Erst die beiden erforderlichen Renovationen in den Jahren 1951 und 1977 brachten für die Katholiken das Fass zum Überlaufen. Die finanzierende Mehrzahl wollte sich die Entscheide des kleinen Gremiums «Kirchenverein» nicht mehr gefallen lassen. Endlich übertrug der Kirchenverein der Kirchgemeinde 1977 via Schenkungsvertrag das Eigentum über Grundstück und Gebäude.[28]

Die Bauten der katholischen Kirchgemeinde in Brugg

Mit der Gründung der Römisch-katholischen Genossenschaft 1899 stellte sich die Frage nach einem eigenen Gotteshaus. Erneut versuchte man die Königsfelder Kirche dafür in Anspruch zu nehmen, doch der Regierungsrat gab die Einwilligung nicht. Dieser Entscheid zwang den Bischof, eine Kommission zur Planung eines katholischen Kirchenbaues einzusetzen.

Ein an die Stadt gerichtetes Gesuch der katholischen Kirchgenossenschaft um finanzielle Unterstützung des *Kirchenbaus* erhielt 1904 positive Antwort. Mit der Begründung, dass den Bedürfnissen der zunehmend steigenden Zahl von Katholiken in der Region Brugg Rechnung getragen werden müsse, wurde ein Betrag von 2000 Franken gesprochen. Zusätzliche Unterstützung für den anstehenden Kirchenbau erhielten die Brugger Katholiken durch die inländische Mission.

Der Bau wurde 1907 nach zweijähriger Bauzeit nach den Plänen des Architekten Adolf Gaudy (1872–1956)[29] aus Rorschach vollendet. In Anlehnung an die vorreformatorische Zeit weihte man die im neobarocken Stil erbaute Kirche dem heiligen Nikolaus. Sie bietet 480 Gläubigen Platz. Am Ostersonntag, dem 1. April 1907, fand die feierliche Weihe durch den Bischof von Basel, Dr. Jakobus Stammler, statt.

1925, nach 25-jährigem Bestehen der Pfarrei, stellte Pfarrer Gottfried Binder befriedigt fest, dass das Gotteshaus, das ursprünglich zu gross geplant schien, doch bald nicht

425 —— Die katholische Kirche 1952.

mehr alle Gläubigen aufnehmen könne und dass die Einführung eines dritten Gottesdienstes ins Auge gefasst werden müsse. Gleichzeitig zum 25-Jahr-Jubiläum wartete die Kirchgemeinde mit der Einweihung eines *Pfarrei- und Vereinshauses* bei der katholischen Kirche auf. Als Architekten hatte man den Badener Arthur Betschon verpflichtet. Pfarr- und Vereinshaus bilden nun zusammen mit der Kirche eine gelungene Einheit.

Aus dem Leben in einer Diaspora-Gemeinde

Pfarrer Gottfried Binder schrieb im Jahresbericht 1913 nicht ohne Stolz, es gebe bei den Katholiken bereits mehr Taufen zu verzeichnen, als dies bei den Reformierten der Fall sei. Nicht nur solche Bemerkungen lassen den Eindruck eines richtig währenden Kampfes um die Zahl der Gläubigen aufkommen. Mit dem Wort «Kampf» ist auch das Vokabular der Jahresberichte treffend umschrieben. Immer wieder wurden vor allem die Männer der Kirchgemeinde zu einem aktiven kirchlichen Leben aufgefordert. Noch 1919 bemerkte der Pfarrer: «Religiöse Männer sind die Blüte einer Pfarrei und besonders in unsern Zeiten ein Schauspiel für Engel und Menschen, wie St. Paulus sagt. Es sollen darum die Männer durch ihr mutiges und unerschrockenes Beispiel dazu beitragen, dass unsere Pfarrei nach aussen imponiere und nach innen solid dastehe. Dann dürfen wir getrost der Zukunft entgegensehen.»[30] Die katholische Kirchgemeinde musste sich ihre Stellung im Diaspora-Gebiet erkämpfen, sei es im kirchlichen Alltag ihrer Mitglieder, sei es später im politischen Leben. Der Abschiedsbericht von Pfarrer Johann Edwin Dubler 1921 enthält einige aufschlussreiche Bemerkungen betreffend Diaspora-Gebiet: «Unsere Genossenschaft nimmt

—— 30 PfA Brugg, Jahresbericht 1919, Pfarrer Dubler. —— 31 PfA Brugg, Jahresbericht 1920, Pfarrer Dubler. —— 32 Als erstes CVP-Mitglied wurde 1985 Werner Umbricht in den Stadtrat gewählt.

in Brugg eine achtunggebietende Stellung ein und wir haben Leute bei uns, die sich zeigen dürfen und den Beweis leisten, dass wir Katholiken auf allen Gebieten so leistungsfähig sind wie unsere Gegner.» Diese Passage lässt keine Zweifel über die stetigen Bemühungen der Katholiken, ihre Gemeinde zu vergrössern und zu stärken, und hinterlässt zudem den Eindruck von Diskriminierung. Dies bestärkt ein weiterer Ausschnitt: «Wir leben gegenwärtig in der Zeit, wo sich die Geister scheiden und die beiden Weltanschauungen des Glaubens und Unglaubens immer mehr mit einander im Kampf geraten. Das merkt man besonders in der Diasporaseelsorge. So viele, die im Glauben gleichgültig und indifferent sind und an katholischen Orten noch so mit dem grossen Haufen mitmachen würden, die werden bei uns einfach nach links getrieben.»[31] Unterstützt wurde die Gemeinde von der inländischen Mission, die ihr die Pfarrstelle finanzierte. Brugg trat als selbständige Pfarrei mit eigenem Pfarrer und eigener Pfarrkirche auf.

Akribisch führte man über den Kirchenbesuch und den Religionsunterricht, aber auch über die Teilnahme an kirchlichen Veranstaltungen Buch. So wurde an der Kirchgemeindeversammlung vom 20. März 1904 beispielsweise von 80 teilnehmenden katholischen Familien mit katholischer Kindererziehung gesprochen. Der Religionsunterricht soll ebenfalls von 80 Kindern besucht worden sein. Als Beispiel für rege besuchte Veranstaltungen der Kirchgemeinde wurde die Weihnachtsfeier mit der Beteiligung von 400 Personen erwähnt, was einem Anteil von ungefähr 80 Prozent der Brugger Katholiken entsprach.

In einer Diaspora-Gemeinde kommt *Vereinen* eine noch grössere Bedeutung zu, weil sie gemeinschaftsbildend wirken können. In Brugg schlossen sich Kirchgemeindemitglieder zum Kirchenchor, Mütterverein, zur Marianischen Jungfrauen-Kongregation, zum Jünglingsverein und zum Männerverein zusammen. Einer der Vereine, der auch heute noch Bestand hat, ist der als Christlicher Mütterverein Brugg 1907 gegründete katholische Frauenverein. Im Gründungsjahr stellten sich die Frauen die Aufgabe der christlichen Erziehung der Kinder und legten den Einsatz für karitative Zwecke als weitere Zielsetzung fest.

> **Von der Marianischen Jungfrauen-Kongregation zum Blauring und vom Jünglingsverein zur Jungwacht**
> In der Marianischen Jungfrauen-Kongregation schlossen sich junge Mädchen zu einer Gemeinschaft zusammen, im Jünglingsverein, auch Jungmannschaft genannt, trafen sich junge Männer. Nach dem Ersten Weltkrieg entstand bei beiden Vereinigungen der Wunsch, eine Kinderstufe einzurichten. Daraus hervor gingen der Blauring und die Jungwacht. Diese beiden Organisationen hatten bis vor einigen Jahren Bestand.

Verständlicherweise war das Gefühl der Zusammengehörigkeit in der katholischen Kirchgemeinde Brugg noch bis weit ins 20. Jahrhundert hinein sehr stark. In vielen Dingen hatten die Katholiken einen Kampf auszufechten. Sie mussten nicht nur darum kämpfen, dass ihre Kinder an katholischen Feiertagen schulfrei hatten, sie erhoben bei zunehmendem Wachstum ihrer Gemeinde auch Anspruch auf politische Ämter,[32] wobei manch ein Mitglied der katholischen Kirchgemeinde bis weit über die Jahrhundertmitte hinaus Diskriminierungen ausgesetzt war.

Mit der Zunahme der katholischen Bevölkerung hielt ein weiterer Aspekt des katholischen Lebens in Brugg Einzug: die Fasnacht. Der Brauch, der zuerst nur als Pfarreifasnacht im «Roten Haus» gefeiert wurde, entwickelte sich ab 1947 dank der Initiative des Fussballclubs Brugg zu einem Fest für alle Brugger.

426 — Die Mitternachtsmesse Weihnachten 1972 in der katholischen Kirche.

Ökumene

Die Ankündigung eines ökumenischen Konzils im Jahr 1959 durch Papst Johannes XXIII. weckte grosse Hoffnungen in Richtung Ökumene und forderte den Dialog der verschiedenen christlichen Konfessionen. Auf Bundesebene ernannten die Römisch-katholische Bischofskonferenz und der Schweizerische Evangelische Kirchenbund 1966 eine gemischte Kommission. Sie hatte sich mit strittigen Fragen, wie Mischehen und gegenseitige Anerkennung der Taufe, auseinander zu setzen.

In Brugg lebte man die Ökumene bereits früher. Im Generalbericht von 1950 bis 1959 der Reformierten Kirchgemeinde kann man nachlesen, dass die beiden Kirchen in gutem Einvernehmen lebten. Gemeinsame Aktivitäten, wie zum Beispiel Konzerte beider Kirchenchöre oder Diskussionen des reformierten Männerkreises mit der katholischen Männerrunde, belebten dieses Zusammenwirken. Offiziell kam es 1968 zur ersten gemeinsamen Sitzung der römisch-katholischen mit der reformierten Kirchenpflege. Auch die katholischen Priester und reformierten Pfarrer der Umgebung begannen sich zu treffen. Für das Jahr 1971 ist im Jahresbericht der reformierten Kirche nachzulesen, dass ökumenische Bestrebungen im Gange seien. Während der Renovation der katholischen Kirche in den 1970er-Jahren genossen die Katholiken gar Gastrecht in der reformierten Kirche.

— 33 Banholzer. Weihnachtsbaum. — 34 Altermatt, Katholizismus und Moderne, S. 63.
— 35 Vischer/Schenker/Dellsperger, Ökumenische Kirchengeschichte, S. 307.

427 — Brugg im 20. Jahrhundert – katholische und reformierte Kirche vom Bruggerberg aus gesehen.

> **Städtischer Weihnachtsbaum**
> Die seit 1875 lebendige Tradition des «Städtischen Weihnachtsbaumes» stellt eine eindrückliche Verbindung von politischer und kirchlicher Gemeinde dar und legt zudem Zeugnis ab von der gelebten Ökumene. Am 24. Dezember findet jeweils in der reformierten Kirche in Brugg eine Weihnachtsfeier statt, bei der sozial benachteiligte Kinder beschenkt werden. Diese Veranstaltung wird heute als interkonfessioneller Anlass ausgetragen.[33]

Kirche und Säkularisierung

Ein wichtiges Thema für die Kirchen war im 19. und speziell im 20. Jahrhundert der Schwund ihrer Mitglieder. Bereits im 19. Jahrhundert spekulierten Philosophen über ein Ende der Religion.[34] Eine Verlagerung der religiösen Praktiken vom öffentlichen in den privaten Bereich ist im Lauf des 20. Jahrhunderts kaum von der Hand zu weisen. Doch mag gerade in diesem Zusammenhang das Abstimmungsergebnis der Volksinitiative zur Trennung von Kirche und Staat im Jahr 1980 erstaunen; mit einem deutlichen Nein stellten sich Stimmbürgerinnen und Stimmbürger hinter die kirchlichen Institutionen.[35] Demgegenüber sprechen Statistiken, die eine klare Einbusse der Verbundenheit zur christlichen Kirche feststellen, eine andere Sprache.[36] Viele Menschen fühlen sich zwar dem christlichen Glauben verbunden, nicht aber der Institution Kirche. Freikirchen hingegen haben einen grösseren Zulauf. Obwohl sich das Thema Kirchenaustritt erst Mitte des 20. Jahrhunderts zu einem brisanten Thema entwickelte, entwarf die kantonale evangelische Synode bereits 1880 ein Szenario zum «Verhalten gegenüber Austretenden». Denn das Problem tauchte bei der reformierten Kirche in Brugg bereits sehr früh auf und kontrastierte bis über die Mitte des 20. Jahrhunderts hinaus mit der engagierten Haltung vieler Katholiken in der Brugger Diaspora-Gemeinde. Am 24. Februar 1901 behandelte die reformierte Kirchenpflege in dieser Angelegenheit folgendes Traktandum: «Die Herren Ernst Samuel Geiger und Albert Frölich, Architekt beide in Paris, welche als Söhne hiesiger Familien die hiesigen Schulen besucht haben und auf Ostern 1892 konfirmiert wurden, verlangen mittels Zuschrift an die Kirchenpflege den Austritt aus der Landeskirche.» Der Austritt wurde den beiden prominenten Bruggern gewährt.[37]

In diesem Prozess der Säkularisierung stellten sich den Kirchen neue Probleme. So wurde diskutiert, wie man mit der kirchlichen Bestattung von aus der Kirche ausgetretenen Personen umgehen sollte. Auch entschuldigte sich ein auswärtiger Pfarrer für eine Taufe, die er bei Bruggern durchgeführt hatte, die aus der Kirche ausgetreten waren. Zunehmend schwand die Rekrutierungsmöglichkeit von Priestern und Pfarrern wie auch von Freiwilligen für ein Amt in der Kirchenpflege. Dabei kam es verständlicherweise zu häufigeren Stellenwechseln der Ersteren. Im 19. und zu Beginn des 20. Jahrhunderts amteten Pfarrer oft 20 oder mehr Jahre am gleichen Ort, man denke zum Beispiel an die reformierten Pfarrer Viktor Jahn und Paul Etter. Dies änderte sich gegen Ende des 20. Jahrhunderts.

Alle Kirchen sind heute gefordert, nach neuen Lösungen zu suchen. Die bereits vorgenommenen Verlagerungen der kirchlichen Tätigkeit auf Seelsorge und Altersarbeit allein genügen nicht, um den Mitgliederschwund der Kirchen aufzuhalten. Die religiösen Bedürfnisse der Menschen sind weiterhin klar vorhanden. Auf diesen Sachverhalt machte ein Brugger Pfarrer bereits 1991 in einem «Brugger Tagblatt»-Artikel aufmerksam, als er die kritische Frage aufwarf, «…ob die Kirche bloss noch das Dessert für die satte Arbeitswelt liefere.»[38]

Konfessionelle Gliederung der Stadt Brugg 1860–2000[39]

Jahr	Einwohnerzahl	Reformierte	Katholiken	Christkatholiken	Israeliten	Andere
1860	1157	1077	79	–	1	–
1870	1338	1219	117	–	2	–
1880	1435	1298	133	–	3	1
1888	1583	1401	166	–	11	5
1900	2931	2418	497	–	12	4
1910	4038	3245	764	–	20	9
1920	4860	3797	1016	–	16	31
1930	5019	3800	1171	–	7	41
1941	5315	4054	1213	15	10	23
1950	6104	4438	1616	10	7	33

___ 36 HLS, Artikel Säkularisierung. ___ 37 Ar KG ref III B 8.2. ___ 38 BgT, 19. 9. 1991. ___ 39 Statistisches Amt des Kantons Aargau, Volkszählungen.

Jahr	Einwohnerzahl	Reformierte	Katholiken	Christkatholiken	Israeliten	Andere
1960	7357	4738	2547	22	4	46
1970	8635	4989	3351	14	8	273
1980	8911	4686	3491	7	6	721
1990	9482	4433	3565	9	5	1470
2000	9143	3723	3054	13	9	2344

Anhang

428 — Situationsplan 1848.

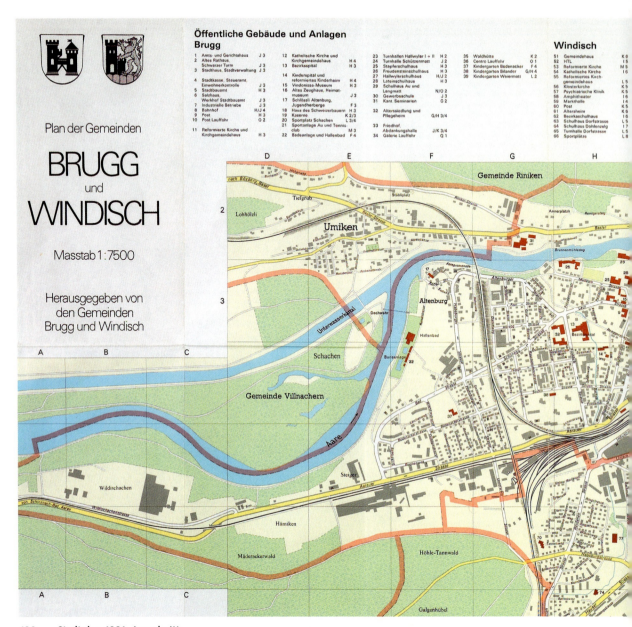

429 — Stadtplan 1981, Ausschnitt.

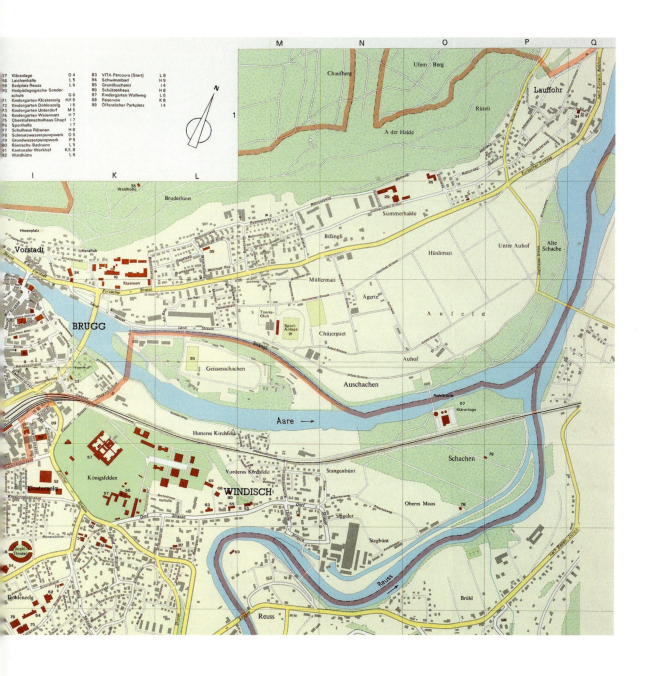

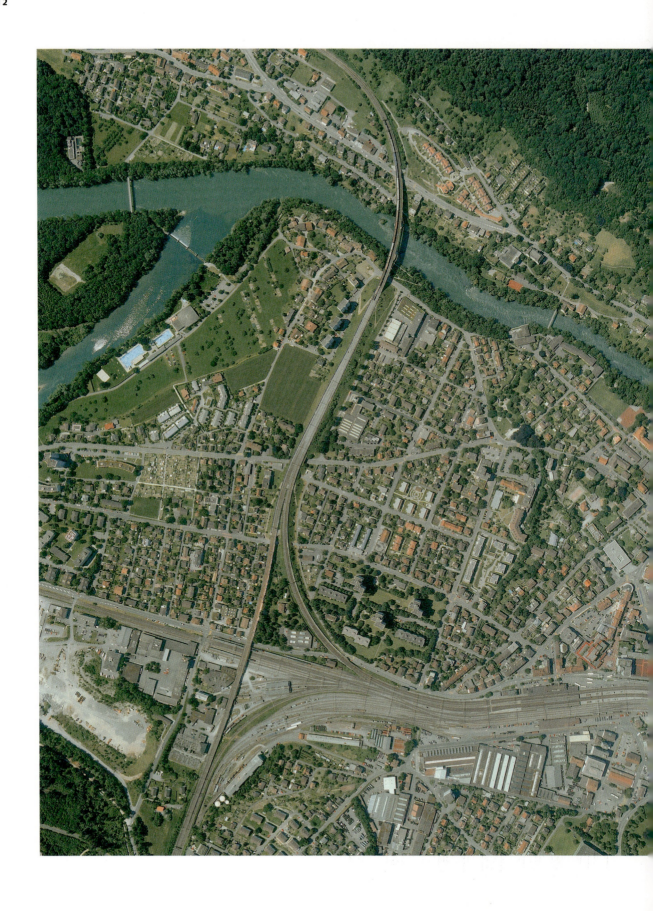

430 — Luftaufnahme 2002.

Abkürzungen

Ar	Archiv (gefolgt von Name der Organisation, Körperschaft)
Ar KG ref	Archiv der reformierten Kirchgemeinde Brugg
BAR	Schweizerisches Bundesarchiv, Bern
BgNbl	Brugger Neujahrsblätter
BgT	Brugger Tagblatt
EG	Einwohnergemeinde
EGV	Einwohnergemeindeversammlung
ER	Einwohnerrat
Fasz.	Faszikel
GA	Gemeindearchiv (gefolgt von Gemeindename)
GB	Geschäftsbericht
GR	Gemeinderat (Stadtrat)
GV	Gemeindeversammlung (sofern nicht in EGV und OGV unterschieden wird)
Hg.	Herausgeber
HLS	Historisches Lexikon der Schweiz. Basel 2002ff. (www.dhs.ch)
IBB	Industrielle Betriebe Brugg
JbGPV	Jahresbericht der Gesellschaft Pro Vindonissa
Kdm	Die Kunstdenkmäler des Kantons Aargau (gefolgt vom Ortsnamen; siehe Literaturverzeichnis unter Maurer)
OG	Ortsbürgergemeinde
OGV	Ortsbürgergemeindeversammlung
PfA	Pfarrarchiv (röm.-kath.)
Prot	Protokoll
ProtChorg.	Protokoll des Chorgerichts
RBE	Rechenschaftsberichte des Gemeinderats (Einwohnergemeinde)
RBO	Rechenschaftsberichte für die Ortsbürgergemeinde
RQ	Sammlung Schweizerischer Rechtsquellen (RQ Brugg siehe unter gedruckte Quellen: Merz)
RRB	Regierungsratsbeschlüsse (= Protokolle des Kleinen Rats bzw. des Regierungsrats)
RRR	Rechenschaftsberichte des Regierungsrats
StAAG	Staatsarchiv Aargau
StABE	Staatsarchiv Bern
StABg	Stadtarchiv Brugg
UB Brugg	Boner, Urkunden des Stadtarchivs Brugg (siehe unter gedruckte Quellen)

Ungedruckte Quellen

Benützt wurden die im Abkürzungsverzeichnis genannten Archive, namentlich das Stadtarchiv Brugg sowie die Staatsarchive Aargau und Bern. Die Quellen sind im Detail in den Fussnoten genannt. Nachfolgend sind nur die wiederholt unter Kurztitel zitierten ungedruckten Quellen verzeichnet.

Feer, Jakob Emanuel: Jugenderinnerungen. StABg M 9.8 (Abschrift).

Fröhlich, Emanuel: Erinnerungen 1815, 1818, 1821–1828. StABg M 5.1–7, M 6.1–3.

Fröhlich, Emanuel: Beiträge zur Beschreibung der Geschichte und des Zustandes der Stadt Brugg vor und bis 1798 (mit Zusätzen von unbekannter Hand). Kopie bei Max Baumann, Stilli.

Fröhlich, Emanuel: Erinnerung an die Revolution im Jahr 1798 und ihre Gestaltung in Brugg, geschrieben im November 1819. Original in Privatbesitz. Kopie bei Max Baumann, Stilli.

Fröhlich, Emanuel: Erinnerungen an die Übergangs-Periode der Verfassung vor 1798 zu der von 1798. Original in Privatbesitz. Kopie bei Max Baumann, Stilli.

Fröhlich, Emanuel: Erinnerungen aus meinem Leben und meiner Zeit, 1832 angefangen. Vermutlich Aufzeichnungen von Melchior Schuler gemäss Bericht Fröhlichs. Kantonsbibliothek, Aarau, MS. BN 31q, Fasz. 2.

Fröhlich, Emanuel: Rückblick auf den religiösen und sittlichen Zustand im Kanton Bern seit der Reformation, verfasst im Juli 1846. Original in Privatbesitz. Kopie bei Max Baumann, Stilli.

Fröhlich, Emanuel: Rückblicke auf mein Leben, verfasst 1844. StABg M 6.9.

Fröhlich, Emanuel: Tagebücher. Original in Privatbesitz. Kopie bei Max Baumann, Stilli.

Gedruckte Quellen

150 Jahre Kanton Aargau im Lichte der Zahlen 1803–1953. Aarau 1954.

Adressbuch 1911 für Brugg (Schweiz), Stadt und Bezirk. Hg. Th. Thommen-Montavon. Brugg [1911].

Ammann, Hektor (Hg.): Aargauische Zollordnungen vom 13. bis 18. Jahrhundert. In: Argovia 45 (1933), S. 1–106.

Ammann, Hektor: Bürgerbuch der Stadt Brugg 1446–1550. In: Argovia 58 (1946), S. 404–419.
Bodmer, Samuel: Plan undt Grundtriss von dem gantzen Ambt Königsfelden, 1705. Faksimile in: Engelberts, Derck C. E. (Hg.): Die Schauenburg-Sammlung der Eidgenössischen Militärbibliothek und des Historischen Dienstes. Hauterive 1989, Nr. 9.
Boner, Georg: Die Jahrzeitbücher der Pfarrkirche St. Niklaus in Brugg und der Marienkaplanei daselbst. In: Argovia 48 (1936), S. 49–83.
Boner, Georg (Hg.): Die Urkunden des Stadtarchivs Brugg. Aarau 1937 (Aargauer Urkunden, Bd. VII).
Heuberger, Samuel: Habsburgische Urkunden im Stadtarchiv Brugg. SA aus Anzeiger für Schweizerische Geschichte 1915, Heft 2.
Hintermeister, D.: Adressbuch des Kantons Aargau, Weinfelden 1864.
Maag, Rudolf; Schweizer, Paul; Glättli, Walter (Hg.): Das habsburgische Urbar. Basel 1894–1904 (Quellen zur Schweizer Geschichte, Bde. 14, 15/1 und 15/2).
Merz, Walther: Das Stadtrecht von Brugg. Aarau 1899 (Sammlung Schweizerischer Rechtsquellen, Die Rechtsquellen des Kantons Aargau, 1. Teil, Bd. II).
Merz, Walther: Die Oberämter Königsfelden, Biberstein und Kasteln. Aarau 1926 (Sammlung Schweizerischer Rechtsquellen, Die Rechtsquellen des Kantons Aargau, 2. Teil, Bd. II).
Merz, Walther: Das Oberamt Schenkenberg. Aarau 1927 (Sammlung Schweizerischer Rechtsquellen, Die Rechtsquellen des Kantons Aargau, 2. Teil, Bd. III).
Michaelis, Ernst Heinrich: Trigonometrisch-topographische Karte des eidgenössischen Kantons Aargau, im Auftrage der Staatsbehörden in den Jahren 1837–1843 aufgenommen. Faksimile: Murten 1991.
Regesta Habsburgica. Regesten der Grafen von Habsburg und der Herzoge von Österreich aus dem Hause Habsburg, I. Abteilung (bis 1281), bearbeitet von Harold Steinacker. Innsbruck 1905.
Rennefahrt, Hermann: Das Stadtrecht von Bern, Wirtschaftsrecht. Aarau 1966 (Sammlung Schweizerischer Rechtsquellen, 2. Abt., Bd. 8).
Schweizerische Fabrikstatistik nach den Erhebungen des eidgenössischen Fabrikinspektorats vom 5. 6. 1911. Bümpliz 1912.
Thommen, Rudolf (Hg.): Urkunden zur Schweizer Geschichte aus österreichischen Archiven. Bde. I–V. Basel 1899–1935.
Tscharner, Niklaus Emanuel: Physisch-ökonomische Beschreibung des Amts Schenkenberg. Bern 1771.

Zeitungen
Aargauischer Hausfreund
Brugger Tagblatt
General-Anzeiger
Regional

Literatur
50 Jahre FC Brugg, Festschrift 1914–1964. Ohne Ort 1964.
50 Jahre Schweizerischer Bauernverband, 1897–1947. Brugg 1947.
75 Jahre Suhner 1914–1989. Unternehmens- und Unternehmergeschichte über vier Generationen im Wandel der Zeit mit Rückschlägen und Neuanfängen. Brugg [1989].
150 Jahre Waffenplatz Brugg 1847–1997. Ohne Ort 1997.
Adolf Stäbli 1842–1901. Ein Schweizer Landschaftsmaler in München. Ausstellungskatalog. Aarau, Stuttgart 1984.
Altermatt, Urs: Katholizismus und Moderne. Zur Sozial- und Mentalitätsgeschichte der Schweizer Katholiken im 19. und 20. Jahrhundert. 2. Aufl. Zürich 1991.
Ammann, Gerhard; Meier, Bruno: Landschaft in Menschenhand. 150 Jahre Michaeliskarten – Kulturlandschaft Aargau im Wandel. Aarau 1999.
Ammann, Hektor: Bürgerbuch der Stadt Brugg 1446–1550. In: Argovia 58 (1946), S. 404–419.
Ammann, Hektor; Senti, Anton: Die Bezirke Brugg, Rheinfelden, Laufenburg und Zurzach. Heimatgeschichte und Wirtschaft. Zollikon-Zürich 1948.
Ammann, Hektor: Wirtschaft und Lebensraum einer aargauischen Kleinstadt im Mittelalter. In: BgNbl 58 (1948), S. 19–52.
Ammann, Hektor: Das schweizerische Städtewesen des Mittelalters in seiner wirtschaftlichen und sozialen Ausprägung. Brüssel 1956.

Amsler, [Karl]: Mitteilungen über Küch und Tisch unserer Vorfahren. In: BgNbl 13 (1902), S. 13–20.
Anner, Emil: Lorenz Froelich. In: BgNbl 19 (1908), S. 1–4.
Banholzer, Max: Zwei Brugger Goldschmiede aus dem 17. Jahrhundert. In: BgNbl 68 (1958), S. 27–29.
Banholzer, Max: Vom Brugger Gewerbe im Mittelalter. In: [Zeitschrift] Pro 1958–1961.
Banholzer, Max: Hemmann Haberer von Brugg. In: BgNbl 70 (1960), S. 27–36.
Banholzer, Max: Von Gassen und Häusern im alten Brugg. In: [Zeitschrift] Pro, 1. 11. 1961 und 1. 6. 1962.
Banholzer, Max: Geschichte der Stadt Brugg im 15. und 16. Jahrhundert. Gestalt und Wandlung einer schweizerischen Kleinstadt. Aarau 1961. [Auch als Argovia 73 (1961)]
Banholzer, Max: Der Brugger Schmidwald. In: BgNbl 86 (1976), S. 5–15.
Banholzer, Max: Das Trauer- und Klaglied über den Schiffbruch bei Brugg 1626. In: BgNbl 87 (1977), S. 17–23.
Banholzer, Max: So entstanden Namen und Begriffe. Wie Plätze, Strassen, Gassen zu ihren Namen kamen. In: BgT 19. 1. 1983 bis 19. 11. 1984.
Banholzer, Max: Vom Ursprung des Brugger Rutenzuges. In: BgNbl 94 (1984), S. 39–43.
Banholzer, Max: Aus der Geschichte des Hotels «Rotes Haus» in Brugg. In: BgNbl 94 (1984), S. 159–170.
Banholzer, Max; Bieger, Paul: Alt Brugg. Brugg 1984.
Banholzer, Max u. a.: 100 Jahre Industrielle Betriebe der Stadt Brugg. Brugg 1992.
Banholzer, Max: Die Brugger Mordnacht vom 30. Juli 1444. In: BgNbl 105 (1995), S. 29–50.
Banholzer, Max: Die Brugger Hafnerfamilie Pfau und ihre Kachelöfen. In: Aargauer Zeitung 13. 4. 1995ff.
Banholzer, Max: Der Städtische Weihnachtsbaum. Notizen zur Geschichte einer sozialen Institution in Brugg, 1996.
Banholzer, Max: Die Maschinenfabrik und Eisengiesserei A. Müller AG. In: BgNbl 107 (1997), S. 67–88.
Banholzer, Max: «Die alten Strassen... aber find'st nicht mehr». In: BgT 5. 12. 1997.
Banholzer, Max: Die Solothurner Briefe von Johann Georg Zimmermann von Brugg, 1765–1768. In: Jahrbuch für Solothurnische Geschichte 70 (1997), S. 59–103.
Banholzer, Max: 1915 war grosse Strassentaufe. In: BgT 17. 7. 1998.
Banholzer, Max: Die Brugger Gemeindebehörden zur Zeit der Helvetik. In: BgNbl 108 (1998), S. 71–86.
Banholzer, Max: Die Seidenweberei Bodmer, nachmals Stockar. In: BgNbl 109 (1999), S. 149–168.
Banholzer, Max: Die Seidenweberei Fierz und Nachfolger. In: BgNbl 110 (2000), S. 149–164.
Banholzer, Max: Die Zündholzfabrik Brugg-Altenburg. In: BgNbl 112 (2002), S. 133–146.
Banholzer, Max: Die Chemische Fabrik Brugg AG. [1. Teil] In: BgNbl 113 (2003), S. 97–118.
Banholzer, Max: Die neuen Brugger Gemeindebehörden 1803. In: BgNbl 114 (2004), S. 99–108.
Banholzer, Max: Brugger Ratsbuch seit 1803. Typoskript im StABg.
Baumann, Gotthilf. Das bernische Strassenwesen bis 1798. Diss. Bern 1924.
Baumann, Max: Geschichte von Windisch vom Mittelalter zur Neuzeit. Windisch 1983.
Baumann, Max: Was feiert Brugg 1984? In: BgNbl 94 (1984), S. 19–30.
Baumann, Max: Brugg im Kanton Aargau. In: Brugg 1984, S. 42–58.
Baumann, Max: «Kurze Beschreibung des an Oestreich gränzenden Distrikts im Unter-Aergau des Kantons Bern». In: BgNbl 97 (1987), S. 45–56.
Baumann, Max: Hundert Jahre Brugger Neujahrsblätter – Ein Rückblick. In: BgNbl 100 (1990), S. 37–59.
Baumann, Max: Die bernische Herrschaft aus der Sicht der Untertanen. In: Argovia 103 (1991), S. 113–124.
Baumann, Max: Flüsse als europäische Verkehrsadern. Eine Skizze am Beispiel des Hochrheins. In: Berger, Hans; Brunner, Christoph H.; Sigg, Otto: Mundo multa miracula. Festschrift für Hans Conrad Peyer. Zürich 1992, S. 82–96.
Baumann, Max: Stilli. Von Fährleuten, Schiffern und Fischern im Aargau. Der Fluss als Existenzgrundlage ländlicher Bevölkerung. 2. Aufl. Zürich 1996.

Baumann, Max: Die Helvetische Revolution in Brugg. In: BgNbl 108 (1998), S. 49–70.

Baumann, Max: Leben auf dem Bözberg. Die Geschichte der Gemeinden Gallenkirch, Linn, Ober- und Unterbözberg. Baden 1998.

Baumann, Max: Rein und Rüfenach. Die Geschichte zweier Gemeinden und ihrer unfreiwilligen Vereinigung. Baden 1998.

Baumann, Max; Frey, Peter: Freudenau im untern Aaretal. Burganlage und Flussübergang im Mittelalter. Stilli, Untersiggenthal 1983.

Belart, Peter: Kindheit in Brugg um 1860. Aus den Lebenserinnerungen von Hans Jaeger (1848–1923). In: BgNbl 94 (1984), S. 117–127.

Belart, Peter: Veränderungen im Raum Brugg. In: BgNbl 94 (1984), S. 141–158.

Belart, Peter: Die Nationale Front in Brugg. In: BgNbl 95 (1985), S. 119–146.

Belart, Peter: Stausee oder Kanal? In: BgNbl 97 (1987), S. 27–44.

Belart, Peter: November 1918 – Der Landesstreik in Brugg. In: BgNbl 99 (1989), S. 31–46.

Belart, Peter: Rebtreppchen am Bruggerberg. In: BgNbl 105 (1995), S. 105–118.

Belart, Peter: «Meines guten Willens dürfen Sie versichert sein». Marie Elisabeth Jäger (1840–1877). Eine Frau zwischen Tradition und Moderne. Bern, Wettingen 2004.

Berger, Hans: Der Alte Zürichkrieg im Rahmen der europäischen Politik. Diss. phil. I, Zürich 1978.

Bertschinger, H.: Projekt für einen zentralschweizerischen Binnenhafen bei Brugg. In: Nordostschweizerischer Verband für Schiffahrt Rhein-Bodensee, Verbandsschrift 29 (= Jahrbuch 1915).

Bickel, August: Die Herren von Hallwil im Mittelalter. Diss. (Teildruck) Zürich. Aarau 1978.

Biographisches Lexikon des Aargaus 1803–1957. Aarau 1958.

Bläuer, Hans: Das reformierte Kirchgemeindehaus in Brugg. In: BgNbl 46 (1936), S. 37–44.

Bläuer, Jakob: Über die Pflege der Leibesübungen im Bezirk Brugg. In: BgNbl 26 (1915), S. 41–51.

Brack, Paul: 150 Jahre Kadettenkorps Brugg 1804–1954. Brugg 1955.

Braun, Rudolf: Das ausgehende Ancien Régime in der Schweiz. Aufriss einer Sozial- und Wirtschaftsgeschichte des 18. Jahrhunderts. Göttingen/Zürich 1984.

Brian Scherer, Sarah; Meier, Bruno; Steigmeier, Andreas: Schneisingen. Von der Frühgeschichte bis zur Gegenwart. Schneisingen 2003.

Bronner, Franz Xaver: Der Kanton Aargau, historisch, geographisch, statistisch geschildert. 2 Bde. St. Gallen, Bern 1844, Nachdruck Genf 1978.

Brugg, Bilder aus seiner Vergangenheit und Gegenwart. Zur Einnerung an die Mordnacht vom 30. Juli 1444 hg. vom Gemeinderat Brugg. Brugg 1944. Darin: Hauser, Walter: Aus der Vergangenheit unserer Landschaft. – Simonett, Christoph: Über die Entstehung der Stadt Brugg. – Brunner, Robert: Zwischen Mordnacht und Reformation. – Bader, Lukas: Die Prophetenstadt. – Frauenlob, Otto: Die wirtschaftliche Bedeutung von Brugg.

Brugg. Hg. aus Anlass der Jubiläumsfeierlichkeiten 700 Jahre Stadtrecht Brugg. Brugg 1984. Darin: Muntwiler, Ewald: Erlebte Landschaft. – Hartmann, Martin: Ur- und Frühgeschichte. – Banholzer, Max: Brugg im Mittelalter und in der frühen Neuzeit. – Baumann, Max: Brugg im Kanton Aargau. – Verschiedene Autorinnen und Autoren: Bedeutende Brugger Persönlichkeiten. – Bossert, Ernst: Historische Sehenswürdigkeiten.

Brugger, Jakob: Die Gemeindeorganisation des Kantons Aargau. Aarau 1923.

Bucher, Ernst: Die bernischen Landvogteien im Aargau. In: Argovia 56 (1944), S. 1–191.

Bühler, Elisabeth; Elsasser, Hans: Welche Zukunft für die Kleinstädte? Zürich 1992.

Burckhardt, Lucius: Hans Ulrich Scherer, dipl. Architekt ETH/SIA, 19. April 1932 bis 5. November 1966. In: BgNbl. 77 (1967), S. 102–107.

Burger, Rudolf: …da stand ein Lindenbaum. In: BgNbl 107 (1997), S. 101–110.

Burger, Rudolf: Die Brugger Einwohnerratswahlen 1965–1997. In: BgNbl 108 (1998), S. 179–210.

Byland, Max; Hafner, Heinz; Elsasser, Theo: 150 Jahre Aargauer Volksschule 1835–1985. Aarau 1985.

Canal d'Entreroches. Der Bau eines Schifffahrtsweges von der Nordsee bis zum Mittelmeer im 17. Jahrhundert. Lausanne 1987 (Cahiers d'archéologie romande, 33).

Chevalier Frölich von Brugg. SA aus Aargauer Tagblatt 1917.

Christen, Emil: Vom Bau des Stauwehrs Brugg. In: BgNbl 55 (1945), S. 65–72.

Das Bundesgesetz betreffend die Arbeit in den Fabriken vom 23. März 1877. Kommentiert durch seine Ausführung in den Jahren 1878–1899. Bern 1900.

Der Schweizerische Bauernverband 1897–1922. Festschrift hg. zum 25-jährigen Jubiläum. Brugg 1922.

Dubler, Anne-Marie: Masse und Gewichte im Staat Luzern und in der alten Eidgenossenschaft. Luzern 1975.

Egli, E.; Mühlethaler, E[rnst]: Bei unsern Brugger Segelfliegern. In: BgNbl 48 (1938), S. 41–46.

Eichenberger, F.; Strebel, H. P.: 125 Jahre Rettungskorps Brugg 1863–1988. Brugg 1988.

Elsener, Ferdinand: Überlegungen zum mittelalterlichen Stadtrecht von Winterthur. In: Die Grafen von Kyburg. Olten 1981, S. 97ff.

Eugster, Erwin: Adlige Territorialpolitik in der Ostschweiz. Kirchliche Stiftungen im Spannungsfeld früher landesherrlicher Verdrängungspolitik. Diss., Zürich 1991.

Feer, Eduard A.: Die Familie Feer in Luzern und im Aargau. 2 Bde. O. O. 1934 und Aarau 1964.

Fellmann, Rudolf: Die Stadtkirche Brugg. Ausgrabungen und baugeschichtliche Untersuchungen im Jahre 1954. In: BgNbl 66 (1956), S. 40–47.

Fellmann, Rudolf: 60 Jahre Vindonissa-Forschung. In: BgNbl 68 (1958), S. 4–18.

[Festschrift] Bezirk Brugg Alters- und Leichtpflegeheim, Alterssiedlung. Brugg [1976].

[Festschrift] Neubau Krankenheim 1992–1995/Sanierung Bettenhaus Akutspital 1995–1996. Brugg 1996.

Fischer, Guido: In Memoriam Albert Froelich, Architekt. In: BgNbl 65 (1955), S. 57–60.

Fischer, Guido: Der Maler Otto Kälin. In: BgNbl 70 (1960), S. 39–44.

Fischer, M.: Eine Bezirksausstellung für Gewerbe und Landwirtschaft. In: BgNbl 44 (1934), S. 59–62.

Franck, Hanjörg: Über die Entwicklung des Postwesens in Brugg. In: BgNbl 94 (1984), S. 99–116.

Franck, Hanjörg: 100 Jahre Schweizerischer Bauernverband. In: BgNbl 107 (1997), S. 153–158.

Frauenlob, Otto: Die verkehrspolitische Entwicklung der Stadt Brugg in der Neuzeit. 80 Jahre Bahnhof Brugg. SA aus: BgT 1936, Nrn. 279, 284, 297, 306.

Frauenlob, Otto: Die wirtschaftliche Bedeutung von Brugg. In: Brugg, Bilder, S. 139–184.

Frauenlob, Otto: Brugg. Die Prophetenstadt. Bern 1972 (Schweizer Heimatbücher, Heft 163).

Frei, Peter: Conradus Clauserus Tigurinus (ca. 1515–1567). Pfarrer, Schulmann, Gelehrter. 160. Neujahrsblatt der Gelehrten Gesellschaft. Zürich 1997.

Freivogel, Thomas: Emanuel Handmann 1718–1781. Ein Basler Porträtist im Bern des ausgehenden Rokoko. Murten 2002.

Frey, Peter: Die Habsburg – Bericht über die Ausgrabungen von 1994/95. In: Argovia 109 (1997), S. 123–175.

Frey, Peter; Wälchli, David: Früh- und hochmittelalterliche Siedlungsbefunde in Effingen. In: Argovia 105 (1993), S. 251–274.

Fricker, Viktor: Brugg und sein Lateinschulhaus. In: BgNbl 47 (1937), S. 19–34.

Fricker, Viktor: Hundert Jahre Stadtbibliothek Brugg. In: BgNbl 75 (1965), S. 89–105.

Fritzsche, Bruno u. a. (Hg.): Historischer Strukturatlas der Schweiz. Die Entstehung der modernen Schweiz. Baden 2001.

Froelich, Carl: Die neuen Kasernenbauten in Brugg. In: BgNbl 49 (1939), S. 48–50.

Frölich, Leopold: Aus den Jugenderinnerungen von Pfarrer Jakob Emanuel Feer von Brugg 1754–1833. In: BgNbl 38 (1928), S. 5–24.

Frölich, L[eopold]: «Wie's früener gsi isch und wie mängs sich gänderet het z'Brugg und i der ganze Wält.» In: BgNbl 44 (1934), S. 36–43.

Führer durch Brugg und Umgebung. Hg. Verkehrs- & Verschönerungsverein Brugg und Umgebung. Brugg 1905.

Führer durch Brugg und Umgebung. Hg. Verkehrsverein Brugg. Brugg 1923.

Gautschi, Willi: Geschichte des Kantons Aargau 1885–1953. Baden 1978 (Geschichte des Kantons Aargau, Bd. 3).

Geissberger, Hermann: Brugger Häusernamen. In: BgNbl 10 (1899), S. 9–20.

Generaldirektion PTT (Hg.): Hundert Jahre elektrisches Nachrichtenwesen der Schweiz 1852–1952. 3 Bde. Bern 1952–1962.

Gentsch, Strasser & Co., Hoch- und Tiefbaugeschäft, Firmenbroschüre, undatiert.

Germann, Georg: Inventar neuerer Schweizer Architektur (INSA) 1850–1920, Brugg. Typoskript 1976; Exemplar bei der Bauverwaltung Brugg.

Germann, Georg: Bauen und Wohnen in Brugg um 1900. In: BgNbl 87 (1977), S. 5–16.

Glaus, Beat: Die Nationale Front. Eine Schweizer faschistische Bewegung 1930–1940. Zürich 1969.

Glauser, Fritz: Verkehr im Raum Luzern-Reuss-Rhein im Spätmittelalter. In: Jahrbuch der Historischen Gesellschaft Luzern 5 (1987), S. 2–19.

Gloor, Georges: Die Brugger Stadtkirche vor der Reformation. In: BgNbl 56 (1946), S. 51–68.

Gloor, Georges: Die mittelalterliche Geistlichkeit. In: BgNbl 57 (1947), S. 8–32.

Gloor, Georges: Kulturgeschichtlicher Grundriss der Brugger Landschaft vor der Reformation. In: BgNbl 61 (1951), S. 13–67.

Guggisberg, Kurt: Der Pfarrer in der bernischen Staatskirche. In: Archiv des Historischen Vereins des Kantons Bern 1954, S. 173–234.

Guggisberg, Kurt: Bernische Kirchengeschichte. Bern 1958.

Guggisberg, Paul: Der bernische Salzhandel. In: Archiv des Historischen Vereins des Kantons Bern, Bd. 32, Erstes Heft, Bern 1934, S. 1–72.

Haag, Friedrich: Die hohen Schulen zu Bern in ihrer geschichtlichen Entwicklung von 1528 bis 1834. Bern 1903.

Halder, Nold: Geschichte des Kantons Aargau 1803–1953. Aarau 1953 (Geschichte des Kantons Aargau, Bd. 1).

Haller, Erwin: Bürgermeister Johannes Herzog von Effingen 1773–1840. Ein Beitrag zur aargauischen Geschichte. Aarau 1911 (Argovia, 34).

Härry, Arnold: Die historische Entwicklung der schweizerischen Verkehrswege, mit besonderer Berücksichtigung des Transits und der Fluss-Schiffahrt. Teil 1: Die Grundlagen des Verkehrs und die historische Entwicklung des Landverkehrs. Frauenfeld 1911 (Nordostschweizerischer Verband für Schiffahrt Rhein-Bodensee, Verbandsschrift 12). Teil 2: Die Entwicklung der Binnenschiffahrt in der Schweiz. In: Nordostschweizerischer Verband für Schiffahrt Rhein-Bodensee, Jahrbuch 1917 und 1918, S. 123–275.

Hartmann, Martin: Vindonissa. Oppidum – Legionslager – Castrum. Windisch 1986.

Hauenstein, Willi: 100 Jahre Frohsinn Brugg 1881–1981. Brugg ca. 1981.

Hauser, Benedikt: Die Schweiz als Drehscheibe der Binnenschifffahrt Europas. Visionen, Pläne, Projekte (1900–1950). In: Schweizerische Zeitschrift für Geschichte 54 (2004), S. 57–78.

Hauser, Heinrich u. a.: 150 Jahre Bezirksschule Brugg 1835–1985. Brugg 1985.

Hauser-Kündig, Margrit: Das Salzwesen in der Innerschweiz bis 1798. Zug 1927.

Hemmeler, Wilhelm: Ein Gang durch die aarg. Postgeschichte zur Zeit der kantonalen Verwaltung. Burgdorf 1930.

Heuberger, Samuel: Die Einführung der Reformation in Brugg. Brugg 1888.

Heuberger, Samuel: Geschichte der Stadt Brugg bis zum Jahre 1415. Brugg 1900.

[Heuberger, Samuel:] Schillers Wilhelm Tell als Volksschauspiel in Brugg. In: BgNbl 11 (1900), S. 26–36.

Heuberger, Samuel: Zur Geschichte des Brugger Schützenwesens. In: Festzeitung für das aarg. Kantonal-Schützenfest in Brugg. Brugg 1902.

Heuberger, Samuel: Brugg im 19. Jahrhundert. SA aus Taschenbuch der historischen Gesellschaft des Kantons Aargau. Aarau 1904.

Heuberger, Samuel: Aus der Geschichte des Brugger Gemeindewaldes. In: BgNbl 17 (1906), S. 33–54.

Heuberger, S[amuel]: Schillers Braut von Messina als Volksschauspiel im Windischer Amphitheater. In: BgNbl 19 (1908), S. 6–17.

Heuberger, Samuel: Aus der Baugeschichte Vindonissas. Aarau 1909.

Heuberger, Samuel: Brugg in den Jahren 1892 bis 1917. Brugg 1918.

Heuberger, Samuel: Zur Geschichte der Strasse Zurzach-Brugg (Tenedo-Vindonissa) im Altertum und im Mittelalter. In: Zeitschrift für Schweizerische Geschichte 1925, S. 325–345.

Heuberger, Samuel: Der Bau der heutigen Bözbergstrasse. In: Argovia 41 (1926), S. 1–140.

Heuberger, Samuel; Laur-Belart, Rudolf: Geschichte der Brücke in Brugg. In: BgNbl 36 (1926), S. 4–22.

Heuberger, Samuel: Der Brugger Rutenzug. In: BgNbl 49 (1939), S. 13–26.

Holliger, Richard: 150 Jahre Kadettencorps Brugg 1804-1954. Kadettenwesen/Sport. In: Hauser, 150 Jahre Bezirksschule, S. 61–65.

Horlacher, Jakob: Die Brugger Zielstatt im Wandel der Zeiten und die Brugger Schützenfeste. In: BgNbl 38 (1928), S. 49–63.

Horlacher, Jakob sen.: Vom Wahrzeichen der Stadt Brugg. In: BgNbl 44 (1934), S. 18–30.

Hornberger, Klaus Dieter: Interdependenzen zwischen Stadtgestalt und Baugesetz. Untersuchung des Spannungsfeldes zwischen der stadträumlichen und der baurechtlichen Entwicklung im Verlauf des 20. Jahrhunderts, dargestellt am Beispiel Zürich. Diss. ETH Nr. 6702. Zürich 1980.

Howald, Oskar: Prof. Dr. Ernst Laur, erster schweizerischer Bauernsekretär. In: BgNbl 75 (1965), S. 107–126.

Illi, Martin: Von der schîssgruob zur modernen Stadtentwässerung. Zürich 1987.

IVS Dokumentation Kanton Aargau. 9 Teile. Bern 2000.

Jörin, Ernst: Der Aargau 1798-1803. Aarau 1929.

Kabelwerke Brugg A.G. 1908-1958. [Brugg 1958.]

Kägi, Paul: Hundert Jahre Aargauische Hypothekenbank. Brugg 1950.

Kälin, René: 125 Jahre Berufsschule Brugg – Ein kurzer Rückblick. In: Berufsschule Brugg: Jahresbericht 1995/96.

Kanter, Erhard Waldemar: Hans von Rechberg von Hohenrechberg. Diss. phil. I, Zürich 1902.

Kantonales Statistisches Bureau (Hg.): Die Ergebnisse der Wohnungszählung vom 1. Dezember 1910 in den Gemeinden Aarau, Baden, Ennetbaden und Brugg. Leipzig, Berlin 1920 (Aargauische statistische Mitteilungen, Neue Folge, Heft III).

Kaufmann, Robert Uri: Jüdische und christliche Viehhändler in der Schweiz 1780-1930. Zürich 1988.

Kaufmann, Werner: Der Orchesterverein Brugg um die Jahrhundertwende. In: BgNbl 103 (1993), S. 145–158. Müller, Felix: 150 Jahre Stadtmusik Brugg. Jubiläumsschrift 1846-1996. Brugg 1996.

Keller, Jakob: Der Schiffbruch bei Brugg im Jahre 1626. In: BgNbl 4 (1893), S. 23–31.

Keller, Max: 100 Jahre Effingerhof AG, Brugg, 1864-1964. Brugg 1964.

Kistler AG Brugg, 125 Jahre Bauunternehmung. Brugg 1989.

Kläui, Hans: Betrachtungen zum Winterthurer Stadtrechtsbrief des Jahres 1264. Winterthur 1964.

Koch, Michael: Schweizerischer Städtebau im 19. Jahrhundert. In: DISP 80/81 (Juli 1985), S. 30–35.

Kuhn, Felix; Schneider, Andreas: Zwischen Aufbruch, Zaghaftigkeit und Blockierung. Eine kleine Geschichte der Aarauer Stadtplanung. In: Aarauer Neujahrsblätter 76 (2002), S. 84–100.

Kurz, Daniel: Metron-Geschichte: Generationen und Entwicklungsphase. In: Metron. Planen und Bauen 1965-2003. Zürich 2003.

Lanfranconi, Karl J.: 100 Jahre Bahnhof Brugg. In: BgNbl 67 (1957), S. 42–56.

Laur, Ernst (jun.): Das «Schweizer Heimatwerk» in Brugg. In: BgNbl 41 (1931), S. 58–61.

Laur-Belart, Rudolf: Vindonissa. Lager und Vicus. Berlin/Leipzig 1935.

Leber, Walther: Entwicklung und Bedeutung der Ortsbürger-Gemeinden im Kanton Aargau. In: Zofinger Neujahrsblatt 42 (1957), S. 7–19.

Leder, Oskar: Hundert Jahre Stadtturnverein Brugg 1856-1956. Brugg 1956.

Liebenau, Theodor von: Geschichte des Klosters Königsfelden. Luzern 1968.

Locher, Hansueli: Das goldene Dreieck. In: BgNbl 94 (1984), S. 69–98.

Lüthi, Alfred: Königsgut und Fernstrassen im Aargauer Jura. In: Vom Jura zum Schwarzwald 42 (1968), S. 57–85.

Lüthi, Christian u. a.: Zofingen im 19. und 20. Jahrhundert. Eine Kleinstadt sucht ihre Rolle. Baden 1999.

Lüthy, Walther: Auf den Spuren der Kunst in Brugg. Lehramtsschule Aarau 1998.

Marquardt, Bernd: Umwelt und Recht in Mitteleuropa. Von den grossen Rodungen des Hochmittelalters bis ins 21. Jahrhundert. Habil. St. Gallen. Zürich 2003 (Zürcher Studien zur Rechtsgeschichte, Bd. 51).

Mathys, Ernst: 10 000 Auskünfte über die schweizerischen Eisenbahnen. Bern 1949.

Maurer, Emil: Die Kunstdenkmäler des Kantons Aargau. Bd. III: Das Kloster Königsfelden. Basel 1954.

Maurer, Emil; Stettler, Michael: Die Kunstdenkmäler des Kantons Aargau. Bd. II: Die Bezirke Lenzburg und Brugg. Basel 1953.

Maurer, Hans Rudolf: Brugg im Aergäu und das Thal umher. In: BgNbl 94 (1984), S. 31–38.

Meier, Bruno u. a. (Hg.): Revolution im Aargau. Umsturz – Aufbruch – Widerstand 1798–1803. Aarau 1997.

Meier, Bruno: «Gott regier mein Leben». Die Effinger von Wildegg. Landadel und ländliche Gesellschaft zwischen Spätmittelalter und Aufklärung. Baden 2000.

Meier, Pirmin: «Armer Zimmermann, wer wird dich verstehen?». In: BgNbl 113 (2003), S. 53–71.

Meier, Titus J.: Liebessteuern für Griechen und Polen. Aus den Anfängen der Brugger Kulturgesellschaft. In: BgNbl 114 (2004), S. 153–168.

Merz, Arnold; Bolliger, Jakob: Gedenkschrift des Stadtturnvereins Brugg zum fünfundsiebzigsten Jubiläum 1856–1931. Brugg ca. 1931.

Metz, Peter: Bildungspolitik und Lehrerbildung: historische Problemlagen und ihre Lösungen im Aargau. In: Argovia 113 (2001), S. 121–171.

Meyer, Bruno: Studien zum habsburgischen Hausrecht. In: Zeitschrift für Schweizerische Geschichte 27 (1947), S. 30–60.

Milosavljevic, Darko: Das spätrömische Kleinkastell Altenburg bei Brugg. In: JbGPV 2003, S. 29–44.

Motschi, Andreas: Neues zu alten Bausteinen. In: BgNbl 111 (2001), S. 123–134.

Mühlberg, Friedrich: Bericht über die Erstellung einer Quellenkarte des Kantons Aargau. Aarau 1901.

Mühlebach, NN.: Die neue Markthalle in Brugg. In: BgNbl 40 (1930), S. 58–60.

Mühlemann, Hans: Die befreiten Untertanen. SA aus Jubiläumsausgabe 75 Jahre Brugger Tagblatt, November 1975.

Mühlemann, Hans: Die Kaufmännische Berufsschule Brugg 1909–1959. Brugg ca. 1959.

Müller, Andreas: Geschichte der politischen Presse im Aargau. Das 19. Jahrhundert. Aarau 1998 (Beiträge zur Aargauergeschichte, Bd. 9).

Müller, Andreas: Geschichte der politischen Presse im Aargau. Das 20. Jahrhundert. Aarau 2002 (Beiträge zur Aargauergeschichte, Bd. 11).

Müller, Felix: Die Schule – eine Bestandesaufnahme. In: Meier u. a., Revolution im Aargau, S. 246–248.

Müller, Felix: Aussterben oder Verarmen? Die Effinger von Wildegg. Eine Berner Patrizierfamilie während Aufklärung und Revolution. Baden 2000.

Müller, Felix: Eine Zwangsheirat vor 100 Jahren: die Verschmelzung von Altenburg mit Brugg. In: BgNbl 111 (2001), S. 135–157.

Müller, Felix: Vereinsgeschichte. Das Beispiel Brugg. In: Argovia 115 (2003), S. 83–96.

Müller, Hans: 100 Jahre Rettungskorps Brugg. Brugg ca. 1963.

Müller, Johann Rudolf: Das Capitel Brugg-Lenzburg. Lenzburg 1868.

Müller-Lhotska, Urs Alfred: Zur Verkehrsgeschichte von Windisch. Zürich 1993.

Neuenschwander, Heidi: Geschichte der Stadt Lenzburg. Bd. II: Von der Mitte des 16. zum Ende des 18. Jahrhunderts. Aarau 1984 (Argovia, 96).

Niederstätter, Alois: Der Alte Zürichkrieg. Wien/Köln/Weimar 1995.

Obrist, Karl: Was uns der Süssbach erzählt (und was er verschweigt). O. O., 1988.

Omlin, J.: Franz Pabst. In: BgNbl 67 (1957), S. 25–28.

Pfister, Christian: Im Strom der Modernisierung. Bevölkerung, Wirtschaft und Umwelt 1700–1914. Bern 1995 (Geschichte des Kantons Bern seit 1798, Bd. 4).

Pfister, Willy: Die reformierten Pfarrer im Aargau. In: Argovia 97 (1985), S. 5–269.

Räber, Pius: Die Bauernhäuser des Kantons Aargau. Bd. 2: Fricktal und Berner Aargau. Baden 2002 (Die Bauernhäuser der Schweiz, Bd. 23).

Rettungskorps Brugg (Hg.): 125 Jahre Rettungskorps Brugg 1863–1988. Brugg [1988].

Riniker, Hans: Denkschrift des Männerchors Frohsinn Brugg 1881–1931. Brugg [1932].

Riniker, Jakob: Der neue Bezirksspital. In: BgNbl 25 (1914), S. 15–20.

Rohr, Adolf: Die vier Murbacherhöfe Lunkhofen, Holderbank, Rein und Elfingen. In: Argovia 57 (1945), S. 3–219.

Rohr, Adolf: Philipp Albert Stapfer. Eine Biographie. Im Alten Bern vom Ancien régime zur Revolution (1766–1798). Bern 1998.

Rohr, Adolf: Philipp Albert Stapfer. Minister der Helvetischen Republik und Gesandter der Schweiz in Paris 1798–1803. Baden 2005 (Beiträge zur Aargauer Geschichte, Bd. 13).

Rohrer, August: 100 Jahre Bözbergbahn. In: Fricktaler-Bote 26. 2. 1975, 28. 2. 1975, 3. 3. 1975.

Rordorf, Hartmann: Brugger Zeitbild aus den Jahren 1885–86. In: BgNbl 48 (1938), S. 19–25.

Roth, Jörg: Zur Kulturgeographie des Bezirks Brugg (Kanton Aargau). Diss., Untersiggenthal 1968.

Ruesch, Walter: Über die Schiffahrt in Aarburg im Laufe der Jahrhunderte. In: Zofinger Neujahrsblatt 58 (1973), S. 113–132.

Ryser, Walter: Rosa Vögtlin oder wie es zum Urech'schen Kinderspital in Brugg kam. In: BgNbl 96 (1986), S. 131–151.

Ryser, Walther: Vom ersten aargauischen Kinderspital zum Reformierten Kinderheim Brugg 1866–1986. Brugg 1987.

Ryser, Walter: Vom Urech'schen Kinderspital zum Reformierten Kinderheim in Brugg. In: BgNbl 97 (1987), S. 133–154.

Sarbach, Pierre: Zwischen Trauer und Überschwang. Zum 150. Todestag des Komponisten Friedrich Theodor Fröhlich. In: BgNbl 97 (1987), S. 79–88.

Scherer, Hans Ulrich: In ein paar Jahrzehnten. In: BgNbl 69 (1959), S. 49–62.

Schienennetz Schweiz. Ein technisch-historischer Atlas. Zürich 1998.

Schmid, Hans Rudolf: 150 Jahre Allgemeine Aargauische Ersparniskasse 1812-1962. Aarau 1962.

Schneider, Boris: Eisenbahnpolitik im Aargau. Diss. Zürich, Aarau 1959.

Schnitter, Niklaus: Die Geschichte des Wasserbaus in der Schweiz. Oberbözberg 1992.

Schulthess, Louis: John Zimmermann, ein Auslandschweizer. In: BgNbl 46 (1936), S. 67–71.

Segelfluggruppe Brugg: Vom Flugplatz Birrfeld. In: BgNbl 51 (1941), S. 50f.

Seiler, Christophe; Steigmeier, Andreas: Geschichte des Aargaus. Illustrierter Überblick von der Urzeit bis zur Gegenwart. 2. Aufl. Aarau 1998.

Setz, Emil: Die Stadt Brugg auf alten druckgraphischen Ansichten. In: BgNbl 90 (1980), S. 81–99.

Siebel, Johanna: Das Leben von Frau Dr. Marie Heim-Vögtlin, der ersten Schweizer Ärztin. Zürich 1920.

Siegenthaler, Silvia: Franz Pabst – ein Brugger Künstler? In: BgNbl 110 (2000), S. 37–46.

Siegrist, Hans: Wirtschaftliche Bestrebungen und Gründung des Elektrizitätswerkes in Brugg. Brugg 1918.

Siegrist, Jakob: Vom Mehranbau und unserm täglichen Brot. In: BgNbl 54 (1944), S. 43–51.

Siegrist, Jean Jacques: Die Acta Murensia und die Frühhabsburger. In: Argovia 98 (1986), S. 5–22.

Simonett, Christoph: Aufbau im Abbruch. In: BgNbl 48 (1938), S. 47–51.

Speich, Klaus: Die Künstlerfamilie Dünz aus Brugg. Ein Beitrag zur Kulturgeschichte der Barockzeit im reformierten Stand Bern. Brugg 1984.

Speich, Klaus: Die «Reformatoren-Galerie» in der Brugger Lateinschule. In: BgNbl 108 (1998), S. 101–113.

Spörri, A.: Aus dem Leben der Sektion Brugg des Schweizerischen Alpenklub. In: BgNbl 43 (1933), S. 31–34.

Staehelin, Heinrich: Geschichte des Kantons Aargau 1830–1885. Baden 1978 (Geschichte des Kantons Aargau, Bd. 2).

Stahl, Max: Brugg um 1530. Bild und Werdegang einer mittelalterlichen Kleinstadt. Berlin 1959.

Steck, Rudolf; Tobler, Gustav: Aktensammlung zur Geschichte der Berner Reformation. 2 Bde., Bern 1923.

Stercken, Martina: Kleinstadt, Herrschaft und Stadtrecht. Das Privileg König Albrechts I. für Sursee vom 29. März 1299. In: Der Geschichtsfreund 152 (1999), S. 7–56.

Stiefel, C.: Die ersten 70 Jahre der Brugger Musikgesellschaft. In: BgNbl 56 (1946), S. 41–48.

Strässle, Urs: Die Brugger Neujahrsblätter als Spiegel der Literatur. In: BgNbl 100 (1990), S. 61–82.

Stump, Doris: Anna Rothpletz-von Meiss (1786–1841), eine Brugger Erfolgsautorin. In: BgNbl 101 (1991), S. 135–148.

Stüssi, Jürg: Die Schanzen, die nicht gebaut wurden. Notizen zu einigen Befestigungsvorhaben des 17. Jahrhunderts. In: BgNbl 98 (1988), S. 107–120.

Stutz, Werner: Bahnhöfe in der Schweiz. Zürich 1976.

Tischhauser, Hans: Das Gaswerk Brugg, nebst einigen allgemeinen Mitteilungen aus der Steinkohlengasindustrie. SA aus Schweizerische Techniker-Zeitung Nr. 26, 1914, S. 1–20.

Tischhauser, Hans: Die Wasserversorgung Brugg. SA aus Schweizerische Technische Zeitschrift, 1937, S. 1–18.

Tobler, Jakob: Bezirksschule Brugg 1835–1935. Festschrift zur Jahrhundertfeier. Brugg 1935.

Tobler, W[erner]: Die neue Badeanlage der Stadt Brugg. In: BgNbl 48 (1938), S. 32–40.

Tomasi, Gregor: Die drei Aarebrücken zwischen Brugg und Umiken. In: BgNbl 106 (1996), S. 111–132.

Tschudin, Walter: Von der Vision Mitte zur Bildungsstadt am Wasserschloss. In: BgNbl 114 (2004), S. 59–80.

Verband der Industriellen von Brugg und Umgebung 1918–1968. [Brugg 1968.]

Vischer, Lukas; Schenker, Lukas; Dellsperger, Rudolf (Hg.): Ökumenische Kirchengeschichte der Schweiz. Freiburg, Basel 1998.

Walter, François: Bedrohliche und bedrohte Natur. Umweltgeschichte der Schweiz seit 1800. Zürich 1996.

Wandeler, Hugo: Regionalplanung Brugg und Umgebung. Gestern – Heute – Morgen. In: BgNbl 105 (1995), S. 51–73.

Wartmann Brugg. Chronik 1896–1977. [Brugg 1977.]

Wartmann 100. [Brugg 1996].

Werder, Max: Die Gerichtsverfassung des aargauischen Eigenamtes bis zum Jahre 1798. In: Argovia 54 (1942), S. 1–173.

Wernle, Paul: Der schweizerische Protestantismus im 18. Jahrhundert. 3 Bde. Tübingen 1922–1925.

Wernli, Rudolf: Geschichte der Kulturgesellschaft Bezirk Brugg. Typoskript in der Stadtbibliothek Brugg. O. J.

Wildi, Tobias: Abwanderung im Surbtal – Zuwanderung in Baden. In: Badener Neujahrsblätter 73 (1998), S. 43–58.

Wullschleger, Erwin: Eine Darstellung der forstlichen Verhältnisse des Amtes Schenkenberg im 18. Jahrhundert. In: BgNbl 87 (1977), S. 25–35.

Wyssling, Walter: Die Entwicklung der Schweizerischen Elektrizitätswerke und ihrer Bestandteile in den ersten 50 Jahren. Zürich 1946.

Zehnder, Beat: Die Gemeindenamen des Kantons Aargau. Historische Quellen und sprachwissenschaftliche Deutungen. Aarau 1991 (Argovia, 100/II).

Zimmermann, Edgar: «Weihnachten schon am 11. Dezember». Der Kampf um den Fachhochschul-Standort 1998–2001. In: BgNbl 113 (2003), S. 31–52.

[Zulauf, Hans]: 125 Jahre Zulauf, Spenglerei – Sanitäre Anlagen 1854–1979. Brugg 1979.

Dank

Wir Autorinnen und Autoren danken herzlich für die vielfältige Hilfe, die wir bei der Erarbeitung dieses Werks erfahren haben. Die städtischen Behörden begleiteten und unterstützten unser Projekt mit viel Wohlwollen. Mitarbeiterinnen und Mitarbeiter der Stadtverwaltung erteilten uns Auskünfte, machten Abteilungsarchive zugänglich und halfen uns in vielen anderen Fällen weiter. Viele Privat- und Amtspersonen ermöglichten uns den Zugang zu Archivalien, Sammlungen und Bildvorlagen. Sie widmeten uns Zeit für ausführliche Gespräche oder gaben Auskünfte aller Art. Die Interviewpartner und Bildleihgeber sind in den Fussnoten beziehungsweise im Bildnachweis namentlich genannt.

Ursula Renold und Peter Belart begleiteten als Mitglieder des Steuerungsausschusses nicht nur unsere Arbeit, sondern brachten ihr historisches Wissen und ihre Lokalkenntnisse auch in unsere internen Lektoratsdiskussionen ein. Verschiedene Fachkolleginnen und -kollegen halfen uns mit Hinweisen, Ratschlägen und Diskussionen weiter. Susanne Mangold Sauerländer beschaffte die Bildvorlagen, unterstützt vom Fotografen Dominik Golob, der zahlreiche knifflige Innen- und Aussenaufnahmen eigens für dieses Werk erstellte.

Autorinnen und Autoren

Astrid Baldinger Fuchs, geboren 1968, lic. phil. Mitautorin der Ortsgeschichte Baar, tätig als freiberufliche Historikerin in Brugg.

Max Banholzer, geboren 1926, Dr. phil. Dissertation zur Geschichte der Stadt Brugg im 15. und 16. Jahrhundert. 1963–1991 Seminarlehrer in Solothurn. Zahlreiche Publikationen zur Brugger Geschichte. Max Banholzer verstarb im April 2005 kurz vor der Drucklegung dieses Werks.

Max Baumann, geboren 1941, Dr. phil. Unter anderem Autor mehrerer Ortsgeschichten rund um Brugg (Stilli, Windisch, Bözberg, Rüfenach, Mülligen), freiberuflicher Historiker in Stilli.

Felix Müller, geboren 1962 in Brugg, seither dort wohnhaft, Dr. phil. Seit 1990 freiberuflicher Historiker und seit 2000 Bibliothekar an der Aargauer Kantonsbibliothek.

Silvia Siegenthaler, geboren 1956, lic. phil. Leiterin der Städtischen Galerie im Zimmermannhaus und des Stadtarchivs Brugg.

Andreas Steigmeier, geboren 1962, lic. phil. Tätig in Baden als freiberuflicher Historiker mit den Arbeitsschwerpunkten Regional- und Wirtschaftsgeschichte.

Bildnachweis

1. Foto: Dominik Golob.
2. Kantonsarchäologie Aargau, Vindonissa-Museum; Foto: Béla Polyvás.
3. Ebenda, V.71 Migros Brugg.
4. Ebenda.
5. Aus: Jahresbericht der Gesellschaft Pro Vindonissa 1971, S. 35.
6. Aus: Meier Riva, Karin: Unter der Erde, S. 31; Foto: Patrick Sidler.
7. Grafik: Susanne Mangold; Vorlage aus: Hartmann, Martin: Vindonissa. Windisch 1986, S. 94.
8. Kantonsarchäologie Aargau; Foto: Thomas Hartmann.
9. Kantonsarchäologie Aargau, Vindonissa-Museum, V.71 Migros Brugg.
10. StAAG GS 00387-1.
11. StAAG GS 369-4.
12. Denkmalpflege AG o. Neg.
13. StABE Grenzatlas Bodmer 1705, Bd. 2.
14. Aus: Jahresbericht der Geselllschaft Pro Vindonissa 2003, S. 30 und 39 (Modell Darko Milosavljevic, 2004).
15. StABg Siegelbuch; Foto: Dominik Golob.
16. StAAG U.17/0282.
17. Samuel Birmann. Brücke über die Aare bei Brugg, 1814. Bleistift, Feder. Kunstmuseum Basel, Kupferstichkabinett. Inv. Bd. Bi.304.71. Foto: Martin Bühler.
18. StAAG GS 369-4.
19. StABg A.6, f 315; Foto: Dominik Golob.
20. Aus: BgNbl 36 (1926), S. 8, Zeichnung von Architekt H. F. Labhardt, 1925.
21. Ebenda.
22. Denkmalpflege AG K02720.
23. Stadtarchiv Stein am Rhein, Tobiar 1652.
24. Aus: BgNbl 36 (1926), S. 20.
25. Ebenda, S. 21.
26. Foto: Dominik Golob.
27. Kantonsarchäologie Aargau; Zeichnung: Peter Frey.
28. Aargauer Kantonsbibliothek MaF 505:2.
29. Privatbesitz; Foto: Dominik Golob.
30. Denkmalpflege AG o. Neg.
31. Denkmalpflege AG M 1235.
32. StABg F 002.1.102.
33. Denkmalpflege AG o. Neg.
34. Denkmalpflege AG 27075.
35. Aus: BgNbl 91 (1981), vor S. 59.
36. StABg F 008.6, Original im Kunsthaus Zürich.
37. Privatbesitz; Foto: Dominik Golob.
38. Zentralbibliothek Zürich, Ms. A 75, p. 55.
39. Diebold-Schilling-Chronik 1513, Zentral- und Hochschulbibliothek Luzern (Eigentum der Korporation), Dia Nr. 90.
40. StAAG GS 1458-2.
41. StAAG GS 01533-3.
42. Privatbesitz; Foto: Dominik Golob.
43. Burgerbibliothek Bern B 17/14.
44. Diebold-Schilling-Chronik 1513, Zentral- und Hochschulbibliothek Luzern (Eigentum der Korporation), Dia Nr. 91.
45. StAAG GS 372-3.
46. Aus: Setz, Emil: Die Stadt Brugg auf alten Ansichten, Nr. 8.
47. Foto: Dominik Golob.
48. Stadtbibliothek Brugg; Foto: Dominik Golob.
49. Denkmalpflege AG M 2992.
50. Burgerbibliothek Bern Gr.C.18, Neg. 11172.
51. Denkmalpflege BE, M. Hesse, Bern, 1950.
52. Burgerbibliothek Bern Neg. 5492.
53. Aus: Setz, Emil: Die Stadt Brugg auf alten Ansichten, Nr. 14.
54. StABg F 002.1.47.
55. Denkmalpflege AG 6035.
56. Foto: Dominik Golob.
57. Aus: Kdm AG II, S. 295.
58. Aus: Kdm BE III, S. 273.
59. Aargauer Kantonsbibliothek SQ 5.
60. Aus: Kdm BE III, S. 281.
61. Burgerbibliothek Bern Neg. J.44.
62. Schweizerisches Landesmuseum DEP-3178 COL 2691.
63. Aus: Argovia 97 (1985).
64. Denkmalpflege AG M 1530.
65. StABE Grenzatlas Bodmer 1705, Bd. 2, Nr. 44.
66. Ebenda, Nr. 48.
67. Ebenda, Nr. 26.
68. Denkmalpflege AG o. Neg.
69. Ebenda, o. Neg.
70. Privatbesitz.
71. Foto: Dominik Golob.
72. Stadt Brugg; Foto: Dominik Golob.
73. Ebenda; Foto: Dominik Golob.
74. Heimatmuseum Brugg; Foto: Dominik Golob.
75. Ebenda; Foto: Dominik Golob.
76. Stadtmuseum Aarau; Foto: Brigitt Lattmann.

#	Reference
77	Château de Talcy; F. Emanuel Handmann, Bern 1773, Öl auf Leinwand. F; Foto:oto: Dr. Adolf Rohr, Baden.
78	Aus: Lebensbilder aus dem Aargau, Nr. 29.
79	Ref. Kirchgemeinde Brugg; Foto: Dominik Golob.
80	Ebenda; Foto: Dominik Golob.
81	Aus: BgNbl 80 (1970), S. 96, Abb. 6.
82	Bernisches Historisches Museum, Inv. 2485; Foto: Yvonne Hurni.
83	StABg F 002.1.37.
84	Foto: Dominik Golob.
85	Ar KG ref; Foto: Dominik Golob.
86	Ebenda; Foto: Dominik Golob.
87	Titus J. Meier, Brugg.
88	Denkmalpflege AG.
89	Ebenda, M 1195.
90	Ebenda, o. Neg.
91	StABg F 001.1224.
92	Stadt Brugg; Foto: Dominik Golob.
93	StABg F 001.128.
94	Foto: Dominik Golob.
95	Aargauer Kantonsbibliothek F 314:22.
96	Aus: Setz, Emil: Die Stadt Brugg auf alten Ansichten, Nr. 9.
97	Denkmalpflege AG 25869.
98	Ebenda, N 2745.
99	StABg F 001.146.
100	Aus: Kdm AG VI, S. 241.
101	Foto: Dominik Golob.
102	StABg F 001.104.
103	Denkmalpflege AG K 24899.
104	Ebenda, M 01316.
105	Ebenda, o. Neg.
106	Aus: Setz, Emil: Die Stadt Brugg auf alten Ansichten, Nr. 8.
107	Denkmalpflege AG o. Neg.
108	Aus: Kdm AG II, S. 301.
109	Burgerbibliothek Bern Neg. 12844.
110	Denkmalpflege AG o. Neg.
111	Ebenda, o. Neg.
112	Ebenda.
113	Ebenda.
114	Ebenda.
115	Foto: Dominik Golob.
116	Foto: Dominik Golob.
117	Burgerbibliothek Bern Mss.h.h. I.16., S. 193: Diebold Schilling, Spiezer Chronik.
118	Denkmalpflege AG M 1334.
119	Foto: Dominik Golob.
120	Denkmalpflege AG o. Neg.
121	Ebenda, M 01243.
122	Ebenda, K 17148 F.
123	Ebenda, M O1548.
124	Ebenda, o. Neg.
125	Stadt Brugg; Foto: Dominik Golob.
126	StABg, Amtliche Schreiben, A II b1; Foto: Dominik Golob.
127	StABg F 002.1.37.
128	Denkmalpflege AG 5232 KDA.
129	StABg F 001.624.
130	Privatbesitz.
131	StABg F 002.1.37.
132	Heimatmuseum Brugg (Original-Relief).
133	Denkmalpflege AG M 1499.
134	Stadtbauamt Brugg.
135	Denkmalpflege AG 28614.
136	Stadtbauamt Brugg.
137	Foto: Dominik Golob.
138	Foto: Dominik Golob.
139	Aus: Setz, Emil: Die Stadt Brugg auf alten Ansichten, Nr. 14.
140	Stadtmuseum Aarau; Foto: Brigitt Lattmann.
141	Foto: Dominik Golob.
142	Burgerbibliothek Bern Mss. H.H.XXIb 365, S. 72.
143	Aus: Gallerie berühmter Schweizer der Neuzeit, Baden 1868, Historisches Museum Baden. Stich von F. Hasler.
144	Ebenda.
145	Ebenda.
146	Schweizerisches Landesmuseum LM 18576, COL 2884.
146	Foto: Dominik Golob.
148	StABg P 001.1.21; Foto: Dominik Golob.
149	StABg F 001.593.
150	StABg F 001.131.
151	StABg F 002.1.53.
152	Denkmalpflege AG M1322.
153	Heimatmuseum Brugg; Foto: Dominik Golob.
154	StABg F 001.123.
155	Hans Schmutz, Brugg.
156	StABg F 002.1.27; Foto: Emil Thalmann.
157	StABg F 001.1321.
158	StABg F 001.776.
159	Titus J. Meier, Brugg.
160	StABg F 001.368.
161	StABg F 001.1040.
162	StABg B A.IId.1.
163	StABg B I.Ia.2; Foto: Dominik Golob.
164	StABg F 001.178.

165	Foto: Dominik Golob.	207	StABg F 001.1328.
166	Privatbesitz; Foto: Dominik Golob.	208	StABg F 002.1.39.
167	StABg F 001.161.	209	StABg E 001.2.12.
168	StABg E 001.1.2.	210	StABg F 002.1.39.
169	StABg Q 001.4.3.	211	Stadtbauamt Brugg; Foto: Jörn Maurer, Brugg.
170	Aus: Katalog Nr. 21, Möbelfabrik Traugott Simmen & Cie. A.G.; im Besitz von Titus J. Meier, Brugg.	212	StABg, Planarchiv Lauffohr P 001.1.40.
171	Ursula Simmen-Meier, Brugg.	213	Ausschnitt aus der Siegfriedkarte 1:25 000, Erstausgabe 1878; Daten von: swisstopo, Wabern.
172	Aus: Biographisches Lexikon, Abb. 243.	214	Hans Schmutz, Brugg.
173	StABg F 001.1217.	215	Staatsarchiv Basel-Stadt, Urkunde 65, Siegel.
174	Suhner Holding AG, Brugg.	216	Bernisches Historisches Museum, Inv. 26 104; Foto: Stefan Rebsamen.
175	Ebenda.	217	Bibliothèque de la Ville de Colmar, Cabinet des Estampes.
176	StABg F 002.4.30.	218	Grafik: Susanne Mangold; Vorlage aus: Argovia 57 (1945), S. 177.
177	StABg F 001.222.	219	StABg F 002.1.74.
178	StABg B A.IIb.98 I/II.	220	Zentralbibliothek Zürich Ms. A 120, p. 455.
179	Ausschnitt aus der Siegfriedkarte 1:25 000, Erstausgabe 1878; Daten von: swisstopo, Wabern.	221	Aus: Kdm BE III, S. 51.
180	StABg B A.If.3, 1898.	222	StAAG P.01-0097.
181	StABg Q 001.4.1.	223	Emanuel Büchel, Schloss Wildenstein, 1763. Feder laviert. Kunstmuseum Basel, Kupferstichkabinett. Inv. 1886.7.2. Skb A 48a [201] p. 75. Foto: Martin Bühler.
182	Effingerhof AG, Brugg.	224	Zentralbibliothek Zürich, Graphische Sammlung 001524, Rahn IV 25.
183	Aus: Keller, 100 Jahre Effingerhof, nach S. 32.	225	Burgerbibliothek Bern Neg. 2654.
184	StABg F 002.3.215.	226	Foto: Dominik Golob.
185	StABg F 001.250.	227	Foto: Dominik Golob.
186	Ursula Renold, Brugg; Foto: Dominik Golob.	228	StABg F 001.1038.
187	Ebenda; Foto: Dominik Golob.	229	Max Baumann, Stilli.
188	StABg F 002.4.36.	230	Heimatmuseum Brugg; Foto: Dominik Golob.
189	StABg F 002.4.34.	231	StABg; Foto: Dominik Golob.
190	StABg F 002.4.42.	232	StABg; Foto: Dominik Golob.
191	StABg E 001.1.22, Plan 2; Foto: Dominik Golob.	233	Denkmalpflege AG K 17718.
192	StABg B A.IId.69, Plan Nr. 1303a; Foto: Dominik Golob.	234	StABg F 001.147.
193	Ebenda, Plan Nr. 1303b; Foto: Dominik Golob.	235	StABg F 001.1288. Foto Gottlieb Felber, 14.4.1900.
194	StABg B E.Id.9, Beilage 1.	236	Denkmalpflege AG K 38438.
195	StABg E 001.1.22, Plan 4; Foto: Dominik Golob.	237	Aus: Setz, Emil: Die Stadt Brugg auf alten Ansichten, Nr. 8.
196	StABg E 001.1.25; Foto: Dominik Golob.	238	Hans Konrad Gyger. Karte des Kantons Zürich von 1667. Sonderdruck aus der Monatsschrift Atlantis, 1944.
197	Aus: BgNbl 69 (1959), nach S. 55.		
198	Ebenda.		
199	StABg E 001.2.10.	239	StABg F 002.1.29.
200	StABg F 002.4.43.	240	StABg F 002.1.66.
201	StABg Q 001.4.1.	241	StABg F 005.101.
202	StABg E 001.2.41; Foto: Dominik Golob.		
203	Stadtkanzlei Brugg, Akten GR 5/51.		
204	StABg E 001.3.4.		
205	StABg F 002.1.8.		
206	StABg F 002.1.8.		

242 StABg F 002.2.78.
243 Daten aus: RBE; Burger, Einwohnerratswahlen, S. 179–210.
244 Schweizerische Landesbibliothek, Bern.
245 Peter Belart, Brugg.
246 Resultate aus BgT, 27. 10. 1929.
247 Peter Belart, Brugg.
248 Ebenda.
249 StABg Q 001.4.1.
250 StABg F 006.9.17.
251 StABg BgT, 1. 2. 1971; Foto: Dominik Golob.
252 StABg F 006.9.8.
253 Daten gemäss Fussnoten 1 f. zu diesem Kapitel.
254 Daten gemäss Fussnote 3 zu diesem Kapitel.
255 StABE Grenzatlas Bodmer 1705, Bd. 2, Nr. 31.
256 StABg F 001.550.
257 Denkmalpflege AG M 1440.
258 Aus: BgNbl 110 (2000), S. 105.
259 Daten aus: StABg A 448, 449, 452, 456.
260 Aargauer Kantonsbibliothek C 1716.
261 Daten aus: StABg A 457. Das Original des Totenbuches ist zwar nicht mehr vorhanden, dafür eine Abschrift von unbekannter Hand aus dem 19. Jahrhundert.
262 StABg F 001.297.
263 StABg F 003.1.51.
264 StABg F 001.280.
265 Daten aus: Ammann, Bürgerbuch. StABg A 4, S. 112–122; A 24; A 26. Zivilstandsamt Brugg, Bürgerregister.
266 Daten aus: Bundesamt für Statistik, Volkszählungen.
267 StABg B A.IIb.59, 22. 8. 1864.
268 Aus: Setz, Emil: Die Stadt Brugg auf alten Ansichten, Nr. 8.
269 Daten aus: StAAG, Volkszählungen 1837, 1850. Bundesamt für Statistik, Volkszählungen ab 1860.
270 Daten aus: ebenda.
271 Daten aus: StABg A 316a-g, A 317, B B.IIIa.1–2.
272 StABg F 001.391.
273 StABg F 001.1037.
274 Foto: Dominik Golob.
275 Denkmalpflege AG K 34393.
276 StABg F 001.1070.
277 Foto: Hans Eckert, Brugg.
278 Ar KG ref; Foto: Dominik Golob.
279 Aus: Setz, Emil: Die Stadt Brugg auf alten Ansichten, Nr. 6.
280 Aus: BgNbl 70 (1960), S. 32 (Original Bibiliotheque National, Paris).
281 Denkmalpflege AG M 1537.
282 Ebenda, M 1335.
283 Aus: Baumann, Windisch, S. 659.
284 StABg F 001.425.
285 Hans Schmutz, Brugg.
286 StABg F 001.608. Zitat aus StABg B A.IIa.92, 22. 8. 1934, Nr. 1951.
287 Stadtbauamt Brugg, Baugesuchsarchiv, Dossier Seidenstr. 22.
288 StABg F 001.710.
289 StABg Q 010.3.3.
290 StABg F 010.1.13.
291 Hans Schmutz, Brugg.
292 StABg F 001.216.
293 StABg F 001.1215.
294 StABg F 002.1.166.
295 StABg B G.VIa.1; Foto: Dominik Golob.
296 StABg F 001.170.
297 StABg F 001.261.
298 StABg F 001.370.
299 StABg F 002.1.15.
300 StABg F 001.307.
301 StABg F 001.266.
302 StABg Fotoalbum ohne Inv. Nr.
303 StABg F 002.1.15.
304 StABg F 001.769.
305 Stadtbibliothek Brugg; Foto: Dominik Golob.
306 Aargauer Kantonsbibliothek, ohne Signatur.
307 Heimatmuseum Brugg; Foto: Dominik Golob.
308 Aargauer Kunsthaus, Inv. Nr. 442, Stäbli Adolf, Sommermorgen, 1894, Öl auf Leinwand.
309 Stadt Brugg; Foto: Dominik Golob.
310 Aus: Bodmer-Gessner, Verena: Frauen aus dem Aargau, 1964, S. 108.
311 Aus: BgNbl 97 (1987), S. 81.
312 StABg F 001.724.
313 Foto: Hans Weber, Lenzburg.
314 Metron AG; Foto: Priska Ketterer, Luzern.
315 StABg F 002.1.132.
316 StABg F 001.194.
317 StABg F 002.7.19.
318 StABg Postkarten sowie Foto: Dominik Golob.
319 Denkmalpflege AG K 00237.

320	Aargauer Kantonsbibliothek Max 21 Bl. 8; Collection Schauenburg, Editions Gilles Attinger, Hauterive, 1989 et Bibliothéque militaire fédérale à Berne.	353	StABg Q 001.4.1 und Foto: Dominik Golob.
321	Ausschnitt aus der Siegfriedkarte 1:25 000, Erstausgabe 1878; Daten von: swisstopo, Wabern.	354	StABg F 003.1.264 und Foto: Dominik Golob.
322	StABg F 001.1122.	355	StABg F 003.1.69 und Foto: Dominik Golob.
323	StABg F 001.990.	356	StABg Q 001.4.1 und Foto: Dominik Golob.
324	StABg F 001.258.	357	StABg F 001.119.
325	StAAG AA 1834 S. 178.	358	Grafik: Susanne Mangold; Vorlage aus: Ammann, Wirtschaft und Lebensraum, S. 32.
326	StAAG GS 379/2.		
327	StABg F 001.571, Foto G. Felber, 1898.	359	StABg F 002.1.23.
328	Denkmalpflege AG K 02355.	360	Grafik: Susanne Mangold.
329	StABg F 001.66.	361	StABg F 1016.
330	StABg F 001.591, Foto G. Felber 1898.	362	StABg Q 001.4.6.
331	Denkmalpflege AG K 22675.	363-1	Aus: Festschrift, hg. vom Schweizerischen Bauernverband zu seinem 25-jährigen Jubiläum, 1897-1922.
332	Ref. Kirchgemeinde Umiken; Foto: Dominik Golob.		
333	StABg F 001.700.	363-2	Aus: ebenda.
334	Aus: Führer durch Brugg & Umgebung, erschienen um 1910, Privatbesitz; Foto: Dominik Golob.	363-3	Foto: Dominik Golob.
		363-4	Foto: Dominik Golob.
		363-5	Aus: Festschrift, hg. vom Schweizerischen Bauernverband zu seinem 25-jährigen Jubiläum, 1897-1922.
335	StABg F 001.238.		
336	StABg F 001.361 und F 001.367.	363-6	Foto: Dominik Golob.
337	Foto: Dominik Golob.	363-7	Foto: Dominik Golob.
338	Aus: Baumann, Windisch, S. 359; Foto aus: Great industries of Great Britain. London, Paris, New York, o. J., S. 44.	363-8	Foto: Dominik Golob.
		364	StABg F 002.4.3.
		365	StABg E 001.1.2.
		366	Aus: Geschäftsbroschüre Jäggi Baugeschäft Brugg, Stadtbibliothek Brugg.
339	Hansruedi Müller, Brugg-Lauffohr.		
340	StABg; Stadtplan Brugg und Windisch, 1965.		
		367	StABg F 002.1.8.
341	Aus: BgNbl 113 (2003), S. 98.	368	StABg BgT, 1.9.1977; Foto: Dominik Golob.
342	Ar IBB, Ordner EW.		
343	StABg, Planarchiv Lauffohr, ohne Signatur.	369	StABg F 002.1.3.
		370	StABg F 001.355.
344	Daten aus: Bundesamt für Statistik, Volkszählungen.	371	Aus: BgNbl 97 (1987), S. 144.
		372	StABg F001.1105.
345	Titus J. Meier, Brugg.	373	Aargauer Kantonsbibliothek Max 21 Bl. 9; Collection Schauenburg, Editions Gilles Attinger, Hauterive, 1989 et Bibliothéque militaire fédérale à Berne.
346	StABg Q 001.4.1.		
347	StABg F 002.2.80.		
348	Daten aus: BAR E 7172 (A) -/1, Bd. 1, 1877-1911; Bd. 2, 1911-1925; Bd. 3, 1924-1932.		
		374	StAAG P.05/0008.
349	StABg F 002.7.1.	375	Stephan Weber, Brugg.
350	Daten aus: Betriebszählungen und Pendlerstatistik.	376	Quellen: Frauenlob, Verkehrspolitische Entwicklung. Statistische Tabellen und Statistische Jahrbücher der SBB.
351	StABg F 001.158 und Foto: Dominik Golob.		
		377	Quellen: ebenda sowie Auskünfte von Martin Pfändler, Bahnhof Brugg.
352	Alfred Forster, Brugg, und Ar Aargauer Zeitung, Redaktion Brugg.		
		378	Grafik: Susanne Mangold.

379 Michaeliskarte 1:25 000, 1837–1843, Daten von: Aargauisches Geographisches Informationssystem (AGIS).
380 StABg F 001.149.
381 Aargauer Kantonsbibliothek JQ 4.
382 Daten aus: StABg A 1, Bl. 35–49.
383 Daten aus: StABg A 319.
384 Aargauer Kantonsbibliothek Max 21 Bl. 10; Collection Schauenburg, Editions Gilles Attinger, Hauterive, 1989 et Bibliothéque militaire fédérale à Berne.
385 Daten aus: 150 Jahre Kanton Aargau, S. 492. Statistisches Jahrbuch des Kantons Aargau 2002, S. 156.
386 Stadtkanzlei Brugg, Akten GR 3/17, Mappe 1; Foto: Dominik Golob.
387 Stadtbauamt Brugg; Foto: Arthur Dietiker, Brugg.
388 StABg F 002.1.36.
389 Daten aus: Statistisches Jahrbuch der Schweiz 2003, S. 447.
390 Aus: Setz, Emil: Die Stadt Brugg auf alten Ansichten, Nr. 11.
391 Michaeliskarte 1:25 000, 1837–1843, Daten von: Aargauisches Geographisches Informationssystem (AGIS).
392 StAAG V/4-1998/001, fol. 24.
393 Ausschnitt aus der Siegfriedkarte 1:25 000, Ausgabe 1940; Daten von: swisstopo, Wabern; Landeskarte reproduziert mit Bewilligung von swisstopo (BA 056989).
394 StABg F 002.1.39.
395 Daten aus: RBE 1931–1980.
396 StABg.
397-1 StABg F 003.1.41.
397-2 StABg F 003.1.5.
397-3 Foto: Dominik Golob.
397-4 StABg F 001.193.
397-5 Foto: Dominik Golob.
398 Banholzer u. a., 100 Jahre Industrielle Betriebe, S. 52.
399 Foto: Dominik Golob.
400 Ar IBB.
401 Daten aus: RBE.
402 Aargauer Kantonsbibliothek MaF 505:2.
403 Kantonsarchäologie Aargau; Zeichnung: Theo Frei.
404 Ebenda; Zeichnung: Hannes Froelich.
405 Hartmut Blumer, Brugg.
406 Ebenda.
407 Ebenda.
408 StABg Urkunde 421; Foto: Dominik Golob.
409 Schweizerisches Landesmuseum NEG 42902.
410 StABg; Foto: Dominik Golob.
411 StABg A 486; Foto: Dominik Golob.
412 Hartmut Blumer, Brugg.
413 Ebenda.
414 Ebenda.
415 Stadt Brugg; Foto: Dominik Golob.
416 Aus: Banholzer Max, Die Grabplatten der Brugger Stadtkirche. In: BgNbl 80 (1970), S. 95–106, Tafel 7.
417 Aus: ebenda, Tafel 8.
418 Ref. Kirchgemeinde und Stadt Brugg; Fotograf unbekannt.
419 Denkmalpflege AG A II 4184.
420 Hartmut Blumer, Brugg.
421 StABg F 002.1.101.
422 Aus: BgNbl 48 (1938), S. 56.
423 StABg Fotoalbum ohne Inv. Nr.
424 Ref. Kirchgemeinde und Stadt Brugg; Foto: Dominik Golob.
425 StABg F 002.1.1.
426 StABg F 002.1.1.
427 Ar Aargauer Zeitung, Redaktion Brugg.
428 StABg.
429 Max Baumann, Stilli.
430 Stadtbauamt Brugg; Foto: Luftbild Schweiz Nr. K2-068289, 14. 6. 2002.

Register

Verzeichnet sind Personen, Orte, Firmen, Institutionen, Flur- und Strassennamen, Bauten und Sachbegriffe. Sehr häufig vorkommende Begriffe wie «Aare», «Aargau», «Altenburg», «Bern», «Brugg», «Lauffohr» sowie Autoren von zitierter Literatur oder Urheber von Abbildungen sind nicht aufgeführt. Die auf den Seiten 395-397 aufgelisteten Bürgergeschlechter und die 619f. genannten Strassennamen figurieren nicht im Register. Verschiedene Personen mit identischem Vor- und Nachnamen werden nicht separat aufgeführt. Fett markiert sind die Haupttextstellen des jeweiligen Eintrags.

A

Aal Johannes von 664, 669
Aarau 35, 41, 58, 72, 84, 88, 93f., 96f., 100, 113, 150, 159, 165, 170, 182, 184, 186, 189, 191, 196, 199-201, 207f., 215, 219, 229, 243f., 271-273, 296, 311, 329, 332, 334, 345, 359f., 397, 401, 436, 458, 462, 474, 476f., 483, 486, 488, 490, 498, 515, 519, 528, 537f., 570, 580, 584f., 591, 595f., 602, 605, 608, 616, 621, 624, 664, 676, 682, 687
Aarauerstrasse 18, 234, 543, 554f., 563f., 579, 584, 597, 619, 639, 641, 647
Aarau-Zofingen, Kapitel 689
Aarberg 73
Aarburg 567f., 593f., 680
– von 407
Aaretürli 37
Aargauer Tagblatt 482
– Zeitung 482
Aargauische Hypothekenbank/Hypotheken- und Handelsbank 228, 230, 258, 348, 547f., 555, **582-584**
– Kantonalbank 583, 585
Aargauischer Hausfreund 347, 481
– Wasserwirtschaftsverband 242-246
Aargauisches Elektrizitätswerk 649
Aarwangen 87, 140
Abdankungshalle 391, 393, 491, 638
Abwasser 645-647
Ackermann Ulrich 500
– Bierbrauer 420
– Philipp 339
Adelboden 561
Adler, Haus zum 147
Aebli-Areal 581
Aegerter A. 246f.
Afrika 398

Ägerten 617, 637, 643
Agnes von Ungarn 297f., 664, 684
Ägypten 403
Albbruck(-Dogern) 242, 593
Albertus, Leutpriester 664
Albrecht der Lahme, Herzog 610
– I., König 297f.
– II., Herzog 298, 301
– IV. 303
– Herzog 51, 684
Albulagasse 48, 173f., 195, 420, 522
Alder Rolf 273, 361
Alemannen 301, 623
Alexander, russischer Kaiser 184
Alexandria 403
Allgemeine Aargauische Ersparniskasse 581, 583f.
Alméras César 534f.
Alte Promenade siehe Promenade
Alte Zürcherstrasse 13, 15, 18, 258, 264, 266-269, 443, 579, 632f.
Altenburg, Kastell 19f., 22, 301
– Schlösschen 19, 21, 23, 301, 406, 638f.
Altenburgerstrasse 54, 499, 576, 579, 637
Alter Zürichkrieg 43
Altersheim/Alterssiedlung 201, 271, 585
AMAG 584
Amerika 398, 405, 513, 690
Amiet Cuno 485
Ammerswil 657, 682
Ammon Reinhard 480
Amphitheater 251, 493
Amsler 467
– Karl 442
Amsterdam 403, 486
Amtshaus siehe Bezirksgebäude
Anbauschlacht 559
Angliker Rudolf 355
Angst Gustav 209, 219, 221, 339
Anner Emil 485
Annerstrasse 391f., 419, 473, 520, 639
Anzeiger für Brugg und Umgebung 348, 481
Aostatal 398
Appenzell 672
Archivturm 37, 39, 324f.
Arcus, Kulturverein 494
Armagnaken 44f., 51f.
Armut 422-428
Asien 398
Au 310, 343, 420, 497f., 500, 561, 626, 640, 657, 694
Auenschutz 625

Auenstein 81, 523, 698
Aufeld siehe Auschachen
Augst/Augusta Raurica 11, 17, 19, 601
- Wyhlen 239
Augstburger Urs 489
Augustus, Kaiser 16
Auhof 330, 409, 498–500, 503, 505, 626, 640
Auschachen 242, 245, 505, 508, 511, 587
Auswanderung 403–406
Autobahn 247, 249, 617, 619, 645
Auzelg 498
Avenches/Aventicum 11, 215

B

Baar 679, 687
Bäbler Johann Jakob 450
Bächli 79, 187, 481, 521, 533
- Anna Barbara 92
- Barbara 328, 383
- Esaias 328
- Hans Jakob 320
- Johann Jakob 167f., 170–172, 175–182, 184f., 189, 335, 533, 581, 605
- Johann und Jakob 679
- Johannes 687
- Lukas 170
- Susanna Magdalena 432
- Susanna Maria 427
- Ulrich 87f., 430
Bäckergewerbe 517, 526, 530
Bad Schinznach 313, 441, 487, 622f., 649
Badanstalten 455–457
Badbach 590, 625
Baden 17, 35, 41, 45, 48, 97, 124f., 150, 193, 199–201, 218, 223, 228, 230, 251, 257–259, 271, 273, 296f., 342, 345f., 353, 358–360, 374, 390, 397, 453, 459f., 473, 476, 483, 538, 542, 548, 565, 570, 580, 595f., 604, 616, 621, 624, 658, 661, 664f., 672, 700
- Grafschaft 38, 107, 162, 305, 334, 435, 520, 567
- Markgrafschaft 403
Badener Tagblatt 482
Badenerstrasse 263f., 267, 454, 579, 581, 584, 619, 633
Badschachen 644
Badstrasse 497
BAG Turgi 230
Bahnhof 201, 210, 220, 250–252, 255, 262–264, 266, 439, 491, 538, 541, 574, 579–581, **596–599**, 621, 629, 633, 642
- Hotel 351f., 357–359

Bahnhofplatz 264, 266, 443
Bahnhofstrasse 263f., 267, 480, 505, 579, 597, 615, 619, 629, 640, 642
Baldegg Hans und Markwart von 53, 304, 511
Bank Aufina 584
- Coop 584f.
Banken 581–584
Bart Rudolf 468
Barth Albert 490
Basel 44, 51, 114, 180, 199–202, 208, 210, 221, 239–248, 264, 272, 390, 405, 464, 487, 490, 523, 565, 571, 589, 595f., 600f., 605, 629, 646, 663–665, 670, 672, 681
- Bistum/Bischof 657, 677, 699
- Landschaft 272, 473
Basler Arthur 360
Baslerstrasse 233, 419f., 426f., 509f., 573, 607
Baslertor 26, 33, 38, 191f., 309
Bäuerlin Konrad 335
Bauernverband siehe Schweizerischer B.
Baugewerbe 521, 549
Baumann 683
- Albert 475
- David 356
- Lukas 693
Baumann, Hirt & Cie. 540, 542
Baumwollweberei Brugg 554
Bauordnung/Bau- und Nutzungsordnung 629, 632, 636
Baur Jakob 350
- Otto 523
- Paul/Baur & Cie. 545, 551f.
Bäurlin 577
- Hermann 219
- Johann Heinrich 403
- Johannes 129–142, 148, 321
- Magaretha 405
- Samuel 71, 139f.
Bäurlin, Kappenfabrik 537
Bayern 593
BBC siehe Brown, Boveri
Bebié Edmund 548
- Heinrich 537
Beck Abraham 431
- Abraham 527
- Hans Jakob 113
- Heinrich 110–113
- Jakob 98
- Regula 427
Befestigung (siehe auch einzelne Tore und Türme) 33, **37–39**, 45, 49, 53f., 191–196, 293, 324–326, 638

Beginen 665, 667
Beguttenalp 458f.
Bekleidung 432, 519
Belart 25, 194, 398, 420, 690
- Carl 371, 377
- Gottlieb 55, 222, 224, 544
- Hans 398
- Jakob 178, 182, 528
- Johannes 175, 180, 185
- Salome 104
- Henz Veronika 398
Belp 535
Berlin 227, 256, 393, 403, 486, 490f.
Berneis Moritz 369
Beromünster 664, 675
Bertschinger(s Söhne, Th.) 240–242
Berufsschulen 472–474
Besançon, Erzbistum 657
Besserstein 406
Betschon Arthur 700
Bevölkerungsentwicklung 55, **365–368**, 635
Bex VD 593
Bezirksgebäude/Amtshaus 110, 115, 193, 328, 340, 577
Bezirksschule 423, **468–470**, 474, 476
Bezirksspital 201, 230, 271, 378, 405, **585**
Beznau, Kraftwerk 518, 649
Biberstein 180, 516
Biel(ersee) 89, 401, 595, 675
Bilander 561f., 635, 637, 643
Biland-Häny Friedrich 230
Billard-Club 165–168, 171–173, 176, 179, 181, 334
Binder Gottfried 699f.
Bindschädler Erna 694
Birch Kaspar 670
Birmenstorf 31, 108, 570, 613, 615, 680, 696–698
Birr 81f., 87, 181, 215, 294, 355, 523, 570, 615, 651, 653, 698
Birrenlauf siehe Schinznach-Bad
Birrfeld 210, 234, 450, 560f., 580, 593, 596, 600, 604, 608, 617f., 633, 636, 646, 698
Birrhard 698
Bläuer Vreneli 422
Blauring 451
Bliggenstorfer Hermann 578
Blumenstrasse 555
Bochsler Auguste 470
Bodenacker(strasse, Schulhaus) 253, 546, 555, 599, 621f., 635

Bodensee 239–242
Bodmer, Seidenweberei 220, 508, 542–544, 549f., 563
Bollag 572
- Arnold 353
- Henri 573
- Leopold 572
Boller-Hirt Sabine 694
Bollinger Ernst 248
Bonaparte Napoleon 184, 189, 333f., 375
Boniswil 570
Bordeaux 159
Bossart Viktor Ferdinand 679, 687
Bosshardt Oskar 244–247
Böttstein 503
Bözberg (auch Amt/Gericht) 26, 53, 78, 81, 83, 85, 193, 201f., 239, 296–298, 300, 302, 304, 308, 310, 323, 325, 328, 330, 374, 419, 444, 503, 509, 511f., 533, 567, 570, 589, 593, 598, 601f., 604, 606f., 609f., 613–615, 623, 645, 669, 684
Bözbergbahn 200, 207–210, 538, 541, 549, 596, 599, 624
Bözen 82, 84, 205, 307, 570, 616, 665
Brack Samuel 355
Bräker Ulrich 89
Brandenburg 403
- Markgraf von 51
Braun Jacques 487
Breisgau 601
Breitinger 421
- Johann Jakob 681
Bremgarten 359, 436, 472, 664, 669, 675, 679
- bei Bern 57
Brentano Karl 417
Brestenberg 206, 403
Broechin Ernst 490
Bronner Franz Xaver 537, 626
Bronzewarenfabrik AG Turgi 230
Brotlaube 517
Brown, Boveri & Cie. (BBC) 230, 359, 560
Brücke (Aarebrücke beim Schwarzen Turm) 18, **25–29**, 30–34, 54, 162, 191, 250, 293, 618, 658, 681
Bruderhaus 623, 642
Bruderschaften 664f., 667
Brugg Regio siehe Regionalplanung
Brugger 320
- Daniel 107
- Generalanzeiger 482
- Hans Rudolf 143
- Rudolf 528

Brugger Neujahrsblätter 493, 624
- Tagblatt 229, 482
- Wochenblatt 481
- Zeitungsverein 545
Bruggerberg 28, 42, 45f., 51, 53, 55, 64, 174, 247, 249, 250-252, 255, 304, 377, 409, 420, 440, 503, 508f., 511-514, 518, 623, 635, 639, 672
Brugg-Lenzburg, Kapitel 88, 409, 676f., 689
Brun Christoph 361
Brune Guillaume 334
Brunegg 573, 653
Brunn Peter 679
Brunnen, öffentliche 25, 28f., 478, 522f., 526, 638, **640-642**
Brunnenmühle 25, 162, 292, 314, 330, 372, 420f., 426, 473, 502, 516-520, 527, 533, 643, 683
Brunnenmühlesteg 615, 643
Brunner Jakob 522
Brunner-Brugg Peter 487
Brunnschweiler Susette 375
Bruppacher Hans 676
Bucer 673
Buch am Irchel 669
Buchhorn Johannes 686
Büchler & Gebhardt/Büchler & Straub, Zigarrenfabrik 539
Büchli Werner 492
Buchs AG 256
Bülach 609
Bulgheroni Viktor 360
Bullinger 418
Bullinger Heinrich 49, 436, 484, 671
Bünz 623
Bünztalstrasse 617
Burckart 418
Burckhardt Lucius 249, 255
Büren 503
Büren Philipp von 73
Bürer Albert 670f.
- Hans 670
Burgdorf 71, 80, 90, 567, 608, 687
Bürgergeschlechter 395-397
Bürgernutzen 341, 404f., **409f.**, 512
Burgerziel **291f.**, 329, 500, 504f., 511, 540
Burgfelden bei Basel 105
Burghalde 512
Bürglen BE 84
Burgund 303, 593
Burkhart Stoffel 141
- Susanna 401
- Wilhelm 369
Büttikon, Herren von 407, 416, 418

C

Cablecom 654
Cäcilienverein 451f.
Caeno, Centurio 12-16, 18f.
Cambridge 58
Campus 11, 239, 271-273
Capito 673
Casino 55
Chaibhalde 512
Chemische Fabrik Brugg 498, 541, 543, 545f., 551, 637
Chorgericht 86, 97-100, 102-106, 309, 327, 367, 369-373, 377f., 381-383, **429-431**, 432-435, 442
Chovin Anton 369
Chräpfele 304, 511
Chrischona-Gemeinde 695
City(-Planung) 264-269, 565, 580f., 633f.
Clarin 89, 522
- Michael 57, 677, 681
Cleveland 407
Collegium Musicum 439f.
Comersee 675
Commercio 30
Comte-Nabholz Gertrud 361
Coop 266-268, 443, 580, 633f.
Credit Suisse 584
Cuénod 421

D

Daetwiler, Altstofffirma 540, 542
Dägerfeld Jakob 370
- Ingold Maria 328
Dambach Isaak 339
Dänemark 403, 528
Dättwil 342
Debrunner Louis 540, 542
- Gütli 419
Degerfeld 594
- Hans 592
- Wilhelm 679
Denkmalschutz 638f.
Deponie 647
Deutschland 168, 176, 196, 358, 398, 400, 403, 439, 480, 488, 523, 536, 600, 604f., 608, 652
Diemtigen 57, 89
Dienstmägde 114f., 417, 432
Diesbach bei Thun 80, 90f.
Diessenhofen 401, 680
Dogern 187
Doktor-Marie-Heim-Vögtlin-Weg 207
Donau(eschingen) 370, 523

Dorer & Füchslin, Architekten 258, 491
Döttingen 228, 359
Drack Ed. 697
Dreifuss 572
Dreizelgenwirtschaft 301, 497, 513
Dresden 207, 485, 487
Dübi Walter 233f., 417
Dubler Johann Edwin 352, 700
Duchêne Philipp 467
Dufourhaus 120, 212, 500
Düll Johann Ulrich 151
- Laurenz 83
Düllenacker/-weg 501, 508, 632
Dülly Jakob 481
Dünz 69, 401, 522
- Abraham 84, 403
- Hans Jakob (I./II.) 143, 483f.
- Johannes 484f.
- Jost 317
- Rauchenstein Anna Maria 372
Duraeus Johannes 63

E

Eck Johannes 672
Eckinger Theodor 232, 447
Edlibach Gerold 46, 49
Effingen 198, 232, 416, 503, 512, 574, 602, 604, 606, 609, 616, 698
Effinger 75f., 129, 204, 407f., 416, 418, 420, 568, 660, 675
- Hans Friedrich 58–60, 316, 467, 479, 678
- Hans Heinrich 683
- Ludwig 41
- Lüpold 36
Effinger'sche Stiftung 67
Effingerhof, Buchdruckerei/Verlag 35f., 205, 228–230, 347f., 480f., 539, 543, 545, 547, 550–553, 555, 560, 574
- Festung 33, 35–37, 41, 47, 50, 53, 204f., 407, 539, 658, 660
Egger Anna Esther 427
- Katharina 117
Eglisau 104, 244, 242
Egliswil 570
Ehfäde **291f.**, 504f., 509, 511, 540, 578
Ehrenbürgerrechte 232f.
Ehret A., Modelschreinerei 545
Eichernzelg 497
Eierholen/Eiertütschet 436, 461
Eigenamt (siehe auch Königsfelden, Landvogtei) 32, 42, 52, 295, 297f., 302f., 307, 325, 437, 502, 505, 534f., 566, 604, 649, 657, 674

Eigenthal 459
Einbürgerung 393–399, 515
Eingemeindung **224–226**, 292, **331–345**, 472, 630, 636, 643, 657, 691
Einsiedeln 612, 665
Einwohnergemeinde 338–340
Einwohnerrat 345f.
Einwohnerverein 349, 352, 451
Eisenach 377
Eisenbahn **199–202, 207–210**, 239, **537f.**, 541, 565, 568, 571f., **595–600**, 605, 624, 637f.
Eisi(platz) 37f., 47, 54, 194, 197, 200f., 217, 232, 250–252, 255, 259, 262f., 266f., 358, 441, 446f., 462, 480, 504, 508, 527, 607, 621, 639–641
Elektrizität(swerk) **218–221**, 224, 348, 446, 542f., 547, 549, 558, 562, 624f., 629, **648–650**, 652
Elfingen 81, 84f., 300, 355, 601, 614, 616
Elsass 187, 298f., 303, 403, 510, 535, 601, 609, 657, 664
Emmen 486
Emmisberger Anna 97–100
Endingen 328, 383, 572
Engelberg, Kloster 664
England 44, 63, 403, 595, 606
Engmatt 512
Ennetturgi 653
Entfelden 535
Enzianweg 600
Erlach 80, 687
- Ludwig von 188
Erlinsbach 458
Ernährung 442f.
Ernst Niklaus 677, 681
Essin Holding 564
Etter Paul 693, 704
Evangelische Allianz 695
Excelsior, Kino 454
Eyer Philipp 535

F

Fabri 672
Fachhochschule siehe auch Technikum 11, 239, 271–273
Fähren 602, 613
Fahrländer Karl 342
Fahrwangen 600
Falcini Johann 567
Falken, Haus zum 30, 110f., 163
Falkengasse 25, 111, 116, 420, 444f., 493, 519
Falkenstein Hans von 45, 52

- Thomas von 43, 45–51
Farbenfabrik Vindonissa 545, 564
Farbturm 38
Farnsburg 45, 51f.
Fasnacht 435f., 701
Fatzer 564
Feer 89
- Abraham 523
- Hans Jakob 107f., 605
- Jakob Emanuel 62, 69, 92f., 159, 176, 178–182, 186, 189, 330, 467, 515, 527, 682
- Johann Jakob 175, 321, 323, 605
- Johannes 177, 403, 534
- Samuel 457, 519, 526
- Sigmund 180, 187, 534
Fehlmann Adolf 355
Felber Gottlieb 485
- Johannes 328
Fellenberg 138
Fels C. 241
Ferienversorgung/Ferienkolonie 457–460
Festspiele 453
Feuerwehr 37, 439, 443f., 460, 463, **644f.**
Fierz Robert 220
- Seidenweberei 220, 508, 542–544, 550, 562
Finanzverwaltung 330f., 340f.
Finsler Walter 660
Finsterbach 372f.
Finsterwald 632, 651
- Hans 355
- Hans Jakob 308, 372
- Heinrich 219, 353
- Jakob 354f., 546
- Johann Kaspar 180f., 325, 332
- Johannes 175, 188, 308
- Rosa 377
- -Karli Anna 381
Finsterwald (& Schatzmann) (auch Finsterwald, Gebhard & Cie.), Giesserei 540, 542, 544f., 550f., 554
Fisch Hans Jakob 100
Fisch, Wild & Comp. 205, 539, 542
Fisch-Hagenbuch Gottlieb Friedrich 204f., 539
Fischer 422
- Bernhard 264
- Friedrich 414
- Georg AG 560f., 564, 635
Fischerei 516
Fischergut siehe Rauber-Haus
Fischer-Hofer Emmi 694
Flandern 528, 534
Florenz 183

Flurnamen 507f.
Forstwirtschaft siehe Waldwirtschaft
Fortatech 564
Fovel d'Orléans 439
Frankfurt 41, 60, 297, 479f.
Frankreich 16, 43, 52, 75, 156, 165f., 179–181, 183, 186f., 196, 332f., 372, 519, 527f., 536, 607
Frauenfeld 465
Frauenschule 474
Frauenstimm- und -wahlrecht 361–363
Frei Emma 690
- Fritz 256, 258
Freiamt/Freie Ämter 209f., 305, 334, 520, 567, 600
Freiburg 593, 672
Freienbach Heinrich von 664
Freienhausen 498, 512, 628
Freudenau 299, 406, 602, 606
Freudenstein 55, 202, 204, 207, 210, 226, 357, 508, 527, 538f., 623, 641
- Schulhaus/-Turnhalle 196, 249, 338, 641
Frey 69, 89, 578
- Adolf 452
- Christoph 89
- Dorothea 369
- Emil 219f.
- Friedrich 175, 187f., 407, 528, 677
- Jakob Friedrich 690
- Johann Friedrich 88, 433–435
- Johann Heinrich 87, 677
- Johann Jakob 176, 187
- Johannes 72, 149, 173–178, 182, 187f., 322, 421
- Julius 407
- Samuel 89
- Wilhelm 405
Frick 523, 549
Fricker 414, 418
- Johann Jakob 468
- Niklaus 421, 660
- Samuel 577
- Thüring 660, 666
Frickerberg 559
Frickerstrasse 619, 639
Frickgau, Dekanat 677
Fricktal 26, 38, 44, 180, 200, 228, 334, 534, 609
Frico, Farbenfabrik 554, 561, 564
Friedhof 60, **391–393**, 555, 678
Friedrich der Grosse 485, 488
- III., Herzog 297
- III., König 41–43

- IV., Herzog 303f.
- Herzog 35

Frisch Max 249

Froelich Albert 201, 227, 233, 256, 391, 393, **490–492**
- Charles 192
- Maria Louise 476f.

Fröhlich 89
- Abraham Emanuel 93, 488
- Edmund 85, 362
- Emanuel 57, 62, 65, 68, 79, 88, 92f., 159, 161f. **164**, 167f., 170, 174f., 179, 181, 185, 189, 316, 318, 322, 376, 433f.
- Friedrich Theodor 164, 488, **490f.**
- Fritz 89
- Samuel Gersom 376
- Samuel Heinrich 89, 375, 691

Fröhlichackerstrasse 632

Fröhlichstrasse 453f., 461, 543, 563, 619, 641

Frölich & Cie. 605

Frölich & Keller 329

Frölich 79, 89, 111, 148, 152, 174f., 186, 320, 322, 380, 419f., 520, 523, 605
- Abraham 89, 159–167, 170f., 174f., 178f., 181, 184, 189, 332, 376, 534f.
- Abraham Emanuel 164
- Albert 704
- Daniel 170, 184
- David 143
- Franz 200
- Friedrich 336
- Gabriel 71
- Gotthold 195
- Hans 350f.
- Hans Jakob 65, 79, 149, 161, 168, 317, 321, 330, 373
- Hans Rudolf 373
- Isaak 533
- Isaak und Comp. 421
- Jakob 89, 96, 317
- Johann 605
- Johann Friedrich 403
- Johann Heinrich 79, 85, 92f., 131, 134f., 138, 140–142, 149, 528, 605, 682
- Johann Jakob 79, 85, 110, 149, 151f., 163, 170, 403, 419, 605, 682
- Johannes 82, 107–109, 159, 170, 174, 335, 435, 519, 605
- Kaspar 679
- Katharina 146
- Katharina Elisabeth 92f.
- Leopold 442f., 455
- Lorenz 403
- Martin 369
- Paul 184
- Rudolf 151
- Samuel 163, 187
- Samuel Friedrich 403, 427
- Susanna 159
- Susanne Maria 149

Frölich, Palais (heute Stadthaus) 110, 151f., 185, 217, 224, 256, 403, 419, 421, 485, 532f.

Frölich-Zollinger 362

Frontismus 356–359

Fröschenturm 38f., 53

Fry Konrad 329
- Magdalena 330
- Sigmund 27, 30, 32, 51, 436, 662, 675f., 683

Füchsli Ulrich 669, 673

Füchslin 69, 89, 266, 418, 475
- Anna Katharina 149
- Anna Maria 129
- Balthasar 403
- Christian Rudolf 687
- Daniel Rudolf 71
- Hanruedi 633
- Hans Jakob 321
- Heinrich 103–108, 577
- Johann Abraham 423
- Johann Franz 149, 152, 319
- Johann Heinrich 149
- Karl Rudolf 335
- Philipp 179
- Rudolf 182, 435, 439, 528
- Susanna Maria 149, 173

Füchslin, Hotel 264–266, 268, 270, 359, 443

Fuhrhalterei siehe Spedition

Furrer Jakob 503

Fürstenberg Wilhelm von 684

Fussballclub 450f., 701

Füssli Heinrich 678

G

Galerien 493

Galgenhübel 643

Gallenkirch 341, 512, 601f., 615f.

Gampelen 85

Gansingen 570, 615

Ganz Marie 694

Gartenackerweg 546, 548, 600, 632

Gasbeleuchtung/Gaswerk 218f., 292, 348, 447, 546f., 550, 558, 636, 646, 648, 650, **652f.**

Gastwirtschaften 518f., 530

Gaudy Adolf 699

GE Capital Services 584f.
Gebenstorf 17, 58, 73, 81, 85, 87, 89f., 107f.,
  245f., 486, 503, 523, 537, 613, 615, 617, 653,
  682, 696f.
Gebhardt August 414
Geerehuse 512
Geiger Ernst 485
– Ernst Samuel 704
Geissberger Hermann 548, 690
– Johann Jakob 577
– Rudolf 391
Geissberger, Café 443
Geissenschachen 120, 211–213, 241, 247,
  503, 512
Geissmann Johann Jakob 414
Gellert Christian Fürchtegott 118
Gemeindebann 291–293, 540
Gemeindeversammlung 335–337, 345
Gemeinnütziger Frauenverein 449, 558
Gemeinschaftsantenne 653f.
Gemmipass 449
General Motors 584
Genf 58, 159, 269, 332, 363, 480, 604f.
Genfersee 246, 305, 593, 595
Genossenschaftliche Zentralbank 584
Gentsch, Strasser, Baugeschäft 417, 543–545,
  549, 563
Gerbergewerbe 159f., 162f., 519f., 527, 529
Gerechtigkeit, Haus zur 166f., 172
Gerichtsbarkeit 291, 298, 300, 303, 327–330
Gerig Jacob 389
Gerster Johann 664
Gertrud, von Habsburg-Laufenburg 303
Gerzensee 80
Gesellschaft Pro Vindonissa 451, 458, 493, 638
Gessler 407
Giacometti Giovanni 485
Giessen 377, 528
Giger Jakob 527
Gipf 601
Gislifluh 468
Glarean 676
Glarus 223, 601f., 669, 672
Glass, Möbel(fabrik) 237, 563
Glattbrugg 236
Glöggler Walpurgis 370
Gloor 419
– Walter 344, 360
Goldbach ZH 519
Gontenschwil 95, 99, 570
Gösgen 45, 51
Gottfried, Graf von Habsburg-Laufenburg 32

Gotthard(bahn) 209, 244, 589
Göttingen 75, 119, 126, 168, 176, 183, 487
Graf J. B. 577
– Maria 330
– Sigmund 600
Grafenried 681
Graff Anton 485, 487
Gräff Johann Heinrich 682
Grandjean, Zimmermann & Cie.
  siehe Chemische Fabrik Brugg
Gränichen 84, 474, 670
Graubünden 480, 589, 600
Graz 664
Greifensee 51
Grenacher Karl 233, 490
Grenzen 291–293, 540
Grenzweg 292, 509
Griffensee, Herren von 407
Grindelwald 85
Grob Eduard 350f., 553
Gröningen 58
Groschupf Louis 244f.
Gross Jakob 676
– Magdalena 103–109
Grülich 371, 418, 421, 517, 567
– Hans 36, 46f., 49, 660
– Johann Ulrich 75
– Ulrich 41
– -Kull Sara 98
Grundelosen 299f.
Grünenberg Grimm von 610
Grüninger Johannes (Grüninger-Bibel)
  686, 695f.
Grüt 497
Grütstrasse 555
Gubler Ernst 486
Güggel, Haus zum 129, 398
Güggelgässli 170
Guggenheim 572
Gunten Annelies von 694
Gwerb Hieronymus 369
Gyger Anna Maria 372f.
Gyger Johann Ulrich 78

H

Haase Paul (& Cie.), Kragen- und Hemdenfabrik
  417, 544f., 549–552, 563
Haberer Hemmann 436f.
Habkern 80
Habsburg 302, 406f., 504, 570, 615, 649, 661, 698
– Grafen von, bzw. Habsburg-Österreich 21f.,
  26f., 32, 34, 36–38, 41–43, 45, 49, 53,

295–298, 300–302–304, 406f., 502, 511, 515, 610, 661
- Restaurant 461
Habsburgerstrasse 420, 497, 647
Habsburg-Laufenburg, Grafen von 303
Haefner Walter 584
Häfeli Hans 361
Häfelin Adelheid 369
Hafen 238–249, 595
Hafner 498
- Daniel 310
Hafnerweg 635
Hallenbad 259–262, 457
Haller Albrecht von 118, 485, 487
- Anna Barbara 114
- Berchtold 672, 674
- Christian 489
- Fritz 271, 475
- Peter 487
- Theodor 207, 210f., 339
Hallwil 570
Hallwil/Hallwyl, Herren von 303, 408, 469, 610
- Hans Georg von 331, 684
- Hans Hartmann von 684
- Hartmann von 407, 509, 681, 684
- Samuel von 684
- Türing III. von 303
Hallwylerfestung/Hallwylerhof 37–39, 53, 63, 331, 407f., 469, 661, 684
Hallwylerschulhaus 64, 196, 468f., 472, 697
Hamburg 176, 523f.
Hämiken/Hämikon 497, 561, 628
Handmann Emanuel 485
Handwerk 113, **515–530**, 537, 566
Handwerk(er) 148
Hänni & Haenggli, Architekten 257, 259
Hannover 323, 403, 488
Hansfluh(steig) 38, 54f., 433, 509, 512, 637
Häny Friedrich 215
- Hartmann Marie 215
Harder Kilian 675
Härdi 600
Hartmann Barbara 117
- Isaak 339
- Karl 360f.
Hasenberg 459f.
Haslital 89
Hassler Catharina 94, 96
Hauenstein 201, 208, 596
Haug Silvia 361

Hauptgasse/Hauptstrasse 13, 18, 32–34, 41, 115, 118, 129–131, 146f., 150f., 157, 159f., 163, 166, 168, 170–172, 176f., 192f., 195, 197, 216f., 249, 258, 339, 412, 418–420, 441, 461, 493, 501f., 517f., 520, 522, 528–530, 538, 565f., 576, 578f., 582, 605, 618, 660
Häuptinger Andreas 676
Hauptwil 375f.
Hausen 252, 266, 356, 374, 504, 570, 597, 616f., 651, 653, 698
Hauser F., Holzindustrie 543, 545
- Johann Heinrich 220–222, 544
Häusermann Katharina 432
Hausfreund siehe Aargauischer Hausfreund
Hausmann Fritz 358
Hausnummern 448
Hebammen 115, 378f., 383, 423, 504
Heer Eugen 696
Heidelberg 403, 664, 681
Heim Albert 207
- -Vögtlin Marie 205–207
Heimatmuseum 485, 494
Heimatwerk 575f.
Heimindustrie 531–537
Helbling Arnold 487
- Willi 486f.
Helfgott Maria 384
Helvetische Gesellschaft 487
Hemberg 459
Hemmann 69, 194, 419
- Daniel 92, 170
- Jakob 434
- Johann Jakob 85
- Maria Elisabeth 92
Herisau 221f.
Herrenmatt 420, 508f., 533
Herzig Hans 638
- Markus 361
Herzog (von Effingen) Johannes 181, 335, 397, 581
- Ernst 232, 340
Herzogstrasse 250
Hess Johann Jakob 118
Hessen 403
Heuberger Samuel 30, 34, 291
Hiltbrand Matthäus 669, 680
Hiltebrand Helena 371
Hiltpold Samuel 355
Hirschen 114, 151, 155, 157, 419
Hirt Fridli 437
- Hans Jakob 378
Hitler Adolf 359

Hodler Ferdinand 485
Hofstatt 33f., 36f., 41, 48, 131, 210, 213, 215f.,
    251, 325, 327, 378, 407, 420, 424, 458, 494,
    501f., 522, 586, 638
Höhere Technische Lehranstalt
    siehe Technikum
Hohlgasse 517f., 639
Hohlweg 419, 502
Holderbank 81, 87, 89, 92f., 303, 594, 601f.,
    605, 608f., 653, 682
- Gruppe 564
Holderweg 600
Holengasser 418
- Hans 141, 146
Holliger 577
Hölzli 498f., 512, 597, 626, 628, 640
Homberg 512
Hoppeler Heinrich 414
Hornussen 601f., 696
Hottwil 307, 570, 616
Howald Hans Peter 340, 360
HTL siehe Technikum
Hubler Lienhart 141
Huldi Jakob & Cie., Bauschreinerei,
    Chaletfabrik 224f., 545
Hummel Gottlieb Heinrich 404
- Jakob 369
- Johann Heinrich **57-63**, 79, 391, 466f., 479,
    484f., 678, 682
- Hafnermeister 317
Hummelstrasse 555
Hünerwadel Ernst 473
- -Schilplin A. 542
Hüningen 187
Hunzenschwil 605, 608f., 617
Hunziker & Cie., Baustofffabrik 221, 499, 546,
    552, 560f., 564, 624, 643
- Hans 244, 417
- Walter 263
Hürbin Gustav 350f., 548
Huser Ursula 104f.
Huttwil 512

I

IBB siehe Industrielle Betriebe Brugg
Iberg 406
Im Hof 420
Imhof 89, 401
- Adam 89
- Barbara 370
- Johann Rudolf 533
- Johannes 75, 87

- Martin 89
- Samuel 71
Indien 536
Industriekulturpfad Limmat-Wasser-
    schloss 564
Industrielle Betriebe Brugg 558f., 625, 642f.,
    648, 649, 652-654
Industriestrasse 201, 542
Ingolstadt 672
Innsbruck 42
Ins 80
Interlaken 80
Iselin Hieronymus 605
Isoplast, Verbandstofffabrik 555, 564
Italien 358, 491, 536, 549, 600, 652, 681
Itele 299f., 602
Ith Johann Samuel 70

J

Jaeger Hans 443, 460f.
Jäger 380, 523
- Friedrich 194, 202-204, 207, 210, 349,
    414, 538f.
- Gottlieb 194, 198, 210, 404, 414
- Johann Jakob 335
- Marie 371, 392
- Samuel 581
Jägergut 419
Jäggi, Baugeschäft 545
Jahn Viktor 232, 362, 458f., 690, 693, 704
Jelmoli 235, 262-264, 419, 579-581, 639
Juden 572
Jugendfest siehe auch Rutenzug 440f.,
    461-463
Jungmannschaft 352f.
Jungwacht 451
Jura 45, 208, 600
Jurastrasse 632

K

Kabelwerke Brugg 223, 233f., 358, 542f., 545,
    548, 550-553, 555, 558, 560f., 564
Kachelhofer Catharina 377
Kadetten 458, 462f., **470f.**, 624
Kaiserstuhl 35, 665, 668f.
Kaisten(berg) 559, 601
Kälin Otto 486
Kalt Heinrich 669
Kambodscha 398
Kanada 487
Kanalisation 446, **646f.**
Kandrer Johann 664

Kantonales Seminar 427, 474
Kanzelin, «Graf von Altenburg» 22, 301
Kapellen 661, 675
Kappeler Anna 387
- Heinrich 427
Karl I., König 63
- IV., Kaiser 297
Karli Abraham und Samuel 577
Karlsruhe 485
Karrer Walter 360
Käser Heinrich 355
Kaserne 210, 212f., 216, 508f., 511, 555, 587, 638, 697
Kasinobrücke siehe Umfahrung
Kasteln 180, 198, 406, 609
Kastenhofer Sara 147
Kastenhoferin Susanna 110, 112–114
Katharina die Grosse 488
Kaufhaus 25, 110, 115, 328–330, 478, 565, 576f., 660
Kaufmann Johannes 669
Kaufmännische Berufsschule siehe Berufsschulen
Kaufmännischer Verein 474
Kavalleriereitverein 451
Kehricht(abfuhr) 448, 647f.
Keisereisen 79, 418
- Daniel 170, 644
- Heinrich 147
- Johann Heinrich 58, 79, 150
- Johann Konrad (Keysereysen) 677, 681
- Johanna 328
- Katharina 427
Keller & Cie. 545
Keller 577
- Alfred 230, 417
- Anna Katharina 92
- Ernst 600
- Gottfried 489
- Jakob 430
- Karl 600
- Lebrecht 533
- Samuel 69
- Traugott 548
Kestenberg 32, 675
Kiepp Matthias 83
Kindergarten 468
Kinderspital 205
Kino 453f.
Kirchbözberg 602
Kirchdorf AG 696
Kirchdorf BE 80

Kirche siehe Stadtkirche
Kirche, katholische 224, 251, 261, 559, 638, **697–702**
Kirchgasse 32f., 170, 308, 310, 408, 441, 500, 522, 565, 660
Kirchgemeindehaus 692
Kirchhof/Kirchplatz 219, 661, 681
Kirchrued 83, 92f., 682
Kistler (+ Strasser), Baugeschäft 544, 563
- Ernst 254
- Urs 360
Kläranlage 646f.
Klauser Konrad 465
Kläusler 697
Kleine Aare siehe Strängli
Kleinert Viktor 268, 634
Klingnau 228, 242, 248f., 255, 664f., 669
Klosterzelg 231
Koblenz 240, 246, 248, 594
Kohler Franz 427
Koller Rudolf 485
Kölliken 83, 89f., 92f., 523, 682
Kolmar 168
Köln 377
Königsfelden 42, 119, 218, 298, 339, 369, 379, 486, 516, 523, 585f., 609, 646, 664f., 676, 697
- Amt/Landvogtei/Hofmeister von 59, 65, 81, 162, 180, 307–309, 323, 325, 380, 421, 437, 439, 503, 515, 518, 521, 525, 534, 609, 666, 674, 680, 684
- Kloster 36, 41f., 46, 66, 291, 197, 298, 303, 307f., 407, 465, 585, 610, 663, 665, 670, 674f.
Konstantinopel 398, 403, 500
Konstanz 51, 303, 672
Konstanz, Bistum 657, 677
Kopenhagen 403
Koprio Felix 679
Kornhaus 25, 210, 521, 586
Kraft & Co./Cie. 417, 573
Kraft 117
- Abraham 194
- Gottlieb 348f., 481f.
- Jakob 328
- Johann Rudolf 176, 179
- Kaspar 117
- Schularzt 350
- -Schwarz Karl 417
- -Stäbli Johann 480–482
Krankenheim 585
Krattengasse, heute Falkengasse (siehe auch dort) 111, 420, 444f.
Krattenturm 36f., 329, 429

Kräuchi Walter 263
Krebs, Haus zum 146, 170f.
Kreuz 519
Krinne 159, 161, 444f., 519
Küffer Bürgi 49
Kulturgesellschaft 450, 472, 493, 582
Küniger Niklaus 137, 143
Kunsthandwerk 522f.
Kunz Anna 116
– Heinrich, Spinnerei 204, 536f., 539, 542
Kupperhaus 257f.
Kutter Markus 249
Küttigen 593
Kyburg, Grafen von 302f.

L

Ländehaus 330, 590, 605
Landesstreik 352f., 548, 550, 553
Ländi(strasse) 210f., 419, 455, 590
Landschreiberei 35, 310
Landwirtschaft **497–514**, 572
Landwirtschaftliche Winterschule 230, 232, 269, 454, **473f.**, 697
Lang Anna 369
Läng Jean 358
Langacker 220f., 505, 508, 542, 544
Langenthal 512, 608
Langhans, Ratsherr 369
Langmattstrasse 509
Lateinschule 25, 37, 39, 56, 60, 63f., 66–68, 70, 72f., 76–79, 164, 325, 450, **465–467**, 479, 484, 682, 692
Laufen 680
Laufenburg 44, 46–48, 51–53, 239, 472, 568, 570, 615
Lauingen 523
Laumann Paul 263
Laur Ernst 230, 232f., 574
– -Schaffner Sophie 232, 574
Laurstrasse 261, 419, 421, 563, 625
Lausanne 176, 184, 217, 245f., 249, 332, 335
Lauterbrunnen 89
Lavater Johann Kaspar 118
Le Havre 405
Le Locle 170
Leder Daniel 215, 544, 577
Leemann & Co. siehe Fierz, Seidenweberei
– Peter 260f.
Lehner Jakob 317, 592
Leipzig 207, 230
Lengnau AG 572
Lengnau BE 89, 92

Lenzburg 35, 78, 88, 113, 196, 240, 271, 296, 302, 307, 310, 329, 346, 359, 437, 462, 473, 476, 515, 528, 570, 600, 604, 608, 615, 653, 677, 683, 696
– Grafen von 302
Leodegar, Heiliger 299
Leopold III., Herzog 296, 662
– Herzog 41
Lesegesellschaft 449f., 479
Lessell Jean 535
Letzi 512
Leuggern 517, 570
Leuppi Hans Rudolf 686
Leutwil 691
Lichtensteig 89, 675
Ligerz 485
Limmat 48, 241–243, 247, 518, 601f., 613
Linde(nplatz) 217, 224, 262, 295, 461, 580, 618, 639, 642
Lindhof 249–252
Linggi Heinrich 676, 679f.
Linn 341, 422, 601f., 615f.
Literaturtage 489
Lloyd AG 244
Locher & Cie. 241
Lochmüller Wilhelm 337
Lohn, Landsitz 236
London 183, 403
Lothringen 398, 593
Lottstetter Hans 668f., 673
Louis XV, König 528
Lowingen 299f.
Ludwig, Giesser 663
Lufar von 406
Lunkhofen 601
Lupfig 540, 542, 560, 570, 577f., 599, 616, 653, 698
Lüscher, Bäckerei 15
Luternau von 331
Lüthard Christoph 58, 680
Luther Martin 670
Lüthy Hugo 351
Lützelflüh 80
Luzern 45, 54, 298, 459, 567, 589, 592, 594f., 600f., 605f., 609, 672, 675
Lyon 58, 159, 403

M

M + S Brugg 564
Madiswil 512
Mägenwil 653, 679
Maiacker 632

Mailand 661
Mainz, Erzbistum 657
Majon Pierre 435
Mandach 57, 81, 83, 89, 92, 523, 6168
Manesse Anna 610
Männerchöre 228, 349, 448f., 451f., 541, 600
Mannheim 403
Mannlehen 339, 512
Manor 269
Marburg 75, 90
Märki 69, 475f.
- Daniel 336
- David 78, 89
- Gebr. & Cie., Zimmerei 545
- Jakob 519
- Johannes 71, 78, 87f., 330, 403
- Maria Katharina 149
- Paul 194
- Rosina 376
- Samuel 71
Markt(recht) 33, 35, 293, 295, 326, 340, 443f., 515f., **565–573**, 613, 618
Markthalle 573f.
Marseille 159, 387
Marti Hans/Marti + Trippel 253f., 263
Marti, Hofmeister 59
Maschinenfabrik Brugg 555
Maurer Hans Rudolf 508
- Karl 358
- Hoteliers 198
- -Haller Jürg 262
Maus-Frères 269
May von 75
Meier, Möbelgeschäft 236f.
Meier-Giger Frieda 361
Meiringen 681
Meiss 422
Meisterschwanden 422
Melanchton 670
Mellingen 35, 296, 390, 504, 570, 600, 604, 615, 657, 676, 688
- Dekanat 677
Mendelssohn Felix 490
Mentalität 55, 159, 273, 515, 537
Menziken 360
Merker Fritz 223, 548
Merkli Emil 355
Metron 267, 489, **492f.**
Mett bei Biel 90
Mettau 570
Metz 467
Metzgergewerbe 110–112, 516, 526, 530

Metzler Bernhard Heinrich 682
Meuli Rudolf 255
Mey von 465
Meyer & Bächlin 533, 536
Meyer 418
- Conrad Ferdinand 489
- Hans 372
- Heinrich 170, 185f., 422, 427f., 532f.
- Johannes 89, 92
- Kaspar 679
- Konrad Arnold und Anna 660
- Philippus 141
- Salome 92, 532
- Samuel 256, 414, 416
- Susanna 371
- Verena 101f.
- -Siegrist Elisabeth 416
Meyerhofer Thüring 658
Meyersche Erziehungsanstalt 416
Michelbach Konrad von 664
Migros 15, 265–268, 443, 580, 633f.
Militär siehe auch Waffenplatz 325f., 438f., 451, 586f.
Mirani 609
Möhlin 220, 228, 583, 601
Mohrenkopf, Haus zum (siehe auch Römerturm, Haus zum) 162f.
Montfort Anna von 303
- Hugo IV. von 303
Mönthal 51, 64, 78, 81, 141, 143, 299, 308, 330, 409, 465, 499, 509, 512, 523, 570, 614f., 660, **662f., 683**, 698
Montmirail 477
Moor Antoni 679
Möriken 303
Moser & Schilling, Architekten 267
Moser 418
Moskau 403
Moudon 93
Mühlebach Maximilian 417
Mühlebach-Papier 560
Mühlehalde 255, 419, 509, 643
Mühlen siehe auch Brunnenmühle 516–518, 529, 626, 639
Mülhausen 403
Mülinen, Herren von 295, 331, 407f., 424f.
- Peter von 33
- Wolfgang von 380
Müller & Co., A., Maschinenfabrik/Giesserei 220, 271, 417, 508, 542f., 545, 549, 553–555, 559, 561f., 635, 637
Müller & Finsterwald, Giesserei 540

Müller Arthur 250, 254f.
- Hans 360
- Heinrich 690
- Moritz 696, 698
- Sara 383
Mülligen 379, 570, 615, 698
Mülnheim von 610
München 230, 377, 485
Münsingen 90f.
Münster 528
Muntwiler Ernst 355
Murbach, Kloster 298-300, 511, 601, 657, 664
Murgenthal 604
Muri 679
- Kloster 27, 295, 601, 607
Müri Fritz 459
Murten 90, 681
Museum siehe Vindonissa-Museum 251
Museumsstrasse 207, 575, 621
Musikgesellschaften 449, 451, 600
Musikschule 262, 490f.
Mussolini Benito 359

N

Nägeli 69
- Anna Elisabeth 373
Nägelismatte 505
Napoleon siehe Bonaparte
Narzissenweg 632
National, Restaurant 453f.
Naturschutz 624f.
Neapel(-Sardinien) 527
Negrelli Alois 193
Neptun, Transport- und Schiffahrts AG 245
Neu St. Johann 459
Neue Aargauer Bank 493, 582, 584f.
Neue Volkszeitung 481
Neuenburg(ersee) 73, 205, 363, 595
Neuenhof 199
Neumarkt 13, 201, 239, 262, 268f., 565, 580f., 584, 632, **633f.**
Neumühle 517f.
Neunkirch 665
New Orleans 405
New York 405, 487
Nidau 85, 176
Niederlande/Holland 58, 108, 403, 527f.
Niederländisch-Guayana 403
Niggli(acker)strasse 555, 597
Nordostschweizerische Kraftwerke 457
Nüscheler Richard Arthur 697
Nussbaum Abraham 406

O

Oberbözberg 355, 512, 602, 614f., 698
Oberburg 16, 100, 308, 504, 535, 570, 679
Oberes Tor/Oberer Turm 33f., 37, 42, 49, 54, 190, **192-197**, 309, 326, 420, 478, 538, 675
Oberflachs 198, 307, 355, 570, 698
Oberrohrdorf 255
Obrist Jakob 545
Ochsen 434
Ochsner Anna 329
Odeon, Kino/Kulturhaus 454, 494
Oehler Robert 417
Oekolampad 672f.
Oeschger Gerold 696
Oetenbach, Kloster 665
Oftringen 604
Ohio 405f.
Olten 200f., 261, 272, 572, 605, 615
Oltingen BL 668, 680
Orchesterverein 449, 489
Orell Füssli 204
Oriens, Caius Allius, Centurio 19
Ortsbürgergemeinde 337-341, 345, 512
Ortsbus 621
Österreich (auch: Herzöge von/Herzogtum, siehe auch Habsburg-Österreich) 36f., 44f., 49, 52f., 137, 296, 332, 406
Ostra, Herren von 407, 416
Othmarsingen 100f., 504, 608
Otto, Herzog von Österreich 664
Oxford 58

P

Pabst Franz 249, 486
- Johann Fridolin 696
Paillard Claude 260f.
Paradies(strasse) 505, 542
Paris 58, 183, 189, 230, 331, 335, 403, 405, 486, 491, 616, 676, 704
Parteien 231f., **345-361**, 451
Passau 664
Pauli Jakob 355
Personenwagen 616
Pest 366, 377, **388-390**, 391, 394, 612
Pestalozzi Heinrich 82, 130, 181, 385
Pestalozzistrasse 575
Peter Dorothea 95-103
- Jakob 95-100
Pfadfinder 451, 458
Pfaff Anna 423
Pfalz 403, 681f.
Pfau 522

- Elsbeth 389
- Hans Heinrich 69
- Hans Jakob 141
- Wilhelm 426

Pfauen, Haus zum 131, 434, 519
Pfauenacker 505
Pfrundhaus siehe (Oberer) Spittel
Piccadilly, Jugendhaus 489
Piemont 76, 423
Pietismus 89f., 92, 691
Pontoniere 451
Post/alte Post 197, 199, 217, 224, 228, 230, 251, 257–259, 450, **480**, 575, 581, 651
Postauto 615
Potsdam 488
Pratteln 601
Preussen 332, 485, 488
Promenade 237, 249–251, 455, 508
Prostitution 371
Puerto Rico 404
Pulverturm siehe Krattenturm
Purfürst & Cie. 546

R

Radacker 508
Radio Argovia 482
Ragor Heinrich 669f., 680
- Johannes 669f.
- Konrad 421

Rainwald 555, 643
Rathaus 25, 129, 135, 138, 144, 168, 177, 188, 250, 310, 317f., 331, 336–338, 362, 377, 435f., 441, 463, 471, 494, 522f.
Rathausplatz 523
Rau Bendicht 681
Rauber 188
- Daniel 540
- -Angst Hermann 230, 264, 417, 548, 690
- -Haus 264, 419, 579, 629, 639

Raubergütli 257, 419, 555
Rauchenstein 419, 577
- Daniel 336
- Hans Jakob 143
- Johann Jakob 135

Rebbau siehe Weinbau
Rebmoos 53, 371, 378, 500, 505, 509
Rebstock, Haus zum 168, 177
Rechberg Hans von 43f., 46, 48f., 51f.
Regensberg, Kapitel 696
Regional 482
Regionalplanung 252, 254, 266, 272, 618
Reichhold Chemie 637

Rein 76, 78, 81, 83, 88, 92, 184, 188, 224, 298–301, 308–311, 330, 342, 374f., 389, 391, 429, 480, 504, 509, 511f., 530, 601, 653, 657f., 669f., 676, 684f., 694
Reinach 360, 570
Reinerberg siehe Bruggerberg
Reisläuferei 527f.
Remigen 46, 51, 104, 188, 198, 298–300, 308, 389, 432, 486, 499, 512, 549, 570, 602, 614f., 618, 643, 698
Remigersteig 510
Rengger 401, 422, 679
- Abraham 62, 73, 89, 154, 682
- Albrecht 73, 135, 179, **183f.**, 334f.
- Anna Barbara 73
- Daniel 373, 435
- Johann Jakob 75f.
- Johannes 403
- Salome 372

Renggerstrasse 227, 254, 257, 505
Renner 418
- Erhard 523f.
- Hans Jakob 87

Rettungskorps siehe Feuerwehr
Reuss bei Gebenstorf 107
Reuss(tal) 16, 32, 53, 244, 302, 589, 600f., 604, 615
Reutenen(strasse/hof)/Rütenen 210f., 231, 438f., 498, 508, 543, 561, 599, 626, 628, 640
Rey 498
Rhein(tal) 19, 208, 239–242, 246, 248, 595, 600, 609, 615
Rheinfelden 207, 210, 220, 228, 248, 568, 583
Rhenanus Beatus 670
Rhone 240f., 246
Richli 55
Richner Georg 101–103
- Samuel 600

Riedackerhalde 512
Rinach Jakob von 684
- Herren von 407, 517

Riniken 51, 299, 308, 341, 356, 420, 486, 500, 511, 570, 616, 618, 698
Riniker Jakob 351, 355, 547
Ripplifrass 443
Ritter Marie 206
Rohr Alphons 414
- August 577
- Eugen 344, 348f., 481

Roll 89
- David Anton 384
- Johann Heinrich 336

Romanshorn 201, 538
Römerstal Simon von 675
Römerturm, Haus zum 25, 29f., 163
Roost 601, 613
Rordorf Hartmann 443, 455
Rorschach 377, 699
Rosengarten 391
Rosenstrasse 555, 619
Rössli 95, 109, 151, 157, 182, 187, 192f., 359, 370, 452, 500, 518, 529f., 579, 641
- Kaufhaus 262f., 269, 579f.
Rost, Haus zum 129f., 170
Rotberg 653
- Herren von 684
Roter Bären 117–119, 121, 123, 157, 167–169, 419, 502
- Ochsen 519
- Turm siehe Oberes Tor
Rotes Haus 32, 34, 36, 54, 95, 100, 109, 177, 179, 181f., 187, 190–194, 196, **197–199**, 200, 228, 254, 261f., 294, 358, 363, 419, 427, 446, 452, 478, 480, 500, 518, 520, 522, 530, 701
Roth Markus 360
Rothpletz-von Meiss Anna (Nanette) 488f.
Rotterdam 239
Rottweil 489
Rottweilerstrasse 508
Rudolf II., Graf 303
- III. 303
- IV., König 297
- Graf von Habsburg, König 27, 32, 34, 37, 295, 297, 602, 657
Rudolstadt 403
Rued siehe Kirchrued
Rüedi Jakob 387
Rüeff 69
- Daniel 137
- Johann Kaspar 143
- Johannes 432, 682
- Kaspar 58f., 143
Rüegsau 62
Rüegsegger Eduard 356–358
Rüfenach 184, 188, 224, 298f., 301, 308, 310f., 342, 404, 428, 504, 512, 530, 532f., 570, 602, 643, 698
Rufli 405
Rünzi Kurt 249
Rupperswil 85, 101, 200
Ruppli Jean 217
Russland 488, 549
Rütenen(hof) siehe Reutenen
Rutenzug 435, **440f., 461–463**, 471

Rütschi K., Pumpenfabrik 250, 270, 560
- Karl 250, 270f.
Ryburg-Schwörstadt 242
Rytz 89, 420, 682
- Gottlieb 339

S

Saalbau siehe Stadtsaal
Saanen 80, 85, 90
Säckingen 679
- Stift 601f., 665
Sägisser 188
Salat Hans 675
Salmen 434, 519, 528
Salomonstempel 459
Salzhandel 148, 157, 160, **567–569**, 593, 605
Salzhaus 36, 41, 191f., 231, 329, 407, 489, 568f., 590
- Verein 494
Sandwich, Lord 403
Sarch Johannes 670
Sardinien 527
Sattler, Familie 660
- Johannes 669
Säuberli Adolf 230
Savoyen 332
Schachen siehe auch Auschachen 245, 455, 587
Schaerer Emil & Cie. siehe Fierz, Seidenweberei
Schaffhausen 465, 473, 480, 608, 615, 670, 672, 676, 679
Schaffner 401, 575
- Balthasar 84
- Gottlieb 350f., 355, 360
Schärer Hans Jakob 679
Scharfes Eck, Haus zum 146
Scheiwiler Hanspeter 273
Schenkel Werner 249
Schenkenberg, Herrschaft/Amt/Landvogtei 42, 45, 53, 121, 125, 162, 175, 180, 304, 307–309, 325, 406f., 437, 502, 511, 515, 517f., 521, 525, 532, 534f., 566, 602, 609, 613, 665f., 670–674, 684f.
Schenkenbergertal 42, 613
Scherer Hans Ulrich 249, 254f., 636
Scherz 341, 512, 649, 653, 698
Scherzberg 512
Scheuchzer Johann Jakob 118
Schiber Ulrich 661
Schiessturm 194
Schifffahrt (auf der Aare) 20f., 238–249, 589–595

Schifflände siehe Ländi
Schilplin 187, 372, 419f.
- Beat Jakob 71
- Friedrich 414
- Heinrich 36
- Jakob 174, 182, 187, 204, 414, 419, 421
- Johann 414
- Johann Daniel 198f.
- Maria 198f.
- Wilhelm 192–197
Schilplingut 419, 421, 575, 629, 639
Schiltknecht Niklaus 678
Schindellegi 21, 590f., 593
Schinznach(-Dorf) 81, 89, 215, 301, 355, 442, 523, 570, 577, 602, 615, 670, 698
- -Bad siehe auch Bad Schinznach 341, 355f., 498, 512, 584, 590, 602, 615, 649, 653, 698
Schirmer Johann Wilhelm 485
Schlachthaus 445, 526
Schlesien 398
Schleuchter Louis 545
Schlieren 242
Schmid 79
- Arthur 358
- Daniel 535
- Hans Jakob 152
- Johann Jakob 427
- Johannes 152
- Wilhelm 486
Schmidlin Ursus 697
Schmidt Valentin 577
Schmidwald 512
Schmid-Zimmermann Anna 149
Schmutziger-Meyer Sara 58
Schneider Adolf 355
Schnyder Peter 680
Schoder Elisabeth 372
Schönau von 407
- Elisabeth 660
Schönegg(strasse) 497, 555, 615, 620f., 637
Schorrer 508, 542
Schröder Hermann 223, 545
Schule 63–67, 86, 116, **464–477**
Schulthess Edmund 191, 226, 228, **229–231**, 348, 482, 547, 553, 585
- -Allee 34, **191f.**, 231, 257, 326, 419, 504f., 508, 520, 621
Schupfart 601
Schürch Andreas 545
- Louis Andreas 615
Schürmann Franz Xaver 696
Schusler-Frey Marie 407

Schützengarten 358
Schützengesellschaft 185, 437, 448, 451
Schützenhaus 55, 419, 435, 437f., 469, 473, 637, 641
Schützenmatt(-Turnhalle) 19, 338, 437, 441, 451–453, 469, 508f., 621, 639
Schützenpavillon 437f., 639
Schwarz Anna Maria 117, 427
- Johann Heinrich 414
- Karl 355
- Marianna 404
Schwarzer Leuen, Haus zum 146
- Ochsen 519
- Turm 25f., 28f., **30–32**, 34, 37, 48, 106, 162, 192f., 250, 293f., 310, 329, 447, 658
Schwarzwald 500, 540, 658, 663, 684
Schweden 255
Schweizer Alpen-Club 450
Schweizerhalle 568
Schweizerische Bankgesellschaft 584
- Kreditanstalt 584
- Volksbank 581, 584
- Zündwarenfabrik in Brugg 541f.
Schweizerischer Bankverein 584
- Bauernverband 204, 232f., 258, 269, **574**, 629, 639
Schwerter Rudolf 466
Schwimmbad 262, 455, 457, 647
Schwob Max 269
Schwyz 43, 672
Seeberger O., Maschinenfabrik 545
Seengen 403
Seetal 600
Segelfluggruppe Brugg 450
Segesser Anna 675
- Gertrud 675
Seidenstrasse 220, 447, 453f., 461, 555, 562
Selnau, Kloster 665
Sempach, Schlacht von 41, 296
Senn Fritz 621
Sennhütte 512
Sennweid 512
Seon 57, 87, 430, 570
Sevin 419
Siechenhaus 54, 115, 419, 426f., 585
Siegrist Hans 203f., 220, 225, 230, 241, 342, **348**, 349–351, 354f., 453, 462, 482
- -Belart Johann 500
Siggenthal 613
Sigismund, König 303f.
Sigmund, König 41
Signau 681

Simmen Erna 236
- Hans 236, 256f.
- Johannes 215
- Jost 236
- Möbelfabrik/Möbelgeschäft 216–219, 228, 234–237, 544f., 555, 560, 564, 578
- -Häny Lina 215f.
- -Häny Traugott 215–218, 224, 227–230, 256, 417, 544, 547f.

Simmengut/Villa Simmen 227, 236, 254, 256–262, 491
Simmeren 682
Singenberg Susanne 369
- Wolfgang 380

Sisgau 45
Sissach 572
Sisseln 405
Sittengericht 442, 690
Sodweg 639f.
Solddienst 527f.
Solothurn 17, 41, 51, 271f., 303f., 473, 475, 605, 661, 664, 672, 676
Sommerhalde 498, 666
Sonnenberg 119–125, 167, 212, 292, 310, 420, 434, 500, 626, 629, 639
Spanien 15, 487
Spanischbrötli-Bahn 199f., 538, 595
Spar- und Leihkasse 224, 228, 258, 493, **583**, 585
Speck Jean 454
Specker Clemens 46
Speditionsgewerbe 148, 192f., 197, 199, 201f., 500, **605**
Spiegelgasse 29, 48, 66, 408, 423f., 443, 458, 519, 522, 585, 638, 660f.
Spiess Elsbeth 379
Spillmann 315
- Johann 143
- Johannes 71
- Kaspar 679
- Samuel 527

Spital siehe Spittel oder Bezirksspital
Spitalrain 407, 424, 501, 522, 585, 645, 684
Spittel (Oberer und Unterer) 54, 114–116, 140, 328, 374, 387, 390, 423–428, 440, 458, 499, 509, 521, 527, 585, 626
Spörri Eduard 523
Sportvereine 450f., 600
Spreitenbach 251, 268, 346, 634
St. Gallen 196, 453, 564, 646
St. Jakob an der Birs, Schlacht bei 51
St. Louis 405

Stäbli 187, 422, 682
- Adèle 485
- Adolf 484–486, 494
- Diethelm 484
- Elisabeth 481
- Ferdinand 339
- Ferdinand Adolf 92
- Hans Ulrich 431
- Heinrich 679
- Johann Heinrich 92
- Johann Jakob 92, 683
- Johann Ulrich 83, 87
- Karl Ludwig 92
- Samuel 75, 170, 172, 178f., 181, 185
- -Gehret Gottlieb 414

Städligut 212, 419
Stadler Hans Ludwig 678
Stadtbibliothek 60, 205, 258, 315, 450f., **479f.**, 493
Stadthaus siehe auch Frölich, Palais 216f., 224, 256, 257f., 421, 450, 461, 485, 532f., 629, 639
Stadtkirche 33, 35–37, 59, 63f., 98, 130, 250, 294, 338, 361, 407, 429, 490, 521f., **658f.**, **677–679**, 687f., 692
Stadtmusik 228, 449, 451f.
Stadtrecht 34, 293, 296
Stadtsaal/Saalbau 239, 256, 259–262, 268
Stalden 602, 609
Stalder 523
- -Kölla Karl 578

Stäli Pelegrin 664
Stammler Jakobus 699
Stantz Franz 434
- Hans Rudolf 370

Stanz Konrad 681
Stapfer 77, 89, 90, 682
- Albrecht 90f., 485
- Daniel 79, 90, 93
- Gottlieb 568
- Hans 141
- Hans Konrad 146
- Johann Friedrich 90f., 485
- Johann Jakob 90
- Johann Kaspar 521
- Johannes 90
- Karl Albrecht 90
- Philipp Albert 90, 93, **183**, 334f.
- -Burnand Sophie Louise 93

Stapferschulhaus 228, 348, 472, 491
Stapferstrasse 201, 224, 251, 257, 420, 505, 639
Starkenmann H. & Cie. siehe Fierz, Seidenweberei

Staufberg 83, 85, 335
Staufen 657
Steiger 234, 561, 622, 637
Steigmeier'sche Stiftung 67
Steigmeyer David 430
Steigtor 33, 38
Stein 200
Steinacker 561
Steinbrüche 55, 527, 549, 623
Steinegger Johann Heinrich 85
- Samuel 526
Steiner Niklaus 669
Steinhäuslin Barbara 57
- Elisabeth 73
- Johann Ulrich 57
- Konrad 57
Sternen 36, 95-97, 101-107, 109, 187, 434f., 439, 500, 518, 522, 527, 605
- in Lauffohr 420, 517, 651
Stettler Rudolf 567
Steuern 330, 413-416
Stiller Kaspar 679
Stilli 298, 308, 317, 356, 381, 500, 504, 516f., 540, 542, 592-594, 602, 604, 608f., 614, 616, 643, 698
Stockar F. siehe Bodmer, Seidenweberei
Stockar Felix 417
Stockholm 255
Storchen, Haus zum 159f.
Storchengasse 35, 109, 194, 229, 310, 378, 501, 504, 530, 679
Storchenturm 37, 39
Strängli 162, 211f., 315, 455, 503, 517, 520, 625, 646
Strassburg 230, 239, 375, 403, 610, 673, 695
Strassennamen 619
Streich 600
Stromeier Ulrich 669
Stroppel 613f.
Strössler, Restaurant 265
- Rosalie 265f., 633
Strübihaus 458
Stubengesellschaft 48, 152, 185, 436f., 523
Stucky Fritz 255
Studer Hans 663
Stülz Heinrich 669f.
Südbahn 209f., 541, 624, 642
Südtirol 193, 549
Suhner & Co./AG Otto 223, 548, 560
- Gottlieb 221f., 508, 542f., 545
- Otto 223
Suhr 604, 664

Sulz 570, 601
Sumiswald 681
Summerauer Margaritha 401
Sursee 572
Süss Albert 233
Süssbach(weg) 563, 585, 597, 609, 625, 637

T

Talcy-sur-Mer 485
Täufer 676
Tavernen siehe auch Rotes Haus, Rössli, Sternen 518f., 530, 604
Technikum siehe auch Fachhochschule 251, 269-271, 474f.
Telefon 650f.
Telegraf 650
Tempel 512
Tennessee 407
Terrassenhäuser **249-251**, 255, 635f.
Tessin 486
Thalheim 81, 198, 307, 570, 618, 698
Thun 80, 486, 682
Thurgau 305, 473
Thüring, Freiherr von Aarburg 42
Thüringen 403
Thusis 369
Tiefenstein 540
Tiengen 665
Tirol 593
Tobler Robert 337
Toggenburg 459
- Grafen von 43
Toiletten, öffentliche 446f.
Törlirain 37, 420, 519, 590
Tribolet-Rodt Elisabeth 427
Triest 403 420
Trotten 509f.
Trub 90
Truchsess von Waldburg Katharina 670f.
Truttwyler Hans 141
Tscharner von 76
- Niklaus Emanuel von 309
Tschechoslowakei 398
Tschupp Manfred 249
Tschupphalde 512
Tügin Henman 44, 46f.
Tulpenweg 632
Turgi 200f., 246, 537f., 548, 595, 597, 624, 647, 653, 690
Türkei 398
Turnvereine 450f.
Twann 85

U

Überthal 299f., 683
UBS 584f.
Ulukurt-Turgi Margrit 361
Umbricht Fridolin 698
- Werner 361
Umfahrung 255, 266f., 269f., 420, 509, 566, 618f.
Umiken 81, 85, 112, 161, 200, 252, 255, 266, 291f., 341f., 356, 374, 419f., 427, 503–505, 509, 517, 523f., 546f., 570, 602, 616f., 636, 643, 645, 649, 653, 670, 698
Ungarn 398
Unger Jakob 328
- Johannes 434
- Johannes 89
- Madlena 370
- Maria 690
Unterbözberg 512, 698
Unteroffiziersverein 451
Untersiggenthal 643
Unterwalden 672
Unterwindisch 16, 202, 420
Urech Rudolf 586
Urech-Vögtlin Rosa 205, 586
Uri 672
Ursenbach 85
USA siehe Vereinigte Staaten

V

Vallette Alfred Elie 223
Vätterlin Johann Jakob 121, 149, 150, 152–156, 171f., 174, 321f., 427
- Maria Anna 426f.
- Susanna Elisabeth 93
Vauban, Festungsbau-Ingenieur 38
Vaumarcus 73
Veltheim 81, 85, 89, 540, 542, 602, 673, 698
Venedig 527f., 593
Verband der Industriellen 271, 548, 558
Verein reisender Kaufleute 474
Vereine 448–453, 701
Vereinigte Staaten von Amerika 404f.
Vevey 332, 356–359
Viehmärkte 568–574
Vigier-Gruppe 564
Villigen 42, 298–300, 305, 355f., 404, 406, 468, 503, 512, 618, 643, 684, 698
Villmergen 387, 600
Villnachern 42, 174, 229, 331f., 339, 348, 355, 406, 455, 512, 570, 616, 649, 676, 698

Vindonissa siehe auch Windisch 11, 15–17, 19f., 30, 294, 493, 515, 555, 638, 645
- -Museum 230, 251, 491f., 638
Vision Mitte 11, 272f.
Vogel Kurt & Cie. 546
Vogelsang 243, 245, 602, 613f.
Vogt Maria 432
Vögtlin 89
- Abraham 79, 317, 434
- Adolf 488f.
- Daniel 533
- Gabriel 72
- Johann Jakob 374
- Johanna 329
- Johannes 85
- Julius David 205
- Marie siehe Heim-Vögtlin
- Rosa siehe Urech-Vögtlin
- Samuel 75
Völklin 418
- Gabriel 328, 527
- Johannes 392, 680, 682
- Lorenz 141, 143
- Rudolf 141
Volkshochschule 475
Vollenfohr 310f.
Voltaire 117f., 167
Vorstadt 28, 34, 38, 42, 46, 53–55, 112, 170, 173, 191, 299, 309, 444, 456, 503, 505, 509, 517, 519, 521f., 623, 626, 629, 638, 641, 657f., 684

W

Waadt 175, 187, 305, 331f., 363, 510
Wächter 351
- Hans 673
- Jakob 577
- Johannes 518
Wackernagel Wilhelm 490
Waffenplatz **210–213**, 245, 247, 269, 439, 456, 500, **586f.**
Wagner 259
- Hans Ulrich 670
Wahlen Traugott 559
Wald ZH 220
Wald(wirtschaft) 339f., 409, **510–513**
Waldshut 200f., 437, 538, 596, 665, 669f., 676
Walensee 600, 602
Walperswil 80
Walther K., Strickerei 544
Waltisbühl Joachim 679
Wangen 567
Wartmann 259

- (& Vallette), Stahlbaufirma 223, 270, 417, 456, 508, 542f., 545, 548, 550-553, 555, 560, 564
- Rudolf 223, 244, 269, 271, 350f., 355, 548
- Thomas 621

Waschhäuser 116, 340, 444f., 478
Wasserschloss 625
Wasserversorgung 28, 348, 446, 518, 546f., 639-644, 648
Wattwil 89
Weber Johann 220f.
- Maschinenfabrik 220, 508, 542, 545

Weberei Brugg AG 544
Wehr 593
Wehrli Johann Robert 351
Wei(h)ermatt 508, 621, 623
Weihnachtsbaum, Städtischer (-Kommission) 451, 459, 703
Weimar 377
Weinbau 508-510, 514
Weissenburg im Simmental 459
Weisses Kreuz, Haus zum 170
Wengi Willi 462f.
Werder, Holzhändler 351
Werner, Graf von Habsburg 27, 32
Wesmer Silvester 669, 673
Westfalen 528
Wettingen 273, 360, 490, 621
Wetzel 89, 682
- Bernhard Anton 335f.
- Emanuel 160, 167, 427
- Jakob 167
- Johannes 164, 166f., 171, 176f.
- Lüpold 664
- Margaritha Anna 160-162, 189
- Maria Anna 427
- Niklaus Emanuel 89
- Niklaus Samuel 88
- Rosina 427
- -Zimmermann Anna Margaritha 160f., 163, 167

Wetzikon 669
Wickihalde 120, 500, 626, 684
Widacker 512
Widen 459
Widerkehr 679
Widmer Jakob 528
- Marcel & Co., Schraubenfabrik 554
- Susanna 369

Wiedmann-Dettwiler 653f.
Wieland Christoph Martin 79
Wien 37, 42, 176, 183, 616, 664, 676

Wiener Kongress 184, 335
Wighüsli 36f.
Wildegg 243, 246, 504, 602, 604, 608, 623, 649
- Herrschaft/Schloss 76, 129, 303, 307

Wildegg-Brugg, Kraftwerk 457, 624f., 649
Wildenrain(weg) 215, 249f., 256, 629
Wildenstein 180, 307, 406, 503
Wilder Mann, Haus zum 129, 519
Wildischachen 234, 512, 560f., 564, 625, 637, 647
Willi Joseph 358
Windisch 11, 16f., 20, 32, 54, 71, 78, 81, 87f., 98-100, 107, 181, 188, 200-202, 204, 210, 212, 231, 244-252, 256, 266f., 269, 271-273, 291f., 294, 297, 308f., 345, 354-356, 358, 374, 378, 387, 390f., 419, 429f., 439, 463, 474f., 490, 492, 498, 503-505, 512, 517, 521, 535-538, 540, 542, 544, 546f., 570, 573, 578, 595, 597, 599f., 604, 615-617, 621, 625, 643, 646, 657f., 661, 669f., 673, 676f., 680, 691, 698
Winterthur 35, 41, 196, 296, 472, 484f., 487, 522, 572
Wipf Eva 486
Wirth 418
Wirth Verena 104
Wirz Hugo 487
Wittenberg 670
Wittichen, Kloster 301, 421, 500, 658, 663, 684
Wittnau 601
Wodniczack J., Hafnerei 546
Wohlen 228, 541, 570
Wolen, Herren von 295, 406
Worb 84
Wülpelsberg 22, 27, 590, 624, 640
Württemberg 403
Wydler Friedrich 199
Wyg Anton 522
Wyler 572
Wynau BE 85
Wyss Hans Balthasar 141
- Johann Konrad 69, 84

Wyssachen BE 233

Y

Yverdon 593f.

Z

Zaugg Fritz 233, 354f.
Zäziwil 90
Zehnten 299, 330, 416, 513, 665, 685
Zeitungen 481f.

Zeller Ludwig 664
Zeughaus 25, 188, 325, 327, 494
- Eidgenössisches 560, 587
Ziegelacker 508
Ziegelhütte 55, 153, 315, 330, 502, 623, 626, 644
Ziegler Daniel 370
Zimmermann 55, 79, 129, 138, 146, 148, 151f., 164, 167, 169, 187, 418f., 421f., 567
- Georg 69, 665
- Hans Jakob 130–133, 143, 149, 592
- Johann 414
- Johann Georg 79, 88, 115, 118, 146, 170f., 323, 379, 388, 403, 432, 485, **487f.**
- Johann Jakob 114, 117–120, 149, 151, 154, 156, **157**, 160, 164, 167, 318, 322, 427, 682
- Johanna 379
- Johannes 115, 129, 149, 151, 373
- John 405
- Karl Friedrich 119–124, 126, 167–169, 171f., 176, 178f., 181f., 189, 334f., 439, 567
- Kaspar 414, 419, 533
- -Isot Rosina 117–126, 167
- -Römer Dorothea 114, 149, 157
Zimmermannhaus 405, 419, 450, 458, 490, 493, 533, 637, 639
Zimmermannstrasse 555
Zinniker A./Eduard, Zelluloidwaren 545, 554, 560
Zofingen 41, 79f., 85, 111, 191, 196, 210, 271, 310, 329, 359, 401, 515, 533, 669, 676, 680, 682
Zoll 28, 32f., 593, 607, **610–613**
Zollhaus 26, 28
Zollikon 676
Zollplätzli 173, 447, 621, 641
Zollturm 25f., 28, 33, 37
Zonenplan 249f., 253–255, 263, 633
Zschokke-Wartmann, Stahlbaufirma 564
Zuben 299f.
Zufikon, Kraftwerk 649
Zug 255, 672, 675
Zulauf 69, 401
- Barbara 435
- Felix 392
- Johann Jakob 71
- Marti 670
zunftähnliche Gesellschaften/Handwerker-Meisterschaften 523–525, 529
Zürcherstrasse siehe auch Alte Zürcherstrasse 264f., 597, 615, 629, 633, 642

Zürich 17, 42–45, 47, 52f., 114f., 157, 193, 199–205, 207f., 217f., 220, 236, 240f., 243, 247, 255, 260, 264, 267, 332, 358, 369, 371, 379, 454, 465, 470, 485f., 488, 508, 520, 523, 528, 538, 571f., 576, 584, 589, 594–596, 598, 600f., 605, 608f., 615f., 629, 650, 652, 661, 663–665, 668–670, 672, 678, 681, 690
Zurzach(er Messen) 17, 103, 162, 228, 359, 371, 520, 523, 582, 589, 591f., 594, 600, 602, 604, 609, 615, 661, 665
Zurzacherstrasse 123, 419f., 438, 509, 530, 555, 621, 639
Zurzachertor 26, 33, 38, 191f.
Zwilchenbart 405
Zwingli Ulrich 668, 670, 672–674